Amrei Koch

Autoritätskonstruktion im Recht der Hebräischen Bibel

Beihefte zur Zeitschrift für die alttestamentliche Wissenschaft

---

Herausgegeben von
John Barton, Reinhard G. Kratz, Nathan MacDonald,
Sara Milstein und Markus Witte

Band 557

Amrei Koch

Autoritätskonstruktion im Recht der Hebräischen Bibel

Rechtsbegründung im Bundesbuch
aus textgeschichtlicher und exegetischer Perspektive

DE GRUYTER

ISBN 978-3-11-134153-8
e-ISBN (PDF) 978-3-11-134171-2
e-ISBN (EPUB) 978-3-11-134175-0
ISSN 0934-2575

Library of Congress Control Number: 2023948225

Bibliografische Information der Deutschen Nationalbibliothek
Die Deutsche Nationalbibliothek verzeichnet diese Publikation in der Deutschen Nationalbibliografie; detaillierte bibliografische Daten sind im Internet über http://dnb.dnb.de abrufbar.

Satz: Meta Systems Publishing & Printservices GmbH, Wustermark
Druck und Bindung: CPI books GmbH, Leck

www.degruyter.com

Inhalt

Vorwort

Die vorliegende Arbeit wurde im Mai 2023 an der Theologischen Fakultät der Martin-Luther-Universität Halle-Wittenberg als Dissertation verteidigt und für den Druck geringfügig überarbeitet. Das Werden dieser Arbeit wurde von vielen Seiten unterstützt und begleitet. Dafür bin ich sehr dankbar.

Ich danke der Landesgraduiertenförderung Sachsen-Anhalt und der Gerda Henkel Stiftung für die großzügige finanzielle Unterstützung, die mir den nötigen Freiraum für dieses Projekt gab. Das Programm PROMOS aus Mitteln des DAAD und die Johann-Wilhelm-Fück-Stiftung ermöglichten mir einen Sprach- und Forschungsaufenthalt in Israel.

Dankbar bin ich auch den Kolleginnen und Kollegen des Hallenser Instituts für Bibelwissenschaften für alle anregenden Gespräche, ergiebigen Diskussionen sowie Zeiten des gemeinsamen Denkens und (nicht nur) gedanklichen Reisens. In der Kooperation zwischen der Universität Tel Aviv und der Martin-Luther-Universität Halle-Wittenberg blieb dies nicht auf Halle begrenzt, sondern fand darüber hinaus eine bereichernde Fortsetzung mit Kolleginnen und Kollegen aus Israel. Neben allen, die über die Jahre in den unterschiedlichsten Zusammenhängen zu einer äußerst fruchtbringenden Arbeitsatmosphäre beigetragen haben, danke ich für ihre Anregungen, Unterstützung, Beratung und Expertise namentlich Oded Essner, Professor Dr. Noam Mizrahi, Professor Dr. Ophir Münz-Manor, Professor Dr. Dr. h. c. Abraham Tal, Dr. Alina Tarshin, Leonhard Becker, Jens Kotjatko-Reeb, Dr. Jutta Noetzel, Martin Tscheu, Professor Dr. Ernst-Joachim Waschke und apl. Professor Dr. Benjamin Ziemer.

Professor Dr. Frank Alexander Ueberschaer danke ich für die im besten Sinne lehrreiche Zeit an seinem Lehrstuhl und sein Gutachten. Professor Dr. Reinhard Müller gebührt Dank für seine gutachterliche Mitwirkung und seine hilfreichen Hinweise. Professor Dr. Michael Germann sei für seine Expertise sowie den ertragreichen Austausch zwischen den Disziplinen gedankt.

Die Herausgebenden der BZAW haben meine Arbeit dankenswerterweise in diese Reihe aufgenommen. Seitens des Verlages halfen kompetent und verlässlich Dr. Albrecht Döhnert, Alice Meroz, Sabina Dabrowski und Andreas Brandmair.

Großer Dank gebührt meinem Doktorvater, Professor Dr. Stefan Schorch. Er begleitete diese Arbeit durch alle ihre Phasen. Seinem Zutrauen in dieses Projekt, seiner vielfältigen Beratung und Unterstützung in fachlichen, methodischen, konzeptionellen, formalen sowie manchmal auch ganz praktischen Fragen habe ich viel zu verdanken.

Meine Freundinnen und Freunde sowie meine Familie haben die Beschäftigung mit diesem Projekt sehr unmittelbar erlebt und unterstützt. Für alle Geduld, alles Lachen, alle wertvolle Erdung und unermüdliches Mitgehen danke ich insbe-

https://doi.org/10.1515/9783111341712-203

sondere meinem Mann und unseren wunderbaren Kindern, die ein paar Größen ihrer Kinderschuhe mit diesem Projekt geteilt haben.

Halle (Saale), im Advent 2023 Amrei Koch

Abkürzungsverzeichnis und sprachliche Gleichstellung

Der Gebrauch von Abkürzungen richtet sich nach

Schwertner, Siegfried M., IATG^{3}. Internationales Abkürzungsverzeichnis für Theologie und Grenzgebiete, Berlin/Boston ^{3}2014.

Dudenredaktion (Hg.), Duden. Die deutsche Rechtschreibung. Bd. 1, Berlin ^{28}2020.

Weitere verwendete Abkürzungen

(...)	Ketib (Verwendung im MT)
[...]	Qere (Verwendung im MT)
Ø	keine Entsprechung
AK	Afformativkonjugation, Perfekt
$\mathrm{AK}^{\mathrm{cons}}$	Perfekt consecutivum
Akk.	Akkusativ
akt.	aktiv
c.	communis
cs.	constructus
dtn	deuteronomisch
dtr	deuteronomistisch
DtrG	Deuteronomistisches Geschichtswerk
E1	Ereignis 1 (gemäß *plot*)
E-1	Gegenereignis zu E1
E1a	Alternative bezüglich E1
Etpe	Etpeʿel
f.	feminin
G^{I}	Erster Apparat der Göttinger LXX-Ausgabe
G^{II}	Zweiter Apparat der Göttinger LXX-Ausgabe
H	Heiligkeitsgesetz
Hif	Hifʿil
Hit	Hitpaʿel
Hof	Hofʿal
i. e.	id est/das heißt
Imp.	Imperativ
Ind.	Indikativ
Inf.	Infinitiv
LXX	Septuaginta
m.	maskulin
med.	medium
Ms(s)	Handschrift(en)
MT	Masoretischer Text
Nif	Nifʿal
P.	Person
Pa	Paʿel
pass.	passiv
Pe	Peʿal

https://doi.org/10.1515/9783111341712-204

Perf.	Perfekt
Peš	Pešiṭta
Pi	Piʿel
PK	Präformativkonjugation, Imperfekt
PK^{J}	Jussiv
Pl.	Plural
Ptz.	Partizip
Pu	Puʿal
Sam	Samaritanus
sam.	samaritanisch
SamT	Sam. Targum
Sg.	Singular
T1	Ereignis 1 (gemäß *story*)
TgO	Targum Onkelos
TPsJ	Targum Pseudo-Jonathan
Übers.	Übersetzung
Vg	Vulgata
Z1	Zustandsaussage 1

Eigene Übersetzungen und die Angabe von Wortbedeutungen im Fließtext sind ohne annotierten Zitatnachweis in Anführungszeichen gesetzt.

Sprachliche Gleichstellung

Personen- und Funktionsbezeichnungen gelten gleichermaßen für alle Geschlechter.

1 Fragestellung und Thema der Arbeit

Viele Rechtsbestimmungen des Pentateuchs sind mit expliziten Begründungen versehen. Dieser Befund wirft Fragen auf: Sollte zur Begründung eines normativen Anspruchs nicht genügen, dass das Recht als von Gott gesetzt gilt? So sagt beispielsweise Ex 24,3:

> וַיָּבֹ֣א מֹשֶׁ֗ה וַיְסַפֵּ֤ר לָעָם֙ אֵ֚ת כָּל־דִּבְרֵ֣י יְהוָ֔ה וְאֵ֖ת כָּל־הַמִּשְׁפָּטִ֑ים וַיַּ֨עַן כָּל־הָעָ֜ם ק֤וֹל אֶחָד֙ וַיֹּ֣אמְר֔וּ
> כָּל־הַדְּבָרִ֛ים אֲשֶׁר־דִּבֶּ֥ר יְהוָ֖ה נַעֲשֶֽׂה׃

Welche Bedeutung hat diese Autorisierung angesichts der Mitteilung verschiedener weiterer Begründungen? Wie wird Recht im Pentateuch generell autorisiert? Welches Weltbild stützt seine Normativität?

Diese Fragen konturieren das Thema der vorliegenden Arbeit, welche die Konstruktion von Autorität und Normativität in den Gesetzen der Hebräischen Bibel am Beispiel des Bundesbuches Ex 20,22–23,33 untersucht. In der Eingrenzung auf das Bundesbuch widmet sich der Hauptteil der Arbeit einem klar abgegrenzten Korpus, welches verschiedene Formen alttestamentlichen Rechts abbildet: So finden sich hier, der klassischen Unterscheidung folgend, sowohl kasuistisch als auch apodiktisch formulierte Rechtssätze mit und ohne Begründung (z. B. Ex 20,25.26; 22,15.27), zudem auch Gesetze, die kasuistische und apodiktische Phänomene vereinen (z. B. Ex 21,8).

Hinsichtlich der Begründungen im Recht des Bundesbuches sind unterschiedliche Reichweiten oft deutlich markiert: Manche Begründungen beziehen sich übergreifend auf mehrere Gesetze (z. B. Ex 20,24), andere nur auf einzelne (z. B. Ex 20,25), weitere auf das gesamte Bundesbuch (z. B. Ex 20,22; 23,13). Dabei werden die Begründungen von Autorität und Normativität nicht immer expliziert, sondern können auch durch Einbettungen in und Verknüpfungen mit dem narrativen Zusammenhang des Pentateuchs zum Ausdruck gebracht werden (z. B. Ex 21,2–11). Dementsprechend wird im Rahmen der vorliegenden Analysen untersucht und dargestellt, wie sich die Beziehungen zwischen unterschiedlichen Texträumen auf die Bedeutung der jeweiligen Rechtsbegründungen auswirken: Inwiefern haben die Textgrenzen, also die Einengung oder Erweiterung von Texträumen, Einfluss auf die Rechtsbegründung? Lassen sich diesen unterschiedlichen Fokussierungen entsprechende Lese- und Deutungsprozesse in den verschiedenen Textzeugen nachweisen? Welche literar- und texthistorischen Spuren haben Veränderungen von Sinnkonstruktionen hinterlassen?

Die Bearbeitung dieser Fragen steht im Fokus der Textanalysen in Kapitel 4 und 5 dieser Arbeit. Konzeption und Methodik der Arbeit werden im Anschluss

https://doi.org/10.1515/9783111341712-001

an den im zweiten Kapitel gebotenen forschungsgeschichtlichen Überblick im Rahmen der methodischen Grundlegungen im dritten Kapitel vorgenommen. Das abschließende Kapitel 6 bietet eine Zusammenfassung der Ergebnisse.

2 Forschungsgeschichtlicher Überblick

2.1 Von Albrecht Alt zu Erhard Gerstenberger

Die gezielte Untersuchung von Begründungsstrukturen im Recht der Hebräischen Bibel ist bis zur Mitte des 20. Jh. keine eigenständige Frage der alttestamentlichen Forschung. Im Umgang mit dem Phänomen einzelner Begründungsklauseln dominierte unter dem Ideal einer quellenkritischen Aufschlüsselung des Textes überwiegend die Ausscheidung dieser Elemente als sekundär.[1] Darüber hinaus getroffene Aussagen zum Charakter des Begründungs- und Autorisierungszusammenhangs alttestamentlicher Rechtstexte verblieben mehrheitlich in einer allgemeinen Beschreibung der *gottesrechtlichen* Konzeption des alttestamentlichen Rechts.[2] Dabei speise sich die Begründung und Autorisierung des Rechts übergreifend aus der Rückbindung an den göttlichen Bereich.[3] Für das Recht der Hebräischen Bibel trifft diese generelle Beobachtung zunächst insofern zu, als dass die maßgeblich im Pentateuch vorliegenden Rechtsbestimmungen als göttliche Anweisungen in die Gesamterzählung eingebunden sind (z. B. Ex 20,22; 21,1). Die neben dieser generellen Konzeption bestehenden Ausdifferenzierungen werden im Laufe des 20. Jh. Gegenstand der Forschung.

In seinem Aufsatz *Die Ursprünge des israelitischen Rechts* führte Albrecht Alt 1934 die Unterscheidung von kasuistischem und apodiktischem Recht ein. Alt stellt heraus, dass das Volk Israel das kasuistische Recht aus der kanaanäischen Rechtskultur übernommen und im Rahmen der (Laien-)Gerichtsbarkeit angewandt habe.[4] Das apodiktische Recht hingegen sei in der Wüstenzeit entstandenes Gottesrecht des amphiktyonischen Israel, welches gänzlich auf Jhwhs Herrschaftsanspruch gründe. In den Rechtstexten der Hebräischen Bibel trage sich im Neben- und Ineinander der beiden Rechtsformen ein Dualismus der ursprünglich kanaanäischen Rechtskultur, die mit dem kasuistischen Recht in das Volk Israel eingetragen werde, und des genuin israelitischen Rechts, welches im apodiktischen Recht vorliege, aus. Dabei strebe der im apodiktischen Recht verbürgte Herrschaftsanspruch Jhwhs nach einer Durchdringung aller Rechtsbereiche.[5]

Alts These prägte die alttestamentliche Forschung für etwa dreißig Jahre und erfuhr in dieser Zeit eine systematische Ausweitung und Modifikation in Gestalt

---

1 S. z. B. Holzinger, *Exodus*, XVIII.

2 So beschrieb z. B. Hempel 1930 die Dienstbarmachung des Rechts für den Gottesgedanken als Spezifikum des israelitischen Rechts (vgl. Hempel, „Gottesgedanke“, 395).

3 Vgl. Brague, *Law of God*, vii f.

4 Vgl. Alt, „Ursprünge“, 288 f.298 f.

5 Vgl. Alt, „Ursprünge“, 330–332.

https://doi.org/10.1515/9783111341712-002

der Vorstellung eines amphiktyonischen Bundesrechts, z. B. im Rahmen der Forschungen der Alt-Schüler Martin Noth und Gerhard von Rad.[6]

Vor dem Hintergrund wachsender Kritik an Alts Vorstellung eines genuin israelitischen, apodiktischen Jhwh-Rechts[7] setzte Erhard Gerstenberger in seiner 1961 vorgelegten Dissertation *Wesen und Herkunft des ‚Apodiktischen Rechts‘* zur Destruktion dieser These an. Gerstenberger verankert auf Basis eines gattungsgeschichtlich geprägten Zugangs das so genannte apodiktische Recht in Gestalt ausgewählter Prohibitive im Bereich des Sippenethos. Er bestimmt die Prohibitivformulierungen – in Verwandtschaft zur Spruchweisheit – ursprünglich als mündliche Unterweisung in der Sippenordnung, die vom jeweiligen Familienoberhaupt getragen werde und sich an heranwachsende Männer richte.[8] Der Rückgriff auf die mündliche Vorgeschichte der Rechtssätze stellt einerseits angesichts seines unabwendbar hypothetischen Charakters eine methodisch bedingte Schwachstelle im Entwurf Gerstenbergers dar.[9] Andererseits wird Gerstenbergers These in ihrer Grundannahme der Einbindung von Recht in kleine gesellschaftliche Einheiten im Weiteren durch ethnologische und kulturanthropologische Forschungsergebnisse gestützt, die in „Gewohnheit, Brauch, Herkommen und Sitte […] menschheitsgeschichtlich und weltweit de[n] wohl bedeutendste[n] Geltungsgrund des Rechts“[10] sehen.

Ausgehend von den Ergebnissen der Arbeit Gerstenbergers erkennen im Verlauf der alttestamentlichen Forschung zahlreiche Forschungsbeiträge eine Nähe zwischen den Gattungen ‚Recht‘ und ‚Weisheit‘.[11] Eine Verbindung zwischen Recht und Weisheit nahm auch David Daube in seinen 1964 gehaltenen Gifford Lectures *Law and Wisdom in the Bible* an.[12] Darüber hinaus formulierte Daube erstmals in der Forschung des 20. Jh. die These der Existenz einer tiefgreifenden Verbindung von Recht und Erzählung.[13] 1947 stellte er in dem Aufsatz *Law in the Narratives* die seinerzeit verbreitete Hypothese des umfassend religiösen Charakters von Recht infrage und setzte ihr die Annahme entgegen, dass in der Hebräischen Bibel vorausliegende rechtliche Denkmuster einen Zuschnitt auf theologische Interessen hin erfahren haben.[14] Zum Beweis seiner These spürt Daube Rechtskon-

6 S. weiterführend den Überblick bei Stamm, „Dekalogforschung“, 207–217.
7 S. die Literaturzusammenstellung bei Gerstenberger, *Wesen und Herkunft*, 23 Anm. 1.
8 Vgl. Gerstenberger, *Wesen und Herkunft*, 110–117.
9 Vgl. auch Bernhardt, „Rezension Gerstenberger“, 180.
10 Weitzel, „Grund des Rechts“, 137.
11 So z. B. Weinfeld, *Deuteronomy and the Deuteronomic School* (1972); Blenkinsopp, *Wisdom and Law in the Old Testament* (1995); Jackson, *Wisdom-Laws* (2006). S. dazu auch Anm. 41.
12 S. Daube/Carmichael, *Law and Wisdom*.
13 Vgl. auch Hepner, *Legal Friction*, 7.
14 Vgl. Daube, „Law in the Narratives“, 1.

zepte in ausgewählten Erzähltexten des Pentateuchs auf und liest z. B. das Vorzeigen des blutbefleckten Mantels Josephs durch dessen Brüder (Gen 37) als formale, rechtliche Beweisführung im Zusammenhang der Verantwortlichkeit der älteren Brüder für den jüngeren, welche ebenso die in Ex 22,6 f.12 f. festgeschriebenen Bestimmungen spiegeln.[15] Das Vorausliegen rechtlicher Denkmuster vor deren religiöser Um- und Überformung zeigt Daube insbesondere für das religiöse Konzept der Erlösung auf, welches eine religiös zugeschnittene Form des sozialrechtlichen Konzepts der Lösung (גאלה) darstelle.[16] In diesem Zusammenhang weist Daube zudem auf eine wechselseitige Beeinflussung zwischen der Exoduserzählung und sozialrechtlicher Gesetzgebung und erwägt, dass unter Vorrang der Rechtskonzepte die Exoduserzählung als Interpretation sozialrechtlicher Denkmuster gelesen werden könne.[17]

Der forschungsgeschichtliche Wert dieser Untersuchung Daubes liegt mit Blick auf die Erhebung von Begründungsstrukturen im alttestamentlichen Recht vor allem in der methodischen Einbeziehung von Erzähltexten in die Betrachtung alttestamentlichen Rechts. Auf inhaltlicher Ebene ist die Auflösung der bis dato verbreiteten Annahme einer religiösen Umklammerung rechtlicher Denkmuster bedeutend.

2.2 Von Berend Gemser zu Rifat Sonsino

Einen weiteren Forschungsbereich, der für die Frage nach Begründungsstrukturen im alttestamentlichen Recht relevant ist, bearbeiten Gemser, Uitti, Doron und Sonsino. 1953 machte Berend Gemser auf das Phänomen der Begründungsklauseln im alttestamentlichen Recht aufmerksam. Mit dem Artikel *The Importance of the Motive Clause in Old Testament Law* legte er eine formale und inhaltliche Analyse zu Begründungsklauseln im alttestamentlichen Recht vor.[18] Darin definiert Gemser *motive clauses* als „grammatically subordinate sentences in which the motivation for the commandment is given“,[19] bezieht aber zugleich asyndetische Parataxe, wie z. B. die im Heiligkeitsgesetz häufig angefügte Formel אני יהוה (Lev 18,6 u. ö.), in seine Betrachtungen ein.[20] Die Einbeziehung asyndetischer Parataxe stellt in Gemsers Untersuchung eine Diskrepanz zu der von ihm veran-

15 Vgl. Daube, „Law in the Narratives“, 3–16.
16 Vgl. Daube, „Law in the Narratives“, 39–62.
17 Vgl. Daube, „Law in the Narratives“, 43–54.
18 S. Gemser, „Motive Clause“, 50–66.
19 Gemser, „Motive Clause“, 50.
20 Vgl. Gemser, „Motive Clause“, 55.

schlagten Definition des *motive clause* als subordinierter Satz dar. Diese Widersprüchlichkeit verdeutlicht, dass mit der von Gemser gegebenen Definition das Phänomen der Begründungselemente im alttestamentlichen Recht nicht in Gänze erfasst werden kann.

Gemser arbeitet vier Typen zur Charakterisierung rechtlicher Begründungsklauseln heraus: 1. erklärende Sätze (*explanatory*), 2. ethische Sätze (*ethical*), 3. religiöse Sätze in kultischer und theologischer Hinsicht (*religious: cultic, theological*) und 4. religiöse Sätze in historischer Hinsicht (*religious-historical*).[21] Problematisch an dieser Unterteilung ist die Vermengung der funktionalen und inhaltlichen Ebene in der Kategorie *explanatory*, da die Funktion des Erklärens den Begründungsklauseln *per se* innewohnt. Auch die unscharfe Verwendung des Begriffes *religious* gibt Anlass zur Kritik an Gemsers Kategorisierung.[22]

Neben dem Versuch der Klassifikation von Begründungsklauseln sind zwei weitere Beobachtungen Gemsers für die Forschung bedeutend geworden: Zum einen verzeichnet Gemser innerhalb des Pentateuchs einen Anstieg in der Häufigkeit des Auftretens von Begründungsklauseln vom Bundesbuch über das Deuteronomium bis zum Heiligkeitsgesetz. Zum anderen stellt er in der Präsentation von *motive clauses* eine Eigenart des altisraelitischen Rechts fest, die in keiner anderen altorientalischen Gesetzessammlung ein Pendant habe.[23] Dies erklärt Gemser aus der Wesensart der alttestamentlichen Rechtstexte: Sie seien, ausgehend von Gott als imaginierter Legislative, an das Volk Israel selbst adressiert und in ihren Begründungen auf den gesunden Menschenverstand (*common sense*) bezogen.[24]

Gemsers Problemanzeige aufgreifend widmete sich Roger William Uitti in seiner 1973 vorgelegten Dissertation *The Motive Clause in Old Testamtent Law* der Untersuchung dieser Begründungselemente in sieben Textabschnitten der Hebräischen Bibel, die er unter Verweis auf Martin Noth als Rechtssammlungen abgrenzt.[25] Uitti erweitert Gemsers Modell der Kategorisierung von Begründungsklauseln und trennt zwischen 1. dem mit der Motivation versehenen Inhalt (*subject*), 2. der Art der Motivation (*kind*) und 3. dem Bezugsfeld der Motivation (*area*). Uittis Darstellung zufolge treten Begründungsklauseln 1. an familiäre, zivile, militärische oder religiöse Bestimmungen, fungieren 2. als Warnung, Ermutigung oder Erklärung und beziehen sich 3. menschengebunden auf Vernunft,

21 Vgl. Gemser, „Motive Clause“, 55 f.
22 Vgl. auch Sonsino, *Motive Clauses*, 105.
23 Vgl. Gemser, „Motive Clause“, 51 f.
24 Vgl. Gemser, „Motive Clause“, 62 f.
25 Vgl. Uitti, *Motive Clause*, 9.

Selbsterhaltung oder Ethik bzw. gottgebunden auf Jhwhs Person, seine Anweisungen oder Heilstaten.[26]

Des Weiteren schlüsselt Uitti das Vorkommen von Begründungsklauseln in einer zu Gemsers Zählweise konkurrierenden Statistik auf,[27] gelangt aber dennoch zu einer Bestätigung der Aussage, dass die Häufigkeit des Auftretens der untersuchten Begründungsklauseln von älteren zu jüngeren Texten zunehme.[28] In älteren Rechtssammlungen dominiere das Phänomen der Motivation religiöse bzw. kultische Bestimmungen. Daraus schlussfolgert Uitti, dass das Phänomen der Motivation auf geschichtlicher Ebene mit dem frühen Kult verbunden gewesen sei und bestimmt es in seiner weiteren Untersuchung als originär im kultischen Bereich verwurzeltes, predigtähnliches Element.[29] Dieses habe in jüngeren Rechtstexten der Hebräischen Bibel eine homiletische Ausformung erhalten.[30]

Die Untersuchung Uittis umfasst ebenso einen Vergleich mit altorientalischen Rechtssammlungen.[31] Im Rahmen dessen modifiziert Uitti Gemsers These, dass das Auftreten von Begründungsklauseln insgesamt genuin israelitisch sei, unter Verweis auf Begründungsklauseln z. B. im Codex Hammurabi, und stellt fest, dass das Anfügen von Motivationen an kasuistisches Recht nicht als genuin israelitisch gelten könne.[32]

Eine Untersuchung der Begründungsklauseln des Dtn nach formalen, funktionalen und inhaltlichen Gesichtspunkten nahm Pinchas Doron 1978 in seinem Artikel *Motive Clauses in the Laws of Deuteronomy* vor. Darin konstatiert er zunächst, dass das Merkmal grammatikalischer Subordination zur Erfassung von Begründungsklauseln nicht ausreiche, sondern um logische Subordination zu erweitern sei. Paränetische Textstücke schließt er aus der Betrachtung des Begründungsphänomens jedoch aus.[33] Des Weiteren hält Doron die inhaltlichen Kategorien Gemsers für zu weit gefasst und schlägt stattdessen folgende Gruppierung vor: humanistische Motive, Verweise auf die Erwählung und Heiligkeit Israels, Aussicht auf göttlichen Lohn, didaktische Begründungssätze.[34] Insbesondere die letztgenannte Kategorie bringt durch die Vermengung der inhaltlichen und funktionalen Ebene Dorons Gruppierung in eine Schieflage, welche auch sein Hinweis auf einen di-

26 Vgl. Uitti, *Motive Clause*, 91 f.
27 S. Uitti, *Motive Clause*, 129–134.
28 Vgl. Uitti, *Motive Clause*, 134.
29 Vgl. Uitti, *Motive Clause*, 131.301 f.
30 Vgl. Uitti, *Motive Clause*, 287.
31 S. Uitti, *Motive Clause*, 257–294.
32 Vgl. Uitti, *Motive Clause*, 270 f.
33 Vgl. Doron, „Motive Clauses", 61 f.
34 Vgl. Doron, „Motive Clauses", 73.

daktischen Charakter der Belohnungsstrategie und des Dtn generell[35] nicht auszugleichen vermag.

1980 setzte Rifat Sonsino mit seiner Dissertation *Motive Clauses in Hebrew Law* zu einer formkritisch basierten Neubewertung der Thematik der Begründungsklauseln (*motive clauses*) an. Sonsino unterscheidet zunächst nach syntaktischen Formmerkmalen zwischen *laws in the conditional form* und *laws in the unconditional form* und plädiert angesichts der Existenz von Mischformen sowie aus terminologischen Gründen für die Ablösung der Alt'schen Begriffe.[36] Zudem befürwortet Sonsino die Unterscheidung von Paränese und Begründungsklauseln: Paränese trete von konkreten Bestimmungen unabhängig auf und finde sich im Sinne einer generellen Aufforderung zum Gehorsam gegenüber den Gesetzen häufig in den Rahmenstücken alttestamentlicher Rechtssammlungen. Begründungsklauseln hingegen seien in inhaltlicher Abhängigkeit zu Gesetzesregelungen formuliert. Unabhängige Paränese (*independent parenetic statement*) scheidet Sonsino daher aus seiner Untersuchung aus.[37] Diese definitions- und formkritisch geleitete Begrenzung auf syntaktische bzw. inhaltliche Abhängigkeit beschränkt den Wert der Untersuchung Sonsinos in Bezug auf die Frage nach Begründungsstrukturen des alttestamentlichen Rechts, da sie den großen inhaltlichen Sektor der allgemeinen Paränese, im Rahmen derer z. B. mit der umfassenden Aussicht auf Lohn in Form von Segen zu Gehorsam motiviert wird,[38] ausblendet.

Unter Rekurs auf Vorarbeiten z. B. von Rads und Gerstenbergers stellt Sonsino in formaler und funktionaler Hinsicht signifikante Ähnlichkeiten zwischen den Begründungsklauseln der Rechtstexte und weisheitlichen Sentenzen fest. Dies führt ihn zu der Annahme einer Rezeption weisheitlicher Formen und weiterer literarischer Genres in den Begründungsklauseln sowie zur Bestimmung einer didaktischen Abzweckung von *motive clauses*:[39]

> The motive clauses in biblical laws, to a large extent, appear to have been formulated like the motivations found in wisdom instructions and probably under the influence of wisdom literature in general. Ultimately, they seem to point to a teaching function.[40]

---

35 S. Doron, „Motive Clauses", 76 f.

36 Vgl. Sonsino, *Motive Clauses*, 252 f. Diesem Vorschlag ist die Mehrheit der alttestamentlichen Forschung bisher nicht gefolgt. Im Gegenteil: Die formale Unterscheidung von kasuistischen und apodiktischen Rechtssätzen ist in der Forschung seit Alt weitestgehend übernommen worden (vgl. Westbrook, „Covenant Code", 98 f.). Explizit plädiert insbesondere Hans J. Boecker dafür, die Alt'schen Kategorien wegen ihrer formalen Plausibilität und Bekanntheit fernerhin anzuwenden (vgl. Boecker, *Recht und Gesetz*, 171).

37 Vgl. Sonsino, *Motive Clauses*, 67.69.

38 S. dazu Lohfink, *Hauptgebot*, 90–97.

39 Vgl. Sonsino, *Motive Clauses*, 121–123.

40 Sonsino, *Motive Clauses*, 175.

Mit dem Stichwort ‚Weisheit' rekurriert Sonsinos Entwurf auf ein vergleichsweise unspezifisches Genre,[41] sodass eine konkrete literarische und gattungsbasierte Verortung des Phänomens schwerlich möglich ist. Angesichts dessen stellt sich die Funktionsbeschreibung einer didaktischen Abzweckung als eine argumentativ schwach gestützte These dar, welche der Rekonstruktion eines Sitzes im Leben die Bahn ebnet.

Im Rahmen seiner Analyse ordnet Sonsino in Ausweitung des Modells Uittis die mit Begründungsklauseln versehenen Bestimmungen vier Bereichen zu: 1. dem kultisch-sakralen Bereich, 2. dem zivilen Bereich, 3. dem Bereich von Humanität und Moral und 4. dem politischen Bereich.[42] Die Begründungsklauseln selbst gliedert Sonsino in solche, die zur Begründung den Inhalt des begründeten Gesetzes heranziehen, und solche, die zum Gesetz inhaltsfremde Begründungen einbringen.[43] Die Begründungsinhalte sind laut Sonsino vielfältig und können z. B. als Werturteile, als Diagnosen, als Verweise auf die göttliche Autorität und auf historische Erfahrungen sowie als Strafandrohung oder Aussicht auf Wohlergehen auftreten.[44]

Mittels Untersuchung altorientalischer Rechtstexte stellt Sonsino im Horizont seiner formkritischen Definition fest, dass diese das Phänomen der Begründungsklauseln auch aufweisen, jedoch in geringerer Häufigkeit und Vielfalt. Damit widerlegt Sonsino, wie bereits Uitti, Gemsers Annahme der Einzigartigkeit dieser Strukturen im altisraelitischen Recht. Ein Proprium des alttestamentlichen Rechts stellt Sonsino dennoch fest: So seien das Anführen historischer Begründungen und der Aussicht auf Wohlergehen sowie die aktive Einbeziehung der Gottheit in Gesetzestexte und deren Konzeption in den weiteren Rechtstexten des Alten Orients nicht zu finden.[45]

Gemsers, Uittis und Sonsinos Arbeiten stellen zur Beschreibung, Systematisierung und Einordnung der *motive clauses* unverzichtbare Forschungsleistungen dar. Sie ermöglichen keine umfassende Beschreibung des Begründungsphänomens im alttestamentlichen Recht, verdeutlichen allerdings, dass die Rechtsbestimmungen der Hebräischen Bibel über deren gottesrechtliche Verankerung hinaus auf vielerlei Plausibilisierungszusammenhänge verweisen.

---

41 Im Forschungsdiskurs mehren sich Positionen, die die Existenz einer mehr oder minder homogenen ‚Weisheits'-Tradition infrage stellen (s. Sneed, „Is the 'Wisdom Tradition' a Tradition?", 50–71) bzw. gar die Gefahr eines *‚Pan-Sapentialismus'* sehen (s. Kynes, „Wisdom Tradition", 11–38). Die Rekonstruktion einer Verbindung von Recht und Weisheit beruht im Lichte dieser Kritik auf dem umstrittenen Postulat einer abgrenzbaren Weisheits-Tradition.

42 Vgl. Sonsino, *Motive Clauses*, 86.

43 Vgl. Sonsino, *Motive Clauses*, 106.

44 Vgl. Sonsino, *Motive Clauses*, 107–117.

45 Vgl. Sonsino, *Motive Clauses*, 155.173–175.

2.3 Von Bernard Jackson zu Christine Hayes

Bernard Jackson entwickelte seinen methodischen Zugang zu den alttestamentlichen Rechtstexten seit den 1970er Jahren als Schüler David Daubes.[46] Er nähert sich diesen Texten unter Anwendung einer an Greimas angelehnten Semiotik sowie unter Rückgriff auf Erkenntnisse z. B. der kognitiven Entwicklungspsychologie (Piaget, Kohlberg) und der Kulturanthropologie (Hallpike).[47] Diesen Zugang sieht er als Gegenstück zur komparativen Methodik, welche auf evolutionären Prämissen beruhe.[48] In Abgrenzung zu Entwürfen, welche die Gesetze des Pentateuchs in westlichen Rechtsmodellen beschreiben, geht Jackson davon aus, dass alttestamentliche Rechtsbestimmungen der prä-institutionellen, selbstständigen Regelung von Konflikten dienen und sich in diesem Zusammenhang auf eine narrative Konzeption, welche in mündlicher Überlieferung wurzele, beziehen. Dahingehend prägt und verwendet er den Begriff *wisdom-laws*,[49] welche angesichts ihres breiten Bezugshorizontes zum Erlangen eines adäquaten Verständnisses einer semiotischen Analyse der bedeutungsgebenden Tiefenstrukturen bedürften.[50] Die Entwicklung und Anwendung dieser interdisziplinär aufgestellten Methodik, welche in ihrer Komplexität den Charakter des Untersuchungsgegenstandes spiegelt, ist zur Vermeidung methodisch bedingter Verengungen und Unschärfen von hohem forschungsgeschichtlichen Wert[51] und führt Jackson zu einer fruchtbaren Weiterentwicklung und Vertiefung des Ansatzes Daubes.

Im Unterschied zu Jacksons semiotischem Zugang verortet Calum Carmichael, ebenfalls ein Schüler Daubes, in seiner Forschungsarbeit sein Verständnis alttes-

---

46 Vgl. Jackson, *Semiotics*, 11 f.

47 S. den ausformulierten Zugang in Jackson, *Semiotics*, 21–41.

48 Vgl. Jackson, *Semiotics*, 11–13.

49 Vgl. Jackson, *Semiotics*, 70 f.

50 Vgl. Jackson, *Semiotics*, 23–29.

51 Hier sei auf eine weitere Diskussion in der Forschungsgeschichte verwiesen: In seinem Artikel *Some Postulates of Biblical Criminal Law* suchte Moshe Greenberg 1960 übergreifende Grundwerte (*postulates*) in strafrechtlichen Regelungen des Pentateuchs. Die sozial- und religionsgeschichtliche Deutungsabsicht im Umgang mit dem alttestamentlichen Recht kritisierend, stellt Greenberg zur Erhebung rechtlicher Grundwerte einzelne alttestamentliche Strafrechtsbestimmungen den Regelungen des Codex Hammurabi gegenüber und setzt einen zu Codex Hammurabi vergleichbaren Grad an Kohärenz bzw. Inkonsistenz für das alttestamentliche Recht voraus (vgl. Greenberg, „Postulates", 25 f.). Jackson erkennt in Greenbergs Entwurf einen Mangel an Definitionen und methodischer Kontrolle: Die Rekonstruktion von Grundwerten des Rechts könne unter der Voraussetzung rechtspositivistischer Implikationen und eines holistischen Pentateuch-Verständnisses nicht in Form der Suche nach expliziten Prinzipen gelingen, sondern bedürfe der Sensitivität der semiotischen Methode, welche die jeweilige Sinnkonstruktion in ihrer elementaren, kommunikativen und pragmatischen Ebene erfassen könne (vgl. Jackson, „Values", 604.606).

tamentlicher Gesetze völlig im Horizont der alttestamentlichen Erzählliteratur: Er vertritt die These, dass in der Hebräischen Bibel eine ‚organische Einheit' zwischen Recht und Erzählung vorliege und dementsprechend für jede rechtliche Bestimmung eine Verbindung zu einem Erzählinhalt bestehe.[52] In diesem Sinne beschrieb er zunächst die Rechtsbestimmungen des Dtn als Reflexion prä-exilischer Erzählungen.[53] Sodann setzte er 1992 in *The Origins of Biblical Law* dieses Modell für die Dekalog-Fassungen in Ex 20 sowie Ex 34 und die *mischpatim* des Bundesbuches um. Die *mischpatim* des Bundesbuches seien demnach kommentierende Ausformungen rechtlicher Art zu Erzählungen aus Gen und Ex und in ihrer Anordnung aus der Abfolge der Erzählungen erklärbar.[54] Otto attestiert Carmichaels Entwurf einen Mangel in der Berücksichtigung der diachronen Dimension der Texte, die Entkoppelung des Rechts von realgeschichtlichen Bezügen und einen methodischen Zirkelschluss, der die Abhängigkeit der *mischpatim* von den jeweiligen Erzählungen faktisch voraussetze.[55] Carmichaels Entwurf konnte, obgleich er bemerkenswerte einzelne Einsichten bietet, in der Forschung bisher nicht generell überzeugen.

Neben den innovativen Zugängen Carmichaels und Jacksons setzte in den 1980er Jahren in der exegetischen Methodenlehre eine generelle Entwicklung ein, die u. a. ausgehend von Shimon Bar-Efrat (1979) und insbesondere Robert Alter (1981) eine auf die synchrone Ebene der Texte fokussierte narrative Exegese befördert, welche darauf beruht, biblische Texte in ihrer vorliegenden Gestalt als literarische Kunstwerke zu begreifen und unter Anwendung eines literaturwissenschaftlichen Instrumentariums zu analysieren.[56] Diese beeinflusste auch die Forschung zum alttestamentlichen Recht. Ferner stellte der 1982 erschienene Aufsatz *Nomos and Narrative* von Robert Cover einen Wendepunkt dar, der im rechtsphilosophischen Bereich die so genannte *Law and Literature*-Bewegung[57] und in der alttestamentlichen Forschung im Zusammenspiel mit dem aufkommenden *literary approach* eine besondere Sensitivität für die Erforschung des Zusammenhangs zwischen Rechts- und Erzähltexten freisetzte. So widmen sich seither zahlreiche Forschungsbeiträge der Untersuchung des Verhältnisses von Recht und Erzählung in der Hebräischen Bibel.[58] Von diesen Entwürfen wird in den hier

52 Vgl. Carmichael, *Origins*, 10.

53 Vgl. Carmichael, *The Laws of Deuteronomy*, 31.

54 Vgl. Carmichael, *Origins*, 74–227.

55 Vgl. Otto, „Rezension Carmichael", 1024–1026.

56 S. Bar-Efrat, *Wie die Bibel erzählt*; Alter, *The Art of Biblical Narrative*.

57 Vgl. Brooks, „Narrativity", 9.

58 Neben den näher beschriebenen Entwürfen s. ferner z. B. Barmash, „The Narrative Quandray" (2004); Adam, „Law and Narrative" (2008); Hepner, *Legal Friction* (2010); Chavel, *Oracular Law and Priestly Historiography in the Torah* (2014).

vorliegenden forschungsgeschichtlichen Überblick eine Auswahl aufgenommen, welche einen wesentlichen Beitrag zur Frage nach dem Verhältnis von Recht und Erzählung im Rahmen der Erhebung von Begründungsstrukturen im alttestamentlichen Recht leistet.

1986 beschrieb Harry P. Nasuti die Verbindung der Gattungen ‚Recht' und ‚Erzählung' in der Hebräischen Bibel als eine Konzeption mit einer planvollen Dynamik, welche im Laufe des Leseprozesses der Auseinandersetzung und Definition des Lesers diene.[59] Unter Rückgriff auf Forschungen Eric Auerbachs und Stanley Hauerwas' zeigt Nasuti, dass das Recht der Hebräischen Bibel in seiner narrativen Kontextualisierung zur Bildung und Erhaltung einer gemeinsamen Identität beitrage.[60] Das Recht stelle einen „hermeneutical guide to the narrative"[61] dar und bedinge, z. B. mittels der Angabe historischer Begründungsklauseln, eine Identifikation mit den unterschiedlichen Akteuren der angespielten Erzählungen.[62]

Eine diesen Entwurf weiterführende Interpretation des Zusammenspiels von Gesetzes- und Erzähltexten bot James Watts 1999 mit *Reading Law – The Rhetorical Shaping of the Pentateuch*. Darin betrachtet er die Kombination von *story* (Erzähltexten), *list* (Gesetzestexten) und *divine sanction* (göttliche Sanktionierung) als gängige antike Rhetorik-Strategie, welche im Rahmen der öffentlichen Verlesung der Gesetze dazu diene, die Judäer in der Perserzeit von der Identifikation mit dem im Pentateuch präsentierten Israel zu überzeugen, um sich der Jerusalemer Tempelgemeinde anzuschließen.[63] Das Element der *story* charakterisiert Watts für den Bundesschluss am Sinai in Ex 19–24 folgendermaßen:

> These stories serve to (1) establish YHWH's legitimacy on the basis of past and present events, (2) ground Israel's legal obligations on communal self-committal, and (3) explain and authorize Moses' role as mediator on the basis of the people's request. Story thus legitimates the origins and the application to Israel of the lists of laws.[64]

Watts beschreibt die Funktion der Erzählelemente im Umfeld der Rechtstexte somit im Zusammenhang der Begründung und Legitimation von Autoritätsansprüchen als Teil einer generellen rhetorischen Strategie. Gleichermaßen sieht er im Phänomen der Begründungsklauseln eine kleinräumige Anwendung jenes rhetorischen Musters.[65] Doch merkt Jackson zutreffend an, dass Watts' Zugang

59 Vgl. Nasuti, „Identity", 23.
60 Vgl. Nasuti, „Identity", 15 f.
61 Vgl. Nasuti, „Identity", 19.
62 Vgl. Nasuti, „Identity", 12–16.
63 Vgl. Watts, *Reading Law*, 15–31.36–49.145.
64 Watts, *Reading Law*, 50.
65 Vgl. Watts, *Reading Law*, 65–67.

kein narratives Modell biete, welches die Erfassung einer inhaltlichen Verbindung zwischen *story* und *list* zulasse und die Erzähltexte zum Verständnis der Rechtstexte heranziehe. Stattdessen erkläre in Watts' Entwurf die *story* lediglich die Existenz der *list*,[66] ohne deren inneren Zusammenhang zu erfassen.

In Bezug auf die Frage nach jenem inneren Zusammenhang insistierte Steven D. Fraade 2005 unter Rückgriff auf Robert Covers Modell auf die Existenz einer engen inhaltlichen Beziehung zwischen *Nomos* und *Narrativ*. Zur Verdeutlichung der Cover'schen These (s. 3.2) führt Fraade weitere Texte aus der jüdischen, näherhin rabbinischen Tradition an und macht auf den artifiziellen Charakter der Trennung von ‚Gesetz' und ‚Erzählung' aufmerksam: So seien insbesondere durch die Übersetzung des hebräischen Nomens תורה mit dem Griechischen νόμος und später dem Lateinischen *lex* der ursprünglich im Sinne von ‚Weisung' weitreichende Gehalt des Wortes תורה und auch die Wahrnehmung des Charakters des Pentateuchs auf die Bedeutung ‚Gesetz' verengt worden.[67] Gegen diese Tendenz sei zwischen ‚Gesetz' und ‚Erzählung' jedoch eine enge Beziehung feststellbar, die sich u. a. in stets wiederkehrenden, interpretativen Prozessen von *legal extraction* und *renarrativization* äußere.[68]

Fraade beschreibt in seiner Untersuchung eine Ursache der Trennung von *Nomos* und *Narrativ*, verifiziert seine These dem Aufriss seiner Analyse entsprechend jedoch nicht an alttestamentlichen Rechtstexten. Der Untersuchung alttestamentlichen Rechts widmete sich Chaya Halberstam. Sie machte 2007 in ihrem Artikel *The Art of Biblical Law* vor dem Hintergrund der Arbeiten Harry Nasutis, Robert Alters und James Watts' erneut auf die Künstlichkeit der strikten Dichotomie zwischen den Gattungen ‚Recht' und ‚Erzählung' aufmerksam. Halberstam beschreibt mittels des Nachweises der Anwendung gleicher rhetorischer Strategien und narrativer Elemente Kontinuitäten zwischen ‚Recht' und ‚Erzählung'.[69] Auf diesen basiere im Sinne einer *narrativization*[70] des Rechts die Verflechtung zwischen *narrative vision* und *legal praxis*:[71]

> I [sc. Halberstam; AmK] would suggest that in the Hebrew Bible, narrative may have overtly legal aims, while law may utilize the devices of narrative; the essential continuity of law and narrative, veiled in modern legal writing by the language of impassivity, is manifest in the Hebrew Bible. Both narrative and law may offer us models vision and praxis intertwined.[72]

66 Vgl. Jackson, *Semiotics*, 29 f. Anm. 18.
67 Vgl. Fraade, „Before Nomos and Narrative", 84.
68 Vgl. Fraade, „Before Nomos and Narrative", 89.95.
69 Vgl. Halberstam, „Biblical Law", 347.355 f.361.
70 Zum Begriff s. Hayes, *Divine Law*, 41 f.
71 Vgl. Halberstam, „Biblical Law", 345.355 f.
72 Halberstam, „Biblical Law", 360.

Die in den jeweiligen Forschungsarbeiten zunehmend wahrgenommenen und systematisch beschriebenen Kontinuitäten zwischen ‚Recht' und ‚Erzählung' bedurften zudem einer Grundlegung in der Hermeneutik. Ausgehend von den Entwicklungen in der Erforschung des Verhältnisses von ‚Recht' und ‚Erzählung' seit den 1980er Jahren fasste Dominik Markl für die synchrone Untersuchung der Rechtstexte des Pentateuchs 2005 in einer Problemanzeige das Forschungsdesiderat einer narrativen Rechtshermeneutik zusammen und bezog dabei ebenso die Frage nach Begründungsstrukturen des Rechts ein. Eine narrative Rechtshermeneutik habe die Pragmatik von ‚Recht' und ‚Erzählung' zu berücksichtigen und in ihrer Methodik unterschiedliche Fragerichtungen, z. B. nach der rechtlichen Konstitution Israels, der Funktion der Erzählung für das Recht und der Reichweite des rechtlichen Geltungsanspruchs, zu ermöglichen.[73] Bezüglich der Pragmatik von ‚Recht' und ‚Erzählung' hält Markl zunächst fest, dass „[d]ie Erzählung [...] den Rechtstexten hermeneutisch und pragmatisch übergeordnet"[74] sei. Davon ausgehend stelle sich im Rahmen der narrativen Rechtshermeneutik u. a. die Frage nach der Funktion der Erzählung für die Geltung und Begründung des Rechts.[75]

Dieses Desiderats einer narrativen Rechtshermeneutik nahm sich Assnat Bartor an und legte 2010 mit *Reading Law as Narrative* eine Untersuchung der kasuistischen Rechtssätze des Pentateuchs vor, in der sie mittels der Analyse von u. a. Sprachgebrauch, Perspektive und Adressaten des Rechts narrative Elemente in kasuistischem Recht aufspürt. Methodisch arbeitet Bartor im Sinne eines *close reading* sowie der rhetorischen und semiotischen Zugänge von Watts und Greimas bzw. Jackson.[76] Im Ergebnis hält Bartor fest, dass die narrative Lesung der alttestamentlichen Rechtstexte zwar nichts zum normativen Gehalt des Rechts beitrage, dass sie allerdings weitere Bedeutungshorizonte eröffne, welche z. B. die Konstruktion von Teilhabe und Beeinflussung der beteiligten Akteure, die Eintragung menschlicher Grunderfahrung und die Verwendung narrativer Elemente als der Internalisierung dienende Deutungskategorien verstehen lassen.[77] In dieser Hinsicht beschreibt Bartors Analyse die Vermittlung der jeweiligen Intention der Gesetze mittels deren narrativer Strukturierung.[78] Ihr Ausschluss der normativen Dimension, die diese Form von Narrativität evoziert, scheint daher nur mit Blick auf die Frage nach einem historischen Prozess der Rechtssetzung

---

73 Vgl. Markl, „Narrative Rechtshermeneutik", 107–121.
74 Markl, „Narrative Rechtshermeneutik", 115.
75 Vgl. Markl, „Narrative Rechtshermeneutik", 116 f.
76 Vgl. Bartor, *Reading Law*, 12 f.
77 Vgl. Bartor, *Reading Law*, 183 f.
78 Vgl. auch Otto, „Recht in der Erzählung", 363.

und -autorisierung, politischer oder intellektueller Art,[79] gerechtfertigt. Mit Blick auf die Plausibilisierung der Gesetze, welche deren Normativität befördert,[80] trägt die narrative Analyse des Rechts durchaus zur Erhellung der Frage nach dem Aufbau von Normativität und Autorität bei (s. 3.2).

Die Erforschung des Verhältnisses von ‚Recht' und ‚Erzählung' machte zudem eine Neubewertung der Frage nach dem gottesrechtlichen Charakter biblischen Rechts erforderlich, zu welcher Christine Hayes 2015 eine Monographie vorlegte. In *What's Divine about Divine Law?* untersucht sie die Vorstellungen zu Gottesrecht (*divine law*) in biblischen Texten, griechisch-römischer Denkwelt sowie Zeugnissen des antiken und rabbinischen Judentums.[81] In Bezug auf die biblischen Texte stellt Hayes drei gottesrechtliche Diskursformen heraus: Gottesrecht (1) als Konkretion des göttlichen Willens, (2) als Ausformung der göttlichen Vernunft und (3) als Geschichtserzählung. In der Erarbeitung dieser drei Muster weist Hayes die Multidimensionalität gottesrechtlicher Konzeptionen in biblischen Texten nach, deren Rezeption in nachbiblischer Zeit zu unterschiedlichen, teils diametral gegensätzlichen Ausformungen im Rechtsverständnis führe.[82] Hayes' luzide Beschreibung der Multidimensionalität der Gottesrechtsvorstellung stellt einen wichtigen Beitrag zur Erforschung biblischen Rechts dar und fordert im Rahmen der Untersuchung von Begründungsstrukturen im Recht der Hebräischen Bibel insbesondere die Wahl eines Zugangs, der dieser Multidimensionalität gerecht wird.[83]

2.4 Forschungen zum Bundesbuch: Von Eckart Otto zu Bernard Jackson

Der im Folgenden skizzierte forschungsgeschichtliche Abriss, der auf Untersuchungen zum Bundesbuch zugespitzt ist,[84] setzt mit Eckart Ottos *Wandel der*

---

79 S. dazu Schmid, „Normativity“, 134 f.; Vroom, *Authority of Law*, 202–213.
80 S. dazu Cover, „Nomos and Narrative“, 4 f.; Forst, „Rechtfertigungsnarrativ“, 14.
81 Vgl. Hayes, *Divine Law*, 1–10.
82 Vgl. Hayes, *Divine Law*, 14–53.
83 S. dazu Hayes, *Divine Law*, 51 f.
84 Weiterführend sei auf den Bereich der alttestamentlichen Forschung verwiesen, der sich der Frage nach dem Verhältnis zwischen Bundesbuch und Dtn widmet, hier allerdings wegen der vorliegenden thematischen Zuspitzung nicht näher ausgeleuchtet wird. Seit Ende der 1990er Jahre sind u. a. die Arbeiten von Bernard Levinson (z. B. *Deuteronomy and the Hermeneutics of Legal Innovation* 1997), John van Seters (z. B. *A Law Book for the Diaspora* 2003) und Eckart Otto (z. B. *Rechtshermeneutik in der Hebräischen Bibel* 2008) sowie Kevin Mattison (*Rewriting and Revision as Amendment in the Laws of Deuteronomy* 2018) zu nennen.

Rechtsbegründungen in der Gesellschaftsgeschichte des Antiken Israel ein. 1988 legte Otto diese Studie vor, in der er die Rechtsbestimmungen des Bundesbuches (Ex 20,22–23,13) untersucht und in deren Begründungen einen spezifischen Wandlungsprozess beobachtet, der ihn folgende Entwicklung nachzeichnen lässt: Zunächst sei Recht Gegenstand des Familienverbandes gewesen, wobei auch hier bereits im Falle intergentaler Konflikte Überschneidungen zwischen den jeweiligen Sippenrechten auftraten. Mit zunehmender Staatlichkeit der Gesellschaft sei das Sippenrecht schließlich in Gerichten, üblichen Verfahrensstrukturen und mehr und mehr festen Gesetzesregelungen institutionalisiert worden, sodass zunehmend ein einheitliches Straf-, Prozess- und soziales Schutzrecht entstanden sei, das seine Basis und Begründung in der gemeinsamen sozialen Identität habe. Im Zuge der sozialen Differenzierung sei diese Basis schließlich verlorengegangen, sodass insbesondere die sozialen Rechte zum Schutz der Armen einer neuen Begründung bedurften, welche mittels der Theologisierung des sozialen Schutzrechts einsetzte. Die dabei vorgenommene Verknüpfung profanen Rechts mit dem Gottesbegriff sei ein entscheidender Schritt, der eine ganz eigene Dynamik entfaltet und letztlich dazu geführt habe, dass nach und nach das gesamte Recht auf Jhwh zurückgeführt worden sei.[85] Ottos Arbeit, die auf Ergebnisse der Forschungen Gerstenbergers zurückgreift (s. 2.1), stellt einen bedeutenden Beitrag zur Erhellung der Rechts- und Gesellschaftsgeschichte Altisraels dar und legt in konsequent diachroner Ausrichtung ihren Fokus auf historische Ableitungen aus dem alttestamentlichen Rechtstext, welche zur Rekonstruktion der Sozialgeschichte Israels und der redaktionsgeschichtlichen Genese des Textes herangezogen werden können.

Im Anschluss an Gerstenberger und Otto legte Ludger Schwienhorst-Schönberger 1990 mit seiner Dissertation eine literar- und redaktionsgeschichtliche Studie zur Entstehung und Theologie des Bundesbuches vor. Darin rekonstruiert er als Grundbestand des Bundesbuches ein kasuistisches Rechtsbuch profaner Natur, welches ohne legislative Autorität mit gewohnheitsrechtlichem Geltungsanspruch auskomme und bis ins 9./8. Jh. als solches tradiert und fortgeschrieben worden sei. Anschließend habe eine proto-dtn Gottesrechtsredaktion, welche soziale und sakrale Bestimmungen eingefügt und das Rechtsbuch als Gottesrede stilisiert habe, eine Theologisierung jenes Profanrechts vorgenommen. Eine dtr Redaktion nomistischer Prägung (DtrN) habe sodann das Bundesbuch im Lichte des Dekalogs überarbeitet, an das Dtn angepasst, gezielte Stichwortverbindungen u. a. zur Exoduserzählung eingefügt und das Rechtsbuch in die Sinaiperikope und den Makrokontext des DtrG eingebunden. Die Verhältnisbestimmung zwischen Bun-

85 Vgl. Otto, *Rechtsbegründungen*, 2.

desbuch und Dekalog in der Sinaiperikope gehe schließlich auf das Konto der nachfolgenden priesterlichen Redaktion, welche dem Bundesbuch den Dekalog am Sinai vorangestellt und einen expliziten Verweis auf den Dekalog in das Bundesbuch eingefügt habe.[86]

Schwienhorst-Schönbergers Arbeit trägt trotz sorgfältiger und präziser Beobachtungen aufgrund der gewählten Herangehensweise vielfach hypothetischen Charakter[87] und baut auf umfangreichen forschungsgeschichtlich gebundenen Voraussetzungen auf. Für die Frage nach Begründungsstrukturen im Recht des Bundesbuches sind der in der Arbeit nachgezeichnete Weg vom Profanrecht mit gewohnheitsrechtlicher Normativität zum Gottesrecht mit einer Autorisierung durch die göttliche Anordnung sowie die Beobachtung der gezielten An- und Einbindung des Rechts in narrative Textstücke bedeutend.

Im selben Jahr wie Schwienhorst-Schönberger reichte Yuichi Osumi seine redaktions- und kompositionsgeschichtlich angelegte Dissertation zum Bundesbuch ein,[88] welche schließlich 1991 erschien. Osumis Vorgehen besteht darin, literarische Strukturregeln und -elemente zu erheben und so die kompositionelle Struktur und Schichtung des Bundesbuches aufzudecken. Den kompositionellen Kern des Bundesbuches bilden für Osumi ein religiöses Rechtsbuch in Ex 34,11–26 und ein kasuistisches Rechtsbuch im *mischpatim*-Teil von Ex 21 f. Mittels Komposition einer 2.P.Sg.-Schicht sei, unter völligem Umbau von Ex 34, eine Verknüpfung der beiden Rechtsbücher vorgenommen und dabei das religiöse Rechtsbuch in den Zusammenhang von Ex 22 f. integriert worden. In der Vereinigung der beiden Rechtsbücher habe sich mit der 2.P.Sg.-Schicht eine Theologisierung des Sozialrechts vollzogen. Zum adäquaten Verständnis der Rechtsbestimmungen müsse daher die Systematik des jeweiligen (ursprünglichen) Rechtsbuches beachtet werden, wobei das *mischpatim*-Buch vor dem Hintergrund seiner institutionellen Bindung und das religiöse Rechtsbuch angesichts der Frage nach der religiösen Identität Israels zu betrachten sei.[89]

In einer weiteren kompositionellen Bearbeitung sei eine 2.P.Pl.-Schicht eingezogen worden, welche die Struktur aus religiösen und sozialen Gesetzen festgesetzt und das Bundesbuch zur Verwendung in der gottesdienstlichen Unterweisung, z. B. am Jerusalemer Heiligtum, gestaltet habe. Die Einfügung in die Sinaiperikope habe das Bundesbuch allerdings erst nach seiner kompositionellen Fertigstellung erfahren, da Osumi keine literarischen Verknüpfungen des Bundes-

---

86 Vgl. Schwienhorst-Schönberger, *Bundesbuch*, 415–417.

87 Für eine kritische Einschätzung der Reichweite des redaktionsgeschichtlichen Modells s. insbesondere Ziemer, *Kritik*, 697–700.

88 Vgl. Groß, „Rezension Osumi", 145.

89 Vgl. Osumi, *Kompositionsgeschichte*, 219 f.

buches zur Sinaiperikope erkennt.[90] Diese Beobachtung scheint nicht nur im Lichte der Ergebnisse von Schwienhorst-Schönbergers Studie kaum haltbar (s. 4; 5). Des Weiteren ist Osumis Studie bisweilen methodische Unschärfe und thematische Verengung vorgeworfen worden.[91] Darüber hinaus ist das Vorgehen, derart weitreichende Rekonstruktionen kompositioneller Schichtungen wesentlich auf das Merkmal des Numeruswechsels zu gründen, fraglich. Die Problematisierung des Numeruswechsels ist in der Forschung umstritten[92] und insbesondere von Uitti 1973 als eine Problemstellung des modernen Lesers[93] entlarvt worden.

Einen von Ottos, Schwienhorst-Schönbergers und Osumis Herangehensweise gänzlich verschiedenen Entwurf zum Bundesbuch legte Joe M. Sprinkle 1994 vor. Als wesentliches Ziel seiner Arbeit benennt Sprinkle, die (wenigstens) Gleichwertigkeit des synchron angelegten, *literary approach* zu der diachron arbeitenden, quellenorientierten Methodik zu erweisen.[94] Für die konsequent synchrone Lesung der Sinaiperikope setzt Sprinkle, unter Rückgriff auf Chirichigno, die literarische Einheit von Ex 19–24 voraus und führt den Text auf *einen* Autor zurück.[95] Im Ergebnis seiner Analyse des Bundesbuches hält er fest, dass das Bundesbuch aus inhaltlicher, formaler und thematischer Sicht gut in den Pentateuch eingepasst sei und *transition verses* die Verbindung zu Erzählstücken gestalten. Strukturell seien das Bundesbuch und Ex 19–24 von Anordnungen im Sinne des Chiasmus und des Parallelismus geprägt. Inhaltliche Brüche und weitere (vermeintliche) Inkonsistenzen interpretiert Sprinkle dabei als bewusste kompositionelle Unterbrechungen, die die Aufmerksamkeit des Lesers auf hervorzuhebende Prinzipien lenken sollen.[96] Die konsequent synchrone Lesung des Bundesbuches als literarisches Kunstwerk führt Sprinkle schließlich zu der Schlussfolgerung, dass im Bundesbuch kein Rechtstext, sondern kunstvoll gestaltete Literatur vorliege, die moralische Aussagen zu rechtlichen und nicht-rechtlichen Angelegenheiten treffe.[97]

Sprinkles Zugang ist vorrangig wegen der Ausblendung oder gar Zurückweisung jeglicher diachroner Perspektive kritisiert worden.[98] Problematisch scheint aber vor allem der Zirkelschluss zwischen Sprinkles Voraussetzung und Ergebnis: Dank interpretativer Kunstgriffe in der Analyse bestätigt das Ergebnis der Arbeit *de facto* die Voraussetzungen *eines* Autors und der kunstvollen literarischen Anlage

---

90 Vgl. Osumi, *Kompositionsgeschichte*, 219 f.
91 Vgl. Groß, „Rezension Osumi“, 146.
92 S. dazu Sonsino, *Motive Clauses*, 197.
93 S. Uitti, *Motive Clause*, 83–87.
94 Vgl. Sprinkle, *Book of the Covenant*, 16.
95 Vgl. Sprinkle, *Book of the Covenant*, 17.23–27.
96 Vgl. Sprinkle, *Book of the Covenant*, 196–203.
97 Vgl. Sprinkle, *Book of the Covenant*, 206.
98 S. dazu Otto, „Rezension Sprinkle“, 328–332.

des Textes. Der Ansatz, Bezugstexte des Bundesbuches innerhalb des Pentateuchs zu eruieren und die Verbindungsebenen darzustellen,[99] führt ohne Berücksichtigung der diachronen Textdimension zu konstruierten, artifiziellen Interpretationen, denen eine dem quellenorientierten Vorgehen vorgeworfene vergleichbare Hypothetik anlastet,[100] und blendet wichtige Verhältnisbestimmungen aus.[101]

Im Jahr 2000 betrachtete Reinhard Kratz im Rahmen einer kompositionskritischen Studie den Zusammenhang von Ex 19–23. Für das Bundesbuch wies er darin eine Theologisierung des Rechts im historischen Kontext des Zerbrechens bzw. der Gefährdung staatlicher Strukturen im Israel und Juda des 8. Jh. v. Chr. nach, die mit einer 2.P.Sg.-Bearbeitung einsetze. Zudem diene die Einbindung des Bundesbuches in die Heilsgeschichte der „Beachtung und Bezeugung der Ausschließlichkeit Jhwhs",[102] die in der Einhaltung der Gesetze Gestalt gewinne.[103] Mit Blick auf das literargeschichtliche Verhältnis von Recht und Erzählung entnimmt Kratz den jeweiligen Textanschlüssen ein zugrunde liegendes Erzählgerüst und resümiert, dass ausgehend von der Zusammenstellung von Theophanie, Dekalog und Bundesbuch (Ex 19–23) das Gesetz fortgeschrieben worden sei.[104] Methodisch manifestiert sich hierin ein Modell des Textwachstums,[105] das zwar für die Scharnierstellen zwischen Recht und Erzählung sensibel ist, sich aber durch die *materialiter* überlieferte texthistorische Evidenz nicht begründen lässt.

2006 demonstrierte Bernard Jackson seine Theorie der *wisdom-laws* auf Basis des semiotischen Zugangs für die *mischpatim* des Bundesbuches. Jackson präfe-

---

99 S. z. B. Sprinkle, *Book of the Covenant*, 160–165.

100 Vgl. auch Otto, „Rezension Sprinkle", 329. Zur Illustration s. z. B. Sprinkle, *Book of the Covenant*, 201 f.

101 S. weiterführend auch die in je eigener Ausrichtung synchron angelegten Arbeiten von Raymond Westbrook und John van Seters. Dabei versucht Westbrook mit rechtskomparatistischen Analysen, alttestamentliches Recht im Rahmen eines vorausgesetzten, gemeinsamen altorientalischen Rechtsraumes zu interpretieren (s. Westbrook, „Covenant Code", 97–118). Van Seters hingegen weist redaktionsgeschichtliche Rekonstruktionen zurück und versteht das Bundesbuch auf Basis einer quellenkritischen Zuweisung zu J als literarisch einheitliches, spät zu datierendes Werk *eines* Autors aus der Exilszeit (s. van Seters, *Law Book*, 172–176).

102 Kratz, *Komposition*, 148.

103 Vgl. Kratz, *Komposition*, 144–148.

104 Vgl. Kratz, *Komposition*, 130.145.154. Ferner erwog Matthias Köckert 2002 mit Blick auf die Autorisierung des Rechts im Bundesbuch auf Basis von Überlegungen zur Komposition der vorderen Sinaiperikope und zur Theologisierung des Rechts im Bundesbuch, dass letzteres durch seine Verortung am Sinai signifikante Würde erhalte, die einerseits dessen Verbindlichkeit sowie andererseits die Verbindung von Kultus und Ethos einschärfe. Demnach sei das Bundesbuch zum Zweck der Autorisierung in die Sinaiperikope gelangt, als dessen bereits theologisierte Gestalt diese nicht mehr ausreichend leistete (vgl. Köckert, „Gesetz", 21).

105 Zur Problematik s. Ziemer, *Kritik*, 697–700.

riert dabei ein *narrative reading* der (kasuistischen) Rechtsbestimmungen, welches in der Sensitivität für narrative Bilder und gesellschaftliches Wissen den Gegebenheiten der mündlichen Überlieferung und Unterweisung gerecht werde.[106] Im Anschluss an die ausführliche Analyse der *mischpatim* aus Ex 21,1–22,16 entwirft Jackson eine Literargeschichte der *mischpatim* von ihrer mündlichen Verfasstheit über Einzelparagraphen und Zwischenstufen von Sammlungen bis zu deren finaler Zusammenstellung und Eingliederung in die Sinaiperikope.[107] Die Rekonstruktion der jeweiligen Zwischenstufen verbindet Jackson mit einer Geschichte zugehöriger Institutionen, die vom Anspruch elterlicher Autorität bis zu dem königlicher bzw. gerichtlicher reiche.[108] Die Integration des Rechts in das vorliegende Gesamtnarrativ transformiere das Recht zudem im Sinne eines theologischen Gebrauchs und beziehe dessen theologische Legitimation ein.[109]

Jacksons Arbeit verbindet unter dem Vorzeichen seiner These der *wisdom-laws* einen narrativen Zugang zum kasuistischen Recht in Ex 21,1–22,16 mit historischen Rekonstruktionen zu gesellschaftlichen und institutionellen Entwicklungen, welche durch weitere alttestamentliche und altorientalische Texte gestützt werden.[110] Problematisch stellen sich jedoch die redaktionsgeschichtlichen Annahmen Jacksons dar, die ohne externe Textevidenz von hypothetischer Natur bleiben.[111]

2.5 Schlussfolgerungen für die Konzeption der vorliegenden Arbeit

Für die vorliegende Arbeit zu Begründungsstrukturen im Recht der Hebräischen Bibel ergeben sich aus der bisherigen Forschung mehrere Schlussfolgerungen:

1. Der im Gesamtzusammenhang des Pentateuchs hervorstechende gottesrechtliche Zuschnitt alttestamentlicher Rechtsbestimmungen ist nicht einzig prägend für die Begründung der jeweiligen Gesetze. Stattdessen sind dem Recht der Hebräischen Bibel vielfältige Begründungszusammenhänge eingeschrieben. Diese treten in einzelnen Begründungsklauseln, allgemeiner rechtlicher Paränese sowie Verflechtungen zwischen Rechts- und Erzähltexten zutage.

106 Vgl. Jackson, *Wisdom-Laws*, 24–29.
107 Vgl. Jackson, *Wisdom-Laws*, 431–478.
108 Vgl. Jackson, *Wisdom-Laws*, 437.465.
109 Vgl. Jackson, *Wisdom-Laws*, 478.
110 S. z. B. Jackson, *Wisdom-Laws*, 462–465.
111 Vgl. auch Armgardt, „Rezension Jackson“, 745.

2. Zur umfassenden Erhellung des Phänomens der Begründung im alttestamentlichen Recht bedarf es unter Vermeidung inhaltlicher und formaler Engstellungen einer interdisziplinär verankerten, methodisch geleiteten Herangehensweise, welche eine Sensitivität gegenüber der genannten Vielfalt expliziter und impliziter Begründungsstrukturen aufweist und deren inhaltlicher Multidimensionalität genügt.
3. In der Hebräischen Bibel besteht eine sinntragende Verbindung zwischen Rechts- und Erzähltexten, die sowohl für das Verständnis als auch für die Plausibilisierung des Rechts relevant ist. Für die Analyse des Verhältnisses von ‚Recht' und ‚Erzählung' sind weder die Ausblendung der diachronen Perspektive noch innerhalb *einer* geschlossenen Textgestalt verbleibende literar- und redaktionsgeschichtliche Rekonstruktionen zielführend. Mit Blick auf die Rechtskorpora ist der von Jackson nachgezeichnete Weg, der ausgehend von Einzelgesetzen über Sammlungen von Rechtssätzen zur Zusammenstellung eines Gesetzeskorpus führt, im Sinne des bekannten Phänomens der Sammlungs- und Redaktionstätigkeit einleuchtend. Daher scheint insgesamt ein textempirisch basierter Zugang, der ohne weitreichende, forschungsgeschichtlich geprägte Prämissen auskommt, angemessen. Dieser setzt in synchroner Hinsicht bei der literarischen Struktur der Texte an und widmet sich in diachroner Hinsicht als Textgeschichte der Untersuchung und Verhältnisbestimmung ausgewählter Textzeugen (s. 3.3.2). Insofern zeichnet die diachrone Textanalyse eine Geschichte des produktiven Textlesens und -verstehens nach und bezieht sich auf Einsichten in produktive Prozesse der Textformierung, die aus dem Vergleich von in Manuskripten manifesten Texttraditionen sowie im Falle antiker Übersetzungen von deren rekonstruierten hebräischen Vorlagen gewonnen werden.

3 Methodik

3.1 Grundlegende Begriffs- und Verhältnisbestimmungen: Normativität, Autorität, Autorisierung

Die Fragestellung der vorliegenden Untersuchung bezieht sich auf Begriffe, die eine grundlegende Definition und Verhältnisbestimmung erfordern. Daher werden im Folgenden die Begriffe ‚Normativität', ‚Autorität' und ‚Autorisierung' zur Verwendung in dieser Arbeit bestimmt.

Unter dem Begriff ‚Normativität' wird generell der Vorschriftscharakter des Rechts verstanden.[112] Näherhin bezeichnet Normativität, in Anlehnung an Peter Stemmers Ontologie des Normativen, ein bindendes, wollensrelatives Müssen, welches Handlungsdruck erzeugt und an das Vorliegen von Gründen, die motivationales Potenzial tragen, gebunden ist.[113] Ausgehend von dieser Definition ist dem Normativitätsbegriff unweigerlich ein Verweis auf Begründbarkeit eingeschrieben.

Der Begriff ‚Autorität' bezeichnet die Eigenschaft der Maßgeblichkeit und ist an unterschiedliche personale oder institutionelle Ausformungen von Macht gebunden.[114] In dieser Hinsicht strebt Autorität nach Anerkennung bzw. Unterwerfung und ist selbst auf Begründung und Legitimierung angewiesen.[115]

Das Merkmal der Maßgeblichkeit und die Erwartung umfassender Verbindlichkeit prägen den Bereich des Rechts.[116] Dementsprechend kommt es mit Blick auf das Recht zu Überschneidungen zwischen Autorität und Normativität. Aus Stemmers ontologischer Betrachtung des Normativitätsbegriffs lässt sich schlussfolgern, dass Autorität der Normativität hierarchisch vorgeordnet ist:[117] Autorität begründet Normativität und Normativität entspringt der Autorität.

Gleichwohl speist sich auch die Anerkennung von Autorität im Rechtskontext aus Begründungs- und Legitimationsleistungen mit normativem Charakter.[118] In

112 Vgl. Kunz/Mona, *Rechtsphilosophie*, 6.

113 Vgl. Stemmer, *Normativität*, 8.12.96.104.

114 Vgl. Miethke, „Autorität I", in: *TRE 5* (1980), 18; Amelung, „Autorität III", in: *TRE 5* (1980), 36–40.

115 S. dazu Kunz/Mona, *Rechtsphilosophie*, 187 f. Dahingehend beschreibt Rainer Forst ‚Macht' als intentionale und erfolgreiche Beeinflussung des Raums der Gründe (vgl. Forst, „Rechtfertigungsnarrativ", 11.22 f.).

116 Vgl. Kunz/Mona, *Rechtsphilosophie*, 6.

117 Vgl. Stemmer, *Normativität*, 163.269.

118 In diesem Sinne synthetisieren insbesondere rechtspositivistische Entwürfe Autorität und Normativität zur Beschreibung des Geltungsgrunds von Recht (s. Kunz/Mona, *Rechtsphilosophie*, 6.26 f.). Als Beispiel sei auf den von Joseph Raz geprägten Begriff der Normativmacht (*normative power*) verwiesen (vgl. Raz, *Authority*, 16–19; Kuch, *Autorität*, 187 f.).

https://doi.org/10.1515/9783111341712-003

dieser Hinsicht verwendet die vorliegende Arbeit den Begriff ‚Autorisierung' zur Beschreibung der Zuweisung und Konstruktion eines autoritativen Anspruchs. Autorisierung bezieht sich auf die der Autorität vorausliegende Berechtigung. Sie legitimiert und begründet als Autoritätskonstruktion die Herstellung von Maßgeblichkeit und Verbindlichkeit.

3.2 Methodische Grundlegung mit Fokus auf die Fragestellung: Narrativität und Recht

Die Ausbildung rechtlicher Geltungskraft hat vielfältige Aspekte, die von verschiedenen Wissenschaftsdisziplinen reflektiert werden. Zur Untersuchung der Konstruktion von rechtlicher Autorität und Normativität bedarf es also eines methodischen Ansatzes, welcher die aus der Fragestellung resultierenden, unterschiedlichen Faktoren zu integrieren vermag. Weiterhin muss die methodische Herangehensweise zugleich dem zu untersuchenden Material angemessen sein. Die vorliegende Untersuchung ist dem Recht der Hebräischen Bibel gewidmet, welches im Pentateuch in narrativ eingebundener Form vorliegt. Der methodische Zugriff muss also in der Lage sein, die sich in biblischen Texten literarisch niederschlagenden Elemente der Konstruktion von Autorität und Normativität aufzuspüren. Diesen beiden Anforderungen der Fragestellung und des zu untersuchenden Materials wird das Narrativ gerecht.[119] Daher wird in dieser Arbeit als grundlegender methodischer Zugriff das rechtsphilosophische Modell von Robert Cover gewählt und auf das Anforderungsprofil der vorliegenden Untersuchung hin konkretisiert.

1983 legte Robert Cover mit seinem Artikel *Nomos and Narrative* eine Untersuchung zur Begründung von Normativität vor. Innerhalb der Welt des Normativen (*normative world*) bestehe eine untrennbare Verbindung zwischen *nomos*, d. h. Rechtsinstitutionen und -vorschriften, und *narrative*, d. h. bedeutungsgebenden Plausibilisierungen. Diese Verbindung leitet Cover im Wesentlichen aus dem Charakter der beiden Komponenten selbst her: Das Narrativ dränge auf eine Moral bzw. eine sinngebende verbindliche Fokussierung, wohingegen jede einzelne Regulation des Nomos der Verankerung im Diskurs bedürfe.[120] In diesem wechselseitigen Verhältnis kommt somit dem Narrativ eine entscheidende Rolle in der Begründung und Etablierung des Nomos als bindende Größe zu.

---

119 Zur Einschätzung der multidimensionalen Leistungsfähigkeit des Narrativs s. auch Hayes, *Divine Law*, 51 f.

120 Vgl. Cover, „Nomos and Narrative", 4 f.

Beschrieben als interpretative Plausibilisierung des Rechts,[121] wird das Narrativ zu einer „refer[ence; AmK] to the community's actual societal norms, attitudes, and aspirations".[122] Das Narrativ fungiert als Referenzrahmen, innerhalb und auf Grundlage dessen die interpretative Aneignung des Nomos geschieht. Das Narrativ überbrückt die Spannung, die der Nomos mit seiner Vision von einer anderen Realität, einem Konjunktiv oder gar Imperativ, zur faktischen, sozial konstruierten Realität, dem Indikativ, hervorruft.[123] Das Narrativ ist in der Lage, die verschiedenen Modi miteinander in Beziehung zu setzen, sie konkret auszugestalten und auf diese Weise die Begründung für die im Nomos angestrebte Vision bereitzustellen.

Konsequenterweise beschreibt der Referenzrahmen des Narrativs eine unabschließbare Vielzahl von einzelnen interpretativen Bezugnahmen auf Elemente des Nomos – „some small and private, others immense and public",[124] die jeweils als Ausformung des Narrativs zu erfassen sind. Mit anderen Worten: Der abstrakte Referenzrahmen des Narrativs ist nur in seiner konkreten einzelnen Verwirklichungsgestalt greifbar und zugänglich.[125]

Die Herausbildung von Normativität basiert laut Cover auf der Schaffung eines Narrativs. Sie vollziehe sich als diskursiver Prozess über die Bedeutung des jeweiligen Rechts innerhalb einer bestimmten Gemeinschaft.[126] Der Diskurs, d. h.

121 Vgl. Cover, „Nomos and Narrative", 7.

122 Levine, „Halacha and Aggada", 471.

123 Vgl. Cover, „Nomos and Narrative", 9 f.

124 Cover, „Nomos and Narrative", 7.

125 Mit dieser Interpretation der Konzeption Covers unterliegt der Begriff ‚Narrativ' keiner Zweiteilung, in der sich der Begriff selbst konkurriert. Samuel J. Levine hingegen interpretiert Covers Begriff als einen in zwei Bedeutungen geteilten und beschreibt das ‚Narrativ im weiteren Sinne' als multivalentes Gegenüber des Nomos, wohingegen das ‚Narrativ im engeren Sinne' die literarische Ausformung der Erzählung beschreibe (vgl. Levine, „Halacha and Aggada", 471 f. Anm. 29). Abgesehen von der Problematik, dass mit dieser Interpretation zwei verschiedene, ggf. sogar konträre Begriffe von ‚Narrativ' heraufbeschworen werden, wird diese Deutung Covers Entwurf nicht gerecht: Das ‚Narrativ im weiteren Sinne' anhand der Folie des Nomos als Nicht-Nomos zu bestimmen, greift zu kurz und widerspricht der von Cover betonten wesensmäßigen Zusammengehörigkeit von Nomos und Narrativ in der Welt des Normativen, in der beide zwar unterscheidbar, aber nicht voneinander trennbar seien (vgl. Cover, „Nomos and Narrative", 4 f.). Zudem verortet Cover die konkrete Ausformung des Narrativen, d. h. Levines ‚Narrativ im engeren Sinne', gleichermaßen im Spannungsfeld des Normativen: „The various genres of narrative – history, fiction, tragedy, comedy – are alike in their being the account of states of affairs affected by a normative force field." (Cover, „Nomos and Narrative", 10.) Eine Differenzierung innerhalb des Narrativ-Begriffs ist damit bei Cover nicht begründet. Das Narrativ ist notwendigerweise nur in einer konkret ausgeformten Gestalt anzutreffen, verweist als diese aber zugleich auf den umfassenderen Referenzrahmen des betreffenden Nomos (s. o.).

126 Vgl. Cover, „Nomos and Narrative", 5.10 f.

die „Kommunikation über die verschiedenen Richtigkeitsansprüche“,[127] führe Cover zufolge zwar zu einem gemeinsamen Nomos der jeweiligen Gruppe,[128] bringe aufgrund der Vielschichtigkeit von Bedeutungen[129] aber bisweilen unterschiedliche Interpretationen bzw. Narrative innerhalb der Gemeinschaft hervor.[130] Diese stellen genau dann Normativität her, wenn sie zwei Dinge einschließen: Selbstverpflichtung und Objektivierung.[131] Im Rahmen der Selbstverpflichtung akzeptiere der Einzelne die jeweilige interpretative Plausibilisierung als eigene und binde sich an die darin begründete Forderung. Im Rahmen der Objektivierung werde die im Narrativ begründete Forderung aus diesem herausgeschält und zum Objekt, zum Gesetz, gemacht, welches die Selbstverpflichtung der jeweils anderen erstrebe:[132]

> This objectification of the norms to which one is committed frequently, perhaps always, entails a narrative – a story of how the law, now object, came to be, and more importantly, how it became to be one's own.[133]

In der deutschsprachigen rechtsphilosophischen und politikwissenschaftlichen Forschung legte Rainer Forst ein anthropologisch fundiertes Konzept zur Äußerungsform in Narrativen vor, welches Covers Theorie zu erweitern vermag. Forst griff mit dem Frankfurter interdisziplinären Forschungsprogramm zur Herausbildung normativer Ordnungen im Jahr 2006 den Begriff ‚Rechtfertigungsnarrativ‘ auf, mit dem die Begründung von Normativität in Bezug auf größere Zusammenhänge gesamter Ordnungen beschrieben wird. Er verbindet die Bestimmung des Menschen als *animal rationale* (Aristoteles) mit der als *homo narrans* (Kurt Ranke) und beschreibt, dass die Orientierung des Menschen in der Welt und somit auch sein Angeben Rechenschaft gebender Gründe in Form von Geschichten geschehe, da der Mensch in erzählenden Sinnzusammenhängen lebe. Die Dimension des Narrativen sei damit zur Erhellung der Fundierung normativer Ordnun-

---

127 Kunz/Mona, *Rechtsphilosophie*, 180.

128 Vgl. Cover, „Nomos and Narrative“, 8.

129 Vgl. Cover, „Nomos and Narrative“, 16.

130 Vgl. Cover, „Nomos and Narrative“, 18.

131 Vgl. Cover, „Nomos and Narrative“, 45. In der Folge der Beschreibung der Herausbildung von Normativität wird zugleich das erhebliche kritische Potenzial des Narrativs deutlich: Da die interpretativen Plausibilisierungen im Wesentlichen dynamisch erscheinen und keiner formalen Kontrollinstanz unterliegen, stellen sie auch eine Herausforderung für die jeweils gültigen Normen dar (vgl. Cover, „Nomos and Narrative“, 17). D. h.: Vermag das aktuell gebräuchliche Narrativ die Selbstverpflichtung nicht (mehr) einzuschließen oder erzählt es eine konkurrierende Geschichte, so ist die Normativität der je objektivierten Norm radikal infrage gestellt.

132 Vgl. Cover, „Nomos and Narrative“, 45.

133 Cover, „Nomos and Narrative“, 45.

gen unerlässlich. Rechtfertigungsnarrative für normative Ordnungen basieren in Forsts Skizzierung auf historischen Gegebenheiten, werden langfristig überliefert und dabei verändert.[134] Sie werden zur ‚sedimentierten Legitimation',[135] die im Modus des Narrativen den Einzelnen zur emotionalen Identifikation mit der normativen Ordnung bewegen könne.[136]

Das Phänomen, das Cover und Forst unter dem Begriff ‚Narrativ' erfassen, beschrieb Jakob Licht 1980 in strukturell ähnlicher Weise in Bezug auf den biblischen Gründungsanspruch (טענת הכינון) des Volkes Israel. Ausgehend von Dtn 27,9 untersucht Licht, wie der Gründungsanspruch, d. h. die hochkomplexe und für das Volk Israel zugleich eminent wichtige Vorstellung der Konstituierung Israels als Volk Jhwhs, in der Hebräischen Bibel ausgedrückt wird. Der biblische Befund zeige, dass jene Vorstellung der Transformation zum Volk Jhwhs größtenteils implizit in verschiedenen Traditionen, z. B. in der des Bundes am Sinai, in der Exoduserzählung, der Überlieferung von der Landnahme oder gar bereits in der Geschichte Abrahams, zum Ausdruck komme:[137]

> Wir stellen fest, dass viele Bibelstellen den Gründungsanspruch ausdrücken: jede auf ihre Weise und jede von ihnen im Zusammenhang mit einem jeweils anderen Ereignis, sodass sie einander letztlich partiell widersprechen.[138]

Die unterschiedlichen Ausdrucksweisen und daraus resultierenden Widersprüchlichkeiten versucht Licht konzeptionell zusammenzuführen. Er gelangt zu einem Entwurf, der den Gründungsanspruch als einen „Überrest [זכר] eines historischen Gründungsereignisses"[139] beschreibt. Der Gründungsanspruch stelle somit ein Fragment dar, welches in sich das Bewusstsein um die *Existenz* eines transformativen Ereignisses bewahre und davon ausgehend in produktiver Erinnerung eine reiche historische Rückschau auf dieses Ereignis hin entfalte.[140] Das heißt: Der bedeutende Fakt, *dass* es eine bestimmte Gottestat zur Gründung des Volkes Israel gegeben habe,[141] verbleibe im Bewusstsein des Volkes Israel und werde in der Erinnerung mit Details ausgestaltet, sodass letztlich mehrere Erzählungen dazu entstanden seien.[142]

---

134 Vgl. Forst, „Rechtfertigungsnarrativ", 11–13.
135 Vgl. Forst/Günther, „Herausbildung normativer Ordnungen", 12.
136 Vgl. Forst, „Rechtfertigungsnarrativ", 14.
137 Vgl. Licht, „Claim of Establishment", 99–101.
138 Licht, „Claim of Establishment", 101. (Übers. AmK)
139 Licht, „Claim of Establishment", 123. (Übers. AmK)
140 Vgl. Licht, „Claim of Establishment", 124.
141 Vgl. Licht, „Claim of Establishment", 101.
142 Vgl. Licht, „Claim of Establishment", 124.

Die Parallelen von Lichts Konzept der produktiven Erinnerung, welche sich aus der Spur eines Fragments heraus entwickelt, zum Begriff des Narrativs in Covers und Forsts Entwurf werden in der Zusammenführung der Entwürfe deutlich: Die drei Autoren beschreiben die Strukturen der interpretativ aneignenden Bezugnahme auf ein abstraktes, sehr komplexes und zugleich als außerordentlich wichtig erachtetes Thema – dies ist bei Licht die Volkwerdung Israels, bei Cover und Forst die normative Ordnung. Dabei setzen insbesondere Cover und Licht voraus, dass die Subjekte eine Ahnung von der Sinnhaftigkeit und dem Wert der Thematik haben. Cover bindet diese Ahnung zurück an einen „*imagined* [Hervorhebung im Original] instant of unified meaning“[143] – d. h., an die in einer bestimmten Gemeinschaft geteilte Vorstellung der Existenz von Einheit in einem einstigen gemeinsamen, geoffenbarten, selbstevidenten Nomos.[144] Diese Ahnung von einem verblassten Moment, die sich bei Licht im Bewusstsein um die Existenz eines die Gemeinschaft einschlägig verändernden Ereignisses ausdrückt,[145] ist dem Einzelnen bzw. der Gemeinschaft nicht unmittelbar zugänglich. Daher gilt es, den verblassten Moment wieder mit Farbe zu füllen. Dies vollzieht sich in der interpretativen Aneignung der Thematik anhand von Erzählungen,[146] welche als komprimierte Erklärung der Thematik zu betrachten sind. Das Narrativ stellt somit ein besonders geeignetes Mittel dar, um abstrakte und in höchstem Maße komplexe Vorstellungen kurz und anschaulich auszudrücken. Bezogen auf den Bereich der Rechtsbegründung hat das Narrativ zudem den Vorteil effektiver Praktikabilität: So lässt sich die Erklärung der Bedeutung eines Rechtssatzes in einer kurzen, auch nur auf wenigen Ereignissen basierenden Erzählung viel einfacher konkret fassen und plausibilisieren als in einer begrifflichen Erörterung zur Bedeutung der Normativität des betreffenden Rechtssatzes.

Die vorgestellten und miteinander verbundenen Entwürfe ermöglichen auf unterschiedlichen Ebenen einen methodischen Zugriff auf die Rechtstexte der Hebräischen Bibel:

1. Die im Pentateuch präsentierten Rechtstexte bilden eine normative Ordnung ab und sind in die Gesamterzählung des Pentateuchs eingebunden, welche den Spannungsbogen von der Schöpfung (Gen) bis zu der unmittelbar bevorstehenden Landnahme und der Aussicht auf das Wohnen im Land (Dtn) umfasst. Diese Erzählung stellt – in Forsts Terminologie – ein Rechtfertigungsnarrativ dar, welches die gesamte Ordnung legitimiert. Dabei „verdichten sich Bilder, Partikularerzählungen, Rituale, Fakten sowie Mythen zu [einer; AmK]

143 Cover, „Nomos and Narrative“, 15.
144 Vgl. Cover, „Nomos and Narrative“, 14.
145 Vgl. Licht, „Claim of Establishment“, 124.
146 Vgl. Licht, „Claim of Establishment“, 124; Cover, „Nomos and Narrative“, 7.

wirkmächtigen Gesamterzählung[], die als Ressource der Ordnungssinngebung fungier[t].“[147]

Die Wirkungskraft der Gesamterzählung ist auf das Zusammenspiel ihrer einzelnen Bestandteile verwiesen. Dementsprechend ist insbesondere auf der Ebene der Gesamterzählung des Pentateuchs an den Schnittstellen zwischen Recht und Erzählung die Interaktion der jeweiligen Erzählinhalte mit der gesamten Erzählstruktur zu berücksichtigen (s. 4.1).

2. Vor dem Hintergrund von Covers und Lichts Theorien ist auch für das Recht der Hebräischen Bibel eine Vielfalt plausibilisierender Narrative zu erwarten. Dabei können zur Begründung einzelner Teile der normativen Ordnung Elemente aus der Darstellung der Gesamterzählung aufgegriffen, neu akzentuiert und auf die individuelle Aneignung der Adressaten hin zugespitzt werden.[148] Dementsprechend ist bei der Betrachtung rechtlicher Teilstücke, d. h. abgrenzbarer Gesetzescluster und einzelner Rechtskorpora, auf Profilierungen, Umprägungen oder Verschiebungen bei den herangezogenen Begründungsinhalten zu achten.
3. Einzelne Begründungsklauseln haben die Aufgabe, das jeweilige Einzelgesetz zu plausibilisieren. Von Covers Konzept her lassen sich Einzelbegründungen als Bindeglied zu einem den Nomos stützenden Narrativ verstehen. Basierend auf Lichts Entwurf kann die Bedeutungszuschreibung des betreffenden Rechtssatzes als זכר,[149] als Überrest eines bedeutenden Ereignisses, begriffen werden, auf welches die Begründung interpretativ Bezug nimmt. Die nicht unmittelbar greifbare Bedeutung des Rechtssatzes verdichtet sich somit in dessen Begründung. Diese komprimierte Grundangabe lässt sich gemeinsam mit dem betreffenden Gesetz in ein Mikronarrativ entfalten, welches das Gesetz plausibilisiert. Das heißt: Eine konkrete Erzählung belebt die abstrakte Thematik der Bedeutung des Rechtssatzes[150] und verleiht dem Rechtssatz Plausibilität.[151] Insofern setzt das Bewusstsein um die Bedeutung des Rechtssatzes mehrere, bisweilen durchaus verschiedene, kurze Erzählungen frei, die diese abstrakte Thematik füllen und pointiert greifbar machen.[152] Auf der Einzelebene der Gesetze sind damit aus der Verbindung von Ereignissen, z. B. im Vorliegen von Begründung und Rechtssatz, Mikronarrative herauszuarbeiten und auf ihren Begründungswert für den jeweiligen Rechtssatz hin zu untersuchen (s. 5.1–3).

147 Forst, „Rechtfertigungsnarrativ“, 14.
148 S. dazu Forst, „Rechtfertigungsnarrativ“, 14; Cover, „Nomos and Narrative“, 16.18.
149 Vgl. Licht, „Claim of Establishment“, 123.
150 S. dazu Licht, „Claim of Establishment“, 124.
151 Vgl. Cover, „Nomos and Narrative“, 4.
152 S. dazu Licht, „Claim of Establishment“, 101.124.

In der Rekonstruktion von Recht *als* Erzählung lassen sich vor dem Hintergrund von Covers und Lichts Modellen somit, gegen die Grenzziehung Assnat Bartors (s. 2.3),[153] Aussagen zur Normativitätsdimension des jeweiligen Textes treffen.

3.3 Methodische Grundlegung mit Fokus auf den Untersuchungsgegenstand: Erzähltheorie und Intertextualität

3.3.1 Erzähltheorie: Zugänge und Arbeitsbegriffe

Dem Narrativ kommt in den Entwürfen Covers und Forsts *die* entscheidende Rolle zur Begründung und Herausbildung rechtlicher Autorität und Normativität zu. Allerdings enthält keiner der Entwürfe eine auf Texte anwendbare Definition des Begriffs ‚Narrativ'. Daher ist das Narrativ als eigenständige Größe in seiner Struktur zu beschreiben, um zu einer Definition und Konzeption des Begriffs zu gelangen, die für den Untersuchungsgegenstand ‚biblischer Text' anschlussfähig ist. Zu diesem Zweck werden narratologische Zugänge der Literaturwissenschaft herangezogen. Die Narratologie beschäftigt sich mit in Sprache gefassten Narrativen[154] und ist dem Untersuchungsgegenstand angemessen, insofern sie zur Analyse sich textlich niederschlagender Narrative konzipiert ist.

Was ist ein Narrativ? In der narratologischen Forschung wird das Narrativ als „representation of at least two real or fictive events"[155] definiert. D. h.: Narrative sind Ereignisketten. Die Literaturwissenschaftlerin Shlomith Rimmon-Kenan bestimmt ein *event* bzw. ‚Ereignis' als „something that happens".[156] Ein *event* beschreibt die Änderung einer Situation oder eines Zustandes[157] und ist folglich an belebte und/oder unbelebte Akteure gebunden,[158] die diese Änderung herbeiführen und/oder erleben.[159]

Auf Basis dieser Definition des Narrativs als verbale Darstellung einer Abfolge mehrerer Ereignisse ergeben sich verschiedene Abstraktionsebenen zur Analyse:

---

153 S. Bartor, *Reading Law*, 183 f.

154 Vgl. Rimmon-Kenan, *Fiction*, 2. Zu beachten ist die darin getätigte Abgrenzung zu nichtsprachlich vermittelten Narrativen z. B. in darstellenden Künsten.

155 Prince, *Dictionary*, 58.

156 Rimmon-Kenan, *Fiction*, 3 f.

157 Rimmon-Kenan trennt nicht streng zwischen *event* und *state*, da jedes Ereignis eine Vielzahl an Zuständen und Zustandsänderungen einschließe (vgl. Rimmon-Kenan, *Fiction*, 15).

158 Prince erfasst diese Akteure unter dem Begriff *existents* (vgl. Prince, *Dictionary*, 28).

159 S. dazu auch Bal, *Narratology*, 13.

1. *story* und *plot*: Ereignisse und Charaktere;
2. Text: Zeit, Charakterisierung, Fokalisierung;
3. Narration: Ebenen, Stimmen und Darstellungsform der Erzählung.[160]

Das Bundesbuch ist in Ex 20,22–23,33 in einen narrativen Zusammenhang eingebettet, der eine auf die Makrostruktur ausgerichtete erzähltheoretische Analyse ermöglicht (s. 4.2). Dazu nutzt die vorliegende Arbeit Fachtermini gemäß dem Entwurf von Rimmon-Kenan.[161] Die Begriffe ‚Narrativ' und ‚Erzählung' werden sinnähnlich verwendet: Der Begriff ‚Narrativ' bezieht sich vorrangig auf die formale, technisch-abstrakte Ebene, der Begriff ‚Erzählung' auf die Ebene konkreter Ausgestaltung.[162]

Zur Kennzeichnung der Struktur der *story* wird in der vorliegenden Arbeit die Schreibweise T1, T2, T3 usw., zur Kennzeichnung der Struktur des *plots* die Schreibweise E1, E2, E3 usw. verwendet. Ereignisketten können zudem variiert werden, indem mittels Modulation der jeweiligen Ereignisse unterschiedliche Optionen des Ereignisgangs berichtet werden. Alternative Ereignisstränge werden in dieser Arbeit durch Anfügung von a, b, c usw. (E1a, E2a vs. E1b, E2b), gegenteilige Ereignisse mit vorangestelltem Minus markiert (E1 vs. E-1). Zustandsaussagen erhalten die Kennzeichnung Z1, Z2, Z3 usw.[163]

3.3.2 Intertextualität: Zugänge und Arbeitsbegriffe

Das Instrumentarium der erzähltheoretischen Analyse eignet sich vorrangig für die Untersuchung literarisch einheitlicher bzw. als solche betrachteter Texte.[164] Aus der Anwendung dieser Methodik gewonnene Erkenntnisse dringen somit nicht in den Bereich der geschichtlichen Herausbildung biblischer Texte hervor, sondern verbleiben auf der synchronen Betrachtungsebene. Der Untersuchungsgegenstand ‚biblischer Text' erfordert allerdings eine Einbeziehung der diachronen Betrachtungsebene.

Unter dem Stichwort ‚Diachronie' bearbeitet die alttestamentliche Forschung im Zusammenhang des Pentateuchs unter literarhistorischer Fokussierung klassischerweise dessen entstehungsgeschichtliches Problem in der schritt- bzw. schichtweisen Aufschlüsselung von Komposition und Redaktion *einer* Textgestalt,

160 Diese Gliederung basiert auf Rimmon-Kenan, *Fiction*, vii.
161 S. Rimmon-Kenan, *Fiction*, 6–42.43–86.87–117.
162 S. Anm. 125.
163 S. Anm. 157.
164 S. dazu 2.3–4.

die als älteste erreichbare rekonstruiert wird. Allerdings konnte in Bezug auf die Frage nach der Entstehung des Textes des Pentateuchs in der bisherigen Forschung kein konsensfähiges Modell gefunden werden. Der unvermeidlich hypothetische Charakter entstehungsgeschichtlicher Modelle mag dazu beitragen. Für die Bearbeitung der Fragestellung dieser Arbeit, die nicht der Entstehungsgeschichte des Pentateuchs gilt, wird daher ein textlich anschlussfähiger, empirisch gestützter Zugang gewählt. Dessen Ausgangspunkt ist die literarische Struktur der Texte. Diese zunächst synchrone Anlage des methodischen Zugangs erfährt eine Öffnung zur Diachronie, welche als empirisch greifbare Textdiachronie verstanden wird und im Sinne einer Textgeschichte anhand ausgewählter Textzeugen darstellbar ist. Als geschichtlicher Bezugsrahmen ist somit der Zeitraum der jeweiligen Formierung (*development*) und Texttransmission (*textual transmission process*) der gewählten Textzeugen (MT, LXX, Sam, Peš) definiert.[165]

Von literarisch-strukturellen und textempirischen Beobachtungen ausgehend, lassen sich im Pentateuch unterschiedliche Textebenen identifizieren und als Texträume voneinander abgrenzen. Im Horizont dieser Texträume entfalten sich die interpretativen Plausibilisierungen[166] des Rechts, da der Leser aus ihnen binnentextuelles sowie ko- und kontextuelles Wissen bezieht (s. u.), welches zum Verstehen – und somit auch zur Begründung und Autorisierung – der Rechtsbestimmungen beiträgt. Für die Untersuchung der Rechtsbestimmungen des Bundesbuches werden daher folgende Textabgrenzungen vorgenommen:

1. Mikroebene: Sie bezeichnet Einzelbestimmungen, welche vorrangig anhand ihrer Inhalts- und Ereignisstruktur als kleinste Einheiten abgrenzbar sind.
2. Clusterebene: Sie bezeichnet einen aus mehreren Gesetzen bestehenden Textabschnitt, welcher anhand inhaltlicher, formaler, struktureller und/oder grafischer Merkmale abgrenzbar ist.
3. Textraum *Bundesbuch*: Er bezeichnet den Zusammenhang Ex 20,22–23,33, der in der literarischen Struktur von Ex 20–24 als gesetzesmitteilende Jhwh-Rede zu Mose von Ex 20,21 und 24,1 abgegrenzt ist und maßgeblich Formelemente der Gattung ‚Recht‘ enthält.
4. Textraum *Sinaiperikope*: Er bezieht sich auf den Abschnitt Ex 19,1–Num 10,10, welcher anhand der Lokalisierung des Geschehens am Sinai strukturell und

165 S. dazu Tov, *Criticism*, 180–190. Im Unterschied zu klassischen literarhistorischen Entwürfen, die überwiegend auf Basis interner Textevidenz einer als solche rekonstruierten ältesten Textgestalt arbeiten und Textgeschichte als Rezeptionsgeschichte begreifen, versteht dieser Zugang Textgeschichte vorrangig als performative Textproduktion und ermöglicht, verschiedene Sinnkonstitutionen, Verbindungs- und Bruchlinien der Texte vom Zeitraum ihrer Formierung und Transmission her zu erhellen. Textgeschichte ist insofern Literargeschichte.

166 Vgl. Cover, „Nomos and Narrative“, 7.

thematisch abgrenzbar ist und den Sinai-Aufenthalt der Israeliten samt Theophanie, Bundesschluss und zugehöriger Gesetzesmitteilung beschreibt.

5. Textraum *Exodusbuch*: Er bezieht sich auf Ex 1–18 und enthält die Erzählungen vom Aufenthalt Israels in Ägypten samt Herausführung (Ex 1–15) sowie von der Wanderung Israels zum Sinai (Ex 16–18). Textempirisch stützen die Buchgrenze zwischen Genesis und Exodus sowie die *Parascha petucha* im MT bzw. *Qitza* im Sam vor Ex 19,1 diese Abgrenzung.[167] Gleichwohl weisen die vorrangig in Ex 1.17 f. enthaltenen Rück- und Vorgriffe am Übergang zwischen den Texträumen auf deren literarische Verklammerung.[168]

Die gewählte literarisch-strukturelle Herangehensweise und der Ausgangspunkt der Untersuchung auf der Mikroebene des Bundesbuches grenzen das Deuteronomium als Textraum aus der vorliegenden Untersuchung aus. Das Dtn stellt eine eigene abgrenzbare Einheit dar, die im Zusammenhang des Pentateuchs auf die Texträume des Bundesbuches, des Exodusbuches und der Sinaiperikope Bezug nimmt. Dies belegen insbesondere Lesespuren, die Textwissen aus dem Dtn als Lese- und Verstehensanweisung in die Texträume, die das Bundesbuch umgeben, eintragen, wie z. B. in Ex^{Sam} 20 (s. 5.1.1.d.Sam). Eine den Textraum *Deuteronomium* einbeziehende Analyse müsste daher konsequenterweise ihren Ausgangspunkt bei den Rechtsbestimmungen des Dtn nehmen.

Innerhalb der genannten Texträume treten einzelne Textabschnitte, rechtlichen und/oder narrativen Zuschnitts, mittels Textbeziehungen zueinander ins Verhältnis. Intertextualität beschreibt die einschlägige Wechselwirkung zwischen mindestens zwei voneinander klar abgegrenzten Texten.[169] Dabei ist die Frage nach der Textsemantik grundlegend. Ein spezifisches Wirkungsmerkmal von Intertextualität besteht in der Erzeugung eines semantischen Mehrwerts bzw. einer wechselseitigen Sinnanreicherung, -transformation oder -verlagerung durch das Aufeinandertreffen unterschiedener Texte und ihrer Sinnpositionen.[170] Der Ort, an dem sich intertextuelle Sinnanreicherung realisiert, ist der Textraum, der in der vorliegenden Arbeit auf begrenzte Texträume festgelegt wird.[171] Das literatur-

---

167 S. z. B. die samaritanischen Handschriften Ms *Dublin 1* CBL, f.109r; Ms *London 6* BL, f.68v; Ms *Cambridge 1* CUL, f.74v.

168 S. dazu Dohmen, *Exodus 19–40*, 33–36.

169 Zu Intertextualität als Beziehung zwischen Texten s. Ternès, *Intertextualität*, 9. Zur Konkurrenz des poststrukturalistischen und strukturalistischen Konzepts von Intertextualität und dem Vorschlag eines deskriptiv-hermeneutisch angelegten Vermittlungsmodells s. Pfister, „Konzepte", 25.

170 Vgl. Schahadat, „Intertextualität", 367; Plett, „Sprachliche Konstituenten", 86 f.; Salzer, *Magie*, 27.

171 Zum Begriff des Textraums als entgrenzter Ort der Sinnkonstitution s. Schahadat, „Intertextualität", 367.377.

wissenschaftliche Konstrukt, dem die Erzeugung von Sinn obliegt, ist der implizite Leser.[172] Er wird als im Text enkodierte Stimme begriffen, die an der narrativen Kommunikationssituation teilhat und mittels eingeschriebener Textstrategien die Rekonstruktion von Sinn anregt.[173]

Die Beschreibung des Verhältnisses von Texten zueinander ermöglicht Aussagen zu deren relativer Datierung. Ausgehend von der Annahme, dass das Bundesbuch einst in einem anderen Zusammenhang überliefert und mit der Gesamterzählung des Pentateuchs sekundär verbunden worden ist,[174] sowie davon, dass einzelne, abgrenzbare Texteinheiten durch Zusammenstellung zu *einem* Text werden,[175] verändert sich die Beschreibung der Textbeziehung zwischen diachroner und synchroner Ebene: Einst getrennt stehende Intertexte werden zu Intratexten. Einzelne Texteinheiten verbinden sich zu einem Gesamttext. Aus Sicht der Textgenese baut sich der wechselseitige Sinn- und Bedeutungszuwachs dieser Texteinheiten zunächst intertextuell auf, wird innerhalb des Gesamttextes intratextuell aufgehoben und lässt sich mit der gewählten Methodik analytisch erfassen. Dementsprechend ist in diachroner Zuspitzung von Intertextualität, in synchroner von Intratextualität zu sprechen.[176]

In Bezug auf die Sinnkonstitution einzelner Rechtsbestimmungen beziehen sich intertextuelle Begründungslinien auf die Textbeziehungen innerhalb der genannten Texträume. Zudem werden in der vorliegenden Arbeit binnentextuelle von ko- und kontextuellen Begründungslinien unterschieden. Binnentextuell sind dabei diejenigen Elemente, die der Logik und den zugrunde liegenden weltan-

172 Vgl. Rimmon-Kenan, *Fiction*, 120. Zur Konzeption des Intertextualitätsbegriffs kommen häufig dem Autor und dem Rezipienten wichtige Funktionen z. B. zur intentionalen Markierung bzw. produktiven Aneignung intertextueller Sinnanreicherungen zu (vgl. Pfister, „Konzepte“, 23). Von ‚Autoren‘ kann im Wissen um den Charakter alttestamentlicher Texte, die im Wesentlichen nicht als Autoren-, sondern als Traditionsliteratur zu bezeichnen sind (vgl. Fischer, *Text*, 189 f.), allerdings nicht sinnvoll gesprochen werden. Auch ist angesichts der vielfältigen Leserschaft über Jahrtausende hinweg keine angemessene Beschreibung ‚des Rezipienten‘ möglich. Die Konstitution des Intertextualitätsbegriffs über das Merkmal der Autorenschaft und der umfassenden Beachtung des Rezipienten ist demzufolge nicht sinnbringend möglich. Stattdessen wird der in der vorliegenden Arbeit verwendete Intertextualitätsbegriff vom Merkmal literarischer Struktur her konzipiert und nimmt seinen Ausgangspunkt bei im Text identifizierbaren, klar abgrenzbaren Einheiten.

173 Vgl. Rimmon-Kenan, *Fiction*, 87.120.

174 S. dazu z. B. die grundlegende Feststellung zur Einfügung des Bundesbuches in die Sinai-Erzählung bei Holzinger, *Exodus*, 100.

175 Die Begrenzung des Textraums in Form einer klaren Abgrenzung von Texträumen ermöglicht zudem Anschlussfähigkeit für eine auf Sammlungs- und Redaktionstätigkeit basierende Entstehungs- und Literargeschichte, wie z. B. Jackson, *Wisdom-Laws*, 431–478.

176 S. dazu Pfister, „Konzepte“, 4 f.; Broich, „Zur Einzeltextreferenz“, 49 f.

schaulichen Prämissen des Vorgeschriebenen entspringen. Sie betreffen nicht explizierte, unhintergehbare Voraussetzungen des Textes[177] und können beispielsweise durch die Analyse der Narration kasuistisch formulierter und begründeter apodiktischer Rechtssätze erhoben werden. Ko- und kontextuelle Begründungslinien ergeben sich aus dem unmittelbaren sprachlichen und inhaltlichen Umfeld der jeweiligen Vorschrift.

Zur Erhebung von Intertextualität bedarf es eines operationalisierbaren Modells, welches Textbeziehungen anhand klarer Kriterien darstellbar macht.[178] Manfred Pfister hat in der Beschreibung quantitativer und qualitativer Kriterien von Intertextualität ein Methodenset vorgelegt, welches sich in modifizierter Form bereits für die Analyse biblischer Texte als geeignet erwies.[179] Pfisters Kriterienkatalog wird unter Berücksichtigung der hier getroffenen Grenzziehungen und des Untersuchungsgegenstandes modifiziert. Dementsprechend werden zur quantitativen Erhebung von Intertextualität Zahl und Streubreite der Berührungen zwischen Texten berücksichtigt.[180] Zur qualitativen Beschreibung von Intertextualität werden in Anlehnung an Pfister folgende Begriffe verwendet,[181] die mit dem Ziel relativer Vergleichbarkeit auf einer dreistufigen Skala von schwach, mäßig und stark eingeschätzt werden:

1. ‚Referentialität' beschreibt den Grad der thematischen Verknüpfung von Texten zwischen loser Zuordnung zu einem übergeordneten Thema und spezifischer Verbundenheit in der Behandlung einer Thematik und zugehöriger Problematiken.
2. ‚Kommunikativität' beschreibt den Grad der Wahrnehmbarkeit der intertextuellen Beziehung und wird hier ohne vordergründigen Rückgriff auf Autoren bzw. Rezipienten an das Wortinventar der Texte gebunden.[182] Sie bezeichnet als lexematische Markierung das Maß der Verbundenheit von Texten durch Lexeme und Phrasen.

---

177 Binnentextuelle Begründungslinien betreffen damit den Bereich, den Rimmon-Kenan mittels De-Personifizierung des impliziten Autors beschreibt: Rimmon-Kenan deckt den impliziten Autor als Konstrukt auf, welches aus dem Text selbst hervorgehe und zu einer Reihe von impliziten Normen aufgelöst werden könne (vgl. Rimmon-Kenan, *Fiction*, 88 f.).

178 Vgl. Pfister, „Konzepte", 25 f. S. ferner den forschungsgeschichtlichen Abriss bei Seiler, *Text-Beziehungen*, 17–24.

179 S. z. B. Oesch, „Untersuchungen", 42–45.57 f.; Markl, „Hab 3", 99 f.

180 Dies geschieht in der vorliegenden Arbeit im Unterschied zu Pfister, „Konzepte", 30 ohne Rekurs auf Autoren und ein Korpus von Prätexten (s. Anm. 172).

181 Vgl. Pfister, „Konzepte", 26–30. Zur Ausgrenzung des Kriteriums der Autoreflexivität s. Markl, „Hab 3", 99 Anm. 8.

182 Zur Rolle von Autor und Rezipient für das Kriterium der Kommunikativität s. Pfister, „Konzepte", 27; Seiler, *Text-Beziehungen*, 26–29.

3. ‚Strukturalität' beschreibt die Beziehung von Texten im Sinne des Grades ihrer Ähnlichkeit in der inhaltlich-thematischen, lexematischen und syntagmatischen Gestaltung der Oberflächen- und Tiefenstruktur.
4. ‚Selektivität' beschreibt die Textbeziehung anhand des Grades der Fokussierung und pointierten Auswahl bzw. Hervorhebung eines bestimmten Textelements.
5. ‚Dialogizität' beschreibt den Grad ideologischer Spannung zwischen Texten in Relation zum jeweilig eigenen Textsinn.[183]

Das Leitkriterium zur Konstitution von Textbeziehungen für den vorliegenden Untersuchungsgegenstand und in den definierten Texträumen ist zudem die Frage nach der Textsemantik. Diese entspringt der Definition von Intertextualität und ist den fünf beschriebenen Kriterien übergeordnet. Zur Feststellung eines intertextuellen Bezuges bedarf es im Sinne der wechselseitigen Erzeugung eines semantischen Mehrwerts mehr als einer entfernten thematischen Ähnlichkeit von Texten oder unspezifischer lexematischer Übereinstimmungen. Die Frage nach der Sinnanreicherung, die aus der jeweiligen Textbeziehung hervorgeht, stellt insofern ein wichtiges Korrektiv im Rahmen der Erhebung von Intertextualität dar und ist notwendigerweise an die Funktion des impliziten Lesers (s. o.) gebunden.

3.4 Schlussfolgerungen für das Vorgehen der Textarbeit

Das Bundesbuch ist in seinem vorliegenden Zusammenhang von Ex 20,22–23,33 mit der Erzählung des Sinai-Aufenthaltes bzw. darüber hinaus mit der Gesamterzählung des Pentateuchs verbunden. Daraus leiten sich für einen ersten Zugangsweg zum Begründungsphänomen zwei synchron arbeitende Untersuchungsschritte ab: eine Analyse der Textstruktur (s. 4.1) sowie eine erzähltheoretische Analyse (s. 4.2). Die erzähltheoretische Analyse erhebt die literarischen Mittel zur Kontextualisierung des Bundesbuches als Rechtskorpus in seinem narrativen Umfeld. Die an der Oberflächenstruktur des Textes orientierte Analyse der Textstruktur dient der Ermittlung des Verhältnisses von narrativen und rechtlichen Texten sowie der Erhebung der jeweilig eingetragenen Begründungsmuster.

Der zweite Zugangsweg zum Begründungsphänomen öffnet die synchrone Herangehensweise zur Diachronie und betrachtet das Begründungsphänomen in Bezug auf das Recht des Bundesbuches von der Mikroebene über das jeweilige

183 Vgl. Pfister, „Konzepte", 29.

Textcluster bis zu den genannten Texträumen (s. 5.1–3). Dabei werden im Sinne der Textdiachronie MT, LXX, Sam und Peš berücksichtigt, um in der diachronen Verhältnisbestimmung auf textempirischer Basis die Bedeutung oder ggf. Bedeutungsverschiebung der rechtsbegründenden Elemente herauszuarbeiten und diejenigen texthistorischen Spuren, die die Verknüpfung des Bundesbuches mit der Gesamterzählung des Pentateuchs in den jeweiligen Texttraditionen hinterlassen hat, zu erfassen. Entsprechend erfolgt zunächst eine synoptische Analyse der Textzeugen, die je ausführlich MT bearbeitet und anschließend alle in LXX, Sam und Peš bestehenden, für die Fragestellung relevanten Unterschiede zum im MT bewahrten Textzeugnis z. B. in Wortlaut, Semantik und Bezugsbereichen beschreibt und erklärt. In den vorgenommenen deutschen Übersetzungen werden jegliche Unterschiede der einzelnen Textzeugen zu MT durch Unterstreichung bzw. Auslassungszeichen (Ø) gekennzeichnet.

Ein wesentliches Ergebnis der vorliegenden Untersuchung ist, dass sich begründende Elemente vorrangig an den Rändern von Rechtskorpora anlagern. Daher werden in Kapitel 5 die Abschnitte Ex 20,22–21,11 (s. 5.1) und Ex 23,1–33 (s. 5.2) zuerst und unter einzelner Darstellung *aller* vier Textzeugen betrachtet. Anschließend wird der Abschnitt Ex 21,12–22,30 (s. 5.3) analysiert, wobei die Auswertung relevanter Befunde von LXX, Sam und Peš gesammelt in die Darstellung aufgenommen wird.

4 Das Bundesbuch in synchroner Lesung – Autoritätskonstruktion durch textstrukturelle und erzählerische Gestaltungsmittel

4.1 Textstruktur: Autoritätskonstruktion durch literarisch-strukturelle Verankerung des Bundesbuches in der Gesamterzählung des Pentateuchs

4.1.1 Gliederung des Textes Ex 20,22–23,33

Der Text des Bundesbuches gliedert sich auf Basis literarisch-struktureller Merkmale in folgende Cluster:[184]

Tab. 1: Textcluster des Bundesbuches.

	Rahmenstücke	Korpus	Rahmenstücke
Ex$^{\text{MT, LXX, Peš}}$	20,22–26	21,1.2–11	
		21,12–17	
		21,18–32	
		21,33–22,14	
		22,15 f.	
		22,17–19	
		22,20–26	
		22,27–30	23,13–19
		23,1–9.10–12	23,20–33
Ex^{Sam}	=	= =	23,14–19
		23,1–9.10–13	=

Die Textzeugen MT, LXX, Sam und Peš stimmen in ihrer Gliederung größtenteils überein. Lediglich in Ex^{Sam} 23,1–9.10–13 und Ex^{Sam} 23,14–19 legt sich eine von MT, LXX und Peš abweichende Gliederung nahe (s. 5.2.1.b).

Die Textcluster Ex 20,22–26 und Ex 23,13–19.20–33 fungieren als Rahmenstücke um das Korpus der Rechtsbestimmungen. Sie umfassen die narrative Redeeinleitung in Ex 20,22 und den narrativ grundierten Redeabschluss in Ex 23,20–33 sowie den vorderen kultgesetzlichen Rahmen in Ex 20,22–26 und den hinteren

184 Zur Begründung der jeweiligen Abgrenzung s. die Betrachtung der entsprechenden Cluster in 5.1–3.

https://doi.org/10.1515/9783111341712-004

kultgesetzlichen Rahmen in Ex 23,13–19 bzw. Ex^{Sam} 23,14–19.[185] Die Textcluster am Beginn und Ende des Korpus (Ex 21,1.2–11; 23,1–9.10–12) zeigen eine deutliche Anbindung an die Rahmenstücke und dienen der Überleitung zwischen dem jeweiligen Rahmenstück und dem gesetzlichen Hauptteil (s. 5.2.1.c.MT:1).

4.1.2 Verweise auf die Gesamterzählung des Pentateuchs in Ex 20,22–23,33

In Ex 20,22–23,33 finden sich wiederholt Verweise auf Ereignisse der Gesamterzählung des Pentateuchs und deren Ziel des Wohnens im Land. Diese sind: das Sprechen und Befehlen Jhwhs (Ex 20,22a; 23,13.15); der Botenauftrag an Mose (Ex 20,22b); Jhwhs Reden vom Himmel (Ex 20,22b); das Vorlegen der Gesetze (Ex 21,1); die Knechtschaft in Ägypten und der Exodus (Ex 22,20; 23,9; 23,15); Jhwhs Offenbarungs- und Schutzort (Ex 20,24; 21,13); das verheißene Land (Ex 23,20.30.31a) und das Ringen mit den Fremdvölkern (Ex 23,23a.23b.27aα.27aβ.27b.28a.28b.31b). Ex^{LXX} 23,18 enthält zudem zwei Ereignisse, die auf die Vertreibung der Völker und die Weitung der Landesgrenzen weisen.

Diese Bezugnahmen auf Ereignisse, welche konkret in der Gesamterzählung des Pentateuchs berichtet oder anvisiert werden, lassen sich entlang der Gliederungsstruktur des Bundesbuches wie folgt aufschlüsseln:

Tab. 2: Verweisstruktur des Bundesbuches.

Ex	20,22–26	21, 1–37	22, 1–30	23,1–12 (^{Sam} 23,1–13)	23,13–19 (^{Sam} 23,14–19)	23,20–33
Anzahl der Verweise	4	2	1	1 Sam: 2	3 Sam: 2 LXX: 5	11

Dabei wird deutlich, dass den narrativen und kultgesetzlichen Rahmenstücken eine textstrukturelle Funktion zur Einbindung des Bundesbuches in die Gesamterzählung zukommt. In diesen Textstücken finden sich für MT und Peš 18 von 22 Verweisen (≈ 81 %), im Sam 17 von 22 Verweisen (≈ 77 %) und in der LXX 20 von 24 Verweisen auf die Gesamterzählung (≈ 83 %). Die Anzahl und Streuung der Verweise deutet auf ein besonders enges Verhältnis zwischen Gesetzes- und Erzähltext am Beginn und Abschluss des Bundesbuches.

185 Vgl. auch Dohmen, *Exodus 19–40*, 150.

Die hohe Frequenz expliziter Bezugnahmen auf die Gesamterzählung des Pentateuchs zum Beginn und Abschluss des Bundesbuches spiegelt zugleich den Verlauf der Gesamterzählung: Zu Beginn des Bundesbuches hallt der Anschluss an den Erzählverlauf in den vorderen Rahmenstücken noch in vier Verweisen (MT) nach. Im Schlussteil hingegen wird in den hinteren Rahmenstücken das (Wieder-)Einsetzen der Gesamterzählung mit vierzehn Bezügen (MT) vorbereitet. Die intensive Bezugnahme auf die Gesamterzählung erfolgt am Ende des Bundesbuches unmittelbar vor dem Bundesschluss in Ex 24, d. h. vor einem narrativen Höhepunkt der Sinaiperikope. Die gehäuften Verweise am Ende des Bundesbuches entsprechen damit der Steigerung des Spannungsbogens, die der Verlauf der Gesamterzählung an dieser Stelle vorzeichnet.

Die in den Verweisen aufgegriffenen Ereignisse und Charaktere der Gesamterzählung spiegeln maßgeblich die inhaltliche Fluchtlinie, auf der das Bundesbuch mit der Gesamterzählung verzahnt ist: zwischen Exodus (s. Ex 22,20; 23,9; 23,15) und verheißenem Land (s. Ex 23,20.26.31) macht das Volk Israel Station am Sinai (s. Ex 20,22), wo Jhwh offenbart (s. Ex 20,22; 20,24), was im verheißenen Land (s. Ex 23,20.26.31; Ex^{Sam} 20,21) und im Bund mit ihm (s. Ex 23,31 f.) gültig wird. Mit den betreffenden Verweisen wird der Ereignisverlauf der Gesamterzählung in den Gesetzestext eingeschaltet. Die Gesamterzählung des Pentateuchs bleibt im Bundesbuch präsent und gibt im Sinne einer Leseanweisung den Horizont zur Sinnkonstitution vor.

4.1.3 Die Scharnierstücke Ex 20,22 und Ex 23,20–33

Die narrativ gefärbten Rahmenstücke Ex 20,22 sowie Ex 23,20–33 gestalten den Übergang zwischen Texten der Genres ‚Erzählung' und ‚Recht'.[186] Sie fungieren als Scharnierstellen und tragen gehäuft Inhalte, die der Autorisierung des mitgeteilten Rechts dienen. Das vordere Scharnier[187] (Ex 20,22) gestaltet den Übergang vom Erzähl- zum Gesetzestext. Trotz seiner relativen Kürze führt Ex 20,22 drei

186 Über die Untersuchung des Bundesbuches hinaus ist eine Studie zur Verflechtung von Recht und Erzählung im Pentateuch in Vorbereitung. Im Rahmen dieser Studie werden die Verweisstruktur sowie die Scharnierstücke am Übergang zwischen Rechts- und Erzähltexten in den weiteren Rechtskorpora des Pentateuchs untersucht. Die Verweisstruktur stellt sich dabei als Instrument der textstrukturellen Verflechtung heraus, welches mittels Bezugnahmen auf Ereignisse der Gesamterzählung die Erzählung im Gesetzestext präsent hält, in der Frequenz der Verweise den Spannungsbogen der Erzählung nachzeichnet und das Einsetzen von Erzählstücken vor- und nachbereitet. Die Scharnierstücke zeichnen sich generell durch eine Anlagerung rechtsautorisierender Inhalte aus.

187 Zur Scharnierfunktion von Ex 20,22 s. auch Dohmen, *Exodus 19–40*, 151 f.

Ereignisse an, die die Legitimation Jhwhs, Moses und der nachfolgend geäußerten Gesetze befördern:

1. Das Bundesbuch wird mit der Einleitungsformel ויאמר יהוה אל־משה unter das Vorzeichen der Gottesrede gestellt und somit *per se* zu einem autoritativen, weil von höchster Instanz gesprochenen, Text (Ex 20,22aα).
2. Mittels Weitergabebefehl[188] wird Mose zur Vermittlung beauftragt (Ex 20,22aβ) und der Wunsch Israels zur Vermittlung (Ex 20,19) durch Jhwh anerkannt.[189] Damit wird das Volk Israel als das eigentlich adressierte Gegenüber der Rede einbezogen und Mose als Mittler der Offenbarung legitimiert.[190] Gegenüber MT, LXX und Peš intensiviert Ex^{Sam} 20 die Legitimation des Mose (s. 5.1.1.a.i.Sam; 5.1.1.d.Sam).
3. Ex 20,22b führt ein Argument zur Legitimation Jhwhs an, welches der Gesetzesmitteilung an die Israeliten vorangestellt ist: das Reden Jhwhs vom Himmel mit dem Volk Israel. Dabei nimmt אתם ראיתם („*ihr* habt *selbst* gesehen") mittels *pronomen separatum* besonders nachdrücklich die Israeliten in den Blick und spricht sie als Zeugen des göttlichen Redens an.[191] Im Zusammenhang der Sinaiperikope verweist Ex 20,22b auf die Rekapitulation der Exodus-Ereignisse in Ex 19,4 sowie auf die Offenbarung des Dekalogs am Sinai (Ex 20,1.18; s. 5.1.1.d.MT:3). Mit seinem Handeln im Rahmen des Exodus und der Theophanie am Sinai weist sich Jhwh in Ex 20,22b vor den Israeliten als wohlwollender und mächtiger Partner aus.

Insgesamt bedient sich das vordere Scharnier eines Spektrums von Argumenten, welches einerseits Jhwh selbst und andererseits Mose und die Israeliten im Verhältnis zu Jhwh berücksichtigt. Dementsprechend wird das von Jhwh her gewährte Beziehungsgefüge ‚Jhwh – Mose – Israel' der Autorisierung des Bundesbuches in der Redeeinleitung zugrunde gelegt.

Das hintere Scharnier (Ex 23,20–33) leitet vom Gesetzes- zum Erzähltext über. Als Ganzes ist dieser Text bereits stark von einem narrativen Charakter geprägt. Er ist aus verschiedenen Ereignissen komponiert, die *de facto* konditional miteinander verbunden sind. Der konditionale Aspekt ist allerdings nicht prominent zum Ausdruck gebracht, sondern eher inhärent signalisiert. So entsteht der Eindruck, dass in Ex 23,20–33 eine Vision für Israels Zukunft gezeichnet wird. Diese kontrastiert die in der Gesamterzählung am Sinai gegebene Realität und motiviert

188 Zu Einleitungsformel und Weitergabebefehl s. Hossfeld, *Dekalog*, 177; Rentdorff, *Gesetze*, 67–70.

189 Vgl. auch Dohmen, *Exodus 19–40*, 151.

190 Vgl. Hossfeld, *Dekalog*, 177 f.

191 Zur Zeugenschaft, die ראי״ *Qal* ausdrückt, vgl. Markl, *Dekalog*, 130.

zur Befolgung der Gesetze. Dafür werden allgemeine Aufforderungen zum Gesetzesgehorsam mit Versprechungen als Lohn verbunden (23,21 f.25 f.).

Thematisch profiliert das redeabschließende Rahmenstück Ex 23,20–33 die Alleinverehrung Jhwhs (Ex 23,25) und die Bereitung des Landes (Ex 23,20 f.) im Rahmen der Konstitution der Bundesbeziehung zwischen Jhwh und Israel (Ex 23,25.32). Darin bereitet das Scharnier Ex 23,20–33 die darauffolgende Erzählung des rituellen Bundesschlusses in Ex 24 vor und legitimiert das Recht des Bundesbuches als Bestandteil der Beziehung zu Jhwh (vgl. Ex 23,22).

4.2 Erzähltheoretische Analyse: Autoritätskonstruktion durch narrative Verankerung des Bundesbuches in der Gesamterzählung des Pentateuchs

4.2.1 Story und Plot

a. Ereignisse

Im Verlauf der Gesamterzählung des Pentateuchs stellt die Mitteilung des Bundesbuches *ein einziges* Ereignis dar: eine Rede Jhwhs zu Mose. Mittels Gestaltung als solch ein Redeereignis ist das Bundesbuch in die linear chronologische Entfaltung der Gesamterzählung eingebettet:[192] Nach der Ankunft am Sinai, der Theophanie und der Mitteilung des Dekalogs (Ex 19,1–20,17) fürchten sich die Israeliten angesichts der Vorgänge der Theophanie (Ex 20,18) und bitten Mose, als Vermittler zwischen ihnen und Gott zu fungieren (Ex 20,19). Mose kommt dieser Bitte nach und begibt sich in die Unterredung mit Gott (Ex 20,21).

Durch die Redeformel in Ex 20,22aα erscheint der gesamte Komplex von Ex 20,22–23,33 als Gottesrede, die sich an Mose ereignet und anschließend von ihm an die Israeliten übermittelt werden soll (Ex 20,22aβ). Dabei liegt eine mehrschichtige Konstruktion von Erzählebenen vor:[193] Innerhalb der Rede mitgeteilte Ereignisketten stellen Binnenhandlungen dar, die sich auf einer der Gesamterzählung subordinierten, metadiegetischen Ebene in einzelne Ereignisse ausdifferenzieren lassen (s. 5.1–3).[194] Die Gesamterzählung des Pentateuchs fungiert als Rahmenerzählung für das Bundesbuch.[195] Die Handlung der Gesamterzählung wird in den Ereignissen der Binnenhandlungen nicht fortgesetzt. Der Ereignisfortgang

192 Zur linearen Chronologie vgl. Bar-Efrat, *Wie die Bibel erzählt*, 181.183.

193 Zu Erzählebenen s. Rimmon-Kenan, *Fiction*, 92 f.; Prince, *Dictionary*, 33.

194 Zu metadiegetischen Narrativen s. Prince, *Dictionary*, 50.

195 Zur Beschreibung des Verhältnisses von Gesetzes- und Erzähltexten als *embedded stories* und *frame story* s. Bartor, *Reading Law*, 17–22.

der Gesamterzählung erfährt während der Mitteilung des Bundesbuches einen Stillstand.

Im Bundesbuch stellen einige mitgeteilte Ereignisse einen konkreten Bezug zu Erzählsequenzen der Gesamterzählung her. Die Rahmenstücke des Bundesbuches rekurrieren wiederholt auf Ereignisse der Sinai- und Exoduserzählung (s. 4.1.2). Auf diese Weise erfährt das Bundesbuch eine Verankerung in der Gesamterzählung. Sowohl rückwärtsgewandt als auch vorausweisend wird der Erzählverlauf der Gesamterzählung aufgegriffen: Die Redeeinleitung in Ex 20,22 verweist rückwärtsgewandt mit אתם ראיתם כי מן־השמים דברתי עמכם auf die Theophanie und die Mitteilung des Dekalogs in Ex 19–20. כה תאמר אל־בני ישראל hingegen stellt vorausweisend eine Verbindung zur nachfolgenden Mitteilung des Gesagten an die Israeliten im Zusammenhang des Bundesschlusses (Ex 24,3) her. Gleichermaßen stellt die Aufforderung zum Vorlegen der Gesetze in Ex 21,1 im Anfangsteil des Rechtskorpus eine vorwärtsgerichtete Anknüpfung an den Fortgang der Sinai-Erzählung (Ex 24,3) dar.

Analog dazu bindet der Hinweis auf das göttliche Reden (Ex 23,13: אמרתי, vgl. 23,15: צויתך) in den hinteren Rahmenstücken rückwärtsgewandt das Rechtskorpus an die Redesituation am Sinai zurück. Die Tendenz zur Rückbindung an die Situation von Ex 20,22 ist dabei in LXX und Peš durch konkrete Hinweise zur möglichen Identifikation des Jhwh-Boten in Ex 23,20 mit Mose in Ex 20,22 auf der Ebene des Bundesbuches verstärkt (s. 5.2.3.c.LXX/Peš).[196] Sam hingegen verstärkt auf der Ebene der Sinaiperikope im Redeabschluss die Rückbindung zur Situation von Ex^{Sam} 20 vor allem auf Basis der Frage nach der Legitimation der Mittlerfigur und der Verknüpfung zum Berg Garizim (s. 5.2.3.d.Sam).

Im Aufriss des Verlaufs der Gesamterzählung des Pentateuchs ist die Mitteilung des Bundesbuches als *kernel* zu betrachten, da dieses Ereignis für die Erzählung und ihren Fortgang logisch notwendig ist:[197] Die sich fürchtenden Israeliten warten auf das, was Mose, der auf ihren Wunsch hin vermittelt, ihnen mitteilen wird (Ex 20,19). Die in Ex 20,21 offene Situation – ebenfalls ein *kernel* – bedarf der Gottesrede. Die Gottesrede des Bundesbuches eröffnet samt ihrer Vermittlung durch Mose eine Alternative für den Fortgang der Erzählung: Zustimmung oder Ablehnung durch die Israeliten. Die Möglichkeit, dass sich das Volk Israel auf das Mitgeteilte verpflichtet (Ex 24,3 f.), wird erst durch die Rede Jhwhs an Mose und die nachfolgende Mitteilung an die Israeliten (Ex 24,3) geschaffen.

Innerhalb des Bundesbuches beziehen sich insbesondere der Weitergabebefehl an Mose (Ex 20,22; 21,1) sowie die Gehorsamsforderungen (Ex 23,13.21 f.25) auf

196 Für die LXX-Mss, die die Langfassung von Ex^{LXX} 23,22 lesen, liegt hier zudem eine explizite Rückbindung an Ex^{LXX} 19,3.5 f. vor (s. 5.2.3.d.LXX).
197 Zu *kernel* s. Rimmon-Kenan, *Fiction*, 16; Prince, *Dictionary*, 48.

kernels für den Verlauf der Gesamterzählung. Diese beiden Inhalte eröffnen die Alternativen der Entsprechung oder Nicht-Entsprechung und tangieren somit grundsätzlich die Logik des Erzählverlaufs.[198]

Das Ereignis der Mitteilung des Bundesbuches ist nach temporalen und kausalen Prinzipien in die Gesamterzählung des Pentateuchs eingegliedert. Der Redebeginn in Ex 20,22 knüpft mit ויאמר (MT), εἶπεν δέ (LXX), וידבר (Sam) bzw. ܘܐܡܪ (Peš) syndetisch an das vorangehende Ereignis des Sich-Näherns zu Gott durch Mose an (Ex 20,21) und beschreibt die diesem Ereignis zeitlich und logisch nachfolgende Handlung. Am Redeabschluss erscheint in Ex 23,20–33 verstärkt das kausale Verknüpfungsprinzip, mit dem die positiven Folgen des Gehorsams für die Israeliten hervorgehoben werden. Ex 24,1 setzt die Ereigniskette der Gesamterzählung des Pentateuchs temporal fort. Der kausale Aspekt wird in Ex 24,3 nach der Mitteilung des Bundesbuches in der Abfolge und Verknüpfung der Ereignisse wieder vordringlich: Die Israeliten stimmen den Worten zu (v.3b), nachdem (temporal) und weil (kausal) sie sie gehört haben (v.3a). Damit ist das Bundesbuch sowohl in die *story* der Gesamterzählung, d. h. in deren temporale Abfolge, eingebunden als auch in deren *plot*, d. h. in deren kausalen Zusammenhängen, verankert.[199]

b. Charaktere

In Ex 20,22–23,33 treten folgende Charaktere auf, die auch für die Gesamterzählung relevant sind: Jhwh, Mose, die Israeliten, der Bote Jhwhs und die verschiedenen Fremdvölker. Das im Bundesbuch sprechende Ich und das angeredete Du bzw. Ihr stellen ebenfalls eigene Charaktere dar, die anhand der Rahmenstücke mit Jhwh und den Israeliten identifizierbar werden. Eine wesentliche Rolle spielt dabei Ex 20,22. Dort werden am Beginn der Rede bereits alle pronominalen Entsprechungen für die 1.Sg. sowie die 2.Sg./Pl. eingeführt: Jhwh ist das sprechende Ich (Ex 20,22aα), welches Mose als Mittler zwischen sich und den Israeliten anredet (Ex 20,22aβ). Die Mittlerstellung des Mose macht deutlich, dass das in der Rede verwendete Du, mit Ausnahme des erneut an Mose gerichteten Vermitt-

---

198 Alle weiteren oben genannten, an die Gesamterzählung anschlussfähigen Ereignisse nehmen im Bundesbuch mit Blick auf die Makroebene der Gesamterzählung die Funktion von *catalysts* ein. Zu *catalysts* s. Rimmon-Kenan, *Fiction*, 16. Sie dienen der rechtlichen Sinnkonstitution sowie der Orientierung innerhalb der Gesamterzählung, so z. B. die historisch begründenden Bezüge zur Exoduserzählung in Ex 22,20; 23,9.15 oder die Hinweise auf die Situation am Sinai (Ex 20,22b) oder das Ziel der Einnahme des Landes (Ex 23,23a). An ihrem jeweiligen Ort im Bundesbuch eröffnen sie keine für die Erzählung notwendigen Alternativen.

199 Zu *story* und *plot* s. Rimmon-Kenan, *Fiction*, 17.

lungsauftrages in Ex 21,1, *de facto* den Israeliten gilt.[200] Gleichermaßen identifiziert Ex 20,22b in Verbindung mit Ex 20,22aβ das im Redeverlauf verwendete Ihr eindeutig mit den Israeliten. Diese durch Ex 20,22 eingetragenen pronominalen Entsprechungen der 1.Sg. sowie der 2.Sg./Pl. zu den Charakteren der Gesamterzählung dienen der narrativen Einbettung des Bundesbuches in die Sinaiperikope und den Pentateuch.[201]

Der Reihenfolge ihres Auftretens entsprechend ist Jhwh in Ex 20,22 die erstgenannte Figur. Anschließend werden Mose und die Israeliten eingeführt. In der Szenerie der Sinai-Erzählung spielt sich die Unterredung in Ex 20,22–23,33 nur zwischen Jhwh und Mose ab. Das Volk Israel wartet von ferne (מרחק; Ex 20,21). Insofern nimmt Ex 20,22 die Israeliten vor dem Hintergrund ihres Vermittlungswunsches (Ex 20,19) als implizite Adressaten auf und führt alle Protagonisten der umliegenden Erzählsequenz ein.

Zur Beschreibung der genannten Charaktere als *round* oder *flat characters*[202] ist ein Blick über den Erzählabschnitt der Mitteilung des Bundesbuches hinaus notwendig, um keine verzerrte Momentaufnahme der Charaktere zu zeichnen. Der Ausgangspunkt der Konstellation ‚Jhwh – Mose – Israeliten' liegt am Beginn der Exoduserzählung (z. B. Ex 3,7–10). Ein vorläufiger Abschluss der Herausbildung des Verhältnisses zwischen Jhwh, Mose und den Israeliten ist mit der rechtlichen Konstitution der Beziehung zwischen Jhwh und Israel im Bundesschluss auf Grundlage des Bundesbuches (Ex 24) erreicht. Daher soll der Abschnitt Ex 1–24 als Textbasis zur Analyse der Charaktere ‚Mose', ‚Jhwh' und ‚Israeliten' dienen.

Die Israeliten werden in der Fremdlingschaft in Ägypten zum Volk (Ex 1,9: עם בני ישראל). Dieses Volk macht im Laufe der Erzählung eine Entwicklung durch, im Rahmen derer es vom bedrückten und geknechteten Volk (Ex 1–15) zum befreiten, Jhwh verpflichteten Volk (Ex 24) wird. In diesem Entwicklungsprozess werden die Israeliten als komplexer Charakter gezeichnet. Sie treten als aufbegehrendes, widerspenstiges Volk (Ex 15,24; 16,2 f.20; 17,2 f.), aber auch als demütiges, untertanes Volk (Ex 14,31; 19,8; 24,3) auf. Gelegentlich gewährt der Erzähler indirekte und direkte Einblicke in das Seelenleben der Israeliten (z. B. Ex 14,31;

---

200 Zur Besonderheit von Ex 20,24–26 in dieser Frage s. 5.1.1.d.MT:1.

201 Als weitere Charaktere sind die jeweils in den Rechtskasus beteiligten Personen zu nennen, z. B. der hebräische Sklave (Ex 21,2), dessen Herr (Ex 21,4), der Besitzer des stößigen Rindes (Ex 21,28) oder die schwangere Frau (Ex 21,22). Diese spielen auf der der Gesamterzählung subordinierten Ebene innerhalb der Gesetzestexte eine Rolle. Auf die erzählerische Anbindung des Gesetzestextes an die Gesamterzählung des Pentateuchs haben sie keinen Einfluss. Daher werden sie hier nicht näher analysiert. Für eine Analyse, die die Charaktere der metadiegetischen Ebene einbezieht, s. Bartor, *Reading Law*.

202 Zu *round* und *flat characters* s. Rimmon-Kenan, *Fiction*, 40–42.

15,1–19). Im Kontext des Bundesbuches findet sich zudem der Hinweis auf das Zittern und die Furcht der Israeliten (נו"ע *Qal*, יר"א *Qal*; Ex 20,18.20) in der Situation der Offenbarung Jhwhs am Sinai.

Ähnlich facettenreich ist die Darstellung des Mose in Ex 1–24: Er entwickelt sich vom notgedrungen ausgesetzten Findelkind (Ex 2,1–10) und geflüchteten Totschläger (Ex 2,11–15) zum Sprecher des Volkes Israel und Jhwhs (Ex 3,10.14 f.) sowie zum irdischen Anführer des Volkes auf dem Weg aus Ägypten und durch die Wüste (Ex 3–24). Auch Mose stellt somit einen äußerst komplexen Charakter der Erzählung dar, dessen Seelenleben bisweilen explizit thematisiert wird (z. B. Ex 2,14; 4,10; 17,4).

Des Weiteren durchläuft Jhwh als Charakter in Ex 1–24 eine Entwicklung: Zunächst noch eher außenstehend, erinnert er sich an seinen Bund mit den Vätern (Ex 2,24), erbarmt sich der Israeliten und greift lenkend in die Geschicke des Volkes und die Geschichte ein (Ex 1–15). So profiliert er sich schließlich als der Gott Israels (z. B. Ex 3,7; 19,5). Zugleich ist Jhwh ein komplexer und facettenreicher Charakter, der z. B. versucht, durch Verstockungshandeln seine Verherrlichung zu erreichen (Ex 4–14), und in der Wüste sein Volk immer wieder auf die Probe stellt (Ex 15–17). Darüber hinaus gestattet der biblische Erzähler Einblicke in Jhwhs Inneres und Seelenleben (z. B. Ex 3,7; 4,14).

Im Textabschnitt Ex 1–24 stellen sich Jhwh, Mose und Israel als komplex gestaltete Charaktere dar, die über die Höhen und Tiefen der Sklavenschaft, des Exodus und der Wüstenwanderung teils gemeinsam, teils getrennt eine Entwicklung erfahren. Insgesamt sind sie damit als *round characters* zu werten.

Auch das an Jhwh anschlussfähige Sprecher-Ich des Bundesbuches ist unabhängig von seiner Verknüpfung mit Jhwh als *round character* zu bezeichnen. Aufgrund der Kürze seines unabhängigen Auftretens sind für diesen Charakter nur wenige Informationen verfügbar. Die gegebene Darstellung ist allerdings facettenreich, insofern das Sprecher-Ich in seinen autoritären (Ex 23,13), gnädigen (Ex 22,26), fürsorglichen (Ex 23,25) und schrecklichen Wesenszügen (Ex 23,22) beschrieben wird.

Das an Mose und die Israeliten anschlussfähige Du wird überwiegend als Adressat und Objekt bestimmter Handlungen, z. B. des Bringens an den bereiteten Ort (Ex 23,20), genannt. In den Notizen zur Fremdlingschaft (Ex 22,20; 23,9), dem Exodus (Ex 23,15) und der Wahrnehmung des göttlichen Redens (Ex 20,22) wird das Du näher charakterisiert und eine Entwicklung dieses Charakters angedeutet. Ferner beschreibt der von Ex 23,9 gewährte Einblick in das Seelenleben des Du diesen Charakter als eine solidarisch mitfühlende und geschichtsbewusste Figur. Das angesprochene Du ist somit auch als *round character* zu bezeichnen.

Im Redeabschluss werden als weitere Charaktere der Bote Jhwhs und die verschiedenen Fremdvölker eingeführt. Der Bote Jhwhs wird in seiner Schutz-

und Weisungsfunktion (Ex 23,20–23), die auch kämpferische Handlungen einschließen kann (Ex 23,27 f.),[203] dargestellt. Er wird nicht umfassender gezeichnet und erfährt keine Entwicklung. Somit fungiert er als *flat character*. Gleichermaßen werden die Fremdvölker im Redeabschluss (Ex 23,20–33) stereotyp gezeichnet und pauschal als Feinde und Negativfolie, insbesondere in ihrem kultischen Handeln (z. B. Ex 23,24), dargestellt. Mit charakterlicher Komplexität und Entwicklung werden sie weder hier noch andernorts im Pentateuch bedacht,[204] sodass auch sie als *flat characters* zu werten sind.

Die Stellung und Funktion der Charaktere ist mit Greimas' Aktantenmodell getrennt für die Situationen der Redeeinleitung und des Redeabschlusses zu erheben.[205] Auf diese Weise lassen sich Verschiebungen zwischen Redebeginn und -abschluss offenlegen. In der Situation der Redeeinleitung begehren die Israeliten zu hören, was Jhwh vermittelt durch Mose sagt (Ex 20,19.21). Das mitzuteilende Gesetz ist das begehrte Objekt.[206] Die Israeliten fungieren als Subjekt und Adressat. Jhwh, der Adressant, will ihnen das Gesetz übereignen. Zu diesem Zweck hilft Mose als das Gesetz vermittelnder Adjuvant. Ein Opponent tritt in der Situation von Ex 20,22 nicht auf.

Tab. 3: Aktanten in Ex 20,22.

Adressant = Jhwh	→	Objekt = Gesetz	→	Adressat = Israeliten
		↑		
Adjuvant = Mose	→	Subjekt = Israeliten	←	Opponent = ø

203 Vgl. Houtman, *Bundesbuch*, 338.

204 Die in Ex 23,23 genannten Fremdvölker treten im Pentateuch vorrangig im Kontext territorialer Ansprüche und Auseinandersetzungen auf (z. B. Ex 3,8; 23,23.28; 33,2; 34,11; Num 13,29; Dtn 1,7.20; 20,17). Als Bewohner des verheißenen Landes Kanaan werden sie überwiegend einseitig zu Feinden des Volkes Israel stilisiert (Ex 23,22 f.). Die Amoriter und die Kanaaniter werden im Pentateuch häufiger genannt als die weiteren in Ex 23,23 aufgeführten Völker (z. B. Gen 10,16; 14,7; 15,16.21; Num 14,45; 21,21–23; 32,33). Dennoch verbleibt auch deren leicht umfangreichere Beschreibung in stereotypen Bahnen ohne nennenswerte Komplexität, Entwicklung oder Einblicke in das Seelenleben.

205 Zur Aufschlüsselung des Aktantenmodells s. Rimmon-Kenan, *Fiction*, 34 f.; Prince, *Dictionary*, 2; Lauber, „Strukturalismus", in: *WiBiLex* (2014), 2.5.

206 Dies trifft auch für Ex^{Sam} 20,21 zu. Zwar greift Ex^{Sam} 20,21 auch auf die am Redeabschluss thematisierte Übergabe des Landes vor (בארץ אשר אנכי נתן להם לרשתה), schaltet im Ko- und Kontext von Ex^{Sam} 20,21 der Erlangung des Landes aber noch das Recht als das begehrte Objekt vor. Dieses Recht soll der Adjuvant Mose die Israeliten lehren (תלמדם), damit diese es schließlich im Land umsetzen (ועשו).

Im Redeabschluss möchte der Adressant Jhwh den Israeliten, die wiederum Subjekt und Adressat sind, das begehrte Objekt, das Land, übereignen. Die Fremdvölker sind der Opponent, der die problemlose Übernahme des Landes erschwert. Als Adjuvant dienen der Bote (Ex 23,20), Jhwh (Ex 23,27–31) und das, was Jhwh sagt, mithin das Gesetz (Ex 23,22). Der Bote und die Einhaltung des von Jhwh Gesagten unterstützen den von Jhwh geleiteten Prozess der Gewinnung des Landes.

Tab. 4: Aktanten in Ex 23,20–33.

Adressant = Jhwh	→	Objekt = Land	→	Adressat = Israeliten
		↑		
Adjuvant = Bote, Mitteilung/Gesetz Jhwhs, Jhwh	→	Subjekt = Israeliten	←	Opponent = Fremdvölker

Die erhobene Stellung und Funktion der Charaktere in den Scharnieren von Redeeinleitung und Redeabschluss zeigen bedeutsame Verschiebungen. Hinsichtlich des Gesetzes ist festzustellen, dass dies am Beginn der Gesetzesmitteilung das in jener Situation noch unbekannte, begehrte Objekt ist, welches sich am Ende der Gesetzesmitteilung im Sinne einer Willensäußerung Jhwhs unter der Gehorsamsforderung als ein Helfer für die Erlangung des Landes entpuppt. Das Land ist das begehrte Objekt im Redeabschluss und darüber hinaus in der Gesamterzählung des Pentateuchs. Die Verschiebungen in den situativen Konstellationen von Redeeinleitung und Redeabschluss bilden damit den Umschwung ab, der mit der Gesetzesmitteilung innerhalb der Gesamterzählung einhergeht: Nach dem erzählerischen Höhepunkt von Theophanie und Gesetzesmitteilung am Sinai steht das Land als unter Gehorsam konditioniertes Ziel der Erzählung im Fokus des Ereignisfortgangs. Mittels Eintragung der Landesthematik verzahnt der Redeabschluss in Ex 23,20–33 das Bundesbuch mit der Gesamterzählung des Pentateuchs und schließt vorwärtsgewandt an diese an.

Des Weiteren ist für die Stellung und Funktion des Mose eine Verschiebung zwischen Redeeinleitung und Redeabschluss zu verzeichnen: Mose fungiert zu Beginn der Rede als Helfer und Vermittler des Gesetzes und tritt an ihrem Ende nicht mehr in Erscheinung.[207] Mose ist nicht in die Landesthematik involviert. Mit dem Boten und dem Gesetz fungieren andere anstelle des Mose als Helfer. Diese Verschiebung in der Konstellation der Charaktere nimmt am Abschluss des Bun-

207 Zwar ermöglichen LXX und Peš auf der Ebene des Bundesbuches eine Identifikation des Boten mit Mose, doch erübrigt sich diese Option im Textraum *Sinaiperikope* angesichts der Sprechverhältnisse von Ex 33,2 (s. 5.2.3.d.MT:1).

desbuches vorweg, dass Mose nicht mit in das Land kommen wird (Num 20,12).[208] Damit bildet der Redeabschluss des Bundesbuches implizit ein Ergebnis des Verlaufes der Gesamterzählung des Pentateuchs ab und erhöht die Spannung für deren Fortgang.

4.2.2 Text

a. Zeit

Das Bundesbuch ist als Gottesrede linear chronologisch in den Verlauf der Gesamterzählung eingefügt (s. 4.2.1). Erzählzeit und erzählte Zeit entsprechen einander. Es wird zeitdeckend ohne faktische Zeitverzögerung erzählt. Allerding führt die Präsentation eines längeren Redestücks zur Verzögerung des Ereignisfortgangs, sodass der Eindruck einer zeitlichen Dehnung der Situation entsteht.[209] Diese Form der Zeitdehnung wirkt sich steigernd auf die Spannung in der Erzählung aus. Somit steht die Gesetzesrede des Bundesbuches im Spannungsbogen der Gesamterzählung des Pentateuchs an einem Punkt, der mittels dramaturgischer Spannung ein erhöhtes Maß an Aufmerksamkeit auf sich lenkt.

Die lineare Chronologie, anhand derer die Mitteilung des Bundesbuches in die Gesamterzählung des Pentateuchs eingegliedert ist, wird innerhalb der Rede in Ex 20,22–23,33 mehrfach von Anachronien gebrochen.[210] Diese greifen innerhalb des Bundesbuches auf die zeitliche Abfolge und Strukturierung der Gesamterzählung des Pentateuchs zurück und sind wegen des Redesettings von Ex 20,22–23,33 allesamt als gefilterte Anachronien zu betrachten. Der filternde Charakter Jhwh ist eine die Erzählung und ihren Verlauf dominierende Stimme, sodass insbesondere Vorblenden seinerseits als zugesagte künftige Ereignisse erscheinen.

Für das Bundesbuch in Ex 20,22–23,33 stellen innerhalb der Grenzen der Gesamterzählung des Pentateuchs folgende Verse bzw. Versteile interne, homodiegetische Analepsen dar:

Ex 20,22b – Rückblende auf Reden Jhwhs zu den Israeliten am Sinai (Ex 19 f.),
Ex 22,20b – Rückblende auf die Fremdlingschaft in Ägypten (Ex 1–15),
Ex 23,9bβ – Rückblende auf die Fremdlingschaft in Ägypten (Ex 1–15),
Ex 23,13aα – Rückblende auf das vorangehende Reden Jhwhs (Ex 20,22–23,12),
Ex 23,15aα – Rückblende auf das Befehlen des Mazzotfestes (Ex 12 f.),
Ex 23,15aβ – Rückblende auf den Auszug aus Ägypten (Ex 12–15).

---

208 Vgl. dazu die Diskussion bei Propp, *Exodus 19–40*, 287.
209 Zur gefühlten Dehnung (*stretch*) eines Narrativs vgl. Prince, *Dictionary*, 94.
210 Zu Anachronien s. Rimmon-Kenan, *Fiction*, 46–51.

Die Auflistung zeigt, dass mit diesen Analepsen ausschließlich und wiederholt das göttliche Reden und der Erzählbereich von Fremdlingschaft und Exodus herangezogen werden. Es liegen repetitive Analepsen vor, mit denen ein Ereignis mehrfach erzählt wird.[211]

Folgende interne, homodiegetische Prolepsen liegen in Ex 20,22–23,33 vor:

Ex 20,22aβ – Vorblende auf die Mitteilung des Gesagten durch Mose (Ex 24,3),
Ex 21,1b – Vorblende auf die Mitteilung des Gesagten durch Mose (Ex 24,3).

Auch diese beiden Prolepsen sind repetitiv. Sie führen wiederholt die Übermittlung der Rede an die Israeliten durch Mose an.

Die mit der Landesverheißung verbundenen Aussagen im Bundesbuch stellen repetitive, externe, homodiegetische Prolepsen dar. Die Einnahme des Landes liegt zwar zeitlich nicht innerhalb der Gesamterzählung des Pentateuchs (extern), gehört aber zu deren Grundzielen (homodiegetisch). Folgende Prolepsen sind im Bundesbuch enthalten:

Ex 21,13b – Vorblende auf die Bestimmung eines Schutzortes,
Ex 23,20–33 – Vorblende auf die Landnahme und das Leben im Land,
- v.20 – Vorblende auf das Senden eines Boten und die Heraufführung,
- v.21b – Vorblende auf Strafe bei Ungehorsam,
- v.22b – Vorblende auf Feindschaft und Bedrängung der Feinde durch Jhwh,
- v.23 – Vorblende auf das Bringen zu den Völkern und deren Vernichtung,
- v.24b – Vorblende auf das Zerstören des fremden Kultes,
- v.25 – Vorblende auf den Segen durch Jhwh für loyalen Dienst,
- v.26 – Vorblende auf ein langes, an Nachkommen reiches Leben im Land,
- v.27 – Vorblende auf das Verschrecken und Besiegen der Feinde,
- v.28 – Vorblende auf die Vertreibung der Feinde,
- v.29 – Vorblende auf die Vertreibung der Feinde und deren Folgen für das Land,
- v.30 – Vorblende auf die allmähliche Vertreibung der Feinde und das Land,
- v.31 – Vorblende auf die Grenzen des Landes,
- v.33 – Vorblende auf die Tücken des Zusammenlebens mit den Feinden.

Die LXX weist ferner Prolepsen auf die Vertreibung der Völker und die Weitung der Landesgrenzen in Ex^{LXX} 23,18 auf.

Die Verteilung der homodiegetischen Anachronien über Ex 20,22–23,33 lässt sich zusammenfassend wie folgt darstellen:

---

211 Zur repetitiven Analepse s. Rimmon-Kenan, *Fiction*, 58.

Tab. 5: Verteilung der homodiegetischen Anachronien im Bundesbuch.

Homodiegetische Analepsen	20,22b	22,20b; 23,9bβ	23,13aα.15aα.15aβ	→
Homodiegetische Prolepsen	20,22aβ	21,1b.13b	LXX 23,18	23,20–33

Homodiegetische Analepsen liegen in der Redeeinleitung, im hinteren Teil des gesetzlichen Hauptteils und in dessen abschließenden Rahmenstücken vor. Während die Analepse in der Redeeinleitung (Ex 20,22b) auf die jüngere Vergangenheit in der Gesamterzählung verweist und so den dichten zeitlichen Anschluss der Rede an die Erzählung unterstützt, greifen die in den hinteren Teilen des Bundesbuches folgenden Analepsen (z. B. Ex 23,9bβ) deutlich weiter zurück in der erzählten Geschichte. Diese Art der Zeitverknüpfung, die am Textanfang das nähere zeitliche Umfeld heranzieht und am Textende einen erweiterten Zeitrahmen ansetzt, findet sich ebenso bei den homodiegetischen Prolepsen, die hauptsächlich in der Redeeinleitung und im Redeabschluss auftreten. So verweisen, mit Ausnahme von Ex 21,13, die Prolepsen am Beginn des Bundesbuches auf die der Rede unmittelbar folgenden Ereignisse (z. B. Ex 21,1b), wohingegen der Redeabschluss in die fernere Zukunft der Landnahme blickt (z. B. 23,27). Insgesamt bilden die Ana- und Prolepsen damit eine gegenläufig verzahnte zeitliche Struktur, die einerseits das Rechtskorpus zeitlich fest in der Gesamterzählung zu verankern vermag, die andererseits aber auch zwischen Vergangenheit und Zukunft das Bundesbuch in der gegenwärtigen Erzählsituation am Sinai als einen bedeutsamen Kern dieser Geschichte zentriert.

Diese zeitliche Zentrierung auf der Makroebene der Gesamterzählung ist in Ex 20,22 *in nuce* vorgenommen: Der Vers beginnt in der erzählten Gegenwart der Rede (ויאמר יהוה אל־משה), blendet anschließend vor auf die Zeit nach der Rede (כה תאמר אל־בני ישראל) und schließt mit einer Rückblende auf die Zeit vor der Rede ab (אתם ראיתם כי מן־השמים דברתי עמכם). Zwischen der in der Vorblende anvisierten Mitteilung des Gesagten (Ex 24,3) und der in der Rückblende erinnerten Offenbarung am Sinai (Ex 19 f.)[212] steht die in Ex 20,22 beginnende Rede, die anhand der präsentierten Anachronien als Zentrum des Geschehens stilisiert und hervorgehoben wird. Mittels dieser zeitlichen Strukturierung schließt Ex 20,22 alle Zeitstufen ein und trägt so zudem einen überzeitlichen An-

212 Schwienhorst-Schönberger sieht in Ex 20,22b aufgrund des erwähnten Faktums der direkten Rede Jhwhs zum Volk Israel eine konkrete Rückblende auf den Dekalog (vgl. Schwienhorst-Schönberger, *Bundesbuch*, 396). Doch ist Ex 20,22b textsemantisch über dieses Ereignis hinaus mit der gesamten Szene der Theophanie in Ex 19 f. verbunden (s. 5.1.1.d).

spruch in die Autorisierung Jhwhs und des Bundesbuches, welche dieses Scharnierstück inhaltlich prägt (s. 4.1.3), ein.

b. Charakterisierung

In Ex 20,22–23,33 kommen mit Jhwh und dem biblischen Erzähler durchgehend zwei wichtige Stimmen der Gesamterzählung des Pentateuchs zu Wort. Dementsprechend sind alle auftretenden direkten Charakterisierungen verwertbar.[213] Insgesamt überwiegen im Bundesbuch allerdings indirekte Charakterisierungen.

Die umfassendste Charakterisierung erfährt in Ex 20,22–23,33 Jhwh selbst. Er wird in Ex 20,22 als das sprechende, gesetzgebende Subjekt vorgestellt, welches zu dieser legislativen Handlung in mehrfacher Hinsicht als Souverän legitimiert ist: Er ist die Gottheit, der die Israeliten (einzig) zu dienen haben (Ex 22,19; 23,17.19.25) und die in ihrem Heiligtum (Ex 23,19) an einem konkreten Orten aufgesucht werden kann. In Ex 22,10 ist Jhwh Teil eines Eidgeschehens:[214] „JHWH [ist; AmK] hier […] Garant und Wahrer eines assertorischen Eides, der im Rechtsverfahren die Funktion eines Reinigungseides hat".[215]

In der vorliegenden Textgestalt des Bundesbuches sind das Sprecher-Ich (s. o.) sowie alle nicht negativ wertenden Nennungen von אלהים (Ex 21,6.13; 22,7.8.27; 23,19.25) auf Jhwh hin lesbar. Sämtliche positive oder neutrale Aussagen über אלהים beziehen sich semantisch auf die Charakterisierung Jhwhs als Gottheit. Explizit wird die Verknüpfung von Jhwh und אלהים in denjenigen Aussagen, die אלהים als Epitheton dem Jhwh-Namen beiordnen (Ex 23,19.25). Dies trifft in LXX und Peš gleichermaßen für die Kombination von κύριος und θεός bzw. ܡܪܝܐ und ܐܠܗܐ zu (s. 5.1.3.c.MT:4). Mittels der Korrelation zwischen dem Sprecher-Ich, den positiven oder neutralen אלהים-Aussagen und Jhwh stellt der Redeabschluss Jhwh vorrangig als eine segnende (Ex 23,25), schützende und begleitende (Ex 23,22.27 f.) Figur für das Volk Israel dar.

Innerhalb des Rechtskorpus werden אלהים auch gerichtliche Funktionen zugeschrieben. Ex 21,6 deutet in seiner vorliegenden Gestalt auf eine Zeremonie am Heiligtum sowie am Hauseingang, in der der Sklave sich vor אלהים lebenslang seinem Herrn verpflichtet. Dabei fungiert אלהים als Zeugeninstanz (s. 5.1.3.a.i). Ferner sprechen Ex 22,7.8 vom Erwirken eines Gottesurteils im Falle eines nicht aufklärbaren Eigentumsdeliktes.[216] Peš jedoch unterscheidet sich in Ex 21,6; 22,7.8 mit der Lesung ܕܝܢܐ von MT, Sam und LXX. Hierbei verweist Peš auf Einrichtun-

213 S. Rimmon-Kenan, *Fiction*, 60.

214 Ex^{LXX} 22,10 könnte mit θεός auf eine Vorlage von אלהים* weisen, wobei im Textraum *Bundesbuch* eine Gleichsetzung von אלהים bzw. θεός mit Jhwh möglich ist (s. Anm. 1033).

215 Schwienhorst-Schönberger, *Bundesbuch*, 202.

216 Vgl. Schwienhorst-Schönberger, *Bundesbuch*, 203.

gen der menschlichen Gerichtsbarkeit und schränkt die gerichtlichen Funktionen Jhwhs zugunsten einer Aufwertung der menschlichen Gerichte ein. Die Einbindung Jhwhs als übergeordnete Hoheit behält Peš im Gerichtskontext Fällen vor, die wie in Ex^{Peš} 22,10 einen Eid erfordern (s. 5.3.3.a).

In Ex 21,13 kommt אלהים als der frei, nach seiner Willkür handelnde, göttliche Souverän in den Blick. Mit der Wendung והאלהים אנה לידו wird eine fahrlässige Tötung beschrieben.[217] Das handelnde Subjekt ist dabei Gott, der dem menschlichen Handeln und Ergründen entzogene Dinge geschehen lässt (אנ"י$_2$ *Pi*).[218] Gleichermaßen fügt sich das Fluchverbot in Bezug auf אלהים in Ex 22,27 zur Charakterisierung Elohims in seiner dem menschlichen Dasein übergeordneten Souveränität. Dabei sichert die umfassende Anerkennung des göttlichen Souveräns (אלהים) in Ex 22,27 auch die gesellschaftliche Stabilität (s. 5.3.7.b).

Voneinander unabhängig betrachtet zeichnet sich in der Charakterisierung von Jhwh und אלהים eine Tendenz ab, welche Jhwh vorrangig als exklusive und zugewandte Gottheit Israels zeichnet und die auf Jhwh anwendbare Figur אלהים primär als überlegenen Souverän mitsamt gerichtlichen Funktionen beschreibt. Dieser Befund legt nahe, dass im Zuge der Einfügung des Bundesbuches in den vorliegenden erzählerischen Zusammenhang die beiden komplementär charakterisierten Figuren, Jhwh und Elohim, verbunden worden sind. Ein Beleg dafür scheint sich in den Lesespuren abzuzeichnen, die sich zu Ex 22,10 in den unterschiedlichen Textzeugen finden: Während die LXX mit der Lesung θεός die Identifikation der Schwurgottheit mit Jhwh inhärent signalisiert und möglicherweise auf eine Vorlagenlesart אלהים* zurückgeht (s. Anm. 1033), weisen MT, Sam und sogar Peš explizit Jhwh eine Funktion im Gerichtskontext zu. In diesem Zusammenhang scheinen MT und Sam zudem die vorherige Rede von einem oder gar mehreren אלהים (vv.7.8) auf Jhwh hin zuzuspitzen und zu disambiguieren.[219] Die Zuspitzung auf *eine* Gottheit ist in der LXX mit θεός im Sg. vorausgesetzt.

Das Sprecher-Ich, welches durch Ex 20,22aα mit Jhwh gleichgesetzt wird, erfährt im Bundesbuch ebenfalls eine breite Charakterisierung. Dieses Ich ist mächtig und zugewandt (Ex 20,22b; 20,24b; 21,13b), will kultisch ohne Konkurrenz verehrt werden (Ex 20,23 f.; 22,28.29; 23,14.18 f.), ist gerecht (Ex 21,14; 23,7), erbarmt sich der Schwachen (Ex 22,22.23.24.26), ist Herr eines Volkes (Ex 22,24.30) und kommuniziert mit seinem Volk (Ex 20,22aβ–b; 21,1; 23,13.15). All diese im Laufe der Redeeinleitung und des Rechtskorpus vorgenommenen Charakterisierungen werden im Redeabschluss Ex 23,20–33 noch einmal bestätigt: Dort wendet sich das sprechende Ich seinem Volk zu (Ex 23,20), schützt und begleitet sein Volk auf

217 Vgl. Schwienhorst-Schönberger, *Bundesbuch*, 39 f.; Propp, *Exodus 19–40*, 206.

218 Vgl. Gesenius, *Handwörterbuch*^{18}, 79.

219 Vgl. Schwienhorst-Schönberger, *Bundesbuch*, 200 f.

dem Weg in das Land und vertreibt bzw. vernichtet die Fremdvölker (Ex 23,22.27–29), fordert Gehorsam und alleinige Verehrung (Ex 23,22.24 f.33) und verheißt Segen für das Leben im Land (Ex 23,20.25 f.30 f.).

Eine knappere Charakterisierung erfahren die Israeliten in Ex 20,22–23,33. Direkt genannt sind sie nur in Ex 20,22aβ als eigentliche Adressaten der Rede. In Ex 21,1 sind sie zudem im Suffix der 3.Pl. von לִפְנֵיהֶם intendiert. Vor dem Hintergrund der Bitte um Vermittlung in Ex 20,19 erscheinen die Israeliten als furchtsamer, untergebener Adressat. Ergänzt wird diese Charakterisierung der Israeliten durch weitere, auf sie anwendbare pronominale Ausdrücke im Bundesbuch. Diese beziehen sich überwiegend auf die innerhalb der Gesetze gezeichnete Vision des Zusammenlebens und setzen das Leben im Land voraus. Zu nennen sind die Aussagen in der 2.Pl. in Ex 20,22b; 22,20b; 22,30a; 23,9b, die Bezeichnung עמי in Ex 22,24 und Ausdrücke, die den bzw. die Adressaten betreffen, z. B. רעך, נשיכם, בניכם, מלאתך, צאנך, מעשיך, בן־אמתך (Ex 22,23.25.28.29; 23,12) sowie יצאת (Ex 23,15). Dahingehend werden die Israeliten als agrarisch lebende Volksgemeinschaft charakterisiert, die zu Jhwh gehört (Ex 22,24.30) und in ihrem historischen Gedächtnis die Fremdlingschaft in Ägypten sowie die Herausführung von dort als prägende Ereignisse bewahrt (Ex 22,20b; 23,9b; 23,15).

Die knappste Charakterisierung im Bundesbuch erfährt Mose. In Ex 20,22, sowie implizit in Ex 21,1, wird er in seiner Funktion als Mittler zwischen Jhwh und den Israeliten dargestellt und als Führungsperson des Volkes Israel charakterisiert. Mose kommt, beginnend mit Ex 20,22, der Bitte des Volkes nach, zwischen Jhwh und Israel zu vermitteln (Ex 20,19). Auf diese Weise wird er zum Sprachrohr der offenbarenden Rede Jhwhs, die eigentlich die Israeliten adressiert.

c. Fokalisierung

In Ex 20,22aα liegt mit dem biblischen Erzähler eine externe Fokalisierungsinstanz vor, die dem Geschehen der Erzählung enthoben ist und dieses von außen panoramisch und panchronisch wahrnimmt.[220] Besonders im Zusammenhang von Ex 20,21 f. wird deutlich, dass der biblische Erzähler aus der Vogelperspektive auf das Geschehen blickt. So kann er beides wahrnehmen: das Volk, das ferne steht (Ex 20,21a); und Mose, der sich zu Gott ins Wolkendunkel nähert und dort eine Gottesrede hört (Ex 20,21b f.). Laut Uspensky und Rimmon-Kenan ist diese Art der Fokalisierung typisch für den Anfang und das Ende von Erzählungen oder einzelnen Szenen.[221]

---

220 Zu Fokalisierung s. Rimmon-Kenan, *Fiction*, 72–86; Prince, *Dictionary*, 31 f.

221 Vgl. Uspensky, *Poetics*, 64; Rimmon-Kenan, *Fiction*, 78. Ergänzend sei genannt, dass auch am Ende der Erzählpassage in Ex 24 der biblische Erzähler panoramisch und panchronisch fokalisiert, indem er sowohl das Geschehen auf dem Berg (z. B. Ex 24,1 f.9–11) als auch bei den Israeli-

Mit dem Beginn der Jhwh-Rede wechselt die Fokalisierungsinstanz. Dementsprechend geht in Ex 20,22aβ die Fokalisierung an das Sprecher-Ich über, welches sich sogleich als Jhwh zu erkennen gibt (Ex 20,22b). Dabei liegt eine der Erzählung interne Charakter-Fokalisierung vor. In den Textabschnitten, die in der 1. und 2. Person formuliert sind (Ex 20,22–21,1; 21,2.13b.14b.23–25; 22,17; 22,20–23,33), ist dies klar erkennbar. Hierin nimmt Jhwh das Geschehen von einem übergeordneten Standpunkt aus subjektiv gefärbt wahr.

Die übergeordnete Position des Sprecher-Ichs äußert sich in der Erteilung von Anweisungen in Jussiven (z. B. תאמר; Ex 20,22) und Prohibitiven (z. B. לא תעשון; Ex 20,23), welche auf ein hierarchisches Verhältnis verweist. Ebenso spiegelt die Sozialgesetzgebung in Ex 22,20–26 mit dem Motiv des Schreiens zu Jhwh (צע"ק *Qal*) eine hierarchische Strukturierung. Diese mag auf der Vorstellung von Jhwh als einem barmherzigen König und Rechtshelfer beruhen.[222] Die hierarchische Überordnung zeigt sich weiterhin kognitiv in der allwissenden Ausrichtung der Sprecher-Ich-Fokalisierung (v. a. Ex 23,20–33). Damit korreliert die zeit- und raumübergreifende Ausrichtung der Wahrnehmung Jhwhs, welche vor allem am Beginn der Rede in der Verheißung des Altargesetzes (Ex 20,24b) sowie am Ende in der Landesthematik (Ex 23,20–33) zum Ausdruck kommt. Insofern folgt auch die Jhwh-Rede in ihren Rahmenstücken dem narratologischen Usus, zu Beginn und Ende einer Szene panoramisch und panchronisch zu fokalisieren. Dies dient der reibungsarmen narrativen Einbindung des Rechtskorpus mittels der Rahmenstücke.

Die subjektive, ideologische Färbung der Sichtweise des Sprecher-Ichs kommt maßgeblich in der Sozialgesetzgebung Ex 22,20–26 sowie im Redeabschluss Ex 23,20–33 zum Vorschein. Sie wird von der Vorstellung getragen, dass Israel als Volk Jhwhs (Ex 22,24) eine heilige (Ex 22,30), solidarische (Ex 22,20–26) und prosperierende (Ex 23,25 f.) Gemeinschaft sein soll, die allein Jhwh kultisch korrekt verehrt (Ex 20,23–26; 23,25 u. ö.). Damit liegt eine tendenziöse Wahrnehmung zugunsten Jhwhs und des Volkes Israel (z. B. Ex 23,20–33) sowie zugunsten der Armen und Schutzbedürftigen dieses Volkes (z. B. Ex 22,20–26) vor.

In den unpersönlich formulierten Textabschnitten des Bundesbuches (Ex 21,3–13a.14a.15–22.26–37; 22,1–16.18.19) tritt die Fokalisierung durch Jhwh als Gottheit Israels nicht offen zutage. Hier fokalisiert eine Instanz, die nicht selbst in das Mitgeteilte verwickelt ist und den Anschein von Neutralität vermittelt. Wie ein außenstehender Beobachter (z. B. Ex 21,13a; 22,8) teilt sie die Rechtsfälle und Rechtsfolgebestimmungen mit und berichtet jeweils sachlich über die am Rechts-

---

ten am Fuß des Berges (z. B. Ex 24,3–8) überblickt. Auch hier zeigt sich der von Uspensky und Rimmon-Kenan benannte erzähltheoretische Usus.

222 Vgl. Otto, *Rechtsbegründungen*, 40.

streit beteiligten Parteien (z. B. Ex 21,26–36; 21,37–22,14). In Ex 21,8b kann aus der Formulierung לעם נכרי לא־ימשל למכרה in der Gegenüberstellung zu einem „fremden Volk“ (s. 5.1.3.c) die Positionierung der Fokalisierungsinstanz auf Seiten der Adressaten geschlussfolgert werden. Die Fokalisierungsinstanz wird darin als jemand, der sich mit den Protagonisten der Gesamterzählung solidarisiert oder gar selbst zu diesen zählt, erkennbar. Auf diese Weise ist sie anschlussfähig an die Hauptcharaktere der Erzählung. Ihre Ausrichtung als übergeordnete, weisungsgebende Instanz fügt sich zudem zu der Fokalisierung Jhwhs bzw. des Sprecher-Ichs.

Darüber hinaus lässt die Fokalisierungsinstanz in den unpersönlichen Textabschnitten eine ideologische Grundierung erkennen: Auch die unpersönliche Fokalisierungsinstanz legt Wert auf die alleinige Jhwh-Verehrung (z. B. Ex 22,19) und den Bestand des Volkes Israel (z. B. Ex 22,15 f.). Im Zusammenhang des Bundesbuches ist diese Sicht an die des Sprecher-Ichs Jhwh (s. o.) anschlussfähig. Damit umschließt und trägt diese weltanschaulich gefärbte Sichtweise, die konkret Jhwh zuzuordnen ist, das gesamte Bundesbuch. Laut Uspensky und Rimmon-Kenan stellt die insgesamt dominierende Perspektive die autoritative Sicht dar, an der alle weiteren Sichtweisen einer Erzählung gemessen werden.[223] Dementsprechend beschreibt Jhwhs Sicht *die* maßgebliche Weltsicht des Bundesbuches, der der normative Anspruch des Textes entspringt.

4.2.3 Narration: Ebenen und Stimmen sowie Darstellungsform der Erzählung

a. Ebenen und Stimmen der Erzählung

i. Der biblische Erzähler und seine Adressaten

Im Zusammenhang von Ex 20,22–23,33 kommen mehrere Figuren zu Wort: Der biblische Erzähler leitet die Jhwh-Rede ein (Ex 20,22aα) und Jhwh teilt die Gesetze mit (Ex 20,22aβ–23,33; s. u.).[224] In Ex 20,21–22aα beschreibt der biblische Erzähler knapp die Situation und das Umfeld der Episode, innerhalb derer das Bundes-

223 Vgl. Uspensky, *Poetics*, 8 f.; Rimmon-Kenan, *Fiction*, 83.

224 Hinzu kommen der hebräische Sklave (Ex 21,5) und der geschädigte Eigentümer (Ex 22,8), die innerhalb der Gesetze mit kurzen Zitaten zu Wort kommen, und die verbalen Äußerungen der Witwen, Waisen und Armen (Ex 22,22.26) sowie des Boten Jhwhs (Ex 23,21 f.), deren konkreter Redeinhalt nicht mitgeteilt wird. Aus der Definition des Narrativs als Ereigniskette ist zu schlussfolgern, dass als Erzählstimme diejenigen Figuren in Betracht kommen, die zum Fortgang des Ereignisverlaufs beitragen (s. dazu Rimmon-Kenan, *Fiction*, 3 f.45). Demzufolge stellen mit Blick auf die Gesamterzählung des Pentateuchs hier nur der biblische Erzähler und Jhwh eine eigene Erzählstimme dar.

buch mitgeteilt wird. Er blickt wie ein außenstehender Beobachter auf das Erzählgeschehen und nimmt selbst nicht daran teil. Somit ist er ein extradiegetischer und heterodiegetischer Erzähler. Seine Position als Außenstehender und seine Allwissenheit in Bezug auf das Erzählgeschehen fördern die Zuverlässigkeit (*reliability*) des biblischen Erzählers. Des Weiteren enthält das Werteschema des Erzählers Hinweise für die Beurteilung seiner Zuverlässigkeit.[225] Die wenigen im Kontext des Bundesbuches (Ex 20–24) anzutreffenden Wertungen des biblischen Erzählers reflektieren vor allem die hierarchische Strukturierung des Volkes Israel.[226] Diese Weltsicht mag für den fiktiven Adressatenkreis erwartungskonform sein, sodass das hier geäußerte Werteschema des biblischen Erzählers nicht dessen Zuverlässigkeit infrage stellt.

Im Kontext des Bundesbuches (Ex 20–24) bleibt der biblische Erzähler weitestgehend verborgen. Er hält sich mit Kommentaren und Interpretationen zurück, ist unauffällig gegenwärtig und vermittelt den Gang der Ereignisse.[227] Dadurch ist er als personale Erzählinstanz kaum wahrnehmbar. Auch der fiktive Adressat bleibt verborgen. *Per definitionem* auf derselben Ebene mit dem Erzähler,[228] ist er ein extradiegetischer, heterodiegetischer Akteur, der von außerhalb auf die Erzählung schaut und nicht persönlich in das Geschehen involviert ist. Allerdings ermöglicht der biblische Erzähler seinem fiktiven Adressatenkreis mittels szenischer Erzähltechnik, bei welcher der Erzähler generell im Hintergrund bleibt,[229] eine intensive emotionale Beteiligung am Erzählgeschehen. Diese begünstigt zugleich die unmittelbare Annahme der darin veranschaulichten Werte.[230] D. h., auch wenn der fiktive Adressat in der Realität nicht am Erzählgeschehen beteiligt ist, wird ihm in der Fiktion doch wie einem unmittelbaren Zuschauer direkte Anteilhabe daran ermöglicht.

ii. Jhwh als Erzählinstanz und seine Adressaten

Der gesamte Text von Ex 20,22aβ–23,33 ist durch die vorangestellte Redeformel Jhwh in den Mund gelegt. Damit ist Jhwh die vermittelnde Stimme, welche in der narrativ gefärbten Passage Ex 23,20–33 auch erzählend fungiert. Jhwh ist ein

---

225 Zum Erzähler s. Rimmon-Kenan, *Fiction*, 95–104.

226 So bezeichnet der Erzähler die 70 Männer von den Ältesten Israels (Ex 24,1) in Ex 24,11 als אצילי בני ישראל „die Edlen der Israeliten", führt Josua, der bisher aus Ex 17 nur als Kriegsheld bekannt war (vgl. Dohmen, *Exodus 19–40*, 207), in seiner Funktion als Minister und Bediensteter des Mose (Ex 24,13; vgl. Ex 33,11) ein und beschreibt die Vorgänge der Theophanie in ehrfurchtsbezogenen Worten (כבוד יהוה) und Bildern (Ex 24,15–18).

227 Vgl. dazu Bar-Efrat, *Wie die Bibel erzählt*, 42 f.

228 Vgl. Rimmon-Kenan, *Fiction*, 105.

229 Vgl. Bar-Efrat, *Wie die Bibel erzählt*, 45.

230 Vgl. Koenen, „Erzählende Gattungen (AT)", in: *WiBiLex* (2006), 1.2.2.

teilweise in das Geschehen seiner Rede bzw. Erzählung (Ex 23,20–33) involvierter Charakter, der innerhalb der *story* erzählt und eine homodiegetische, intradiegetische Erzählinstanz darstellt.

Die Einschätzung der Zuverlässigkeit (*reliability*) des intra- und homodiegetischen Erzählers Jhwh in Ex 23,20–33 hat aus der intradiegetischen Perspektive z. B. des Mose oder der Israeliten zu erfolgen, um die Kommunikationsebenen nicht zu vermengen. Nach dem Exodus samt Meerwunder und den Ereignissen der Wüstenwanderung (Ex 1–15) gibt es innerhalb der erzählten Welt in Ex 23,20–33 zunächst keinen driftigen Grund, an der Zuverlässigkeit Jhwhs zu zweifeln. Die Murrgeschichten in Ex 15–17 lassen Zweifel seitens der Israeliten erkennen, welche aber in der Bereitstellung des Nötigen von Jhwh selbst ausgeräumt werden (z. B. Ex 15,25). Dementsprechend bestätigen die Murrgeschichten die Verlässlichkeit und Fürsorge Jhwhs für die Israeliten. Ferner wird Jhwh in der Erzählung selbst als *die* dominierende göttliche Autorität charakterisiert (s. o.). So kann Jhwh trotz seines Standpunktes innerhalb der Erzählung allwissend in Bezug auf die erzählte Welt sein. Sein Werteschema ist *per se* autoritativ. In der Mitteilung der Gesetze gibt Jhwh in Ex 20,22–23,33 sein Werteschema zu erkennen und implementiert es, indem er Lohn für die Befolgung der Gesetze in Aussicht stellt (Ex 23,20–33). Insofern stellt Jhwh im Zusammenhang des Bundesbuches eine zuverlässige (Erzähl-)Instanz dar.

In den Textabschnitten, die in der 1. und 2. Person formuliert sind, tritt Jhwh als vermittelnde Instanz hervor (Ex 20,22–21,1; 21,2.13b.14b.23–25; 22,17; 22,20–23,33), während er in den unpersönlich formulierten Abschnitten (Ex 21,3–13a.14a.15–22.26–37; 22,1–16.18.19) verborgen bleibt.[231] Der Präsentationsmodus der unpersönlichen Textstücke steht damit der Erzählweise des biblischen Erzählers nahe. Die Textabschnitte, in denen Jhwh als Vermittlungsinstanz erkennbar ist, thematisieren zentrale kultische und gesellschaftliche Werte, wie z. B. das Verhältnis zu Jhwh und dessen Verehrung (Ex 20,24–26; 21,13 f.; 22,27–30) sowie den Schutz der Schwachen (Ex 22,20–26). Die betreffenden Bestimmungen werden mit besonderem Nachdruck versehen, indem Jhwh als Sprecher in der 1.Sg. hervortritt und als Charakter-Fokalisierungsinstanz seine autoritative Weltsicht einbringt.[232]

---

231 Vgl. auch Bartor, *Reading Law*, 25 f.

232 Die Aufwertung ausgewählter Bestimmungen durch die direkte Einbindung der 1. und 2. Person bedeutet nicht notwendigerweise eine Abwertung unpersönlich formulierter Bestimmungen, wie Bartor unter Berücksichtigung des *experiencing self* zeigt (vgl. Bartor, *Reading Law*, 27–30). Die Beobachtung der besonderen Einschärfung sozialer Bestimmungen durch Jhwh als Sprecher-Ich korrespondiert mit Ottos These der Theologisierung des Rechts im Bundesbuch: Die Theologisierung sei historisch angesichts sozialer Differenzierung notwendig geworden, sodass über redaktionelle Eingriffe in den Text insbesondere die Rechte zum Schutz der Armen einer neuen, theologisch basierten Begründung zugeführt worden seien (s. Otto, *Rechtsbegründungen*, 2.69 f.).

Jhwh adressiert in seiner Rede Mose und die Israeliten (s. o.; vgl. Ex 20,22; 21,1). Erzähltheoretisch sind Mose und die Israeliten als Adressaten derselben diegetischen Ebene zuzuweisen wie Jhwh als Erzähler: Sie sind intradiegetische, homodiegetische Akteure, die innerhalb der Erzählung verortet und selbst am Erzählgeschehen beteiligt sind. In den Anreden der 2.Sg./Pl. (Ex 20,22–21,1; 21,2.13b.14b.23; 22,17; 22,20–23,33) treten die Adressaten wahrnehmbar hervor. In den unpersönlich formulierten Abschnitten bleiben sie im Hintergrund.

Hinsichtlich der Zuverlässigkeit (*reliability*) lässt sich für Mose und die Israeliten als Adressaten ein differenzierteres Bild zeichnen. Mose wird grundsätzlich als verlässlicher Partner Jhwhs im Rahmen der Gesetzesmitteilung dargestellt, der die Jhwh-Rede an die Israeliten weitergibt und ausführt (z. B. Ex 21,1; 24,3). Ex^{Sam} 20 betreibt dahingehend in zwei Textüberschüssen die nachdrückliche Legitimation und Aufwertung der Figur des Mose (s. 5.1.1.d.Sam).

Für die Israeliten hingegen wird zwar deren Wille zur Verlässlichkeit in Bezug auf Jhwhs Bestimmungen beteuert (z. B. Ex 24,3), aber auch deren Scheitern daran berichtet (z. B. Ex 32). Sie zeigen eine Ambivalenz in ihrer Zuverlässigkeit (*reliability*), welche in Spannung zum prinzipiell verlässlichen fiktiven Adressaten[233] steht und eine produktive Auseinandersetzung zwischen den fiktiven und den intradiegetischen Adressaten der Jhwh-Rede ermöglicht.

b. Darstellungsform der Erzählung

In Ex 20,22–23,33 wird die szenische Erzähltechnik verwendet, welche von mimetisch-dramatischen Elementen[234] geprägt ist. Entsprechend dominiert als Darstellungsform die direkte Rede (*direct discourse*; Ex 20,22aβ–23,33). Diese nähert sich durch den Rückzug der äußerlichen Erzählinstanz und die Präsentation direkter Figurenrede graduell der Illusion purer Mimesis an.[235] Dadurch entsteht der Eindruck eines gänzlich unmittelbaren, die Abläufe des Geschehens imitierenden Nachvollzugs der Ereignisse.

Gleichwohl treten im Zusammenhang des Bundesbuches (Ex 20–24) auch diegetisch-narrative Elemente[236] auf. Dies sind Erzählerberichte, welche die Ereignisse im Vorfeld und im Nachgang der Gottesrede zusammenfassen (z. B. Ex 20,21; 24,1–11). Diegetisch-narrative Stücke erhöhen die Distanz zum Geschehen.[237] Allerdings wird die Distanz im Zusammenhang des Bundesbuches nicht ausgedehnt,

233 Zur Voraussetzung der Zuverlässigkeit (*reliability*) des fiktiven Adressaten s. Rimmon-Kenan, *Fiction*, 105.

234 Zum Begriff s. Stanzel, *Theorie*, 94.

235 Vgl. Rimmon-Kenan, *Fiction*, 109.111.

236 Zum Begriff s. Stanzel, *Theorie*, 94.

237 Vgl. Prince, *Dictionary*, 22.

da die Erzählerberichte knapp gestaltet sind und wiederkehrend direkte Figurenrede auftritt (v. a. Ex 24,1–11). Der szenische Erzählmodus wird nicht verlassen.

4.3 Zwischenfazit: Die narrative Kontextualisierung des Bundesbuches als strukturelles und erzählerisches Koordinatensystem zur Autoritätskonstruktion

Die textstrukturellen und erzähltheoretischen Analysen zur Verankerung des Bundesbuches in der Gesamterzählung des Pentateuchs weisen eine tiefgreifende Verschränkung zwischen Gesetzes- und Erzähltexten nach. Diese realisiert sich sowohl generell in der Gestaltung der Textoberfläche als auch insbesondere an den Scharnierstücken am Übergang zwischen Gesetzes- und Erzähltexten. Dabei sind die temporale und kausale Einbettung des Bundesbuches gemäß *story* und *plot* der Gesamterzählung des Pentateuchs, die Anschlussfähigkeit an deren Charaktere und Charakterisierungen, die Einbindung des Bundesbuches in die dramaturgische und erzähltechnische Gestaltung der Gesamterzählung sowie die zeitliche Strukturierung und Zentrierung des Bundesbuches innerhalb der Gesamterzählung des Pentateuchs relevant. Die Verbindungsstücke dienen der Einbindung und Identifikation der beteiligten Charaktere, verflechten die Zeitstruktur der vorliegenden Erzählsequenz und der Gesamterzählung und deuten durch Verschiebungen in der Stellung und Funktion von Aktanten im vorderen und hinteren Scharnier den Erzählfortgang an.

Auf die Autoritätskonstruktion des im Bundesbuch präsentierten Rechts hat die umfassende Verankerung des Bundesbuches in der Gesamterzählung des Pentateuchs folgende Auswirkungen:

1. Die in das Bundesbuch eingeschriebene Struktur von Verweisen auf die Gesamterzählung des Pentateuchs identifiziert auf synchroner Ebene die narrative Kontextualisierung des Bundesbuches als Lese- und Verstehensanweisung zur Sinnkonstitution für die mitgeteilten Gesetze.
2. Die Verbindungsstücke am Übergang zwischen Gesetzes- und Erzähltexten sowie die zugehörigen Textcluster am Beginn und Abschluss des Bundesbuches zeigen eine hohe Affinität für die Anlagerung rechtlich autorisierender Begründungen. Letztere umfassen insbesondere die autoritative Gottesrede, die Legitimation des göttlichen Souveräns, die Legitimation zur Vermittlung der Rede durch Mose, das Beziehungsgefüge ‚Jhwh – Mose – Israel' sowie die Einschärfung von Gehorsam samt Aussicht auf entsprechenden Lohn.
3. Jhwhs Sicht wird als normative Weltsicht anhand erzählerischer Gestaltungsmittel in das Bundesbuch implementiert. Dahingehend stellt Jhwh die dominierende Fokalisierungsinstanz dar, die als zuverlässiger Erzähler auftritt

und ihre Autorität und Legitimation aus dem Erzählgeschehen der Gesamterzählung des Pentateuchs bezieht.

4. Mittels szenischer Erzähltechnik wird dem fiktiven Adressatenkreis eine vorgeblich direkte Teilhabe am Erzählgeschehen ermöglicht. Diese begünstigt unter dem Eindruck unmittelbarer Zeugenschaft des Geschehens die Übernahme der intradiegetischen Kommunikationsebene, auf der Jhwh als göttliche Autorität die Gesetze des Bundesbuches mitteilt und Mose als legitimierter Vermittler agiert. Mit Blick auf den soziologischen Kontext des Bundesbuches wird dadurch zudem die Akzeptanz der Gesetze aufseiten der Adressaten befördert.

5 Das Bundesbuch in diachroner Lesung – Synoptische und intertextuelle Analyse

5.1 Der Anfangsteil des Bundesbuches: Ex 20,22–21,11

5.1.1 Das Textcluster Ex 20,22–26

a. Mikroebene: Begründungsstrukturen innerhalb der Einzelgesetze Ex 20,22–26

i. Synoptische Analyse von Ex 20,22 – Legitimation der Akteure

MT:

> 22 וַיֹּאמֶר יְהוָה אֶל־מֹשֶׁה כֹּה תֹאמַר אֶל־בְּנֵי יִשְׂרָאֵל אַתֶּם רְאִיתֶם כִּי מִן־הַשָּׁמַיִם דִּבַּרְתִּי עִמָּכֶם׃
>
> 22 Und der HERR sprach zu Mose: So sollst du zu den Israeliten sprechen: Ihr habt selbst gesehen, dass ich vom Himmel mit euch geredet habe.

Ex 20,22 leitet als narratives Rahmenstück das Bundesbuch ein. Der Vers integriert die nachfolgende Gottesrede in den Kontext der Erzählsequenz der Sinaiperikope. Diesbezüglich ist Ex 20,22 in seiner Funktion für die vorliegende Ereignisstruktur, die Einführung der Charaktere, die Gestaltung der Zeit mit Rück- und Vorblenden sowie für die Charakterisierung und Fokalisierung in der erzähltheoretischen Analyse betrachtet worden (s. 4.2).

In Ex 20,22 wendet sich Jhwh an Mose (E1) und beauftragt ihn mit der Weitergabe seiner Worte an die Israeliten (E2). Inhaltlich verweisen diese Worte auf die Legitimation Jhwhs gegenüber den Israeliten: Jhwh selbst habe vom Himmel zu den Israeliten geredet (E3; דב"ר *Pi*). Mittels *pronomen separatum* betont Ex 20,22b nachdrücklich die Wahrnehmung des zur Legitimation herangezogenen Handelns Jhwhs durch die Israeliten. Bezugspunkt des Verweises sind im Textraum *Sinaiperikope* die Ereignisse der Theophanie in Ex 19 f. (s. 5.1.1.d.MT:3).

LXX:

> 22 Εἶπεν δὲ κύριος πρὸς Μωυσῆν Τάδε ἐρεῖς τῷ οἴκῳ Ἰακὼβ καὶ ἀναγγελεῖς τοῖς υἱοῖς Ἰσραήλ Ὑμεῖς ἑωράκατε ὅτι ἐκ τοῦ οὐρανοῦ λελάληκα πρὸς ὑμᾶς·
>
> 22 Der HERR sprach aber zu Mose: Das sollst du dem Haus Jakob sagen und den Israeliten ansagen: Ihr habt selbst[238] gesehen, dass ich aus dem Himmel zu euch gesprochen habe.

---

238 Zur Verstärkung der Aufmerksamkeit durch das Personalpronomen der 2. Person s. Muraoka, *Syntax*, 40.

https://doi.org/10.1515/9783111341712-005

Ex^{LXX} 20,22 bietet im Vergleich zu MT einen textlichen Überschuss. Mit τῷ οἴκῳ Ἰακὼβ καὶ ἀναγγελεῖς weist v.22 auf eine hebräische Vorlage, die dem Textbestand לבית יעקב ותגיד לבני ישראל aus Ex 19,3 entspricht. Eine angleichende Übernahme aus Ex$^{(LXX)}$ 19,3 ist wahrscheinlich.[239]

Der Textüberschuss fügt in v.22 ein zu E2 synonymes Ereignis ein. Die synonyme Präsentation des Ereignisses der Weitergabe durch Mose in ἐρεῖς τῷ οἴκῳ Ἰακώβ und ἀναγγελεῖς τοῖς υἱοῖς Ἰσραήλ dient als erzählerisches Mittel der Wiederholung (*repetitive frequency*) zur Verstärkung der Aussage.[240] In dieser Hinsicht schärft die Wiederholung des Weitergabe-Ereignisses in Ex^{LXX} 20,22 die Wichtigkeit des mitzuteilenden Inhalts ein, indem dessen unbedingte Weitergabe gefordert wird, und stärkt zugleich Mose in seiner Rolle als Mittler zwischen Jhwh und Israel.

Sam:

22 וידבר יהוה אל משה לאמר דבר אל בני ישראל אתם ראיתם כי מן השמים דברתי עמכם:

22 Und der HERR redete zu Mose (folgendermaßen): Rede zu den Israeliten: Ihr habt selbst gesehen, dass ich vom Himmel mit euch geredet habe.

Ex^{Sam} 20,22 verwendet in der Einleitung der Gottesrede וידבר und לאמר. Hieraus ergibt sich im Sam bereits in v.22a ein Anschluss an die Einleitung des Dekalogs in Ex^{Sam} 20,1 sowie an Ex^{Sam} 20,21a, welche ebenso mit וידבר beginnen. Des Weiteren liest Sam anstelle von כה תאמר den Imperativ דבר, womit Mose das Reden zu den Israeliten befohlen wird. Das Vokabular zur Beschreibung sprachlicher Äußerungen ist damit in Ex^{Sam} 20,22 zu Formen der Wurzel דב"ר *Pi* vereinheitlicht – von der erstarrten Form לאמר abgesehen. Strukturell hat diese Einheitlichkeit zur Folge, dass alle in diesem Vers genannten Handlungen des Redens parallelisiert werden können: Jhwh redete vom Himmel zu den Israeliten (E3/T1). Nun redet er zu Mose (E1/T2) und gleichermaßen soll Mose zu den Israeliten reden (E2/T3). Diese implizite Parallelisierung stärkt die Verbindung zwischen Mose und Jhwh und dementsprechend Moses Autorität gegenüber dem Volk Israel.

239 Propp erwägt sowohl die Möglichkeit der harmonisierenden Einfügung des Überschusses nach Vorbild von Ex 19,3 als auch der Entstehung der kürzeren Lesart des MT durch Parablepsis (vgl. Propp, *Exodus 19–40*, 116). Für eine Einfügung nach Vorbild von Ex^{LXX} 19,3 sprechen die *lectio brevior* und die mit dem Textüberschuss einhergehende Markierung der Anbindung an Ex 19 f. im Textraum *Sinaiperikope* (s. 5.1.1.d.MT:3).
240 Zu *repetitive frequency* s. Rimmon-Kenan, *Fiction*, 57 f.

Peš:

[22] ܘܐܡܪ ܡܪܝܐ ܠܡܘܫܐ. ܗܟܢܐ ܬܐܡܪ ܠܒܝܬ ܐܝܣܪܝܠ. ܐܢܬܘܢ ܚܙܝܬܘܢ. ܕܡܢ ܫܡܝܐ ܡܠܠܬ ܥܡܟܘܢ.

[22] Und der HERR sprach zu Mose: So sollst du sprechen zu dem Haus Israel: Ihr habt selbst gesehen, dass ich vom Himmel mit euch geredet habe.

Peš bietet eine weitere Variante zur Bezeichnung der Adressaten der Moserede: ܒܝܬ ܐܝܣܪܝܠ „Haus Israel“, bildet aber ansonsten den im MT bezeugten Textbestand ab.[241]

Auswertung – Profilierung der Scharnierfunktion von Ex 20,22

Ex 20,22 ist als narratives Rahmenstück des Bundesbuches eine für die Autorisierung des Rechts bedeutsame Scharnierstelle am Übergang von der Erzählung der Sinaiperikope zum Rechtstext. An dieser Stelle liegen in den untersuchten Textzeugen Unterschiede hinsichtlich der Stärkung der Wichtigkeit des Mitzuteilenden (LXX) und der Rolle und Autorität des Mose (LXX, Sam) vor. Textkritisch bildet MT hier die älteste erreichbare Lesart ab.[242] Die Varianten der hebräischen LXX-Vorlage und des Sam bemühen sich insofern um eine Profilierung der Scharnierfunktion von Ex 20,22. Die älteste nachweisbare Leserschaft hat in Bezug auf die Autorisierungsleistung von Ex 20,22 in einem dem Zeugnis des MT entsprechenden Textbestand offenbar Nachbesserungsbedarf gesehen. Im Textbefund des Sam und der hebräischen LXX-Vorlage sind damit Spuren einer redaktionellen Nachbearbeitung greifbar, die die Scharnier- und Autorisierungsfunktion des Verses profiliert und theologisiert.[243]

ii. Synoptische Analyse von Ex 20,23 – Keine Verehrung von Kultbildern

MT:

[23] לֹא תַעֲשׂוּן אִתִּי אֱלֹהֵי כֶסֶף וֵאלֹהֵי זָהָב לֹא תַעֲשׂוּ לָכֶם׃

[23] Ihr sollt nicht(s) neben mir machen: Götter aus Silber und Götter aus Gold sollt ihr euch nicht machen.

---

241 Nur Ms *12b2* liest in Entsprechung zu MT ܒܢܝ ܐܝܣܪܝܠ (vgl. Jansma/Koster, *Exodus*, 164).

242 Der Überschuss in der Lesart der LXX ist als wahrscheinlich von Ex 19,3 her übertragen auszuscheiden. Auch der *lectio brevior* gemäß ist hier MT zu folgen. Die Vereinheitlichungen im Sam stellen Glättungen gegenüber der Lesart des MT dar. In Peš fließen in der Bezeichnung der Adressaten die Traditionen, die von MT, „Söhne Israels“, und LXX, „Haus Jakob“, bezeugt werden, zu einer dritten Variante zusammen.

243 Diese Beobachtung steht im Einklang mit Jonathan Ben-Dovs Modell einer antiken Toraschreiberkultur, die auf Perfektionierung der Texte zielte (s. Ben-Dov, „Texts“, 232–234).

Formal bietet Ex 20,23 einen Doppelprohibitiv, der unter Vernachlässigung der masoretischen Versgliederung eine chiastische Struktur aufweist. Doch trennt die masoretische Akzentuierungstradition den Halbvers nach אתי, nicht nach אלהי כסף, sodass im ersten Versteil eine Ellipse steht, deren Inhalt das Verbot des Machens – sinnerfassend ergänzt – *von etwas* neben Jhwh ist (E1).[244] Das *Nun paragogicum* in תעשון markiert dieses Verbot stilistisch und wirkt als Emphase.[245] Der zweite Halbvers beinhaltet einen Prohibitiv, der den Israeliten, die in der 2.Pl. angeredet sind (s. Ex 20,22), das Anfertigen von Kultbildern, von „Göttern aus Silber und Gold", untersagt (E2). Im Zusammenhang von v.23 wird von v.23b her das in v.23a logisch gedachte Objekt, andere Götter, erkennbar.[246] Die vorliegende Doppelstruktur hat demzufolge explikativen Charakter: Die Ellipse in v.23a stellt das grundsätzliche Verbot auf: „Ihr sollt nichts neben mir machen." V.23b erklärt den Grundsatz des alleinigen Anspruchs Jhwhs gegenüber Israel in Bezug auf das Objekt (אלהי כסף ואלהי זהב) und dessen Verehrung durch die Israeliten (לכם): „Götter aus Silber und Götter aus Gold sollt ihr euch nicht machen."

Das Stilmittel der Ellipse verkürzt den Satz um weniger wichtige Satzglieder, um die zentrale Aussage des Satzes zu verstärken. Insofern schärft v.23a den alleinigen Anspruch Jhwhs gegenüber Israel ein, welcher sich auf die Verehrung Jhwhs als Gottheit bezieht. In dieser Sinnlinie deutet auch Houtman das in v.23 verwendete אתי:

> [Gottesbilder; AmK] dürfen nicht gemacht werden (um als Gegenstand der Verehrung zu dienen) und nicht auf dem JHWH gehörigen Ort (*'itti*) aufgestellt werden. [...] Er [sc. Jhwh; AmK] fordert exklusive Verehrung.[247]

---

244 Der masoretischen Versgliederung folgend rekonstruiert Dohmen, dass Ex 20,23a als bewusste Ellipse auf das Konto einer späteren, wohl dtr Redaktion gehe, welche v.23b im Kontext des Fremdgötterverbots verstanden wissen wollte (vgl. Dohmen, *Bilderverbot*, 157 f.179 f.). Andere Forscher lassen die masoretische Akzentuierungstradition außer Acht und ordnen אלהי כסף dem ersten Versteil zu (vgl. z. B. Propp, *Exodus 19–40*, 182) oder korrigieren die Vokalisation von אתי zur *nota accusativi*, um ein Objekt für v.23a zu bestimmen (vgl. Crüsemann, *Tora*, 231). Die Missachtung der masoretischen Versgliederung führt mit zwei verschiedenen Prohibitiven zu einem Merismus, der handgemachte Gottheiten aus wertvollen Materialien bezeichnet. In diesem Sinne ist v.23 in der Übersetzung der LXX verstanden worden (s. u.). Die Kenntnis einer Lesetradition, die eine *nota accusativi* vokalisiert, scheint in den Sam-Mss *Dublin 2*, *London 6* und *Leipzig* angezeigt (vgl. Ms *Dublin 2* CBL, f.102v; Ms *London 6* BL, f.71r; Ms *Leipzig* UBL, f.63v; s. u.).

245 Zur Emphase durch *Nun paragogicum* vgl. Driver, *Notes*, 30 f. Zur stilistischen Markierung durch *Nun paragogicum* vgl. Garr, „Paragogic Nun", 65.

246 Vgl. auch Houtman, *Bundesbuch*, 51.

247 Houtman, *Bundesbuch*, 51 f.

Ko- und kontextgemäß ist אתי hier in seiner lokalen Grundbedeutung als „an meiner Seite, neben mir“ zu verstehen.[248] Inhaltlich ergibt sich ein Bezug zu Ex 20,3–6, wo Jhwhs Alleinverehrungsanspruch formuliert ist (s. 5.1.1.d.MT:3).[249]

Die explikative Doppelstruktur schärft den Grundsatz der Alleinverehrung Jhwhs nachdrücklich ein. Eine inhaltliche und strukturelle Parallele ergibt sich innerhalb des Bundesbuches zu Ex 23,13b (s. 5.1.1.c.MT:3).[250]

LXX:

23 οὐ ποιήσετε ἑαυτοῖς θεοὺς ἀργυροῦς, καὶ θεοὺς χρυσοῦς οὐ ποιήσετε ὑμῖν ἑαυτοῖς.

23 Ihr sollt für euch selbst nicht silberne Götter machen, und goldene Götter sollt ihr für euch selbst nicht machen.

Ex[LXX] 20,23 trennt die zwei Objekte, silberne Götter und goldene Götter, und weist sie je einem Prohibitiv zu. Entsprechend liegt hier keine Ellipse vor, sondern der Doppelprohibitiv wird zu einem Merismus in chiastischer Struktur entfaltet. Dabei ergibt die getrennte Zuweisung der Objekte keine Differenzierung zwischen silbernen Göttern „neben“ Jhwh (אתי) und goldenen Göttern „für“ die Israeliten (לכם).[251] Denn die LXX liest in v.23a kein Äquivalent zu אתי,[252] sondern deutet mit ἑαυτοῖς auf eine Vorlage mit לכם*.[253] Entsprechend haben in LXX beide Prohibitive ein nahezu identisches Wortinventar. Die explikative Gestaltung des Doppelprohibitivs ist nicht vorhanden und auch der Alleinigkeitsanspruch Jhwhs wird aufgrund des fehlenden אתי in LXX nicht explizit. Stattdessen setzt Ex[LXX] 20,23 diesen Anspruch Jhwhs binnentextuell voraus und legt den Fokus darauf, die Verehrung anderer Gottesbilder zu verbieten. Die Verehrung silberner und goldener Kultbilder wird durch den wiederholten Gebrauch von ποιήσετε ἑαυτοῖς betont. Dementsprechend gerät die Schaffung von Kultbildern gegenüber deren Verehrung in den Hintergrund. Die synonyme Wiederholung (*repetitive frequency*, s. o.) schärft das Verbot der Verehrung von Gottesbildern in LXX ein.

---

248 Vgl. Gesenius, *Handwörterbuch*[18], 114.
249 Vgl. auch Houtman, *Bundesbuch*, 52.
250 Vgl. auch Schwienhorst-Schönberger, *Bundesbuch*, 23.35.
251 Auf diese Art der Differenz scheint Holzinger, *Exodus*, 79 hinzuweisen.
252 Ausgenommen sind wenige in G[I] angeführte Mss, die vergleichbar zu MT lesen (s. Wevers, *LXX II/1*, 246).
253 Vgl. auch Propp, *Exodus 19–40*, 116.

Sam:

[23] לא תעשו אתי אלהי כסף ואלהי זהב לא תעשו לכם:

[23] Ihr sollt nicht(s) neben mir machen: Götter aus Silber und Götter aus Gold sollt ihr euch nicht machen.

Im Vergleich zu MT weist Ex[Sam] 20,23 kein *Nun paragogicum* bei תעשו im ersten Prohibitiv auf. Die stilistisch-emphatische Markierung des ersten Prohibitivs liegt im Sam nicht vor.

Bezüglich der Versgliederung zeigen die verschiedenen Mss des Sam eine bedeutende Differenz: Während ein Großteil der Mss – darunter Ms *Dublin 2* und Ms *Cambridge 1* – ein Trennzeichen nach אתי setzt,[254] bieten andere Mss – darunter Ms *Dublin 1* und Ms *London 3* – ein Trennzeichen nach כסף.[255] Die Sam-Mss bezeugen somit einerseits die im MT tradierte Lesart und andererseits die der LXX.

Darüber hinaus deuten einige Sam-Mss auf die Kenntnis verschiedener Lesetraditionen zu אתי. Insbesondere Ms *Dublin 2*, Ms *London 6* und Ms *Leipzig* scheinen mit dem diakritischen Strich zwischen א und ת die *nota accusativi* anzuzeigen, welche in diesen Mss in Verbindung mit dem Trennzeichen nach אתי syntaktisch als Objekt für v.23a fungiert.[256] Dementsprechend lesen diese Mss einen Prohibitiv gegen die Herstellung eines Jhwh-Kultbildes: „Ihr sollt mich nicht machen."

Peš:

[23] ܠܐ ܬܥܒܕܘܢ ܠܟܘܢ ܥܡܝ ܐܠܗ̈ܐ ܕܕܗܒܐ. ܘܐܠܗ̈ܐ ܕܣܐܡܐ ܠܐ ܬܥܒܕܘܢ ܠܟܘܢ.

[23] Ihr sollt euch nicht Götter aus Gold neben mir machen. Und Götter aus Silber sollt ihr euch nicht machen.

Ex[Peš] 20,23 liest in v.23a sowohl ܥܡܝ als auch ܠܟܘܢ.[257] Peš weist damit Entsprechungen zu MT (אתי) und LXX (ἑαυτοῖς) auf. Durch die Verwendung von ܥܡܝ, „neben

254 Vgl. Ms *Dublin 2* CBL, f.102v; Ms *Cambridge 1* CUL, f.77r.

255 Vgl. Ms *Dublin 1* CBL, f.112v; Ms *London 3* BL, f.85v.

256 Vgl. Ms *Dublin 2* CBL, f.102v; Ms *London 6* BL, f.71r; Ms *Leipzig* UBL, f.63v. Demgegenüber ist zu erwägen, ob in Ms *Rom 1* der Strich über dem ת als diakritisches Zeichen die Konsonantenverdopplung der suffigierten Präposition (in Entsprechung zum Befund des MT) anzeigt (vgl. Ms *Rom 1* BAV, f.89r). Zur Problematik der in Ms *Rom 1* enthaltenen Markierungszeichen s. die Beschreibung dieses Ms im Katalog samaritanischer Pentateuchhandschriften bei Burkhardt, „Beschreibung Ms Rom 1. Äußere Beschreibung: Anmerkungen".

257 Eine Auslassung von ܠܟܘܢ in v.23a liegt in Ms *5b1* vor (vgl. Jansma/Koster, *Exodus*, 164).

mir“,[258] wird der Alleinigkeitsanspruch Jhwhs gegenüber Israel auch in Peš explizit thematisiert. Mit ܠܟܘܢ, „(für) euch“, wird das Verehrungshandeln der Israeliten fokussiert.

Die Objekte, ܐܠܗ̈ܐ ܕܕܗܒܐ und ܐܠܗ̈ܐ ܕܣܐܡܐ, weist Peš je einem Versteil zu, sodass keine Ellipse, sondern ein Merismus in chiastischer Struktur vorliegt. Dieser Struktur folgend ist im zweiten Versteil ܥܒܕ sinnentsprechend zu ergänzen, sodass auch Peš keine Differenzierung zwischen goldenen Gottesbildern für die Israeliten neben Jhwh und silbernen Gottesbildern für die Israeliten andeutet.

Die Materialien der Kultbilder führt Peš im Vergleich zu MT, LXX und Sam in umgekehrter Reihenfolge ein – erst Gold, dann Silber. Dies stellt die im Aramäischen übliche idiomatische Reihenfolge dar,[259] sodass hier ein übersetzungstechnischer Eingriff vorliegt und keine abweichende hebräische Vorlage anzunehmen ist. Ferner liest Ms *5b1* ܕܟܣܦܐ anstelle von ܕܣܐܡܐ.[260] Das griechische Lehnwort ܣܐܡܐ bezeichnet das Material Silber, ܟܣܦܐ hingegen steht für Silber im Sinne von Geld.[261] Ms *5b1* adaptiert die Terminologie in Entsprechung zur im MT bezeugten Lesart.[262]

Auswertung – Explikation und Repetition als Strategien der Einschärfung

Ex 20,23 weist in den betrachteten Textzeugen erhebliche Unterschiede in der syntaktischen Gliederung des Verses auf, die zudem eine thematische Anlage des Kultbilderverbots aus verschiedenen Blickwinkeln belegen. MT und ein Großteil der Sam-Mss folgen einer explikativen Doppelstruktur und stellen explizit den Alleinigkeitsanspruch Jhwhs voran. Sie gestalten den ersten Prohibitiv als Ellipse und betonen damit den alleinigen Anspruch Jhwhs gegenüber dem Volk Israel. Neben Jhwh gibt es für Israel keine andere Gottheit. In Entsprechung dazu fehlt in der Syntax ein explizites Objekt. Das fehlende Objekt verweist im Sinne einer euphemistischen Ellipse intentional auf die Abwesenheit jedweder anderer Gottheit.[263] Ausgehend von dieser pointierten Zuspitzung des exklusiven Anspruchs Jhwhs gegenüber dem Volk Israel entfalten MT und ein Großteil der Sam-Mss das Verbot der Schaffung und Verehrung von Gottesbildern.

LXX, Peš und ein Teil der Sam-Mss hingegen zeigen eine repetitive Doppelstruktur und verzichten auf die explizite Voranstellung des Alleinigkeitsanspruchs Jhwhs. Sie ordnen die Objekte in v.23 je einem Versteil zu und erzeugen

258 Vgl. Brockelmann/Sokoloff, *Lexicon*, 1107.
259 Vgl. Schorch, „Sakralität“, 64 Anm. 55.
260 Vgl. Jansma/Koster, *Exodus*, 164.
261 Vgl. Weitzman, *Syriac Version*, 174.
262 Vgl. auch Weitzman, *Syriac Version*, 174.
263 Zur euphemistischen Ellipse in der Hebräischen Bibel s. Schorch, *Euphemismen*, 247–249.

dadurch einen Merismus mit chiastischer Struktur. Auf diese Weise schärfen sie das Verbot der Verehrung von Kultbildern mittels Repetition ein und setzen den Alleinigkeitsanspruch Jhwhs binnentextuell voraus.

Das Konsonantengerüst des MT ermöglicht die Entstehung sowohl der explikativen als auch der repetitiven Lesetradition.[264] Der *lectio difficilior* zufolge liegt nahe, die explikative Versstruktur als ältere Lesart einzuschätzen. Die repetitive Versstruktur kann auf eine Vorlage, die dem masoretischen Textbestand entspricht, zurückgeführt werden. Aus der Lesetradition einer repetitiven Versstruktur kann sich in der LXX wiederum die Lesung von ἑαυτοῖς (לכם*) anstelle von אתי ergeben haben, da dies eine Satzergänzung in Analogie zum zweiten Prohibitiv des Chiasmus darstellt.

iii. Synoptische Analyse von Ex 20,24 – Der Erdaltar

MT:

[24] מִזְבַּ֣ח אֲדָמָה֮ תַּעֲשֶׂה־לִּי֒ וְזָבַחְתָּ֣ עָלָ֗יו אֶת־עֹלֹתֶ֙יךָ֙ וְאֶת־שְׁלָמֶ֔יךָ אֶת־צֹאנְךָ֖ וְאֶת־בְּקָרֶ֑ךָ
בְּכָל־הַמָּקוֹם֙ אֲשֶׁ֣ר אַזְכִּ֣יר אֶת־שְׁמִ֔י אָב֥וֹא אֵלֶ֖יךָ וּבֵרַכְתִּֽיךָ׃

[24] Einen Altar aus Erde sollst du mir machen. Und du sollst auf ihm deine Brandopfer und deine Heilsopfer, (nämlich) dein Kleinvieh und dein Großvieh, schlachten. Am ganzen Ort, an dem ich meinen Namen verkünden werde, werde ich zu dir kommen und dich segnen.

Ex 20,24aα schreibt in apodiktischem Stil die Errichtung eines Altars aus Erde (E1) für das Sprecher-Ich, das gemäß Ex 20,22 Jhwh selbst ist, vor. In der Wendung תעשה־לי klingt bereits eine implizite Begründung dieser Vorschrift an: Sie zielt

264 Dohmen spricht sich für die redaktionskritische Abspaltung von Ex 20,23a aus: Dieser Versteil sei eine von einer dtr Redaktion eingefügte Ellipse, die v.23b in den Kontext des Fremdgötterverbots stellen solle (vgl. Dohmen, *Bilderverbot*, 157 f.179 f.). Die betrachteten Textzeugen und zugehörigen Lesetraditionen zeigen indes in v.23 keine Bruchstellen, sondern setzen im Changieren der Objekte zwischen v.23a und v.23b gerade den textlichen Zusammenhang *beider* Prohibitive voraus. Für eine redaktionelle Abspaltung geben sie keine wichtigen Gründe. Einzig die uneinheitliche Verwendung des *Nun paragogicum* in Ex 20,23 könnte als stilistischer Bruch gesehen werden. Aufgrund des Vorkommens von תעשו(ן) in Ex 20,23 einmal mit und einmal ohne *Nun paragogicum* im MT äußerte Dohmen in Bezug auf MT den vorsichtigen Verdacht, die Vorliebe für das *Nun paragogicum* möglicherweise als redaktionskritisches Kriterium aufnehmen zu können (vgl. Dohmen, *Bilderverbot*, 163 f.). Als Argument für eine redaktionskritische Abscheidung ist dieses aufgrund fehlender Referenzen jedoch zu schwach. Stattdessen kann die uneinheitliche Setzung des *Nun paragogicum* im MT als Emphase des ersten Prohibitivs erklärt werden. Die nicht-paragogisierte Form im Sam mag auf eine bewusste Entfernung ungewöhnlicher Formen (vgl. Tov, *Criticism*, 84 f.) oder einen versehentlichen Wegfall des Schlussbuchstabens zurückgehen.

auf ein Beziehungsgeschehen zwischen Adressat und Gottheit, welches die Kombination aus volitionaler[265] 2.Sg.m. PK von ע"שי *Qal* und *dativus commodi* beschreibt.

Die Folgevorschrift Ex 20,24aβ, welche mithilfe der AK^{cons}-Form וזבחת angeschlossen ist,[266] gibt den Verwendungszweck des Altars aus Erde an: Er dient der Schlachtung von Klein- und Großvieh (את־צאנך ואת־בקרך), das auf ihm (עליו) dargebracht werden soll (E2). In der Aufzählung von את־עלתיך ואת־שלמיך und את־צאנך ואת־בקרך werden durch die kopulative Applikation des Waw und dessen Weglassung vor את־צאנך Opfer- und Tierarten gruppiert und gegenübergestellt. Diese paarige Nennung wurde in der Forschung bisweilen als semantisch problematische Dopplung gesehen und redaktionskritisch aufgelöst (s. u.), da sich die spezifische Opferterminologie von את־עלתיך ואת־שלמיך mit dem übrigen Wortinventar des Verses reibe.[267] Doch kann die Dopplung in der vorliegenden Gestalt als Apposition mit explikativer Funktion verstanden werden: „Und du sollst auf ihm deine Brandopfer und deine Heilsopfer, (nämlich) dein Klein- und dein Großvieh, schlachten."

Die Personenangaben und Possessivsuffixe der 2.Sg.m. in Ex 20,24aβ entsprechen dem Subjekt der Forderung der Errichtung eines Erdaltars in Ex 20,24aα. Der Adressat soll sein Klein- und Großvieh als Opfer für die Gottheit auf dem Erdaltar darbringen, wobei der *dativus commodi* aus Ex 20,24aα sinnerfassend zu ergänzen ist. Insofern stellt Ex 20,24aβ insgesamt zwar eine eigene Vorschrift dar, die allerdings zugleich die ihr vorangehende Vorschrift auf doppelte Weise begründet, indem sie den Verwendungszweck des Erdaltars und dessen Rolle innerhalb der Beziehung zwischen Gottheit und Adressat beschreibt.

Einen Begründungssatz im eigentlichen Sinne, der keine eigene Bestimmung aufstellt, bietet Ex 20,24b. Dieser asyndetisch angeschlossene Halbvers spiegelt die in Ex 20,24a gegebenen Sprechverhältnisse der 1.Sg., die sich an die 2.Sg.m wendet, und stellt dahingehend keine offene Bruchstelle dar. Doch stellen sich für Ex 20,24bα Verständnisfragen in Bezug auf die Wendungen בכל־המקום und אזכיר את־שמי (E3).

Die Lokalbestimmung בכל־המקום kann sowohl distributiv („an jedem Ort") als auch totalisierend („am ganzen Ort") aufgefasst werden.[268] Im Sinne gramma-

265 Zur volitionalen PK als Ausdruck von Befehl und Bitte s. Waltke/O'Connor, *Biblical Hebrew Syntax*, 509 f.

266 Houtman liest in וזבחת sowie in וברכתיך jeweils ein finales Waw und bildet in dieser Interpretation den Folgecharakter zwischen Vorschriften und Segnung ab (vgl. Houtman, *Bundesbuch*, 53.55).

267 S. z. B. Heger, *Altar Laws*, 23; Conrad, *Altargesetz*, 15; Halbe, *Privilegrecht*, 443 Anm. 35.

268 Vgl. Gamberoni, „מקום", in: *ThWAT 4* (1984), 1120 sowie die Diskussion zwischen Joosten und Kilchör in Kilchör, „בכל־המקום"; Joosten, „Syntax"; Kilchör, „Antwort".

tikalischer Präzision wäre für die Verbindung von כל mit einem determinierten Nomen im Singular gewöhnlich die totalisierende Deutung zu bevorzugen.[269] Allerdings hat insbesondere Joosten deutlich gemacht, dass in Ex 20,24b die Syntax eine distributive Deutung ermögliche,[270] welche verstärkt die Erwählung des Ortes durch Gott fokussiere.[271] Auf Basis dieses Verständnisses ist Ex 20,24b in einem widersprüchlichen Verhältnis zu Jerusalems zentralem Geltungsanspruch und zur Zentralisationsforderung des Dtn gelesen und als literarisch sekundär verortet worden.[272]

Heger schlägt vor, die masoretische Gliederung außer Acht zu lassen und בכל־המקום zum vorangehenden Halbvers zu rechnen, sodass der vermeintlich ursprüngliche Text laute: וזבחת עליו את־צאנך ואת־בקרך בכל־המקום.[273] Diese Deutung begünstigt das distributive Verständnis von בכל־המקום im Sinne einer Schlachtung auf dem Erdaltar „an jedem Ort" und fügt sich in die von Heger rekonstruierte frühe, nomadisch geprägte Kultform.[274] Allerdings stützt keiner der vorhandenen Textzeugen die Auflösung der masoretischen Gliederung. Sie ist eine Konjektur, die darüber hinaus zur Folge hat, dass Herkunft und Funktion des angeschlossenen Relativsatzes אשר אזכיר את־שמי neu bestimmt werden müssten. Die Auflösung der masoretischen Gliederung schafft hier mehr Probleme als Lösungen und ist überdies zum Verstehen des Textes nicht notwendig, denn die von Heger entworfene kulthistorische Rekonstruktion fängt auch ohne Auflösung der Halbversgrenzen die kulthistorisch begründbaren Widersprüche innerhalb des Pentateuchs, v. a. den zwischen den vielen Kultorten und dem *einen* Kultort, auf. Voraussetzung ist dabei allerdings ein adäquates Verständnis des Relativsatzes (s. u.).

Für das Verständnis des Texts in seiner vorliegenden Gestalt hat die totalisierende Deutung von בכל־המקום einige Vorzüge. Zwar mag die totalisierende Deutung in der tautologischen Bezeichnung des „gesamten Ortes" befremdlich klingen, doch kann dies auch als absichtliche Betonung des Ortes verstanden werden, die den im Altargesetz genannten Ort mit dem Sinai als Offenbarungsort und dementsprechend mit der Sinaiperikope vernetzt (s. u.).[275] Diesbezüglich vermag

---

269 Vgl. Waltke/O'Connor, *Biblical Hebrew Syntax*, 289.

270 Vgl. Joosten, „Syntax", 4.

271 Vgl. auch Dohmen, *Exodus 19–40*, 155.

272 S. dazu die forschungsgeschichtlichen Abrisse bei Schmitt, „Altargesetz", 271 f.; Schwienhorst-Schönberger, *Bundesbuch*, 287–295.

273 Vgl. Heger, *Altar Laws*, 24. Zudem scheidet Heger את־עלתיך ואת־שלמיך redaktionell ab (vgl. Heger, *Altar Laws*, 23).

274 Vgl. Heger, *Altar Laws*, 27.

275 Vgl. auch Dohmen, *Exodus 19–40*, 155. Vor allem das Vorliegen von Orten der Theophanie unterscheidet Ex 20,24b und 34,3 von den Orten des Vorkommens der Wendung in Gen 20,13 und Dtn 11,24, die zugunsten der distributiven Deutung herangezogen werden (so Chavel, „Bibli-

die Strukturparallele בכל־ההר in Ex 34,3, die nur totalisierend verstanden werden kann, die totalisierende Deutung für Ex 20,24bα zu bekräftigen.[276] In Ex 34,3 wird mit Blick auf die anstehende Offenbarung Gottes „der ganze Berg“, und nicht nur sein Gipfel, zu einem besonderen Bereich erklärt. Entsprechend argumentiert Kilchör, dass die Stoßrichtung in Ex 20,24b im Kontext der Sinaiperikope die Frage nach den „Grenzen zwischen heiligem und profanem Boden“[277] und nicht nach dem Wohin des Kommens Gottes sei.[278]

Der Relativsatz אשר אזכיר את־שמי konkretisiert das Geschehen am „ganzen“ bzw. „jeweiligen“ Ort des Altars. Problematisch stellt sich dabei aufgrund der seltenen Subjekt- und Objektgleichheit das kausative Verständnis von זכ״ר *Hif* dar.[279] Wellhausen liest בכל־המקום distributiv und sieht in אזכיר את־שמי eine Einschränkung der zuvor erlaubten Vielzahl legitimer Kultorte auf diejenigen Orte, an denen Jhwh selbst seinen Namen „ehren“ lasse.[280] Mit der allgemeinen Bedeutung „ehren“ ist die Frage nach dem Geschehen von אזכיר את־שמי allerdings noch nicht ausreichend geklärt. Seiner Grundbedeutung folgend bezeichnet זכ״ר *Hif* eine Handlung, die etwas in Erinnerung bringt. Im kultischen Kontext, der bei den Altargesetzen gegeben ist, verlagert sich die Bedeutung zu „preisen, verkünden, bekennen“ im Sinne dessen, dass dabei Gottes Taten, Eigenschaften o. Ä. in Erinnerung gerufen und bekanntgemacht werden.[281] D. h.: Am Ort des Altars wird Gott selbst seinen Namen in Erinnerung bringen und bekanntmachen. Damit ist ein Offenbarungsgeschehen beschrieben.[282] Diese Deutung ist sowohl mit dem distributiven als auch mit dem totalisierenden Verständnis von בכל־המקום vereinbar und spannt innerhalb des Exodusbuches einen Bogen zu ויקרא בשם יהוה in Ex 34,5[283] sowie ferner zur Namensoffenbarung in Ex 3,14 f. (s. 5.1.1.d.MT:5; 5.1.1.e.MT:1).[284]

---

cal Law“, 233). Nur mittels der totalisierenden Deutung hebt sich in Ex 20,24b und 34,3 der Ort als Offenbarungsort von Gen 20,13 und Dtn 11,24 ab.

276 Vgl. auch Dohmen, *Exodus 19–40*, 155.

277 Kilchör, „Antwort“, 9.

278 Vgl. Kilchör, „Antwort“, 9.

279 Vgl. auch Dohmen, *Exodus 19–40*, 145.

280 Vgl. Wellhausen, *Prolegomena*, 29 f.

281 Vgl. Eising, „זכר“, in: *ThWAT 2* (1977), 582 f.; Gesenius, *Handwörterbuch*[18], 300 f.; Koehler/Baumgartner, *HALAT 1*, 259.

282 Vgl. auch Dohmen, *Exodus 19–40*, 145.

283 Für Ex 34,5 geht lediglich aus der wortgleichen, im Subjekt eindeutigen Ankündigung in Ex 33,19 hervor, dass Jhwh als Subjekt der Handlung fungiert (vgl. auch Dohmen, *Exodus 19–40*, 354; Durham, *Exodus*, 453). Die sprachliche Dichte und daraus resultierende Mehrdeutigkeit in Ex 34,5 kann als Spiegel des Offenbarungsgeschehens angesehen werden.

284 Vgl. auch Dohmen, *Exodus 19–40*, 155.

Ex 20,24bα begründet im MT die Vorschriften zur Fertigung eines Erdaltars und der Schlachtung von Klein- und Großvieh darauf damit, dass Gott sich am Altar selbst offenbaren werde. Daran anschließend stellt Ex 20,24bβ das Kommen (E4; בו״א *Qal*) und Segnen (E5; בר״ך *Pi*) Gottes in Aussicht und verstärkt die Erwartung einer Theophanie sowie der segnenden, förderlichen Zuwendung Gottes am Ort des Altars.

LXX:

24 θυσιαστήριον ἐκ γῆς ποιήσετέ μοι, καὶ θύσετε ἐπ᾿ αὐτοῦ τὰ ὁλοκαυτώματα καὶ τὰ σωτήρια ὑμῶν, τὰ πρόβατα καὶ τοὺς μόσχους ὑμῶν ἐν παντὶ τόπῳ, οὗ ἂν ἐπονομάσω τὸ ὄνομά μου ἐκεῖ, καὶ ἥξω πρὸς σὲ καὶ εὐλογήσω σε.

24 Einen Altar aus Erde sollt ihr für mich machen und ihr sollt auf ihm die Brandopfer und eure Heilsopfer darbringen, die Schafe und eure Kälber, an jedem Ort, dort, wo auch immer ich meinen Namen nennen werde; und ich werde zu dir kommen und dich segnen.

Die LXX führt im Gesetz zum Erdaltar mit der Anrede der 2.Pl. zunächst die Sprechverhältnisse des vorangehenden Verses fort und stärkt die Verbindung zwischen v.23 und v.24. Am Ende von v.24 wechselt die Anrede zur 2.Sg. Dies markiert eine Abgrenzung, da auch die folgenden Bestimmungen in vv.25 f. im Sg. formuliert sind.

In der LXX ist eine Gemeinschaft, die Israeliten (s. Ex^{LXX} 20,22), angeredet und mit dem Bau des Altars und der Darbringung von Opfern für die Gottheit darauf beauftragt. Das Verhältnis der beiden Parteien gestaltet sich auch in der LXX so, dass die Adressaten „für" die Gottheit (*dativus commodi*) einen Altar bauen sollen und zu dieser in Beziehung treten. Seitens der Gottheit wird die Beziehung über ein Offenbarungsgeschehen (ἐπονομάσω τὸ ὄνομά μου; s. u.) und den Segen, welcher aufgrund des Wechsels der Sprechverhältnisse an die Einzelperson ergeht (εὐλογήσω σε), hergestellt.

Die Phrase ἐπονομάσω τὸ ὄνομά μου steht in der LXX in Entsprechung zu אזכיר את־שמי im MT. Die Übersetzung der LXX kann mit einer abweichenden hebräischen Vorlage und/oder über ein enges Verhältnis zu Dtn^{LXX} 12,5 erklärt werden. Das Verb ἐπονομάζω steht innerhalb des Pentateuchs der LXX überwiegend als Äquivalent für קר״א *Qal* im Zusammenhang der Namensnennung von Personen oder Orten (z. B. Gen 4,17; Ex 2,10.22; 15,23; 17,7.15; Num 13,16). Vor diesem Hintergrund ist eine hebräische LXX-Vorlage von קר״א *Qal* nicht auszuschließen. Mit קר״א *Qal* würde diese Vorlage das Offenbarungsvokabular aus Ex 34,5 teilen. Dabei ist einschränkend anzumerken, dass Ex 34,5 in Proto-MT und anscheinend auch der hebräischen LXX-Vorlage die Wendung קר״א בשם *Qal* enthält, die im Unterschied zu קר״א *Qal* mit שם (Akk.) in der LXX mit καλέω wiedergegeben ist. Die deutlichen intertextuellen Verbindungslinien zwischen Ex 20,22–

26 und der Offenbarung in Ex 34 (s. 5.1.1.d.MT:5) könnten die Annahme einer Stichwortverbindung anhand von קר"א *Qal* zwischen Ex 20,24 und Ex 34,5 in der hebräischen LXX-Vorlage jedoch stützen.

Darüber hinaus liegt eine Wendung von ἐπονομάζω und Gott als Subjekt ebenso in Dtn^{LXX} 12,5 vor. Insofern kann auch eine Beeinflussung zwischen Ex^{LXX} 20,24 und Dtn^{LXX} 12,5 angenommen werden.[285] Im Gesamtbild lässt sich für das Bundesbuch der LXX des Öfteren eine Beeinflussung vom Text des Dtn her beobachten (s. u. a. Ex^{LXX} 21,7; 23,11). Daher könnte die in Dtn^{LXX} 12,5 gezeichnete Ausrufung des Gottesnamens (ἐπονομάζω), welcher in Dtn^{LXX} 12,5 dessen Anrufung durch die Gemeinde (ἐπικαλέω) folgt, möglicherweise von dorther in Ex^{LXX} 20,24 übernommen sein. Dieses Lösungsmodell ist insofern plausibel, als es vom allgemeinen Textbefund des Bundesbuches der LXX gestützt wird und ohne zusätzliche Annahmen auskommt. Dtn^{LXX} 12,5 beschreibt – unabhängig von der Verhältnisbestimmung der beiden Texte in Ex 20 und Dtn 12 – mit der Phrase eine offenbarende Namensnennung durch die Gottheit selbst.[286] Dies spricht dafür, dass die Wendung ἐπονομάσω τὸ ὄνομά μου[287] auch in Ex^{LXX} 20,24 auf ein Offenbarungsgeschehen deutet.

Im Rahmen der Nennung der Opfer- und Tierarten stellt die LXX den *genitivus possessivus* ὑμῶν der jeweils zweitgenannten Opfer- bzw. Tierart nach. Darin weist die LXX ein deutliches Struktursignal auf, welches die Paarigkeit der Opfer- und Tierarten betont.

Mit ἐν παντὶ τόπῳ bildet die LXX in v.24 das distributive Verständnis von בכל־המקום ab. Zudem fügt die LXX in v.24 ἐκεῖ und καί ein. Diese Partikeln

---

285 Lohfink erwägt für Ex^{LXX} 20,24 eine bewusste Änderung in der Wiedergabe der Vorlage זכ"ר *Hif* durch den LXX-Übersetzer: Dieser verfolge ein theologisch motiviertes Auslegungssystem, welches am Beginn der Rechtskorpora in Ex und Dtn mit der kultischen Aus- und Anrufung des Namens der Gottheit eine Abgrenzung gegen eine Wohntheologie setze (vgl. Lohfink, „Zentralisationsformel", 309). Die Wendung ἐπονομάσω τὸ ὄνομά μου erklärt Lohfink als von Ex 17,15; 29,45 f. beeinflusst und in Dtn 12,5 aus Ex 20,24 übernommen (vgl. Lohfink, „Zentralisationsformel", 309 f.). Fraglich ist allerdings, ob in Ex 17,15 eine Ausrufung des Gottesnamens mit anschließender Anrufung vorliegt. Die Possessivangaben in Ex^{LXX} 20,24 und Dtn^{LXX} 12,5 (τὸ ὄνομά μου) sind dahingehend eindeutig, die in Ex^{LXX} 17,15 (τὸ ὄνομα αὐτοῦ) nicht. Eine Namensnennung durch die Gottheit selbst ist in Ex 17,15 nicht ausgesagt. Die Wendung קר"א *Qal* mit שם (Akk.) bzw. ἐπονομάζω mit ὄνομα (Akk.) deutet vielmehr auf eine herkömmliche Benennung des Ortes.

286 In Dtn^{LXX} 12,5 deuten die Diathesen von ἐπονομάζω (Aktiv) und ἐπικαλέω (Passiv) darauf, dass Gott Subjekt der Ausrufung seines Namens ist.

287 Zu ἐπονομάζω verzeichnet der Apparat G[I] der Göttinger LXX-Edition Textzeugen, die anstelle der 1.Sg. die 2.Sg. oder die 2. oder 3.Pl. lesen (vgl. Wevers, *LXX II/1*, 246). Diese liegen in einer Korrektur einer altlateinischen Übersetzung, einer Minuskelhandschrift und Catenenhandschriften sowie der bohairischen Übersetzung vor. Dieser Befund verdeutlich, wie vielfältig sich das Problem der Subjekt-Objekt-Gleichheit der Namensnennung textlich niedergeschlagen hat. Zur Lesung der 2.Sg. s. 5.1.1.a.iii.Peš.

haben im MT keine Entsprechung und legen in der LXX von MT unterschiedene syntaktische Gliederungen und Referenzen offen. Beide Partikeln könnten auf grammatikalische Charakteristika des LXX-Griechischen zurückzuführen sein. Im Relativsatz οὗ ἂν ἐπονομάσω τὸ ὄνομά μου ἐκεῖ wird mit der Einfügung des ἐκεῖ der Idiomatik des Hebräischen entsprochen, die üblicherweise eine Vervollständigung der indeklinablen Relativpartikel angibt.[288] Das anschließende καί grenzt den Relativsatz syntaktisch ab, sodass ἐκεῖ eindeutig als Ergänzung des Relativums steht. Generell entspricht die Einfügung des καί dem parataktischen Stil des LXX-Griechischen, der das Erkennen einer Apodosis bisweilen erschwert.[289] Sollte καὶ ἥξω πρὸς σὲ καὶ εὐλογήσω σε eine Apodosis sein, so ist zu fragen, welcher Versteil die zugehörige Protasis darstellt? Grammatikalisch gibt ἄν[290] einen Hinweis auf syntaktische Abhängigkeit. Diese betrifft zunächst den Relativsatz, da ἄν in der Verbindung mit einem Relativpronomen auch lediglich dessen subjunktive Funktion abbilden kann.[291] Darüber hinaus kann die Partikel ἄν zugehörigen Relativpronomen bisweilen eine Verallgemeinerung oder – v. a. im neutestamentlichen Griechisch – eine konditionale Färbung verleihen.[292] Ein konditionales Verständnis ergäbe ein Sinngefüge, welches im Sinne der Lesung einer Apodosis die Offenbarung zur Voraussetzung des Kommens und Segnens macht und somit inhaltlich näher an MT stünde. Die klare syntaktische Abgrenzung des Relativsatzes, die Versgliederung mithilfe der Konjunktion καί und die Tatsache, dass das Phänomen der Konditionalisierung durch ἄν/ἐάν erst zur Zeit des NT im Griechischen verbreitet auftritt,[293] sprechen allerdings dafür, dass der mit καί eingeleitete Satz hier nicht als Apodosis zu verstehen ist. Stattdessen ist die verallgemeinernde Funktion von ἄν passend.[294] Eine Verallgemeinerung des Relativpronomens zu „wo auch immer" unterstreicht das distributive Verständnis von ἐν παντὶ τόπῳ und betont die unbestimmte göttliche Wahl des Offenbarungsortes.

---

288 Vgl. Conybeare/Stock, *Grammar § 69*, 53 f. Die Grundbedeutung von ἐκεῖ ist „dort". In Verbindung mit Verben der Bewegung kann ἐκεῖ, wie z. B. in Gen^{LXX} 19,22, auch im Sinne einer Richtungsangabe „dorthin" verwendet werden (vgl. Muraoka, *Lexicon*, 207). Aufgrund der syntaktischen Gliederung durch καί kann das Verb der Bewegung hier allerdings nicht mit ἐκεῖ verbunden werden. Dementsprechend ist ἐκεῖ im Sinne der Grundbedeutung zu übersetzen.

289 Vgl. Conybeare/Stock, *Grammar § 40*, 41 f.

290 In Verbindung mit Konjunktionen oder Relativpronomen kann ἄν oder ἐάν gebraucht werden (vgl. Muraoka, *Syntax*, 772 Anm. 1). Die Verwendung von ἐάν ist u. a. in Kirchenväterzitaten für Ex 20,24 bezeugt und auch in der LXX-Ausgabe von Rahlfs übernommen worden (vgl. Wevers, *LXX II/1*, 246). Wevers hat den Gebrauch von ἐάν emendiert (vgl. Muraoka, *Syntax*, 772 Anm. 2; Wevers, *Notes on Gen*, 32).

291 Vgl. Conybeare/Stock, *Grammar § 105*, 75.

292 Vgl. Lahmer, *Grammateion*, 61; Friberg, *Lexicon*, 1430.

293 Vgl. Friberg, *Lexicon*, 1430.

294 Vgl. Muraoka, *Syntax*, 772.

Der Relativsatz οὗ ἂν ἐπονομάσω τὸ ὄνομά μου ἐκεῖ ist syntaktisch abgegrenzt und der Lokalbestimmung zugeordnet.[295] Mit ihm wird kein neuer Gedanke eröffnet[296] und kein konditionales Satzgefüge mit dem nachfolgenden Satzteil gebildet. Die Lokalbestimmung und ihr zugehöriger Relativsatz sind dem Versteil, der die Opferung vorschreibt, zugeordnet.[297] Das Offenbarungsgeschehen ist eine Voraussetzung des Altarbaus, nicht dessen Folge. An jedem Ort, den Gott sich für eine Offenbarung wählt, soll ein Erdaltar errichtet werden. Die Gottheit bestimmt den Ort des Altars, nicht der Adressat des Altargesetzes.

Levinson versteht die Einfügung von ἐκεῖ und καί als Ausdruck einer reinterpretierenden „harmonistic legal exegesis".[298] Getragen von der Forderung des Kultes am von Jhwh erwählten Ort (Dtn 12,13 f.) habe der LXX-Übersetzer die göttliche Wahl als Voraussetzung an den Ort des Altars gebunden und so dem Kult an willkürlich und zufällig bestimmten Orten vorgebeugt.[299] In Ex^{LXX} 20,24 ist eine Vielzahl an Kultorten zulässig, sofern diese Orte durch göttliche Auswahl legitimiert sind. Vor diesem Hintergrund lässt die Anrede in der 2.Pl. die angesprochene Gemeinschaft zudem als Kontrollinstanz und Korrektiv wirken, um einen unkontrollierten und illegitimen Altarbau durch Einzelpersonen mit vermeintlichen Offenbarungserlebnissen zu verhindern.

Das angekündigte Kommen und Segnen ist in v.24 syntaktisch unabhängig und lose mittels καί angefügt.[300] Der Segen erscheint als Dank und Lohn für den Bau eines Altars an der Stelle der Offenbarung. Zudem signalisiert der Wechsel zur Anrede der 2.Sg., dass der Offenbarungsort mit dem Altar und dessen Nutzung für den Einzelnen (2.Sg.) ein Ort der Gottesbegegnung und des Segens bleibt.

Für das hebräische Wort מזבח verwendet die LXX im Pentateuch zwei Termini, βωμός und θυσιαστήριον, wobei ersterer zur Bezeichnung kanaanäischer

---

295 Die Interpunktion der Göttinger LXX (vgl. Wevers, *LXX II/1*, 246) sowie die Übersetzungen der Bible d'Alexandrie und der New English Translation of the Septuagint (NETS) berücksichtigen die durch καί eingetragene syntaktische Abgrenzung des Relativsatzes nach ἐκεῖ. Die Bible d'Alexandrie übersetzt „en tout lieu où je *prononcerai* [Hervorhebung im Original] mon nom, *et* [Hervorhebung im Original] je viendrai vers toi" (Le Boulluec/Sandevoir, *L'Exode*, 213) und verweist im Kommentar auf das Vorliegen eines Hebraismus mit οὗ ... ἐκεῖ (vgl. Le Boulluec/Sandevoir, *L'Exode*, 213). NETS übersetzt „in every place, there where I pronounce my name, and I will come to you" (Perkins, *Exodus*, 65). LXX.D hingegen missachtet diese Syntax und übersetzt kommentarlos „an jedem Ort, wo ich meinen Namen *ausrufen* [Hervorhebung im Original] werde, und dort will ich zu dir kommen" (Kraus/Karrer u. a., *LXX.D*, 76).

296 Vgl. auch Levinson, „Covenant Code", 308.

297 Vgl. auch Gurtner, *Exodus*, 382; Levinson, „Covenant Code", 308.

298 Levinson, „Covenant Code", 309.

299 Vgl. Levinson, „Covenant Code", 308 f.

300 Vgl. Levinson, „Covenant Code", 308.

Altäre dient und letzterer den Altar im israelitischen Kult bezeichnet.[301] Mit θυσιαστήριον („Opferstätte") liegt in der LXX ein Neologismus vor, der zur Unterscheidung der Kulte dient.[302] Die Neuschöpfung eines eigenen Terminus für den israelitischen Altar geschieht dabei

> vor dem Hintergrund der Tatsache, dass ein Altar nicht einfach als neutraler Gegenstand gilt, sondern dass er einer bestimmten Gottheit geweiht ist. Von dem einer Gottheit geweihten Altar her bestimmt sich, welcher Kult dort vollzogen wird. Bei aller Ähnlichkeit, die zwischen einzelnen rituellen Vollzügen paganer Kulte und dem Kult Israels bestehen, bleibt die Unverwechselbarkeit des Kultes Israels also dadurch gewahrt, dass er am Altar des Gottes Israels vollzogen wird.[303]

Mit dem Terminus θυσιαστήριον („Opferstätte") wählt v.24 den dem israelitischen Kult zugeordneten Begriff. In ihrer Studie zum Kultvokabular der LXX hat Daniel für den Pentateuch die in den Begriffen βωμός und θυσιαστήριον enthaltene Wertung offengelegt:

> Dans le Pentateuque, βωμός intervient uniquement lorsqu'il est question des autels cananéens, qu'on ordonne aux Israélites de détruire, afin de ne pas se laisser contaminer par les pratiques abominables de ces populations. Dans tous les autres exemples, quand un autel est mentionné à propos du culte rendu par tel personnage exemplaire, comme Noé, les Patriarches ou Moïse, ou bien prescrit par le code mosaïque, c'est θυσιαστήριον qui traduit *mizbéaḥ*. Il est clair, et cela a été souvent dit, que βωμός, dans ces livres, a une signification péjorative, qu'il s'oppose, en tant que 'mauvais' autel, au 'bon' autel, désigné par θυσιαστήριον.[304]

θυσιαστήριον verweist damit nicht nur auf die korrekte Ausgestaltung des Kults der Israeliten, sondern setzt zugleich eine deutliche Abgrenzung zu anderen Kulten, deren Altäre (βωμός) zu zerstören sind (Ex 34,13).[305] Durch die Wahl des Wortes θυσιαστήριον wird der Korrektheitsanspruch an den israelitischen Kult in Ex 20,24 terminologisch vermittelt. In Verbindung mit der Anrede der 2.Pl. wird die im korrekten Kult geformte Identität der angesprochenen Gruppe betont.

Sam:

24 מזבח אדמה תעשה לי וזבחת עליו את עלתיך ואת שלמיך מצאנך ומבקרך במקום אשר
אזכרתי את שמי שמה אבוא אליך וברכתיך:

---

301 Vgl. Schaper, „Exodos", 301; Daniel, *Recherches*, 16 f.
302 Vgl. Vahrenhorst, „Levitikon", 328.
303 Vahrenhorst, „Levitikon", 343 f.
304 Daniel, *Recherches*, 16 f.
305 Vgl. Daniel, *Recherches*, 17.

> [24] Einen Altar aus Erde sollst du mir machen. Und du sollst auf ihm deine Brandopfer und deine Heilsopfer, von deinem Kleinvieh und von deinem Großvieh, schlachten an dem Ort, der meiner Bekanntmachung meines Namens (gilt). Dorthin werde ich zu dir kommen und dich segnen.

Ex^{Sam} 20,24 bezeugt in der Vorschrift zur Schaffung eines Erdaltars und der Schlachtung von Opfertieren darauf die Sprechverhältnisse, die auch MT belegt: Ein Sprecher-Ich redet die 2.Sg.m. an. Im Vers findet kein Wechsel der Sprechverhältnisse statt.

Anders als MT und LXX liest Sam מצאנך ומבקרך mit partitivem Mem.[306] Für die genannten Heils- und Brandopfer sollen Tiere *von* dem Klein- und Großvieh des angesprochenen Du genommen werden. Auf diese Weise weist Sam weder eine Dopplung in der Nennung der Opfer- und Tierarten (wie MT) noch die betonte Paarigkeit der Opfer und Tiere (wie LXX) auf. Die textliche Spannung, welche in der doppelten Nennung von Opfertermini und Opfertieren ausgemacht wird (s. o.), liegt im Sam nicht vor. Stattdessen zeichnet sich im Sam hier eine antike Deutung des dem MT entsprechenden Textbestandes ab: Die in Proto-MT wahrscheinlich vorliegende explikative Apposition (s. o.) wird in einen eindeutig verständlichen Ausdruck umformuliert.

Weiterhin weist Sam in der Lokalbestimmung und dem zugehörigen Relativsatz במקום אשר אזכרתי את שמי eigene Lesarten auf. Eine Entsprechung zu כל oder πᾶς liegt nicht vor,[307] sodass die Problematik von totalisierender oder distributiver Deutung nicht aufkommt. במקום ist in der samaritanischen Aussprachetradition determiniert.[308] Es geht also um den *einen* Ort. Diese Änderungen gegenüber dem im MT abgebildeten Textbestand spiegeln die Auffassung, dass nur *ein* rechtmäßiger Ort für den Altar existiert.[309] Eine Vielzahl von Altarstätten, wie sie ursprünglich vorlag (s. o.), sollte mit dieser Lokalangabe im Prä-Sam ausgeschlossen werden.[310]

Ein textkritisches Problem liegt mit אזכרתי vor. Die samaritanische Lesung von אזכרתי (*ēzākarti*) weist auf ein mit der 1.Sg. suffigiertes Nomen hin.[311] Die Lesung *ēzākarti* schließt synchron an die Nominalform **ēzākāra* an und unter-

---

306 Diese Lesart bezeugen auch TgO, TPsJ und SamT (vgl. Sperber, *Pentateuch*, 123; Clarke, *Pseudo-Jonathan*, 92; Tal, *Samaritan Targum I*, 307).

307 Zur Auslassung in Sam s. Müller/Pakkala, *Editorial Techniques*, 342–344.

308 Vgl. Ben-Ḥayyim, *LOT IV*, 424.

309 Vgl. Schorch, „Gerizim Commandment", 86; Knoppers, *Jews and Samaritans*, 209.

310 Vgl. dazu Knoppers, *Jews and Samaritans*, 209. Zur Bezeichnung Prä-Sam s. Tov, *Criticism*, 74–93.

311 S. **ēzākāra* in Ben-Ḥayyim, *LOT V*, 206; Ben-Ḥayyim, *LOT IV*, 88. Zur Nominalbildung אזכרה s. auch Schorch, *Vokale*, 111 f.; Tal/Florentin, *Pentateuch*, 627 f.

scheidet sich darin von der Vokalisierung einer AK-*Hif*-Form.[312] Ben-Ḥayyim versteht אזכרתי allerdings dennoch als AK der 1.Sg. von זכ"ר *Hif* und verweist dafür auf morphologische Besonderheiten in der Vokalisierung des ersten Radikals analog zur PK *Qal B*.[313] Die Annahme, אזכרתי als AK-*Hif*-Form zu verstehen und der Überlieferung zugrunde zu legen, lässt sich aufgrund des komplexen textkritischen Befundes jedoch kaum halten. Der Textbefund spricht vielmehr für ein breites Überlieferungscluster mit verschiedenen Textformen.

Es zeigen sich deutliche Überlieferungsdifferenzen innerhalb der samaritanischen Übersetzungen, d. h. in den samaritanisch-aramäischen Targumim und den samaritanisch-arabischen Übersetzungen. So lesen die Targum-Handschrift J[314] und eine Apparat-Handschrift der Ausgabe Shehadehs[315] eine Entsprechung zu אזכיר, vergleichbar zu MT. Die Targum-Handschrift A bezeugt die aramäische Übersetzung von תזכיר und zeigt damit Parallelen zu G^I und Peš.[316] Die samaritanisch-arabischen Übersetzungen[317] und die Apparat-Handschriften in Tals Targumausgabe[318] lesen wiederum eine Entsprechung zu הזכרתי.

Das Vorliegen eines Verbalnomens אזכרתי ermöglicht eine Erklärung des Textbefundes: Da das Verbalnomen hinsichtlich der ausgesagten Zeitstufe nicht festgelegt ist, kann אזכרתי – verstanden als Verbalnomen – sowohl im Sinne eines abgeschlossenen (vgl. AK-*Hif*) als auch eines unabgeschlossenen Ereignisses (vgl. PK) gelesen werden. Darüber hinaus ist auch mit der Möglichkeit zu rechnen, dass in der samaritanischen Tradition eine hebräische Vorlage existierte, die noch אזכיר liest.

Die jeweiligen Lesarten treffen verschiedene Aussagen über den Ort des Altars. Die arabische und aramäische Entsprechung zum *Hif'il* הזכרתי verweist auf das Herstellen eines Altars und die Opferung „an dem Ort, an dem ich meinen Namen bekanntgemacht habe" (v.24). Die Wahl des Ortes und die dortige Offenbarung durch Namensnennung sind damit bereits geschehen (E3/T1). Hingegen verweist das Verständnis von אזכיר auf die künftige Wahl des Ortes durch Jhwh (E3/T3). Die Verwendung der 2.Sg.m. in Entsprechung zu תזכיר überträgt die Wahl des Ortes an den Adressaten (E3/T3).

Bedeutend ist der Zusammenhang zwischen במקום und dem Verständnis von אזכרתי hinsichtlich der Frage nach dem *einen* Kultort oder mehreren legitimen

312 S. Ben-Ḥayyim, *LOT IV*, 88.
313 Vgl. Ben-Ḥayyim, *LOT IV*, 88; Ben-Ḥayyim, *Grammar*, 111.275 Anm. 45.
314 Vgl. Tal, *Samaritan Targum I*, 306.
315 Vgl. Shehadeh, *Arabic Translation I*, 354 f.
316 Vgl. Tal, *Samaritan Targum I*, 307; Wevers, *LXX II/1*, 246; Jansma/Koster, *Exodus*, 164.
317 Vgl. Shehadeh, *Arabic Translation I*, 354 f.
318 Vgl. Tal, *Samaritan Targum I*, 307.

Kultstätten, denn auch wenn במקום die Eingrenzung auf *einen* Ort versucht, ist das Vorliegen mehrerer Kultstätten nur für den Fall der Lesung einer AK-*Hif* הזכרתי (E3/T1) vollständig ausgeschlossen. Nur in diesem Zusammenhang ist die Kundgabe des Gottesnamens „an dem einen Ort" (v.24) bereits geschehen und nur dieser *eine* Ort als einziger Kultort legitimiert. Die Lesarten der PK in der 1.Sg. oder 2.Sg.m. verweisen darauf, dass die Wahl des Ortes noch nicht abgeschlossen ist: Es geht um die künftige Wahl des Ortes (E3/T3). Trotz des Fokus auf *einen* Ort anhand von במקום ist, v. a. im Falle der Lesung der 2.Sg.m. PK, nicht ausgeschlossen, dass künftig der Gottesname mehrfach und an verschiedenen Orten „bekannt gemacht" wird. Die Voraussetzung für mehrere Kultorte ist unter Lesung einer PK auch in Verbindung mit dem determinierten במקום nicht gänzlich aufgehoben (s. 5.1.1.d.Sam).

Die Lokalangabe bezieht sich auf den Ort des Altars und der Opferdarbringung. Dies wird syntaktisch durch die Abgrenzung mit שמה angezeigt. שם mit *He locale*[319] formt שמה אבוא אליך וברכתיך zu einer eigenen Sinneinheit, die auf den in der Lokalbestimmung und dem Relativsatz beschriebenen Ort zurückgreift: „Dorthin werde ich zu dir kommen und dich segnen" (v.24: E4; E5).

Mit dem Wortbestand von ἐκεῖ und שמה stimmen LXX und Sam gegen MT überein.[320] Dies kann auf eine hebräische LXX-Vorlage, die eine zusätzliche Lokalangabe enthalten hat, hinweisen. Zwar könnte sich in der Lesung ἐκεῖ der LXX die erwartbare Syntax des Hebräischen auch ohne explizite Vorlage aus übersetzerischer Routine heraus niedergeschlagen haben.[321] Aber die Ähnlichkeit des Textbefunds aus Sam und LXX im Gegenüber zu MT erhöht die Wahrscheinlichkeit dafür, dass die hebräische LXX-Vorlage hier שם* oder שמה* gelesen hat. Sowohl LXX als auch Sam lesen eine im Vergleich zu MT zusätzliche Lokalangabe, wobei Sam mit *He locale* eine Richtungsangabe enthält, die LXX nicht aufweist.[322] Da sich die samaritanische Aussprache von שם und שמה gleicht, ist die Richtungsangabe mit *He locale* nur aus dem Sinn oder aus dem Schriftbild zu entnehmen.[323] Vor diesem Hintergrund ist es möglich, dass die hebräische LXX-Vorlage hier שם* gelesen hat und dies wegen der zu erwartenden hebräischen Syntax als ἐκεῖ in den Relativsatz hinein übersetzt worden ist.[324]

Das Gesetz zum Erdaltar in Ex^{Sam} 20,24 weist in der Betonung des *einen* Ortes ein Spezifikum auf. Die Erinnerung des Gottesnamens an diesem Ort ist Voraus-

---

319 Vgl. Ben-Ḥayyim, *Grammar*, 326.

320 S. auch Wevers, *LXX II/1*, 246.

321 S. Conybeare/Stock, *Grammar § 69*, 53 f.

322 S. Anm. 288.

323 Vgl. Ben-Ḥayyim, *Grammar*, 326.

324 Läse die Vorlage שמה*, müsste zusätzlich eine *abberatio oculi* angenommen werden, die den Wegfall des *He locale* erklären könnte. Daher ist die Lesart שם* für die LXX-Vorlage vorzuziehen.

setzung der Errichtung eines Altars. Gottesbegegnung und Segen an diesem Ort sind die Motivation und positive Gegenleistung für den Adressaten des Altargesetzes. Die Lokalangabe במקום – und wohl auch anhand der Lesung einer AK-*Hif* הזכרתי in den jeweiligen Textzeugen – vermieden werden. Die Explikation, auf welchen Ort der Vers weist, wird im Textraum *Sinaiperikope* für Ex^Sam^ 20,24 deutlich, wo mit dem so genannten Garizim-Gebot unmittelbar vor dem Altargesetz der *eine* Ort bereits definiert wird (s. 5.1.1.d.Sam).

Peš:

[24] ܡܕܒܚܐ ܕܐܕܡܬܐ ܬܥܒܕ ܠܝ. ܘܬܕܒܚ ܥܠܘܗܝ ܥܠܘܬܟ ܘܩܘܪܒܢܝܟ. ܘܥܢܟ ܘܬܘܪܝܟ. ܒܟܠ ܐܬܪ ܕܬܥܗܕ ܫܡܝ. ܐܬܐ ܠܘܬܟ ܘܐܒܪܟܟ.

[24] Einen Altar aus Erde sollst du mir machen. Und du sollst auf ihm deine Brandopfer und deine Opfer und dein Kleinvieh und dein Großvieh schlachten. An jeden Ort, an dem du meines Namens gedenken wirst, werde ich zu dir kommen und dich segnen.

Auch Peš bietet in Ex^Peš^ 20,24 eigene Lesarten. Sie formt mit der Lesung eines kopulativen ܘ in ܘܥܢܟ die Nennung der Opfer- und Tierarten zu einer Aufzählung. So liegt hier keine Dopplung, Explikation oder betonte Paarigkeit der Opfer- und Tierarten vor. Lediglich anhand der Interpunktion, die ܘܥܢܟ ܘܬܘܪܝܟ abtrennt,[325] ließen sich Spuren des Verständnisses einer paarigen Zusammengehörigkeit von Opfer- und Tierarten nachzeichnen. Auch verwendet Peš nicht den spezifischen Terminus für Heilsopfer (שלמים/ܫܠܡܐ, vgl. Lev^Peš^ 3,1 u. ö.).[326] Stattdessen nutzt sie den semantisch breiteren Begriff ܩܘܪܒܢܐ.[327] Die bloße Aufzählung von Opfern und Tieren sowie die Nutzung des allgemeinen Begriffs ‚Opfer' lassen Ex^Peš^ 20,24 hinsichtlich des auf dem Altar Darzubringenden weniger restriktiv und regulativ erscheinen als MT, LXX und Sam.[328]

Des Weiteren liest Peš ܟܠ ܐܬܪ indeterminiert, sodass distributiv mit „an jedem Ort" zu übersetzen ist. Im Relativsatz vermeidet Peš die Subjekt-Objekt-Gleichheit und liest die 2.m.Sg.[329] Das Prädikat ܬܥܗܕ liegt dem Ko- und Kontext

325 Vgl. Jansma/Koster, *Exodus*, 164; Ms *Vat. Sir. 1* BAV, f.74v.
326 Vgl. Brockelmann/Sokoloff, *Lexicon*, 1568.
327 Vgl. Brockelmann/Sokoloff, *Lexicon*, 1343.
328 Vgl. dazu Weitzmans These, dass die ungenaue Übersetzung der Opfertermini in Peš auf das Fehlen halachischer Voraussetzungen weise, in Weitzman, *Syriac Version*, 218.
329 Eine Ausnahme stellt hierbei die Handschrift 8bI dar, welche die 1.Sg. liest (vgl. Jansma/Koster, *Exodus*, 164).

entsprechend im Kausativstamm *Afʿel* in der Bedeutung „erinnern, gedenken" vor.[330] Die Übersetzung lautet: „An jeden Ort, an dem du meines Namens gedenken wirst, werde ich zu dir kommen und dich segnen." Im Unterschied zu MT, LXX und Sam ist in Peš im Relativsatz nicht von einem Offenbarungsgeschehen die Rede. Die mit ܕܟܪ *Afʿel* benannte Handlung (E3) bezeichnet ein Erinnern, wobei ebenso die Bedeutung „feiern" mitschwingen kann.[331] Das durch den Adressaten vorzunehmende feierliche Namensgedenken wird zur Voraussetzung des Kommens und Segnens Gottes (E4; E5). Die Wahl des Ortes obliegt einzig dem Adressaten. Wird das Kommen Gottes (ܐܬܐ ܠܘܬܟ; E4) allerdings als Offenbarungsterminus verstanden, so ist die Offenbarung Folge der Namenserinnerung (E3).

Syntaktisch kann die Lokalangabe mit dem zugehörigen Relativsatz sowohl dem ersten als auch dem letzten Versteil (ܐܬܐ ܠܘܬܟ ܘܐܒܪܟܟ) zugeordnet werden. Die gesetzten Interpunktionszeichen stellen eine Abtrennung von Sätzen oder Sinneinheiten dar.[332] Eine Zuordnung von Lokalangabe und Relativsatz zum ersten Versteil würde die Ankündigung des Kommens und Segnens unverbunden nachstellen. Die Zuordnung zum letzten Versteil ist inhaltlich sinnvoll: Die Gottheit sagt zu, an den Ort zu kommen, wo ihres Namens gedacht wird. Altarbau und Opferung sollen an jedem Ort des Namensgedenkens geschehen, zu dem die Gottheit schließlich kommen wird.

Die Begründung des Altargesetzes in Gottesbegegnung und Segen ist in Ex^{Peš} 20,24 vor allem durch die Interpunktion sowie die Nutzung der 2.Sg.m. im Relativsatz vom vorangehenden Gesetz und dem sprechenden Subjekt stärker losgelöst als in MT, LXX oder Sam. Das Gedenken des Namens, welches der Adressat wo auch immer vornehmen kann, wird zur Voraussetzung der förderlichen, segnenden Gottesbegegnung. Der zu errichtende Altar markiert den Gedenkort.

Auswertung – Kultgeschichte, antike Interpretationen und Texteingriffe durch Übersetzer

Die synoptische Analyse hat gezeigt, dass in den Sprechverhältnissen, der doppelten Nennung von Opfer- und Tierarten, dem Verständnis der Lokalangabe und des Relativsatzes sowie deren Referenz in allen Textzeugen gewichtige Unterschiede vorliegen. Vor einer abschließenden Auswertung dieser Differenzen ist eine religionshistorische Einordnung des Materials vorzunehmen.

In seiner Rekonstruktion zur Entwicklung des Opferkultes in der Hebräischen Bibel macht Paul Heger im Kern von Ex 20,24 einen relativ einfachen, spontan

---

330 Zu den Bedeutungsdifferenzen von Grund- und Kausativstamm s. Brockelmann/Sokoloff, *Lexicon*, 301 f.

331 Vgl. Brockelmann/Sokoloff, *Lexicon*, 301 f.

332 Vgl. Ungnad, *Grammatik*, 10; Brockelmann, *Grammatik*, 11 f.

praktizierten Opferkult aus, der im Anhäufen von etwas Erde und der Schlachtung eines Tieres darauf bestehe und noch ohne detaillierte Vorschriften zu Maßen des Altars, Beschaffenheit der Tiere etc. und ohne ausgefeilte Terminologie auskomme. Die in Ex 20,24aβ geforderte Schlachtung *auf* dem Altar reflektiere eine frühere Praxis, die im Gegensatz zur in Lev geforderten Schlachtung *vor* dem Altar stehe, aber noch in Gen 22,9 f. und der Etymologie von מזבח, „Schlachtstätte", durchscheine.[333]

Im Rahmen dieser von Heger rekonstruierten Opferpraxis ist die Schlachtstätte notwendigerweise „aus Erde" zu machen (Ex 20,24aα). Eine Schlachtstätte aus Erde wird den besonderen Erfordernissen beim Umgang mit Blut gerecht. Ein Vergießen des Blutes ist beim Opfervorgang unvermeidlich. Das Blut gilt als Träger des Lebens.[334] Die Beseitigung des Blutes im Kult erfolgte daher im Vergießen auf die Erde, was als Rückgabe der elementaren Lebenssubstanz an die Gottheit, der das Leben gehört, verstanden werden konnte.[335]

Aufgrund des für Ex 20,24 rekonstruierten einfachen Kultes scheidet Heger die in Ex 20,24aβ genannten Opfertermini (את־עלתיך ואת־שלמיך) als von Dtn 27,6 f. inspirierte sekundäre Einfügung aus dem Altargesetz in Ex 20 aus.[336] Da Hegers Fokus auf dem Vergleich der verschiedenen Altargesetze liegt, ist seine Annahme der nachträglichen Einfügung von Brand- und Heilsopfern nach dem Vorbild des dtn Altargesetzes zwar naheliegend, blendet aber den unmittelbaren Kontext des Bundesbuches aus. Diesen zieht Schwienhorst-Schönberger in Anschluss an Hossfeld heran und erklärt, dass die Wendung את־עלתיך ואת־שלמיך einer dtr Redaktion entstamme, welche im Altargesetz am Beginn des Bundesbuches eine Verbindung zur Bundesschlussszene samt Opfern in Ex 24,4 f. herzustellen suchte.[337]

Am textlichen Problem der Nennung der Opfer- *und* Tierarten arbeiten sich nachweislich alle untersuchten Textzeugen ab. Während Sam im Sinne einer antiken Interpretation des Proto-MT eine völlige Glättung der Problematik vornimmt und Peš eine Auflösung hin zur Aufzählung versucht, verstärkt LXX die in Proto-MT ebenso angelegte Strukturierung und betont die Paarigkeit des Genannten. Die Problematisierung des Befundes aus Proto-MT in den antiken Textzeugen und die religionsgeschichtliche Erhellung stützen die Annahme einer Redaktion, die

333 Vgl. Heger, *Altar Laws*, 23–27.58 f.391.

334 Zur Vorstellung s. Lev 17,11.14; Dtn 12,23 u. a. Vgl. auch Eberhart, „Blut/Blutriten", in: *WiBiLex* (2017), 1; Heger, *Altar Laws*, 81.

335 Vgl. dazu Dohmen, *Bilderverbot*, 174 f.; Heger, *Altar Laws*, 81.

336 Vgl. Heger, *Altar Laws*, 23. Diese Abscheidung nehmen weiterhin u. a. Conrad, *Altargesetz*, 15; Halbe, *Privilegrecht*, 443 Anm. 35 vor.

337 Vgl. Schwienhorst-Schönberger, *Bundesbuch*, 296. So auch Schmitt, „Altargesetz", 275.

die beiden Opfertermini עלת und שלמים nachträglich in das Gesetz zum Erdaltar eingetragen hat.[338] Durch die Verwendung der Begriffe עלת und שלמים in Ex 20,24 sowie Ex 24,4 f. entsteht eine stichwortgeleitete Verbindung zum unmittelbaren narrativen Kontext des Bundesbuches. Diese erzeugt, neben weiteren Bezugspunkten, ein intertextuelles Verhältnis zwischen dem Altargesetz und der Sinaiperikope (s. 5.1.1.d.MT:1).

Einheitliche Sprechverhältnisse sind für die Altargesetze in MT, Sam und Peš gut bezeugt. Die durchgehende Anrede im Sg. richtet sich zunächst an Mose und ist darüber hinaus anschlussfähig für den einzelnen Israeliten (s. 5.1.1.d.MT:1). Nur die LXX weist eine Anrede der Adressaten im Plural sowie einen Wechsel zum Singular auf. Die Plural-Anrede impliziert im Aufriss von Ex^{LXX} 20,24 für das angeredete Kollektiv die Funktion einer Kontrollinstanz (s. o.). Sie stellt somit eine konzeptionell geleitete Fortsetzung der 2.Pl. aus Ex 20,23 dar. Die textgeschichtlich ältere Lesart ist in MT, Sam und Peš bewahrt.

Hinsichtlich der Lokalangabe, des Relativsatzes und deren Referenz ist wiederum die eigene Konzeption der LXX hervorzuheben, welche mittels übersetzungstechnischer Eingriffe eine Vielzahl legitimer Kultorte anerkennt. In vergleichbarer Weise formt Peš das Altargesetz in v.24 um. Die den *einen* bestimmten Ort betonende Lesart des Prä-Sam steht im Zusammenhang der innerhalb der Sinaiperikope unmittelbar vorangehenden Fokussierung auf den Garizim (s. 5.1.1.d.Sam). MT bewahrt mit der hinsichtlich der Ein- oder Vielzahl von Orten doppeldeutigen Wendung בכל־המקום die älteste Lesart. Diese ermöglicht die Aufhebung einer Vielzahl von Kultstätten aus diachroner Sicht hin zu einer einzigen Kultstätte in synchroner Lesung. Zudem lässt sich die Entstehung der Varianten aus dieser Lesart erklären.

Die Lesung der 2.Sg. im Relativsatz, welche im Textbestand des MT תזכיר anstelle von אזכיר bedeuten würde, ist nur in Peš, wenigen nachrangigen LXX-Zeugen und der samaritanisch-aramäischen Targum-Handschrift A bezeugt. Zwar folgen einige Exegeten dieser Lesart[339] – wohl aber vor allem, weil sie ein leichteres Verständnis des Altargesetzes ermöglicht. Alle wichtige Textzeugen, darunter auch der Hauptstrom der LXX-Überlieferung, lesen hier wie MT die 1.Sg. Dieser

---

338 Die Annahme, dass nicht nur die Opferterminologie von עלת und שלמים in Ex 20,24aβ, sondern der Teilvers insgesamt sekundär sei, weil hier die Chronologie der narrativen Situation verlassen und überflüssiger Inhalt gegeben werde (s. Heger, *Altar Laws*, 22), ist vor allem aufgrund der angezeigten Kontextualisierung (s. Schwienhorst-Schönberger, *Bundesbuch*, 296) zurückzuweisen.

339 Vgl. Heger, *Altar Laws*, 30; Chavel, „Biblical Law“, 233; van Seters, *Law Book*, 62. Van Seters' exilische Datierung des Bundesbuches, welche u. a. auf Lesung der 2.Sg.m. basiert, widerlegt Levinson, „Covenant Code“, 272–325.

starken Bezeugung und der *lectio difficilior* gemäß ist אזכיר את־שמי als älteste Lesart vorzuziehen.

Binnentextuell beziehen alle untersuchten Textzeugen auf der Mikroebene von Ex 20,24 den Verwendungszweck zur Opferdarbringung und den besonderen Umgang mit Blut als begründende Elemente des Gesetzes zum Erdaltar ein. In der LXX trägt der Übersetzer durch die gezielte Verwendung des Begriffs θυσιαστήριον als binnentextuelle Begründungen zudem den Korrektheitsanspruch für den Kult und die Identitätsthematik der Adressaten in Abgrenzung zu anderen Kulten ein.

Die ko- und kontextuellen Begründungslinien unterscheiden sich in den betrachteten Textzeugen teils deutlich. Zwar sprechen alle genannten Textzeugen von Gottesbegegnung (v.24: „zu dir kommen“) und Segen, doch konstruieren sie verschiedene Bedingungsgefüge: Während MT, LXX und Sam in unterschiedlicher Akzentuierung Gottesbegegnung und Segen am Altar als Lohn für den Altarbau in Aussicht stellen, haben Kommen und Segen in Peš als Folge des Namensgedenkens keinen direkten Bezug zum Altarbau. Auch binden MT, LXX und der überwiegende Teil der samaritanischen Überlieferung mit der 1.Sg. im Relativsatz ein Offenbarungshandeln Gottes als Voraussetzung (LXX, sam. הזכרתי) oder Folge (MT, sam. אזכיר) des Altarbaus an den Ort des Altars.[340] Textzeugen, die die 2.Sg. lesen, fokussieren hingegen die kultische Vergegenwärtigung der Gottheit durch Anrufung ihres Namens am Altar. Insbesondere im Befund der Peš könnte sich hier eine die Werte des Übersetzers spiegelnde Tendenz der Hinwendung zum Gebetskult abzeichnen.[341]

iv. Synoptische Analyse von Ex 20,25 – Der Steinaltar

MT:

25 וְאִם־מִזְבַּח אֲבָנִים֙ תַּעֲשֶׂה־לִּ֔י לֹֽא־תִבְנֶ֥ה אֶתְהֶ֖ן גָּזִ֑ית כִּ֧י חַרְבְּךָ֛ הֵנַ֥פְתָּ עָלֶ֖יהָ וַתְּחַֽלְלֶֽהָ׃

25 Und falls du mir einen Altar aus Steinen machst, sollst du sie (die Steine) nicht in behauener Weise erbauen, weil du dein Schwert über ihm (dem Stein) geschwungen und ihn (damit) entweiht hast.

Die Regelung für den Steinaltar schließt syndetisch (ואם) an die Bestimmung zum Erdaltar an. Die Konditionalpartikel אם mit ו-Anschluss weist darauf, dass das folgende Gesetz „für den Fall“ der Errichtung eines Altars aus Steinen gilt. Die

340 Zur Verbindung zwischen Altar und Theophanie, wobei die Theophanie dem Altarbau vorausgehen oder ihn bestätigen kann, s. auch Wellhausen, *Prolegomena*, 31.
341 Zur Bedeutung des Gebetskults in Peš s. Weitzman, *Syriac Version*, 258–262.

Errichtung eines Steinaltars ist demzufolge nur unter bestimmten Voraussetzungen zulässig. Daher ist Ex 20,25 nicht in Kontinuität zu der zuvor beschriebenen Opferstätte lesbar. Ex 20,24 und 20,25 sprechen von zwei verschiedenen, möglicherweise gar konkurrierenden Altarbauten.[342]

Formal besteht v.25 aus einem vorangestellten Konditionalsatz (Protasis), einem Prohibitiv (Apodosis)[343] und einem nachgestellten Kausalsatz. Protasis und Apodosis nutzen unterschiedliche Verben, mit denen sie die Errichtung des Steinaltars bezeichnen: Spricht die Protasis unpräzise vom Machen des Altars (E1; עש"י *Qal*), so verwendet die Apodosis das für das Herstellen eines Steinaltars adäquatere Bauen (E2; בנ"י *Qal*). Mit תעשה־לי schließt die Protasis an die Wortwahl und Sprechverhältnisse von Ex 20,24 an. Syntaktisch stellen vv.24.25 invertierte Verbalsätze dar. Die Wendung תעשה־לי steht in v.24 und v.25 jeweils nach dem zugehörigen Akkusativobjekt. Sie verbindet die beiden Verse im Sinne einer Strukturparallele und greift im *dativus commodi* zudem die beziehungsbildende Funktion des Altars im Verhältnis zur Gottheit auf (s. o.). Eine Strukturparallele zu v.24 stellt ferner der mit כי angeschlossene Begründungssatz in v.25 dar.

Die Apodosis widmet sich dem Problem der zum Bau verwendeten Steine. Sie wählt בנ"י *Qal* als Verb und bezieht sich in der mit der 3.Pl.f. suffigierten *nota accusativi* auf die in der Protasis genannten Steine (אבנים). Dieser Rückbezug ist syntaktisch ungewöhnlich, da er auf das *nomen rectum* und nicht das *nomen regens* der Constructus-Verbindung verweist. Auch der anschließende Begründungssatz zeigt Besonderheiten in den Bezügen der verwendeten Suffixe: Die vorliegenden 3.f.Sg.-Suffixe in v.25b (עליה, ותחללה) können sich nicht auf das Nomen מזבח beziehen, da dieses maskulin ist. Sie beziehen sich entweder auf גזית aus der Apodosis[344] oder auf das logisch implizierte Objekt אבן.[345] Diese Referenzsetzungen rücken die Steine als zentrales Thema des Gesetzes in den Fokus. Die ungewöhnlichen Suffixbezüge dienen der Hervorhebung des angesprochenen Problembereichs.

---

342 Gegen diese Annahme haben sich u. a. Conrad und Dohmen mit einer harmonisierenden Deutung ausgesprochen: Dohmen interpretiert die in Ex 20,24 und 20,25 beschriebenen Erd- und Steingebilde als kultisch bedingt verschiedene Elemente einer einzigen Altarkonstruktion (vgl. Dohmen, *Exodus 19–40*, 154; Conrad, *Altargesetz*, 51). In diesem Fall wäre aber eher eine temporale Konjunktion zu erwarten, die die zeitliche Abfolge beim stückweisen Errichten des Altars spiegelte. Auf eine ausnahmsweise temporale Interpretation von ואם im Sinne von וכאשר weist Rashi, wobei die Zeitbestimmung anstelle eines fakultativen den obligatorischen Charakter der Bestimmung hervorhebe (vgl. Cohen, *Sefer Shemot 1*, 186).

343 Vgl. auch Schwienhorst-Schönberger, *Bundesbuch*, 131 Anm. 7.

344 Vgl. auch Houtman, *Bundesbuch*, 57.

345 Vgl. auch Osumi, *Kompositionsgeschichte*, 82.

Das Zentrum der Vorschrift von Ex 20,25 ist im Prohibitiv לא־תבנה אתהן גזית formuliert. גזית (Sg.) steht hier als adverbieller Akkusativ der Art und Weise zu אתהן bzw. אבנים. Der Prohibitiv verbietet die Verwendung von behauenen Steinen bzw. Quadern für den Altarbau. Falls die Ablehnung von Quadersteinen für Altarbauten als innerisraelitischer kultureller Konsens angenommen werden kann, drückt sich in גזית bereits eine binnentextuelle Begründungslinie des Gesetzes aus. Diesen Konsens erkennt Conrad in der Abgrenzung zu kanaanäischen Napflochaltären und dem dort praktizierten Kult mit Blutmanipulation.[346] Daher macht er im Prohibitiv von Ex 20,25aβ*, welchen er ausgehend von formkritischen Überlegungen mit לא תבנה מזבחי גזית* rekonstruiert, den literarhistorischen Kern der Bestimmung zum Steinaltar aus.[347]

An den Prohibitiv schließen sich in כי חרבך הנפת עליה ותחללה zwei Begründungen an, die die Ablehnung von Quadersteinen erklären: die Bearbeitung des Steinmaterials mit dem Schwert (E3) und die Entweihung (E4). Beide Begründungen sind eng miteinander verbunden, da ותחללה die Folge des Behauens beschreibt: Mit dem Schwingen des Schwertes über dem Stein wurde der Stein (Sg.f.) entweiht. In dieser Profanierung des Heiligen (חל"ל *Pi*) bestimmt der Kausalsatz den eigentlichen Grund des Verbots von Quadersteinen.

Der binnentextuell eventuell vorausgesetzte kulturelle Konsens der Ablehnung kanaanäischer Napflochaltäre und dortiger Praktiken wird durch den Kausalsatz variiert, indem dieser die Ablehnung des behauenen Steins explizit mit dessen Profanierung erklärt. Die Ablehnung kanaanäischer Napflochaltäre steht in Verbindung zu der Frage nach der kultisch geformten Identität des Volkes Israel in Abgrenzung zu den umliegenden Völkern. Die im Kausalsatz ausgedrückte Ablehnung der Profanierung vermeidet die Identitätsthematik und erklärt die Beschaffenheit der Steine des Altars mit kultisch relevanten Kategorien.

Die Verschiebung in der Begründung des Verbots mittels des Kausalsatzes deutet darauf hin, dass ein kultureller Konsens zum Sinn dieser Bestimmung nicht mehr bestand oder deren Sinn nicht mehr verstanden wurde. Letzteres nimmt Conrad an und geht davon aus, dass der seiner Ansicht nach ursprünglich vorliegende Prohibitiv sekundär umformuliert und in Ex 20,25aα.b mit einer neuen Begründung versehen wurde, nämlich der Vermeidung von Eisenwerkzeug für die Bearbeitung heiliger Gegenstände.[348] Doch wird in Ex 20,25 gerade nicht wie in Dtn 27,5 materialbezogen das Eisenwerkzeug genannt, sondern das Schwert (חרב). Die Profanierung erfolgt in Ex 20,25 durch den Gebrauch des Schwertes.

---

346 Vgl. Conrad, *Altargesetz*, 48 f.

347 Vgl. Conrad, *Altargesetz*, 16.

348 Vgl. Conrad, *Altargesetz*, 16 f.32–37.

An dieser Stelle setzt Hegers Argumentation in der Analyse von כי חרבך הנפת עליה ותחללה an: נו״ף *Hif* „is used in the Bible either in connection with the cultic practice of raising – interpreted as 'waving' the sacrificial parts – or as related to aggressive, violent conduct with a wide variety of semantic associations."[349] In Verbindung mit dem Schwert (חרב) sei hier an eine Gewalttat zu denken.[350] Den binnentextuellen Voraussetzungen entsprechend ist diese mit dem heiligen Ort des Altars nicht vereinbar (vgl. Ex 21,14).

In ähnlicher Weise deutet Propp Ex 20,25 als Verbot eines gewaltvollen Vergehens am Altar: Mit der Zusammenstellung von חל״ל *Pi* und חרב werde die Wendung חל״ל חרב („vom Schwert durchbohrt", vgl. Num 19,16) assoziiert – „as if one had slain the altar (which in fact, by the proper, Priestly procedure, runs with blood [...])."[351] Damit werde die Funktionsfähigkeit des Altars, der in höchstem Maße heilig ist (Ex 29,37), zunichte gemacht.[352]

LXX:

[25] ἐὰν δὲ θυσιαστήριον ἐκ λίθων ποιῇς μοι, οὐκ οἰκοδομήσεις αὐτοὺς τμητούς· τὸ γὰρ ἐγχειρίδιον ἐπιβέβληκας ἐπ᾽ αὐτό, καὶ μεμίανται.

[25] Falls du mir aber einen Altar aus Steinen machen solltest, sollst du sie (die Steine) nicht als behauene erbauen. Du hast (damit) nämlich das Handmesser an ihn gelegt und er ist befleckt worden.

Die LXX hebt mit der Partikel δέ in Ex^{LXX} 20,25 die Verschiedenheit der Altarbauten aus Erde und Steinen hervor.[353] Sie setzt in der Anrede die 2.Sg. aus der Segensverheißung in v.24 fort und greift in der Protasis mit ποιέω das in v.24 für den Altarbau genutzte Verb auf. Gleichwohl ergibt sich aufgrund des unterschiedlichen Numerus keine exakt parallele Entsprechung zwischen ποιήσετέ μοι und ποιῇς μοι in v.24 und v.25. In der Apodosis ändert sich, wie im MT, das Verb: Die Handlung des Bauens wird mit οἰκοδομέω beschrieben.

τμητούς ist in Kasus, Numerus und Genus kongruent zu αὐτούς, welches sich wiederum auf die Steine bezieht. Der LXX-Übersetzer versteht die zugehörige hebräische Vorlage hier offenbar nicht als adverbiellen Akkusativ zur Näherbe-

---

349 Heger, *Altar Laws*, 34. Propp merkt zudem die ironische Note im Gebrauch von נו״ף *Hif* an, da dies, wie z. B. in Ex 29,24–27, auch das Darbringen von Opfern bezeichnen kann (vgl. Propp, *Exodus 19–40*, 185).

350 Vgl. Heger, *Altar Laws*, 33 f.62.

351 Propp, *Exodus 19–40*, 185.

352 Vgl. Propp, *Exodus 19–40*, 185.

353 Vgl. auch, Gurtner, *Exodus*, 383; Muraoka, *Lexicon*, 140.

stimmung der Verbalhandlung, sondern als attributive Näherbestimmung der Steine.

In den Bezügen der Suffixe unterscheidet sich die LXX teilweise von MT: Zunächst weist sie wie MT mit dem Objekt αὐτούς (Akk.m.Pl.) auf die Steine (ἐκ λίθων) zurück. Anschließend setzt sie jedoch mit ἐπ' αὐτό den Bezug zum Altar (θυσιαστήριον). Dieser Lesart folgen nicht alle LXX-Textzeugen. Einige Manuskripte, darunter Codex Vaticanus, lesen hier (ἐπ') αυτους und beziehen sich damit auf die Steine (Pl.).[354] Gurtner sieht in der pluralischen Nennung der Steine einen Hinweis darauf, dass die Entweihung gerade nicht dem behauenen Stein selbst gelte, sondern dem aus diesen Steinen errichteten Altarbau insgesamt.[355] Dieses Verständnis zeichnet sich auch im singularischen Bezug von ἐπ' αὐτό zum Altar ab: Der Altar ist Subjekt von μεμίανται.[356] Die Verbform im Pass. Perf. beschreibt im Sinne eines Zustandsperfekts den Zustand des Altars als „befleckt, entweiht" (μιαίνω).[357]

Mit τὸ γὰρ ἐγχειρίδιον ἐπιβέβληκας ἐπ' αὐτό bzw. αὐτούς (s. o.) beschreibt die LXX die Handlung, welche zur Entweihung führt. Ein Dolch[358] oder Handmesser[359] (ἐγχειρίδιον) wurde *gegen* den Altar bzw. die Steine „geworfen" (ἐπιβάλλω).[360] Diese Handlung ist vom Übersetzer im Sinne des zum Angriff erhobenen Schwertes verstanden worden, wie von Heger anhand der Abgrenzung zum Gebrauch von ἀφαιρέω für נו"ף *Hif* herausgearbeitet wurde.[361] Die Bearbeitung mit dem Dolch kommt damit einem gewaltvollen Angriff gegen die Steine bzw. den Altar gleich und führt zur Profanierung des Altars. Darin zeichnet sich eine Deutung des im MT abgebildeten Textbestandes ab, die den Grund des Verbots im Sinne der im MT implizierten Gewalttat gegen die Steine des Altars interpretiert.

Wie auch in Ex^{LXX} 20,24 wählt die LXX in v.25 den Terminus θυσιαστήριον, der den Altar im israelitischen Kult kennzeichnet.[362] Während für den Textbe-

354 Der u. a. von B bezeugten Lesart folgt auch Rahlfs (vgl. Wevers, *LXX II/1*, 247).

355 Vgl. Gurtner, *Exodus*, 383. S. auch Heger, *Altar Laws*, 22 Anm. 18.

356 Umstritten ist, ob μεμίανται die Form des Perf. Pass. Ind. der 3.Sg. oder 3.Pl. bezeichnet (vgl. Buttmann/Buttmann, *Grammatik § 101 Anm. 7*, 170 f.; Buttmann, *Sprachgebrauch. Zu § 101*, 36). Dem Mss-Befund zu Ex^{LXX} 20,25 zufolge kann aufgrund der Verwendung von sowohl ἐπ' αὐτό als auch ἐπ' αὐτούς als Bezugsmöglichkeit für μεμίανται eine Mehrdeutigkeit der Form nicht ausgeschlossen werden. Die Möglichkeit des Bezugs zu θυσιαστήριον und die gute Bezeugung von αὐτός im Sg. zu dieser Stelle (vgl. Wevers, *LXX II/1*, 247) sprechen allerdings eher für ein Verständnis von μεμίανται als Form der 3.Sg.

357 Vgl. Muraoka, *Lexicon*, 461; Gemoll/Vretska, *Handwörterbuch*, 537.

358 S. dazu Gemoll/Vretska, *Handwörterbuch*, 252.

359 S. dazu Kraus/Karrer u. a., *LXX.D*, 76.

360 Vgl. Muraoka, *Lexicon*, 188; Gemoll/Vretska, *Handwörterbuch*, 318 f.

361 Vgl. Heger, *Altar Laws*, 33 f.

362 Vgl. Schaper, „Exodos", 301; Daniel, *Recherches*, 16 f.

stand des MT die Abgrenzung zu kanaanäischen Praktiken nur vermutet werden kann, wird die Identitätsthematik in der LXX mit dem Begriff θυσιαστήριον explizit einbezogen.

Sam:

25 ואם מזבח אבנים תעשה לי לא תבנה אתהן גזית כי חרבך הנפת עליו ותחללהו:

25 Und wenn du mir einen Altar aus Steinen machst, sollst du sie (die Steine) nicht in behauener Weise erbauen, denn du hast dein Schwert über ihm (dem Altar) geschwungen und ihn entweiht.

Sam unterscheidet sich von MT in den im Kausalsatz verwendeten Suffixen und Bezügen. Mit עליו und ותחללהו wird im כי-Satz durch 3.m.Sg-Suffixe beide Male der Bezug zu מזבח, d. h. zum *nomen regens* der Constructus-Verbindung, gesetzt.[363] Der gesamte Begründungssatz bezieht sich auf den Altar: Über ihm wurde das Schwert geschwungen und somit wurde er entweiht.

Sofern die abweichenden Lesarten dieser beiden Suffixe als Glättung zu verstehen sind, ist auffallend, dass im Prohibitiv keine Glättung vorliegt: Hier liest Sam wie MT אתהן und verweist damit auf das *nomen rectum*, die Steine. Fokus des Prohibitivs ist damit, wie im MT und LXX, die Beschaffenheit des Baumaterials des Altars.

Peš:

25 ܘܐܢ ܡܕܒܚܐ ܕܟܐܦܐ ܬܥܒܕ ܠܝ. ܠܐ ܬܒܢܝܘܗܝ ܒܦܣܝܠܬܐ. ܡܛܠ ܕܦܪܙܠܐ ܐܪܝܡܬ ܥܠܘܗܝ ܘܛܢܦܬܝܗܝ.

25 Und wenn du mir einen Altar aus Steinen machst, sollst du ihn nicht mit behauenem Stein bauen, denn Eisen hast du geschwungen auf ihm und ihn verunreinigt.

Peš liest alle Suffixe, sowohl des Prohibitivs als auch des Kausalsatzes, als 3.m.Sg. und bezieht sie somit auf den Altar (ܡܕܒܚܐ). Des Weiteren fügt Peš vor ܦܣܝܠܬܐ die Präposition ܒ- ein. Sie löst damit den ihr wahrscheinlich vorliegenden adverbiellen Akkusativ zu einem modalen ܒ- auf und vereindeutigt die Syntax des Verses. Thematisch rückt hierbei der Altar als gesamtes Bauwerk in den Vordergrund, nicht dessen Steine und deren Beschaffenheit.

In Ex^Peš 20,25 bezeichnet ܦܣܝܠܬܐ den behauenen Stein – im Sg. wie auch im MT und Sam.[364] Mit ܦܣܝܠܬܐ gibt Peš üblicherweise גזית wieder (s. z. B. 1 Kön 5,31;

---

363 Des Lesart ותחללהו findet sich auch in *1QExod* (vgl. Barthélemy, *DJD I*, 50–51).
364 Vgl. Brockelmann/Sokoloff, *Lexicon*, 1209.

6,36; 7,9.11.12; Am 5,11). Da in Peš der hebräische Begriff פסל „(Schnitz-)Bild" nicht mit einer Ableitung der Wurzel ܦܣܠ *Pe*, sondern mit ܨܠܡܐ wiedergegeben wird (z. B. Ex^Peš 20,4), legt sich in der Verwendung von ܦܣܝܠܬܐ terminologisch kein Zusammenhang zur Ablehnung von Götterbildern nahe. Allerdings ermöglicht ܦܣܝܠܬܐ in Ex^Peš 20,25 eine lexematische Verknüpfung zu den Verbalformen von ܦܣܠ *Pe* in Ex^Peš 34,1.4 (s. 5.1.1.d.Peš).

Im Kausalsatz liest Peš anders als MT, LXX und Sam ܦܪܙܠܐ und fokussiert das Material Eisen, nicht das Werkzeug, mit dem der Altar entweiht wird. Damit gleicht Peš v.25 an Dtn 27,5 an, wo ebenfalls materialbezogen die Bearbeitung mit Eisen zur Entweihung führt. Für die Ablehnung von Eisen bei der Errichtung von Bauten für Jhwh, wie sie z. B. in Dtn 27 vorliegt, hat Paula McNutt verschiedene Ursachen erwogen: 1. Eisenwerkzeuge seien ein Symbol der menschlichen Zivilisation und Kultur und daher dem Jhwh-Kult nicht angemessen.[365] Dies deckt sich mit der Beobachtung Holzingers, der im Verbot der Bearbeitung der Altarsteine mit dem Schwert einen „Protest gegen das Eindringen der Kultur in den Kultus"[366] ausmacht und die Bevorzugung von unberührten Naturgegenständen, die der Gottheit näher seien, feststellt.[367] 2. Eisenwerkzeuge seien hinsichtlich ihrer Lebensdienlichkeit ambivalent: Sie dienen zwar einerseits dem Erhalt des Lebens, werden aber andererseits auch zu dessen Beendigung durch Töten eingesetzt.[368] Das Argumentationsmuster der Lebensdienlichkeit weist Avemarie in der frühen rabbinischen Literatur in vielfältiger Variation nach. Dabei sei der Altar derjenige Gegenstand, der dem Leben ausschließlich förderlich und daher höherwertig als Eisen sei, welches ebenso dem Leben schaden könne.[369]

Diese beiden erstgenannten Begründungslinien McNutts sind inhaltlich mit dem Text der Altargesetze vereinbar und werden von weiteren Forschungsergebnissen gestützt. Darüber hinaus führt McNutt an, dass sich 3. auch an den Schmied – da er auf geradezu magische Weise das Material Eisen verändern kann – eine ambivalente Wahrnehmung binde, die auf das Eisen übertragen werden könne; und 4. die Eisentechnologie oft mit einer Form von Macht assoziiert werde, welche zum Aufbegehren gegen Gott anrege und daher ambivalent sei.[370]

---

365 Vgl. McNutt, *Forging*, 219.
366 Holzinger, *Exodus*, 81.
367 Vgl. Holzinger, *Exodus*, 80 f.
368 Vgl. McNutt, *Forging*, 219.
369 Vgl. Avemarie, *Tora und Leben*, 96–98.
370 Vgl. McNutt, *Forging*, 219.

Auswertung – Subtile Textveränderungen als zunehmend explizite Manifestation des Textverständnisses zur Unvereinbarkeit von Altar und Gewalt

Unter den analysierten Textzeugen besteht ein Konsens darüber, dass der beschriebene Altar ein besonderes Bauwerk ist, das nicht aus beliebigem Steinmaterial errichtet werden darf. Der Anspruch zur besonderen Qualität des Altars ist ko- und kontextuell eine Konsequenz aus der Thematik von Offenbarung und Gottesbegegnung in Ex 20,24.

Die Unterschiede zwischen den betrachteten Textzeugen weisen auf eine zunehmende Textexplikation von dem im MT bezeugten Textbestand über Sam und LXX zu Peš, im Rahmen derer sich sukzessive ein bestimmtes Textverständnis manifestiert. Textdifferenzen bestehen bei den verwendeten Suffixen sowie in der Syntax des Verses: Die Syntax des Proto-MT mit dem adverbiellen Akkusativ גזית im Sg. wird in Sam unproblematisch erfasst, bereitete dem LXX-Übersetzer aber offensichtlich Verständnisprobleme. Dieser löste den adverbiellen Akkusativ zu einem die Steine qualifizierenden Attribut im Pl. auf. Eine zu LXX gegenläufige Explikation, die das im MT und Sam angelegte Textverständnis verdeutlicht, liegt in Peš vor. Die Übersetzung der Peš vereindeutigt den adverbiellen Akkusativ zu einer Wendung mit der modalen Präposition -ܒ.

Die elementare Zusammengehörigkeit des Bauwerks und seiner Bestandteile klingt in der Verbindung מזבח אבנים im Sinne eines *genitivus materiae*, der in der LXX vereindeutigend mit ἐκ λίθων übersetzt ist, an:[371] Der Altar wird aus Steinen errichtet; die errichteten Steine sind der Altar. Gleichwohl legen die verschiedenen Suffixe in den jeweiligen Textzeugen unterschiedliche Perspektiven auf die Frage nach dem konkret von der Profanierung betroffenen Bereich, den einzelnen Steinen oder dem gesamten Altar, frei. In diesem Zusammenhang stellt sich zudem die Frage, welche Problematik der Bearbeitung der Steine mit dem Schwert zugrunde liegt? In der Forschung wurde die Bedeutung des Kausalsatzes כי חרבך הנפת עליה ותחללה intensiv diskutiert. Dabei ist häufig Dtn 27 als Verstehenshintergrund herangezogen worden. Dieser hermeneutische Bezug ist bereits in Peš explizit mit der Nennung des Eisens (Dtn 27,5) hergestellt worden. Vor dem Hintergrund von Dtn 27 wird in unterschiedlichen Forschungspositionen aus אבנים שלמות (Dtn 27,6) geschlussfolgert, dass die Steine des Altars naturbelassen, vollständig und unversehrt sein sollen,[372] um beispielsweise das Numen des Steins nicht zu vertreiben, die Vorordnung der Schöpfung zu respektieren, sich gegen kanaanäische Traditionen und an Napflochaltären praktizierte Kulte[373] ab-

371 Vgl. auch Gurtner, *Exodus*, 382 f.

372 Vgl. Dohmen, *Exodus 19–40*, 155.

373 Vgl. Conrad, *Altargesetz*, 48 f.138.

zugrenzen oder luxuriösen Tendenzen zu wehren.[374] Olyan greift die Ergebnisse von Mary Douglas' Arbeit zu Vorstellungen von Verunreinigung auf und interpretiert, ebenso in Verbindung mit Dtn 27,6, die Ganzheit der Steine parallel zur Unversehrtheit der Opfertiere und des Kultpersonals.[375]

Heger hingegen schlägt eine von Dtn 27,6 unabhängige Deutung vor, nach welcher der Text nur die gewaltsame, schändende Bearbeitung der Steine verbiete, eine sanfte Glättung und Verbesserung des Materials aber nicht ausschließe.[376] Hegers Deutung scheint dem komplexen textlichen Befund im Verhältnis von Ex 20 und Dtn 27 samt den vorliegenden Differenzen am ehesten angemessen. Laut Heger ist diese auch empirisch in der Wortwahl der LXX nachweisbar.[377] Zudem liegt sie auf einer Linie mit der Vorstellung der Unvereinbarkeit von Gewalttaten und dem Altarbereich, welche sich z. B. auch in Ex 21,14 niedergeschlagen hat, und im Anschluss an Propp für Ex 20,25 aus der Kollokation von חל״ל *Pi* und חרב reproduziert werden kann.[378]

v. Synoptische Analyse von Ex 20,26 – Die Stufen des Altars

MT:

26 וְלֹא־תַעֲלֶה בְמַעֲלֹת עַל־מִזְבְּחִי אֲשֶׁר לֹא־תִגָּלֶה עֶרְוָתְךָ עָלָיו׃

26 Und du sollst nicht in Stufen auf meinen Altar steigen, damit deine Blöße nicht auf ihm aufgedeckt werde.

Ex 20,26 schließt syndetisch an v.25 an. V.26a verbietet das Hinaufsteigen (על״י *Qal*) auf den Altar (E1) במעלת. Die Präposition -ב ist hier instrumental („mittels Stufen") oder modal („in Stufen") verwendet. In Korrespondenz zum adverbiellen Akkusativ der Art und Weise in v.25 dürfte die modale Bedeutung vorzuziehen sein. V.26b richtet sich gegen das Aufgedecktwerden der Blöße (E2) auf dem Altar (עליו). אשר verbindet die beiden Versteile und ist final zu deuten.[379] Unter Berücksichtigung des Ko- und Kontextes ergibt sich ein Kausalzusammenhang zwischen v.26a und v.26b, zwischen dem Erklimmen des Altars in der Weise des

374 Vgl. die Zusammenfassung der Forschungspositionen bei Olyan, „Altar", 161 f.
375 Vgl. Olyan, „Altar", 161–171.
376 Vgl. Heger, *Altar Laws*, 33–35.54.
377 Vgl. Heger, *Altar Laws*, 33 f.
378 Vgl. Propp, *Exodus 19–40*, 185.
379 Zur finalen Deutung von אשר s. Waltke/O'Connor, *Biblical Hebrew Syntax*, 638 f.

Stufensteigens und dem Aufgedecktwerden der Blöße.[380] Dementsprechend hat Ex 20,26b als Finalsatz, welcher die Folge des Hinaufsteigens auf Stufen benennt, eine begründende Funktion für das Verbot des Ersteigens des Altars auf Stufen (v.26a).

Der Ko- und Kontext ist ebenso für das Verständnis von תעלה heranzuziehen, da hier formengleich *Qal* oder *Hifil* vorliegen kann. In Verbindung mit מעלת („Stufen") und der Gefahr des Entblößtwerdens der Geschlechtsteile ist hier nicht die Handlung des Opferns (על״י *Hif*), sondern das Hinaufsteigen (על״י *Qal*) benannt. Der beschriebene Altar ist ein aus seiner Umgebung herausgehobenes, erhöhtes Bauwerk. Die leichte Erhöhung des Altars stellt eine angemessene Verringerung der Distanz zum Himmel dar.[381] Diese Vorstellung kann eine binnentextuelle Voraussetzung des Verses beschreiben, die die Notwendigkeit einer Erhöhung des Altars erklärt.

Das Verbot des Hinaufsteigens auf Stufen begründet v.26b explizit mit dem Enthülltwerden der Geschlechtsteile, גל״י ערוה *Nif.* Dieses geschieht „auf" dem Altar (עליו). D.h., die Genitalien werden sowohl gegenüber dem Altar als auch gegenüber möglichen Zuschauenden sichtbar. Die Enthüllung ist ein passives Geschehen (*Nif*), welches unabsichtlich passiert, wenn der Altar auf Stufen erklommen wird. Gleichwohl setzt das Verbot voraus, dass eine Enthüllung der Genitalien des Kultpersonals die kultischen Handlungen am Altar stört.

Die Frage nach den Gründen dafür ist in der Forschung oft bedacht worden (s. u.). Eine Erklärung zur Unvereinbarkeit vom Kult am Altar und dem Entblößen der Geschlechtsteile legt Propp vor dem Hintergrund der Vorstellungen zu männlicher Sexualität vor. Er versteht das Enthüllen der Genitalien als Zur-Schau-Stellen der männlichen Sexualität. Diese könne im Kult in mehrfacher Weise unangemessen sein: Gegenüber Jhwh könne das entblößte Geschlecht im Zuge der Annäherung an ihn als verweigerte Unterwürfigkeit verstanden werden. Gegenüber dem zuschauenden Volk, insbesondere den Frauen, könne das entblößte männliche Geschlecht als konkurrierende Herausforderung an Jhwh verstanden werden. Des Weiteren könne die kultische Reinheit in Gefahr sein, insofern die Möglichkeit einer Ejakulation mit dem Verlust des Samens auf den Boden bestehe. Oder der Priester könne im Kult als Vertretung Jhwhs verstanden worden sein, dessen Genitalien wie auch Jhwhs Genitalien verborgen bleiben sollten.[382]

---

380 U. a. Propp und Dohmen deuten אשר in Ex 20,26 relativ und beziehen es auf das vorangehende מזבחי, sodass in v.26 kein Kausal- bzw. Finalgefüge entsteht, sondern zwei Prohibitive korreliert werden (vgl. Dohmen, *Exodus 19–40*, 145; Propp, *Exodus 19–40*, 185).

381 Vgl. Propp, *Exodus 19–40*, 185.

382 Vgl. Propp, *Exodus 19–40*, 453 f.

Diese Überlegungen Propps legen möglicherweise eine Spur zum Verständnis der binnentextuellen Sicht auf das Problem der Entblößung männlicher Genitalien am Ort des Altars. Zu ergänzen ist, dass das Entblößen der männlichen Geschlechtsteile auch außerhalb des Kults problematisch ist, wie z. B. in Gen 9,22 erkennbar. Zudem wird das Gebot der Verhüllung der Genitalien in kultischem Kontext in Jes 6,2 für die Seraphen vorausgesetzt.

LXX:

26 οὐκ ἀναβήσῃ ἐν ἀναβαθμίσιν ἐπὶ τὸ θυσιαστήριόν μου, ὅπως ἂν μὴ ἀποκαλύψῃς τὴν ἀσχημοσύνην σου ἐπ᾽ αὐτοῦ.

26 Du sollst nicht in Stufen auf meinen Altar steigen, damit du nicht etwa deine Blöße auf ihm enthüllst.

Ex^{LXX} 20,26 schließt, im Unterschied zu MT, asyndetisch an den vorangehenden Vers an. Den Prohibitiv aus v.26a gibt die LXX – wie in Gesetzestexten der LXX üblich – mit jussivischem Futur (ἀναβήσῃ) wieder.[383] V.26b wird als Finalsatz (ὅπως ἂν μή) übersetzt, wobei die Partikel ἄν in Verbindung mit dem nachfolgenden Konjunktiv der Aussage einen hypothetischen Charakter verleiht,[384] welcher in der deutschen Übersetzung mit „etwa" wiedergegeben wird.[385]

Das Ereignis des Entblößens (E2) ist in Ex^{LXX} 20,26 nicht wie im MT passiv formuliert, sondern aktiv. Die LXX eröffnet damit die Verständnismöglichkeit, dass die Kultperson ihre Genitalien absichtlich enthüllt oder bewusst die Entblößung herbeiführt, indem sie auf Stufen den Altar hinaufsteigt. Das Verbot aus v.26a wird in v.26b durch das Zusammenwirken des Aspekts der Absichtlichkeit und die hypothetische Nuance des negativen Finalsatzes (ὅπως ἂν μή „damit nicht etwa") intensiv eingeschärft: Die aktive Handlung des Entblößens, die hypothetisch annehmbar ist, kann in der Befolgung des Verbots durch die Kultperson ebenso aktiv verhindert werden.

Sam:

26 ולא תעלה במעלות על מזבחי אשר לא תגלה ערותך אליו :–

26 Und du sollst nicht in Stufen auf meinen Altar steigen, damit deine Blöße nicht auf ihm aufgedeckt werde.

383 Vgl. Conybeare/Stock, *Grammar § 74*, 58.
384 Vgl. Muraoka, *Syntax*, 772.
385 S. dazu Kraus/Karrer u. a., *LXX.D*, 76.

Sam liest in v.26b אליו anstelle von עליו im MT, ἐπ' αὐτοῦ in LXX bzw. ܥܠܘܗܝ in Peš. Der Lesart אליו im Sam liegt wahrscheinlich eine Verwechslung in der Semantik zugrunde. So wird אל zur Zeit des späten Zweiten Tempels häufig durch על ersetzt, weil beide Präpositionen hinsichtlich der Bedeutung fast austauschbar werden.[386] Ein Bedeutungsunterschied des Sam gegenüber MT ist damit hier nicht angezeigt.

Peš:

26 ܘܠܐ ܬܣܩ ܒܕܪ̈ܓܐ ܠܡܕܒܚܝ. ܕܠܐ ܬܬܓܠܐ ܥܪܛܠܝܘܬܟ ܥܠܘܗܝ.

26 Und du sollst nicht in Stufen zu meinem Altar heraufgehen, damit deine Scham nicht auf ihm enthüllt werde.

Peš beschreibt das Hinaufsteigen auf den Altar als ein Hinaufgehen „zu" ihm (-ܠ ܣܠܩ), obgleich die Verbindung von ܣܠܩ mit der Präposition ܥܠ andernorts belegt ist (vgl. Ex^Peš 10,12; Gen^Peš 31,10.12). Das im Hinaufgehen „zu" dem Altar gezeichnete Bild impliziert eine Trennung zwischen dem Altar und den Stufen. Der Altar liegt erhöht. Er soll nicht mit Treppenstufen (ܕܪ̈ܓܐ)[387] erreicht werden. Allerdings bestätigt v.26b diese Trennung nicht. Dort wird beschrieben, dass das Enthülltwerden der Genitalien „auf" dem Altar (ܥܠܘܗܝ) geschieht, und nicht „zu" ihm hin. Die Entblößung passiert im Zuge des Hinaufgehens, d. h. auf den Stufen, sodass die Stufen unter Berücksichtigung der suffigierten Präposition ܥܠܘܗܝ zur Altarkonstruktion gerechnet werden müssen. Die Wahl von -ܠ ܣܠܩ „hinaufgehen zu" in Entsprechung zu על עלי״ *Qal* erweist sich damit als ein semantisches Problem der Übersetzung.

Ansonsten gibt Peš in Ex^Peš 20,26 in Wortwahl und Syntax nahezu exakt den auch im MT bezeugten Textbestand wieder. In v.26a wird syndetisch mit -ܘ angeschlossen und in Verbindung mit ܕܪ̈ܓܐ die Präposition -ܒ gewählt. V.26b leitet Peš mit ܕܠܐ ein. Auch hier liegt eine Konstruktion aus Relativpartikel und Verneinung vor. Diese kann im Syrischen ebenso relativ oder final verstanden werden.[388] Ko- und kontextgemäß ist das finale Verständnis vorzuziehen. Des Weiteren bietet Peš mit ܬܬܓܠܐ einen *Etpe'el* in passiver Bedeutung[389] und kennzeichnet das Enthülltwerden der Genitalien, wie auch MT, als passives Geschehen.

386 Vgl. Rooker, *Biblical Hebrew*, 127; Qimron, „Vocabulary", 252.
387 Vgl. Brockelmann/Sokoloff, *Lexicon*, 320.
388 Vgl. Ungnad, *Grammatik*, 92 f.
389 Vgl. Brockelmann, *Grammatik*, 64.

Auswertung – Kultische Abgrenzung und inhaltliche Untermauerung

In Ex 20,26 zeigen die untersuchten Textzeugen wenige Differenzen. Alle untersuchten Textzeugen führen in Ex 20,26 die Sprechverhältnisse der vorangehenden Bestimmung fort: Das Sprecher-Ich tritt in der Possessivangabe der 1.Sg. zu מזבח deutlich hervor. Angeredet ist die 2.m.Sg. Die LXX pointiert im Vergleich zu MT schärfer das Verbot des Hinaufsteigens und dessen Begründung. Dies ist eine Folge ihrer Syntax und Wortwahl. Die hebräische LXX-Vorlage enthielt in Bezug auf die Syntax hier sehr wahrscheinlich den Konsonantenbestand, den auch MT abbildet (אשר לא). Diesen hat der Übersetzer im Sinne eines finalen Satzgefüges verstanden. Auch die Verwendung des Aktivs zur Beschreibung des Entblößens in der LXX ist nicht auf ein von MT unterschiedenes Konsonantengerüst zurückzuführen. Dem Übersetzer liegt ein unvokalisierter Text vor. Er folgt demnach einer anderen Aussprachetradition oder die *Nif'al* lesende Tradition war ihm nicht geläufig. Ohne *Nikkud* entnimmt er dem Konsonantengerüst תגלה einen *Pi'el* (תְּגַלֶּה) anstelle des *Nif'al* (תִּגָּלֶה) und verstärkt mit dieser produktiven Textrezeption die Aussage des Verbots.

Zur Begründung des Verbots stellen alle Textzeugen gleichermaßen heraus, dass das Entblößen der Geschlechtsteile die kultische Handlung der Annäherung an Gott stört. Welche Problematik dabei exakt zugrunde liegt, ist in der Forschung breit diskutiert worden. Entscheidend sind dabei regelmäßig folgende Aspekte: das Verständnis von גל״י ערוה *Nif* und על״י על מזבח *Qal*/*Hif* sowie die literarische und literargeschichtliche Erhellung des Verses, v. a. in Bezug auf die Anordnung von Unter-/Hosen für Priester in Ex 28,42 und auf das mögliche Kultinventar des Salomonischen Tempels.[390]

Eine konsequent geschichtliche Deutung legen Conrad und, im Anschluss an ihn, Halbe vor: Der Prohibitiv bilde den ursprünglichen Kern der Bestimmung und stelle eine Abgrenzung gegen die Besteigung kanaanäischer Stufenaltäre im Rahmen des (fremden) Kultes dar, bei dem die jeweilige Gottheit als höchster Gott verehrt werde.[391] Diese fremde Kulthandlung stelle den Herrschaftsanspruch Jhwhs infrage und konnte erst im israelitischen Kult aufgenommen werden, als auch Jhwh als höchster Gott, als El Eljon, in Jerusalem verehrt wurde.[392] Mit der Praktizierung dieses Kultes wurde schließlich der Begründungssatz v.26b notwendig, der das Verbot der Nutzung der Stufen am Altar aufzuheben versuche, indem der Grund für dieses Verbot in der möglichen Entblößung und nicht in der Bestei-

---

390 Für den Salomonischen Tempel wird u. a. mit Bezug auf Ez 43,13–17 häufig das Vorhandensein eines behauenen Stufenaltars angenommen (vgl. Wellhausen, *Prolegomena*, 29; Halbe, *Privilegrecht*, 443; Osumi, *Kompositionsgeschichte*, 82; Otto, *Rechtsbegründungen*, 54).

391 Vgl. Conrad, *Altargesetz*, 17 f.56 f.138 f.

392 Vgl. Conrad, *Altargesetz*, 138 f.

gung von Treppenstufen am Altar an sich gesehen werde. Diese Gefahr sei mit dem Tragen von Hosen bzw. Unterhosen (Ex 28,42) grundsätzlich gebannt, sodass das Verbot der Nutzung eines Stufenaltars hinfällig werde und der möglicherweise im Ersten Tempel vorhandene Stufenaltar legitim bleibe.[393] Demzufolge seien Ex 20,26b und 28,42 einer späteren Redaktion aus priesterlichen Kreisen zuzuordnen.[394]

Heger hingegen greift auf eine These Dillmanns sowie einen Midrasch-Text zurück und versteht Ex 20,26 im übertragenen, aber dennoch möglichst historischen Sinn: Ihm zufolge zielt die Bestimmung in Ex 20,26 darauf, einen einfachen, dem Erdaltar vergleichbaren, niedrigen Altar zu bauen, bei dem die Geschlechtsteile des Opfernden auch in gebeugter Haltung nicht für andere sichtbar werden. Der Brauch des Opferns auf Felsen oder Steinen untermauere diese Deutung (vgl. 1 Kön 8,64) und auch die in der Mischna und bei Josephus bezeugte Art des Zugangs zum Altar über eine leichte Schräge weise auf die ursprüngliche Bevorzugung einer niedrigen Altarbauweise.[395] Kultgeschichtlich macht Heger daher im Grundbestand von Ex 20,24–26 eine archaische nomadische Tradition aus, die einfache Erd- oder Steinanhäufungen als Opferstätten nutzte und wohl auch in der frühen Königszeit noch praktiziert wurde (vgl. 1 Kön 8,5).[396] Problematisch ist an Hegers Rekonstruktion, dass ihre Argumentationsbasis auf Rückschlüssen aus deutlich späteren Texten beruht.

Dohmen wendet sich für Ex 20,26 noch deutlicher als Heger einer übertragenen Deutung zu. Seines Erachtens sind hier weder die Bauweise des Altars noch die Kleidung oder das Vorgehen des Opfernden Thema, sondern es gehe um die Frage nach dem rechtmäßigen Kultpersonal. Er versteht die beiden Wendungen גל״י ערוה *Nif* und על״י על מזבח *Qal* metaphorisch: Demnach beschreibe על״י על מזבח *Qal* die Kulthandlung des Priesters, wohingegen גל״י ערוה *Nif* den kultischen Verstoß in für derartige Vergehensbeschreibungen üblicher sexueller Konnotation tadele. Skopus von Ex 20,26 sei entsprechend, dass die Kulthandlungen am Altar einem bestimmten, dafür ausgesonderten Personal vorbehalten seien.[397]

Gänzlich im übertragenen Sinne versteht Osumi die Begründung in Ex 20,26b. Den Skopus der Altargesetze formuliert er unter Einbeziehung von Ex 23,20–23a wie folgt:

---

393 Vgl. Conrad, *Altargesetz*, 55; Halbe, *Privilegrecht*, 443.

394 Vgl. Conrad, *Altargesetz*, 56.

395 Vgl. Heger, *Altar Laws*, 67 f.71. Ein schräger Aufgang zum Altar kann angesichts der Quellenlage zunächst nur für den Zweiten Tempel angenommen werden (Mischna, Josephus; s. Heger, *Altar Laws*, 67), auch wenn die jüdische Tradition damit bisweilen bereits für den Altar der Stiftshütte rechnet (vgl. Wellhausen, *Prolegomena*, 29 Anm. 1).

396 Vgl. Heger, *Altar Laws*, 75 f.

397 Vgl. Dohmen, *Exodus 19–40*, 156 f.

> Es handelt sich hier u. E. um eine Kritik an der Überzeugung, daß die Präsenz JHWHs mit einer bestimmten Bauart des Altars (konkret gesagt: mit dem Altar aus behauenen Steinen: V.25a, oder mit dem Stufenaltar: V.26a) automatisch gegeben wäre.[398]

Die Ablehnung der baulichen Bedingtheit der Jhwh-Präsenz am Altar breche sich schließlich in Ex 20,26b in der kompletten Verspottung des Stufenaltars Bahn.[399]

Die metaphorischen Interpretationen von Ex 20,26, wie sie bei Dohmen in Teilen und bei Osumi in Gänze vorliegen, sind für eine kultgeschichtliche Erhellung des Verses nicht notwendig. Osumis Deutung verkompliziert sogar den Befund.[400] Die Frage nach der Präsenz Jhwhs und eine generelle Verspottung des Stufenaltars sind in v.26 ebenso wenig Thema wie die Aussonderung von bestimmtem Kultpersonal. Auf der Ebene des Einzelgesetzes sowie in dessen Ko- und Kontext gibt es keine literarischen Hinweise, die ein Verständnis des Verses im Sinne eines dieser drei Themen sicherstellen könnten.

Propp versucht, die gedankliche Welt hinter dem Problem der Entblößung von Genitalien auf dem Altar zu erhellen. Dazu zieht er vor allem Elemente der alttestamentlichen Vorstellungswelt heran (u. a. Lev 15,16–18; 2 Sam 6,16–22) und verweist auf die Studie *God's Phallus* von Eilberg-Schwartz. Das enthüllte Geschlecht weise hier auf Vorstellungen zu männlicher Sexualität. Das im Kult zur Schau gestellte Genital könne ein Affront gegen Jhwh sein, dem die Kultperson sich nicht unterwerfe und dessen Stellung als Herrscher Israels darin angegriffen werde. Auch die Frage nach der kultischen Reinheit, welche durch eine mögliche Ejakulation bedroht sein kann, oder die Idee der Stellvertretung Jhwhs durch den Priester im Kult könne Hintergrund dieser Problematik sein.[401]

Conrads bzw. Halbes Erklärungen zu Ex 20,26 sind im Lichte des vorliegenden Textes und der Überlegungen Propps noch einmal zu reflektieren: Conrad und Halbe beziehen sich auf eine schmale Textbasis, zeichnen aber anhand plausibler geschichtlicher Rekonstruktionen die Herausbildung von Ex 20,26 in der vorliegenden Gestalt nach. Allerdings gibt der Text selbst keinen zwingenden Anhaltspunkt zur Abscheidung von v.26b als sekundär. Die Trennung der beiden Versteile wird im Wesentlichen erst anhand der geschichtlichen Rekonstruktion plausibel. Daher scheint Propps Erhebung der geistigen Welt des Textes dem Textbefund am ehesten gerecht zu werden. Diese wird von der auch unabhängig vom Kult bestehenden Problematisierung des Entblößens der männlichen Geschlechtsteile bestätigt (s. o.).

---

398 Osumi, *Kompositionsgeschichte*, 160.

399 Vgl. Osumi, *Kompositionsgeschichte*, 161.

400 Neben textlichen sprechen auch archäologische Gründe gegen Osumis Annahme (s. Zwickel, *Tempelkult*, 291 Anm. 24).

401 Vgl. Propp, *Exodus 19–40*, 185.453 f.

Die religionsgeschichtliche Annahme der Abgrenzung gegenüber kanaanäischen Kulten ist für Ex 20,26 wahrscheinlich zutreffend.[402] Dafür, dass die Bestimmung so verstanden wurde, sprechen vor allem die Wahl des Terminus θυσιαστήριον in der LXX[403] sowie der Kontext der Altargesetze. Nun ist Abgrenzung allein aber keine tragfähige Begründung für das aufgestellte Verbot. Dieses bedarf ferner einer inhaltlichen Unterfütterung, welche v.26b im Verweis auf die die Kulthandlung störende Entblößung der Genitalien einbringt.

b. Clusterebene: Wechselseitige Begründungsstrukturen im Cluster Ex 20,22–26

MT:

Der Zusammenhang von Ex 20,22–26 stellt ein klar abgrenzbares Textcluster dar. Die Abgrenzung ergibt sich aus den Neueinsätzen in Ex 20,22; 21,1 und wird zudem durch die Parascheneinteilung des MT gestützt, der zufolge hier eine *Parascha petucha* vorliegt.

Innerhalb des Textclusters Ex 20,22–26 bestehen unter den gegebenen Bestimmungen vielfältige Bezüge, die zu deren wechselseitiger Autorisierung beitragen. Zunächst ist ein enger Zusammenhang von v.22 und v.23 festzustellen, der vom Thema der Beziehung zwischen Jhwh und den Israeliten getragen wird. In dieser Beziehung soll Jhwh der einzige und alleinige Gott Israels sein (v.23a). Eine Begründung dafür ergibt sich aus v.22b und der dort genannten Legitimation Jhwhs gegenüber Israel. Entsprechend muss „[b]ei 20,23 […] hinzugedacht werden: ‚weil ich euch sehen ließ, wer ich bin (s. 20,22), und ihr wißt, wer ich bin, darum sollt ihr …‘."[404] V.22b nimmt insofern als Begründung innerhalb des Textclusters eine übergeordnete Stellung ein.

Zwischen v.23 und v.24 vollzieht MT einen Wechsel in der Anrede von der 2.m.Pl. zur 2.m.Sg. Waren in v.23 die Israeliten als Gemeinschaft angesprochen, so ist in vv.24–26 der einzelne Israelit – über Mose als Mittler – angesprochen (s. 4.2.1.b). Nach dem Verbot dessen, was die Israeliten „nicht machen" (לא תעשון – לא תעשו לכם) sollen, folgt in v.24 eine Anweisung, was stattdessen zur Verehrung Jhwhs zu „machen" (תעשה־לי) ist. Der Adressatenwechsel und der Übergang zu einer positiv formulierten Bestimmung ereignen sich gleichzeitig. Der in v.23 aufgestellte allgemeine Grundsatz richtet sich an die Gemeinschaft,

402 Dagegen spricht sich Schwienhorst-Schönberger aus, der in Conrads Studie die Absicht der Verifikation einer These Noths als ungeprüfte Prämisse ausmacht (vgl. Schwienhorst-Schönberger, *Bundesbuch*, 295).

403 S. dazu Daniel, *Recherches*, 16 f.

404 Houtman, *Bundesbuch*, 51.

die konkrete Ausgestaltung des Grundsatzes (vv.24–26) in exemplarisch verallgemeinernder Weise an den einzelnen Israeliten.

Aus dem Zusammenhang von v.23 und vv.24–26 ergibt sich das Thema des vorliegenden Textclusters: die korrekte Ausgestaltung des Kultortes und der Verehrungspraxis. Nicht ein Kultbild (v.23), sondern ein Altar soll Ort der Verehrung sein (v.24). Die Kommunikation mit Gott soll nicht über ein Kultbild (v.23), sondern durch einen Opferritus erfolgen (v.24).

Das Gesetz zum Erdaltar stellt die erste positive Bestimmung innerhalb des Textclusters dar. Daraus kann ein Vorrang für den Altar aus Erde abgeleitet werden, welcher sich zudem im textlichen Anschluss des Steinaltargesetzes mit ואם niederschlägt. Auf diese Weise wird der Erdaltar als bevorzugte Variante gekennzeichnet, während für den Fall (ואם) des Errichtens eines Steinaltars Einschränkungen gelten.[405] Entsprechend unterscheiden sich v.24 und vv.25 f. in ihrer Formulierung: Während in vv.25aβ–26 ausschließlich Prohibitive formuliert werden, sind die Bestimmungen zum Erdaltar durchweg positiv als Gebote formuliert.

Die Bestimmung zur Errichtung eines Erdaltars in v.24 lässt dem Adressaten einen deutlichen Spielraum in der Gestaltung des Altars und eine relativ große Freiheit in dessen Verwendung. Der Text enthält keine konkreten Vorschriften z. B. zu Form und Maßen und, abgesehen von der Schlachtung *auf* dem Altar, keine näheren Angaben zur Verwendung. Die Errichtung eines Steinaltars hingegen ist strengerer Reglementierung unterworfen, v. a. hinsichtlich seiner Gestaltung und der Problematik der Stufen. Die Minderwertung des Steinaltars wird erst im Kontext der Altargesetze (vv.24–26) deutlich.

Das vorliegende Textcluster ist zudem von zahlreichen strukturellen Verbindungen zwischen den Einzelgesetzen geprägt. Hier ist zunächst die Kontrastierung der Materialien zu nennen: Silber und Gold (v.23) stehen Erde und Stein (vv.24 f.) gegenüber. Des Weiteren ist der Gebrauch von ...ל עש"י *Qal* anzuführen: Dieser kontrastiert die Schaffung von Kultbildern für die Israeliten (v.23) mit der Errichtung eines Altars aus Erde oder Stein für Jhwh (vv.24 f.) und verbindet die Bestimmungen zum Erd- und Steinaltar (vv.24 f.). Der Inhalt des Kultes soll nicht die Verehrung von Kultbildern durch die Israeliten sein, sondern die Beziehungsaufnahme zu Jhwh an dem für ihn errichteten Altar.

Hervorstechend ist vor allem der parallele Aufbau der Altargesetze in vv.24–26 in der jeweiligen Zusammenstellung von Gesetz und Begründung. Auch vor diesem Hintergrund legt sich das adverbiale Verständnis von אשר zur Einleitung eines inhaltlich begründenden Finalsatzes in Ex 20,26b nahe.

Des Weiteren gehören Ex 20,25 und Ex 20,26 inhaltlich eng zusammen. Beide Gesetze beziehen sich auf den Steinaltar. Die Entweihungsnotiz ותחללה aus

405 Vgl. Heger, *Altar Laws*, 32.

Ex 20,25b ließe sich der inneren Logik zufolge auch in Ex 20,26b anfügen.[406] Die Begründungen vv.25b.26b stehen in einer vergleichbaren Argumentationslinie: V.25 wendet sich gegen die Profanierung des Altars, v.26 gegen die Entweihung der Beziehung zu Jhwh.

Neben der dem gesamten Cluster übergeordneten Autorisierung in v.22b (s. o.) stellt Ex 20,24b eine weitere, das Textcluster übergreifende Begründung dar. Mittels der Lokalbestimmung, welche auf einen Ort der Präsenz und Offenbarung Jhwhs verweist, bezieht sich v.24b auf den Ort des Kultes und verweist auf den Altar sowie die Ausgestaltung des Kultortes in vv.23–26. Zwar ist die in v.24b enthaltene Selbstoffenbarungs- und Segensverheißung nicht explizit in Form eines Bedingungsgefüges den Altarbestimmungen zugeordnet, bezieht sich aber durch die Kombination aus Gesetzesforderung und Verheißungsaussagen auf deren innere Logik: Wenn der jeweilige Altar den Bestimmungen entsprechend errichtet und genutzt wird, wird Jhwh sich offenbaren und zum Adressaten kommen und ihn segnen. D. h.: Der vorschriftsmäßigen Beschaffenheit und Handhabe des Altars folgt, dass Jhwh sich am Ort des Altars in förderlicher Weise offenbaren wird.

Tragendes Element der Motivation zur Gesetzesbefolgung ist die Segensankündigung אבוא אליך וברכתיך. Das Kommen Jhwhs eröffnet die für eine Segenshandlung typische Begegnungssituation.[407] In dieser Situation der Begegnung mit Jhwh am Altar erhält die betreffende Person von Jhwh die „heilschaffende Kraft"[408] des Segens, die hier ohne nähere Konkretisierung „lebenssicherndes und lebenssteigerndes vitales Wohlergehen"[409] zusichert. Die Segenshandlung sowie der Segen selbst tragen in das Cluster Ex 20,22–26 die Dimension des Wohlergehens des Adressaten ein. Durch die Bindung an die Einhaltung von Gesetzesbestimmungen stellt sich der Segen als konditionierter Lohn dar.[410]

LXX:

In der LXX stellen sich die Bezugnahmen und übergreifenden Autorisierungen der Bestimmungen für das vorliegende Textcluster an zentralen Punkten anders dar als im MT. Ausschlaggebend sind dabei die Variante von v.23, die Änderung der Sprechverhältnisse in v.24b sowie die gänzlich andere Lesart von v.24b.

Ex^{LXX} 20,23 fokussiert durch das Auslassen eines Äquivalents zu אתי das Verbot, Kultbilder zu verehren. Aus dem Zusammenhang von v.23 und vv.24–26 ergibt

406 Vgl. Heger, *Altar Laws*, 63.

407 Vgl. Leuenberger, „Segen/Segnen (AT)", in: *WiBiLex* (2008), 3.2.

408 Keller/Wehmeier, „ברך", in: *THAT 1* (1978), 355.

409 Leuenberger, „Segen/Segnen (AT)", in: *WiBiLex* (2008), 4.

410 Vgl. auch Leuenberger, „Segen/Segnen (AT)", in: *WiBiLex* (2008), 3.4.

sich für das Textcluster damit nicht vorrangig die korrekte Ausgestaltung des Kultortes, sondern die korrekte Verehrung Jhwhs als zentrales Thema. Das Thema der korrekten Jhwh-Verehrung wird innerhalb des Textclusters durch die terminologische Abgrenzung zu anderen Kulten unterstrichen. Mit dem Jhwh-Kult ist somit zugleich ein Identitätsmerkmal der Israeliten angesprochen.

Den Wechsel der Sprechverhältnisse hin zum adressierten Singular vollzieht die LXX erst in v.24b. Damit ist die Bestimmung zum Erdaltar im Pl. an alle Israeliten gerichtet. Erst im Segen für den Einzelnen geschieht der Übergang zum Sg. Die Anrede im Sg. wird in den Bestimmungen zum Steinaltar (vv.25 f.) beibehalten und bezieht sich exemplarisch auf den einzelnen Israeliten. Innerhalb des Textclusters verstärkt der Adressatenwechsel nach v.24a die Unterscheidung von Erd- und Steinaltar und stützt in abgrenzender Funktion im Zusammenhang von vv.24–26 zudem den Vorrang des Erdaltars als bevorzugten Altar.

Der Kultort ist in Ex^{LXX} 20,24 von Jhwh durch Offenbarung gewählt. Er kann nach Jhwhs Belieben „wo auch immer" (v.24) sein. Das Offenbarungshandeln Jhwhs ist Voraussetzung des Altarbaus und dem Adressaten unverfügbar. Es ist nicht Bestandteil der motivierenden Begründung der Bestimmung. Diese Motivation besteht in der LXX alleinig im Kommen und Segnen Jhwhs. Da diesem in der LXX keine Lokalangabe zugeordnet ist, bezieht sich die Motivation im Textcluster übergreifend gleichermaßen auf die umliegenden Bestimmungen zur korrekten Jhwh-Verehrung, inklusive v.23. Entsprechend bezieht sich die Ankündigung der Gottesbegegnung und des Segnens auch in der LXX auf ein hintergründiges Bedingungsgefüge, welches die Befolgung der gegebenen Bestimmungen zur Voraussetzung der förderlichen Zuwendung Jhwhs macht.

Sam:

Trotz des textlichen Überschusses im Vorfeld von Ex^{Sam} 20,22 ergibt sich im Sam anhand der Abgrenzung durch *Qitzot* (–:) das gleiche Textcluster wie im MT. Das zentrale Thema des Clusters wird wiederum aus der Verbindung von v.23 und v.24 deutlich. Dabei wirkt sich die Betonung *des* Ortes (v.24) auch auf die Thematik des Clusters aus: Es geht um die Ausgestaltung des *einen* Kultortes und die dort praktizierte Jhwh-Verehrung.

Auch im Sam stellt v.24b eine übergreifende Begründung dar. Wie in der LXX ist das Offenbarungsgeschehen mit seiner Lokalangabe kein Teil der motivierenden Begründung. Die Lokalbestimmung שמה in שמה אבוא אליך וברכתיך führt im Sam dazu, dass sich diese Begründung übergreifend auf den Ort des Kultes und entsprechend auf vv.23–26 bezieht.

Peš:

Auch Peš fasst die vv.22–26 in ein Textcluster zusammen. Dazu finden sich in den Mss überwiegend Abtrennungen vor Ex^{Peš} 20,22 mit doppelten Punkthaufen (⁘)[411] und nach Ex^{Peš} 20,26 mit der Einfügung einer Überschrift (ܥܠ ܕܝ̈ܢܐ.).[412] Das Thema des Clusters ist in Peš der Verbindung von v.23 und v.24 folgend sowohl die korrekte Ausgestaltung des Kultortes als auch die korrekte Verehrung Jhwhs. Der Alleinigkeitsanspruch Jhwhs (v.23a) führt dazu, dass am Kultort kein Gottesbild stehen darf. Desgleichen folgt aus ihm die alleinige Verehrung Jhwhs, welche in vv.24–26 mit dem Bau und der Nutzung eines Erd- oder Steinaltars beschrieben ist.

Ex^{Peš} 20,24b setzt dabei eine wichtige Akzentuierung für das Thema des Textclusters. Auch in Peš hat die Begründung von v.24b übergreifende Strahlkraft. Sie bezieht sich mit der enthaltenen Lokalangabe sowohl auf den Ort des Altars (vv.24–26) als auch mit dem Erinnerungshandeln des Adressaten auf die Verehrung Jhwhs (inklusive v.23). Doch kehrt Ex^{Peš} 20,24 die Logik aus Gehorsam und Lohn um. Der Standort des Altars unterliegt in Peš keiner göttlichen Wahl, sondern alleinig dem Erinnerungshandeln des Adressaten. Das Namensgedenken als Beziehungsaufnahme zu Jhwh ist dem Altarbau vorgeordnet. An den Erinnerungsakt bindet sich die Verheißung des Segens. Auf diese Weise kann in Peš auf der Ebene des Textclusters Ex^{Peš} 20,22–26 kein hintergründiges Bedingungsgefüge aus Gehorsam gegenüber den Bestimmungen und Segen als Lohn für die korrekte Ausführung aufgemacht werden. Der Altarbau folgt dem Erinnerungs- und Segensakt und erscheint damit als Dank des Adressaten für den gewährten Segen.

Auswertung – Segen und Gesetzesbefolgung zwischen konditioniertem Lohn und dankbarem Gehorsam

Im Textcluster von Ex 20,22–26 ergibt sich für alle betrachteten Textzeugen zunächst eine übergreifende Autorisierung der gegebenen Bestimmungen durch v.22b: V.22b spricht die Beziehung zwischen Jhwh und den Israeliten an und weist Jhwh als wohlwollenden und mächtigen Partner der Israeliten aus (s. 4.1.3), dessen Anweisungen daher Folge zu leisten ist. Die Beziehungsthematik aus v.22b prägt das gesamte Textcluster. Entsprechend enthalten vv.23.24–26 Bestimmungen zur Ausgestaltung dieser Beziehung. Eine binnentextuelle Voraussetzung des Clusters ist, dass die Beziehung zwischen Jhwh und den Israeliten heilig ist. Dementsprechend ist alles Profanierende, sei es in der Gestaltung des Altars oder dessen Nutzung (vv.25 f.), für die Ausgestaltung dieser Beziehung unzulässig.

Des Weiteren ließ sich in allen betrachteten Textzeugen die übergeordnete Begründungsfunktion von v.24b nachweisen. Trotz der teils sehr unterschiedli-

---

411 Zur Verwendung als Sinntrenner s. Brockelmann, *Grammatik*, 11.
412 S. Jansma/Koster, *Exodus*, 164 f.

chen textlichen Voraussetzungen bezieht sich diese Begründung in allen betrachteten Textzeugen auf vv.23–26.

Mit v.22b und v.24b enthält das Textcluster zwei übergreifende Begründungslinien: V.22b beschreibt rückwärtsgewandt ein Ereignis der Vergangenheit als Legitimation des Partners Jhwh gegenüber den Israeliten. V.24b fokussiert, zunächst unkonkret und allgemein, künftige Ereignisse in Form des Kommens und Segnens. Die beiden Begründungslinien treten damit nicht in Konkurrenz zueinander, sondern stehen in einem Verhältnis der gegenseitigen Ergänzung. Die im Segen zugesagte lebenssichernde Kraft der Beziehung zu Jhwh wird zum tragenden Begründungselement des Textclusters.

Differenzen zwischen den untersuchten Textzeugen ergeben sich hinsichtlich der thematischen Akzentuierung des Textclusters. Während MT, Sam und Peš sowohl die Ausgestaltung des Kultortes als auch die dortige Verehrungspraxis thematisieren, fokussiert LXX den Aspekt der korrekten Verehrung Jhwhs. Die Ausgestaltung des Kultortes ist Nebensache. Sam und Peš legen eigene Schwerpunkte: Im Prä-Sam ist eine Vorordnung des Ortes als des *einen* Ortes, an dem der Segen ergehen wird, zu erkennen. Peš stellt die Thematik des Kultortes dem Erinnerungs- und Verehrungshandeln nach.

Ein wichtiger Unterschied zwischen MT, Sam und LXX auf der einen und Peš auf der anderen Seite liegt in der Begründungsstruktur vor. MT, Sam und LXX arbeiten mit dem Modell des konditionierten Lohns, durch welchen dem Gehorsam der Segen folgt. Peš hingegen bietet die Struktur des dankbaren Gehorsams, wobei erst der Segen ergeht und anschließend aus Dank der Gehorsam folgt.

c. Begründungsstrukturen im Textraum *Bundesbuch*

MT:

1. Textstrukturelle Verflechtungen von Ex 20,22–26 zum Bundesbuch insgesamt: Subtile Programmatik zu Stellung und Funktion des Rechts

Das Cluster Ex 20,22–26 weist mit seinem Wortinventar lexematische Berührungen zu allen Textclustern des Bundesbuches auf. Die Verbindungen von Ex 20,22–26 zum gesetzlichen Hauptteil in Ex 21,1–23,12 sind in Überschneidungen anhand von z. B. עש״י, בן, בו״א und כסף überwiegend unspezifisch oder treten ohne ko- und kontextuell verstärkte Spezifik auf, so z. B. אבן in Ex 20,25; 21,18, בקר in Ex 20,24; 21,37 und חרב in Ex 20,25; 22,23. Diese Form unspezifischer lexematischer Berührungen ist daher nicht als Hinweis auf Intertextualität, sondern als dem Sprachgebrauch geschuldete Überschneidung im Vokabular zu werten.

Dennoch ist dieser lexematische Befund im Zusammenspiel mit der intertextuellen Verbindung von Ex 20,22–26 und Ex 23,13–19 aus textstruktureller Sicht relevant. Zwischen Ex 20,22–26 und Ex 23,13–19 besteht ein spezifisches, intertextuelles Verhältnis (s. u.). Die beiden Textcluster rahmen den gesetzlichen Hauptteil des Bundesbuches (s. 4.1.1). Ex 20,22–26 dient generell der Autorisierung des Rechts im Bundesbuch (s. 4.1.2–3). Die subtile lexematische Einbindung aller Textbereiche des Bundesbuches in Ex 20,22–26 sowie die Rahmung mit Ex 23,13–19 bewirken eine literarisch-strukturelle Integration aller Textcluster des Bundesbuches unter dem Leitgedanken des Clusters Ex 20,22–26, der lebenssichernden Kraft der Beziehung zu Jhwh. Die auf das Wohlergehen der Israeliten hin angelegte Beziehungsthematik von Ex 20,22–26 wird so zur Lesebrille, durch die hindurch das gesamte Bundesbuch lesbar ist: Das Recht des Bundesbuches dient dem Wohl der Israeliten.

2. Ex 20,22–26 in Beziehung zu Ex 22,17–19; 23,20–33: Alleinverehrung Jhwhs im Kontrast zum Kult fremder Völker

Innerhalb des Textraumes *Bundesbuch* besteht eine intertextuelle Beziehung zwischen Ex 20,22–26 und Ex 22,17–19 sowie Ex 23,20–33. Zwischen den betreffenden Textclustern liegen spezifische lexematische Berührungen vor, z. B. anhand von זב"ח (Ex 22,19), יהוה (Ex 22,19; 23,25) und מקום (Ex 23,20). Eine zentrale thematische Verbindung besteht in der Forderung der Alleinverehrung Jhwhs (Ex 22,19; 23,25). Die intertextuelle Beziehung zwischen Ex 20,22–26 und Ex 22,17–19; 23,20–33 ist in der pointierten Aufnahme der Thematik der Alleinverehrung stark selektiv und schwach referentiell sowie in den vorliegenden lexematischen Überschneidungen mäßig kommunikativ.

In Ex 20,22–26 angelegte Themen erfahren im Lichte von Ex 22,17–19; 23,20–33 eine Erweiterung, Vertiefung oder Konkretisierung. Ex 22,17–19 fokussiert die absolute Autorität Jhwhs als einzige Gottheit Israels (Ex 22,19). Ex 23,20–33 thematisiert die Forderung der Alleinverehrung Jhwhs (Ex 23,25) in Spannung zu den fremden Kulten der Völker des Landes und stellt die Einnahme des Landes und das Wohlergehen Israels als konditionierten Lohn für den Gehorsam (Ex 23,21 f.25 f.) dar. Bezugspunkt des Gehorsams sind in Ex 23,21 f. die Stimme des Jhwh-Boten und das, was Jhwh selbst reden wird (דב"ר *Pi*).

Im intertextuellen Verhältnis zu Ex 22,17–19; 23,20–33 wird für das vorliegende Textcluster in Ex 20,22–26 die Forderung des alleinigen Anspruchs Jhwhs gegenüber Israel und Jhwhs Alleinverehrung (v.23) untermauert. Im Lichte von Ex 23,20–33 wird Ex 20,22–26 explizit in der Funktion der Abgrenzung zu anderen Kulten lesbar.[413] Dies ist in Ex 20,22–26 zwar möglicherweise religionsgeschicht-

413 Osumi bezieht Ex 20,24–26 auf die מלאך-Thematik von Ex 23,20–23a, wo gleichermaßen die Frage nach der Präsenz Gottes bei seinem Volk, in der Abgrenzung zu fremden Kulten, behandelt werde (vgl. Osumi, *Kompositionsgeschichte*, 160). Diese Bezugnahme stützt sich inhaltlich auf die

lich vorausgesetzt, aber textlich nicht explizit fassbar. Im Zusammenhang mit Ex 23,20–33 wird deutlich: Der Kultort und die Altäre, die das Volk Israel für seinen *einen* Gott errichtet (Ex 20,23–26; Ex 23,20–33), unterscheiden sich grundlegend von den Kultgegenständen der fremden Völker für deren Götter, z. B. deren Mazzeben (Ex 23,24). Die in Ex 20,22–26 vorliegende Kontrastierung der Materialien Gold und Silber mit Erde und Stein findet im Aufriss von Ex 23,20–33 eine inhaltliche Parallele in der Kontrastierung zwischen dem fremden Kult und dem Jhwh-Kult (Ex 23,24 f.).

Die Segensverheißungen in Ex 23,25 f. konkretisieren im Verhältnis zu Ex 20,24b den dort allgemein dem einzelnen Israeliten angekündigten Segen. Sie rekurrieren auf wesentliche Grundlagen eines Lebens im Wohlergehen, d. h. Brot, Wasser und Gesundheit (Ex 23,25), sowie auf den Fortbestand des Volkes Israel (Ex 23,26). Zudem verbindet die intertextuelle Beziehung zu Ex 23,20–33 und der dort vorliegenden Landesthematik das Cluster Ex 20,22–26 mit dem erweiterten Horizont der Gesamterzählung des Pentateuchs, die auf die Landnahme zielt (s. 4.2.1.b).

3. Ex 20,22–26 in Beziehung zu Ex 23,13–19: Rechtssetzung im Jhwh-Kult
Zwischen Ex 20,22–26 und Ex 23,13–19 besteht auf Basis struktureller, thematischer und lexematischer Verbindungen ein stark referentielles, selektives und kommunikatives intertextuelles Verhältnis: Beide Texte umklammern in rahmender Funktion den gesetzlichen Hauptteil des Bundesbuches.[414] Beide Texte befassen sich mit Themen des Kultes, wobei Ex 20,22–26 den Kultort mit der dortigen Verehrungspraxis und Ex 23,13–19 die Kultzeiten in Form von Bestimmungen des

---

beide Male anzutreffende, implizite Thematik, welche mithilfe von Umwegen über מלאך יהוה-Texte, wie z. B. Ri 2,1–5, (vgl. Osumi, *Kompositionsgeschichte*, 156–160) herausgestellt wird. Die lexematischen, inhaltlichen und strukturellen Verbindungen zwischen Ex 20,22–26 und Ex 23,20–33 sprechen allerdings dafür, dass hier nicht die Frage nach Jhwhs Präsenzweise, sondern die Frage nach der Abgrenzung zu fremden Kulten dominiert.

414 Diese Rahmungsstruktur erkennen u. a. Schwienhorst-Schönberger und Dohmen (vgl. Schwienhorst-Schönberger, *Bundesbuch*, 23; Dohmen, *Exodus 19–40*, 150). Osumi hingegen betont die mikrostrukturelle Eigenschaft der seines Erachtens literarisch einheitlichen Altargesetze als Gefüge von Vorschrift und Begründung und parallelisiert Ex 20,24–26 zu Ex 22,20–26* und Ex 23,10–12 (vgl. Osumi, *Kompositionsgeschichte*, 83). Das Auftreten von Kausalgefügen und gleichen Personen allein scheint, trotz planvoll wirkender Ähnlichkeiten, hier nicht so belastbar wie die thematischen und lexematischen Verbindungen, die Schwienhorst-Schönberger für Ex 20,24–26 und 23,14–19 nachweist (vgl. Schwienhorst-Schönberger, *Bundesbuch*, 30–32), sowie die sinnvolle Einordnung dieser Abschnitte in die ausgefeilte Gesamtstruktur des Bundesbuches (vgl. Schwienhorst-Schönberger, *Bundesbuch*, 23).

Festkalenders und zugehörigen Vorschriften behandelt.[415] Beide Textbereiche behandeln die kultrechtlichen Fragen mit vergleichsweise wenig Detailreichtum. In Ex 20,22–26 nimmt der Kern der Altarbestimmungen möglicherweise seinen Ausgangspunkt im nomadischen Kult. Ex 23,13–19 fokussiert eine landwirtschaftlich geprägte Gesellschaft. Zudem markieren pointierte Stichwortverbindungen, z. B. mit שׁם, זכ"ר, אדמה und זב"ח, die Beziehung zwischen Ex 20,22–26 und 23,13–19. Die betreffenden Stichworte liegen innerhalb des Clusters Ex 20,22–26 hauptsächlich in Ex 20,22 f.24 vor.

Zwischen Ex 20,24 und 23,18 f. vollzieht sich im intertextuellen Zusammenspiel eine wechselseitige Sinnanreicherung bezüglich der Nutzung des Altars, dessen Verknüpfung zur Landesthematik sowie bezüglich der Beziehung zwischen Jhwh und Israel. Diese entzündet sich an den Stichwortverbindungen mit זב"ח *Qal* (Ex 20,24; 23,18), אדמה (Ex 20,24; 23,19) und בו"א *Qal*/*Hif* (Ex 20,24; 23,19). Ex 23,18 verwendet nicht den Terminus מזבח, bezieht sich aber auf die Schlachtung von Opfern (זב"ח *Qal*, זבחי). Von Ex 20,24 her ergibt sich für Ex 23,18, dass das zu Schlachtende auf einem Altar darzubringen ist. Umgekehrt stellt die in Ex 23,18 vorausgesetzte Opferpraxis eine Erfüllung der Forderung der Schlachtung von Opfern auf dem Altar (Ex 20,24a) dar.

Isoliert betrachtet spricht Ex 20,24 in Bezug auf den Altar lediglich von Erde (אדמה). Eine Näherbestimmung ist ebenso wenig enthalten wie die Frage nach den Besitzverhältnissen dieser Erde. Ex 23,19 wirft allerdings in der mit dem Possessivsuffix der 2.m.Sg. versehenen Form אדמתך sowie im Zusammenhang mit Ex 23,20–33 die Frage nach dem Besitz des Erdbodens auf. Damit klingt in Ex 23,19 die Landesproblematik an, die in Ex 23,20–33 explizit zutage tritt. Im intertextuellen Verhältnis zu Ex 23,13–19 wird das Cluster Ex 20,22–26 somit in einen Problemhorizont einbezogen, der einen Zusammenhang zwischen Jhwh-Kult und Landbesitz voraussetzt.

Des Weiteren wird im Zusammenspiel von Ex 20,24 und Ex 23,19 die Wechselseitigkeit der Beziehung zwischen Israel und seinem Gott betont: Sagt dieser Gott in Ex 20,24 zu, zu den Adressaten zu kommen (בו"א *Qal*), so sollen die Adressaten in Ex 23,19 zum Haus dieses Gottes etwas bringen (בו"א *Hif*).

Mit Ex 20,22 f.24b korrespondiert insbesondere Ex 23,13. Zwischen Ex 20,22b f. und 23,13 liegt nicht nur eine inhaltliche, sondern auch eine strukturelle Parallele vor: Beide Male wird zunächst auf das göttliche Reden verwiesen und anschließend der alleinige Anspruch Jhwhs gegenüber den Adressaten formuliert.[416] Die Strukturparallele erzeugt einen intertextuellen Bezug, der das qualitative Merkmal der Strukturalität aufweist. Der Zusammenhang von Ex 20,22 und 23,13 ver-

415 Vgl. auch Schwienhorst-Schönberger, *Bundesbuch*, 395 f.

416 Vgl. auch Schwienhorst-Schönberger, *Bundesbuch*, 23.35.

deutlicht, dass das Sprechen Jhwhs (אמ״ר *Qal*), auf welches sich in Ex 23,13 der geforderte Gehorsam richtet, die zwischen Ex 20,22 und 23,13 liegende Mitteilung des Bundesbuches benennt.[417]

Eine starke intertextuelle Verbindung zwischen Ex 23,13b und Ex 20,24b entsteht des Weiteren dadurch, dass beide Versteile eine Konstruktion von זכ״ר *Hif* und שם verwenden. Inhaltlich fasst Schwienhorst-Schönberger das Verhältnis von Ex 20,24b und 23,13 wie folgt zusammen:

> Durch die Selbstkundgabe JHWHs wird ein Kultort legitimiert (Ex 20,24b). Dem entspricht die Aufforderung, sich zu keinen anderen Göttern [Ex 23,13; AmK], sondern nur zu dem sich an seinem Ort selbst kundgebenden JHWH zu bekennen.[418]

In seiner Funktion für das Bundesbuch kann der kultische Rahmen, den Ex 20,22–26 und Ex 23,13–19 bilden, als Ausdruck der Zusammengehörigkeit von Kult und Rechtsüberlieferung gewertet werden. Diesen Zusammenhang arbeitet Otto in Bezug auf die Selbstkundgabe Jhwhs am Altar (Ex 20,24b) heraus, welche sich in den anschließenden Rechtsbestimmungen entfalte.[419] Ex 23,13a bezieht sich auf diese Mitteilungen Jhwhs zurück und schließt mit dem folgenden Fremdgötterverbot und Festkalender den Ring um die Gesetze des Bundesbuches. Alle zwischen diesen kultischen Anordnungen mitgeteilten Gesetze werden somit als Wille des Königsgottes zur Legitimation des Kultortes präsentiert.[420] Auf diese Weise entsteht zwischen dem kultischen Rahmen und den mitgeteilten Gesetzen ein wechselseitiges Autorisierungsverhältnis, welches von der Vorstellung getragen wird, dass die legitime Rechtssetzung in Form einer göttlichen Willenskundgabe an den Kultort gebunden ist.

4. Ex 20,22–26 in Beziehung zu Ex 21,12–17: Jhwh-Präsenz und die Präsenz von Recht und Gerechtigkeit

Ex 20,22–26 und Ex 21,12–17 sind lexematisch durch die Stichworte מזבח, מקום und אלהים sowie thematisch durch die Vorstellung der Präsenz Jhwhs am Altar verbunden. Das intertextuelle Verhältnis gestaltet sich stark selektiv sowie schwach bis mäßig kommunikativ und referentiell und betrifft insbesondere die Altargesetze in Ex 20,24–26 und die Asylbestimmungen in Ex 21,13 f. Das gemeinsame Auftreten von מזבח und מקום und die Verwendung der 1.Sg. und 2.Sg.m.

---

417 Vgl. dazu Schwienhorst-Schönberger, *Bundesbuch*, 396.
418 Schwienhorst-Schönberger, *Bundesbuch*, 398.
419 Vgl. Otto, *Rechtsbegründungen*, 55.
420 Vgl. Otto, *Rechtsbegründungen*, 55.

veranlassen Schwienhorst-Schönberger dazu, beide Bestimmungen demselben literarischen Horizont zuzuweisen.[421]

In Ex 21,12–17 werden mit der Todesstrafe belegte Vergehen behandelt. Ex 21,13 f. formuliert für den Fall unabsichtlicher Tötung die Möglichkeit des Schutzes für den Täter an einem Ort, den das Cluster Ex 21,12–17 mit dem Altar identifiziert (Ex 21,14). Zugleich insistiert Ex 21,14 darauf, dass der Altar ein Schutzort *nur* für Unschuldige ist: Wer unter Vorsatz den Tod eines anderen herbeiführt, erfährt keinen Schutz.

Sowohl in Ex 20,22–26 als auch in Ex 21,12–17 ist der Altar ein Ort der Jhwh-Präsenz und der förderlichen Zuwendung Gottes. Ex 20,24 beschreibt diese Zuwendung generell als Segen, Ex 21,13 f. konkretisiert sie in ihrer Bedeutung für das Wohlergehen der Gesellschaft. Basierend auf der Anwesenheit Jhwhs ist der Altar ein Ort von Recht und Gerechtigkeit. Dies gründet binnentextuell auf Vorstellungen zu Eigenschaften Gottes (vgl. Ex 23,7). Gottes Schutz am Altar verhindert das Vergießen unschuldigen Blutes (s. 5.3.1.c.MT:1) und wird dem Schuldigen nicht gewährt. In dieser Hinsicht vollzieht sich zwischen Ex 20,22–26 und Ex 21,12–17 eine wechselseitige Sinnanreicherung: Die Notwendigkeit der Errichtung eines Altars wird sowohl durch dessen Funktion in der Beziehung zu Jhwh (Ex 20,22–26) als auch als Institution für die Erhaltung des Rechts und der Gerechtigkeit in der Gesellschaft (Ex 21,12–17) begründet.

5. Querverbindung anhand von אלהים: Jhwh als ‚dein Gott' gegenüber anderen Göttern

Mit dem Stichwort אלהים partizipiert das Cluster Ex 20,22–26 an einer Querverbindung, die das gesamte Bundesbuch durchzieht. Eine solche liegt vor, wenn ein semantisch prägendes Stichwort innerhalb des Bundesbuches in semantischer Breite ausgeleuchtet wird. Mit אלהים liegt ein Stichwort vor, das innerhalb des Bundesbuches in negativer Wertung andere Götter (Ex 20,23; 22,19; 23,13.24.32.33), in positiver Wertung Jhwh (Ex 23,19.25) und in neutraler Sicht eine außenstehende Instanz (Ex 21,6.13; 22,7.8.27) beschreibt.

Für das vorliegende Cluster ist insbesondere die starke Beziehung zu Ex 23,13 relevant (s. o.). Ex 20,23 und 23,13 nehmen für אלהים eine negative Wertung vor. Mit Ex 23,13 als Interpretationsfolie trägt sich für Ex 20,22–26 durch die Verwendung von אלהים אחרים (Ex 23,13) die Abgrenzung gegenüber anderen Göttern und damit fremden Kulten ein. Zusätzlich gewinnt das Verhältnis von Ex 20,22–26 und Ex 23,13–19 durch die Querverbindung mit אלהים an Dialogizität, indem

---

421 Vgl. auch Schwienhorst-Schönberger, *Bundesbuch*, 41 f.296 f.

Ex 23,19 אלהיך als Jhwh-Epitheton einbringt. Dies stärkt für Ex 20,23 die Abgrenzung von Jhwh, nämlich „deinem Gott", zu anderen Göttern.

LXX:

In der LXX ist das vorliegende Cluster im Textraum *Bundesbuch* ebenso mit den im MT herausgestellten Bezugstexten verbunden (Ex^{LXX} 21,12–17; 22,17–19; 23,13–19.20–33). Hinsichtlich der lexematischen Verbindungen ergeben sich in der LXX anhand einiger Stichworte zusätzliche Berührungspunkte: So weist das Cluster gegenüber MT z. B. für das Stichwort γῆ (אדמה) aus Ex^{LXX} 20,24 deutlich mehr Berührungspunkte zum gesetzlichen Hauptteil (Ex^{LXX} 22,20; 23,9.10) und v. a. zum Schlussteil (Ex^{LXX} 23,20.26.29.30.31.33) auf. Doch fallen im Vergleich zu MT auch Stichwortverbindungen weg: Aufgrund anderer Wortwahl liegen z. B. keine lexematischen Berührungen anhand von τόπος/מקום in Ex^{LXX} 23,20 und anhand von ἐπονομάζω/זכ"ר in Ex^{LXX} 23,13 vor. Insgesamt ergibt sich dadurch aber keine Verschiebung hinsichtlich der textstrukturellen lexematischen Anbindung der einzelnen Cluster des Bundesbuches. Auch in der LXX werden alle Textcluster des Bundesbuches in Ex^{LXX} 20,22–26 lexematisch eingeholt.

Innerhalb des Textclusters Ex^{LXX} 20,22–26 liegt mit θυσιαστήριον eine terminologische Grenzziehung gegenüber fremden Kulten vor.[422] Die Abgrenzung zu anderen Kulten und den diese praktizierenden Völkern wird im Zusammenhang mit Ex^{LXX} 23,20–33 intensiv fokussiert, da – wie MT – auch Ex^{LXX} 23,20–33 die Alleinverehrung Jhwhs in Spannung zu den Kulten der Völker des Landes thematisiert.

Die zahlreichen lexematischen Bezüge anhand von γῆ zwischen Ex^{LXX} 20,24 und Ex^{LXX} 22,20; 23,9.10; 23,20–33, welche auf der Wiedergabe des Hebräischen ארץ mit γῆ beruhen, lassen die Landesthematik besonders hervortreten. Während sich die lexematischen Berührungen zum gesetzlichen Hauptteil auf das Land Ägypten und die dortige Fremdlingschaft der Israeliten beziehen, nimmt der Schlussteil mit dieser Vokabel das den Israeliten verheißene Land der Zukunft in den Blick. Das vorliegende Textcluster rückt vor diesem intertextuellen Horizont in das Spannungsfeld von Fremdlingschaft als Teil der Vergangenheit und künftiger Heimat im Land als Teil der Verheißung.

Des Weiteren liegt auch in der LXX eine Querverbindung anhand von θεός vor. Im Cluster Ex^{LXX} 23,13–19 tritt im Vergleich zum Textbestand des MT ein zusätzliches Mal die Bezeichnung θεός auf.[423] In Ex^{LXX} 20,23 ist die Bezeichnung

422 Vgl. Daniel, *Recherches*, 16 f.

423 Ex^{LXX} 23,17 legt mit κυρίου τοῦ θεοῦ σου eine Vorlage von יהוה אלהיך* nahe. Allerdings kann κυρίου τοῦ θεοῦ σου unter Berücksichtigung der Lesung des *Qere* auch auf eine Wiedergabe von האדן יהוה zurückgehen. Aus der Nähe von האדן zum Tetragramm-*Qere* אדוני folgt die

θεός nicht vordringlich negativ konnotiert, da sie nicht – wie im MT – explizit in Konkurrenz zu Jhwh gesetzt wird. Die in Ex^{LXX} 20,22–26 binnentextuell vorausgesetzte Begründung für Ex^{LXX} 20,23 wird im intertextuellen Verhältnis zu Ex^{LXX} 23,13–19 explizit: Die goldenen und silbernen Götter sind abzulehnen, weil sie *andere* Götter sind (23,13) und Jhwh keine Konkurrenz neben sich duldet.

Auch das Stichwort κύριος stellt aufgrund seiner breiten Streuung und Semantik innerhalb des Bundesbuches der LXX eine Querverbindung dar. So werden אדון (21,4.5.6.8; 23,17), בעל (21,28.29.32.34.36; 22,7.10.11.13.14) und יהוה (20,22; 22,19; 23,19.25) mit κύριος wiedergegeben. Das Wort κύριος wird als generelle Autoritäts- und Besitzbezeichnung verwendet. Auf diese Weise trägt sich im Textraum *Bundesbuch* der umfassende Hoheitsanspruch Jhwhs, des κύριος, in der Beziehung zu den Israeliten in Ex^{LXX} 20,22 ein.

Die Wendung υἱοὶ Ἰσραήλ (Ex^{LXX} 20,22) kommt in Ex^{LXX} 21,17 und in einigen Manuskripten aus G^{I} auch in Ex^{LXX} 23,22 vor.[424] Die in G^{I} verzeichneten Mss, die in Ex^{LXX} 23,22 einen zu Ex 19,5 f. ähnlichen Textüberschuss verzeichnen,[425] weisen im Weitergabebefehl ταῦτα τὰ ῥήματα ἐρεῖς τοῖς υἱοῖς Ισραηλ eine inhaltliche Berührung zu Ex^{LXX} 20,22 auf. Der Textüberschuss schärft die Bedeutung des Gehorsams der Israeliten gegenüber Jhwhs Geboten besonders nachdrücklich ein. Dafür werden zwei Argumente angeführt: 1. die Beziehung der Israeliten zu Jhwh, welche eine exklusive Beziehung ist, die Jhwh nicht mit beliebigen Völkern eingeht (ἔσεσθέ μοι λαὸς περιούσιος ἀπὸ πάντων τῶν ἐθνῶν), und 2. die Herrschaft Jhwhs über die ganze Erde, weil ihm die ganze Erde gehört (ἐμὴ γάρ ἐστιν πᾶσα ἡ γῆ). Im Hinblick auf Ex^{LXX} 20,22 stärkt Ex^{LXX} 23,22 in den betreffenden Mss die Legitimation Jhwhs als Partner Israels und die daraus resultierende Gehorsamsforderung an die Israeliten.

Die in Ex^{LXX} 20,24b angekündigte Segnung wird auch in der LXX durch die intertextuelle Beziehung zum Schlussteil konkretisiert. Die dort genannten Segnungen zielen ebenso auf das Wohlergehen im Land und den Fortbestand des Volkes. Beim Aspekt des Wohlergehens führt die LXX neben Brot und Wasser auch Wein an (Ex^{LXX} 23,25).

Übersetzung κύριος. Das nachfolgende Tetragramm erfährt dementsprechend eine Lesung mit אלהים und wird mit einer Form von θεός – ergänzt um ein Possessivum – wiedergegeben. Eine gegenüber MT zusätzliche Lesung von θεός, die möglicherweise auf אלהים* in der Vorlage weist, liegt in Ex^{LXX} 22,10 vor (s. Anm. 1033).

424 Vgl. Wevers, *LXX II/1*, 272 f.

425 S. Wevers, *LXX II/1*, 272 f.: ἐὰν ἀκοῇ ἀκούσητε τῆς ἐμῆς φωνῆς καὶ ποιήσῃς πάντα ὅσα ἂν ἐντείλωμαί σοι καὶ φυλάξητε τὴν διαθήκην μου ἔσεσθέ μοι λαὸς περιούσιος ἀπὸ πάντων τῶν ἐθνῶν ἐμὴ γάρ ἐστιν πᾶσα ἡ γῆ ὑμεῖς δὲ ἔσεσθέ μοι βασίλειον ἱεράτευμα καὶ ἔθνος ἅγιον ταῦτα τὰ ῥήματα ἐρεῖς τοῖς υἱοῖς Ισραηλ

Sam:

Die lexematischen Berührungen zwischen Ex^{Sam} 20,22–26 und den Textclustern des Bundesbuches entsprechen überwiegend denen des MT. Dementsprechend liegt auch im Sam eine generelle textstrukturelle Verbindung zu allen Clustern des Bundesbuches vor. Hinsichtlich der intertextuellen Bezugsbereiche gibt es für das vorliegende Textcluster wenige nennenswerte Unterschiede: So liegen in Ex^{Sam} 21,18 אבן und in Ex^{Sam} 22,19 יהוה nicht vor. עש"י, זב"ח und אלהים hingegen kommen im textlichen Überschuss von Ex^{Sam} 23,19 vor. Aufgrund der unterschiedlichen Clusterabgrenzung im Sam (s. 5.2.1.b) fallen die Verbindungen zu Ex^{Sam} 23,13 dem Cluster Ex^{Sam} 23,1–9.10–13 zu. Dabei besteht zwischen Ex^{Sam} 23,13b und Ex^{Sam} 20,24 keine so starke Verbindung wie im MT, da Ex^{Sam} 23,13b זכ"ר als Verbalform im *Qal* liest.[426] Eine spezifische intertextuelle Beziehung zum Cluster Ex^{Sam} 23,1–9.10–13 ist nicht angezeigt (s. u.).

Im Sam werden ausgehend vom Textcluster Ex^{Sam} 20,22–26 die lexematischen Berührungen von מקום in Ex^{Sam} 21,13; 23,20 von der Zentralstellung *des Ortes* in Ex^{Sam} 20,24 beeinflusst. Insbesondere der in Ex^{Sam} 21,13 f. genannte Schutzort des Altars ist vor dem Hintergrund von Ex^{Sam} 20,24 derselbe *eine* Ort der Gottesbegegnung. Entsprechend erfahren an diesem heiligen Ort Mörder keinen Schutz, sondern sind von ihm wegzunehmen (21,13 f.).

Die Nennung von מקום in Ex^{Sam} 23,20 nimmt in ihrem Kontext (vv.20–33) das gesamte Land in den Blick und zielt damit auf mehr als nur den Ort des Altars. Binnentextuell ist vorausgesetzt, dass sich der Ort des Altars im bereiteten Land befindet. Die intertextuelle Beziehung zwischen Ex^{Sam} 20,22–26 und 23,20–33 reichert damit auch in Ex^{Sam} 23,20 die Bedeutung des Wortes מקום an. Im Falle der Deutung einer AK-*Hif*-Form הזכרתי in Ex^{Sam} 20,24 ist analog zur Bereitung des Landes (AK-Form in 23,20) auch die Selbstkundgabe Jhwhs am Ort des Altars schon geschehen. Beide Orte sind von Jhwh erwählt.

Im MT liegt im Verweis auf das Sprechen Jhwhs eine Umklammerung der zwischen Ex 20,22 und 23,13 mitgeteilten Bestimmungen vor. Diese ergibt sich im Sam aufgrund der Verwendung von וידבר als Prädikat in v.22 nur in abgeblasster Form anhand der Verwandtschaft von אמרתי (23,13) und לאמר (20,22). Die mitteilende Handlung selbst ist im Sam unterschieden in Reden (20,22) und Sprechen (23,13). Innerhalb des Textraums *Sinaiperikope* nimmt וידבר in Ex^{Sam} 20,22 eine wichtige Funktion zur Einbindung des so genannten Garizim-Gebots und des Dekalogs ein. Zu diesem Zweck wurde offenbar auf eine stärkere Anbindung des Textclusters innerhalb des Bundesbuches, welche mittels ויאמר in v.22 erreicht würde, verzichtet (s. 5.1.1.d.Sam).

426 Zur Problematik von אזכרתי s. 5.1.1.a.iii.Sam.

Peš:

In Peš ergibt sich in der lexematischen Textstruktur die generelle Verbindung zu allen Clustern außer Ex^Peš 22,15 f., weil – abgesehen von Ms *5b1* – für die Wiedergabe von כסף keine Kongruenz zwischen ܣܐܡܐ (20,23) und ܟܣܦܐ (22,16) besteht.

Anhand des Stichwortes ܐܠܗܐ liegt in Peš keine Querverbindung durch das Bundesbuch vor, da die Vorkommen im gesetzlichen Hauptteil gegenüber MT stark minimiert sind. ܐܠܗܐ liegt nur in Ex^Peš 21,13; 23,17.19.24.25.33 vor. In 21,6; 22,7.8.27 liegt ܕܝܢܐ „Richter" vor, in 22,19; 23,13.32 ܕܚܠܬܐ „Götzenbild". Für das vorliegende Textcluster ist die Interpretationsfolie für ܐܠܗܐ (Ex^Peš 20,23) in den Bezugsclustern 23,13–19.20–33 relevant. Aus der Perspektive von Ex^Peš 23,13–19.20–33 ist bemerkenswert, dass Ex^Peš 20,23 nicht das in Ex^Peš 23,13.32 deutlich negativ besetzte ܕܚܠܬܐ verwendet. Allerdings kann eine Parallelisierung von ܐܠܗ̈ܐ ܕܣܐܡܐ/ܐܠܗ̈ܐ ܕܕܗܒܐ und ܕܚܠܬܐ im Zusammenhang von Ex^Peš 20,22–26 und 23,13–19.20–33 erfolgen, sodass sich für Ex^Peš 20,23 die negative Wertung der metallenen Gottesbilder entfaltet.

Auf der Ebene des Textclusters fiel in Peš auf, dass in der Begründungslogik der Gehorsam dem Segen folgt. Im intertextuellen Zusammenhang mit Ex^Peš 23,20–33 wird nun der Aspekt des konditionierten Lohns deutlich. Vor allem aus Ex^Peš 23,25 wird erkennbar, dass die Segnungen der Jhwh-Verehrung (ܦܠܚ *Pe*)[427] folgen. Dabei gestaltet sich das Verhältnis zwischen Jhwh und Israel im Textraum *Bundesbuch* anhand der semantischen Ausleuchtung der Stichworte ܡܪܐ/ܡܪܝܐ im Sinne von אדון und בעל als ein umfassendes Autoritäts- und Besitzverhältnis.[428] Anhand von ܡܪܐ/ܡܪܝܐ liegt in Peš eine Querverbindung vor. ܡܪܐ/ܡܪܝܐ wird in den Rahmenstücken des Bundesbuches und im Hauptteil zur Wiedergabe von אדון (21,32; 23,17), בעל (21,28.29.34.36; 22,7.10.11.13.14) und יהוה (20,22; 22,19; 23,19.25) genutzt.

Die fehlenden lexematischen Berührungen anhand von ܐܕܡܬܐ und ܐܬܪ zu Ex^Peš 23,19.20 sind der sprachlichen An- und Einpassung von Ex^Peš 23,19.20 in den Schlussteil geschuldet. Die in Ex^Peš 23,20–33 häufige Vokabel ܐܪܥܐ wird auch in Ex^Peš 23,19.20 verwendet. Für Ex^Peš 20,24 und das vorliegende Cluster fällt damit die lexematische Verbindung zur Landesthematik des Schlussteils weg. Das verheißene Land wird nicht zur Motivation für die Bestimmungen von Ex^Peš 20,22–26.

Eine Umklammerung der Textbereiche des Bundesbuches mit einer Verbalform von ܐܡܪ nimmt Ex^Peš 23,22 zusätzlich zu Ex^Peš 20,22 und 23,13 vor. In Ex^Peš

427 Vgl. Brockelmann/Sokoloff, *Lexicon*, 1196.

428 Die Stichworte ܡܪܐ und ܡܪܝܐ werden aufgrund der Überschneidungen in ihrer Semantik gemeinsam berücksichtigt (s. auch Brockelmann/Sokoloff, *Lexicon*, 823 f.), obgleich im Bundesbuch überwiegend eine Differenzierung in der Verwendung von ܡܪܝܐ für die Wiedergabe des Tetragramms und von ܡܪܐ für den weiteren Gebrauch besteht.

20,22 ist zunächst Jhwh und im Weitergabebefehl schließlich Mose das Subjekt des Sprechens, wobei der Inhalt des Sprechens jeweils die folgende Gesetzesmitteilung ist. In Ex^{Peš} 23,13 ist wieder Jhwh das sprechende Subjekt; Inhalt sind die zwischen 20,22 und 23,13 mitgeteilten Bestimmungen. Ex^{Peš} 23,22 allerdings deutet, abgesehen von Ms *12b2*,[429] auf den Boten Jhwhs als Subjekt des Sprechens (s. 5.2.3.a.Peš) und lässt keinen konkret eingrenzbaren Bezug zum Inhalt zu. Im Zusammenhang mit Ex^{Peš} 20,22 wird in Ex^{Peš} 23,22 die Identifikation der Botenfigur mit Mose und des Sprechinhalts mit dem Bundesbuch möglich. Gleichwohl sind die Figur und der Sprechinhalt in Ex^{Peš} 23,22 nicht auf Mose und das Bundesbuch begrenzt.

Auswertung – Unterschiedliche Perspektiven auf den Stellenwert kultischer Abgrenzung und der Frage nach dem Land

Alle betrachteten Textzeugen verbinden das Textcluster Ex 20,22–26 innerhalb des Bundesbuches mit den Bestimmungen zum Schutzort am Altar (Ex 21,13 f.), den sozialen und religiösen Bestimmungen in Ex 22,17–19, dem hinteren kultischen Rahmenstück (Ex 23,13–19) und dem narrativen Schlussteil (Ex 23,20–33). Die Bezüge bauen sich jeweils über lexematische Verbindungen sowie inhaltliche und strukturelle Parallelen auf. Sie sind referentieller, selektiver, struktureller und kommunikativer Art. In den Querverbindungen ergeben sich zudem dialogizitäre Beziehungen (s. 5.1.1.c.MT:5).

Die Rahmenstruktur von Ex 20,22–26 und 23,13–19 sowie die generellen, textstrukturellen Stichwortverbindungen zwischen Ex 20,22–26 und allen Textclustern in Ex 21,1–23,33 stellen in allen betrachteten Textzeugen das Recht des Bundesbuches in den Horizont der förderlichen Beziehung zwischen Jhwh und Israel. Zudem spiegeln alle betrachteten Textzeugen in der Rahmung des Bundesbuches durch die Kultgesetze (Ex 20,22–26; 23,13–19) einen binnentextuellen Zusammenhang von Kult und Gesetzgebung zur Legitimation der Rechtssetzung (s. o.).

Inhaltlich untermauern die intertextuellen Verbindungen zu Ex 22,17–19; 23,20–33 in allen untersuchten Textzeugen die Forderung des alleinigen Anspruchs Jhwhs gegenüber Israel und die Abgrenzung zu fremden Kulten. Letztere liegt innerhalb des Textclusters Ex 20,22–26 in den einzelnen Textzeugen in je unterschiedlicher Intensität vor. Während die LXX ausgehend von der terminologischen Festlegung des Clusters einen Schwerpunkt auf identitätsprägende Abgrenzung gegenüber den Kulten der Fremdvölker legt, erscheint dies in Peš als ein Nebenschauplatz, der in der semantischen Überschneidung von ܐܠܗ̈ܐ ܕܚܢܦܐ/ܐܠܗ̈ܐ ܕܥܡ̈ܡܐ und ܕܚܠܬܐ aufgemacht wird.

429 Vgl. Jansma/Koster, *Exodus*, 171.

Auch die Landesthematik wird in Peš für Ex^{Peš} 20,22–26 nicht anhand lexematischer Berührungen explizit. Im MT wird sie über die Stichworte אדמה und מקום, welche als Brücke zu Ex 23,20–33 fungieren, eingetragen. Quantitativ tritt die Landesthematik in der LXX deutlich hervor. Qualitativ hingegen hebt Sam die Landesthematik im Zusammenhang von Ex^{Sam} 20,24 und 23,20 im Konzept des *einen* Ortes stärker hervor.

In Proto-MT angelegte Themen werden somit aus der Perspektive und dem Horizont des jeweiligen Textzeugen klarer manifestiert und im Textraum *Bundesbuch* durch intertextuelle Verbindungen literarisch verstärkt. Dies hat Auswirkung auf das Gefüge von Inhalten, die für die Begründung und Autorisierung des Rechts relevant sind. So erschließt sich die Bedeutung der Identitäts- und Landesthematik für die LXX vor dem Hintergrund der Diasporasituation. Auch ist die Rezeption der im Prä-Sam festgeschrieben Fokussierung auf den Garizim im samaritanischen Judentum selbstevident. Eine konkrete Verortung von Peš ist anhand der Betrachtung von Ex^{Peš} 20,22–26 im Textraum *Bundesbuch* allerdings kaum möglich.

d. Begründungsstrukturen im Textraum *Sinaiperikope*

MT:

1. Ex 20,22–26 in Beziehung zu Ex 24,4 f.: Kontextualisierung der Altargesetze zu einmalig gültigen Anordnungen

Die in Ex 20,24 vorliegende Wendung את־עלתיך ואת־שלמיך stellt eine explizite Verbindung zum unmittelbaren Kontext des Bundesbuches in Ex 24,4 f. her.[430] Ex 24,4 f. thematisiert die Gestaltung des Altars kaum, greift aber den Beziehungsaspekt und die Opferterminologie auf, sodass der Zusammenhang von Ex 20,22–26 abrufbar wird. Dementsprechend liegt mit der Thematik des Altarbaus eine stark selektive, schwach referentielle Verbindung zwischen Ex 20,22–26 und Ex 24,4 f. vor, die sich zudem in Stichwortberührungen mittels מזבח, משה, יהוה, בני ישראל, זב"ח *Qal* und בנ"י *Qal* niederschlägt und im Zusammenspiel mit den genannten Bezügen zu einem klar markierten, stark kommunikativen intertextuellen Verhältnis führt.

Die Bezüge zwischen Ex 20,22–26 und 24,4 f. werfen innerhalb der Sinaiperikope für die Bestimmungen von Ex 20,22–26 die Frage nach den Adressaten noch einmal auf. Der Altarbau durch Mose in Ex 24,4 erfüllt das Anliegen von Ex 20,24–26. Obgleich Ex 24,4 f. das Material und die Bauweise des Altars unerwähnt lässt,

430 Vgl. auch Schwienhorst-Schönberger, *Bundesbuch*, 296; Schmitt, „Altargesetz“, 275.

ist der Bezug von Ex 20,22–26 zu Ex 24,4 vor allem durch die Opferterminologie markiert (את־עלתיך ואת־שלמיך). Da in Ex 24,4 nur Mose einen Altar errichtet, ist zu fragen, ob das Du der Altargesetze im Zusammenhang der Sinaiperikope nur an Mose gerichtet und somit keine Anschlussfähigkeit für den einzelnen Israeliten beabsichtigt ist?

Die vorliegenden Sprechverhältnisse auf dem Sinai sind von der Mittlerstellung des Mose geprägt. Jhwh spricht – auf Wunsch des Volkes Israel (Ex 20,19) – zu Mose unter der Bedingung, dass dieser das Gesagte den Israeliten weitergeben wird (Ex 20,22). Somit sind die בני ישראל (Ex 20,22) zwar nicht die direkten, wohl aber die eigentlichen Adressaten der Gottesrede.[431] Daher wird im Zusammenhang der Sinaiperikope für das vorliegende Textcluster der Anredewechsel in Ex 20,22–26 zum hermeneutischen Schlüssel: Während Ex 20,22b.23 im Plural formuliert an die Israeliten gerichtet ist, kann für die Altargesetze mit der Anrede im Singular im Zusammenhang mit Ex 24,4 f. auch nur Mose als Adressat gelten. Mit der Zwischenüberschrift in Ex 21,1 wird sodann zu den Israeliten als Adressaten gewechselt, welche im Anschluss an die Klarstellung mittels Ex 21,1 nachfolgend auch eine singularische Anrede erfahren.

Für die Korrelation von Ex 20,24aβ; 21,1 und 24,4 f. macht Schwienhorst-Schönberger einen (dtr) Redaktor verantwortlich.[432] Durch die Isolation von Ex 20,24–26 schaffe es der vorrangig an Kultzentralisation interessierte Redaktor, die Altargesetze zu einmalig gültigen Anweisungen an Mose abzumildern, die Mose in Ex 24,4 f. erfüllt.[433] Auf diese Weise sei es gelungen, „[die Altargesetze; AmK] bei der Integration des Bundesbuches in die Sinaiperikope nicht [zu] streichen, sondern lediglich [zu] ‚immunisieren'".[434] Die religionsgeschichtlich rekonstruierbare Vielzahl von Kultorten, welche die Altargesetze unabhängig von der Sinaiperikope durchaus ermöglichen, wird für Ex 20,24–26 innerhalb des Textraums *Sinaiperikope* gerade vermieden. Entsprechend beschreibt Schmitt den Numeruswechsel auf der Ebene der Altargesetze als Übergang zum historisierenden

---

431 Dohmen sieht die Israeliten als Adressaten und wertet die Aufforderung zum Altarbau in Dtn 27,5, die sich an die Israeliten richtet (Dtn 27,1) und ebenso wie Jos 8,30 f. explizit auf Ex 20,24–26 verweise, als Bestätigung seiner Vermutung (vgl. Dohmen, *Exodus 19–40*, 158). Doch hat insbesondere Heger die vielen Diskrepanzen zwischen den Altargesetzen in Ex 20 und Dtn 27 aufgezeigt und sich gegen eine Korrelation der beiden Texte ausgesprochen (vgl. Heger, *Altar Laws*, 14–17). Insofern greifen Dohmens Parallelisierungen zu kurz und missachten die jeweils unterschiedlichen narrativen Gegebenheiten in der Sinaiperikope und im Dtn.

432 Vgl. Schwienhorst-Schönberger, *Bundesbuch*, 295 f. Auf die Klassifikation der Redaktion als *dtr* wird in der vorliegenden Arbeit aufgrund der damit verbundenen umfangreichen Prämissen verzichtet.

433 Vgl. Schwienhorst-Schönberger, *Bundesbuch*, 296.

434 Schwienhorst-Schönberger, *Bundesbuch*, 298.

Du, welches die einstige Situation der Existenz mehrerer legitimer Jhwh-Kultorte rechtfertige.[435] Im Unterschied zur Einzel-, Cluster- und Bundesbuchebene, ist auf der Ebene der Sinaiperikope nur Mose der Adressat der Altargesetze.

Dennoch bleiben auch bei dieser plausiblen Erklärung des Befundes Unebenheiten bestehen. Diese beziehen sich insbesondere auf die pluralische Formulierung des Opferns in Ex 24,5. Zwar kann im Subjekt von ויעלו in Ex 24,5 auch Mose enthalten sein, doch übernehmen in Ex 24,5 gleichermaßen die jungen Männer der Israeliten (נערי בני ישראל) das Darbringen der Opfer. Dies obliegt laut Ex 20,24aβ mit der singularischen Anrede im Zusammenhang der Sinaiperikope eigentlich nur Mose. Wieso die vermeintliche Redaktion Ex 20,24aβ nicht in den Plural gesetzt hat, bleibt eine ungeklärte Frage. Anzunehmen, die Redaktion wollte in Ex 20,24–26 einheitliche Sprechverhältnisse beibehalten oder habe das Problem übersehen, würde gerade angesichts der textempirisch nachweisbaren unterschiedlichen Adressatenformulierungen (s. Ex^{LXX} 20,22–26) wohl nicht ausreichen.

Der Textraum *Sinaiperikope* lässt die Altargesetze als einstmals gültige, historische Gesetze erscheinen. Für den Autoritätswert der Bestimmungen hat dieser intertextuelle Bezug erhebliche Folgen: Einerseits liegen die Vorschriften nun lediglich als in einer früheren Zeit gültige und begründete Gesetze vor.[436] Andererseits werden die Bestimmungen innerhalb der Sinaiperikope keineswegs abgewertet, sondern über den intertextuellen Bezug zu Ex 24,4 f. zum Bestandteil der Bundesschlusszeremonie am Sinai: Sie werden zur Voraussetzung für die rechtliche Begründung des Verhältnisses zwischen Jhwh und den Israeliten. Der Altarbau geht dem Bundesschluss voraus. In der Szenerie des Bundesschlusses darf die Darbringung der Opfer nicht allein durch Mose, sondern muss zur Einbindung des Volkes auch durch die jungen Männer der Israeliten erfolgen. Insofern treffen sich Ex 20,22–26 und Ex 24,4 f. auf der thematischen Linie, die den Altar als Ort der Realisierung der Beziehung zwischen Jhwh und den Israeliten kennzeichnet.

2. Ex 20,22–26 in Beziehung zu Lev 18.20: Belastung von Beziehungen zwischen Intentionalität und Nicht-Intentionalität

Mit גל״י ערוה *Nif* aus Ex 20,26 liegt innerhalb des Textraums *Sinaiperikope* ein Bezug zu Lev 18,6–18; 20,9–21 vor, wo die Wendung im Zusammenhang des Verbots bestimmter sexueller Kontakte aktiv formuliert (*Pi'el*) ist. Aufgrund des Vorliegens einer spezifischen Wendung und der Thematisierung des Entblößens der Geschlechtsteile liegt zwischen Ex 20,22–26 und Lev 18,6–18; 20,9–21 eine intertex-

435 Vgl. Schmitt, „Altargesetz", 281 f.

436 Vgl. auch Schmitt, „Altargesetz", 281 f.

tuelle Verbindung vor, die die Kriterien der Referentialität schwach und Selektivität stark erfüllt. Zudem setzt die unterschiedliche Stammesmodifikation von גל״י ערוה im *Nif* bzw. *Pi* die betreffenden Texte in Spannung zueinander und baut Dialogizität auf.

Ex 20,26 formuliert גל״י ערוה passiv und benennt damit den unabsichtlichen Nebeneffekt des Entblößens der Geschlechtsteile beim Hinaufsteigen auf den Altar. Dieser unerwünschten Begleiterscheinung ist vorzubeugen, indem entweder die Altarstufen gar nicht erst erklommen werden (Ex 20,26) oder entsprechende Kleidung (Ex 28,42) getragen wird. Im Unterschied dazu bezieht sich die Wendung גל״י ערוה in aktiver Formulierung in Lev 18.20 auf den Vollzug des Geschlechtsaktes.[437] Sie beschreibt eine absichtliche Handlung, die mit bestimmten familiären Partnern zu unterlassen ist. In Lev 18.20 ist die Handlung גל״י ערוה *Pi* selbst verboten. Ex 20,26 hingegen sucht, die Voraussetzungen für גל״י ערוה *Nif* zu unterbinden. Aufgrund der passiven Verwendung und des Auftretens in einem finalen Begründungssatz ist die Deutung von גל״י ערוה *Nif* in Ex 20,26 als Tadel von Unzucht unter Verweis auf Lev 18.20 nicht angemessen.[438] Beide Textbereiche sprechen unter Verwendung der gleichen Phrase in aktiver oder passiver Form von unterschiedlichen Handlungen. So kristallisiert sich aus der Differenz zwischen Ex 20,26 und Lev 18.20 das eigene Sinnpotenzial von גל״י ערוה *Nif* im Zusammenhang mit der Bestimmung Ex 20,26a heraus: Hier geht es darum, den kultischen Ort vor unabsichtlicher Profanierung zu schützen und den Kontakt mit der Gottheit nicht zu belasten (s. Ex 20,24b). Lev 18.20 hingegen fokussiert den Schutz familiärer Strukturen. Diese dienen dem Fortbestand des Volkes, sodass eine absichtliche Durchbrechung des betreffenden sozialen Gefüges rechtlich sanktioniert ist. Eine Gemeinsamkeit im Gebrauch der Wendung גל״י ערוה in Ex 20,26 und in Lev 18.20 besteht allerdings darin, dass jeweils im Sinne binnentextueller Voraussetzungen die Belastung von Beziehungen durch das Entblößen der Geschlechtsteile ausgesagt wird (s. 5.1.1.a.v.MT).

3. Ex 20,22–26 in Beziehung zu Ex 19 f.: Gehorsam angesichts der Offenbarung Jhwhs

Zwischen Ex 20,22–26 und den innerhalb der Sinaiperikope unmittelbar zuvor erzählten Ereignissen in Ex 19 f. besteht eine enge Verflechtung in der Textsemantik und Idiomatik: Die Wendung אתם ראיתם tritt in Ex 20,22b und Ex 19,4 auf. Der Verweis auf das Reden Jhwhs vom Himmel in Ex 20,22b (מן־השמים דברתי עמכם) setzt einen idiomatischen Bezug zur Mitteilung des Dekalogs (דב״ר *Pi*) in

437 Vgl. Milgrom, *Leviticus 17–22*, 1534.

438 So Dohmen, *Exodus 19–40*, 156 f.; s. 5.1.1.a.v.Auswertung.

Ex 20,1 und zum Sehen Israels in Ex 20,18 (ר"אי *Qal*) sowie einen generellen Verweis auf das Theophanie-Geschehen am Sinai (Ex 19 f.). Die in Ex 20,24b vorliegende Verwendung von בו"א *Qal* als Offenbarungsterminus mit göttlichem Subjekt stellt eine Verbindung zu Ex 19,9 und 20,20 her.

Die Ankündigung des Kommens in Ex 20,24b verweist im Kontext der Sinaiperikope auf die beiden Belege des Verbs mit Jhwh als Subjekt in Ex 19,9 und 20,20. Bedeutsam ist, dass diese Verse gar nicht der eigentlichen Theophanie-Beschreibung (Ex 19,16–25) entstammen, sondern Teil „interpretierende[r] Rahmenstücke[...]"[439] sind, die als Deutungen das Theophaniegeschehen am Sinai mit בו"א *Qal* als Offenbarungsterminus anstelle des sonst verwendeten יר"ד *Qal* (Ex 19,18) beschreiben.[440] In Ex 19,9 kündigt Jhwh als Reaktion auf das Gehorsamsgelöbnis der Israeliten (Ex 19,8) sein Kommen an, um die Autorität des Mose zu stärken und die Gehorsamsforderung zu unterstreichen. Auch Ex 20,20 fokussiert die paränetischen Konsequenzen der Theophanie, indem die Furcht vor Jhwh angesichts des Erlebten zum Movens des Nicht-Sündigens hervorgekehrt wird.[441] Insofern stellen Ex 19,9; 20,20 paränetisch gefärbte Theophaniedeutungen dar. In deren Licht stehen das Textcluster Ex 20,22–26 und die dortige Segensverheißung indirekt unter dem Vorbehalt des gottesfürchtigen Gehorsams. Die sich in der Furcht herauskristallisierende Ambivalenz des Kommens Gottes wird im Lichte von Ex 19 f. auch für Ex 20,22–26 deutlich. Die im Zusammenhang der Sinaiperikope einmalig gültigen Altargesetze werden in ihrer Erfüllung durch Mose (Ex 24,4 f.) zum Sinnbild für die von Gehorsam geprägte Beziehung zu Jhwh (Ex 19,8).

Die Gehorsamsthematik trägt sich auch aus der Verbindung zwischen Ex 20,22b und Ex 19,4–6 ein. Die intertextuelle Verbindung dieser beiden Texte wird vom Verweis auf das Sehen (ר"אי *Qal*) von Handlungen Jhwhs freigesetzt. Unter Verweis auf das Exodus-Geschehen (Ex 19,4) gibt Ex 19,5 f. eine Ermahnung zum Gehorsam, die in der Einsetzung der Israeliten zu Jhwhs Eigentum (סגלה) und einem Königreich von Priestern (ממלכת כהנים) gipfelt. Im intertextuellen Bezug zu Ex 19,4; 19,9; 20,20 wird somit die in Ex 20,22–26 vorliegende Thematik des Verhältnisses zwischen Israel und seinem Gott aufgegriffen und für die Bestimmungen des Clusters auf die Gehorsamsthematik hin zugespitzt.

Ex 20,22b übernimmt in der Verflechtung des Bundesbuches in Ex 20,22–26 mit dem unmittelbaren Kontext der Sinaiperikope wichtige Funktionen: Der Halbvers verweist generell auf den Komplex der Theophanie in Ex 19 f. Das Reden

439 Preuß, „בוא", in: *ThWAT 1* (1973), 563.
440 Vgl. auch Preuß, „בוא", in: *ThWAT 1* (1973), 563.
441 Vgl. auch Preuß, „בוא", in: *ThWAT 1* (1973), 563.

vom Himmel (v.22b) korreliert mit dem Reden vom Berg (z. B. Ex 19,3.18 f.).[442] Zudem verweist Ex 20,22b auf die Rekapitulation der Exodus-Ereignisse in Ex 19,4 sowie auf die Offenbarung des Dekalogs am Sinai (Ex 20,1.18) und bezieht sich anhand der wörtlichen Aufnahme von דב״ר *Pi* (Ex 20,1; 20,22b) insbesondere auf Ex 20,2.3–6.[443] Ex 20,22b führt die Mitteilung des Bundesbuches als ein Sprechen Jhwhs (ויאמר יהוה) ein und unterscheidet sich darin von der Darstellung des – je nach Zählweise – ersten bzw. ersten und zweiten Gebots des Dekalogs (Ex 20,2.3–6), welches als Reden Gottes bezeichnet wird (Ex 20,1: וידבר אלהים).[444]

Angesichts dieses Befundes ist Ex 20,22b in der Forschung als literarisch sekundär eingestuft worden. Hierbei ist der Halbvers einerseits wegen seiner Nähe zu Dtn 4,36 als Einfügung einer spätdtr Redaktion oder andererseits wegen seines Verweises auf den Dekalog (דב״ר *Pi*; Ex 20,1.22b) als Einfügung der (priesterlichen) Pentateuchredaktion diskutiert worden.[445] Ein überwiegender Konsens besteht in der aktuellen Forschung darin, dass sowohl der Dekalog als auch das Bundesbuch nicht originär im narrativen Grundbestand der Sinaiperikope enthalten waren.[446] Uneinigkeit herrscht allerdings hinsichtlich der Frage, welcher Text aus welchem Entstehungszusammenhang zuerst Eingang in die Sinaiperikope gefunden hat.[447]

---

442 Vgl. Propp, *Exodus 19–40*, 182. G[I] verzeichnet Mss, die in Ex[LXX] 19,3 angleichend an Ex[LXX] 20,22 eine Übersetzung von מן־השמים lesen (vgl. Wevers, *LXX II/1*, 233). Dies belegt textempirisch, dass die Redeweisen in Ex 20,22 und Ex 19,3 korreliert verstanden wurden.

443 Schwienhorst-Schönberger sieht in Ex 20,22b aufgrund des erwähnten Faktums der direkten Rede Jhwhs zum Volk Israel konkret eine Rückblende auf den Dekalog (vgl. Schwienhorst-Schönberger, *Bundesbuch*, 396). Doch ist Ex 20,22b über dieses Ereignis hinaus mit der gesamten Szene der Theophanie in Ex 19 f. verbunden (s. 5.1.1.d). Angesichts dieser breiten textsemantischen Verknüpfung stellt nicht nur der Dekalog, sondern auch der Kontext der Theophanie in Ex 19 f. den Bezugsbereich von Ex 20,22b dar.

444 Zur Gestaltung der Sprechverhältnisse im Dekalog s. auch Schorch, „Gerizim Commandment", 93 f. Für den Autoritätswert von Dekalog und Bundesbuch ergibt sich aus der unterschiedlichen Einleitung als Reden bzw. Sprechen keine wertende Differenzierung, da Anordnungen gleichermaßen mit אמ״ר *Qal* oder mit דב״ר *Pi* ergehen können, wie die synonyme Verwendung von אמ״ר *Qal* und דב״ר *Pi* zur Einleitung eines Gesetzestextes z. B. in Lev 1,2 oder die Verwendung von אמ״ר *Qal* und דב״ר *Pi* in Ex 20,22 im MT und Sam belegen. Es ließe sich jedoch spekulieren, ob mit der Unterscheidung von Reden und Sprechen im MT eine Konkurrenz zwischen Dekalog und Bundesbuch ausgeschlossen werden soll, indem auf synchroner Ebene das Bundesbuch zur Explikation des Dekalogs wird.

445 Vgl. Hossfeld, *Dekalog*, 178 f.

446 Vgl. u. a. Oswald, „Bundesbuch", in: *WiBiLex* (2005), 3; Propp, *Exodus 19–40*, 145 f.307 f.; Otto, „Dekalog als Brennspiegel", 293 f.

447 Während Kratz den Dekalog in Ex 20 als Extrakt des Bundesbuches beschreibt und davon ausgeht, dass dieser aus dem literarischen Zusammenhang von Bundesbuch und Sinaiperikope hervorgegangen sei (vgl. Kratz, „Dekalog", 238), plädiert Levin dafür, dass das Bundesbuch nach dem Dekalog in die Sinaiperikope eingefügt und angeglichen wurde (vgl. Levin, „Dekalog am Sinai", 181).

Da der Dekalog in Ex 20 wesentliche Anliegen des Bundesbuches in Form eines theologischen Spitzentextes[448] komprimiert, ist die Annahme der Einfügung des Dekalogs zeitlich *nach* dem Bundesbuch plausibel.[449] Die Zuweisung von Ex 20,22b zur Endredaktion des Pentateuchs ist unter der Voraussetzung, dass auch die Einfügung des Dekalogs in Ex 20 dieser zuzuschreiben ist, begründbar,[450] da Ex 20,22b die Einbettung des Bundesbuches in die Sinaiperikope (z. B. Ex 19,4) mitsamt dem Anschluss an die Einleitung des Dekalogs (Ex 20,1) leistet.

Der Hinweis auf das Sehen der Gottesrede (Ex 20,22b) bezieht sich in der Sinaiperikope auf Ex 19,4 und 20,1.18. Für Ex 20,22–26 wird durch diese Verbindung zu Ex 20,1.18 die bilderlose Kultform (Ex 20,23) bekräftigt, denn diejenigen Selbstkundgaben, die die Israeliten von Jhwh gesehen haben (Ex 20,22b), sind die *akustische* Mitteilung des Dekalogs (Ex 20,1.18)[451] und das heilsgeschichtliche Handeln Jhwhs an Israel (Ex 19,4). Visuelle Darstellungen der Gottheit entsprechen nicht der Offenbarungs- und Präsenzweise Jhwhs. Auch die Offenbarung am Altar (Ex 20,24) kann demzufolge keine sicht-, sondern vielmehr nur eine hörbare sein.

Des Weiteren verbindet die Thematik der alleinigen Verehrung Jhwhs das vorliegende Textcluster in Ex 20,23 inhaltlich mit Ex 20,3–6. Im Unterschied zu Ex 20,23 begründet Ex 20,5 f. die Forderung der Alleinverehrung mit Jhwhs Eigenschaft der Eifersucht (אל קנא) und gibt als Motivation die Aussicht auf Lohn und Strafe an. Dabei eröffnet Ex 20,5 explizit die Möglichkeit der Bestrafung in Form einer Heimsuchung durch Jhwh selbst (פקד עון). Dies erweitert im Textraum *Sinaiperikope* das in Ex 20,22–26 vorliegende Konzept des konditionierten Lohns.

4. Ex 20,22–26 in Beziehung zu Ex 32,1–35: Schutz der exklusiven Beziehung zu Jhwh mittels Einschärfung des Gehorsams

Das intertextuelle Verhältnis zwischen Ex 20,22–26 und Ex 32 nimmt innerhalb des Clusters Ex 20,22–26 seinen thematischen Ausgangspunkt bei der Thematik von Gottesbildern und Verehrungspraxis. Dahingehend liegen zahlreiche lexematische und idiomatische Überschneidungen zwischen beiden Texten vor, z. B. עש״י ל... אלהים *Qal* (20,23; 32,1.3), אלהי זהב (20,23; 32,31), מזבח (20,24–26; 32,5), זב״ח *Qal* und עש״י ל... *Qal* (20,24; 32,8) sowie עלת und שלמים (20,24; 32,6).

Ex 32 kontrastiert die in Ex 20,22–26 geforderte Verehrungspraxis, indem die Herstellung eines goldenen Gottesbildes und dessen Verehrung mit der Darbringung von Opfern erzählt wird. Der intertextuelle Bezug ist in den zahlreichen

448 Zur Bezeichnung s. Markl, *Dekalog*, 161.

449 S. hierzu die verschiedenen Positionen von Hossfeld, *Dekalog*, 178 f.; Kratz, „Dekalog“, 205–238.

450 Vgl. Hossfeld, *Dekalog*, 178 f.212 f.

451 Vgl. auch Schwienhorst-Schönberger, *Bundesbuch*, 396.

lexematischen und idiomatischen Berührungen sowie der pointierten Aufnahme der Thematik stark referentiell, kommunikativ und selektiv. Das Kriterium der Dialogizität, welches eine ideologische Spannung zwischen den Texten beschreibt, trifft auf das Verhältnis von Ex 20,22–26 und Ex 32 jedoch nicht zu, da die in Ex 32 vorliegende Kontrastierung der Bestimmungen von Ex 20,23.24–26 zur ideologischen Pointe des Textclusters in Ex 20,22–26 keinen Widerspruch erhebt. Beide Texte fokussieren die alleinige und korrekte Verehrung Jhwhs.

Aus Ex 32 wird deutlich, dass die Verehrung von Gottesbildern, auch wenn diese mit Jhwh identifiziert werden (Ex 32,4 f.), mit der Verehrung anderer Götter gleichzusetzen ist.[452] Für Ex 20,23 erklärt sich vor diesem Hintergrund das Verbot der Herstellung eines Kultbildes: Jegliches Kultbild widerspricht dem alleinigen Anspruch Jhwhs gegenüber Israel. Die Herstellung und Verehrung des Gottesbildes werden daher in Ex 32,33–35 hart bestraft. Die harte Strafe ist entsprechend auch für Vergehen an der Bestimmung von Ex 20,23 zu erwarten. Der Zusammenhang mit Ex 32 schärft für Ex 20,23.24–26 den Gehorsam ein, indem Ex 32,33–35 zur impliziten Strafandrohung für Ex 20,23.24–26 wird. Gleichwohl stellt die negative Aussicht auf Strafe im intertextuellen Zusammenhang von Ex 20,22–26 und Ex 32 nicht die hauptsächlich zugrunde liegende Autorisierung der Bestimmungen dar. Das positive Grundanliegen, welches aus beiden Texten hervorgeht, ist die exklusive Beziehung zwischen Jhwh und dem Volk Israel, welche Ex 32 bereits als Bund voraussetzt. Die Strafe ergeht zum Schutz der Beziehung und hat den Nebeneffekt der Einschärfung des Gehorsams und der Loyalität des Volkes Israel gegenüber Jhwh.

5. Ex 20,22–26 in Beziehung zu Ex 34: Begründung zur Qualität des Offenbarungsortes

Anhand der Offenbarungsthematik ergibt sich im Textraum *Sinaiperikope* eine Verbindung zwischen Ex 20,22–26 und Ex 34. Hierbei sind innerhalb des Clusters Ex 20,22–26 die Wendungen אזכיר את־שמי und בכל־המקום relevant. Zwar kommt die Wendung אזכיר את־שמי nicht exakt in Ex 34,5 vor, doch beschreibt ויקרא בשם יהוה ebenso eine an den Gottesnamen gebundene Aktion im Kontext einer Offenbarung. Die grammatikalisch parallele Konstruktion von בכל־המקום und בכל־ההר (Ex 34,3) verstärkt die textliche Verbindung zwischen Ex 20,24b und der Offenbarung in Ex 34.

Die Erwähnung des „ganzen“ Ortes, auf synchroner Ebene in totalisierender Deutung (Ex 20,24), parallelisiert den Standort des Altars zum Berg Sinai in Ex 34,3.[453] Hierin liegt ein syntagmatisch struktureller und selektiver intertextuel-

452 Vgl. Propp, *Exodus 19–40*, 580.
453 Vgl. auch Dohmen, *Exodus 19–40*, 155.

ler Bezug zwischen beiden Texten vor. Wie der Berg Sinai ist der Ort des Altars ein ausgesonderter Ort der Offenbarung Gottes, der sich durch entsprechende Eigenschaften auszeichnet. In Bezug auf den Sinai sind in diesem Zusammenhang die Vorbereitungen für die Offenbarung in Ex 19 relevant: Jhwh, der das Volk Israel zum Sinai geführt hat (Ex 19,2.4), offenbart sich, indem er auf den Gipfel des Berges herabsteigt (Ex 19,20). Vor dem Herabsteigen Gottes wird der Berg umgrenzt und zu einer geschützten Zone ausgesondert (Ex 19,12 f.). Er wird zum geheiligten Ort (Ex 19,23), den außer Mose niemand – nicht einmal das weidende Kleinvieh und Rind – betreten darf (Ex 19,12 f.; 34,3) und an dem Mose Gott schaut (vgl. Ex 34,5 f.). Vor dem Hintergrund der göttlichen Offenbarung ist die Unterscheidung und Abgrenzung von heiligem und profanem Bereich entscheidend.[454] In dieser Hinsicht wird aus dem Zusammenhang der Sinaiperikope das Konzept der raumfüllenden Präsenz Jhwhs auf Ex 20,24b anwendbar.[455]

Die Anspielung an Ex 34,5 deklariert das Geschehen am Altar darüber hinaus als Beziehungsgeschehen. In Ex 34,5 f. entspricht Jhwh nach der erfolgreichen Fürbitte des Mose dem Wunsch des Mose, seine Herrlichkeit (כבוד) zu sehen (Ex 33,18). Dies erbittet Mose vergleichbar zu den bestätigenden Offenbarungen in Ex 24,9–11.17 als Beleg für die von Gott gegebene Zusage der Vergebung und fortwährenden Führung (Ex 33,14.16 f.).[456] Das Ziel der Offenbarung in Ex 34 besteht darin, die Präsenz Gottes in Israel erneut zu erweisen und davon ausgehend zur Erneuerung des Bundes zwischen Jhwh und Israel zu führen.[457]

Vor diesem Hintergrund ist das Verhältnis der Autorität der Rechtsbestimmungen zwischen Ex 20,22–26 und Ex 34 zu bestimmen. Vergleichbar zu Ex 20,23 verbietet Ex 34,17 gegossene Götter (אלהי מסכה). Die Wiederaufnahme der zu Ex 20,23 vergleichbaren Bestimmung in Ex 34 spiegelt innerhalb des Erzählfortgangs in der Sinaiperikope nach dem Bundesbruch (Ex 32) – der Diskontinuität des Volkes Israel zum Trotz – eine Kontinuität des Rechts (s. 5.1.3.d.MT:2).

LXX:

Im Textraum *Sinaiperikope* bestehen in der LXX anhand des übergeordneten Kriteriums der Textsemantik intertextuelle Verbindungen zu den bereits im MT herausgearbeiteten Bezugstexten. Ein wesentlicher Unterschied zu MT ergibt sich für Ex^{LXX} 20,22–26 im Textraum *Sinaiperikope* hinsichtlich der Frage nach den Adressaten der Altargesetze. Aufgrund der Formulierung von Ex^{LXX} 20,24a im Pl. bleiben auch im Zusammenhang mit dem Altarbau durch Mose in Ex^{LXX} 24,4 f.

---

454 Vgl. auch Kilchör, „Antwort“, 9–11.

455 Vgl. Kilchör, „Antwort“, 10 f.

456 Vgl. Dohmen, *Exodus 19–40*, 347; Durham, *Exodus*, 453.455.

457 Vgl. auch Dohmen, *Exodus 19–40*, 350.353; Durham, *Exodus*, 453.

alle Israeliten Adressaten der Altargesetze und die Bestimmungen aus Ex^{LXX} 20,24–26 werden nicht zu einmalig gültigen Anordnungen erklärt. Dies entspricht dem aus Ex^{LXX} 20,24b abzulesenden Verständnis einer möglichen Vielzahl legitimer Kultstätten an den Orten der Offenbarung Jhwhs. Die pluralische Anrede in Ex^{LXX} 20,24a nimmt vor diesem Hintergrund in der LXX eine zentrale Funktion ein, um die Altargesetze auch im Textraum *Sinaiperikope* als allgemein gültige Gesetze aufrechtzuerhalten. Mit Blick auf die in Ex^{LXX} 20,24b geforderte Errichtung eines Altars am Ort einer Jhwh-Offenbarung ist der Altarbau durch Mose in Ex^{LXX} 24,4 f. nur konsequent. Doch ist dieser eben *einer* von mehreren möglichen Altarbauten, der hier beispielhaft die unverzügliche Befolgung der Gesetze aus Ex^{LXX} 20,24–26 darstellt und den rechtsverbindlichen Bundesschluss ermöglicht.

Zwischen Ex^{LXX} 20,24b und Ex^{LXX} 19,9; 20,20 liegt keine Überschneidung in ἥκω als Offenbarungsterminus vor.[458] In Ex^{LXX} 19,9; 20,20 wird mit παραγίνομαι die Jhwh-Offenbarung beschrieben. Ex^{LXX} 20,24b benennt die dem Altarbau vorausgehende Offenbarung mit ἐπονομάσω τὸ ὄνομά μου und ordnet ἥκω syntaktisch der Segensankündigung zu. Im Textraum *Sinaiperikope* manifestiert sich die Unterscheidung dieser beiden Ereignisse: Die Begegnungssituation zum Segen in Ex^{LXX} 20,24b stellt keine Offenbarung im Sinne der dem Altarbau vorausliegenden Selbstkundgabe Jhwhs dar, sondern ist dieser zeitlich und kausallogisch nachgeordnet.

Aus dem intertextuellen Verhältnis von Ex^{LXX} 20,22–26 zu Ex^{LXX} 32 wird die im Textraum *Bundesbuch* bereits explizierte Begründung zur Ablehnung von Gottesbildern mit der Ablehnung von Konkurrenz für Jhwh präzisiert: Waren im intertextuellen Verhältnis zu Ex^{LXX} 23,13 diese Gottesbilder als *andere* Götter abzulehnen, so entfaltet Ex^{LXX} 32 die grundsätzliche Ablehnung von Gottesbildern, auch wenn sie als Jhwh-Bilder geschaffen wurden.[459]

Im Verhältnis zu Lev^{LXX} 18,6–18; 20,9–21 verstärkt die Übereinstimmung in der Verwendung der Aktivform von ἀποκαλύπτω für Ex^{LXX} 20,26 das Verbot des Betretens der Altarstufen: Das absichtliche Enthüllen der Scham auf dem Altar ist den geschlechtlichen Handlungen, die den Fortbestand des Volkes gefährden, in Bezug auf die Intentionalität der Handlung gleichgesetzt. Konnte für Ex^{LXX} 20,26 das Ver-

458 Die intertextuelle Verbindung zu Ex 19 f. bleibt trotz des Fehlens der Überschneidung mit ἥκω zu Ex^{LXX} 19,9; 20,20 auch in der LXX erhalten. Im Vergleich zu MT liegt mit τῷ οἴκῳ Ἰακὼβ καὶ ἀναγγελεῖς (Ex^{LXX} 20,22) eine zusätzliche Verbindung zu Ex^{LXX} 19,3 vor. Darüber hinaus zeichnen sich auch in der LXX die im MT vorliegenden textsemantischen Anknüpfungen an den Sinai-Aufenthalt ab.

459 Im Zusammenhang der Erzählung des Abfalls der Israeliten von Jhwh bezeichnet der Terminus θυσιαστήριον in Ex^{LXX} 32,5 den missbrauchten israelitischen Altar. Darüber hinaus deutet sich in der Begriffswahl eine Trennung zwischen dem Götzenbild und dem Jhwh-Altar an, die der Übersetzer wahrscheinlich aus ideologischen Gründen zur Exkulpation Aarons vornimmt (vgl. Schaper, „Exodos“, 316). Auch im Weltbild des Übersetzers ist damit die Unmöglichkeit der Schaffung eines Jhwh-Götzenbildes vorausgesetzt.

gehen zunächst als Störung der Beziehung des Einzelnen zu Jhwh gesehen werden, so erweitert der Bezug zu Lev^{LXX} 18,6–18; 20,9–21 die Tragweite der Handlung auf die Beziehung des Volkes Israel zu Jhwh.

Sam:

Entscheidend für das Verständnis von Ex^{Sam} 20,22–26 im Textraum *Sinaiperikope* sind die drei gegenüber MT zusätzlichen Textstücke in Ex^{Sam} 20. Die erste Einfügung in Ex^{Sam} 20,17a–h betrifft das so genannte Garizim-Gebot, welches die Anweisung zur Kultstätte auf dem Garizim mit dem Dekalog verbindet (vgl. Dtn 11,29 f.; 27,2–8).[460] Die zweite Einfügung in Ex^{Sam} 20,19a–d erweitert die Begründung der Mittlerrolle des Mose (vgl. Dtn 5,24–27), und die dritte Einfügung in Ex^{Sam} 20,21a–i benennt Mose als Propheten (vgl. Dtn 5,28–31; 18,18–22).[461] Die beiden zentralen Themen der drei Einfügungen in Ex^{Sam} 20 sind damit die Kultstätte auf dem Garizim und die Rolle des Mose.

Das Textcluster Ex^{Sam} 20,22–26 weist zu Ex^{Sam} 20,17a–h und zu Ex^{Sam} 20,21a–i spezifische Bezüge auf, wie z. B. das Altargesetz in Ex^{Sam} 20,17e–g und die Redeeinleitung in Ex^{Sam} 20,21a. Die Berührungen zwischen Ex^{Sam} 20,22–26 und Ex^{Sam} 20,19a–d scheinen zunächst unspezifisch (משה, יהוה, אלהים und דב״ר *Pi*), spiegeln allerdings elementar das Thema des Abschnitts Ex^{Sam} 20,19a–d wider: die Kommunikation zwischen Jhwh und Mose als Mittler für die Israeliten. Mit dieser Thematik liegt ebenso eine Beziehung zwischen Ex^{Sam} 20,19a–d und Ex^{Sam} 20,22–26 vor.

Ex^{Sam} 20,17a–h

[a] והיה כי יביאך יהוה אלהיך אל ארץ הכנעני אשר אתה בא שמה לרשתה [b] והקמת לך
אבנים גדלות ושדת אתם בשיד [c] וכתבת על האבנים את כל דברי התורה הזאת [d] והיה
בעברכם את הירדן תקימו את האבנים האלה אשר אנכי מצוה אתכם היום בהרגריזים
[e] ובנית שם מזבח ליהוה אלהיך מזבח אבנים לא תניף עליהם ברזל [f] אבנים שלמות
תבנה את מזבח יהוה אלהיך והעלית עליו עלות ליהוה אלהיך [g] וזבחת שלמים ואכלת
שם ושמחת לפני יהוה אלהיך [h] ההר ההוא בעבר הירדן אחרי דרך מבוא השמש בארץ
הכנעני הישב בערבה מול הגלגל אצל אלון מורא מול שכם :–

Ex^{Sam} 20,22–26

22 וידבר יהוה אל משה לאמר דבר אל בני ישראל אתם ראיתם כי מן השמים דברתי עמכם:
23 לא תעשו אתי אלהי כסף ואלהי זהב לא תעשו לכם: 24 מזבח אדמה תעשה לי וזבחת
עליו את עלתיך ואת שלמיך מצאנך ומבקרך במקום אשר אזכרתי את שמי שמה אבוא
אליך וברכתיך: 25 ואם מזבח אבנים תעשה לי לא תבנה אתהן גזית כי חרבך הנפת עליו
ותחללהו: 26 ולא תעלה במעלות על מזבחי אשר לא תגלה ערותך אליו :–

☐ lexematische Überschneidungen

〰 Überschneidungen grammatikalischer Strukturen

---

460 Vgl. Schorch, „Gerizim Commandment“, 81.84.

461 Vgl. Schorch, „Gerizim Commandment“, 88 f.

Ex^{Sam} 20,17a–h stellt ein Florilegium aus Textstellen des Dtn zum Berg Garizim dar.[462] Stefan Schorch nimmt an, dass mit der Einfügung dieses Florilegiums in das Exodusbuch auf zwei Textprobleme reagiert wurde: Zum einen sei mit der Einfügung der Garizim-Komposition der narrative Hauptinhalt des Exodusbuches mit dem des Dtn in Einklang gebracht und die fehlende Erwähnung des Garizim in der Sinaiperikope in Ex–Num ausgeglichen worden.[463] Zum anderen sei die Einfügung des so genannten Garizim-Gebots eine Reaktion auf die fehlende Ortsbestimmung des Altargesetzes in Ex^{Sam} 20,24: „The insertion of the Gerizim composition before this altar law made sure that the latter could be read in light of the former."[464]

Die Einbindung der Altarbestimmung aus Dtn 27,2–7 in Ex^{Sam} 20,17e–g schafft unweigerlich eine intertextuelle Korrelation mit der Altargesetzgebung des Bundesbuches. Diese äußert sich neben der thematischen Überschneidung auch in besonders augenfälligen Stichwortberührungen, wie z. B. בנ״י *Qal*, מזבח אבנים, נו״ף *Hif*, עלות, זב״ח *Qal*, שלמים. Die Verbindungen deuten auf eine intentionale Verknüpfung der beiden Altargesetze in Ex^{Sam} 20.

Im Lichte des Garizim-Gebots mit der Bestimmung für den dortigen Altar wird der *eine* Ort des Altars in Ex^{Sam} 20,24 auf den Garizim hin konkretisiert. Im Falle des Verständnisses des Verbalnomens אזכרתי im Sinne eines vergangenen Ereignisses in Ex^{Sam} 20,24 wird durch die Verbindung mit dem Garizim der exakte Ort der bereits geschehenen Offenbarung benannt. Im Falle eines futurischen Verständnisses des Verbalnomens אזכרתי wird durch die Verbindung mit dem Garizim allerdings auch diejenige Leerstelle aus Ex^{Sam} 20,24 geschlossen, die trotz der Änderung von בכל־המקום zu במקום mit der künftigen Ausrufung des Namens noch eine Mehrzahl von Altären denkbar gelassen hat (s. o.). Die Schließung der Leerstelle einer möglichen Mehrzahl von Altären wäre neben der Ortsnennung ein wichtiger Grund für die Einfügung des so genannten Garizim-Gebots in Ex^{Sam} 20,17a–h.

Die intertextuelle Anbindung der Altargesetze des Bundesbuches an Ex^{Sam} 20,17a–h wirft mit Blick auf das Verhältnis zu Ex^{Sam} 24,4 f. Fragen auf. Für MT ließ sich beobachten, dass die redaktionelle Korrelation von Ex 20,24–26 und 24,4 f. die Altargesetze des Bundesbuches gegen das Errichten mehrerer legitimer Altarorte immunisieren sollte (s. o.). Im Prä-Sam ist diese Immunisierung, auch für den Fall des futurischen Verständnisses von אזכרתי in Ex^{Sam} 20,24, aber von vornherein durch die Garizim-Lokalisierung vollständig ausgeschlos-

462 Vgl. Schorch, „Gerizim Commandment", 81.
463 Vgl. Schorch, „Gerizim Commandment", 86.
464 Schorch, „Gerizim Commandment", 86.

sen. Folglich ist im Prä-Sam das Verhältnis von Ex^{Sam} 20,24–26 zu Ex^{Sam} 24,4 f. anders zu bewerten als im MT.

Hierzu ist ein Vergleich der intertextuellen Bezüge zwischen Ex^{Sam} 20,22–26 und Ex^{Sam} 20,17a–h sowie Ex^{Sam} 24,4 f. aus quantitativer und qualitativer Sicht vorzunehmen. Quantitativ sind folgende Überschneidungen im Wortinventar der betreffenden Texte vorhanden:

Tab. 6: Überschneidungen im Wortinventar zwischen Ex^{Sam} 20,22–26; 20,17a–h; 24,4 f.

Überschneidungen im Wortinventar von Ex^{Sam} 20,22–26 zu Ex^{Sam} 20,17a–h	Überschneidungen im Wortinventar von Ex^{Sam} 20,22–26 zu Ex^{Sam} 24,4 f.
בנ"י *Qal*, מזבח, מזבח אבנים, נו"ף *Hif*, עלות, זב"ח *Qal*, שלמים, יהוה, בו"א *Qal*, שם/שמה, אלהים	בנ"י *Qal*, מזבח, עלות, זב"ח *Qal*, שלמים, משה, יהוה

Bereits auf der quantitativen Ebene zeigt sich, dass die Überschneidungen im Wortinventar zwischen Ex^{Sam} 20,22–26 und Ex^{Sam} 20,17a–h diejenigen von Ex^{Sam} 20,22–26 zu Ex^{Sam} 24,4 f. deutlich überwiegen. Auf der qualitativen Ebene ist nachzuweisen, dass die größere Nähe von Ex^{Sam} 20,22–26 zu Ex^{Sam} 20,17a–h als zu Ex^{Sam} 24,4 f. nicht nur in der ungleichen Länge der Bezugstexte begründet ist.

Qualitativ betrachtet weist der intertextuelle Bezug zwischen Ex^{Sam} 20,22–26 und Ex^{Sam} 24,4 f. kein gesteigertes Maß an Selektivität und Referentialität auf. Die Bezugselemente zwischen beiden Texten sind der Adressat Mose, der Altarbau und die Stichwortberührung anhand der genannten Opferarten samt Schlachtung. Ex^{Sam} 24,4 f. thematisiert Ex^{Sam} 20,22–26 vorrangig im Altarbau und in der Opferterminologie, ohne jedoch gezielt ein Zitat zu übernehmen oder gar offenzulegen (Referentialität). Auch sind die vorliegenden Bezugselemente vergleichsweise wenig pointiert und herausgehoben (Selektivität).[465]

Demgegenüber sind in der intertextuellen Beziehung zwischen Ex^{Sam} 20,22–26 und Ex^{Sam} 20,17a–h die qualitativen Kriterien der Strukturalität, Referentialität, Selektivität und Kommunikativität sehr stark ausgeprägt. Dies ist vor allem in der Korrelation der beiden Altargesetze in Ex^{Sam} 20,17e–g und Ex^{Sam} 20,22–26 begründet. In dieser Verbindung thematisieren sich beide Texte einander strukturell in ihrer inhaltlichen und syntagmatischen Gliederung sowie wörtlich in einzelnen Wendungen, z. B. מזבח אבנים, und weisen Merkmale von Strukturalität und Referentialität auf. Zugleich werden die Bezugselemente Altarbau für Jhwh, Steinaltar ohne Steinbearbeitung, Schlachtung und Opferung besonders deutlich

465 Zu Referentialität und Selektivität s. 3.3.2; Pfister, „Konzepte", 26.28.

hervorgehoben. Dies sind Kennzeichen gesteigerter Selektivität in der Beziehung beider Texte. Der Zusammenhang zwischen Ex^{Sam} 20,17a–h und der Altargesetzgebung des Bundesbuches ist folglich insgesamt deutlich markiert, womit im intertextuellen Verhältnis der betreffenden Texte ein erhöhtes Maß an Kommunikativität vorliegt.[466]

Die Einbindung der Altarbestimmung des Dtn in das so genannte Garizim-Gebot in Ex^{Sam} 20 ist somit für die bewusste und unübersehbare Verknüpfung der Altargesetze des Bundesbuches mit dem Garizim unerlässlich. Die intertextuelle Anbindung von Ex^{Sam} 20,24–26 an Ex^{Sam} 20,17a–h ist dabei so stark, dass der Eindruck einer absichtlichen Überbietung der Verbindung von Ex^{Sam} 20,24–26 und Ex^{Sam} 24,4 f. entsteht. Im Sam wird eine deutlich intensivere Beziehung zwischen Ex^{Sam} 20,22–26 und Ex^{Sam} 20,17a–h hergestellt, in deren Licht die intertextuelle Verbindung zu Ex^{Sam} 24,4 f. verblasst.

Im Prä-Sam geriet folglich das Altargesetz des Bundesbuches in eine Auseinandersetzung zwischen den Absichten der Redaktion des MT und denen der Einfügung des Garizim-Gebots: Die redaktionelle Verknüpfung zwischen Ex 20,24–26 und 24,4 f. lag bereits vor, als die Einfügung des so genannten Garizim-Gebots in Ex^{Sam} 20 vorgenommen wurde. Nur mittels Überbietung des Bezugs zu Ex^{Sam} 24,4 f. konnte die Lokalisierung des Altars auf dem Garizim an Ex^{Sam} 20,24–26 gebunden werden, ohne die Altarbestimmungen des Bundesbuches zu einmaligen Bestimmungen an Mose abzumildern.

Darüber hinaus ist auch zwischen Ex^{Sam} 20,17a–h und Ex^{Sam} 24,4 f. eine klare Verbindung zu erkennen. In den Elementen des Aufschreibens, des Altarbaus, des Aufstellens von Steinen und der Darbringung von Opfern zeigt sich, dass offenbar auch Ex^{Sam} 24,4 f. vom so genannten Garizim-Gebot her gelesen werden soll. Der Altarbau in Ex^{Sam} 24,4 f. ist damit nicht als die Erfüllung der einmaligen Altarbestimmungen (MT) zu verstehen. Vielmehr erscheint der für die Bundeszeremonie notwendige Altar in Ex^{Sam} 24,4 f. vor diesem Hintergrund als ein vorausweisendes Bild für die Erfüllung des Altarbaus auf dem Garizim.

Die im Textraum *Sinaiperikope* erfolgende Garizim-Lokalisierung der Altarstätte unterscheidet den Ort des Altars vom Sinai. Unter dem Vorzeichen dieser Unterscheidung ist eine Parallelisierung der Qualität der Altarstätte auf dem Garizim mit der Qualität des Sinai im intertextuellen Verhältnis zu Ex^{Sam} 34 möglich. Hierbei korreliert die die Einheit des Ortes festlegende Determination von במקום in Ex^{Sam} 20,24 mit der totalisierenden Bezeichnung des Sinai durch בכל ההר in Ex^{Sam} 34,3.

Im Zusammenhang mit Ex^{Sam} 34 kann die Wendung אזכרתי את שמי nur dann mit der Ausrufung des Gottesnamens in Ex^{Sam} 34,5 verbunden werden,

466 Zu Kommunikativität s. 3.3.2; Pfister, „Konzepte“, 27.

wenn das Verbalnomen futurisch verstanden wird und somit auf ein künftiges Ereignis verweist. Aufgrund der Mehrdeutigkeit des Subjekts in Ex^{Sam} 34,5 – Jhwh oder Mose sind gleichermaßen mögliches Subjekt der Ausrufung des Gottesnamens – kann sowohl für die Deutung אזכיר in der 1.Sg. (Jhwh) als auch תזכיר in der 2.Sg. (Mose) eine Korrespondenz zu Ex^{Sam} 34,5 gesehen werden. Allerdings beförderte diese Textverbindung genau die Problematik der mehrfachen Namensnennung, die die Voraussetzung für mehrere Kultorte schaffen könnte und die Prä-Sam durch die Lesung במקום (v.24) und die Einfügung des so genannten Garizim-Gebots zu vermeiden sucht. Die Deutung einer AK-*Hif* wie in den arabischen Übersetzungen[467] und den Apparat-Handschriften in Tals Targumausgabe[468] hingegen verweist auf eine bereits geschehene Handlung, mit der Ex^{Sam} 20,24 nicht auf Ex^{Sam} 34,5 verweisen kann. Auch die Deutung von אזכרתי im Sinne der AK-*Hif* הזכרתי – oder eine הזכרתי lesende Vorlage der betreffenden Übersetzungen – stellt im Textraum *Sinaiperikope* somit eine Strategie zur Vermeidung der Voraussetzung für mehrere Kultorte dar.

Der intertextuelle Bezug der Altargesetze des Bundesbuches zum Sinai ist im Textraum *Sinaiperikope* des Sam im Vergleich zu MT mit klaren Einschränkungen und Deutungsvoraussetzungen verbunden. Die Unterscheidung der Altarstätte auf dem Garizim vom Sinai sowie die nur eingeschränkt konstruierbare Beziehung von Ex^{Sam} 20,24 zur Wendung ויקרא בשם יהוה in Ex^{Sam} 34,5 entsprechen einer absoluten Fokussierung auf den Garizim in Ex^{Sam} 20,17a–h, welche Schorch nachweist[469] und welche sich von Ex^{Sam} 20,17a–h aus auf die Altargesetze in Ex^{Sam} 20,24–26 überträgt. Die Lokalisierung des Altars auf dem Garizim zeigt damit nicht nur Auswirkungen auf die Autorisierung der Altargesetze, sondern auch generell auf die Einordnung von Ex^{Sam} 20,24–26 im Textraum *Sinaiperikope*, insbesondere im Verhältnis zu Ex^{Sam} 34 und 24,4 f.

Des Weiteren ist zu vermerken, dass Ex^{Sam} 20,17e–g im intertextuellen Zusammenspiel mit Ex^{Sam} 20,25 wichtige Klärungen in Bezug auf den Steinaltar vornimmt: Durch die Korrelation von גזית und שלמות wird deutlich, dass die Steine „unversehrt“ sein sollen. Zudem wird die Begründung כי חרבך הנפת עליה ותחללהו konkretisiert, indem sich anhand der Parallelisierung von חרבך und ברזל herauskristallisiert, dass die Bearbeitung der Steine mit einem Eisenwerkzeug untersagt ist (vgl. $Ex^{Peš}$ 20,25; s. 5.1.1.a.iv.Peš).

Der zweite wesentliche Aspekt des Textüberschusses in Ex^{Sam} 20 betrifft die Rolle des Mose in Ex^{Sam} 20,19a–d und Ex^{Sam} 20,21a–i:

---

467 Vgl. Shehadeh, *Arabic Translation I*, 354 f.

468 Vgl. Tal, *Samaritan Targum I*, 307.

469 Vgl. Schorch, „Gerizim Commandment“, 84.

Ex^{Sam} 20,19a–d

[a] ויאמרו אל משה הן הראנו יהוה אלהינו את כבודו ואת גדלו ואת קולו שמענו מתוך האש
היום הזה ראינו כי ידבר אלהים את האדם וחי [b] ועתה למה נמות כי תאכלנו האש הגדלה
הזאת אם יספים אנחנו לשמע את קול יהוה אלהינו עוד ומתנו [c] כי מי כל בשר אשר שמע
קול אלהים חיים מדבר מתוך האש כמונו ויחי [d] קרב אתה ושמע את כל אשר יאמר יהוה
אלהינו ואתה תדבר אלינו את כל אשר ידבר יהוה אלהינו אליך ושמענו ועשינו ואל ידבר
עמנו האלהים פן נמות:

Ex^{Sam} 20,21a–i

[a] וידבר יהוה אל משה לאמר שמעתי את קול דברי העם הזה אשר דברו אליך היטיבו כל אשר
דברו [b] מי יתן והיה לבבם זה להם ליראה אתי ולשמר את מצותי כל הימים למען ייטב להם
ולבניהם לעולם [c] נביא אקים להם מקרב אחיהם כמוך ונתתי דברי בפיו ודבר אליהם את כל
אשר אצונו [d] והיה האיש אשר לא ישמע אל דבריו אשר ידבר בשמי אנכי אדרש מעמו [e] אך
הנביא אשר יזיד לדבר בשמי את אשר לא צויתיו לדבר ואשר ידבר בשם אלהים אחרים ומת
הנביא ההוא [f] וכי תאמר בלבבך איך נודע את הדבר אשר לא דברו יהוה [g] אשר ידבר הנביא
בשם יהוה לא יהיה הדבר ולא יבוא הוא הדבר אשר לא דברו יהוה בזידון דברו הנביא לא
תגור ממנו [h] לך אמר להם שובו לכם לאלהיכם [i] ואתה פה עמד עמדי ואדברה אליך את כל
המצוה החקים והמשפטים אשר תלמדם ועשו בארץ אשר אנכי נתן להם לרשתה :–

Die beiden umfangreichen Einfügungen in Ex^{Sam} 20,19a–d und Ex^{Sam} 20,21a–i fokussieren die Stellung und Autorität des Mose als Mittler zwischen Jhwh und den Israeliten sowie als legitimer Jhwh-Prophet. Die implizite Stärkung der Autorität des Mose ist auch in Ex^{Sam} 20,22 anhand der einheitlichen Nutzung von דב"ר *Pi* zu beobachten. Die Verwendung von וידבר anstelle von ויאמר (MT) gleicht die beiden Redeeinleitungen in Ex^{Sam} 20,22 und Ex^{Sam} 20,21a an. Es liegt nahe, hier eine intentionale Änderung anzunehmen, die im Zuge der Einfügung von Ex^{Sam} 20,21a–i den Zusammenhang zu Ex^{Sam} 20,22 herstellt.

Die beiden Einfügungen tragen im intertextuellen Bezug zu Ex^{Sam} 20,22–26 zusätzliches Sinnpotenzial ein: Ex^{Sam} 20,19a–d begründet vertiefend die Mittlerrolle des Mose, enthält allerdings keine Informationen, die nicht auch aus der kürzeren Version von v.19 im MT zu entnehmen sind,[470] sodass die Stärkung der Stellung des Mose als Anliegen dieser Einfügung hervortritt. Dieses Anliegen stößt im intertextuellen Zusammenhang mit Ex^{Sam} 20,22 auf Widerhall, insofern auch dort im Weitergabebefehl (דבר אל בני ישראל) die Mittlerstellung des Mose thematisiert wird. Ex^{Sam} 20,21a–i wiederum benennt Moses als legitimen Jhwh-Propheten und verbindet die Aufforderung zum Gehorsam gegenüber dem rechtmäßigen Jhwh-Propheten mit einer generellen Drohung gegen Ungehorsam (v.21d) und der Drohung gegen das Abweichen vom Jhwh-Wort durch den Propheten sowie gegen Propheten anderer Götter (v.21e). Die Ankündigung des Jhwh-Propheten (vv.21c–g) wird in v.21b und v.21i mit der Aussicht auf Lohn für den Gehorsam gegenüber den Anordnungen Jhwhs gerahmt. Als Lohn werden ein gutes Leben

470 Vgl. Schorch, „Gerizim Commandment", 88.

(v.21b) und das zu erbende Land (v.21i) genannt. Diese generelle Aufforderung zum Gehorsam, die zwischen Lohnaussicht und Strafandrohung changiert, färbt sowohl im Nachgang des Dekalogs als auch im Vorfeld des Bundesbuches auf die, auch durch den Mittler Mose zu gebenden, Anordnungen Jhwhs ab. Zudem sichern die Legitimation Moses als Mittler und dessen Ankündigung als Prophet die nachfolgende Gesetzesmitteilung als legitimierte Mitteilung des Gotteswortes durch Mose ab.

Ex^{Sam} 20,21e kündigt für den Missbrauch des Prophetenamtes sowie für Propheten anderer Götter (אלהים אחרים) die Bestrafung mit dem Tod an. Die damit ausgedrückte Negativwertung anderer Götter hebt im Zusammenhang mit Ex^{Sam} 20,23 den alleinigen Anspruch Jhwhs gegenüber dem Volk Israel noch stärker hervor. Auf diesem Anspruch gründet sich die Beziehung zwischen Jhwh und seinem Volk.

Im Sam wird innerhalb des Textraums *Sinaiperikope* zudem die Frage nach der Verschriftung des Bundesbuches aufgeworfen. Da Ex^{Sam} 20,22 das Bundesbuch mit דב"ר *Pi* einleitet und Mose das Reden (דב"ר *Pi* Imp.m.Sg.) zu den Israeliten befiehlt, kann die Verschriftung der דברי יהוה in Ex^{Sam} 24,4 neben dem Dekalog mindestens auch auf Ex^{Sam} 20,23–26, wenn nicht sogar auf das gesamte Bundesbuch bezogen werden (s. 5.1.2.c).

Peš:

Peš weist im Textraum *Sinaiperikope* mit dem Verweis auf das Reden Jhwhs vom Himmel in Ex^{Peš} 20,22b (ܡܠܠ) wegen der Verwendung unterschiedlicher Verbalwurzeln keinen idiomatischen Bezug zur Mitteilung des Dekalogs in Ex^{Peš} 20,1 (ܐܡܪ) auf. Damit bleibt in Ex^{Peš} 20,22 im Hinweis auf das göttliche Sprechen vom Himmel lediglich ein genereller inhaltlicher Verweis zur Szenerie am Sinai in Ex^{Peš} 19 f. Anhand dieses prägnanten Details lässt sich in Ex^{Peš} 20,22 der Gesamtkontext aus Ex^{Peš} 19 f. aufrufen, sodass weiterhin ein selektiver Bezug zu Ex^{Peš} 19 f. besteht und Ex^{Peš} 19 f., wie im MT, anhand der Textbeziehung zu Ex^{Peš} 20,22–26 eigenes Sinnpotenzial zur Autorisierung der Gesetze einbringt (s. o.).[471]

Für MT wurde deutlich, dass die redaktionelle Anbindung zwischen Bundesbuch, Sinaiperikope in Ex 19 f. und Dekalog entscheidend von Ex 20,22b getragen wird. In dieser Hinsicht konnte auch die idiomatische Berührung zu Ex 20,1 als bewusste Markierung gelten. Dass Peš diese Markierung nicht aufgreift, könnte daran liegen, dass sie die Problematik der redaktionellen Einbindung nicht wahrnimmt oder die Verflechtung zwischen Bundesbuch, Sinaiperikope in Ex^{Peš} 19 f. und Dekalog im generellen Verweis von Ex^{Peš} 20,22b als erfüllt ansieht. Mit dem

471 Vgl. Pfister, „Konzepte“, 29.

generellen inhaltlichen Verweis auf das Sprechen vom Himmel ist ein wichtiger Bezug zu Ex^Peš 19 f. gegeben (s. o.). Die explizite Markierung eines konkreten, wörtlichen Bezugs zum Dekalog konnte damit offenbar an Bedeutung verlieren.

Auch zu Ex^Peš 32 besteht im vorliegenden Textcluster eine intertextuelle Beziehung. Zwischen Ex^Peš 20,24 und Ex^Peš 32,6 liegt eine Berührung anhand von ܥܠܘܬܐ vor. Aufgrund der Verwendung von ܩܘܪܒܢܐ in Entsprechung zu שלמים in Ex^Pesh 20,24 besteht allerdings keine Überschneidung zu ܕܒܚܐ in Ex^Pesh 32,6. Der mit diesem Opferterminus fehlende Verweis ist angesichts der sonst breit bestehenden lexematischen Überschneidungen kein tragendes Element. Hervorzuheben ist hingegen die Verwendung von ܒܢܝ̈ ܐܝܣܪܝܠ sowohl in Ex^Peš 20,22b als auch Ex^Peš 32,20. In beiden Fällen lesen MT, LXX und Sam בני ישראל bzw. υἱοὶ Ἰσραήλ. Für Peš ist eine Angleichung zwischen Ex^Peš 20,22b und Ex^Peš 32,20 zur Korrelation beider Texte denkbar, da zugunsten der Markierung einer Beziehung zwischen Ex^Peš 20,22b und Ex^Peš 32,20 die Überschneidung anhand von ܒܢܝ̈ ܐܝܣܪܝܠ zu Ex^Peš 24,4 f. entfällt (s. u.). Der Bezug des Gottesbilderverbots zur Geschichte vom Goldenen Kalb intensiviert die Kommunikativität des intertextuellen Verhältnisses und lässt die Verbindung beider Texte deutlich hervortreten. Ex^Peš 32 erscheint damit als Illustration der Anordnung von Ex^Peš 20,22 f. (s. o.).

Zu Ex^Peš 24,4 f. fällt wegen der Verwendung von ܩܘܪܒܢܐ in Ex^Peš 20,24 die Berührung mit ܕܒܚܐ weg. Ex^Peš 24,5 gibt die betreffenden Opfertermini beide Male mit ܕܒܚܐ wieder und zeigt somit keinerlei opferterminologische Berührung zu Ex^Peš 20,22–26. Aufgrund des kompletten Wegfalls der Überschneidungen in der Opferterminologie besteht in Ex^Peš 20,22–26 zu Ex^Peš 24,4 f. nur ein sehr abgeschwächter intertextueller Bezug anhand der Altarthematik. Ursächlich dafür ist, dass in Peš eine Vielzahl von Altarstätten in Ex^Peš 20,24 explizit vorausgesetzt und offensichtlich nicht problematisiert wird. Eine Immunisierung der Altargesetze durch die enge Bindung zu Ex 24,4 f. wie im MT ist in Peš damit überflüssig und die Altargesetze bleiben in Peš auch im Textraum *Sinaiperikope* dauerhaft gültige Bestimmungen. Gleichermaßen lässt sich die fehlende Parallelisierung zum Sinai in Ex^Peš 34,3 erklären. Zwischen Ex^Peš 20,24b und Ex^Peš 34,3 liegt keine hinsichtlich der Determination parallele Konstruktion in ܒܟܠ ܐܬܪ und ܒܟܠܗ ܛܘܪܐ vor. Der Ort des Altars bedarf in Peš nicht der nachdrücklichen Aufwertung zu einem einmaligen, unvergleichlichen Ort. Die Altarstätte hat hier in Peš einen geringeren Stellenwert als im MT oder Sam. Sie ist dem Erinnerungshandeln nachgängig und kann an jedem beliebigen Ort errichtet werden (s. o.).

In Bezug auf Ex^Peš 34 ergibt sich anhand des Wortes ܦܣܝܠܬܐ in Ex^Peš 20,25 eine Berührung zur Wurzel ܦܣܠ in Ex^Peš 34,1.4. Die Überschneidung anhand der Wurzel ܦܣܠ ist aufgrund dessen, dass Ableitungen aus dieser Wurzel in der Sinaiperikope nur hier vorliegen, ein pointierter, selektiver intertextueller Bezug. In Ex^Peš 34,1.4 nimmt Mose eine künstliche Bearbeitung von Gestein vor

(ܦܣܠ),[472] um neue Steintafeln für die erneute Niederschrift der Worte und die Wiederherstellung des Bundes zurechtzuhauen. Insofern verdeutlicht Ex^Peš 34,1.4 für Ex^Peš 20,25 den Aspekt, dass im Nomen ܦܣܝܠܬܐ auf einen von Menschenhand bearbeiteten Stein verwiesen wird. So könnte in Peš in diesem Zusammenhang innerhalb des Textraums *Sinaiperikope* verstärkt der von Holzinger herausgestellte Aspekt des abzulehnenden „Eindringen[s] der Kultur in den Kultus“[473] in 20,25 eintragen werden.

Auswertung – Begründungsperspektiven zwischen einer Betonung der Beziehung zu Jhwh und einer Betonung des Ortes der Verwirklichung der Jhwh-Beziehung

Die literarischen Bezüge von Ex 20,22–26 im Textraum *Sinaiperikope* erzielen in allen betrachteten Textzeugen die umfangreiche Einbindung des Textclusters Ex 20,22–26 – und damit verbunden des gesamten Bundesbuches – in die Erzählung vom Sinai. Die untersuchten Textzeugen stimmen innerhalb des Textraums *Sinaiperikope* in wesentlichen Begründungslinien für die in Ex 20,22–26 gegebenen Bestimmungen überein. Dies betrifft insbesondere den Zusammenhang aus Offenbarung, Furcht und Gehorsam aus Ex 19 f., der jeweils in Ex 20,22b.24 abrufbar wird. Das Verbot der Gottesbilder begründet sich in Verbindung mit Ex 19 f. und Ex 32 im alleinigen Anspruch Jhwhs gegenüber dem Volk Israel sowie in der exklusiven Beziehung zwischen Jhwh und den Israeliten. Hierbei intensiviert Peš die Anbindung an Ex^Peš 32 und markiert die Erzählung vom Goldenen Kalb als Interpretationsfolie für das Verbot von Götzenbildern. Darin zeichnet sich eine antike Lesespur ab, die eine Deutung des Verbots in Ex 20,23 von Ex 32 her belegt.

In der Stellung und spezifischen Begründung der Altargesetze zeigen sich zwischen den betrachteten Textzeugen jedoch wesentliche Unterschiede: MT und Sam problematisieren die ursprünglich in Ex 20,24 gegebene Mehr- oder gar Vielzahl von Altarstätten und versuchen, diese auszuschließen. Während MT innerhalb der Sinaiperikope die Immunisierung der Altargesetze durch deren Entkräftung zu einmaliger Gültigkeit betreibt, kontextualisiert Sam die Bestimmungen in einer starken und eindeutigen Anbindung an den Garizim mit der Einfügung des so genannten Garizim-Gebots. Im Sam steht unmittelbar vor dem Altargesetz das Garizim-Gebot, welches den *einen* Ort bereits definiert. Da die Einfügung des Garizim-Florilegiums in Ex^Sam 20 wahrscheinlich kein samaritanischer Ideologismus ist, sondern einem in der Spätzeit des Zweiten Jerusalemer Tempels verbreitetem

472 Vgl. Brockelmann/Sokoloff, *Lexicon*, 1209 f.
473 Holzinger, *Exodus*, 81.

Textverständnis entspricht, zeigt sich hier wiederum eine deutliche Spur des antiken Textverständnisses.[474]

LXX und Peš stören sich im Gegensatz zu MT und Sam nicht an der Vielzahl der Altarstätten und legen ihren Fokus darauf, die Altargesetze auch im Textraum *Sinaiperikope* als generell gültig beizubehalten. Dazu bleibt die LXX in Ex^{LXX} 20,24a bei der pluralischen Anrede und Peš kappt die intertextuelle Verbindung zu Ex^{Peš} 24,4 f. Hierbei lässt sich in Peš die zu Sam gegenläufige Tendenz der bewussten Entkoppelung der Altargesetze von einem bestimmten Ort nachzeichnen: Mit der Wendung ܒܝܬ ܐܝܣܪܐܝܠ in Ex^{Peš} 20,22 entfällt ein Bezug zu Ex^{Peš} 24,4 f. und wird stattdessen zu Ex^{Peš} 32 gesetzt. Die Fokussierung auf Ex^{Peš} 32 ersetzt in Peš die nicht vorhandene Begründung anhand des Ortes durch eine Stärkung der Begründung anhand der Beziehung zwischen Jhwh und Israel.

Im Sam lassen sich Sinnverschiebungen, die durch die Einfügung zusätzlicher Textstücke auch die Begründung der Rechtsbestimmungen verändern, besonders deutlich nachvollziehen. So wirkt das Garizim-Florilegium im Ko- und Kontext sowie im Zusammenhang von Ex^{Sam} 20–24 wie ein Magnet, der sämtliche Altarthematik in Ex^{Sam} 20 und 24 an sich zieht und auf den Garizim hin fokussiert. Auf diese Weise wird im Textraum *Sinaiperikope* des Prä-Sam der Garizim als herausgehobener Ort zur tragenden Begründung für die Altargesetze. Auch die nachdrückliche Stärkung der Rolle des Mose bringt im Sam eine zusätzliche Autorisierung der Gesetze des Bundesbuches mit sich: Diese sind vom rechtmäßigen Jhwh-Propheten und Mittler Mose vorgelegte Bestimmungen.

e. Begründungsstrukturen im Textraum *Exodusbuch*

MT:

1. Ex 20,22–26 in Beziehung zu Ex 1–15: Beziehungsbildung zwischen Israel und Jhwh

Der Textraum *Exodusbuch* stellt dem Leser Wissen zum Verhältnis zwischen dem Volk Israel und Jhwh unter Fokussierung auf die Fragen nach der Legitimation Jhwhs und der Forderung der Pflege einer kultischen Beziehung zu Jhwh zur Verfügung. Dieses Wissen wird für den Leser anhand literarischer Verbindungen zwischen Ex 20,22–26 und Ex 1–15 abrufbar: Sowohl Ex 20,22–26 als auch die Erzählung über den Aufenthalt in Ägypten und den Exodus in Ex 1–15 beziehen sich auf die Offenbarung, den Namen und die Legitimation Jhwhs (Ex 3,14 f.; 20,22.24) sowie die

---

474 Zum Garizim-Gebot als nicht spezifisch samaritanisch s. Schorch, „Gerizim Commandment", 96.

Kontaktaufnahme mit Opfern (z. B. Ex 5.8; 20,24). Die durch diese Themen bestehende Textbeziehung äußert sich im Gebrauch gleicher Stichworte und Wendungen, z. B. זב"ח *Qal*, אלהים/יהוה (Ex 3,18; 5,3.8.17; 8,4.21.22.23.24.25; 13,15; 20,22.24) sowie כה־תאמר אל־בני ישראל (Ex 3,15; 20,22).

In der Erzählung über den Aufenthalt in Ägypten fungiert die Forderung des Opferns für Jhwh in der Wüste in Ex 5.8 zunächst als Vorwand, der gegenüber Pharao (z. B. Ex 5,3; 8,4) als Grund für das ersehnte Verlassen Ägyptens vorgebracht wird. Der eigentliche Grund besteht in der Bedrückung Israels (Ex 3,7) und der Verheißung Jhwhs, das Volk Israel in das „gute und weite Land" hinaufzuführen (Ex 3,8: על"י אל־ארץ טובה ורחבה *Hif*). Im weiteren Erzählverlauf kristallisiert sich allerdings heraus, dass die Pflege einer kultischen Beziehung zu Jhwh nicht lediglich in rhetorischer Absicht zur Überredung Pharaos eingeführt wird, sondern binnentextuell ebenso als ein Bestandteil des Lebens im Land vorausgesetzt ist. Dies deutet sich in Ex 12,25–27 und Ex 13,11–16 in der Forderung der Schlachtung des Pessach-Opfers und der Erstgeburt für Jhwh im Land an und tritt im Zusammenhang der Gesamterzählung, z. B. in Berichten über das Darbringen von Opfern (Ex 18,12; 24,5 f.), hervor.

Mit der Thematik der Pflege einer kultischen Beziehung zu Jhwh besteht somit ein stark selektiver, referentieller Bezug zwischen der Forderung des Opferns für Jhwh in Ex 5.8 und der Vorschrift für Altarbau und Opferung in Ex 20,24. Dies wirkt sich auf die Motivation zur Befolgung der Vorschriften aus Ex 20,22–26 aus: Das Befolgen der Altar-Bestimmungen vollendet die Erzählung aus Ex 1–15, insofern es deren Ziel der Pflege einer Kult-Beziehung zu Jhwh erfüllt.

Des Weiteren liegt im Textraum *Exodusbuch* eine Beziehung zwischen Ex 20,22–26 und Ex 3,15 vor, die in hohem Maße die intertextuellen Qualitätsmerkmale der Kommunikativität, Selektivität und Strukturalität erfüllt. Die Textbeziehung ergibt sich aus der inhaltlichen Korrespondenz der Phrasen אזכיר את־שמי (Ex 20,24) und זה־שמי לעלם וזה זכרי לדר דר (Ex 3,15) sowie der Übereinstimmung in der Aufforderung כה־תאמר אל־בני ישראל. Diese stellt ein verbindendes Zitat dar, das nur in Ex 20,22b und Ex 3,15 vorkommt. Darüber hinaus bestehen zwischen Ex 20,22–26 und Ex 3,15 lexematische und syntagmatische Überschneidungen anhand von ... ואלהי ... אלהי, משה, יהוה und אמ"ר *Qal* sowie parallele Strukturen im Aufbau der Texte.

Die Parallele in der Anordnung des Materials gestaltet sich wie folgt: Sowohl Ex 3,15 als auch Ex 20,22 beginnen mit einer Anrede an Mose und dem Befehl zur Weitergabe des Redeinhalts an die Israeliten. Sodann reflektieren beide Texte über den Gott Israels, der sich in Ex 3,15 als Gott der Väter seit Abraham vorstellt und in Ex 20,22 f. der in der Theophanie am Sinai erlebte Gott ist, der keine Gottesbilder neben sich duldet. Anschließend werden der Gottesname und dessen Funktion für das Gedenken und Offenbaren Jhwhs thematisiert.

Tab. 7: Anordnung des Materials in Ex 3,15 und Ex 20,22–24.

	Ex 3,15	**Ex 20,22–24**
Anrede an Mose durch Jhwh/ Elohim	ויאמר עוד אלהים אל־משה	ויאמר יהוה אל־משה
Weitergabebefehl	כה־תאמר אל־בני ישראל	כה תאמר אל־בני ישראל
		Theophaniebezug אתם ראיתם כי מן־השמים דברתי עמכם׃
Wer ist der Gott Israels?	יהוה אלהי אבתיכם אלהי אברהם אלהי יצחק ואלהי יעקב שלחני אליכם	לא תעשון אתי אלהי כסף ואלהי זהב לא תעשו לכם׃
Jhwhs Name und dessen Gedächtnis/Kundgabe	זה־שמי לעלם וזה זכרי לדר דר׃	בכל־המקום אשר אזכיר [...] את־שמי אבוא אליך וברכתיך׃

Das für den Leser aus Ex 3,15 bereitgestellte Wissen bezieht sich auf die Frage nach der Legitimation Jhwhs: Ex 3,15 steht im Kontext einer Legitimationsproblematik. In der Szenerie von Ex 3 führen Mose und Gott ein Zwiegespräch, in dem Gott Mose zunächst in seinen Plan der Befreiung Israels aus Ägypten und der Führung des Volkes in das gelobte Land einweiht (vv.8–10) und ihn sodann, nach Entkräftung einiger Einwände (vv.11.13) mittels seiner Namensnennung (vv.12.14 f.), als Gesandten in dieser Angelegenheit beauftragt (vv.16–18).[475] Die Namensnennung und -deutung beschreibt hierbei allerdings weit mehr als eine bloße Selbstvorstellung: Sie ist die Reaktion auf Moses Frage nach dem שם (v.13), mit dem er seinen Auftraggeber vor den Israeliten ausweisen soll. Es geht somit um die Glaubwürdigkeit und Autorität Gottes, auf deren Basis er seine in v.8 vorgelegten Versprechen einzulösen gedenkt.[476] Die Beistandszusage an Mose אהיה עמך (v.12), die *idem-per-idem*-Aussage אהיה אשר אהיה (v.14) und der eigentliche Gottesname יהוה mit der innerhalb der Erzählung historisierenden Verbindung zu den Vätern Israels (v.15) betonen daher die aktive Präsenz und Beständigkeit Gottes und führen zur Thematik der besonderen Beziehung zwischen Jhwh und Israel.[477] Der Beziehungsaspekt wird

475 Vgl. auch Dohmen, *Exodus 1–18*, 165.

476 Vgl. Durham, *Exodus*, 38. Durham belegt diese Deutung u. a. mit der Bedeutungsfacette von „reputation, fame" des Nomens שם. Die Beobachtungen Martin Bubers, dass mit der Verbindung von מה und שם im Bibelhebräischen nie im eigentlichen Sinne nach dem Namen einer Person gefragt werde, sondern vielmehr nach dessen Wesen oder Bedeutung (vgl. Dohmen, *Exodus 1–18*, 156), bekräftigen Durhams These.

477 Vgl. Durham, *Exodus*, 39 f.; Dohmen, *Exodus 1–18*, 158 f.

zudem durch die Szenerie der Offenbarung aufgegriffen. Gott tritt mittels seines Herabsteigens in den Dornbusch (v.8) in Beziehung zu Mose und anhand der Mittlerschaft des Moses (vgl. Ex 3,14 f.16 f.) zu ganz Israel.[478]

Moses Mittlerrolle, die exklusive Beziehung zu Jhwh sowie die Offenbarungs- und Namensthematik sind auch in Ex 20,22–26 inhaltlich prägend. Damit liegt am Beginn des Bundesbuches eine zu Ex 3,15 vergleichbare thematische Konstellation vor. In Ex 3,15 wird dieser Themenkomplex zur Legitimation Jhwhs ausgeformt. Aus dem Zusammenhang mit Ex 3,15 gewinnt Ex 20,22–26 somit den Sinngehalt der Existenz einer exklusiven, geschichtlich bewährten und legitimierten Beziehung des Volkes Israel zu Jhwh. Der Gott der Väter weist sich als beständiger Partner der Israeliten aus (Ex 3,15). In Bezug auf Ex 20,23 bedeutet dies, dass Gottesbilder solch eine Beziehung nicht bieten. Dahingehend kontrastiert die Beschreibung Jhwhs als אלהי אבתיכם אלהי אברהם אלהי יצחק ואלהי יעקב die Nennung der אלהי כסף ואלהי זהב in Ex 20,23. Jhwhs alleiniger und umfassender Anspruch gegenüber dem Volk Israel wird auf diese Weise formuliert und legitimiert. Die Gottesbilder aus Ex 20,23 werden durch Jhwh, den Gott der Väter seit Abraham, in geschichtlicher Sicht überboten.

Zudem macht der Zusammenhang von Ex 3,15 und 20,24 die Funktion des Jhwh-Namens als Zeugnis und Medium der realen Präsenz Gottes in Israel explizit.[479] Diese Präsenzweise Jhwhs in seinem Namen macht Gottesbilder (Ex 20,23) überflüssig. Das Offenbarungsgeschehen am Altar (Ex 20,24) wird zur Aktualisierung und Vergewisserung der aktiven Gegenwart Jhwhs. Zugleich bildet es einen Kondensationspunkt, an dem Gottes Autorität, seine Verbindung zu Israel und seine Versprechen an das Volk sich verdichten. Im Geschehen am Altar treffen in der Offenbarung Gottes die Geschichte seiner Beziehung zu Israel sowie seine Verheißungen und Beistandszusage aufeinander.[480]

Weiterhin lässt der intertextuelle Bezug zu Ex 3,15 eine inhaltliche Korrelation der Offenbarungsorte zu. Ex 3,1 spricht die Heiligkeit des Ortes an: Mose darf sich dem brennenden Dornbusch nicht nähern, sondern soll wegen des heiligen Bodens (אדמת־קדש), auf dem er steht, seine Schuhe ausziehen (Ex 3,5). Die Theophanie vollzieht sich innerhalb eines durch besondere Qualitäten gekennzeichneten Bereiches. Für die Altargesetze lässt sich schlussfolgern, dass diese die besonderen Qualitäten des Offenbarungsortes herzustellen versuchen, insofern sie sich auf die Vorbereitung der Offenbarung beziehen. Im Umkehrschluss wird deutlich: Nur unter der Voraussetzung, dass die Altar-Bestimmungen korrekt eingehalten

478 Vgl. auch Dohmen, *Exodus 1–18*, 152.
479 Vgl. Durham, *Exodus*, 40.
480 Vgl. dazu Dohmen, *Exodus 1–18*, 155.

worden sind, kann der Ort des Altars zum heiligen Ort der Offenbarung Gottes werden.

2. Ex 20,22–26 in Beziehung zu Ex 16: Gehorsam als Ausdruck des Vertrauens auf Jhwhs Fürsorge

Zu Ex 16,4 liegt eine Überschneidung in der Phrase מִן־הַשָּׁמַיִם (Ex 20,22b) vor. Diese Wendung ist in den Texträumen *Exodusbuch* und *Sinaiperikope* spezifisch, da sie nur in Ex 16,4; 20,22 vorkommt. Somit ist der intertextuelle Bezug in seinem kaum ausgeprägten Zitatcharakter als schwach referentiell, in der pointierten Auswahl der Wendung aber als stark selektiv einzuschätzen.

Bei der Betrachtung des Textclusters im Textraum *Sinaiperikope* ist Ex 20,22b als sekundäre Einfügung eingestuft worden, die den Beginn des Bundesbuches an Ex 19 f. anbindet (s. o.). Mit Blick auf Ex 19,3 f. ist auffällig, dass Ex 20,22b מִן־הַשָּׁמַיִם statt מִן־הָהָר (Ex 19,3) verwendet, beide Präpositionalausdrücke aber inhaltlich korreliert (s. o.). Aus dem Textraum *Exodusbuch* wird erkennbar, dass Ex 20,22b durch die Verwendung von מִן־הַשָּׁמַיִם eine Verbindung zu Ex 16,4 herstellt. Das Vorliegen von מִן־הַשָּׁמַיִם in Ex 20,22b könnte somit über die Verflechtung mit Ex 19 f. hinaus auf eine bewusste Anbindung an Ex 16,4 deuten.

In Ex 16,4 sagt Jhwh dem Volk Israel Brot vom Himmel (לחם מן־השמים) zur täglichen Versorgung in der Wüste zu. Das Sammeln des Tagesbedarfs (דבר־יום), und nur am sechsten Tag eine darüberhinausgehende Bevorratung, sieht Jhwh dabei als Prüfung des Gehorsams gegenüber seinen Weisungen vor (v.4b). Jhwhs Fürsorge ist an den Gehorsam der Israeliten gegenüber Jhwh gebunden. Dieser Gehorsam basiert in Ex 16,4 auf dem Vertrauen zu Jhwh, dass er seine Zusage des Himmelsbrotes täglich neu erfüllt. Ex 16 berichtet die Erfüllung der Zusagen ebenso wie das Misstrauen und den Ungehorsam der Israeliten (Ex 16,20.28).

In das vorliegende Textcluster Ex 20,22–26 spielt die textsemantische Füllung der Gehorsamsthematik aus Ex 16 den Aspekt der Fürsorge Jhwhs für sein Volk sowie die Notwendigkeit des Vertrauens und Gehorsams der Israeliten gegenüber Jhwh als zusätzliches Sinnpotenzial ein. Die Befolgung der in Ex 20,22–26 gegebenen Vorschriften wird vor diesem Hintergrund zum Ausdruck des Vertrauens auf die Fürsorge Jhwhs.

LXX:

Im Textraum *Exodusbuch* bestehen in der LXX vergleichbar zu MT literarische Beziehungen zu Ex^{LXX} 5.8.16. Ein wesentlicher Unterschied zu MT liegt in den die Textbeziehung von Ex^{LXX} 20,22–26 und Ex^{LXX} 3,15 markierenden Verbindungen vor. Diese sind in der LXX im Vergleich zu MT deutlich abgeschwächt. Das Ex^{LXX} 20,22 und Ex^{LXX} 19,3 verbindende Zitat τάδε ἐρεῖς τῷ οἴκῳ Ιακωβ καὶ ἀναγγελεῖς τοῖς υἱοῖς Ισραηλ stimmt nicht mit dem Weitergabebefehl in Ex^{LXX} 3,15 überein und die Wiedergabe von אזכיר את־שמי mit ἐπονομάσω τὸ ὄνομά μου in Ex^{LXX} 20,24 deckt sich nicht mit der Korrelation von ὄνομα mit einer Vokabel aus dem Wortfeld „Erinnern/Gedenken“ in Ex^{LXX} 3,15 (ἐπονομάσω vs. μνημόσυνον). Darüber hinaus liegt zwischen den Gottes- und Gottesbildbezeichnungen keine syntagmatische Parallele vor, da Ex^{LXX} 20,22 Adjektivattribute und Ex^{LXX} 3,15 Genitivattribute verwendet. Lediglich aus der vergleichbaren Anordnung und Thematik des Materials heraus kann ein struktureller und referentieller intertextueller Bezug erhoben werden. Mangels expliziter Markierung ist dieser für den Leser in der LXX schwerer zu erkennen als im MT. Die Ursache für die im Vergleich zu MT abgeschwächte Verbindung zwischen Ex^{LXX} 20,22–26 und Ex^{LXX} 3,15 liegt neben Gründen der literarischen Anbindung des Clusters auch im Übersetzungsvorgang (s. u.).

Sam:
Die intertextuellen Beziehungen des Clusters Ex^{Sam} 20,22–26 im Textraum *Exodusbuch* des Sam entsprechen weitestgehend denen des MT. Die Überschneidung im Weitergabebefehl zwischen Ex^{Sam} 20,22 und Ex^{Sam} 3,15 fällt im Vergleich zu MT weg, da Ex^{Sam} 20,22 im Rahmen der Stärkung der Autorität des Mose und textlich harmonisierend die in Ex–Num häufigere Formel דבר אל בני ישראל (z. B. Ex^{Sam} 14,2; Lev^{Sam} 1,2; 25,2; Num^{Sam} 5,6; 9,10) liest. Hierdurch fällt im Sam für den Leser ein Element zur Markierung des Bezugs zu Ex^{Sam} 3,15 weg. Alle weiteren Berührungspunkte und strukturellen Parallelen bleiben allerdings bestehen, sodass die Qualität der Textbeziehung zwischen Ex^{Sam} 20,22–26 und Ex^{Sam} 3,15 gegenüber MT nur geringfügig abgeschwächt ist.

Peš:
Die Textbeziehungen von Ex^{Peš} 20,22–26 im Textraum *Exodusbuch* der Peš entsprechen überwiegend denen des MT. Ein Unterschied zu MT liegt im Weitergabebefehl von Ex^{Peš} 20,22 und Ex^{Sam} 3,15 vor: Ex^{Peš} 20,22 liest – mit Ausnahme von Ms *12b2* – ܒܝܬ ܐܝܣܪܝܠ. Ex^{Peš} 3,15 hingegen verwendet ܒܢܝ̈ ܐܝܣܪܝܠ. Die unterschiedliche Verwendung von ܒܝܬ ܐܝܣܪܝܠ und ܒܢܝ̈ ܐܝܣܪܝܠ schwächt die Verbindung zwischen Ex^{Peš} 20,22 und 3,15 anhand des Weitergabebefehls minimal ab. Im Sinne einer Bezugnahme zur Erzählung in Ex^{Peš} 1–15 liegt die Bezeichnung der Israeliten als ܒܝܬ ܐܝܣܪܝܠ allerdings auch in Ex^{Peš} 11,7 vor und kennzeichnet dort die exklusive Beziehung zwischen Jhwh und dem Volk Israel, die sich in der Unterscheidung zwischen Israel und Ägypten im Rahmen der Plagen äußert.

Auswertung – Die Geschichte der Beziehung zu Jhwh in ihrer Deutung zwischen Exodus und Sinai

In allen betrachteten Textzeugen bezieht sich das aus dem Textraum *Exodusbuch* in Ex 20,22–26 eingetragene Sinnpotenzial vorrangig auf die Geschichte der Beziehung der Israeliten zu Jhwh und generiert aus dieser die Legitimation Jhwhs sowie die Erwartung des Vertrauens und Gehorsams gegenüber Jhwh. Alle betrachteten Textzeugen weisen eine enge Beziehung zwischen Ex 20,22 und Ex 16,4 auf und übertragen somit aus dem Textraum *Exodusbuch* die textsemantische Füllung des vertrauensvollen Gehorsams gegenüber dem fürsorglichen Jhwh in das Cluster Ex 20,22–26. Dieser aus Ex 16 in Ex 20,22 rekonstruierbare Sinngehalt motiviert zur Befolgung der in Ex 20,22–26 gegebenen Vorschriften.

Zudem lässt sich in allen betrachteten Textzeugen eine Textbeziehung zu Ex 1–15 erheben, die ausgehend von der Forderung des Opfern für Jhwh (Ex 5.8) die Pflege einer kultischen Beziehung zu Jhwh (Ex 20,22–26) als Vollendung der Erzählung aus Ex 1–15 stilisiert. Ebenso liegt in allen betrachteten Textzeugen eine Verbindung zwischen Ex 20,22–26 und Ex 3,15 vor, wobei in der Qualität und Intensität der Beziehung eine Abstufung von MT über Peš und Sam zur LXX festzustellen ist.

Die Abschwächung der Verbindung des Clusters zu Ex 3,15 ist in Peš, Sam und LXX eine Folge der jeweiligen Verflechtungen im Textraum *Sinaiperikope* und damit ein weiterer Beleg für antike Lesespuren in den jeweiligen Textzeugen. Die Angleichung zwischen Ex^{Peš} 20,22b und Ex^{Peš} 32,20, die im Textraum *Sinaiperikope* die exklusive Beziehung zwischen Jhwh und dem Volk Israel einschärft (s. o.) und im Sinne dieses Deutungsmusters auch in Ex^{Peš} 11,7 vorliegt, hat die verschiedene Bezeichnung der Adressaten im Weitergabebefehl in Ex^{Peš} 3,15; 20,22 zur Folge. Im Sam hingegen bedingt die Stärkung der Rolle des Mose innerhalb des Textraums *Sinaiperikope* (s. o.) den Wegfall der wörtlichen Überschneidung des Weitergabebefehls mit Ex^{Sam} 3,15. In Prä-Sam und Peš wurde zugunsten des jeweiligen Anliegens der Profilierung des Mose bzw. der Beziehung zwischen Jhwh und Israel eine Abschwächung der intertextuellen Verbindung zu Ex^{Sam} 3,15 anscheinend in Kauf genommen. In der LXX ist die Verbindung zwischen Ex^{LXX} 20,22–26 und Ex^{LXX} 3,15 aus literarischen und übersetzungstechnischen Gründen nicht vorhanden: Die Überschneidung zum Weitergabebefehl in Ex^{LXX} 3,15 liegt zugunsten der stärkeren literarischen Verortung des Clusters in der Sinaiperikope mittels Anbindung an Ex^{LXX} 19,3 vermutlich bereits in der hebräischen LXX-Vorlage nicht vor (s. o.). Die ungleiche Korrelation von ὄνομα geht vermutlich auf den Übersetzer zurück, der für אזכיר את־שמי eine eindeutige Übersetzung bieten wollte. Auch die syntagmatisch verschiedene Konstruktion von Adjektivattributen in Ex^{LXX} 20,22 und Genitivattributen in Ex^{LXX} 3,15 zur Bezeichnung Gottes und der Gottesbilder weist auf die Tätigkeit des Übersetzers. Dieser folgt der in der hebräischen

LXX-Vorlage durch den Textzusatz von Ex 19,3 in Ex 20,22 eingeschriebenen Tendenz zur Minimierung der Anbindung an Ex 3,15 und schwächt die intertextuelle Verbindung zu Ex 3,15 ab. Dabei entspricht er den Anliegen, den Beginn des Bundesbuches literarisch stärker in der Sinaiperikope zu verorten und eine verständliche Übersetzung zu bieten.

5.1.2 Die Zwischenüberschrift Ex 21,1

a. Mikroebene: Begründungsstrukturen innerhalb der Überschrift Ex 21,1 – Die vorzulegenden Rechtsbestimmungen

MT:

1 וְאֵ֙לֶּה֙ הַמִּשְׁפָּטִ֔ים אֲשֶׁ֥ר תָּשִׂ֖ים לִפְנֵיהֶֽם׃

1 Und diese sind die Rechtsbestimmungen, die du vor sie legen[481] sollst.

Ex 21,1 stellt eine mit ואלה syndetisch angeschlossene Zwischenüberschrift dar und bildet eine Trennlinie zwischen dem kultgesetzlichen Auftakt des Bundesbuches und den nachfolgenden Rechtssätzen. In der Forschung wurde die Reichweite dieser Überschrift umfassend unter Verweis auf den Terminus משפטים diskutiert. Dabei haben sich zwei grundlegende Positionen herauskristallisiert: Entweder wird die Bezeichnung משפטים ausschließlich auf kasuistisch formuliertes Recht bezogen, sodass die Überschrift lediglich auf den Textbereich Ex 21,2–22,16 weist,[482] oder die definitorische Eingrenzung von משפטים wird nicht geteilt, sodass Ex 21,1 den gesamten Komplex Ex 21,2–23,19 bzw. Ex 21,2–23,33 einbezieht.[483] Für die zweite Position führt Schwienhorst-Schönberger wichtige Argumente an: Zum einen fehle im Bundesbuch eine vergleichbare Überschrift für apodiktisch formuliertes Recht, welche auf חקים oder דברים weisen müsste. Zum anderen lasse sich innerhalb des Bundesbuches keine definitorische Eingrenzung von משפטים auf kasuistisch formuliertes Recht und von דברים auf apodiktisch formuliertes Recht nachweisen:[484] „דָּבָר bezeichnet im Bundesbuch

---

481 Zum Zweck der deutlicheren Kennzeichnung von Unterschieden zwischen den einzelnen Textzeugen in der deutschen Übersetzung wurde das Hebräische des MT, Sam und das Syrische der Peš (s. u.) satzstrukturell und wörtlich genau wiedergegeben („vor sie legen"). ...שׂי״ם לפני *Qal* ist dabei in der Bedeutung „jmdm. vorlegen" (vgl. Vanoni, „שׂים", in: *ThWAT 7* [1993], 772) zu verstehen.

482 So z. B. Baentsch, *Exodus*, 188 f.; Holzinger, *Exodus*, 98; Durham, *Exodus*, 320.

483 So z. B. Schwienhorst-Schönberger, *Bundesbuch*, 300; Houtman, *Bundesbuch*, 86.

484 Vgl. Schwienhorst-Schönberger, *Bundesbuch*, 300.

die Rechtsangelegenheit, nicht aber einen apodiktischen Rechtssatz.“[485] Vor diesem Hintergrund ist es auf der Mikroebene und der Ebene des Bundesbuches angemessen, Ex 21,1 auf das gesamte Rechtskorpus Ex 21,2–23,19 zu beziehen. Die Abgrenzung zu Ex 23,20 ist mit dem Einsetzen des narrativen Rahmenstücks begründet (s. 5.1.2.b).

Das Bedeutungsspektrum von משפט ist in der Forschung von unterschiedlichen Ausgangspunkten her ausgeleuchtet worden und reicht in einschlägigen Entwürfen von „Entscheidung“ (Köhler) über „Willensrichtung“ (Hertzberg) bis hin zu „Charakteristikum“ (Fahlgren).[486] Johnson wählt als Zugangsschlüssel zu den verschiedenen Verwendungsbereichen von משפט die Bedeutung „Entscheidung“ und variiert diese kontextgemäß beispielsweise zu „Orakelspruch“, „Rechtsspruch“, „(Straf-)Gericht“, „Rechtssache“, „Rechtsanspruch“, „Beschluss“, „Weltordnung“ sowie „Gesetz“ und „Gebot“.[487] משפט wird häufig als Begriff des rechtlichen Bereichs verwendet. Johnson beobachtet: „Wenn *mišpāṭ* das Festgestellte [/Bestimmte; AmK], das Gesetz bezeichnet, steht dafür meistens der Plural. Gottes *mišpāṭîm* sind die einzelnen Gebote sowie auch die Zusammenfassung des gesamten Gesetzes.“[488] Vor dem Hintergrund des Bezugsbereiches von משפטים in Ex 21,1 und der Ergebnisse der Bedeutungsanalyse Johnsons wird משפטים in der vorliegenden Übersetzung von Ex 21,1 mit „Rechtsbestimmungen“ wiedergegeben.

Für Ex 21,1 weist Propp darauf hin, dass aus diesem Vers nicht eindeutig zu entnehmen sei, ob das Vorlegen (שי״ם *Qal*) der Rechtsbestimmungen in mündlicher und/oder schriftlicher Form erfolgen solle. Unter Verweis auf Ex 17,14 und Dtn 31–32 nimmt Propp sowohl eine mündliche als auch schriftliche Weitergabe der Bestimmungen an (s. 5.1.2.d).[489]

LXX:

1 Καὶ ταῦτα τὰ δικαιώματα, ἃ παραθήσεις ἐνώπιον αὐτῶν.

1 Und diese sind die Rechtsordnungen, die du vor ihnen vorlegen sollst.

Die LXX liest δικαιώματα in Entsprechung zu משפטים. Dieser Terminus wird in der LXX im Sinne von „Gebot/Verordnung“ (Gen^{LXX} 26,5), „Unschuld/Gerechtigkeit“ (Jer^{LXX} 18,19), „Rechtsanspruch“ (1 Bas 2,13) oder „Urteil“ (3 Bas 3,28) gebraucht[490]

485 Schwienhorst-Schönberger, *Bundesbuch*, 300.
486 Vgl. dazu den Überblick bei Johnson, „משפט“, in: *ThWAT 5* (1986), 95 f.
487 Vgl. Johnson, „משפט“, in: *ThWAT 5* (1986), 96–106.
488 Johnson, „משפט“, in: *ThWAT 5* (1986), 103.
489 Vgl. Propp, *Exodus 19–40*, 186.
490 Vgl. Muraoka, *Lexicon*, 170.

und bezieht sich damit auf das rechtliche Wortfeld. Den Begriff δικαίωμα hat Cadell in ihrer Analyse zum Wortschatz der ptolemäischen Gesetzgebung in seiner Verwendung in ägyptischen Papyri und dem Pentateuch der LXX verglichen.[491] Eine grundlegende Beobachtung Cadells ist, dass der Plural δικαιώματα im Pentateuch der LXX göttliche Rechtsbestimmungen, in den ägyptischen Papyri allerdings Sammlungen von Rechtsakten bezeichne. Sie schlussfolgert, dass δικαίωμα im Pentateuch der LXX als Metonymie gebraucht werde, indem die Bezeichnung des Inhalts (Rechtsbestimmungen) durch Nennung des Beinhaltenden (Rechtsakten) vorgenommen werde. In dieser Funktion könne δικαίωμα Rechtsbestimmungen in jeglicher Form bezeichnen.[492]

Zur Wiedergabe von δικαιώματα in Ex^{LXX} 21,1 wurde in der vorliegenden Übersetzung „Rechtsordnungen" gewählt, da im Grundwort „Ordnungen" die von Cadell herausgestellte Doppeldeutigkeit von Rechtsakten und darin enthaltenen Rechtsregeln[493] anklingt.

Im Relativsatz formuliert Ex^{LXX} 21,1 mit παρατίθημι ἐνώπιον… „vor jmdn. vorlegen" pleonastisch.[494] Dies ist möglicherweise ein Hinweis auf das (auch) schriftliche Vorlegen der Gesetze, insofern mit der Dopplung von „vor" die sichtbare Präsenz des Vorzulegenden hervorgehoben sein kann. Im Zusammenhang mit Cadells Beobachtung, dass δικαιώματα wörtlich ebenfalls die gegenständlichen Rechtsakten bezeichne,[495] setzt Ex^{LXX} 21,1 wahrscheinlich ein (auch) schriftliches Vorlegen der Bestimmungen voraus (s. 5.1.2.c).

Sam:

1 אלה המשפטים אשר תשים לפניהם:

[1] [Ø] Diese sind die Rechtsbestimmungen, die du vor sie legen sollst.

Ex^{Sam} 21,1 schließt aufgrund des Fehlens eines kopulativen Waw (אלה) asyndetisch an das vorangehende Textcluster an. Dadurch wird der mit dieser Zwischenüberschrift gestaltete Neueinsatz betont.

Peš:

1 ܘܗܠܝܢ ܕܝܢܐ ܕܬܣܝܡ ܩܕܡܝܗܘܢ.

[1] Und diese sind die Rechtsentscheidungen, die du vor sie legen sollst.

---

491 S. Cadell, „Vocabulaire", 207–221.

492 Vgl. Cadell, „Vocabulaire", 220 f.

493 Vgl. Cadell, „Vocabulaire", 220.

494 παρατίθημι kann auch ohne präpositional vermittelte Ergänzungen mit direktem Dativ- und Akkusativobjekt verwendet werden, z. B. Ex^{LXX} 19,7 (vgl. Muraoka, *Lexicon*, 532).

495 Vgl. Cadell, „Vocabulaire", 220.

Ex^{Peš} 21,1 gibt משפטים mit ܕܝܢܐ wieder. Dieses Nomen ist auf die Wurzel ܕܘܢ zurückzuführen, für welche u. a. die Grundbedeutungen „(ver-)urteilen/entscheiden" angegeben werden.[496] Für ܕܝܢܐ selbst werden u. a. „Beurteilung/Urteil/Gericht" und „Gerechtigkeit" als mögliche Bedeutungen genannt.[497] Wie die in MT, Sam und LXX verwendeten Termini bezieht sich ܕܝܢܐ also auch auf das rechtliche Wortfeld und lässt sich nur schwer auf eine Bedeutung hin eingrenzen. Um dem in ܕܝܢܐ enthaltenen Aspekt des Urteilens und Entscheidens gerecht zu werden, ist der Begriff in der vorliegenden Übersetzung mit „Rechtsentscheidungen" wiedergegeben worden (s. 5.1.2.b).

Auswertung – Zunehmende Explikation des Charakters von Ex 21,1 als Zwischenüberschrift

In allen betrachteten Textzeugen stellt Ex 21,1 eine Zwischenüberschrift dar. Im Sam ist der Neueinsatz mit dieser Überschrift im asyndetischen Anschluss deutlicher markiert als in MT, LXX und Peš. Die starke Bezeugung von ואלה/καὶ ταῦτα durch MT und LXX spricht für die Lesung des syndetischen Anschlusses als ältere Lesart. Mit dem Fehlen des kopulativen Waw zeichnet sich im Sam eine Spur des Verständnisses von Ex 21,1 als Zwischenüberschrift ab.

In allen untersuchten Textzeugen ist die Bezeichnung des Vorzulegenden (משפטים, δικαιώματα, ܕܝܢܐ) nur schwer auf eine Bedeutung hin einzugrenzen. Zwischen משפטים (MT, Sam), δικαιώματα (LXX) und ܕܝܢܐ (Peš) lassen sich allerdings Nuancierungen feststellen, die im MT und Sam eher auf „Rechtsfeststellungen/-bestimmungen", in LXX auf „Rechtsordnungen" und in Peš auf „Rechtsentscheidungen" weisen.

Ausgehend vom im MT bezeugten Textbestand stellt sich in allen betrachteten Textzeugen die Frage nach dem Bezugsbereich der Zwischenüberschrift. Aufgrund der Tatsache, dass eine definitorische Eingrenzung des Begriffs משפטים auf kasuistisch formuliertes Recht im Bundesbuch nicht nachweisbar ist, ist für MT die Erfassung des gesamten Rechtskorpus Ex 21,2–23,19 unter der Zwischenüberschrift angemessen. Auch die Verwendung des Sammelbegriffs δικαιώματα in der LXX legt vor dem Hintergrund von Cadells Studie keine Beschränkung auf kasuistisch formulierte Bestimmungen nahe.

Ob das Vorlegen der Bestimmungen in schriftlicher und/oder mündlicher Form geschehen soll, ist auf der Mikroebene für MT, Sam und Peš nicht zu klären. Lediglich in der LXX scheint die (auch) schriftliche Weitergabe impliziert.

496 Vgl. Brockelmann/Sokoloff, *Lexicon*, 283 f.
497 Vgl. Brockelmann/Sokoloff, *Lexicon*, 297.

b. Begründungsstrukturen im Textraum *Bundesbuch*

In allen betrachteten Textzeugen greift Ex 21,1 auf der Ebene des Textraums *Bundesbuch* die Sprechverhältnisse von Ex 20,22 auf. Demzufolge beauftragt Jhwh hier Mose, den Israeliten die Gesetze vorzulegen, die Mose im Anschluss an Ex 21,1 mitgeteilt werden.

Im MT weist Ex 21,1 innerhalb des Textraums *Bundesbuch* in quantitativer Hinsicht zwar lexematische Überschneidungen zu Ex 21,13; 22,24 anhand von שׂים *Qal* und zu Ex 21,9.31; 23,6 anhand von משׁפט auf. Diese sind aus qualitativer Sicht aber kaum als Hinweise auf ein intertextuelles Verhältnis zu beschreiben, da sie nicht spezifisch gebraucht sind und auch die jeweilige Textsemantik keine Beziehung anzeigt. Innerhalb des Bundesbuches erhält Ex 21,1 keine spezifische textliche Anbindung.

Der Bezugsbereich dieser Zwischenüberschrift wurde bereits bei der Betrachtung des Verses auf der Mikroebene diskutiert (s. o.). Im Textraum *Bundesbuch* ist für die Frage des Bezugsbereiches hervorzuheben, dass keine vergleichbare Überschrift für apodiktisch formuliertes Recht existiert und eine definitorische Eingrenzung von משׁפטים und דברים auf je die kasuistische bzw. apodiktische Formulierungsweise des Rechts nicht erkennbar ist.[498] Mit dem Einsetzen des narrativen Rahmenstücks in Ex 23,20 ist Ex 23,19 als hinteres Ende des Bezugsbereichs der Zwischenüberschrift gekennzeichnet.

Der Befund im Sam gleicht dem des MT. Auch hier liegt innerhalb des Bundesbuches keine spezifische Anbindung von Ex^{Sam} 21,1 vor. Der asyndetische Versanschluss unterstreicht die Unverbundenheit der Zwischenüberschrift im Bundesbuch des Sam.

Die LXX weist im Textraum *Bundesbuch* mit Ex^{LXX} 21,1 weniger lexematische Berührungen auf als MT. Durch die Verwendung unterschiedlicher Vokabeln für παρατίθημι und δικαίωμα in Ex^{LXX} 21,13; 22,24; 23,6 ergibt sich in der LXX nur ein Bezug anhand von δικαίωμα zu Ex^{LXX} 21,9.31. Wie im MT auch sind diese Stichwortberührungen durch δικαίωμα mangels Spezifizität und Verbindungen in der Textsemantik nicht als Hinweis auf Intertextualität zu werten. Auch in der LXX erfährt die Zwischenüberschrift keine spezifische Anbindung an das Bundesbuch.

In Peš liegen die semantisch verwandten, von der Wurzel ܕܘܢ abgeleiteten Stichworte „Richter“ und „Rechtsentscheidung“ (ܕܝܢܐ) in Ex^{Peš} 21,6.22.31; 22,7.8; 23,2.3.6.8 vor. Dahingehend besteht eine Berührung von Ex^{Peš} 21,1 zum Textraum *Bundesbuch*, die in der jeweiligen Textsemantik allerdings nicht zu einer spezifischen Textbeziehung ausgebaut ist. Bezüge zu Ex^{Peš} 21,9.13; 22,24 liegen in Ex^{Peš}

498 Vgl. auch Schwienhorst-Schönberger, *Bundesbuch*, 300.

21,1 aufgrund unterschiedlicher Wortwahl nicht vor. Demnach ist auch Ex^{Peš} 21,1 im Textraum *Bundesbuch* der Peš nicht spezifisch angebunden.

c. Begründungsstrukturen im Textraum *Sinaiperikope*

Für MT und Sam lässt sich im Textraum *Sinaiperikope* für Ex 21,1 ein doppelter Bezug zu Ex 24,3 erheben, der sich sowohl in Form eines inhaltlichen Verweises auf die Szenerie von Ex 21,1 als auch anhand des Terminus משפטים äußert. Die Verbindung von Ex 21,1 und dem Ko- und Kontext von Ex 24,3 f. ist dabei wahrscheinlich derjenigen Redaktion zuzuschreiben, die auch die Korrelation der Opfertermini in Ex 20,24b mit Ex 24,5 zu verantworten und die Immunisierung der Altargesetze angestrebt hat (s. 5.1.1.d.MT:1).[499] Vor diesem Hintergrund ist die nur sehr schwach markierte Anbindung von Ex 21,1 innerhalb des Textraums *Bundesbuch* erklärbar. Allerdings bringt Ex 21,1 für die nachfolgenden Bestimmungen eine wichtige Kontextualisierung hervor: Die Rechtsbestimmungen (Ex 21,2–23,19) werden im Textraum *Bundesbuch* unter der Überschrift in Ex 21,1 subsumiert und durch die Korrelation von Ex 21,1 und Ex 24,3 im Textraum *Sinaiperikope* in ein intertextuelles Verhältnis zu Ex 24,3–8 gesetzt. Mit dieser deutlichen Markierung ist das in Ex 21,1 für Ex 21,2–23,19 aufgestellte intertextuelle Verhältnis zu Ex 24,3–8 als stark kommunikativ zu werten. Die Kennzeichnung von Ex 21,2–23,19 als משפטים in Ex 21,1 stellt einen schwach referentiellen und selektiven intertextuellen Bezug zu Ex 24,3 dar.

Die in Ex 24,3 vorliegende Unterscheidung von משפטים und דברי יהוה findet keinen Widerhall innerhalb des Bundesbuches (s. o.). Innerhalb des Textraums *Sinaiperikope* allerdings wird der Dekalog (דברים) anhand dieser Formulierung in Ex 24,3 mit aufgegriffen.[500] Insofern legt Ex 24,3 zwar keine nähere Untergliederung des Bundesbuches nahe, bestätigt aber für MT die in Ex 20,22 markierte Unterscheidung von אמ"ר *Qal* und דב"ר *Pi* im Hinblick auf Bundesbuch und Dekalog.

Aus Ex 24,3 f. wird für Ex 21,1 deutlich, dass das Vorlegen der משפטים in mündlicher Form (ויספר לעם) erfolgt. Die in Ex 24,4 genannte Verschriftung bezieht sich auf die דברי יהוה. Hossfeld rekonstruiert einen ursprünglichen Bezug von דברי יהוה auch auf das Bundesbuch. Erst mit der Einfügung des Dekalogs sei ואת כל־המשפטים in Ex 24,3 eingetragen worden, um im Verweis auf Ex 21,1 auch das Bundesbuch als Bezugsgröße beizubehalten.[501] Ist Hossfelds Rekonstruktion zutreffend, so kann die Verschriftung der דברי יהוה in Ex 24,4 *vor* der Einfü-

499 Vgl. auch Schwienhorst-Schönberger, *Bundesbuch*, 302 f.
500 Vgl. dazu Hossfeld, *Dekalog*, 190 f.
501 Vgl. Hossfeld, *Dekalog*, 190 f.

gung des Dekalogs auch auf das Bundesbuch bezogen werden. Nach der Einfügung des Dekalogs in Ex 20 ist der Unterscheidung von משפטים und דברים (Ex 24,3) zufolge die Verschriftung nur auf den Dekalog zu beziehen.

Im Textraum *Sinaiperikope* liegt in Ex 21,1 ein weiterer idiomatischer Bezug anhand der Wendung לפניהם שי״ם *Qal* zu Ex 19,7 vor. Sowohl Ex 19,7 als auch 21,1 beziehen sich auf das Vorlegen von Jhwh-Mitteilungen vor den Israeliten. Die intertextuelle Verbindung von Ex 19,7 und 21,1 ist in dieser pointierten, ausgewählten Aufnahme als stark referentiell und selektiv einzuschätzen. Mit diesem Bezug wird der in Ex 19,7 gegebene Zusammenhang der Verpflichtung der Israeliten gegenüber Jhwh (Ex 19,8) in Vorbereitung der Sinaitheophanie auch in Ex 21,1 abrufbar. Die Handlung des Vorlegens in Ex 19,7 lässt sich mit der in Ex 21,1 angeordneten Handlung parallelisieren: Bereits in Ex 19,7 haben sich die Israeliten zum Gehorsam gegenüber Jhwhs Anordnungen (כל־הדברים האלה אשר צוהו יהוה) verpflichtet. Analog dazu ist eine Gehorsamsverpflichtung der Israeliten gegenüber den in Ex 21,2–23,19 gegebenen משפטים zu erwarten.

Auch in der LXX besteht im Textraum *Sinaiperikope* ein Bezug zwischen Ex^{LXX} 21,1 und 24,3 anhand von δικαιώματα sowie in der Textsemantik. Schaper erwägt, die Unterscheidung von δικαιώματα und ῥήματα in Ex^{LXX} 24,3 auf Ex^{LXX} 21,2–23,19 und Ex^{LXX} 23,20–33 zu beziehen.[502] Vor diesem Hintergrund würde aus dem intertextuellen Verhältnis zu Ex^{LXX} 24,3 die Untergliederung des Bundesbuches klarer. Allerdings ist Schapers Überlegung kaum haltbar, wenn die Verschriftungsthematik und die Verwendung von ῥήματα in der LXX einbezogen werden: Mit ῥήματα bezeichnet die LXX üblicherweise den Dekalog (Dtn^{LXX} 4,13).[503] Bisweilen tritt auch die Bezeichnung λόγοι für den Dekalog auf (Ex^{LXX} 20,1; 34,28; Dtn^{LXX} 10,4), wobei die Verwendung von λόγοι für Dtn^{LXX} 10,4 und Ex^{LXX} 34,28 als stilistisch bedingte Abweichung erklärt werden kann.[504] Mit der Verwendung von λόγοι in Ex^{LXX} 20,1 und ῥήματα in Ex^{LXX} 34,28 sind beide Termini innerhalb der Sinaiperikope zur Bezeichnung des Dekalogs belegt.

Auf der Mikroebene war bereits zu erkennen, dass Ex^{LXX} 21,1 möglicherweise die Verschriftung der δικαιώματα (Ex^{LXX} 21,2–23,19) impliziert (s. o.). Ex^{LXX} 24,4 berichtet nun aber die Verschriftung der ῥήματα, die sich in Schapers Erwägung auf Ex^{LXX} 23,20–33 beziehen. Die Verschriftung bloß des narrativen Rahmenstücks Ex^{LXX} 23,20–33, nicht aber des Rechtskorpus kann nicht sinnvoll erklärt werden. Daher kann mit ῥήματα auch in Ex^{LXX} 24,3 f. auf der Ebene des Gesamttextes der Dekalog bezeichnet sein. Einen näheren Hinweis auf die Verschriftung des Rechtskorpus des Bundesbuches gibt die Sinaiperikope der LXX nicht.

502 Vgl. Schaper, „Exodos“, 308.
503 Vgl. Muraoka, *Lexicon*, 613.
504 Vgl. De Vos, *Rezeption und Wirkung*, 19 Anm. 10.

Der Bezug zu Ex^{LXX} 19,7 ist in der LXX im Vergleich zu MT vom Übersetzer abgeschwächt worden, da in Ex^{LXX} 19,7 keine pleonastische Formulierung von παρατίθημι mit Präposition vorliegt. Der Leser kann den Bezug zwischen Ex^{LXX} 21,1 und 19,7 allerdings anhand der Analogie in der Textsemantik im Vorlegen von Jhwh-Bestimmungen herstellen.

Peš zeigt für Ex^{Peš} 21,1 im Textraum *Sinaiperikope* ebenso die Verbindung zu Ex^{Peš} 24,3. Zu Ex^{Peš} 19,7 liegt lediglich eine Überschneidung in der suffigierten Präposition ܩܕܡܝܗܘܢ vor. Die Textbeziehung zwischen Ex^{Peš} 21,1 und 19,7 kann der Leser somit auch nur in der textsemantischen Ähnlichkeit des Übermittelns von Jhwh-Bestimmungen aufrufen.

Zusammenfassend fällt in allen betrachteten Textzeugen auf, dass Ex 21,1 innerhalb des Textraums *Bundesbuch* nur oberflächlich angebunden ist, innerhalb des Textraums *Sinaiperikope* allerdings eine deutliche Verbindung zu Ex 24,3 besteht, die das Vorlegen des Rechtskorpus Ex 21,2–23,19 vor den Israeliten als mündliche Weitergabe berichtet. Im Stadium vor der Einfügung des Dekalogs in Ex 20 scheint eine Verschriftung des Bundesbuches in Ex 24,4 denkbar,[505] die auf der Ebene des Gesamttextes in MT, LXX und Peš schließlich eher nur dem Dekalog gilt. Im Sam kann aufgrund der Einleitung des Bundesbuches mit דב"ר *Pi* (20,22) im Textraum *Sinaiperikope* unter Verweis auf Ex^{Sam} 24,4 zudem eine Verschriftung des Bundesbuches angenommen werden.[506]

d. Begründungsstrukturen im Textraum *Exodusbuch*

Zum Textraum *Exodusbuch* sind für MT, Sam und Peš in Ex 21,1 keine intertextuellen Verbindungen nachweisbar. Inhaltlich entnimmt Propp dem Exodusbuch unter Verweis auf Ex 17,14 die Möglichkeit, dass die Rechtsbestimmungen auch in schriftlicher Form vorgelegt werden sollen.[507] Allerdings erfüllt das Verhältnis von Ex 21,1 und Ex 17,14 keine Kriterien von Intertextualität, die dem Leser signalisieren, das in Ex 17,14 bereitgestellte Wissen in Ex 21,1 einzuspeisen, denn שׂ"ים *Qal* ist in Ex 17,14 (שׂ"ים באזני יהושע *Qal*) in von Ex 21,1 (שׂ"ים לפניהם *Qal*) verschiedener Idiomatik gebraucht. Lediglich Peš bietet mit ܣܘܡ ܩܕܡ *Pe* eine idiomatische Überschneidung zwischen Ex^{Peš} 21,1 und Ex^{Peš} 17,14. Doch unterscheidet sich die Thematik von Ex 21,1 und Ex 17,14: Die Verschriftung der Erinnerung an den Sieg über Amalek ist im Sinne der Bewahrung einer Geschichtsdarstellung von der Verschriftung von Rechtsbestimmungen mit Geltungsanspruch zu trennen. Somit liegt keine spezifische Textbeziehung zwischen Ex 21,1 und Ex 17,14 vor.

---

505 Vgl. Hossfeld, *Dekalog*, 190 f.

506 Zur Option der Verschriftung bei Sam s. 5.1.1.d.Sam.

507 Vgl. Propp, *Exodus 19–40*, 186.

Im Unterschied zu MT und Sam ist für die LXX eine Stichwortberührung innerhalb des Textraums *Exodusbuch* relevant: Das pluralisch verwendete δικαιώματα tritt innerhalb des Textraums *Exodusbuch* nur noch in Ex^{LXX} 15,25 f. auf, sodass eine spezifische terminologische Verflechtung zwischen Ex^{LXX} 21,1 und Ex^{LXX} 15,25 f. entsteht. In der LXX wird somit innerhalb des Textraums *Exodusbuch* für den Leser deutlich angezeigt, das Wissen um die Gehorsamsthematik aus Ex^{LXX} 15,25 f. in die Zwischenüberschrift in Ex^{LXX} 21,1 einzuspeisen. In Ex^{LXX} 15,25 f. bezeichnet δικαιώματα die von Jhwh gegebenen Gesetze in der Funktion eines Mittels zur Prüfung des Gehorsams.[508] Mit dem Bezug auf die Pointierung der Gesetze Jhwhs als Instrument zur Prüfung des Gehorsams liegt in Ex^{LXX} 21,1 eine von MT und Sam unterschiedene Zuspitzung vor. MT und Sam greifen die Gehorsamsthematik innerhalb der Sinaiperikope als Resultat einer bewusst eingegangenen Verpflichtung (Ex 19,7 f.) auf. Der Bezug zu Ex^{LXX} 19,7 f. ist innerhalb der Sinaiperikope der LXX für Ex^{LXX} 21,1 vom Übersetzer nicht explizit markiert. Stattdessen werden in der Übersetzung der LXX mittels expliziter Markierung die in Ex^{LXX} 21,1 genannten δικαιώματα im Licht von Ex^{LXX} 15,25 f. als unabdingbares Korrektiv in der Beziehung zu Jhwh begründet.

5.1.3 Das Textcluster Ex 21,2–6.7–11

a. Mikroebene: Begründungsstrukturen innerhalb der Einzelgesetze Ex 21,2–6.7–11

i. Synoptische Analyse von Ex 21,2–6 – Die Freilassung eines hebräischen Sklaven

MT:

2 כִּי תִקְנֶה עֶבֶד עִבְרִי שֵׁשׁ שָׁנִים יַעֲבֹד וּבַשְּׁבִעִת יֵצֵא לַחָפְשִׁי חִנָּם׃ 3 אִם־בְּגַפּוֹ יָבֹא בְּגַפּוֹ יֵצֵא
אִם־בַּעַל אִשָּׁה הוּא וְיָצְאָה אִשְׁתּוֹ עִמּוֹ׃ 4 אִם־אֲדֹנָיו יִתֶּן־לוֹ אִשָּׁה וְיָלְדָה־לוֹ בָנִים אוֹ בָנוֹת הָאִשָּׁה
וִילָדֶיהָ תִּהְיֶה לַאדֹנֶיהָ וְהוּא יֵצֵא בְגַפּוֹ׃ 5 וְאִם־אָמֹר יֹאמַר הָעֶבֶד אָהַבְתִּי אֶת־אֲדֹנִי אֶת־אִשְׁתִּי
וְאֶת־בָּנָי לֹא אֵצֵא חָפְשִׁי׃ 6 וְהִגִּישׁוֹ אֲדֹנָיו אֶל־הָאֱלֹהִים וְהִגִּישׁוֹ אֶל־הַדֶּלֶת אוֹ אֶל־הַמְּזוּזָה וְרָצַע
אֲדֹנָיו אֶת־אָזְנוֹ בַּמַּרְצֵעַ וַעֲבָדוֹ לְעֹלָם׃ ס

2 Wenn du einen hebräischen Sklaven kaufst, soll er sechs Jahre dienen und im siebenten (Jahr) soll er als freier Mann[509] umsonst ausziehen. 3 Wenn er allein gekommen ist, soll er allein ausziehen. Wenn er Ehemann einer Frau war, soll seine Frau auch mit ihm ausziehen. 4 Wenn sein Herr ihm eine Frau gegeben hat, und sie hat ihm Söhne oder Töchter geboren, sollen die Frau und ihre Kinder ihrem Herrn gehören, und er soll allein ausziehen. 5 Und

508 Zur Problematik von δικαιώματα in Ex 15,25 f. s. auch Cadell, „Vocabulaire", 218.220.

509 Zur grammatikalischen Problematik der Vokalisation von לחפשי und dem Verständnis als Adjektiv oder abstraktes bzw. deskriptives Nomen s. Propp, *Exodus 19–40*, 117.189.

wenn der Sklave gewiss sagt: Ich habe meinen Herrn, meine Frau und meine Söhne lieb, ich werde nicht frei ausziehen, [6] dann soll sein Herr ihn zu Gott bringen und er soll ihn zur Tür bringen oder zum Türpfosten und sein Herr soll sein Ohr durchbohren mit der Ahle, und er soll ihm immerdar dienen.

1. Binnentextuelle Begründungen – Die Narration des Gesetzes

Als kasuistisch formuliertem Recht liegt Ex 21,2–6 eine hintergründige Narration zugrunde, die wesentliche binnentextuelle Begründungslogiken freilegt. Ex 21,2 ist die Hauptbestimmung des Gesetzes und regelt die Freilassung des hebräischen Sklaven (עבד עברי) nach sechs Jahren Sklavendienst im siebenten Jahr (v.2). Sie besteht aus drei Ereignissen:

E1 – Kauf eines hebräischen Sklaven (כי תקנה עבד עברי);
E2 – sechsjähriger Dienst des Sklaven (שש שנים יעבד);
E3 – freier Ausgang des Sklaven im siebenten Jahr (ובשבעת יצא לחפשי חנם).

Ex 21,3a.b bietet zwei mit אם eingeleitete Unterfälle zur Freilassung des Sklaven, welche die Ereignisse E1 und E3 der Hauptbestimmung modifizieren:

a: E1a – Kommen des Sklaven allein (אם־בגפו יבא)
= Kauf eines Alleinstehenden;
E3a – Ausgang des Sklaven allein (בגפו יצא).
b: E1b – Kommen des Sklaven als Ehemann, d. h. mit seiner Frau, (אם־בעל אשה הוא)
= Kauf eines Verheirateten;
E3b – Ausgang des Sklaven mit seiner Frau (ויצאה אשתו עמו).

Einen weiteren mit אם eingeleiteten Unterfall, der E2 und E3 der Hauptbestimmung ergänzt, fügt Ex 21,4 hinzu:

E2.1 – Gabe einer Frau an den Sklaven durch Herrn (אם־אדניו יתן־לו אשה);
E2.2 – Geburt von Kindern durch die gegebene Frau (וילדה־לו בנים או בנות);
E3.1 – Verbleib der Frau und Kinder beim Herrn (האשה וילדיה תהיה לאדניה);
E3.2 – Auszug des Sklaven allein (והוא יצא בגפו).

Das Gegenteil zur Hauptbestimmung, den freiwilligen Verbleib des Sklaven beim Herrn, beschreibt Ex 21,5. Dieser Vers ist ein mit ואם eingeleiteter Gegenfall zu Ex 21,2.[510] Aufbauend auf Ex 21,4 erweitert Ex 21,5 das Ereignis des Verbleibs von Frau und Kindern (E3.1) und endet im Gegenereignis zum freien Auszug des Sklaven in Ex 21,2 (E3):

510 Als formales Merkmal zur Einleitung von Gegenfällen stellt Schwienhorst-Schönberger die adversative Syndese mit ואם heraus (vgl. Schwienhorst-Schönberger, *Bundesbuch*, 304).

E3.1.1 – Kundgabe der Liebe des Sklaven zu Herrn, Frau und Kindern (ואם־אמר יאמר העבד אהבתי את־אדני את־אשתי ואת־בני);
E-3 – freiwilliger Verbleib beim Herrn (לא אצא חפשי).

Eine Zeremonie, welche die freiwillige Weiterverpflichtung des Sklaven besiegelt, beschreibt Ex 21,6 mit folgenden Ereignissen:
E4 – Treten vor Gott (והגישו אדניו אל־האלהים);
E5 – Herantreten an die Tür oder den Türpfosten (והגישו אל־הדלת או אל־המזוזה);
E6 – Durchbohren des Ohres des Sklaven als Zeichen ewiger Sklavenschaft (ורצע אדניו את־אזנו במרצע ועבדו לעלם).

Ex 21,2 bietet die Basiserzählung von Kauf, Dienst und Freilassung eines hebräischen Sklaven. Diese wird in v.3 in Bezug auf die Ansprüche[511] des Sklaven konkretisiert. Dabei werden nicht vorrangig die Eigentums- (אדון), sondern die Autoritätsansprüche (בעל) des Sklaven gegenüber seiner Frau fokussiert.[512] Insofern ist der Sklave besitzlos. Die Frau wird nicht zum Besitz des Sklaven gerechnet, sondern dieser Kategorie enthoben. Naheliegender Grund dafür ist, dass die Frau mit der Aussicht auf mögliche Nachkommen die Zukunft des Sklaven nach seiner Sklavenschaft sichert. Eine Frau, die der Sklave bereits vor Antritt seiner Sklavenschaft hatte, wird vom rechtlichen Status ihres Mannes bestimmt und folgt ihm daher in das Haus des Sklavenhalters.[513] Entsprechend nimmt er seine Frau bei der Freilassung wieder mit. Die binnentextuelle Logik der Narration aus Ex 21,2.3 lautet daher: Was der Sklave seiner autoritativen Verfügungsgewalt unterstehend (בעל) mit in die Sklavenschaft brachte, nimmt er bei seiner Freilassung wieder mit.

Die vv.4–6 variieren die Basiserzählung aus v.2 für den Fall, dass Eigentumsansprüche (אדון) des Sklavenhalters geltend gemacht werden können.[514] Dahinge-

511 Dies hat u. a. Pressler anhand der unterschiedlichen Wortwahl von בעל (v.3) und אדון (v.4) herausgearbeitet (vgl. Pressler, „Wives and Daughters“, 161 f.). Houtman dagegen präferiert aufgrund der überwiegenden Belege des Bundesbuches für בעל die Bedeutung „Besitzer“ (vgl. Houtman, *Bundesbuch*, 79). Überschneidungen im semantischen Spektrum von בעל und אדון führen dazu, dass die Bedeutung von בעל zwischen Besitz- und Autoritätsperson changiert und nicht immer exakt unterschieden werden kann. Im Fall des Sklavengesetzes scheint eine Unterscheidung zwischen Besitzer und Autoritätsperson allerdings gerechtfertigt und notwendig, da die beiden Bezeichnungen בעל und אדון hier nebeneinanderstehen und sich folglich nahelegt, dass unterschiedliche Bedeutungsnuancen intendiert sind.

512 Vgl. Pressler, „Wives and Daughters“, 161 f.

513 Vgl. Pressler, „Wives and Daughters“, 155.161.

514 Da im vorliegenden Sklavengesetz der Eigentümer mit אדון bezeichnet wird, ist deutlich, dass es sich hier nun um volle Eigentumsansprüche des Sklavenhalters gegenüber der von ihm selbst gegebenen Frau und deren Kindern handeln muss (vgl. Pressler, „Wives and Daughters“, 161 f.).

hend geben die Ereignisse der Gabe einer Frau an den Sklaven und der Geburt von Kindern (E2.1 und E2.2) der Basiserzählung eine andere Ausrichtung als in v.3. Die Ereignisse E2.1 und E2.2 eröffnen zwei neue Erzählstränge, die entweder im alleinigen Auszug des Sklaven (E3.2) oder in dessen freiwilligem Verbleib in der Sklavenschaft (E-3–6) enden. Das binnentextuell zugrunde liegende Denkmuster folgt dem Grundsatz, dass im Sklavendienst erwirtschaftete Werte des Sklaven dem Sklavenhalter gehören. Die Frau, die der Sklavenhalter dem Sklaven gegeben hat, bleibt und gehört zum Eigentum des Herrn.[515] Konsequenterweise spricht v.4 von „ihrem Herrn" (לַאדֹנֶיהָ; mit *pluralis maiestatis* von אדון). Auch im Gegenüber zu Ex 21,7–11 legt sich nahe, dass diese Frau eine Arbeitssklavin des Sklavenhalters ist.[516] Entsprechend gehören von ihr in der Sklavenzeit geborene Kinder zum Besitz des Sklavenhalters. Der hebräische Sklave aber, der bei seinem Sklavenhalter und Frau und Kindern bleiben möchte (v.5), kann sich nur durch den Vollzug eines Übereignungsritus freiwillig und für den Rest seiner Lebenszeit[517] in den Besitz des Sklavenhalters begeben (v.6).

Neben der Kategorie des käuflich erworbenen Zeitsklaven gibt es somit die Kategorie einer in das Eigentum des Sklavenhalters eingegliederten Leibeigenschaft. Das Freilassungsgesetz in Ex 21,2 bezieht sich auf einen käuflich erworbenen Sklaven auf Zeit. Der Erwerb dieses Sklaven richtet sich auf die Arbeit von sechs Jahren, deren Früchte im Besitz des Sklavenhalters verbleiben. Das Kind des Zeitsklaven mit seiner durch den Herrn zugeordneten Frau wird daher vom Herrn nicht erworben, sondern gehört schon immer ihm. Die Frau fungiert juristisch als Leihmutter, der Zeitsklave als Leihvater.[518] Für das Kind gilt als Besitz des Sklavenhalters die Kategorie der Leibeigenschaft.[519]

---

515 Westbrook sieht hierin ein grundsätzliches Problem, bei dem Sklaven- und Familienrecht sich überschneiden, und stellt den Vorrang von Eigentumsrechten des Sklavenhalters gegenüber den Eherechten des Sklaven fest (vgl. Westbrook, „Female Slave", 223 f.). In dieser Vorordnung der Ansprüche des Sklavenhalters kommt das Prinzip des wirtschaftlichen Ausgleichs der Schulden des Sklaven beim Sklavenhalter (s. u.) zum Tragen.

516 Vgl. auch Houtman, *Bundesbuch*, 80.

517 Vgl. Propp, *Exodus 19–40*, 195 f.

518 In Anbetracht der altisraelitischen Zeugungsvorstellung ist bemerkenswert, dass die Samen des Mannes anscheinend vor der Ejakulation noch keine Rechtspersonen sind. Sonst müssten sie und das Kind juristisch dem leiblichen Vater zugeordnet werden.

519 Propp weist auf einen inneren Widerspruch des Gesetzes, der sich aus der in biblischen Texten patrilinear vermittelten ethnischen Zugehörigkeit ergebe: Die Kinder des hebräischen Sklaven seien wiederum Hebräer und daher nach sechs Jahren freizulassen (vgl. Propp, *Exodus 19–40*, 191 f.). Gegen die Feststellung eines solchen Widerspruchs ist einzuwenden, dass die Kinder im Sinne der Kategorie der Leibeigenschaft keine käuflich erworbenen Zeitsklaven, sondern Besitz des Sklavenhalters sind. Das Gesetz aus Ex 21,2 findet somit auf sie keine Anwendung.

2. Ko- und kontextuelle Begründungen – Informationen innerhalb des Gesetzes

Das Ereignisgerüst der Narration der Gesetze in Ex 21,2–6 wird durch wichtige Informationen erweitert, die sich auf ko- und kontextuell gegebene Begründungen im Gesetz der Sklavenfreilassung beziehen. Diese liegen in folgenden Worten und Wendungen vor:

- V.2: עברי – als Adjektivattribut[520] zu עבד; ובשבעת – als explizite Angabe des Zeitraums, die sich nach sechs Jahren Sklavendienst ergibt; לחפשי חנם – als zwei modale Modifikationen der Aktion des Herausziehens (יצ"א *Qal*).
- V.4: בגפו – als Ergänzung, die das Herausziehen ohne Frau und Kinder, wie zuvor erklärt (האשה וילדיה תהיה לאדניה), verdeutlicht.
- V.5: חפשי – als Modalbeschreibung des Herausziehens (s. o.).
- V.6: והגישו אדניו אל־האלהים // והגישו אל־הדלת או אל־המזוזה – als doppelte bzw. gar dreifache Beschreibung des Ortes, an dem die Zeremonie des Ohrdurchbohrens stattfinden soll.

ad v.2) Die Bedeutung des Attributs עברי zu עבד ist in der Forschung breit diskutiert worden.[521] Zwei mögliche Interpretationen stehen zur Debatte: 1) die soziologische, welche zwischen עברי in Ex 21,2 und *ḫabiru* in Nuzi-Texten eine Verbindung sieht und עברי entsprechend als sozialrechtlichen Begriff versteht, der die Gruppe der Halbfreien und Versklavten kennzeichne; und 2) die ethnische, welche anhand sämtlicher inneralttestamentlicher Belege von עברי schlussfolgert, dass עברי ein Begriff zur Kennzeichnung der Volkszugehörigkeit sei.[522] Da das Verhältnis zwischen עברי und *ḫabiru* bisher nicht ausreichend geklärt ist und darüber hinaus grundsätzlich angezweifelt wird, spricht sich in der Forschung eine Mehrheit für die ethnische Deutung des Begriffs in Ex 21,2 aus.[523] Diese wird durch den Gebrauch von עברי und יהודי in Ex 21,6; Dtn 15,12 und Jer 34,9 belegt. Hierzu hat Jericke herausgearbeitet, „dass auch in den alttestamentlichen Gesetzestexten ‚Hebräer / hebräisch' vorrangig als Ethnikon und damit als Synonym für ‚Israelit' bzw. ‚Judäer' zu verstehen ist."[524] Entsprechend stellt עברי in Ex 21,2 das Zeitsklavengesetz in den Bezugs- und Geltungsbereich des Volkes Israel und

---

520 Für עבד עברי wurde gelegentlich diskutiert, ob eine Constructus-Verbindung im Sinne von „Sklave eines Hebräers" oder ein Adjektivattribut im Sinne von „hebräischer Sklave" vorliegt, wobei im Kontext von Ex 21,2–6 aber nur die Lesung eines Adjektivattributs sinnvoll ist (vgl. Propp, *Exodus 19–40*, 186).

521 S. dazu den Überblick bei Chirichigno, *Debt-Slavery*, 200–218; Loretz, *Habiru*, 123–129.

522 Vgl. Loretz, *Habiru*, 123–129.

523 Vgl. u. a. Loretz, *Habiru*, 123–138; Propp, *Exodus 19–40*, 187; Schwienhorst-Schönberger, *Bundesbuch*, 306 f.

524 Jericke, „Hebräer/Hapiru", in: *WiBiLex* (2012), 2.3.

definiert, dass es sich nicht nur beim Käufer, sondern auch beim Gekauften um einen Hebräer handelt. Aufgrund der Spezifizierung ist ebenso anzunehmen, dass ein Hebräer einen Nichthebräer durchaus als Sklaven erwerben und behalten durfte, gleichfalls gedeckt durch israelitisches Gesetz.

Mit der Temporalangabe ובשבעת in Ex 21,2 wird ein bereits bekannter Zeitpunkt, der dem Ablauf von sechs Jahren konsequenterweise folgt, explizit genannt. ובשבעת trägt in das Gesetz die Verbindung zur Vorstellungswelt des Siebener-Rhythmus ein. Auf der Mikroebene des Gesetzes kann erhoben werden, dass mit dem Siebenten – hier dem siebenten Jahr – ein Umschwung oder Neubeginn einhergeht,[525] insofern die Freilassung des Sklaven eine Wende beschreibt. Der siebenjährige Zyklus verweist ferner auf die göttliche Periodisierung der Zeit[526] und damit auf die Schöpfung (s. 5.1.3.d.MT:3).

לחפשי und חנם qualifizieren die Freilassung des Sklaven und können als Hinweise auf die Art der Sklavenschaft gelesen werden.[527] Der Sklave zieht ohne Leistung eines Gegenwertes unentgeltlich (חנם) aus.[528] Mit dem siebenten Jahr wird keine ausgleichende Geldleistung mehr an den Sklavenhalter gezahlt. Dies spricht für das Vorliegen von Schuldsklavenschaft in Ex 21,2–6.[529] Der Käufer des hebräischen Zeitsklaven (Ex 21,2) erwirbt immer nur die Arbeitskraft von sechs Jahren, nicht den Menschen generell. Mit חנם wird in Ex 21,2 expliziert, dass die durch den Kauf erworbenen Ansprüche erlöschen. In Anbetracht dessen scheint eine vorzeitige Auslösung des Sklaven unter Zahlung eines Lösegeldes zulässig.[530]

---

525 Vgl. Houtman, *Bundesbuch*, 79.

526 Zur strukturierenden Funktion des Schemas ‚sechs – sieben' im Sinne einer überschaubaren zeitlichen Periodisierung s. Ziemer, „Zahlen", 466 f.

527 Üblicherweise wird versucht, die Frage nach dem Vorliegen von Schuldsklavenschaft oder (Voll-)Sklaverei an den Termini עבד und/oder עברי zu entscheiden, s. z. B. Chirichigno, *Debt-Slavery*, 182–185. Stellt עברי allerdings ein Gentilicium dar (s. o.) und bezeichnet עבד unterschiedslos den „Sklaven" (vgl. Milgrom, *Leviticus 23–27*, 2213; Chirichigno, *Debt-Slavery*, 183), so führen diese beiden Begriffe in der Frage nach der Art der Sklavenschaft allein nicht weiter. Propp verzichtet auf eine Differenzierung der Art der Sklavenschaft, da der biblische Text keine Hinweise auf eine Unterscheidung gebe (vgl. Propp, *Exodus 19–40*, 188). Doch können gerade חנם und חפשי in Ex 21,2 als Hinweise auf das Vorliegen von Schuldsklaverei gelesen werden.

528 Zum Bedeutungsspektrum von חנם vgl. Gesenius, *Handwörterbuch*[18], 372.

529 Van Seters interpretiert Ex 21,2–6 als Zeugnis für intergentale Vollsklaverei, bei der hebräische Sklaven zwischen Israel und Fremdvölkern gehandelt werden. Dafür bestimmt er Ex 21,2–6 als jünger als die Sklavengesetze des Dtn und H und liest sie im Zusammenhang mit Neh 5,8 (vgl. van Seters, „Hebrew Slave", 545.546). Otto hingegen geht davon aus, dass Ex 21,2–3 die Schuldsklaverei thematisiere, Ex 21,4 aber von Vollsklaverei spreche (vgl. Otto, *Dtn 12,1–23,15*, 1362). Während bei van Seters vorrangig die Datierung als Problemstelle seiner Theorie anzusehen ist, ist mit Blick auf Ottos Beobachtung dem Changieren des Textes zwischen den Themen der Schuldsklavenschaft und Leibeigenschaft nachzugehen (s. o.).

530 Vgl. auch van Seters, „Hebrew Slave", 541.

חפשׁי kennzeichnet den an die Sklavenschaft anschließenden Zustand des Mannes als freie Person, die (wieder) ein vollwertiges Mitglied der israelitischen Gesellschaft sein kann.[531] Auch dies spricht für das Vorliegen von Schuldsklavenschaft, an deren Beendigung sich die Wiedereingliederung des Betroffenen in die freie Gesellschaft anschließt. Damit bezieht sich das Gesetz auf Grundsätze der gesellschaftlichen Identität Israels[532] und bindet ein soziales Begründungsmuster ein.

ad v.4) Obgleich die Eigentumsverhältnisse in Bezug auf die vom Sklavenhalter gewährte Frau und deren Kinder mit der Possessivangabe האשׁה וילדיה תהיה לאדניה bereits geregelt sind, expliziert בגפו, dass der Sklave in diesem Fall allein auszuziehen hat. Dies stellt eine Betonung der Ansprüche und Rechte des Sklavenhalters dar und schärft das o. g. Prinzip der Wahrung zukunftssichernden Bestands ein,[533] welches für den Sklaven in vv.2–3 ebenso wie für den Herrn in v.4 gilt. Im Rahmen der Schuldsklavenschaft verdeutlicht sich darin der Schuldenausgleich anhand erwirtschafteter Werte. Die Kinder der Arbeitssklavin und des Zeitsklaven, welche ebenso zum Besitz des Sklavenhalters gehören, können als mittel- bis langfristiger wirtschaftlicher Gewinn und Zukunftssicherung des Sklavenhalters gelten.

ad v.5) Die Modalangabe חפשׁי signalisiert in v.5 den freiwilligen Verzicht auf das Leben als Freigelassener und die Teilhabe an der freien Gesellschaft. Dieser geschieht aus Liebe zum Herrn sowie zu Frau und Kindern und mündet in der Eingliederung des Zeitsklaven in den Besitz des Sklavenhalters (s. o.).

ad v.6) Die doppelte bzw. gar dreifache Nennung des Zeremonienortes in v.6 hat in der Forschung unterschiedliche Erklärungsversuche hervorgebracht. Einige Entwürfe vermeiden eine literarhistorische Aufspaltung des Textes und sehen im Akt des Näherns zu האלהים und zur Tür oder dem Türpfosten eine einzige Handlung: Mittels *Waw explicativum* werde erläutert, dass das Herantreten zu האלהים

531 Vgl. Houtman, *Bundesbuch*, 79; Philipps, „Slavery“, 55. Für חפשׁי wurde ebenso eine Verbindung zur in Nuzi-Texten bezeugten Bezeichnung *hupšu* gesucht; diese konnte aber – vergleichbar zur *ḫabiru*-Problematik – bisher nicht bestätigt werden (vgl. Philipps, „Slavery“, 54 f.; s. auch Propp, *Exodus 19–40*, 189 f.).
532 Vgl. Philipps, „Slavery“, 62.
533 Vor dem Hintergrund der Unterscheidung von בעל (v.3) und אדון (v.4) bezieht sich ‚Bestand‘ in der Beschreibung dieses Prinzips auch auf diejenigen Elemente, die allgemein der autoritativen Verfügungsgewalt der betreffenden Person unterstellt sind und nicht im engeren Sinne als Eigentum zu betrachten sind (i. e., die mitgebrachte Frau des Sklaven).

dem Herantreten an die Tür bzw. den Türpfosten entspreche.[534] האלהים sei demnach als Bezeichnung für eine oder mehrere Gottheit(en) zu verstehen. Dies können ursprünglich z. B. Hausgottheit(en) sein, die im Kontext des Bundesbuches mit Jhwh identifiziert werden konnten (s. 5.1.3.c.MT:4).[535]

Redaktionskritisch arbeitende Entwürfe setzen üblicherweise an der doppelten Ortsangabe an und weisen Ex 21,6aβ redaktioneller Tätigkeit zu. So sieht Schwienhorst-Schönberger in והגישו אל־הדלת או אל־המזוזה einen dtr Zusatz, der im Sinne der Kultzentralisation den ursprünglich am Lokalheiligtum stattfindenden Ritus in das Haus des Sklavenhalters verlege.[536] Die Erklärung der doppelten Ortsangabe setzt voraus, dass der Redaktor die genannte Gottheit bereits mit Jhwh identifizieren konnte. Andernfalls würde der redaktionelle Eingriff die Ambivalenz des Textes nicht entschärfen. Im Rahmen dessen wird in der Forschung bisweilen auf die Vorstellung der besonderen Präsenz des Jhwh-Willens an der Tür bzw. dem Türpfosten eines Hauses (vgl. Dtn 6,9) verwiesen, mit der eine durch die Kultzentralisation entstandene Leerstelle gefüllt worden sei.[537] Für den Redaktor könne die Einfügung der Tür bzw. des Türpfostens daher problemlos mit einer monotheistischen Jhwh-Verehrung konform gehen.[538]

Religionsgeschichtlich setzen die beiden genannten Erklärungsrichtungen auf einen polytheistischen Ursprung des Ritus,[539] der entweder in den privaten häuslichen oder öffentlichen lokalen Kulten zu suchen ist und später mit dem Jhwh-Kult verbunden wurde. Unabhängig davon liegt die Funktion der Gottheit(en) bei diesem Ritus auf der Ebene des Einzelgesetzes konstant in deren Zeugenschaft. Diese sichert die getroffene Vereinbarung rechtlich ab und macht sie verbindlich.[540]

Bei der Annahme einer Zeremonie im Hauseingang und im Beisein der Hausgottheit(en) könnte der Ritus der lebenslangen Übereignung zudem eine starke symbolische Aufladung erhalten, die u. a. Joe Sprinkle herausgearbeitet hat. Die Aufnahme als dauerhafter Sklave bedeute zugleich eine Eingliederung in das Haus des Sklavenhalters und in den Machtbereich der Hausgottheit(en).[541] Ein Bruch der Vereinbarung seitens des Sklaven würde damit seinen gesamten Le-

---

534 Vgl. Osumi, *Kompositionsgeschichte*, 163 f.; Houtman, *Bundesbuch*, 81.

535 Vgl. Houtman, *Bundesbuch*, 91–93.

536 Vgl. Schwienhorst-Schönberger, *Bundesbuch*, 308. Eine nach-dtn Zuordnung zu Ex 21,2.6 befürwortet Loretz, *Habiru*, 141–150.

537 Vgl. Loretz, *Habiru*, 145; Osumi, *Kompositionsgeschichte*, 162.

538 Dies behauptet ähnlich Loretz, *Habiru*, 145 für die Letztgestalt des Textes von Ex 21,2–6, die streng monotheistisch lesbar sein musste.

539 S. dazu Loretz, *Habiru*, 149; Houtman, *Bundesbuch*, 91.

540 Vgl. auch Houtman, *Bundesbuch*, 93.

541 Vgl. Sprinkle, *Book of the Covenant*, 58–60.

bensraum im Haus des Sklavenhalters betreffen und die Hausgottheit(en) gegen ihn aufbringen.[542] Ähnliche Symbolik komme dem Akt des Ohrdurchbohrens am Hauseingang zu, insofern das zu markierende Ohr als Sinnbild des Gehorsams und der Hörigkeit des Sklaven gegenüber dem Sklavenhalter und seinem Haus fungieren könne.[543]

Über die mögliche Symbolik und die rechtliche Absicherung in der Zeugenschaft einer göttlichen Instanz hinaus könnte mit והגישו אדניו אל־האלהים והגישו אל־הדלת או אל־המזוזה in Ex 21,6 tatsächlich ein zweiteiliger Ritus intendiert sein. Dieser findet einesteils wegen der faktischen Herauslösung des betreffenden Hebräers als selbstständiges Glied der Jhwh-Gemeinschaft am Heiligtum statt. Andernteils findet er am Haus des Sklavenhalters statt wegen der faktischen Eingliederung des Hebräers in den Hausstand und Besitz seines Herrn.

LXX:

2 ἐὰν κτήσῃ παῖδα Ἑβραῖον, ἓξ ἔτη δουλεύσει σοι· τῷ δὲ ἔτει τῷ ἑβδόμῳ ἀπελεύσεται ἐλεύθερος δωρεάν. 3 ἐὰν αὐτὸς μόνος εἰσέλθῃ, καὶ μόνος ἐξελεύσεται· ἐὰν δὲ γυνὴ συνεισέλθῃ μετ' αὐτοῦ, καὶ ἡ γυνὴ ἐξελεύσεται μετ' αὐτοῦ. 4 ἐὰν δὲ ὁ κύριος δῷ αὐτῷ γυναῖκα καὶ τέκῃ αὐτῷ υἱοὺς ἢ θυγατέρας, ἡ γυνὴ καὶ τὰ παιδία ἔσται τῷ κυρίῳ αὐτοῦ, αὐτὸς δὲ μόνος ἐξελεύσεται. 5 ἐὰν δὲ ἀποκριθεὶς εἴπῃ ὁ παῖς Ἠγάπηκα τὸν κύριόν μου καὶ τὴν γυναῖκα καὶ τὰ παιδία, οὐκ ἀποτρέχω ἐλεύθερος· 6 προσάξει αὐτὸν ὁ κύριος αὐτοῦ πρὸς τὸ κριτήριον τοῦ θεοῦ, καὶ τότε προσάξει αὐτὸν πρὸς τὴν θύραν ἐπὶ τὸν σταθμόν, καὶ τρυπήσει αὐτοῦ ὁ κύριος τὸ οὖς τῷ ὀπητίῳ, καὶ δουλεύσει αὐτῷ εἰς τὸν αἰῶνα.

2 Wenn du einen hebräischen Sklaven kaufst, soll er dir sechs Jahre dienen. Im siebenten Jahr aber soll er frei umsonst weggehen. 3 Wenn er selbst allein hineingegangen ist, soll er auch allein hinausgehen. Wenn aber eine Frau mit ihm mit hineingegangen ist, soll auch die Frau mit ihm hinausgehen. 4 Wenn aber der (Haus-)Herr[544] ihm eine Frau gegeben hat, und sie ihm Söhne oder Töchter geboren hat, sollen die Frau und die Kinder seinem (Haus-)Herrn gehören, er selbst aber soll allein hinausgehen. 5 Wenn aber der Sklave antwortend sagt: Ich habe meinen (Haus-)Herrn und die Frau und die Kinder lieb, ich laufe nicht als freier (Mann) davon, 6 dann soll sein (Haus-)Herr ihn vorbringen zu dem Gericht Gottes, und dann soll er ihn vorbringen zu der Tür an den Türpfosten und sein (Haus-)Herr soll das Ohr durchbohren mit der Ahle, und er soll ihm immerdar dienen.

Die zugrunde liegende Narration in Ex^{LXX} 21,2–6 unterscheidet sich nicht von der des MT. Gleichwohl zeigt die LXX eine wichtige Präzisierung in v.2: Hier verdeut-

542 Vgl. Sprinkle, *Book of the Covenant*, 59 f.; Houtman, *Bundesbuch*, 93.

543 Vgl. Sprinkle, *Book of the Covenant*, 59 f.; Houtman, *Bundesbuch*, 93.

544 Zur Vermeidung von Missverständnissen wurde κύριος, womit hier der Sklavenhalter bezeichnet ist, nicht wie bei der Bezeichnung der Gottheit Jhwh als HERR, sondern als (Haus-)Herr wiedergegeben.

licht σοι eine doppelte Beschränkung des Sklavendienstes auf sechs Jahre und auf den Dienst für diesen einen Herrn.[545] Ein Wechsel des Hausherrn ist explizit nicht vorgesehen. Die Lesart der LXX schließt hier eine Leerstelle im Vergleich zu einem der Lesart des MT entsprechenden Textbestand, der eine Beibehaltung desselben Sklavenhalters lediglich impliziert.

In Entsprechung zur *figura etymologica* אמר יאמר des MT liest Ex[LXX] 21,5 ἀποκριθεὶς εἴπῃ. Das Partizip ἀποκριθείς „indem er antwortet" weist auf eine Frage-Antwort-Szenerie hin,[546] in deren Imagination dem Sklaven eine Frage gestellt wird, auf die er mit dem Bekenntnis zu Herr, Frau und Kindern antwortet. Im MT ist nicht zu entscheiden, ob der Sklave das Liebesbekenntnis zu Herr, Frau und Söhnen nur innerlich denkt oder öffentlich ausspricht.[547] Die in der LXX angedeutete Frage-Antwort-Szenerie weist auf ein öffentliches Bekenntnis, sofern kein inneres Selbstgespräch des Sklaven vorausgesetzt ist.

Die in v.6 beschriebene Zeremonie findet in der LXX vor dem „Gericht Gottes" (τὸ κριτήριον τοῦ θεοῦ) statt. Propp sieht darin einen Hinweis auf gewöhnliche, menschliche Richter.[548] Das ist aber wohl kaum zutreffend. Insbesondere Gurtner hat auf den seltenen Gebrauch von κριτήριον in der LXX gewiesen und aus dessen Analyse geschlussfolgert: „[The term; AmK] is used for a place or seat of judgment from which one in authority pronounces legal decisions. [...] Here the one presiding is clearly expressed as 'God' [...]."[549] Die Nennung des „Gerichtes Gottes" (τὸ κριτήριον τοῦ θεοῦ) zielt in der LXX laut Gurtner nicht nur auf die göttliche Zeugenschaft, sondern auch auf die Bedeutung der Öffentlichkeit der Zeremonie: „The act is a public declaration of a permanent commitment to slavery, and therefore needed to occur in a public place."[550]

Mit καὶ τότε „und dann" markiert die LXX den Ritus als Geschehen, das sich aus zwei zeitlich nacheinander erfolgenden Ereignissen zusammensetzt. Sie setzt die Kenntnis einer zweiteiligen Zeremonie voraus. Diese findet einerseits mit Blick auf ihre Bedeutung für die Öffentlichkeit am „Gericht Gottes" (τὸ κριτήριον τοῦ θεοῦ) und andererseits in ihrer Bedeutung für die dauerhafte Übernahme des Sklaven in den Hausstand des Sklavenhalters, nach Verzicht auf eigene Hausführung, am Haus des Sklavenhalters statt.

---

545 Vgl. Gurtner, *Exodus*, 384.

546 Gurtner nimmt die in ἀποκριθείς gegebene Vorstellung von Frage und Antwort nicht wahr, bezieht sich aber ausschließlich auf λέγω als Bezeichnung gedanklicher Reflexion oder öffentlicher Rede (vgl. Gurtner, *Exodus*, 385).

547 Vgl. auch Propp, *Exodus 19–40*, 192.

548 Vgl. Propp, *Exodus 19–40*, 192.

549 Gurtner, *Exodus*, 385 f.

550 Gurtner, *Exodus*, 386.

Sam:

2 כי תקנה עבד עברי שש שנים יעבדך ובשביעית יצא לחפשי חנם: 3 אם בגפיו יבוא בגפיו
יצא אם בעל אשה הוא ויצאה אשתו עמו: 4 אם אדניו יתן לו אשה וילדה לו בנים או בנות
האשה וילדיה תהיה לאדניו והוא יצא בגפיו: 5 אם אמר יאמר העבד אהבתי את אדני את
אשתי ואת בני לא אצא חפשי: 6 והגישו אדניו אל האלהים והגישו אל הדלת או אל המזוזה
ורצע אדניו את אזנו במרצע ועבדו לעולם :–

2 Wenn du einen hebräischen Sklaven kaufst, soll er dir sechs Jahre dienen und im siebenten (Jahr) soll er frei umsonst ausziehen. 3 Wenn er allein gekommen ist, soll er allein ausziehen. Wenn er Ehemann einer Frau war, soll seine Frau auch mit ihm ausziehen. 4 Wenn sein Herr ihm eine Frau gegeben hat, und sie hat ihm Söhne oder Töchter geboren, sollen die Frau und ihre Kinder seinem Herrn gehören, und er soll allein ausziehen. 5 [Ø] Wenn der Sklave gewiss sagt: Ich habe meinen Herrn, meine Frau und meine Söhne lieb, ich werde nicht frei ausziehen, 6 dann soll sein Herr ihn zu Gott bringen und er soll ihn zur Tür bringen oder zum Türpfosten und sein Herr soll sein Ohr durchbohren mit der Ahle, und er soll ihm immerdar dienen.

Sam bezeugt das narrative Grundgerüst in Entsprechung zu MT. Anders als MT, aber in Übereinstimmung mit der LXX, expliziert Sam durch die mit der 2.m.Sg. suffigierte Form יעבדך in Ex^{Sam} 21,2 die Beschränkung des Sklavendienstes für diesen einen Hausherrn. Auch Sam begegnet hiermit der Lesart des Proto-MT, die eine Mehrdeutigkeit ermöglicht, und manifestiert in seinem Textverständnis die Bindung des Zeitsklaven an *einen* Herrn.

Darüber hinaus liest Sam in Ex^{Sam} 21,3 בגפיו mit pluralischem Suffix. Die etymologische Ableitung von גַּף ist umstritten. Häufig wird eine Verbindung zu גּוּף „Körper, Person" angenommen.[551] In diesem Sinne begibt sich der Sklave in Ex 21,2 f. lediglich „mit seinem Körper" in die Sklavenschaft, was der Lesart der LXX (μόνος „allein") entspricht.[552] Auch die Ableitung von **gnp* = *knp* „Gewand, Kleidung" wurde erwogen, welche zur Lesart der Vulgata (*cum quali veste* bzw. *cum vestitu suo* „mit welcher bzw. seiner Kleidung") passt.[553]

Ehrlich zieht in Betracht, dass גַּף und אֲגַף sinngleich zu verstehen seien und daher in Ex 21,3 „Schar, Anhang" zu übersetzen sei. Entsprechend bezeichne בגפו in Ex 21,3 Frau und Kinder des Sklaven.[554] Im Rahmen dieser Diskussion wird die im Sam bezeugte Bildung mit pluralischem Suffix relevant. Propp erklärt, dass der Plural zur Wortbedeutung „Schar, Anhang" zwar besser passe, Ex 21,4 f. allerdings deutlich mache, dass Frau und Kinder nicht Teil des גַּף des Sklaven seien. Im Falle der Bedeutung „Schar, Anhang" könne גַּף hier also nur Personen oder

---

551 Vgl. Gesenius, *Handwörterbuch*[18], 226.
552 S. dazu auch Propp, *Exodus 19–40*, 190.
553 Vgl. Propp, *Exodus 19–40*, 190.
554 Vgl. Ehrlich, *Randglossen*, 347.

Besitz außer der unmittelbaren Familie bezeichnen, die der Sklave dauerhaft behalten darf.[555]

Gegen diese Deutung von גף, die Sam mit der pluralischen Lesart unterstützen könnte, sprechen insbesondere die Verwendung von גף im Zusammenhang von vv.3.4 f. und die Besitzlosigkeit des Sklaven, die im Falle der Schuldsklaverei vorauszusetzen ist (s. o.). Als Einwand dagegen könnte hervorgebracht werden, dass der גף möglicherweise nicht zum Besitz des Sklaven gezählt wurde, sondern vergleichbar zu dessen mit in die Sklavenschaft gebrachter Frau (v.3) der Autorität des Sklaven zugeordnet wird, und nicht dem Besitz. Allerdings könnte auch dann nicht erklärt werden, warum der גף des Sklaven vor Eintritt in die Schuldsklaverei nicht veräußert werden sollte. Da die Frau des Sklaven offenbar nicht dessen גף zugeordnet ist (vv.3.4 f.), kann der גף nicht dessen familiäre Zukunftssicherung betreffen (s. o.). Eine Veräußerung des גף im Sinne von „Schar, Anhang" zum Abtragen von Schulden wäre vor Eintritt in die Schuldsklaverei also grundsätzlich denkbar.

Die pluralische Lesart des Sam kann damit nicht durch die Übernahme der Bedeutung „Schar, Anhang" für גף erklärt werden. Vermutlich ist sie eher auf eine morphologische Besonderheit des samaritanischen Hebräisch zurückzuführen.[556] Demnach heißt גפיו im Sam „er allein", wie die samaritanischen Targumim auch übersetzen.[557]

Peš:

[2] ܟܕ ܬܙܒܢ ܥܒܕܐ ܝܗܘܕܝܐ. ܫܬ ܫܢܝܢ ܢܦܠܚܝܟ. ܘܒܫܒܥܐ ܢܦܘܩ ܒܪ ܚܐܪܐ ܡܢ ܠܘܬܟ. [3] ܘܐܢ ܒܠܚܘܕܘܗܝ ܢܥܘܠ
ܒܠܚܘܕܘܗܝ ܢܦܘܩ. ܘܐܢ ܒܥܠ ܐܢܬܬܐ ܗܘ. ܬܦܘܩ ܐܢܬܬܗ ܥܡܗ. [4] ܘܐܢ ܡܪܗ ܢܬܠ ܠܗ ܐܢܬܬܐ. ܘܬܐܠܕ ܠܗ
ܒܢܝܐ ܘܒܢܬܐ. ܐܢܬܬܐ ܘܒܢܝܗ ܢܗܘܘܢ ܕܡܪܗ. ܘܗܘ ܢܦܘܩ ܒܠܚܘܕܘܗܝ. [5] ܘܐܢ ܢܐܡܪ ܥܒܕܐ ܕܪܚܡ ܐܢܐ ܠܡܪܝ.
ܘܠܐܢܬܬܝ ܘܠܒܢܝ. ܠܐ ܢܦܩ ܐܢܐ ܒܪ ܚܐܪܐ. [6] ܢܩܪܒܝܘܗܝ ܡܪܗ ܠܘܬ ܕܝܢܐ. ܘܢܩܪܒܝܘܗܝ ܠܘܬ ܬܪܥܐ ܐܘ ܠܘܬ
ܐܣܩܘܦܬܐ. ܘܢܢܩܘܒ ܡܪܗ ܐܕܢܗ ܒܡܚܪܙܐ. ܘܢܗܘܐ ܠܗ ܥܒܕ ܦܠܚ ܠܥܠܡ.

[2] Wenn du einen jüdischen Sklaven kaufst, soll er dir sechs Jahre dienen und im siebenten (Jahr) soll er als freier Mann ausgehen von dir. [3] Und wenn er allein hineingegangen ist, soll er allein ausgehen. Und wenn er Ehemann einer Frau war, soll seine Frau mit ihm ausgehen. [4] Und wenn sein Herr ihm eine Frau gegeben hat, und sie hat ihm Söhne und Töchter geboren, dann sollen die Frau und ihre Söhne seinem Herrn gehören, und er soll allein ausgehen. [5] Und wenn der Sklave [Ø] sagt: Ich habe meinen Herrn, meine Frau und meine Söhne lieb, ich werde nicht als freier Mann ausgehen, [6] (so) soll sein Herr ihn zu den Richtern bringen und sie sollen ihn zur Tür bringen oder zum Türpfosten und sein Herr soll sein Ohr durchbohren mit der Ahle, und er soll ihm immerdar ein Arbeitssklave sein.

555 Vgl. Propp, *Exodus 19–40*, 191.

556 In diese Richtung tendiert auch Propp, *Exodus 19–40*, 118.

557 S. die Lesart בגפיה in Tal, *Samaritan Targum I*, 308 f.

Peš bezeugt das auch in MT, LXX und Sam vorliegende narrative Grundgerüst und bietet einige explikative Lesarten in der Übersetzung. So nutzt sie in Entsprechung zu עברי in Ex^{Peš} 21,2 ܝܗܘܕܝܐ, obgleich עברי sonst überwiegend mit dem Äquivalent ܥܒܪܝܐ wiedergegeben wird (vgl. u. a. Gen^{Peš} 41,12; Ex^{Peš} 2,11). Mit ܝܗܘܕܝܐ „judäisch, jüdisch" fokussiert Peš in v.2 explizit die ethnische Zugehörigkeit des Sklaven.

Wie LXX und Sam fügt auch Peš in Ex^{Peš} 21,2 die Beschränkung des Sklavendienstes auf den *einen* Sklavenhalter ein (ܒܠܚܘܕܝ). Im Zusammenhang des Weggangs des Sklaven erläutert Peš mit ܡܢ ܠܘܬܟ „von deiner Gegenwart weg" zudem, dass der Sklave den einstigen Käufer, der Adressat des Gesetzes ist, verlässt. Nur Ms *5b1* bezeugt anstelle von ܡܢ ܠܘܬܟ vergleichbar zu MT ܡܓܢ „umsonst" und expliziert somit nicht das Verlassen des Sklavenhalters.[558]

Ex^{Peš} 21,4 weicht mit ܒܢ̈ܝܐ ܘܒܢ̈ܬܐ „Söhne und Töchter" von den anderen betrachteten Textzeugen ab und liest im zweiten Versteil ܒܢ̈ܝܗ̇ „ihre Söhne".[559] Der Sklave zieht dennoch allein aus (v.4). Demnach ist aus der Nennung nur der Söhne für den Verbleib beim Sklavenhalter nicht abzuleiten, dass die Töchter mit dem Sklaven freigelassen werden. Die Töchter sind in ܒܢ̈ܝܗ̇ in v.4 impliziert.

Ex^{Peš} 21,6 verweist mit ܕܝ̈ܢܐ („Richter", Pl.) auf eine Zeremonie im Beisein von menschlichen Richtern. Der Sklavenhalter bringt den Sklaven zu den Richtern und diese gestalten das weitere Vorgehen. Peš setzt voraus, dass die rechtliche Umsetzung der dauerhaften Übereignung des Sklaven in den Stand des Arbeitssklaven eines Hausherrn (ܥܒܕ݂ ܦܠܚ, v.6) zum Aufgabenbereich von Richtern gehört. Die Richter agieren, der Szenerie zufolge, als Zeugen und Zeremonienleiter zugleich, indem sie den Sklaven zur Tür oder zum Türpfosten bringen, wo der Sklavenhalter ihm das Ohr durchbohrt. Dahingehend formt Peš den im Textbestand von MT, Sam und LXX bezeugten zweiteiligen Ritus um: Der erste Teil des Ritus besteht in der Übergabe des Falls an die Rechtsgewalt. Der zweite Teil besteht in der Regelung des Falls unter Anleitung und Beisein der Rechtsgewalt.

Auswertung – Gesellschaftliche Identität als Grundlage der Anerkennung differenter wirtschaftlicher Interessen

Die Analyse der Narration des Sklavengesetzes in Ex 21,2–6 sowie der ko- und kontextuell eingetragenen Informationen stellte in allen untersuchten Textzeugen zwei wesentliche Prinzipien heraus, denen die Bestimmungen folgen: zum einen das Prinzip der Wahrung zukunftssichernden Bestands und zum anderen das

558 Vgl. Jansma/Koster, *Exodus*, 165.

559 Ms *5b1* folgt wiederum MT und liest ܐܘ ܒܢ̈ܬܐ sowie ܕܒܢ̈ܬܗ̇ mit femininem Suffix (vgl. Jansma/Koster, *Exodus*, 165).

Prinzip der Wirtschaftlichkeit und des Schuldausgleichs. Beide Prinzipien ordnen sich dem Entwurf eines gesellschaftlichen Ideals des Volkes Israel zu, welches sich in seiner inneren Logik auf die Identität des Volkes Israel bezieht. Die Relevanz der Bestimmungen für die Identität des Volkes Israel wird in der Adressierung der Gesetze an die Israeliten (s. 5.1.3.c.MT:1) und der Beschreibung des Sklaven als עברי signalisiert. Diesen in MT, LXX und Sam angezeigten Zusammenhang expliziert Peš mit der Übersetzung ܝܗܘܕܝܐ.

Dem Prinzip der Wirtschaftlichkeit und des Schuldausgleich zufolge hat der verschuldete Israelit die Möglichkeit, seinen Besitz zu veräußern und seine Arbeitskraft für sechs Jahre zu verkaufen (Ex 21,2). Dem Prinzip der Wahrung zukunftssichernden Bestands zufolge gilt für den Zeitsklaven, dass die Grundlagen zur Fortexistenz des in Schulden geratenen Israeliten mit Eintritt in die Sklavenschaft auf Zeit nicht komplett verwirkt werden. Die vor der Sklavenschaft bereits erworbene Frau des Sklaven ist dank der Aussicht auf mögliche Nachkommenschaft eine wichtige Investition in dessen wirtschaftliche Zukunft, die ihm nicht genommen werden darf (v.3b). Daher ist diese Frau in Ex 21,2–6 den Autoritätsansprüchen des Sklaven untergeordnet (בעל) und der Kategorie ‚Eigentum' enthoben.

Hinsichtlich des Sklavenhalters ist neben dem Prinzip der Wahrung zukunftssichernden Bestands das Prinzip der Wirtschaftlichkeit und des Schuldausgleichs insbesondere relevant, wenn er dem Zeitsklaven eine seiner Sklavinnen als Frau zur Verfügung stellt. Die Sklavin gehört zum Besitz des Sklavenhalters (אדון, v.4). Für den Zeitsklaven besteht in der Situation seiner Sklavenschaft keine Möglichkeit zu Heirat und Brautpreiszahlung. Die Arbeitskraft des Zeitsklaven und die Kinder, die der Sklave mit der ihm gegebenen Frau zeugt, gehören als Gegenleistung zur Investition des Sklavenhalters dem Sklavenhalter. Dem Prinzip der Wirtschaftlichkeit folgend ist die Investition des Sklavenhalters in Ex 21,2–6 mindestens verlustfrei oder gar gewinnbringend.

In Ex 21,2 begrenzen sowohl LXX als auch Sam und Peš den Dienst des Zeitsklaven auf den *einen* Sklavenhalter, der in den Zeitsklaven investiert. Diese Lesart reagiert auf eine Leerstelle des Proto-MT, die eine mehrdeutige Auslegung des Gesetzestextes, z. B. zur Weitergabe des Sklaven an einen anderen Herrn, zulässt. In Ex 21,6 weisen die betrachteten Textzeugen hinsichtlich des Übereignungsritus' verschiedene Deutungen auf. Die Zeremonie zur dauerhaften Übereignung des Zeitsklaven besteht im MT und Sam aus einem zweiteiligen Ritus mit inhaltsbezogen zweigeteilter örtlicher Zuständigkeit am Heiligtum und am Haus des Sklavenhalters. Die LXX-Lesart betont die Zweiteiligkeit des Ritus und verstärkt in der Einholung eines Gottesentscheids (κριτήριον τοῦ θεοῦ) die öffentliche Dimension des Vorgangs der Herauslösung eines Hebräers aus dem Verband selbstständiger Glieder der Jhwh-Gemeinschaft. Peš hingegen setzt in v.6 einen gegenüber MT,

Sam und LXX umgeformten zweiteiligen Ritus mit *einer* Zuständigkeit voraus. Die Durchführung der Übereignungszeremonie ist der menschlichen Gerichtsbarkeit übertragen. Die Herauslösung des Hebräers aus dem Kreis der freien Israeliten ist nicht an das Heiligtum gebunden. Sie wird als rechtlich geleitete und begleitete Überführung des Hebräers in den Status des Arbeitssklaven (ܥܒܕܐ ܦܠܚܐ, v.6) betrachtet. Die Benennung des Sklaven als „Arbeitssklave“ (ܥܒܕܐ ܦܠܚܐ) in v.6 weist in Peš explizit auf die Existenz der Kategorien von Zeitsklavenschaft und der in den Besitz des Sklavenhalters eingegliederten Leibeigenschaft.

ii. Synoptische Analyse von Ex 21,7–11 – Die Nicht-Freilassung einer Sklavin

MT:

7 וְכִי־יִמְכֹּר אִישׁ אֶת־בִּתּוֹ לְאָמָה לֹא תֵצֵא כְּצֵאת הָעֲבָדִים׃ 8 אִם־רָעָה בְּעֵינֵי אֲדֹנֶיהָ אֲשֶׁר־(לֹא)
[לוֹ] יְעָדָהּ וְהֶפְדָּהּ לְעַם נָכְרִי לֹא־יִמְשֹׁל לְמָכְרָהּ בְּבִגְדוֹ־בָהּ׃ 9 וְאִם־לִבְנוֹ יִיעָדֶנָּה כְּמִשְׁפַּט הַבָּנוֹת
יַעֲשֶׂה־לָּהּ׃ 10 אִם־אַחֶרֶת יִקַּח־לוֹ שְׁאֵרָהּ כְּסוּתָהּ וְעֹנָתָהּ לֹא יִגְרָע׃ 11 וְאִם־שְׁלָשׁ־אֵלֶּה לֹא יַעֲשֶׂה
לָהּ וְיָצְאָה חִנָּם אֵין כָּסֶף׃ ס

7 Und wenn ein Mann seine Tochter als Sklavin verkauft, soll sie nicht ausziehen, wie die Sklaven ausziehen. 8 Wenn (sie) in den Augen ihres Herrn, der sie für sich vorgesehen hatte, schlecht ist, dann soll er sie loskaufen lassen. Er soll nicht Macht haben, sie an einen fremden Verwandtschaftsverband zu verkaufen, wenn sie in seiner Obhut ist. 9 Und wenn er sie für seinen Sohn vorsieht, soll er nach dem Recht der Töchter an ihr handeln. 10 Wenn er sich eine andere nimmt, soll er ihre Nahrung, ihre Kleidung und ihre Geschlechtsgemeinschaft nicht verkürzen. 11 Und wenn er diese drei (Dinge) nicht für sie tut, dann soll sie umsonst ausziehen, ohne Geld.

1. Binnentextuelle Begründungen – Die Narration des Gesetzes

Die Hauptbestimmung der Gesetze zur Nicht-Freilassung der Sklavin formuliert v.7. Sie gliedert sich in zwei Ereignisse:

E1 – Verkauf der Tochter als Sklavin (וכי־ימכר איש את־בתו לאמה);

E2 – keine Freilassung der Sklavin nach Art der Sklaven (לא תצא כצאת העבדים).

Der Fall des Verkaufs der Tochter setzt voraus, dass die betreffende Frau sich unter der rechtlichen Autorität ihres Vaters befindet und noch nicht verlobt ist.[560] Dabei ist anzunehmen, dass der Verkauf einer Tochter kein übliches Geschäft darstellt, sondern aus einer Notlage, z. B. einer Verschuldung, heraus geschieht.[561]

560 Vgl. Pressler, „Wives and Daughters“, 157 f.

561 Vgl. Houtman, *Bundesbuch*, 89; Chirichigno, *Debt-Slavery*, 221 f.; Pressler, „Wives and Daughters“, 162 f.

So können mit dem Verkauf der Tochter Schulden abgetragen werden. Entsprechend wird bei diesem Kauf – je nach Schuldenhöhe und Erstattung des Brautpreises – nicht nur mit Geld, sondern auch mit Schuldenerlass gezahlt.[562]

Den Zweck des Erwerbs der Tochter spiegeln die in Ex 21,7–11 dominierenden familien- und eherechtlichen Fragen:[563] Der Käufer hat grundsätzlich die Möglichkeit, die Frau für Arbeitsdienste, wohl vor allem aber für sexuelle und fortpflanzungsbezogene Zwecke nutzen, sei es in Bezug auf sich selbst (v.8) oder andere (v.9).[564] Damit kann er den personellen und wirtschaftlichen Fortbestand seines Hauses sichern.

Mit der Frau wird nicht wie mit einer herkömmlichen Arbeitssklavin verfahren. Das belegen die nachfolgenden Unter- und Gegenfälle. Bei diesen steht zunächst die Absicherung der Frau im Vordergrund (v.10). Die Sklavin in Ex 21,7–11 ist insofern keine Arbeitssklavin, sondern eine Konkubine, die üblicherweise zeitlebens im Haus des Sklavenhalters verbleibt.[565] Eine Freilassung der Konkubine, deren Fortpflanzungspotenzial genutzt werden soll, nach einer bestimmten Frist – vergleichbar zum Zeitsklaven (כצאת העבדים) z. B. nach sechs Jahren (Ex 21,2) – würde den Zweck ihrer Anschaffung aushöhlen und das Ansinnen des Käufers ggf. zunichte machen.[566] Dahingehend ist der in v.7 formulierte Grundsatz der Nicht-Freilassung nur folgerichtig und dient dem Erhalt der Nachkommenschaft und Wirtschaftsbasis des Hauses und der Sippe des Sklavenhalters.

Die Bestimmungen in vv.8–11 fokussieren die Absichten des Kaufs und potenzielle Störungen im Verhältnis zur Sklavin. Dabei entsprechen vv.8–10 dem Grundsatz der Nicht-Freilassung, während v.11 die Umstände für ein Abweichen von dieser Regel bestimmt. Eine formkritische, auf Ex 21,7–11 begrenzte Betrachtung der Textgliederung legt anhand der durch ואם angezeigten adversativen Syndese eine Strukturierung nach dem Schema von Hauptbestimmung sowie zwei Paaren aus Unter- und Gegenfall nahe.[567]

Folgende Ereignisse werden in vv.8–11 präsentiert:

---

562 Vgl. Houtman, *Bundesbuch*, 81 f.; Pressler, „Wives and Daughters“, 155–157.

563 Vgl. Chirichigno, *Debt-Slavery*, 255.

564 Vgl. Pressler, „Wives and Daughters“, 158; Westbrook, „Female Slave“, 236.

565 Vgl. Houtman, *Bundesbuch*, 80 f.; Westbrook, „Female Slave“, 235; Pressler, „Wives and Daughters“, 158.

566 Vgl. Pressler, „Wives and Daughters“, 158; Jackson, *Semiotics*, 197; Jackson, *Wisdom-Laws*, 89.

567 Vgl. Schwienhorst-Schönberger, *Bundesbuch*, 313. Ohne die Zusammenschau mit den Gesetzen zur Sklavenfreilassung (vv.2–6) als Textcluster ist die formkritisch basierte Gliederung auf der Ebene der Einzelgesetze vorzuziehen (s. 5.1.3.b).

A) Erster Unterfall
E 3 – Sklavenhalter hat Frau für sich ausersehen (אשר־(לא) [לו][568] יעדה)
E 3.1 – Missfallen in Augen des Sklavenhalters (אם־רעה בעיני אדניה)
E 3.2 – Loskauf der Frau (והפדה)

Wechsel der Form: Prohibitiv
E 3.2a – kein Verkauf an fremden Verwandtschaftsverband wegen rechtlicher Stellung der Frau (לעם נכרי לא־ימשל למכרה בבגדו־בה)

Erster Gegenfall
E 4 – Sklavenhalter hat Frau für seinen Sohn ausersehen (ואם־לבנו ייעדנה)
E 4.1 – Verfahren gemäß Töchterrecht (כמשפט הבנות יעשה־לה)

B) Zweiter Unterfall
E 5 – Sklavenhalter nimmt sich eine andere Frau (אם־אחרת יקח־לו)
E 5.1 – keine Verkürzung der Trias (שארה כסותה וענתה לא יגרע)

Zweiter Gegenfall
E 6 – Verweigerung der Trias (ואם־שלש־אלה לא יעשה לה)
E 6.1 – Auszug ohne Geld (ויצאה חנם אין כסף)

Der erste Unterfall sieht das Ansinnen des Käufers im Verbleib der Frau beim Käufer selbst. Für den Fall, dass die Erwartung des Käufers enttäuscht wird, und die Frau dem Käufer missfällt, darf er sie freikaufen lassen (פד"י *Hif*, v.8a). Zur

568 Aufgrund der Strukturparallele zu v.9 legt sich nahe, in v.8 das *Qere* zu lesen (vgl. auch u. a. Chirichigno, *Debt-Slavery*, 247 f.; Pressler, „Wives and Daughters“, 158). Für die Lesung des *Ketib* sprechen sich u. a. Schwienhorst-Schönberger, *Bundesbuch*, 314; Schenker, „Affranchissement“, 550 f.555; Osumi, *Kompositionsgeschichte*, 107 aus. Diese Lesung ergibt ein anderes inhaltliches Gefüge: Während bei der Lesung des *Qere* v.8 und v.9 zwei voneinander unabhängige Fälle darstellen, sind mit der Lesung des *Ketib* der Loskauf oder die Weitergabe an den Sohn Lösungen für *den* Fall, dass die Frau, die noch niemandem bestimmt ist (!), dem Sklavenhalter missfällt (vgl. Osumi, *Kompositionsgeschichte*, 107). Dies setzt voraus, dass ein Kauf der Frau ohne Wahlmöglichkeiten für den Käufer (vgl. Osumi, *Kompositionsgeschichte*, 107) und zudem ohne Bestimmung der Frau für jemanden im Haus des Sklavenhalters geschieht. Wieso sollte der Käufer, selbst angesichts ausstehender Schuldenleistungen, so einem Kauf zustimmen? Darüber hinaus wohnt einer Weitergabe der zwar noch nicht für jemanden bestimmten, aber missfallenden Frau an den Sohn etwas Anstößiges inne (vgl. auch Houtman, *Bundesbuch*, 83). Die gesellschaftliche Akzeptanz eines solchen Vorgehens ist wohl zumindest als fraglich einzuschätzen. Die Lesung des *Qere* und damit zweier unabhängiger Fälle in v.8 und v.9 wird syntaktisch durch die adversative Syndese mit ואם gestärkt, welche das Vorliegen von Fall und Gegenfall anzeigt (vgl. Schwienhorst-Schönberger, *Bundesbuch*, 304).

Klärung dessen, was unter dem Missfallen (רעה בעיני אדניה) zu verstehen ist, verweist Houtman auf den Relativsatz אשר־(לא)[לו] יעדה, der die Funktion der Frau im Beischlaf benenne, und schlussfolgert, dass die Frau dem Herrn keine Kinder gebäre oder sich ihm widersetze. Auf Grundlage dieser Deutung sei der herausgestellte Zweck des Erwerbs der Frau unterminiert. Eine ethische Abqualifizierung der Frau sei mit רעה בעיני אדניה zwar nicht intendiert, deutlich werde aber, dass die Vorstellungen, die der Herr beim Kauf hatte, sich nicht erfüllt haben, und sich seine Investition als nichtig erweist.[569] Der Loskauf der Frau kann ihm seinen Schaden, zumindest in Teilen, aufwiegen. Ex 21,8a basiert insofern auf einer patriarchalisch-androzentrisch und wirtschaftlich geprägten Interessenlage.

Houtmans Interpretation verengt die Grundlage der Beziehung zwischen Herr und Konkubine auf die der Fortpflanzung dienende Ebene. Dementsprechend zieht in dieser Deutung der Wegfall der Möglichkeit zur Fortpflanzung den Abbruch der Beziehung nach sich. Die in vv.9 f. vorliegenden Bestimmungen sprechen allerdings dafür, dass die Frau auch nach dem Ereignis des Missfallens als gebärfähig betrachtet wird (s. u.). Die Möglichkeit zur Fortpflanzung ist somit prinzipiell noch vorhanden. In diesem Sinne legt sich für v.8 eher ein allgemeineres Verständnis von „missfallen“ (רעה בעיני אדניה) nahe. Dafür spricht sich auch Hoftijzer unter Verweis auf Gen 28,8 aus und bezieht jegliche Zerrüttung des Verhältnisses, die dazu führe, dass der Herr die Sklavin loswerden möchte, ein.[570] Auch in dieser nicht auf die sexuelle Ebene eingegrenzten Deutung bleibt in der Zentrierung auf die Handlungs- und Wirtschaftsmöglichkeiten des Hausherrn die beschriebene Interessenlage (s. o.) bestehen.

An den ersten Unterfall schließt sich in Ex 21,8b ein Prohibitiv an, der sich formal von seinem Kontext abhebt.[571] Dem Prohibitiv zufolge ist es dem Sklavenhalter verboten, die Frau an einen fremden Verwandtschaftsverband (עם נכרי) zu verkaufen. Über die Reichweite von עם נכרי wurde in der Forschung debattiert. Die Deutungen reichen dabei von Außenstehenden der Sippe der Sklavin über Außenstehende der Sippe des Hausherrn bis zu Außenstehenden der Bundesgemeinschaft der Israeliten.[572] Im Lichte von Ex 21,8 f. ist auf der Ebene von vv.7–11 zunächst an Außenstehende der Sippe der Frau[573] oder des Hausherrn zu denken. Mit Blick auf den Zweck des Erwerbs der Frau ist die Deutung in Bezug auf Außenstehende der Sippe des Hausherrn vorzuziehen. Dahingehend stärkt

569 Vgl. Houtman, *Bundesbuch*, 82 f.

570 Vgl. Hoftijzer, „Ex XXI:8“, 390 Anm. 1.

571 Schwienhorst-Schönberger vermutet in Ex 21,8b einen dtr Einschub (vgl. Schwienhorst-Schönberger, *Bundesbuch*, 314). S. dazu 5.1.3.b.

572 Vgl. Chirichigno, *Debt-Slavery*, 249.

573 So auch Chirichigno, *Debt-Slavery*, 249; Houtman, *Bundesbuch*, 83.

der Prohibitiv die aus v.7 erhobene Vorstellung der Erhaltung des Hauses und der Sippe des Sklavenhalters mittels Verbleib der Frau und ihres Gebärpotenzials innerhalb dessen Verwandtschaftslinie.

Der erste Gegenfall macht die Absicht des Käufers darin aus, dass er die Frau für seinen Sohn ausersehen hat (v.9a).[574] In diesem Fall ist laut v.9b nach dem Recht der Töchter (כמשפט הבנות) zu verfahren. Aus dem Zusammenhang von v.9 ist nicht eindeutig bestimmbar ist, welches Gesetz damit gemeint ist – Ex 21,7 f. oder Ex 21,10 oder ein anderes Gesetz – und wer das handelnde Subjekt von יעשה ist – der Sohn oder der Sklavenhalter.[575] Bleibt das handelnde Subjekt der Bestimmungen wie in vv.8–9a auch in v.9b der Sklavenhalter, so wäre festgelegt, dass der Herr die Frau seinem Sohn nach der Verfahrensweise der Töchter übergeben soll. Hier könnten die vv.7 f. als Bestimmungen zum Verkauf einer Tochter in den Blick rücken, da eine Versorgung gemäß v.10 vom Sklavenhalter nicht mehr zu erwarten ist, wenn er die Frau seinem Sohn übereignet und unterstellt hat. Liegt hingegen ein Subjektwechsel zum Sohn des Sklavenhalters vor, so wäre festgelegt, dass der Sohn die Frau nach der Weise der Töchter zu behandeln hat. Dies könnte auf die Versorgungsleistungen in v.10 als eine möglicherweise assoziierte Bestimmung deuten.

Grammatikalisch ist ein Subjektwechsel zum Sohn des Sklaven zwar möglich, liegt aber inhaltlich nicht nahe, denn das dominierend handelnde Subjekt in Ex 21,8–11 ist der Sklavenhalter, welcher zudem vom Gesetz indirekt adressiert wird. Ferner fokussieren vv.8.9 die Absichten des Sklavenhalters beim Kauf: Er kann die Frau für sich (v.8) oder seinen Sohn (v.9) bestimmen. Damit ist nicht wahrscheinlich, dass der Loskauf nach vv.7 f. die hier zitierte Bestimmung des Töchterrechts darstellt. Ein Kauf der Frau, um sie später von seinem Sohn loskaufen (פד״י *Hif*) zu lassen, widerspricht dem Ansinnen, die Frau „für" den Sohn (לבנו) zu kaufen. Vor diesem Hintergrund ist anzunehmen, dass der Sklavenhalter eine Konkubine für seinen Sohn kauft und diese anschließend einem bestimmten, ihm geläufigen Recht folgend an seinen Sohn gibt. Diese Rechtsregelungen sind nicht mehr erhalten, könnten aber möglicherweise dem Schutz und der Wertschätzung der Frau gedient haben.[576] Falls dies zutrifft, stand dabei vermut-

574 Im Fall der Missgunst der Frau beim Sklavenhalter (v.8a) stellt die Gabe der Frau an den Sohn keine rechtlich vorgesehene Lösungsmöglichkeit dar, da zwischen v.8aα und v.9a keine syntaktische Abhängigkeit besteht. Im Gegenteil: Syntaktisch liegen v.8a und v.9a auf derselben Ebene, weshalb sie je als eigene Fälle zu verstehen sind. Hinzu kommt, dass die Weitergabe einer Frau als Konkubine vom Vater an den Sohn wahrscheinlich für anstößig gehalten wurde (vgl. Houtman, *Bundesbuch*, 83).

575 S. dazu Houtman, *Bundesbuch*, 83 f.

576 Ähnlich vermutet Pressler, „Wives and Daughters", 162 unter Verweis auf in einem assyrischen Adoptionsvertrag bezeugte Schutzbestimmungen gegen Prostitution und Misshandlung.

lich nicht die Frau selbst im Zentrum des Interesses, sondern ihre Gebärfähigkeit und der daraus resultierende wirtschaftliche Nutzen, denn die Frau wird in vv.7.9 durchweg in ihrer Rolle als Tochter (בת), d. h. als unverlobte Jungfrau, angesprochen.[577]

Der zweite Unterfall regelt das Vorgehen für eine Situation, in der der Sklavenhalter sich eine andere, weitere Frau nimmt (v.10a). Dies ist laut v.10a grundsätzlich zulässig. Doch darf der Sklavenhalter deshalb nicht שאר „Fleisch(-nahrung)“, כסות „Kleidung“ und ענה gegenüber der Konkubine einschränken (v.10b). Als Hapaxlegomenon ist ענה in seiner Bedeutung umstritten. Überwiegend wird mit Verweis auf späteren Sprachgebrauch und die Übersetzung des Wortes in der LXX und den Targumim unter ענה die „Geschlechtsgemeinschaft“ verstanden.[578] Eine weitere Deutung von ענה hat, neben Oren,[579] Paul vorgelegt, der anhand eines Vergleichs mit Texten des Alten Orients aus der genannten Trias keine Verpflichtung zur Geschlechtsgemeinschaft erhebt, sondern mit der Bedeutung „Öl“ eine Parallele zu mesopotamischen Texten und ähnlichen Aufzählungen in Hos 2,7 und Koh 9,7–9 aufzeigt:[580] „[I]n the light of the over-all importance of oil and ointments in hygienic, ritualistic, and legal practices, it is no wonder that this important commodity would become part and parcel of any basic maintenance allotment.“[581] Problematisch bleiben in dieser Hinsicht die Frage nach der Etymologie von ענה sowie die implizierte Gleichsetzung von israelitischen und anderen altorientalischen Sklavinnen.[582]

Von Soden führt als wichtiges Argument an, dass in altorientalischen Gesetzen eine Vorschrift darüber, mit wem ein freier Mann außerehelich sexuellen Umgang haben soll, nicht üblich sei. Davon ausgehend sieht er für ענה eine etymologische Verbindung zu *ʿūn* „wohnen“ und gibt das Hapaxlegomenon mit „Wohnung“ wieder.[583] Allerdings ist die Bezeugung von *ʿūn* „wohnen“ in der Hebräischen Bibel umstritten.[584]

Weitere Deutungsvorschläge für ענה referieren anhand etymologischer Erwägungen auf die „Verantwortlichkeit“ des Herrn für die Konkubine und auf die „Periodizität“ der Frau – sowohl in Bezug auf ihre Stellung in der polygamen Verbindung als auch in Bezug auf ihre Menstruation.[585]

577 S. dazu Pressler, „Wives and Daughters“, 162.

578 Vgl. z. B. Houtman, *Bundesbuch*, 84 f.; Schwienhorst-Schönberger, *Bundesbuch*, 314 Anm. 44; Levine, „On Exodus 21:10“, 163 f.

579 Oren plädiert für eine Konjektur von וענתה zu וענֻגה i. S. v. „Öl“ (vgl. Oren, „Ex XXI:10“, 317).

580 Vgl. Paul, *Book of the Covenant*, 56–61.

581 Paul, *Book of the Covenant*, 60.

582 Vgl. auch Propp, *Exodus 19–40*, 203.

583 Vgl. von Soden, „Wörterbuch“, 159 f.

584 S. auch Stendebach, „עָנָה“, in: *ThWAT 6* (1989), 246.

585 Vgl. Propp, *Exodus 19–40*, 202 f.

Eine gesicherte Entscheidung zur Bedeutung des Hapaxlegomenons עֹנָה in Ex 21,10 ist angesichts der Problemlage kaum zu treffen. Daher seien die drei dominierenden Interpretationsvorschläge kurz in Bezug auf Ex 21,10 ausgeführt: Die Bedeutung „Wohnung", die auf einer schmalen etymologischen Begründung beruht, würde in der Trias Nahrung, Kleidung und Wohnung den Aspekt der bleibenden Versorgung der Frau hervorheben. In ähnlicher Weise würde die Bedeutung „Öl" die Versorgung der Frau betonen. Doch in Anbetracht dessen, dass in Ex 21,7–11 ein von patriarchalisch-androzentrischen Interessen geprägter Text vorliegt (s. o.),[586] der v. a. das Fortpflanzungspotenzial der unverlobten Frau anvisiert, wäre für עֹנָה die Bedeutung „Geschlechtsgemeinschaft", welche aus Erwägungen zu Etymologie, Textkritik und späterem Sprachgebrauch entspringt, vorzuziehen. Dieser Interpretationsvorschlag wird von den Lesarten der LXX, des Sam und der Peš gestützt. Inhaltlich wird hierbei der Sexualverkehr als natürliches Existenzrecht der Frau konstruiert. Die Frau kann durch die damit evtl. ermöglichte Mutterschaft eine Aufwertung in der Familie erfahren (vgl. Gen 29,31–30,24).[587]

Im zweiten Gegenfall wird die Freilassung der Frau ohne Geld geregelt (v.11b), die genau dann vorgesehen ist, wenn der Sklavenhalter seinen Verpflichtungen (v.10) ihr gegenüber nicht nachkommt (v.11a). Als Gegenfall bezieht sich die Regelung auf die zuvor angeordneten Grundversorgungsleistungen gegenüber der Frau (v.10). Als Abschluss der Gesetze zur Sklavin gibt v.11 die einzige Möglichkeit zur Negierung des Grundsatzes der Nicht-Freilassung (v.7) an. In der Narration des Gesetzes wird die Freilassung der Sklavin von v.10 her eingeleitet. Der Leitgedanke dieser Bestimmung ist aber auch in Hinblick auf den Grundsatz von v.7 hin zu entfalten: Bestand der Sinn des Grundsatzes der Nicht-Freilassung der Konkubine vor allem darin, deren zu erwartende Fruchtbarkeit zu nutzen und einen Beitrag zum personellen und wirtschaftlichen Bestand des Hauses und der Sippe des Sklavenhalters zu leisten, so ist mit der Verweigerung der Grundversorgung der Frau diesem Zweck die Basis entzogen. Ohne Grundversorgung der Frau kann und soll sie dem Hausherrn keine Nachkommenschaft bringen. Die Grundversorgung mit שְׁאֵר, כְּסוּת und עֹנָה wird zur Voraussetzung für die Nutzung der Gebärfähigkeit der Frau.

Die Situation der Frau nach der Freilassung ist wahrscheinlich äußerst prekär. Ohne einer männlichen Autorität zugeordnet zu sein, und damit ohne rechtlichen Fürsprecher, entspricht ihr Status dem der Witwen und Waisen, deren Leben von Mittellosigkeit geprägt war. Vor diesem Hintergrund werden die Gesetze

586 Houtman spricht gar von einem ‚frauenfeindlichen' Text (vgl. Houtman, *Bundesbuch*, 85).

587 Dies spricht gegen Houtmans Qualifikation des Textes als ‚frauenfeindlich' (s. Houtman, *Bundesbuch*, 85).

zur Sklavin in Ex 21,7–10, die eine Freilassung der Frau zunächst tunlichst vermeiden, häufig als Schutz- und Versorgungsinstrumente für die Frau interpretiert.[588] V.11 widerlegt dies allerdings, indem hier durch Verfügung der Freilassung der Frau die mittellose Situation für sie in Kauf genommen wird.

Der Schutz der Konkubine durch die Gesetze ist folglich nur gewährleistet, solange das Anliegen, welches mit dem Erwerb der Frau beabsichtigt war, noch realisierbar ist. Das ist der Fall, wenn der Frau die Rahmenbedingungen für den Zweck der Erbringung von Nachkommen gegeben werden. Nur dafür greift der Grundsatz der Nichtfreilassung (v.7). Er wird negiert, sobald keine Versorgungsbasis für das Hervorbringen von Nachkommenschaft mehr besteht (vv.10 f.). So stellt sich als Leitgedanke der Gesetze zur Sklavin in Ex 21,7–11 gerade nicht der Schutz der Frau selbst heraus, sondern vielmehr der Schutz der Sippe des Sklavenhalters, der den Schutz der potenziellen Gebärfähigkeit der Frau erfordert.

2. Ko- und kontextuelle Begründungen – Informationen innerhalb des Gesetzes

Präzisierende Informationen werden innerhalb des Gesetzes zur Nicht-Freilassung der Sklavin in Ex 21,7–11 durch folgende Worte und Wendungen eingetragen:

- V.7: לאמה – präzisiert den Status, in den die Tochter verkauft wird; כצאת העבדים – kontrastiert die verwehrte Freilassung der Sklavin mit der Freilassung der Sklaven.
- V.8: בבגדו־בה – erklärt das zuvor genannte Verbot des Loskaufs an einen fremden Verwandtschaftsverband.
- V.11: חנם אין כסף – beschreibt die Freilassung ohne Geldleistung auf doppelte Weise.

ad v.7) Innerhalb der Wendung וכי־ימכר איש את־בתו לאמה bestimmt אמה den Status der Frau nach ihrem Verkauf. Laut einer Studie Jepsens bezeichnet אמה ursprünglich die einem Mann zugeordnete unfreie Frau, wohingegen שפחה die überwiegend einer Frau unterstellte, unfreie und meist noch jungfräuliche Frau benennt. Mit der Zeit seien im Sprachgebrauch aufgrund funktionaler Überschneidungen im Unterworfensein beide Bezeichnungen vermischt worden, sodass eine genaue Markierung des einstigen Unterschieds bisweilen nicht mehr möglich sei.[589]

Mit Verweis auf den Befund zu אמה in Rechtstexten der Hebräischen Bibel und insbesondere dem Bundesbuch, der nur schwerlich die Erhebung konkrete-

588 So sieht Dohmen, *Exodus 19–40*, 161–163 den Schutz der Frau im Vordergrund und Houtman, *Bundesbuch*, 86 die Versorgung der Frau.
589 Vgl. Jepsen, „Amah und Schiphchah“, 293.296.

rer Definitionen erlaube, begreift Pressler אמה als generelle Bezeichnung der unfreien Frau, Magd oder Sklavin.[590] Zur Klärung des Verständnisses von אמה ist auf der Ebene der Einzelgesetze eine differenzierte Beschreibung des jeweiligen Vorkommens von אמה vorzunehmen: So geht es in Ex 21,7 um den Verkauf einer Tochter, d.h. einer unverlobten Frau, deren potenzielle Fruchtbarkeit in Form eines Konkubinats zu nutzen beabsichtigt ist. Entsprechend dominieren in Ex 21,7–11 familien- und eherechtliche Folgeprobleme des Erwerbs einer Konkubine.[591] Die Nutzung der Arbeitskraft der Frau mag in der Praxis auch eine Rolle gespielt haben, definiert aber nicht ihren rechtlichen Stand im Haus des Sklavenhalters.

ad v.8) In der Forschung wird Ex 21,8bβ überwiegend als begründender Motivationssatz für das Verbot des Loskaufs an einen fremden Verwandtschaftsverband eingestuft.[592] Zur Erklärung von בבגדו־בה wird in den einschlägigen Wörterbüchern ein suffigierter, mit -ב verbundener Inf. cs. der Wurzel בג"ד *Qal* vorgeschlagen, der präpositional mit suffigiertem -ב konstruiert ist.[593] Als Übersetzung von בג"ד *Qal* mit -ב wird „an jemandem treulos handeln" angegeben.[594] Durch die Rückführung von בבגדו auf בג"ד *Qal* wird in v.8 ein moralisches Werturteil eingebunden (s. 5.1.3.a.ii.Sam). Dies passt inhaltlich jedoch nicht in den Ko- und Kontext der Wendung, da v.8 keine moralische Bewertung, sondern eine Regelung zum Rechtsstatus der Frau thematisiert. Zudem ist die Rückführung der Form בבגדו auf einen Inf. cs. fraglich, da die Form mit i-Vokal vor Suffixen selten ist.[595] Vor diesem Hintergrund ist in Betracht zu ziehen, dass mit בגדו das suffigierte Nomen בגד „Gewand" vorliegt und das „Gewand" die Obhut ausdrückt. D.h., der Herr kann die Sklavin nicht verkaufen, wenn sie in seiner Obhut ist (v.8). In diesem Sinne von „Autorität haben über" übersetzen auch Targum Onkelos und Targum PsJ sowie die samaritanischen Targumim die vorliegende Wendung.[596]

ad v.11) Bisweilen ist der Verweis auf „diese drei" (שלש־אלה) in v.11 nicht auf die Trias von Nahrung, Kleidung und Geschlechtsgemeinschaft gedeutet worden, sondern auf die drei Möglichkeiten zum Verbleib der Konkubine: beim Hausherrn

590 Vgl. Pressler, „Wives and Daughters", 157.

591 Vgl. Chirichigno, *Debt-Slavery*, 255.

592 So z.B. bei Gemser, „Motive Clause", 51 Anm. 6; Uitti, *Motive Clause*, 29.63; Sonsino, *Motive Clauses*, 79; Osumi, *Kompositionsgeschichte*, 22.

593 Vgl. Gesenius, *Handwörterbuch*^{18}, 123; Koehler/Baumgartner, *HALAT I*, 104; Erlandsson, „בָּגַד", in: *ThWAT 1* (1973), 508.

594 Vgl. Gesenius, *Handwörterbuch*^{18}, 123.

595 S. Gesenius/Kautzsch, *Grammatik § 61b*, 170.

596 S. Sperber, *Pentateuch*, 124; Clarke, *Pseudo-Jonathan*, 92.200; Tal, *Samaritan Targum I*, 308f.

selbst (v.8), bei dessen Sohn (v.9) oder freigekauft innerhalb des Verwandtschaftsverbandes (v.8).[597] In dieser Perspektive betont die Freilassung der Frau in v.11 deren Recht auf Freiheit – zu jeder Zeit, ohne eine Mindestfrist des Verbleibens beim Hausherrn.[598] Die ko- und kontextuellen Bezüge legen für שלש־אלה in v.11 allerdings den Bezug auf „Nahrung, Kleidung und Geschlechtsgemeinschaft" nahe, da die in v.10 gegebene, dreiteilige Aufzählung der Grundversorgungstrias einen strukturell explizit markierten Bezugspunkt darstellt.

Der Hausherr, der sich inzwischen noch eine andere Frau genommen hat, verweigert der einst ausersehenen Konkubine die Grundversorgung. Entsprechend darf die Frau „umsonst ohne Geld" (חנם אין כסף) ausziehen (v.11). Sie ist dem Herrn keine Ausgleichszahlung für die Nichterfüllung des Zwecks ihres Aufenthaltes schuldig. Während bei einer Verweigerungshaltung der Frau gegenüber dem Herrn ihr Loskauf für Geld geregelt wird (v.8) und der wirtschaftliche Schaden für den Sklavenhalter so gering wie möglich gehalten wird, ist bei einer Verweigerungshaltung des Sklavenhalters folgerichtig kein finanzieller Ausgleich vorgesehen (v.11). Der wirtschaftliche Schaden des Sklavenhalters im Falle des erstattungslosen Freilassens der Konkubine kann somit in Funktion einer Vertragsstrafe für die Nichterfüllung seiner Pflichten gesehen werden.

LXX:

7 Ἐὰν δέ τις ἀποδῶται τὴν ἑαυτοῦ θυγατέρα οἰκέτιν, οὐκ ἀπελεύσεται ὥσπερ ἀποτρέχουσιν αἱ δοῦλαι. 8 ἐὰν μὴ εὐαρεστήσῃ τῷ κυρίῳ αὐτῆς ἣν αὐτῷ καθωμολογήσατο, ἀπολυτρώσει αὐτήν· ἔθνει δὲ ἀλλοτρίῳ οὐ κύριός ἐστιν πωλεῖν αὐτήν, ὅτι ἠθέτησεν ἐν αὐτῇ. 9 ἐὰν δὲ τῷ υἱῷ καθομολογήσηται αὐτήν, κατὰ τὸ δικαίωμα τῶν θυγατέρων ποιήσει αὐτῇ. 10 ἐὰν δὲ ἄλλην λάβῃ αὐτῷ, τὰ δέοντα καὶ τὸν ἱματισμὸν καὶ τὴν ὁμιλίαν αὐτῆς οὐκ ἀποστερήσει. 11 ἐὰν δὲ τὰ τρία ταῦτα μὴ ποιήσῃ αὐτῇ, ἐξελεύσεται δωρεὰν ἄνευ ἀργυρίου.

7 Wenn aber einer seine Tochter als Haussklavin verkauft, soll sie nicht weggehen, wie die Sklavinnen davongehen. 8 Wenn sie ihrem Herrn, dem sie verlobt wurde,[599] nicht gefällt, soll er sie freigeben. Er ist aber nicht Herr, sie an einen fremden Verwandtschaftsverband zu verkaufen, weil er an ihr ablehnend gehandelt hat. 9 Wenn er sie aber dem Sohn verlobt, soll er nach dem Recht der Töchter an ihr handeln. 10 Wenn er sich aber eine andere nimmt, soll er das Nötige, die Kleidung und ihre Geschlechtsgemeinschaft (ihr) nicht vorenthalten. 11 Wenn er aber diese drei Dinge nicht für sie tut, dann soll sie umsonst hinausgehen, ohne Geld.

597 Vgl. den Überblick bei Houtman, *Bundesbuch*, 85.
598 Vgl. auch Houtman, *Bundesbuch*, 85 f.
599 Zur Diskussion der zugehörigen LXX-Varianten s. Schenker, „Affranchissement", 552–554. Schenker sieht in der hier gegebenen Lesart, die der im MT getroffenen Entscheidung für das *Qere* folgt (zur Problematik s. Anm. 568), eine Vereinfachung der Textstelle im Sinne des *Qere* (vgl. Schenker, „Affranchissement", 553).

In Ex^{LXX} 21,7–11 unterscheidet sich das Ereignisgerüst der Bestimmungen nicht von dem im MT bezeugten. Doch lassen sich gegenüber MT terminologische Differenzierungen und Präzisierungen beobachten. Zur Bezeichnung weiblichen Dienstpersonals bietet die LXX in v.7 zwei verschiedene Termini: οἰκέτις und δούλη. Der fem. Pl. αἱ δοῦλαι in v.7 wird aufgrund der optischen Nähe zur maskulinen Form teils als innergriechische Textverderbnis gewertet und zu οἱ δοῦλοι emendiert.[600] Die fem.-Pl.-Form ist aber auch in der Vg bezeugt. Daher ist möglich, dass LXX und Vg einer hebräischen Vorlage folgen, die hier ein weibliches Pendant zu עבד gelesen hat.[601] Die Lesung einer fem.-Pl.-Form scheint inhaltlich von der in Dtn 15,12 ausgesagten Freilassung für Sklaven *und* Sklavinnen beeinflusst.[602]

Im Anschluss an eine Studie von van der Kooij bezeichnen οἰκέτης/οἰκέτις dauerhaft verpflichtete Sklaven, die daher in besonderer Weise zu Loyalität und Gehorsam verpflichtet sind und denen zugleich auch bestimmte Rechte zuteilwerden.[603] Für das Femininum ist dabei mit dem Konkubinat eine eheähnliche Gemeinschaft zum Hausherrn inbegriffen.[604] δοῦλος/δούλη hingegen dienen laut van der Kooij der Bezeichnung von in der Fremde an das fremde Volk Versklavten.[605] Innerhalb der Hierarchie des Hauses genießt die οἰκέτις „Haussklavin" also einen höheren Stand als die δούλη „Sklavin".[606] Binnentextuell bindet sich an die terminologische Abgrenzung von οἰκέτις zu δούλη eine Aufwertung des Konkubinats. Diese Aufwertung des Konkubinats mittels Kontrastierung von οἰκέτις und δούλη wird zudem durch die unterschiedliche Bezeichnung des Modus des Herausgehens verstärkt: Den Sklavinnen (δοῦλαι) wird das Davongehen (ἀποτρέχω) zugeordnet, der Haussklavin (οἰκέτις) das Weggehen (ἀπέρχομαι).

In v.8 bietet die LXX einen begründenden Motivationssatz, der mit der Subjunktion ὅτι in kausaler Färbung eingeleitet ist. Die Übersetzung der LXX schließt in v.8 mit ἀθετέω „ablehnen/verstoßen" an die Wortwahl von Dtn^{LXX} 21,14 an. Der Übersetzer scheint seiner hebräischen Vorlage eine Verbalform von בג"ד *Qal* zu entnehmen, sofern für die Vorlage kein von MT abweichender Konsonantenbestand anzunehmen ist. Das Verb ἀθετέω bezieht sich inhaltlich auf die Ablehnung der Frau durch den Hausherrn im Missfallen (v.8aα). Mit der Übersetzung ἀθετέω fokussiert die LXX hier auf der Mikroebene den sozialethischen Aspekt des Um-

---

600 Vgl. Propp, *Exodus 19–40*, 118. Die m.Pl.-Form ist auch in G^{I} und G^{II} belegt (vgl. Wevers, *LXX II/1*, 249).
601 Vgl. auch Propp, *Exodus 19–40*, 118 f.
602 Vgl. Propp, *Exodus 19–40*, 118 f.
603 Vgl. van der Kooij, „Servant or Slave", 230 f.
604 Vgl. auch Schenker, „Affranchissement", 553.
605 Vgl. van der Kooij, „Servant or Slave", 236.
606 Vgl. Muraoka, *Lexicon*, 487; Schmidt, *Synonymik 4*, 127–129; Frankel, *Einfluss*, 91.

gangs mit der Konkubine. Die abgelehnte Frau soll gegen Lösegeld innerhalb des Verwandtschaftsverbands freigegeben (ἀπολυτρόω)[607] werden.

Die Thematik des Fortbestands der Sippe des Herrn wird in der LXX in v.10 explizit. Hier liest die LXX ὁμιλία „Geschlechtsgemeinschaft“ bzw. „sexueller Umgang“.[608] Das Nötige (τὰ δέοντα), welches die Grundversorgung der Frau beschreibt, bezieht das über die Geschlechtsgemeinschaft nutzbare Fortpflanzungspotenzial der Frau mit ein. In der Option von Nachkommen ist die langfristige Sicherung des Verwandtschaftsverbandes, und damit auch die wirtschaftliche Absicherung der Frau, inbegriffen. Das Wohlergehen der Frau wird direkt an die Aussicht auf Nachkommenschaft gebunden. Eine Mutterschaft kann den Stand der Frau in der Sippe des Herrn aufwerten (s. 5.1.3.a.ii.MT:1).

Sam:

7 וכי ימכר איש את בתו לאמה לא תצא כצאת העבדים: 8 אם רעה היא בעיני אדניה אשר לא
העידה והפדה לעם נכרי לא ימשל למכרה בבגדו בה: 9 ואם לבנו יעידנה כמשפט הבנות
יעשה לה: 10 ואם אחרת יקח לו שארה כסותה וענתה לא יגרע: 11 ואם שלש אלה לא יעשה
לה ויצאה חנם אין כסף:

7 Und wenn ein Mann seine Tochter als Sklavin verkauft, soll sie nicht ausziehen, wie die Sklaven ausziehen. 8 Wenn sie schlecht ist in den Augen ihres Herrn, der sie nicht gewarnt hat, dann soll er sie loskaufen lassen. Er soll nicht Macht haben, sie an einen fremden Verwandtschaftsverband zu verkaufen, weil er treulos an ihr gehandelt hat. 9 Und wenn er (vor) seinem Sohn für sie Zeugnis ablegt, soll er nach dem Recht der Töchter an ihr handeln. 10 Und wenn er sich eine andere nimmt, soll er ihre Nahrung, ihre Kleidung und ihren Geschlechtsverkehr nicht verkürzen. 11 Und wenn er diese drei (Dinge) nicht für sie tut, dann soll sie umsonst ausziehen, ohne Geld.

Sam liest in v.8 und v.9 *Hifil*-Formen von עו"ד „bezeugen“. Daraus folgt nicht nur eine Auflösung der Problematik von *Ketib* und *Qere*, sondern es ergeben sich im Sam, verglichen mit MT, Änderungen im narrativen Grundgerüst in Bezug auf die Ereignisse E3 und E4. Die erworbene Tochter wird beim Kauf nicht für den Herrn oder dessen Sohn zum Konkubinat vorgesehen.[609] Stattdessen ordnen sich der erste Unterfall und der erste Gegenfall hier wie folgt:

Erster Unterfall

E 3 – Missfallen in Augen des Sklavenhalters (אם־רעה בעיני אדניה)

E 3.1 – Sklavenhalter hat die Frau nicht verwarnt (אשר לא העידה)

E 3.2 – Loskauf der Frau (והפדה)

607 Vgl. Muraoka, *Lexicon*, 79; Liddell/Scott, *Lexicon 1*, 208.

608 Vgl. Muraoka, *Lexicon*, 495; Liddell/Scott, *Lexicon 2*, 1222.

609 Vgl. auch Tal/Florentin, *Pentateuch*, 676.

Erster Gegenfall

E 4 – Sklavenhalter hat seinem Sohn Zeugnis für Frau abgelegt (ואם לבנו יעידנה)

E 4.1 – Verfahren gemäß Töchterrecht (כמשפט הבנות יעשה־לה)

Dem ersten Unterfall ist zu entnehmen, dass die Frau – sollte sie dem Hausherrn missfallen – ein Recht auf Verwarnung hat.[610] Im Ausbleiben einer Warnung an die Frau macht sich der Hausherr ihr gegenüber schuldig. Gab es keine Verwarnung, besteht die Möglichkeit des Loskaufs.

Der erste Gegenfall könnte sich auf den Zeitpunkt des Erwerbs der Frau oder auf ihren Loskauf beziehen. Der Hausherr legt Zeugnis über die Frau gegenüber seinem Sohn ab (v.9). Sollte sie ihm missfallen, so ist sinnvollerweise nicht anzunehmen, dass er seinem Sohn gegenüber eine positive Erklärung über die Frau abgibt und ihm die ihm unliebsame Frau empfiehlt. An den Erwerb der Frau ist im Sam nicht vorrangig die Absicht, mit ihr ein eheliches Verhältnis innerhalb des eigenen Verwandtschaftsverbandes einzurichten, geknüpft. Vielmehr scheint die gekaufte Tochter eine Investition zu sein, die auf Empfehlung anderen weiter übereignet werden kann (vgl. vv.8.9). Die im MT zugrunde liegende Begründungslogik der Aussicht auf Nachkommenschaft für den eigenen Verwandtschaftsverband schwächt Sam dadurch ab.

Für בבגדו בה liest die Lesetradition des Samaritanus den Inf. cs. von בג"ד *Qal*.[611] An בג"ד *Qal* bindet sich ein moralisches Werturteil, welches sich auf die Ablehnung der Frau durch den Hausherrn (v.8aα) sowie die ausgebliebene Verwarnung der Frau durch den Herrn (v.8aβ) oder auf den Loskauf an einen fremden Verwandtschaftsverband (v.8bα) beziehen kann. Anhand der präpositionalen Ergänzung mit בה lässt sich erkennen, dass der Hausherr die Treulosigkeit an der Frau begangen hat. Der Verweis rekurriert somit nicht auf den Loskauf an eine fremde Sippe, welcher im Wissen um das veräußerte Fortpflanzungspotenzial als Verrat am eigenen Verwandtschaftsverband (עם) zu werten wäre. Stattdessen weist die in בבגדו בה abgewertete Handlung auf den Zusammenhang des Missfallens und des Ausbleibens einer Warnung an die Frau. Die Lesetradition des Sam bezieht hier die soziale Dimension des angemessenen Umgangs mit Konkubinen ein.

Im Unterschied zur samaritanischen Lesetradition bezeugen die samaritanischen Targumim sowie wenige Handschriften des hebräischen Sam, dass das Wort בגד auch als Nomen aufgefasst werden konnte (בבגדיו).[612] Diese Lesarten

610 Vgl. auch Propp, *Exodus 19–40*, 119.

611 Vgl. Ben-Ḥayyim, *LOT IV*, 424.45.

612 Vgl. Tal, *Samaritan Targum I*, 308; Ms *Paris 1* BNF, Ex 21,8; Ms *Leiden* UBL, Ex 21,8.

entsprechen dem für MT erwogenen Verständnis von בגדו בה als „Autorität haben über sie/Obhut ausüben über sie" (s. 5.1.3.a.ii.MT:2). Doch scheint das Verständnis von בגדו בה als „Autorität haben über sie" in der Spätantike verloren gegangen zu sein, denn sowohl bei Saadia Gaon als auch in der samaritanisch-arabischen Überlieferung findet sich nur noch das Verb „betrügen".[613]

Peš:

7 ܘܐܢ ܢܙܒܢ ܓܒܪܐ ܒܪܬܗ ܠܐܡܬܐ. ܠܐ ܬܦܘܩ ܐܝܟ ܕܢܦܩܝܢ ܥܒ̈ܕܐ. 8 ܐܢ ܣܢܝܐ ܗܝ ܒܥܝ̈ܢܝ ܡܪܗ̇ ܕܠܐ ܢܣܒܝܗ̇.
ܢܦܪܘܩܝܗ̇. ܠܥܡ ܢܘܟܪܝ ܠܐ ܫܠܝܛ ܠܗ ܠܡܙܒܢܘܬܗ̇. ܡܛܠ ܕܕܓܠ ܒܗ̇. 9 ܘܐܢ ܠܒܪܗ ܢܣܒܝܗ̇. ܐܝܟ ܢܡܘܣܐ ܕܡܬܥܒܕ
ܠܒܢ̈ܬܐ ܢܥܒܕ ܠܗ̇. 10 ܘܐܢ ܐܚܪܬܐ ܢܣܒ ܠܗ. ܬܪܣܝܬܗ̇ ܘܠܒܘܫܗ̇ ܘܡܫܟܒܗ̇ ܠܐ ܢܒܨܪ. 11 ܘܐܢ ܗܠܝܢ ܬܠܬ ܠܐ ܢܥܒܕ
ܠܗ̇. ܬܦܘܩ ܡܓܢ ܕܠܐ ܟܣܦ.

7 Und wenn ein Mann seine Tochter als Sklavin verkauft, soll sie nicht ausgehen, wie die Sklaven ausgehen. 8 Wenn (sie) in den Augen ihres Herrn gehasst ist, dass er sie nicht nimmt, [Ø] soll er sie loskaufen lassen. Sie an einen fremden Verwandtschaftsverband zu verkaufen, ist ihm nicht erlaubt, weil er sie betrogen hat. 9 Und wenn er sie für seinen Sohn nimmt, soll er nach dem Recht, das an Töchtern getan wird, an ihr tun. 10 Und wenn er sich eine andere nimmt, soll er ihre Nahrung, ihre Kleidung und ihren ehelichen Verkehr nicht verkürzen. 11 Und wenn er diese drei (Dinge) nicht für sie tut, [Ø] soll sie umsonst ausgehen, ohne Geld.

Peš weist in vv.7–11 kaum wesentliche Unterschiede zum im MT bezeugten Textbestand auf. Für das Missfallen der Frau wählt Peš den starken Ausdruck ܣܢܝܐ „gehasst", mit dem eine unwiderrufliche Zerrüttung des Verhältnisses zwischen Hausherr und Konkubine angedeutet wird. Der daran anschließende Nebensatz[614] ܕܠܐ ܢܣܒܝܗ̇ ist dem Ko- und Kontext entsprechend als konsekutiv gefärbter Adverbialsatz zu verstehen,[615] der als Folge des Hassens das Nicht-Nehmen der Frau benennt.

Mit dieser Konstruktion, die das Ereignis E3 der Narration modifiziert, steht Peš bei der Frage nach der Absicht des Kaufs in v.8 inhaltlich zwischen dem Verständnis von MT und Sam: Vergleichbar zu Sam ist das Hassen in Peš das Ereignis E3, dem hier die Ablehnung der Frau (E 3.1) folgt. Die eheliche Gemeinschaft mit der erworbenen Tochter wird also in v.8 nicht explizit beim Kauf anvisiert (vgl. Sam). Allerdings verbleibt Peš – im Unterschied zu Sam – in v.9 im narrativen Gerüst des Proto-MT und verweist mit der Wendung ܠܒܪܗ ܢܣܒܝܗ̇ darauf, dass die Frau durchaus für ein Konkubinat in der eigenen Sippe ausersehen sein kann (vgl. MT).

613 Vgl. Shehadeh, *Arabic Translation I*, 357; Derenbourg, *Version arabe du Pentateuque*, 111.
614 Peš kennt an dieser Stelle offenbar nur das *Ketib* (vgl. Weitzman, *Syriac Version*, 53).
615 Zur Einleitung verschiedenartiger Nebensätze mit ܕ s. Ungnad, *Grammatik*, 28 f.92.

Das Verbot der Veräußerung der Frau an einen fremden Verwandtschaftsverband begründet Peš in v.8 ähnlich zu LXX damit, dass die Sklavin vom Herrn betrogen wurde (ܡܛܠ ܕܕܓܠ ܒܗ). Die Untersagung der Veräußerung der Frau an Fremde, die mit ܠܐ ܫܠܝܛ ܠܗ „es ist nicht rechtens für ihn/ihm nicht erlaubt“[616] in Peš eine juristische Diktion erhält, und die Wiedergabe von עֹנָה mit ܡܫܟܒܐ „Liegeplatz/ehelicher Verkehr“[617] sprechen dafür, dass die Nutzung des Fortpflanzungspotenzials der Frau ein wichtiges Argument für den Erwerb der Frau ist. Eine zu Sam vergleichbare Abschwächung dieser Begründungslinie ist in Peš daher nicht zu verzeichnen.

Auswertung – Angemessener Umgang mit einer Konkubine zwischen rechtlicher und moralisierender Begründung

Die Narration von Ex 21,7–11 und die eingetragenen Präzisierungen geben als Ziel der Bestimmungen die personelle und wirtschaftliche Zukunftssicherung des eigenen Verwandtschaftsverbandes zu erkennen. Zu diesem Zweck wird das Fortpflanzungspotenzial der Konkubine eingebunden. Sogar im Falle einer Zerrüttung des Verhältnisses von Hausherr und Konkubine wird die auf Nachkommenschaft ausgerichtete Geschlechtsgemeinschaft des Hausherrn und der Konkubine bleibend gefordert (v.10). Diese wird zudem als ein natürliches Existenzrecht der Frau eingeführt, welches ihr im Fall der Mutterschaft eine Aufwertung in der Familie ermöglicht. In der LXX ist zudem generell eine terminologische Aufwertung des Konkubinats zu verzeichnen, welche die binnentextuelle Legitimation dieser Institution befördert.

Mit einem veränderten narrativen Grundgerüst infolge der Nutzung von עו"ד *Hif* ist für Sam im Vergleich zu den anderen betrachteten Textzeugen eine Abschwächung der Fokussierung auf die Nachkommenschaft zu verzeichnen. Mit der erworbenen Frau kann auch nach ihrem Erwerb – nach bestimmten Regeln (v.9) – gewirtschaftet werden. Darüber hinaus betont die samaritanische Lesetradition die sozialethische Frage nach dem Umgang mit der Konkubine.

Im Verständnis der Wendung בבגדו בה zeichnen sich in den betrachteten Textzeugen unterschiedliche Lesespuren ab: MT begründet das Verbot der Veräußerung der Frau an einen fremden Verwandtschaftsverband mit deren rechtlicher Stellung in der Obhut des Herrn. Der LXX-Übersetzer entnimmt seiner Vorlage einen Inf. cs. und zieht zum Verständnis das Vokabular von Dtn^{LXX} 21,14 heran. Peš steht mit ihrer Lesart der LXX nahe. LXX und Peš begründen das Verbot des Verkaufs der Frau an Fremde mit der Ablehnung der Konkubine durch den

616 Vgl. Brockelmann/Sokoloff, *Lexicon*, 1565.
617 Vgl. Brockelmann/Sokoloff, *Lexicon*, 847.

Herrn. Diese Ablehnung ist eine Handlung des Hausherrn. Daher kann der Konkubine keine Veräußerung an Fremde, wo es ihr in einer Behandlung als Feind (vgl. Ri 19,12) noch schlechter ergehen könnte,[618] im Sinne einer Strafe aufgebürdet werden. Ähnlich moralisiert die Lesetradition des Sam die Handlung des Hausherrn. Sie folgt der Auffassung zur Lesung eines Inf. cs. von בג״ד *Qal* und signalisiert in der Einbindung eines moralischen Werturteils in Bezug auf den Herrn inhärent die Forderung des angemessenen Umgangs mit der Konkubine.

b. Clusterebene: Wechselseitige Begründungsstrukturen im Cluster Ex 21,2–6.7–11

Die Sklavengesetze in Ex 21,2–11 sind in kasuistischer Form formuliert und bestehen jeweils aus einer Hauptbestimmung (vv.2.7) und zugehörigen Unter- und Gegenfällen (vv.3–6.8–11).[619] Als Einzelgesetze sind die je zusammengehörenden Abschnitte in vv.2–6 und vv.7–11 zu betrachten, welche thematisch gegenüberstehend[620] die Freilassung eines hebräischen Sklaven (vv.2–6) und die Nicht-Freilassung einer Sklavin (vv.7–11) regeln. Diese Untergliederung wird von der Paraschen-Einteilung des MT und der Abtrennung durch eine *Qitza* nach v.6 im Sam gestützt. Insgesamt lässt sich der Abschnitt Ex 21,2–6.7–11 durch die übergreifende Verbindung in der Sklaventhematik zu einem Cluster zusammenfassen.

Aus dem Zusammenhang von Ex 21,2–6 und Ex 21,7–11 ergibt sich in allen betrachteten Textzeugen für vv.7–11 ein erweiterter Begründungszusammenhang, der als umfassenden Verwandtschaftsverband und Geltungsbereich für die Bestimmungen das Volk Israel in den Fokus rückt. Mittels struktureller Parallelisierung[621] werden innerhalb des Textclusters vv.2–6 zur Interpretationsfolie für vv.7–11. Als Leseanweisung dient zudem der Verweis כצאת העבדים in v.7, der sich innerhalb des Textclusters auf vv.2–6 bezieht.

618 Vgl. Houtman, *Bundesbuch*, 83.

619 S. dazu Osumi, *Kompositionsgeschichte*, 105; Otto, *Rechtsbegründungen*, 34. Otto und Osumi betrachten die Struktur von Ex 21,2–6.7–11 nach inhaltlichen Aspekten und beschreiben sie als eine Komposition aus einem Grundsatz, drei Unterfällen und einem Gegenfall zum Grundsatz. Eine kleinteiligere, formkritisch basierte Darstellung der unterschiedlichen Anordnung von Unter- und Gegenfällen innerhalb von Ex 21,2–6.7–11 findet sich bei Schwienhorst-Schönberger, *Bundesbuch*, 304.313: Er bestimmt anhand der Signalwörter אם und ואם in vv.8a.9 sowie vv.10 f. zwei Gruppierungen aus je einem Unter- und einem Gegenfall.

620 S. dazu die Beschreibung von Ex 21,2–6 und Ex 21,7–11 insgesamt als Fall und Gegenfall bei Schwienhorst-Schönberger, *Bundesbuch*, 303.

621 Dies bezieht sich auf die parallele Struktur der beiden Teilabschnitte vv.2–6 und vv.7–11, die aus einem Grundsatz, drei Unterfällen und einer Negierung des Grundsatzes bestehen (vgl. Osumi, *Kompositionsgeschichte*, 105; Otto, *Rechtsbegründungen*, 34). Zur formkritisch geleiteten Gliederung auf der Ebene von vv.7–11 s. o.

Die Perspektive der Bestimmungen in vv.7–11 schließt auf der Clusterebene an die vorangehenden Gesetze an und bleibt auf das Volk Israel bezogen (s. Ex 21,2.8).[622] Aus der Kontrastierung von עברי (v.2) und עם נכרי (v.8) ergibt sich für die Reichweite des „fremden Verwandtschaftsverbands" in v.8 eine erweiterte Bedeutung: Im Gegenüber zu den Hebräern (v.2, עברי), sind mit עם נכרי auf der Clusterebene Außenstehende der Gemeinschaft der Israeliten bezeichnet.[623] In Anbetracht dessen ist das Konkubinat, das auf der Mikroebene in vv.7–11 den personellen und wirtschaftlichen Fortbestand der Sippe des Hausherrn befördert, auf der Clusterebene in der Erhaltung des gesamten Volkes Israel begründet.

Diese Ausweitung des Verwandtschaftsverbandes auf die Israeliten bringt eine veränderte Perspektive auf den Vorgang des Loskaufs der Konkubine an ein fremdes Volk mit sich: Der Verkauf einer gebärfähigen Frau aus dem eigenen Volk (Ex 21,9 f.) an ein fremdes Volk außerhalb Israels wäre eine Gefährdung des Fortbestands des eigenen Volkes, die vermieden werden soll. Die in Form eines Prohibitivs[624] in ihrem Ko- und Kontext herausgehobene und mit Nachdruck versehene Formulierung des Verbots in v.8 entspricht auf der Clusterebene dem Stellenwert des Inhalts und der Begründungslogik der Bestimmung.

Aus dem Verweis von כצאת העבדים (v.7) auf vv.2–6 lassen sich für MT im Zusammenhang des Textclusters zudem nähere Aussagen in Bezug auf die אמה treffen: Von der אמה in Ex 21,7, die ihrem Vater unterstand und verkauft wurde, sind Frauen, wie z. B. Witwen und verlassene Frauen, die keinem Mann unterstehen und in Sklavenschaft kommen, zu unterscheiden.[625] Für sie gelten vermutlich die Bestimmungen zur Freilassung im siebenten Jahr aus Ex 21,2.[626] Diese Unterscheidung legt sich einerseits in der Eingrenzung auf das Konkubinat, die aus der Kombination von אמה und בת ersichtlich wird, nahe. Andererseits verdeutlicht der Rückverweis auf Ex 21,2–6 in כצאת העבדים in diesem Kontext die Differenzierung zwischen Konkubine und Arbeitssklavin: Die Tochter, die als אמה verkauft wurde, darf nicht nach der Weise der Sklaven freigelassen werden (v.7). Entsprechend ist zu schlussfolgern, dass es andere weibliche Sklaven geben kann, die nach der Weise der Sklaven freizulassen sind. Die in den präzisierenden Angaben לאמה und כצאת העבדים vorliegende Abgrenzung zu gewöhnlichen Sklavin-

622 Vgl. auch Dohmen, *Exodus 19–40*, 162.

623 Vgl. auch Houtman, *Bundesbuch*, 83.

624 Da sich der Prohibitiv in Ex 21,8b formal in mehrfacher Sicht vom Kontext abhebt, wird er in redaktionskritischen Entwürfen bisweilen als nachträgliche Einfügung bestimmt (vgl. Schwienhorst-Schönberger, *Bundesbuch*, 314). Vor dem Hintergrund der Begründungslogiken für die in Ex 21,2–11 aufgestellten Bestimmungen ist die formale Abgrenzung des Prohibitivs eine Hervorhebung des im Textcluster zentral intendierten Erhalts der Volksgemeinschaft der Israeliten.

625 Vgl. Pressler, „Wives and Daughters", 167.

626 Vgl. Pressler, „Wives and Daughters", 170.

nen und die Kontrastierung zu dem Vorgehen von Ex 21,2 heben somit auf der Clusterebene die Sonderstellung der Frau als Konkubine hervor. Diese genießt die Frau aufgrund ihrer Bedeutung für das Hervorbringen von Nachkommenschaft zum Zweck des Fortbestands des Volkes Israel.[627]

In der LXX wird die Präzisierung anhand der Rolle der erworbenen Frau auch explizit terminologisch greifbar (s. o.). Innerhalb des Textclusters sind hierbei drei Begriffe der Sklavenschaft voneinander zu unterscheiden: V.2 bezeichnet den Schuldsklaven mit dem allgemeinen Begriff[628] παῖς. Daneben gibt es die Konkubine, welche in v.7 mit οἰκέτις bezeichnet wird, und die fremden Sklaven[629] niedrigeren Status', δούλη bzw. δοῦλος (v.7).

Gegen die Annahme der m.Pl.-Form עבדים als ursprüngliche Lesart in v.7 spricht, dass in Ex^{LXX} das Nomen δοῦλος üblicherweise nicht zur Wiedergabe von עבד verwendet wird.[630] Schenker setzt innerhalb des Textclusters die οἰκέτις mit dem freiwillig verbleibenden Sklaven (vv.4–6) gleich: In beiden Fällen werde die Bindung zum Sklavenhaus durch eine eheliche Verbindung ergänzt, die von der zugeordneten Autoritätsperson, also dem Vater oder dem Hausherrn, initiiert wurde.[631] Ein wichtiger qualitativer Unterschied zwischen dem Sklaven und der Konkubine zeigt sich aber mittels Korrelation von v.2 und v.7 im Kontrast von Freilassung und Nicht-Freilassung: Die Konkubine ist von Vornherein zum dauerhaften Verbleib in der Sklavenschaft verpflichtet (v.7). Der Schuldsklave hingegen kann nach sechs Jahren freiwillig über den Verbleib in der Sklavenschaft aus Liebe zu Herr, Frau und Kindern entscheiden (v.6). Darin bestätigt sich innerhalb des Textclusters die Bedeutung der Frau für den Wert des Fortbestands des Volkes: Mit Blick auf die Nachkommenschaft kann sie als Mutter nicht nach sechs Jahren entlassen werden. Eine bestehende Mutterschaft macht die Frau zu einem fortdauernden Mitglied der Familie.

c. Begründungsstrukturen im Textraum *Bundesbuch*

MT:

1. Textstrukturelle Verflechtungen von Ex 21,2–11 zum Bundesbuch insgesamt: Das Recht als Instrument der Zukunftssicherung des Volkes Israel

Ex 21,2–11 weist eine hohe Anzahl und Streubreite an Stichwortberührungen zu allen Textclustern des Bundesbuches auf. Die meisten lexematischen Berührun-

627 Vgl. dazu Dyma, „Ehe (AT)", in: *WiBiLex* (2010), 1.7.

628 Vgl. van der Kooij, „Servant or Slave", 231.

629 Vgl. van der Kooij, „Servant or Slave", 236.

630 Vgl. auch Propp, *Exodus 19–40*, 118.

631 Vgl. Schenker, „Affranchissement", 549.

gen bestehen zum nachfolgenden gesetzlichen Hauptteil in Ex 21,12–23,12. Dabei liegen einerseits unspezifische Berührungen vor, die dem herkömmlichen Sprachgebrauch entspringen, so z. B. anhand von לק"ח *Qal* und איש zu Ex 21,14 und מכ"ר *Qal* und איש zu Ex 21,16. Andererseits bestehen spezifische Stichwortberührungen innerhalb des Gesetzeskorpus, welche zur Behandlung vergleichbarer Themen korrelieren, so z. B. in der Sklaventhematik in Ex 21,18–32 mit den Stichworten בעל, עבד, חפשי und אמה oder im Solidaritätsgrundsatz in Ex 22,20–26 mit den Stichworten עם, כסות und כסף.

Das Vorliegen von lexematischen Berührungen zu allen Textabschnitten des Bundesbuches ist als textstruktureller Befund im Textraum *Bundesbuch* keine Ausnahme (s. 5.1.1.c.MT:1). Die Bedeutung dieses Befundes ergibt sich aus der Funktion des Clusters Ex 21,2–11 im Bundesbuch: Ex 21,2–11 fungiert innerhalb des Bundesbuches als Auftakt für den gesetzlichen Hauptteil. In dieser prominenten textlichen Stellung greift die Begründungsbasis von Ex 21,2–11 auf die Grundpfeiler der Existenz des Volkes Israel zurück (s. 5.1.3.e). Die lexematische Textstruktur integriert subtil alle Textcluster des Bundesbuches in den Begründungszusammenhang von Ex 21,2–11 und stellt die Inhalte des Bundesbuches unter das Vorzeichen der Leitlinie von Ex 21,2–11, sodass die Sicherung des personalen und wirtschaftlichen Fortbestandes des Volkes Israel zur umfassenden Begründung des gesamten Rechts des Bundesbuches wird.

Des Weiteren wird aus den vorliegenden Sprechverhältnissen im Textraum *Bundesbuch* die Adressierung der Bestimmungen an die Israeliten (Ex 20,22) deutlich. Dahingehend definiert עברי in Ex 21,2 den Sinnhorizont des Gesetzes für die Gemeinschaft der Israeliten als Volk und trägt die Perspektive des Ideals von Solidarität im Gottesvolk ein.

2. Ex 21,2–11 in Beziehung zu Ex 21,18–32; 21,33–22,14: Der Schutz des Sklaven angesichts seiner Stellung zwischen Besitz und Menschsein

Die textliche Beziehung zwischen Ex 21,2–11 und Ex 21,18–32 ergibt sich anhand der Sklaventhematik (vv.20 f.26 f.32). Dies spiegelt sich auch in den verbindenden Stichworten (z. B. אמה, עבד, יצ"א, כסף, חפשי). In ähnlicher Weise sind Ex 21,2–11 und Ex 21,33–22,14 in der Beschreibung einer Zeremonie vor Gottheit(en) und der Thematik der Schuldsklavenschaft miteinander verbunden. Auch hier reflektieren Stichwortberührungen, z. B. anhand von בעל, כסף und מכ"ר, die thematischen Überschneidungen der Cluster. Diese Textbeziehungen sind mit dem thematisch bedingten Aufgreifen von Einzelstichworten in geringem Maße markiert und daher als schwach kommunikativ einzuschätzen. Die spezifische thematische Verbindung gestaltet das intertextuelle Verhältnis der genannten Cluster mäßig referentiell.

Während in Ex 21,2–11 die beiden Prinzipien des Schutzes des Fortpflanzungspotenzials der Frau und der wirtschaftlichen Fairness für den Hausherrn dominieren, fokussiert der Bezugsbereich in Ex 21,18–32 die körperliche Unversehrtheit des Sklaven und der Sklavin in Abwägung mit den wirtschaftlichen Interessen des Sklavenhalters. Der Sklave und die Sklavin changieren dabei in Ex 21,20 f.26 f.32 zwischen den beiden Werten des Eigentums des Hausherrn und des menschlichen Lebens. Sklaven nehmen eine Zwischenstellung zwischen der Kategorie des Eigentums und der des vollwertigen menschlichen Lebens ein.[632]

In Verbindung mit Ex 21,18–32 weitet sich die Begründungslogik von Ex 21,2–11 um den auf die Kategorie des Eigentums hin angepassten Schutz des Sklaven. Die Sklavin im Konkubinat ist bereits in vv.7–11 mit Schutzmechanismen bedacht. Die aus Ex 21,20 f.26 f.32 aufgreifbare Leitlinie des maßvoll züchtigenden Umgangs mit Sklaven zum Schutz der eigenen wirtschaftlichen Interessen ordnet sich im Zusammenhang mit Ex 21,2–11 dem dortigen Grundsatz der (wirtschaftlichen) Fairness zu.

Aus dem Verhältnis zu Ex 21,33–22,14 erwächst für Ex 21,2–11 eine Gleichsetzung der konsultierten Gottheit mit Jhwh. Zudem wird die Gottheit im Zusammenhang beider Texte als höchstrichterliche Instanz, die für Gerechtigkeit bürgt, definiert (s. 5.3.3.c.MT:2).

3. Ex 21,2–11 in Beziehung zu Ex 22,20–26; Ex 23,1–9.10–12 und Ex 23,13–19: Die Legitimation von Sklaverei im Spannungsfeld von Gleichheit, Hierarchie und der Einschärfung von Solidarität

Ex 21,2–11 und Ex 22,20–26 sind in der Thematik des Umgangs mit in Not geratenen Volksgenossen verbunden. Die spezifischen Stichworte, welche Ex 21,2–11 und Ex 22,20–26 verbinden, entstammen dem Wortfeld zur Bezeichnung familiärer und ethnischer Verhältnisse (אשה, בן, עם) sowie der Bezeichnung materieller Güter (כסות, כסף). Beide Cluster beinhalten Regelungen zum Umgang mit Menschen in nachteiligen, armutsbehafteten Positionen, wie Sklaven, Witwen, Waisen. Ex 21,2–11 legt für den Umgang mit dem hebräischen Sklaven und der Konkubine hintergründig den Wert der Solidarität zugrunde. Im Lichte von Ex 22,20–26 tritt dieser Wert in Ex 21,2–11 stärker hervor, da Ex 22,20–26 die Forderung der Solidarität im Umgang mit sozial Schwachen in den Vordergrund stellt und das strafende Eintreten Jhwhs für den Fall der Verweigerung der geforderten Barmherzigkeit ankündigt (s. 5.3.6.a.MT).

Das spezifische verbindende Vokabular zwischen Ex 21,2–11 und Ex 23,1–9.10–12 sowie Ex 23,13–19 stellen zum einen Zahlen und Zeiten (שלש, שנה, שביעי,

632 Vgl. dazu Propp, *Exodus 19–40*, 218.

שׁשׁ) und zum anderen der Autoritäts- und Herrschaftsterminus אדון dar. Anhand der Zahlen und Zeiten wird in beiden Texten die Rhythmisierung des Lebens und Wirtschaftens nach dem Sechs-Sieben-Schema als gemeinschaftliche Grundlage thematisiert. Ex 23,11 begründet die Brache des siebenten Jahres auf der Ebene des Textclusters als solidarischen Akt gegenüber den Armen des eigenen Volkes.[633] Im Zusammenklang beider Texte wird so die in Ex 21,2–11 anklingende sozialethische Forderung der Solidarität mit dem hebräischen Sklaven und des angemessenen Umgangs mit der Konkubine hervorgehoben.

Im intertextuellen Verhältnis zwischen Ex 21,2–11 und Ex 23,13–19 ist die Stichwortberührung anhand von אדון herauszustellen. Diese Autoritätsbezeichnung benennt in Ex 21,2–11 den Hausherrn in seiner Funktion als Eigentümer, in Ex 23,17 Jhwh. Damit ist in Verbindung beider Texte eine Korrelation der Verhältnisse möglich: Der Sklave gehört dem Hausherrn; die Israeliten gehören Jhwh. Mit dem Bezugswort עב"ד *Qal* wird im Zusammenhang mit Ex 23,24 f.33 (s. u.) zudem deutlich: Die Israeliten dienen Jhwh wie der Sklave bzw. die Sklavin dem Hausherrn. In diesem Sinne wird in der Korrelation der Eigentums- und Herrschafts-Dienst-Verhältnisse eine Gleichstellung aller Israeliten – egal ob Sklave oder Hausherr – vor Jhwh ausgesagt. Die Freilassung des hebräischen Sklaven im siebenten Jahr ist so einerseits als Wiederherstellung der Gleichheit in der Gemeinschaft der Jhwh-Dienenden zu betrachten. Andererseits festigt die Korrelation mit der Jhwh-Israel-Hierarchie die Institution der Sklavenschaft als legitimierte, geprägte Hierarchie.

Die intertextuellen Bezüge zwischen Ex 21,2–11 und Ex 22,20–26; Ex 23,1–9.10–12 sowie Ex 23,13–19 sind im Aufgreifen der Zahlen und Zeiten sowie der Autoritätsbezeichnung stark selektiv und kommunikativ sowie durch die thematische Verbindung der Solidaritätsforderung und der Rhythmisierung von Lebens- und Wirtschaftszyklen mäßig referentiell.

4. Querverbindungen durch עם und אלהים: Vorordnung der Identität des Volkes Israel und des Dienstverhältnisses zu Jhwh

Mit den Stichworten עַם und אלהים hat das Cluster Ex 21,2–11 an zwei Querverbindungen teil, die innerhalb des Bundesbuches synchrone Achsen kreieren. Das Vorkommen von עם als Bezeichnung des eigenen Volkes beschränkt sich auf den gesetzlichen Hauptteil des Bundesbuches (Ex 22,24.27; 23,11). Zu Beginn des gesetzlichen Hauptteils nimmt die Wendung עם נכרי in Ex 21,8 eine Mittlerstellung ein. Auf der Ebene der Einzelgesetze bezeichnet עם נכרי in Ex 21,8 die fremde Sippe innerhalb des eigenen Volkes, auf der Ebene des Textclusters das fremde Volk.

633 Zum Verhältnis von Ex 21,2–11 und 23,10–12 s. auch Osumi, *Kompositionsgeschichte*, 149–152.

Mit dem Verständnis als „fremdes Volk“ korrespondiert innerhalb des Bundesbuches die Verwendung von עם zur Bezeichnung der Fremdvölker im narrativen Schlussteil in Ex 23,27, sodass eine Rahmung um die Bezeichnungen des eigenen Volkes (Ex 22,24.27; 23,11) entsteht.

Aus dieser Perspektive wird sowohl in Ex 21,8 als auch in Ex 23,27 zugunsten der Stärkung und Aufwertung des eigenen Volks abgrenzend und ablehnend auf das fremde Volk rekurriert. Die im Zusammenhang von Ex 21,8 getroffenen Bestimmungen werden so, gesteigert durch die Verwendung von עברי (Ex 21,2), zu Elementen der Identität des Volks der Israeliten herausgehoben.

Mit dem Stichwort אלהים ist das Cluster Ex 21,2–11 an eine Querverbindung angebunden, die das gesamte Bundesbuch einbezieht (s. 5.1.1.c.MT:5). Für Ex 21,6 ermöglicht der Textraum *Bundesbuch* die Identifikation von אלהים als Instanz der Zeugenschaft mit Jhwh. Die lebenslange Verpflichtung des Sklaven, die im Beisein Jhwhs stattfindet, geschieht aus Sicht des Bundesbuches vor der höchsten denkbaren Autorität und erhält so in ihrer Verbindlichkeit Nachdruck.

Zudem ergibt sich auch aus der Verbindung von אלהים und עב"ד *Qal* (Ex 23,24 f.33) im Zusammenhang der Sklavengesetze eine Vorordnung des Dienstes für Jhwh (s. o.): Obgleich der Sklave in seinem Sklavenverhältnis dem Hausherrn unterstellt ist (Ex 21,2), stellt der übergeordnete Wert die Ergebenheit zu Jhwh dar (Ex 23,24 f.33).

LXX:

Das Cluster Ex^{LXX} 21,2–11 steht auch innerhalb des Bundesbuches der LXX mit den bereits im MT herausgestellten Bezugstexten in Beziehung. Gleichermaßen liegt in Ex^{LXX} 21,2–11 die textstrukturelle, lexematische Integration aller Textcluster des Bundesbuches vor (s. 5.1.1.c.MT:1).

Generell zeichnet sich in der LXX im Vergleich zu MT eine Reduktion von Zahl und Streubreite der Stichwortberührungen zwischen den betreffenden Clustern ab. Diese ist überwiegend auf übersetzungsbedingte Abweichungen in der Wortwahl zurückzuführen (s. u.). Somit wird die explizite Markierung von Bezugspunkten zwischen den Sklavengesetzen im vorliegenden Cluster und Ex^{LXX} 21,18–32; Ex^{LXX} 21,33–22,14; Ex^{LXX} 22,20–26; Ex^{LXX} 23,1–9.10–12 sowie Ex^{LXX} 23,13–19 im Vergleich zu MT leicht abgeschwächt.

Die Reduktion von Stichwortberührungen zu Ex^{LXX} 21,18–32; 21,33–22,14 ist im Wesentlichen der differenzierten Terminologie der LXX bei den Äquivalenten zu עבד und אמה sowie der Entsprechung zu אם־בעל אשה הוא geschuldet. Die thematische Verbundenheit zwischen den genannten Textbereichen bleibt davon unberührt und die intertextuelle Beziehung zu Ex^{LXX} 21,18–32 wird im Sinne einer Dialogizität der verschiedenen Begriffe für Sklave und Sklavin sogar gestärkt. Die Feminina δούλη und οἰκέτις kommen innerhalb des Bundesbuches nur in Ex^{LXX} 21,7 vor. Hinzu kommt die feminine Bezeichnung der Sklavin mit παιδίσκη, einem Diminutiv von παῖς,[634] in Ex^{LXX} 21,20.32. Der Allgemeinbegriff παῖς begegnet auch in Ex^{LXX} 21,20.32. Vv.26 f. erwähnen zudem den οἰκέτης als maskulines Pendant der οἰκέτις und die θεράπαινα. In der Bezeichnung von Sklaven sind παῖς und οἰκέτης/-τις Verbindungselemente von Ex^{LXX} 21,2–11 zu Ex^{LXX} 21,18–32.

Der terminologischen Differenzierung ist zu entnehmen, dass die LXX auch auf der Ebene des Bundesbuches im Vergleich zu MT stärker die Art der Sklavenschaft fokussiert und dementsprechend explizit zugehörige Rechtsansprüche abgrenzt. Anhand der generellen Bezugnahme παῖς färbt auch in der LXX die Abwägung zwischen Lebens- (Ex^{LXX} 21,20 f.) und Eigentumsschutz (Ex^{LXX} 21,32) auf Ex^{LXX} 21,2–11 ab. Die Entschädigung körperlicher Schäden infolge von Gewalt mit Freilassung ist hingegen nur dem οἰκέτης und der θεράπαινα vorbehalten (Ex^{LXX} 21,26 f.).

Des Weiteren sind die Querverbindungen durch θεός und ἔθνος innerhalb des Bundesbuches der LXX im Vergleich zu MT geringfügig verlagert, indem θεός zusätzlich in Ex^{LXX} 22,10; 23,17 erwähnt wird und die Berührung mit ἔθνος in 22,24.27 zwar wegfällt, aber in 23,18 hinzukommt. Die Gleichsetzung von θεός und Jhwh als höchstrichterliche Instanz ergibt sich in der LXX vorrangig unter Einbeziehung des Querverbinders θεός.

Zu Ex^{LXX} 22,20–26 fallen, im Vergleich zu MT, Stichwortverbindungen anhand von υἱός/παῖς und ἔθνος weg. Gegenüber Ex^{LXX} 21,2–11 bestimmt Ex^{LXX} 22,20–26 den Kreis der Solidaritätsempfänger nicht nach ethnischen Kriterien. Vor diesem Hintergrund wird die Fokussierung auf das Volk Israel in Ex^{LXX} 21,2–11 im intertextuellen Verhältnis zu Ex^{LXX} 22,20–26 relativiert.

In Bezug auf Ex^{LXX} 23,1–9.10–12; 23,13–19 ist die Reduktion von Stichwortberührungen gegenüber MT vorrangig auf unterschiedliche Wortwahl zur Bezeichnung von ἔτος „Jahr" und δουλεύω „dienen" zurückzuführen. Während die Bezeichnungen ἔτος und ἐνιαυτός für „Jahr" synonym verwendet werden,[635] sind die Verben zur Bezeichnung des „Dienens" (δουλεύω sowie προσκυνέω und λατρεύω) differenziert gebraucht: Mit προσκυνέω und daran anschließend λατρεύω wird in Ex^{LXX} 23,24 f. der Dienst gegenüber Gottheiten untersagt.[636] Die Negation von προσκυνέω und λατρεύω zeigt in Ex^{LXX} 23,24 f. an, dass die zugehörigen Handlungen dem alleinigen Dienst für Jhwh vorbehalten sind. In Abgrenzung dazu wird der Dienst an fremden Göttern zur Kennzeichnung seiner Profanität mit δουλεύω beschrieben (Ex^{LXX} 23,33).

---

634 Vgl. Liddell/Scott, *Lexicon 2*, 1287.
635 Vgl. Muraoka, *Lexicon*, 238.297; Liddell/Scott, *Lexicon 1*, 567 f.
636 Vgl. Muraoka, *Lexicon*, 426.596; Liddell/Scott, *Lexicon 2*, 1032.1518.

Der in Ex^{LXX} 23,25 geforderte Jhwh-Dienst ist damit in der LXX terminologisch nicht dem Dienst für den Sklavenhalter gleichgestellt. Im Unterschied zu MT gilt im Textraum *Bundesbuch* der LXX der Jhwh-Dienst nicht als vor- und übergeordneter Rahmen des Sklavendienstes. Stattdessen besteht zwischen der profanen Arbeit im Sklavenhaus (δουλεύω) und dem heiligen Dienst für Jhwh (προσκυνέω, λατρεύω) ein qualitativer Unterschied, der den Stellenwert der Sklaventhematik für die Beziehung zu Jhwh in Ex^{LXX} 21,2–11 relativiert: Der profane Arbeitsdienst im Sklavenhaus ist vom Dienst für Jhwh grundsätzlich unterschieden. Die beiden Dienstverhältnisse lassen sich nicht miteinander vergleichen.

Trotz der Differenzierung bei der Handlung des Dienens findet sich auch die Gleichstellung aller Israeliten vor Jhwh in der LXX im Sinne der Kategorie des Eigentums Jhwhs und des Unterstelltseins unter Jhwhs Autorität. Diese geschieht, analog zu אדון im MT, mittels der Vokabel κύριος. Mit κύριος liegt in der LXX ein weiterer, semantisch breit gefasster Querverbinder innerhalb des gesamten Bundesbuches vor. Das Bundesbuch der LXX nutzt κύριος in Entsprechung zu אדון, בעל und יהוה im Sinne einer übergreifenden Autoritäts- und Besitzbezeichnung. Die Freilassung des Sklaven geschieht damit als Entlassung in die alleinige Bindung an Jhwh und somit in die Jhwh gehörende Gemeinschaft der Israeliten.

Sam:

Sam bezeugt innerhalb des Bundesbuches überwiegend die bereits für MT erhobenen Stichwort- und thematischen Berührungen zu den genannten Bezugstexten. Im Unterschied zu MT liegt im Sam אדון nicht in Ex^{Sam} 23,17 vor (s. 5.2.2.a.Sam). Aufgrund dieser fehlenden Überschneidung ist im Textraum *Bundesbuch* die Korrelation der Verhältnisse zwischen Sklave und Hausherr einerseits und Israel und Jhwh andererseits auf die Einbindung des Herrschafts-Dienst-Verhältnisses im narrativen Rahmenstück begrenzt (עב"ד *Qal*, Ex^{Sam} 23,24 f.32 f.). Ein Vergleich der Beziehungen auf der Ebene des Eigentums (s. o.) wird im Sam nicht anhand von אדון explizit.[637] Die Freilassung des hebräischen Sklaven im siebenten Jahr kann im Sam auf der Ebene des Bundesbuches damit nicht als eine Befreiung in die alleinige Verfügungsgewalt Jhwhs verstanden werden. Sie geschieht weniger im Sinne einer Wiederherstellung der Gleichheit in der Gemeinschaft der Jhwh-Dienenden, sondern vielmehr als ein Akt der Solidarität mit dem Volksgenossen (עבד עברי).

637 Eine Verbindung anhand des *Qere perpetuums* אדני für das Tetragramm wurde aufgrund der verschiedenen *Qere*-Optionen bereits im MT nicht berücksichtigt. Auch im Sam kann keine Verknüpfung mit dem *Qere* אדני hergestellt werden. Üblicherweise gibt die samaritanische Lesetradition das Tetragramm mit *šēmå* wieder (vgl. Ben-Ḥayyim, *LOT IV*, 427).

Eine gesteigerte Kommunikativität zwischen Ex^{Sam} 21,2–11 und 22,20–26 ist für diejenigen Mss des Sam festzustellen, die in Ex^{Sam} 21,10 וענותה lesen.[638] Dabei ergibt sich eine Überschneidung zum Cluster Ex^{Sam} 22,20–26 in der Wurzel ענ"י „bedrängen".

Peš:

Für Ex^{Peš} 21,2–11 sind im Textraum *Bundesbuch* ebenso intertextuelle Beziehungen zu den bereits für MT herausgearbeiteten Textclustern und die textstrukturelle, lexematische Integration aller Cluster des Bundesbuches vorhanden. Ergänzend zu MT sind in Peš die lexematischen Verbindungen anhand von ܡܪܐ/ܡܪܝܐ und ܕܝܢܐ zu betrachten.

ܕܝܢܐ dient in der Textstruktur des Bundesbuches der terminologischen und thematischen Verknüpfung anhand der Wurzel ܕܘܢ. In den Bedeutungen „Richter" und „Rechtsentscheidung" prägt die jeweilige Nominalbildung den gesetzlichen Hauptteil (Ex^{Peš} 21,1.6.22.31; 22,7.8; 23,2.3.6.8). Im Zusammenhang des Gebrauchs von ܕܝܢܐ in Ex^{Peš} 22,7 f. und der Nennung eines Jhwh-Schwurs in Ex^{Peš} 22,10 nimmt Peš keine Gleichsetzung von ܕܝܢܐ und Jhwh vor. Peš grenzt damit die gerichtlichen Funktionen Jhwhs im Textraum *Bundesbuch* ein, lässt Jhwh aber dennoch als eine den menschlichen Gerichten übergeordnete, letzte Instanz zur Ermittlung der Wahrheit und Durchsetzung von Gerechtigkeit auftreten (s. 5.3.3.a).

Mit ܡܪܐ/ܡܪܝܐ liegt in Peš, vergleichbar zu κύριος in der LXX, eine zusätzliche Querverbindung, die als synchrone Achse das Bundesbuch durchzieht, vor. Die Bezeichnungen werden innerhalb des Bundesbuches in semantischer Breite gebraucht: Ex^{Peš} 21,28 f. verwendet ܡܪܐ als Äquivalent für בעל, Ex^{Peš} 23,17 ܡܪܝܐ als Äquivalent für אדון zur Gottesbezeichnung und Ex^{Peš} 23,19 ܡܪܝܐ als Äquivalent für יהוה. Anhand von ܡܪܐ/ܡܪܝܐ ermöglichen insbesondere die textlichen Bezüge zu Ex^{Peš} 21,28 f.; 23,17; 23,19 die Korrelation der Verhältnisse von Sklave und Hausherr sowie Israel und Jhwh im Sinne eines Autoritäts- und Besitzverhältnisses.

In Peš liegt im Textraum *Bundesbuch* keine Differenzierung in der Bezeichnung des Dienens im Sklavenhaus, in Bezug auf Jhwh oder fremde Götter, vor. Alle diese Dienstverhältnisse werden mit ܦܠܚ beschrieben (Ex^{Peš} 21,2; 23,24.25.33), sodass die Begründungslinie der Gleichstellung aller Israeliten im Herrschafts-Dienst-Verhältnis zu Jhwh auch in Peš nachgezeichnet werden kann.

Auswertung – Unterschiedliche Perspektiven auf den Stellenwert von Gleichheit und Solidarität zur Rechtsbegründung

Ex 21,2–11 fungiert in allen betrachteten Textzeugen als Auftakt für den gesetzlichen Hauptteil des Bundesbuches und bezieht in dieser herausgehobenen Stel-

638 Vgl. Tal/Florentin, *Pentateuch*, 676.

lung lexematisch-textstrukturell alle Textcluster des Bundesbuches ein. Darin überträgt sich die Begründung des Clusters Ex 21,2–11 auf das Recht des gesamten Bundesbuches und der Fortbestand des Volkes Israel wird zur Leitlinie des präsentierten Rechts.

In allen betrachteten Textzeugen stellen Ex 21,18–32; 21,33–22,14; 22,20–26; 23,1–12.13–19 intertextuelle Bezugsbereiche zu Ex 21,2–11 im Textraum *Bundesbuch* dar. Zudem bestehen Querverbindungen anhand von עם und אלהים sowie weitergehend auch κύριος in der LXX und ܡܪܝܐ/ܡܪܐ in Peš.

Die Querverbindungen entfalten sich anhand thematisch verschieden geprägter Stichworte, die als synchrone Achsen Dialogizität quer durch das gesamte Bundesbuch aufbauen. Die verwendeten Stichworte עם, אלהים und κύριος bzw. ܡܪܝܐ/ܡܪܐ signalisieren in ihrer Zusammenschau auf der Ebene des Bundesbuches die Tendenz einer Theologisierung der Bestimmungen und einer Identitätsbildung durch das Recht: Erst auf der Ebene des Bundesbuches kann עם in Hinsicht auf das eigene Volk als gegen andere Völker abgegrenzte Gemeinschaft der Israeliten (Ex 23,27), die nach rechtlich verfassten Grundwerten eines solidarischen Miteinanders lebt (Ex 22,24; 23,11), in Ex 21,8 verstanden werden. Gleichermaßen kann erst auf der Ebene des Bundesbuches אלהים in Ex 21,6 mit Jhwh gleichgesetzt werden. Dadurch trägt sich im Textraum *Bundesbuch* in Ex 21,2–11 die Tendenz der Bindung des Rechts an Jhwh ein, die die narrativen Rahmenstücke explizit entfalten (Ex 20,22; 23,21 f.).

Aus dem Grundsatz des sozialen Schutzes und dem originär kultisch zu verortenden Sechs-Sieben-Schema nimmt auch Otto in Ex 21,2–11 eine implizite Theologisierung und Unterstellung des Rechts unter die Jhwh-Herrschaft wahr. Diese Vertikalisierung des Rechts könne als Ausgleich fehlender Ersatzleistungs- und Sanktionsbestimmungen in Ex 21,2–11 gelten, die kasuistisches Recht formal zu vertikalem Schutzrecht weiterentwickele und die Vorstellung göttlicher Sanktion vorbereite. Ex 21,2–11 sei in seiner vorliegenden redaktionellen Prägung damit nicht nur profanes Sklavenrecht.[639]

Die These der Theologisierung des Rechts wird von der vorliegenden Analyse aus der Perspektive einer Verhältnisbestimmung von Texten in abgegrenzten Texträumen bestätigt. Die Vertikalisierung des Rechts im Sinne einer Unterstellung der Angelegenheiten der Rechtsgemeinschaft Israel unter Jhwh gründet auf der Ebene des Bundesbuches jedoch weniger im Ideal des sozialen Schutzes und der Einbindung der kultisch geprägten Periodisierung der Zeit. Stattdessen wird sie vorrangig mittels Identifikation der in Ex 21,6 zunächst neutral gebrauchten Bezeichnung אלהים mit Jhwh sowie im Verständnis der Israeliten als Eigentums- und Dienstgemeinschaft Jhwhs erkennbar.

---

639 Vgl. Otto, *Rechtsbegründungen*, 35–37.

Innerhalb des Textraums *Bundesbuch* wird die Plausibilisierungsgrundlage für Ex 21,2–11 um zwei Leitlinien ergänzt: den Schutz des Eigentums und den Schutz des Lebens. In Bezug auf Sklaven verdeutlicht das intertextuelle Verhältnis zu Ex 21,18–32, dass der Schutz des Eigentums und der Schutz des Lebens der gegenseitigen Abwägung bedürfen. Die Notwendigkeit der Abwägung korreliert mit der Vorstellung, dass das Leben der Israeliten Jhwhs Eigentum ist. Diese lässt sich im MT aus der terminologischen Parallelisierung von Jhwh und Hausherr in der Bezeichnung אדון erheben. LXX und Peš verbreitern im Sinne einer zunehmenden Textexplikation für den Leser die Möglichkeit zur Umsetzung dieser Sinnkonstruktion mittels Überführung der Thematik in die durch κύριος bzw. ܡܪܝܐ/ܡܪܐ gestalteten synchronen Achsen. Darauf basierend richten sich LXX und Peš an der Idee der Eigentumsgemeinschaft Jhwhs aus und implizieren mit der Freilassung des Sklaven seine Entlassung in die alleinige Verfügungsgewalt Jhwhs. Zudem belegen LXX und Peš darin textempirisch die Tendenz zur Theologisierung des Rechts im Textraum *Bundesbuch* auf Basis der Vorstellung der Eigentums- und Dienstgemeinschaft Jhwhs (s. o.).

Sam hingegen trägt mit der Lesung von ארון in Ex^{Sam} 23,17 den Begründungszusammenhang der Eigentümerschaft Jhwhs nicht mit.[640] Stattdessen belegt Sam eine von MT, LXX und Peš unterschiedene Richtung der Textexplikation, die auf dem Ideal der Solidarität innerhalb der Dienstgemeinschaft Jhwhs beruht. Die Freilassung des Sklaven ist aus Solidarität in der Gemeinschaft der Jhwh-Dienenden geboten. Diese sozialethische Ausrichtung des Textverständnisses im Sam klingt bereits in der samaritanischen Lesetradition zu Ex^{Sam} 21,8 an (s. o.) und wird im Textraum *Bundesbuch* als Ausrichtung auf den Wert der Solidarität umfassend konstruiert. Textempirisch belegen diejenigen Mss, die die Markierung der Textbeziehung zwischen Ex^{Sam} 21,2–11 und Ex^{Sam} 22,20–26 intensiver hervorheben (s. 5.1.3.c.Sam), die antike Deutung von Ex^{Sam} 21,2–11 auf der Basis des Wertes der Solidarität.

d. Begründungsstrukturen im Textraum *Sinaiperikope*

MT:

1. Ex 21,2–11 in Beziehung zu Lev 25: Gegensätzliche Auffassungen zur Legitimität von Sklaverei unter Israeliten

Lev 25 behandelt mit dem Sabbat- und Jobeljahr sowie Regelungen zur Sklavenschaft Themen, die Ex 21,2–11 nahestehen. Die thematische Verbundenheit beider

---

640 Für eine positive Erfassung und eine Wertung der Lesung von ארון in Ex^{Sam} 23,17 s. 5.2.2.a/d.Sam.

Texte spiegelt sich in den Stichwortüberschneidungen zwischen Ex 21,2–11 und Lev 25 anhand von שנה, שביעי, שש (Lev 25,3 f.20 f.), אלהים, יצ״א (Lev 25,38), עבד, יצ״א/מכ״ר (Lev 25,39.42.44), יצ״א, בן (Lev 25,41), בן, לעלם (Lev 25,46) und עבד, אלהים, יצ״א, בן (Lev 25,55).

Kernanliegen von Lev 25 sind: 1) die Einhaltung eines Sabbatjahres aller sieben Jahre im Land als Ruhejahr, welches dem Land, Jhwh und dem Wohlergehen aller Landesbewohner dienen soll (Lev 25,1–7); 2) die Einhaltung eines Jobeljahres aller 50 Jahre als Jahr des Freilassens, welches als Wiederherstellung der überkommenen Verhältnisse im Gottesvolk und als Grundlage zum fairen Wirtschaften innerhalb des Volkes Israel dienen soll (Lev 25,8–17); und 3) die Einhaltung des Lösungsrechts, welches als zusätzliches Mittel zur Wiederherstellung der überkommenen Verhältnisse im Gottesvolk dienen soll (Lev 23,23–55).

Getragen werden diese Kernanliegen von der Vorstellung der Eigentümerhoheit Jhwhs über das Land (Lev 25,23) und die Israeliten (Lev 25,42.55), welche auf dem Exodus-Geschehen basiert. So wird die Gabe des Landes als Ziel der Herausführung aus Ägypten genannt (v.38) und die Befreiung der Israeliten aus dem ägyptischen Sklavenhaus als Herrschaftswechsel zum Hausherrn Jhwh (vv.42.55) erfasst. Konsequenterweise sind alle Israeliten im Land Jhwhs gleichermaßen Fremde (v.23) und im Verhältnis zu Jhwh gleichermaßen Knechte (v.42). Daher ist Sklaverei unter Israeliten nicht zulässig (vv.39.42.46) und Land darf nicht dauerhaft veräußert werden (v.23).

Der intertextuelle Zusammenhang zwischen Ex 21,2–11 und Lev 25, der seitens der Stichwortverbindungen selektiv auf dem Sechs-Sieben-Zeitrhythmus und der Sklaventhematik basiert, stellt sich als mäßig referentiell und kommunikativ sowie stark dialogizitär dar. Dialogizität besteht vor allem hinsichtlich der Terminierung und Begründung der Freilassung sowie hinsichtlich der Existenz von Sklaverei unter Israeliten.

Die Freilassung des Sklaven terminiert Ex 21,2 auf das siebente Jahr. Lev 25 sieht die Wiederherstellung der überkommenen Verhältnisse erst für das siebente Sabbatjahr vor (Lev 25,10). Im Lichte von Lev 25 erscheint die Freilassung weniger als ein Akt der Solidarität, sondern als grundlegende Gegebenheit der wirtschaftlichen Zeitzyklen im Gottesvolk, die als Bestandteil des Jhwh-Dienstes mit religiöser Bedeutung angereichert ist (ליהוה: Lev 25,2.4) und der Wiederherstellung der gottgegebenen Ordnung dient (Lev 25,23–28). Das Solidaritätsideal bemüht Lev 25 für den Loskauf eines israelitischen Sklaven aus einem fremden Sklavenhaus mit der Bezeichnung des Betroffenen als אחיך „dein Bruder“ (v.47).

Bei der Frage nach der Zulässigkeit von Sklaverei innerhalb Israels stehen Ex 21,2–11 und Lev 25 in Spannung zueinander. Ex 21 erlaubt Sklaverei unter Israeliten. Der israelitische Adressat des Bundesbuches (Ex 20,22) kann einen hebräischen Sklaven (עבד עברי) kaufen, soll ihn aber nach sechs Jahren wieder freilassen (Ex 21,2). Lev 25 hingegen verbietet Sklaverei unter Israeliten, da mit dem Exodus-Geschehen alle Israeliten zu Jhwhs Knechten geworden sind (Lev 25,42.55). Als Alternative zur Schuldsklavenschaft sieht Lev 25 die Anstellung als Lohnarbeiter (שכיר) und die Freilassung mitsamt Kindern im Jobeljahr vor (Lev 25,39–42). Ex 21,4 verneint die Mit-Freilassung der Kinder des hebräischen Sklaven, die von Vornherein als Besitz und mittel- bis langfristiger Gewinn des Sklavenhalters gesehen werden. In Lev 25 sind aufgrund des Konstrukts der Lohnarbeiterschaft die Kinder rechtlich dem Lohnarbeiter zugeordnet und dienen zugleich dessen Zukunftssicherung.

2. Ex 21,2–11 in Beziehung zu Ex 34,10–26: Kontinuität des Rechts trotz Diskontinuität der Beziehung Israels zu Jhwh

Das Verhältnis zwischen Ex 21,2–11 und Ex 34,10–26 entspricht in Themen- und Stichwortverbindungen anhand von שביעי, פד״י, בן, אלהים, שנה, אדון, שלש und שש überwiegend dem zu Ex 23,1–9.10–12 und Ex 23,13–19 (s. o.).

Ein wichtiger Unterschied gegenüber der Textbeziehung zu Ex 23,1–19 ergibt sich allerdings aus der Stellung von Ex 34,10–26 innerhalb der Erzählung der Sinaiperikope: Nach dem Bundesbruch durch die Israeliten in Ex 32 ist das in Ex 34,10–26 gegebene Recht Bestandteil der Erneuerung des Bundes zwischen Jhwh und Israel (Ex 34,27). Aus der inhaltlichen und literarisch-strukturellen Verbindung zwischen dem Bundesbuch und Ex 34,10–26 wird im narrativen Fortgang der Sinaiperikope Kontinuität zum Recht des vorangehenden Bundesschlusses (Ex 24,3–8) gewahrt. Die zerbrochenen Tafeln gelten dem zerbrochenen Bundesverhältnis (Ex 32,19), negieren aber nicht das daran gebundene Recht. Dieses wird zwar in seiner Gültigkeit entwertet, jedoch inhaltlich nicht abgewertet. Es wird von neuen Bestimmungen abgelöst (z. B. Ex 34,10–26), die an das Recht des vorherigen Bundesschlusses anschließen.

3. Ex 21,2–11 in Beziehung zum Sechs-Sieben-Rhythmus in Ex 20,9–11; 24,16 f.; 31,15–17; 34,21; 35,2; Lev 23,3; Lev 25: Theologisierung des Rechts mittels zitathafter Aufnahme kultisch-religiös geprägter Konzepte

Der Sechs-Sieben-Rhythmus wird durch die Zeitstrukturierung unter Nutzung der Numeralia שביעי und שש signalisiert und stellt eine motivische Verknüpfung dar, die im Textraum *Sinaiperikope* verstärkt kultisch-religiösen Sinngehalt trägt: Die Einhaltung des siebenten Tages oder Jahres als Sabbattag bzw. -jahr wird im Textraum *Sinaiperikope* explizit als Dienst für Jhwh definiert (ליהוה: Ex 20,10; 35,2; Lev 23,3; 25,4). Ex 20,10 begründet den Sabbattag mit der Schöpfung (Gen 1) und verweist auf die Segnung und Heiligung dieses Tages durch Jhwh. Ex 31,15 f.

nennt den Sabbat eine heilige Institution Jhwhs (קדש ליהוה) und verstärkt dessen Bedeutung zum ewigen Bund (ברית עולם) zwischen Jhwh und Israel. Darüber hinaus bereitet das Sechs-Sieben-Schema in Ex 24,16 f. die Gottesbegegnung des Mose vor.

Die Ausgestaltung der Beziehung zwischen Jhwh und Israel ist vom Sechs-Sieben-Rhythmus geprägt, welcher in der göttlichen Periodisierung der Zeit gründet und als zitathafte Aufnahme einer Vorstellung, die sich auch in Gen 1 niedergeschlagen hat, im Textraum *Sinaiperikope* wiederkehrend in den Zusammenhang kultischer Bestimmungen eingebunden ist. Die motivischen Verknüpfungen des Sechs-Sieben-Schemas konstruieren in der kultisch-religiösen Aufladung der Periodisierung der Zeit im Textraum *Sinaiperikope* zusätzliches Sinnpotenzial für Ex 21,2–11: Die Regelung zur Freilassung des Sklaven im siebenten Jahr erfährt dadurch im Textraum *Sinaiperikope* eine Theologisierung.

4. Ex 21,2–11 in Beziehung zur Exodus-Motivik in Ex 20,2; Ex 29,46; 32,11 f.; 34,18; Lev 19,36; 22,33; 23,43; 25,38.42.55; 26,13.45: Theologisierung des Rechts mittels subtiler Verflechtung zur Exodus-Thematik

Im Textraum *Sinaiperikope* fungiert des Weiteren die Exodus-Motivik als synchrone Achse motivischer Verknüpfung. Ex 21,2–11 verwendet typisches Vokabular der Exodus-Thematik, wie z. B. עבד, עם, יצ"א, führt allerdings keine explizite Begründung der Gesetze mit dem Exodus-Geschehen an. Diese unterschwellige Exodus-Referenz setzt Ex 21,2–11 im Textraum *Sinaiperikope* im Sinne selektiver Intertextualität in ein Verhältnis zu expliziten Verweisen auf den Exodus, die unter Verwendung des spezifischen Vokabulars (עבד, עם, יצ"א) allesamt der Einschärfung des exklusiven Verhältnisses zwischen Jhwh und Israel dienen. Die betreffenden Verweise stellen Deutungen des Exodus-Geschehens dar: Wegen des Exodus hat Jhwh rechtmäßig Anspruch darauf, von den Israeliten als ihr (einziger) Gott anerkannt zu werden (Ex 20,2; Ex 29,46; 32,11 f.; 34,18; Lev 19,36; 22,33; 23,43; 25,38.42.55; 26,13.45). Somit trägt auch die Exodus-Motivik im Textraum *Sinaiperikope* zur Theologisierung der in Ex 21,2–11 gegebenen Bestimmungen bei.

Die Thematik des Umgangs mit Sklaven und deren Freilassung hat in Anbetracht dessen Relevanz für die Beziehung zwischen Jhwh und Israel, die selbst aus dem Umstand der Sklavenschaft in Ägypten hervorgegangen ist. Gleichwohl belegen die betreffenden Texte innerhalb der Sinaiperikope unterschiedliche Auffassungen zu den Folgen des Exodus-Geschehens in Bezug auf die Institution der Sklavenschaft und damit zur Tragweite der exklusiven Bindung an Jhwh im Rahmen von Rechtsangelegenheiten. Davon zeugen die dialogizitären Argumentationen zwischen Ex 21,2–11 und Lev 25 im Textraum *Sinaiperikope* (s. o.).

LXX:

In der LXX liegen für Ex^{LXX} 21,2–11 im Textraum *Sinaiperikope* Textbeziehungen zu den bereits für MT betrachteten Bezugsbereichen vor. Kleinere lexematische Abweichungen ergeben sich im Verhältnis zu Ex^{LXX} 34,10–26 sowie bei der Exodus-Motivik: So fehlt zu Ex^{LXX} 34,10–26 eine Überschneidung anhand von ἔτος und ἀπολυτρόω. Stattdessen werden aber das synonyme ἐνιαυτός und das stammgleiche λυτρόομαι verwendet. Innerhalb der Exodus-Motivik liegt nur einmal eine Überschneidung in der Begrifflichkeit des Herausgehens vor (Ex 34,18: ἐξέρχομαι). Ansonsten wird – wie auch im MT anhand des *Hif* – in der LXX das Herausführen beschrieben (ἐξάγω). Aufgrund der Wortbildung des Griechischen kann dabei keine Stammgleichheit zum Verb ἐξέρχομαι „herausgehen" vorliegen.

Diese sprachlich bedingten lexematischen Abweichungen zu MT bewirken keine Unterschiede in der Textsemantik. Zudem liegen die übrigen, bereits für MT beobachteten lexematischen und thematischen Berührungen sowohl zu Ex^{LXX} 34,10–26 als auch zur Exodus-Motivik ebenso in der LXX vor. Gegenüber MT sind daher keine Verschiebungen der Textbeziehungen von Ex^{LXX} 21,2–11 innerhalb des Textraums *Sinaiperikope* zu verzeichnen.

Sam:

Auch Sam zeigt innerhalb des Textraums *Sinaiperikope* die für MT herausgestellten Verbindungen zu den genannten Textbereichen. Als Unterschied zu MT ist zu nennen, dass – wie auch im Verhältnis zu Ex^{Sam} 23,1–9.10–13 – keine Überschneidung von אדון (Ex^{Sam} 21,4.5.6) und ארון (Ex^{Sam} 34,23) vorliegt. Im Textraum *Bundesbuch* ließ sich aufgrund dieser Differenz die Vorstellung, als Israeliten Eigentum Jhwhs zu sein, nicht aufrufen. Im Textraum *Sinaiperikope* wird dieser Begründungszusammenhang für Ex^{Sam} 21,2–11 anhand der Verbindung zur Aussage der Eigentümerschaft Jhwhs in Bezug auf die Israeliten in Lev^{Sam} 25,42.55 deutlich.

Peš:

Auch Peš zeigt im Textraum *Sinaiperikope* für Ex^{Peš} 21,2–11 intertextuelle Beziehungen zu den bereits im MT untersuchten Bezugsbereichen. Eine grammatikalisch bedingte Nuancierung der Peš ist die im Sinne einer Konstruktion mit Kopula regelmäßig anzutreffende Dopplung des Personalpronomens ܐܢܐ vor ܡܪܝܐ (z. B. Ex^{Peš} 20,2; 29,46; Lev^{Peš} 22,33; 25,38). Diese markiert das Subjekt und schärft in der Exodus-Motivik den Anspruch Jhwhs auf Israel ein: Allein Jhwh hat die Israeliten aus Ägypten befreit. Allein er soll daher Israels Gott sein. Die Abgrenzung gegen andere Götter sowie deren Ablehnung sind hier impliziert.

Auswertung – Theologisierung des Rechts als Vertikalisierung der Begründungsbasis

Im Textraum *Sinaiperikope* erfährt das Cluster Ex 21,2–11 eine kultisch-religiöse Sinnanreicherung, die anhand motivischer Verflechtungen mittels des Sechs-Sieben-Rhythmus und der Exodus-Motivik konstruierbar wird. Innerhalb der Sinaiperikope wird der der Freilassung des Sklaven zugrunde liegende Zeitzyklus als Jhwhs heilige Strukturierung des Lebens und Wirtschaftens begreifbar (s. o.). Im Zusammenklang mit dem im Exodus-Geschehen gründenden, alleinigen Hoheitsanspruch Jhwhs über das Volk Israel (s. o.) stellt sich die Einhaltung der Freilassung des Sklaven im siebenten Jahr innerhalb der Sinaiperikope als notwendige Entsprechung zu der von Jhwh intendierten Weltordnung dar. Hierin zeichnet sich die Theologisierung des Rechts im Sinne einer Vertikalisierung der Rechtsbegründung ab: Jhwh und dessen Wille für die Ordnung der Welt begründen die gegebenen Bestimmungen. Die Theologisierung des Rechts, die Otto ebenfalls anhand des Sechs-Sieben-Rhythmus erhebt[641] und welche tendenziell bereits im Textraum *Bundesbuch* anklingt, wird für Ex 21,2–11 im Textraum *Sinaiperikope* explizit.

Die Bezugnahme von Ex 21,2–11 auf die Deutungen des Exodus-Geschehens im Textraum *Sinaiperikope* lässt sich zu Schwienhorst-Schönbergers Unterscheidung der Ägypten-*aebaed*-Motivation und Ägypten-*ger*-Motivation ins Verhältnis setzen. Schwienhorst-Schönberger arbeitet mit Blick auf Ex 22,20–26 heraus, dass sich beide Motivationen in der formalen Argumentationsstruktur unterscheiden: Während die in Ex 22,20 vorliegende Ägypten-*ger*-Motivation ein *ger*-Gebot, d. h. ein den Fremdling thematisierendes Gesetz, inhaltlich begründe, diene die im Dtn anzutreffende Ägypten-*aebaed*-Motivation mit der Angabe des Ermöglichungs- bzw. Verpflichtungsgrundes der Einschärfung von Geboten.[642] Letztere Argumentationsstruktur liegt im Zusammenhang von Ex 21,2–11 und den Exodus-Verweisen der Sinaiperikope vor. Auch die Terminologie von Ex 21,2–11 (עבד) ermöglicht eine Verbindung zur Ägypten-*aebaed*-Motivation. Eine von Dtn her geprägte Redaktion ist hiermit für Ex 21,2–11 sicher nicht ausreichend begründet.[643] Doch

---

641 Vgl. Otto, *Rechtsbegründungen*, 35–37.

642 Vgl. Schwienhorst-Schönberger, *Bundesbuch*, 348–350.

643 Schwienhorst-Schönberger thematisiert die Ägypten-*aebaed*-Motivation nicht im Zusammenhang von Ex 21,2–11, bemerkt aber dennoch die Exodusterminologie der Sklavengesetze. Seine redaktionsgeschichtliche Rekonstruktion schließt an Ottos Theologisierungsthese an und lässt einen Gottesrechtsredaktor die Exodusthematik in das soziale Schutzrecht einflechten (vgl. Schwienhorst-Schönberger, *Bundesbuch*, 313). Ferner macht Schwienhorst-Schönberger für עברי in Ex 21,2 eine dtr Redaktion aus: Im Zuge der Einfügung des Bundesbuches in die Sinaiperikope habe ein dtr Redaktor mit עברי an Dtn 15,12–18 angeglichen (vgl. Schwienhorst-Schönberger, *Bundesbuch*, 307). Das Phänomen der inhaltlichen Angleichung von Ex 21,2–11 an Dtn 15,12–18 ließ sich z. B. für αἱ δοῦλαι in Ex^{LXX} 21,7 beobachten. Vor dem Hintergrund dieser textkritischen

zeigt sich, dass das Grundmuster der Ägypten-*aebaed*-Motivation nicht nur im Dtn, sondern auch in den Textbeziehungen von Ex 21,2–11 innerhalb des Textraums *Sinaiperikope* konstruiert werden kann.

e. Begründungsstrukturen im Textraum *Exodusbuch*

MT:

Ex 21,2–11 in Beziehung zu Ex 1–15: Kontrastierung und Ideologisierung als Strategien der Autoritätskonstruktion

Die Textbeziehung von Ex 21,2–11 zur Exoduserzählung in Ex 1–15 ist in der Terminologie und Thematik des Dienens als Sklave und Herausziehens deutlich markiert. Dementsprechend liegen zahlreiche Stichwortberührungen zwischen beiden Texten vor, z. B. anhand von עב"ד, עם und יצ"א (Ex 3,10–12) und עברי (Ex 1,15; 2,6; 3,18; 5,3; 7,16; 9,1.13; 10,3 u. ö.). Das intertextuelle Verhältnis zwischen Ex 21,2–11 und Ex 1–15 ist in hohem Maße referentiell und kommunikativ. Zudem ist die Textbeziehung in der pointierten Auswahl der Sklaven- und Auszugsthematik stark selektiv und erfüllt partiell das Kriterium der Dialogizität, indem die Ereignisse der Freilassung parallelisiert und Themen wie Knechtschaft und Volk-Sein ausgeleuchtet werden.

In der Exoduserzählung wurde die Freilassung Israels aus Ägypten nach langer Verwehrung durch Plagen erzwungen (Ex 7–12). Jhwh hat die Freilassung aus Ägypten herbeigeführt (kausativ: יצ"א *Hif*). Die Freilassung des Sklaven aus dem Sklavenhaus dagegen wird per Verfügung herbeigeführt. Sie ist rechtlich festgelegt (Ex 21,2), aber nicht mit einer Zwangsmaßnahme sanktioniert. Die fehlende Sanktionierung in Ex 21,2–11 gleicht sich im intertextuellen Verhältnis zu Ex 1–15 anhand narrativer Verstrebungen aus:

1) Der Antagonist der Exoduserzählung, d. h. Pharao, dient als Negativfolie, von der sich der in Ex 21,2 angesprochene israelitische Hausherr abhebt, indem er nicht wie der verstockte Pharao die Freilassung verweigert (Ex 7,13 u. ö.).
2) Sowohl für den israelitischen Hausherrn als auch für den hebräischen Sklaven ist eine Identifikation mit den Protagonisten der Exoduserzählung (עברי) vorausgesetzt. Der in Ex 21,2 angesprochene Hausherr wird auf diese Weise zu einer doppelten Solidarisierung gedrängt: zum einen mit den versklavten Hebräern in Ägypten und zum anderen mit dem versklavten Hebräer in seinem Haus. Die Freilassung des hebräischen Sklaven im siebenten Jahr zu

---

Evidenz ist die Option einer redaktionellen Einfügung von עברי zur Harmonisierung mit Dtn 15,12–18 nicht auszuschließen.

gewähren, wird damit zum Symbol der Identität und zum Ausdruck der Solidarität des Hausherrn.

3) Jhwhs Machttaten im Rahmen der Herausführung Israels aus Ägypten (Ex 7–12.13–15) weisen Jhwh als legitimen, starken Herrscher über Israel aus. Eine terminologische Verbindung zu diesen Ereignissen stellt Ex 21,2–11 nicht her. Zur Freilassung des Sklaven bedürfen diese Zwangsmaßnahmen keiner auch nur ansatzweise vergleichbaren Wiederholung, weil sie die Anerkennung Jhwhs als Herrscher über Israel innerhalb des Erzählverlaufs bereits bewirkt haben. Das Fehlen von Zwangsmaßnahmen in Ex 21,2–11 ist im Zusammenklang mit der Exoduserzählung Ausdruck dessen, dass der israelitische Hausherr nicht aus Furcht vor Jhwhs Macht, sondern aus Akzeptanz und Bestätigung dieser Macht heraus Jhwhs Bestimmungen befolgt.

Die Kontrastierung zu Pharao, die Identifikation mit den Versklavten und die Anerkennung Jhwhs als Herrscher machen aus der Perspektive der Textbeziehung von Ex 21,2–11 und Ex 1–15 die Androhung von Zwangsmaßnahmen in Ex 21,2–11 überflüssig. Während die ersten beiden Motivationen persönliche und soziale Identifikationsleistungen beschreiben, kann die letztere anhand der Unterstellung des Rechts unter Jhwhs Autorität im Sinne einer Theologisierung des Rechts verstanden werden.

Otto nimmt in seiner Untersuchung die Perspektive der Gesellschaftsgeschichte des Volkes Israel ein und setzt redaktionsgeschichtliche Überlegungen dazu ins Verhältnis. Aus diesem Blickwinkel sei die fehlende Sanktionierung in Ex 21,2–11 in die Vertikalisierung des Rechts hin aufgehoben, welche nötig geworden sei, als die soziale Identität im Übergang zu staatlichen Organisationsformen und in der Ausdifferenzierung der Gesellschaft schwach geworden ist.[644] Im Anschluss an diesen sozialhistorischen Befund erweist sich der Begründungszusammenhang, der auf eine Theologisierung des Rechts weist, als überdauernde Argumentation, die auch bestehen bleibt, wenn die auf Identität und Identifikation beruhenden Begründungen in der sozialen Realität brüchig werden.

Im intertextuellen Zusammenklang mit Ex 1–15 ergibt sich zudem eine dialogizitäre Ausleuchtung der Thematik der Knechtschaft von Hebräern. Mit עבד und ע"בד *Qal* wird in Bezug auf die Hebräer (עברי) deren Frondienst in Ägypten (z. B. Ex 1,13 f.) und dazu kontrastierend deren Jhwh-Dienst (z. B. Ex 3,12; 10,8) bezeichnet. Die Hebräer werden aus der ägyptischen Knechtschaft befreit, um Jhwh zu dienen (Ex 4,22 f. u. ö.). Entsprechend ist auch für den hebräischen Sklaven der Jhwh-Dienst dessen eigentliche Bestimmung, nicht sein Dienst für den Hausherrn. Seine Freilassung im siebenten Jahr ist in Anbetracht dessen nur folgerichtig.

---

644 Vgl. Otto, *Rechtsbegründungen*, 36 f.41 f.

Der Fakt des Hebräer-Seins (עברי) ermöglicht in den narrativen Verstrebungen zwischen Ex 21,2–11 und Ex 1–15 sowie in der Thematik der Knechtschaft Sinnkonstitutionsleistungen zur Identifikation und Kontrastierung sowie Solidarisierung. Im Zusammenhang mit den Bestimmungen in Ex 21,7–11 entfaltet das Hebräer-Sein im Textraum *Exodusbuch* eine Kontrastierung, welche die Nicht-Freilassung der Konkubine begründet: Ex 21,7 stellt mit לֹא תצא כצאת העבדים eine klare Trennlinie zur Exoduserzählung her, indem ein Auszug aus der Knechtschaft für die Konkubine nicht vorgesehen ist. Dementsprechend reduziert sich in Ex 21,7–11 die Exodusterminologie auf ein Minimum an Einzelstichworten in v.11b (יצ"א) und v.8 (עם). Anhand der Bezeichnung עם wird im Zusammenhang mit Ex 1–15 in selektiver Weise das Volk-Sein thematisiert: In Ägypten ist Israel zum Volk (Ex 1,9) geworden und als Volk von den Ägyptern bedrückt worden (Ex 1,13 f.). Vor diesem Hintergrund bezeichnet עם נכרי in Ex 21,8 stark abgrenzend fremde Völker, wie beispielsweise die Ägypter, an die ein Verkauf der Konkubine keine Option sein kann.

An die Volkwerdung in Ägypten bindet sich wegen des im Exodus-Geschehen verwurzelten Identitäts- und Gründungsanspruchs Israels eine hohe ideologische Aufladung. Diese spielt im Zusammenhang mit dem in Ex 21,7–11 anvisierten Fortbestand des Volkes eine wichtige Rolle: So muss der Fortbestand des Volkes Israel gesichert werden, um das gesamte Geschehen in Ägypten und den Exodus nicht zunichte zu machen. Die Abgrenzung der Bestimmungen zur Konkubine vom Exodus-Geschehen in Ex 21,7–11 dient somit paradoxerweise der Rechtfertigung des Exodus-Geschehens.

Der direkte Bezug zur Exoduserzählung im Textraum *Exodusbuch* wirkt sich auf die Autorisierung der Bestimmungen in Ex 21,2–11 anders aus als der Bezug zu den Exodus-Deutungen im Textraum *Sinaiperikope*. Die Exodus-Deutungen der Sinaiperikope bewirken, vergleichbar zur Ägypten-*aebaed*-Motivation, die Einschärfung der Gebote, indem sie auf den Verpflichtungsgrund verweisen. Sie rekurrieren auf die Anerkennung Jhwhs, dem das Recht unterstellt ist. Der unmittelbare Bezug zur Exoduserzählung hingegen verzichtet auf eine abzweckende Deutung des Geschehens. Damit steht kein Reflexionsschritt zwischen der Erzählung in Ex 1–15 und den Gesetzen in Ex 21,2–11, sodass sich in der direkten Bezugnahme – wie dargestellt – ein vielschichtiges Geflecht von autorisierenden Mustern entfalten kann, welches mittels Identifikation und Kontrastierung sowie Theologisierung und Ideologisierung die Geltung der Gesetze fundamental begründet.

LXX:

Auch die LXX verweist in ihrem in Ex^{LXX} 21,2–11 verwendeten Vokabular und den zugehörigen Themen im Textraum *Exodusbuch* auf die Exoduserzählung in Ex^{LXX}

1–15. Im Unterschied zu MT ist in der LXX eine Verbreiterung des Vokabulars der einzelnen Wortfelder zu beobachten, welche durch die Verwendung von Synonymen und die Variation von Präfixen in Ex^{LXX} 1–15 zustande kommt. So finden sich z. B. ἔθνος (1,9), γένος (1,9) und λαός (1,20) für עם und u. a. δουλεύω (14,5), καταδουλόω (1,14) und λατρεύω (3,12) für עב"ד. Zudem ist, wie im Textraum *Sinaiperikope*, keine Stammgleichheit für das Verb ἐξάγω „herausführen" vorhanden.

Dadurch ergibt sich im Vergleich zu MT eine geringere Anzahl bei den tatsächlichen Stichwortberührungen, die die Qualität der intertextuellen Beziehung allerdings nicht mindert, da diese sich anhand der vorhandenen lexematischen und thematischen Verbundenheit sowie der jeweiligen Textsemantik wie im MT entfaltet. Zwei Unterschiede zu MT ergeben sich bei der Differenzierung von profanem δουλεύω und sakralem λατρεύω sowie im Zusammenhang der zusätzlichen Überschneidung anhand von ἀποτρέχω (Ex^{LXX} 3,21; 10,24).

Die differenzierte Terminologie zur Bezeichnung des Dienens führte bereits im Textraum *Bundesbuch* zu einer Abminderung der Bedeutung des Sklavendienstes zu einem profanen Akt (s. 5.1.3.c.LXX). Im Textraum *Exodusbuch* lässt sich der Sklavendienst in Ägypten mit dem des Sklaven in Ex^{LXX} 21,2–6 korrelieren (δουλεύω). Die Bestimmung der Israeliten ist der Jhwh-Dienst (3,12; 7,16 u. ö.: λατρεύω). Dementsprechend werden diese beiden Arten des Dienens durch die terminologische Unterscheidung in der LXX stärker kontrastiert als im MT.

Des Weiteren stellt im Textraum *Exodusbuch* ἀποτρέχω ein Synonym für ἀπέρχομαι zur Bezeichnung des Herausgehens aus Ägypten dar (Ex^{LXX} 3,21). Auch der Weggang der δοῦλαι in Ex^{LXX} 21,7 ist damit vergleichbar zu dem der Israeliten aus Ägypten. Auf der Mikroebene hebt ἀποτρέχω in Ex^{LXX} 21,7 die Differenzierung zwischen Konkubine und Sklavin hervor. Die Betonung dieser Unterscheidung schwächt sich im Textraum *Exodusbuch* ab. In Ex^{LXX} 3,21 beruht die Wahl der verschiedenen Verben für den Modus des Davongehens wahrscheinlich auf stilistischen Gründen, um eine Wortwiederholung zu vermeiden. Dies könnte auch in Ex^{LXX} 21,7 der Fall sein. Die einzeln auftretende Verwendung von ἀποτρέχω in Ex^{LXX} 10,24 zeigt zudem, dass ἀποτρέχω auch eigenständig das Herausziehen aus Ägypten bezeichnen kann und die Freilassung der δοῦλαι in Ex^{LXX} 21,7 trotz des minderen Status gegenüber Konkubinen im Textraum *Exodusbuch* nicht abgewertet wird.

Sam:

Sam zeigt im Textraum *Exodusbuch* keine relevanten Abweichungen von den für MT erhobenen und ausgewerteten intertextuellen Bezügen.

Peš:

In Peš fällt die Unterscheidung von ܥܒܕܘܬܐ in der Exoduserzählung und ܫܘܥܒܕܐ in $\text{Ex}^{\text{Peš}}$ 21,2 auf. Im Textraum *Exodusbuch* findet sich in Peš kein weiterer Beleg für

ܝܗܘܕܝܐ. Für das hebräische עברי liest Peš innerhalb der Exoduserzählung ܥܒܪܝܐ. Vergleichbar zu MT sind in Jer[Peš] 34,9 ܥܒܪܝܐ und ܝܗܘܕܝܐ nebeneinander in Bezug auf Sklaven gebraucht. Dabei wird die Freilassung hebräischer Sklaven mit der Ablehnung der Versklavung eines jüdischen Bruders begründet. Beide Gentilicia sind Synonyme für „israelitisch".[645] Die Gleichsetzung des Sklaven in Ex[Peš] 21,2 und der Hebräer in der Exoduserzählung als Israeliten ist damit möglich.

Die Wahl unterschiedlicher, synonymer Gentilicia kann ohne besonderen Grund erfolgt sein. Unter Hinzunahme einer Beobachtung Jerickes lässt sich allerdings eine Begründung für den Gebrauch der verschiedenen Gentilicia in Betracht ziehen: Jericke beobachtet, dass עברי im MT häufig Personen im Status der Abhängigkeit oder Unterdrückung bezeichne, und vermutet daher, dass bisweilen in עברי die Bedeutung der sozialen Minderstellung mitschwinge.[646] Im Zusammenhang von Ex[Peš] 21,2 und Ex[Peš] 1–15 lässt sich diese Beobachtung auf Peš übertragen, da der Gebrauch von ܥܒܪܝܐ in der Exoduserzählung aus der Perspektive der Bedrückung erfolgt. ܝܗܘܕܝܐ ist innerhalb des Pentateuchs zwar nur in Ex[Peš] 21,2 belegt, bezeichnet in einem vergleichbaren Kontext in Jer[Peš] 34,9 aber die untereinander gleichgestellten Israeliten. Die Übertragung von Jerickes Vermutung auf Peš ergibt für Ex[Peš] 21,2–11 im Textraum *Exodusbuch* eine neue Perspektive: ܥܒܪܝܐ bezeichnet in der Exoduserzählung die Israeliten in ihrem Status als versklavte und unterdrückte Hebräer. ܝܗܘܕܝܐ dagegen bezeichnet in Ex[Peš] 21,2 den zunächst unabhängigen, israelitischen Mann, der sich in Schuldsklavenschaft begibt. Im Attribut ܝܗܘܕܝܐ enthält Ex[Peš] 21,2 sodann die implizite Aufforderung, diesen auch während und trotz seiner Sklavenschaft wie einen freien jüdischen Volksgenossen zu behandeln und nicht zu unterdrücken. Damit können die beiden Gentilicia ܥܒܪܝܐ und ܝܗܘܕܝܐ in der Exoduserzählung und in Ex[Peš] 21,2 ein dialogizitäres intertextuelles Verhältnis eröffnen, in dem aus der Gegenüberstellung von Unterdrückung und Gleichbehandlung der wohlwollende Umgang mit dem israelitischen Sklaven noch stärker als solidarische Verpflichtung herausgestellt wird.

Anhand von ܕܝܢܐ ergeben sich für Ex[Peš] 21,2–11 mit der Wurzel ܕܘܢ zur Beschreibung menschlichen Richtens im Textraum *Exodusbuch* vor allem Bezüge zu Ex[Peš] 18,13.16.22.26. Die Exoduserzählung hingegen fokussiert mit der Nominalbildung ܕܝܢܐ hauptsächlich das göttliche Gericht (Ex[Peš] 6,6; 7,4; 12,12; 15,25; vgl. 5,21), verwendet aber nicht die Bezeichnung ܕܝܢܐ „Richter" für Gott. Ex[Peš] 2,14 bezeichnet mit ܕܝܢܐ die menschliche Richterfunktion. In Ex[Peš] 21,6 bezeichnet ܕܝܢܐ ebenso menschliche Richter. Die Textbeziehung zu Ex[Peš] 18,13–27 bestätigt in der struktu-

645 Vgl. auch Jericke, „Hebräer/Hapiru", in: *WiBiLex* (2012), 2.3.
646 Vgl. Jericke, „Hebräer/Hapiru", in: *WiBiLex* (2012), 2.7.

rellen Analogie des Richtens von Anliegen durch dafür eingesetzte Männer diese Art der israelitischen Selbstverwaltung in Absprache mit Mose bzw. über Mose auch mit Jhwh selbst. Dieser selektive und referentielle intertextuelle Bezug holt in $Ex^{Peš}$ 21,6 die auf Mose und damit indirekt auch auf Jhwh zurückreichende Legitimation der aufzusuchenden Richter ein. Über allen Richtenden stehen allerdings die Gerichtsurteile Jhwhs. Diese thematische Konkretisierung ergibt sich aus der Fokussierung auf das göttliche Gericht in der Exoduserzählung.

Auswertung – Die Gründungserzählung des Volkes Israel als programmatische Grundlage des Rechts

Die Betrachtung der Sklavengesetze aus Ex 21,2–11 im Textraum *Exodusbuch* legte in allen untersuchten Textzeugen eine intertextuelle Verbundenheit mit der Exoduserzählung in Ex 1–15 offen. In der Beziehung zu *der* Gründungserzählung des Volkes Israel werden die Freilassung des Sklaven aus dem eigenen Volk sowie die Nicht-Freilassung der zum Fortbestand des Volkes beitragenden Konkubine in einem vielschichtigen Geflecht aus Identifikation und Identität, Kontrastierung und Abgrenzung sowie Theologisierung und Solidarisierung tiefgreifend begründet.

Am Beginn des Gesetzeskorpus des Bundesbuches steht mit Ex 21,2–11 ein Gesetzeskomplex, der im Textraum *Exodusbuch* vor allem auf die Exoduserzählung bezogen ist. Die implizite Anspielung auf das Exodus-Geschehen am Beginn des Hauptteils des Bundesbuches wirkt innerhalb des Bundesbuches wie eine programmatische Eröffnung, die zur Leseanweisung für alle folgenden sozialrechtlichen Regelungen wird: Gesetze, die das Zusammenleben im Volk Israel regeln, werden auf diese Weise unter das Vorzeichen der Erinnerung an die Grundpfeiler der Existenz dieses Volkes gestellt. Damit lässt sich auch aus der Perspektive der Autorisierung und Begründung der Inhalte des Bundesbuches die Annahme einer bewussten kompositorischen Entscheidung zur programmatischen Voranstellung von Ex 21,2–11 vor den Hauptteil der Rechtsbestimmungen des Bundesbuches erhellen.[647]

647 Schwienhorst-Schönberger begreift die implizite Einbindung der Exodus-Tradition aus redaktionsgeschichtlicher Perspektive als programmatische Voranstellung vor das Gesetzeskorpus, die er der Gottesrechtsredaktion zuschreibt (vgl. Schwienhorst-Schönberger, *Bundesbuch*, 313). Auch Osumi stellt in seiner kompositionsgeschichtlichen Studie die Nachträglichkeit von Ex 21,2–11 im *Mischpatim*-Teil heraus (vgl. Osumi, *Kompositionsgeschichte*, 149 f.).

5.1.4 Zwischenfazit: Autoritätskonstruktion im Anfangsteil des Bundesbuches als Programmatik für die Begründung des Rechts im Bundesbuch

Der narrative und kultgesetzliche Rahmentext Ex 20,22–26, die Zwischenüberschrift Ex 21,1 sowie das den gesetzlichen Hauptteil eröffnende Textcluster Ex 21,2–11 gestalten den Übergang vom Erzähl- zum Gesetzestext. Sie leiten das Bundesbuch insgesamt und insbesondere dessen gesetzlichen Hauptteil ein. Die Begründungen der Rechtsbestimmungen auf der Mikro- und Clusterebene sowie in den Texträumen *Bundesbuch*, *Sinaiperikope* und *Exodusbuch* gewinnen Gestalt im Hinblick auf die literarischen Funktionen der jeweiligen Texteinheiten, auf die Eintragung zusätzlichen Sinnpotenzials in die Begründung des Rechts innerhalb der unterschiedlichen Texträume sowie auf Veränderungen in der Sinnkonstitution von Begründungszusammenhängen in den verschiedenen Textzeugen. Als Zwischenfazit ist diesbezüglich festzuhalten:

1. Der Anfangsteil des Bundesbuches in Ex 20,22–21,11 fungiert in doppelter Weise als programmatischer Auftakt für das Bundesbuch insgesamt sowie für dessen gesetzlichen Hauptteil. Dies hat Auswirkungen auf die Begründung und Autorisierung des gesamten Rechts im Bundesbuch, welches hierdurch auf die Pflege der Beziehung zwischen Jhwh und Israel und den Fortbestand des Volkes Israel als Jhwh-Gemeinschaft ausgerichtet wird.
2. Der Auftakt- und Programmcharakter von Ex 20,22–21,11 entfaltet sich innerhalb der unterschiedlichen Texträume in den jeweiligen Textbeziehungen v. a. zu Ex 23,13–19.20–33; Ex 24.34; Lev 25 und Ex 1–15. Das durch die entsprechenden Textbeziehungen eingetragene zusätzliche Sinnpotenzial betrifft vorrangig die Beziehung zwischen Jhwh und Israel sowie die Identität des Volkes Israel als Jhwh-Gemeinschaft in Abgrenzung zu anderen Völkern. In dieser Hinsicht vollzieht sich mittels Sinnanreicherung innerhalb der betreffenden Texträume eine Theologisierung sowie Ideologisierung des Rechts.
3. Im Vergleich zwischen MT, LXX, Sam und Peš zeichnen sich in Ex 20,22–21,11 hinsichtlich der Autorisierung des Rechts Spuren antiker Deutungen sowie zunehmender Textexplikation und -profilierung ab. Diese betreffen insbesondere die Profilierung der Scharnierfunktion von Ex 20,22, Umprägungen im Autorisierungszusammenhang des Altarortes (Ex 20,24), unterschiedliche Schwerpunktsetzungen in der Begründung von Rechtsbestimmungen (z. B. Ex^{Sam} 21,2–11) sowie unterschiedliche Strategien zur Einschärfung des Gehorsams (z. B. Ex 20,23.24). Die Autorisierung des Rechts hat hier ausweislich der Textzeugen literarhistorische Umprägungen und Neufokussierungen erfahren, in denen sich unterschiedliche Konzeptionen von ‚Tora' spiegeln.

5.2 Der Schlussteil des Bundesbuches: Ex 23,1–33

5.2.1 Das Textcluster Ex 23,1–9.10–12

a. Mikroebene: Begründungsstrukturen innerhalb der Einzelgesetze Ex 23,1–9.10–12

i. Synoptische Analyse von Ex 23,1–9 – Gerechtigkeit in der Gesellschaft aus moralischer und rechtlicher Sicht

MT:

23,1 לֹ֥א תִשָּׂ֖א שֵׁ֣מַע שָׁ֑וְא אַל־תָּ֤שֶׁת יָֽדְךָ֙ עִם־רָשָׁ֔ע לִהְיֹ֖ת עֵ֥ד חָמָֽס׃ ס 2 לֹא־תִהְיֶ֥ה אַחֲרֵֽי־רַבִּ֖ים
לְרָעֹ֑ת וְלֹא־תַעֲנֶ֣ה עַל־רִ֗ב לִנְטֹ֛ת אַחֲרֵ֥י רַבִּ֖ים לְהַטֹּֽת׃ 3 וְדָ֕ל לֹ֥א תֶהְדַּ֖ר בְּרִיבֽוֹ׃ ס 4 כִּ֣י תִפְגַּ֞ע שׁ֧וֹר
אֹֽיִבְךָ֛ א֥וֹ חֲמֹר֖וֹ תֹּעֶ֑ה הָשֵׁ֥ב תְּשִׁיבֶ֖נּוּ לֽוֹ׃ ס 5 כִּֽי־תִרְאֶ֞ה חֲמ֣וֹר שֹׂנַאֲךָ֗ רֹבֵץ֙ תַּ֣חַת מַשָּׂא֔וֹ וְחָדַלְתָּ֖
מֵעֲזֹ֣ב ל֑וֹ עָזֹ֥ב תַּעֲזֹ֖ב עִמּֽוֹ׃ ס 6 לֹ֥א תַטֶּ֛ה מִשְׁפַּ֥ט אֶבְיֹנְךָ֖ בְּרִיבֽוֹ׃ 7 מִדְּבַר־שֶׁ֖קֶר תִּרְחָ֑ק וְנָקִ֤י וְצַדִּיק֙
אַֽל־תַּהֲרֹ֔ג כִּ֥י לֹא־אַצְדִּ֖יק רָשָֽׁע׃ 8 וְשֹׁ֖חַד לֹ֣א תִקָּ֑ח כִּ֤י הַשֹּׁ֙חַד֙ יְעַוֵּ֣ר פִּקְחִ֔ים וִֽיסַלֵּ֖ף דִּבְרֵ֥י צַדִּיקִֽים׃
9 וְגֵ֖ר לֹ֣א תִלְחָ֑ץ וְאַתֶּ֗ם יְדַעְתֶּם֙ אֶת־נֶ֣פֶשׁ הַגֵּ֔ר כִּֽי־גֵרִ֥ים הֱיִיתֶ֖ם בְּאֶ֥רֶץ מִצְרָֽיִם׃

23,1 Du sollst kein Gerücht des Nichtigen aufnehmen. Lege deine Hand nicht (mit der eines) Frevlers zusammen, um Zeuge des Unrechts zu sein. 2 Du sollst dich nicht (den) Vielen zum Bösen anschließen. Und du sollst bei einem Rechtsstreit nicht antworten, indem du dich nach den Vielen richtest, um (Recht) zu beugen. 3 Und einen Geringen sollst du in seinem Rechtsstreit nicht begünstigen. 4 Wenn du das Rind deines Feindes oder seinen Esel umherirrend antriffst, sollst du es/ihn ihm unbedingt zurückbringen. 5 Wenn du den Esel deines Hassers unter seiner Last erliegend siehst und unterlässt, ihn (Esel) für ihn (Hasser) loszumachen, (so) sollst du (ihn) unbedingt mit ihm (Hasser) losmachen. 6 Du sollst das Recht deines Armen in seinem Rechtsstreit nicht beugen. 7 Von einer Sache der Lüge sollst du dich fernhalten. Und einen Unschuldigen und Gerechten bringe nicht um, denn ich werde den Frevler nicht für gerecht erklären. 8 Und ein Bestechungsgeschenk sollst du nicht annehmen; denn das Bestechungsgeschenk macht Sehende blind und verdreht (die) Worte der Gerechten. 9 Und einen Fremden sollst du nicht bedrücken. Und ihr kennt ja die Seele des Fremden, denn Fremde seid ihr im Land Ägypten gewesen.

Ex 23,1–9 bietet eine Reihe von Gesetzen, die um das Thema der Gerechtigkeit in der Gesellschaft kreisen. Der Text lässt sich nach formalen und inhaltlichen Merkmalen unterschiedlich gliedern: Den Formmerkmalen entsprechend lassen sich vv.1–3.6–9 als apodiktisch und vv.4–5 als kasuistisch formulierte Bestimmungen gruppieren.[648] Nach inhaltlichen Gesichtspunkten beziehen sich vv.4–5.9 auf generelle Situationen und die vv.1–3.6–8 verweisen vordergründig auf einen juris-

648 Der Formwechsel wird als Argument dafür herangezogen, vv.4–5 als sekundär einzustufen (vgl. Schwienhorst-Schönberger, *Bundesbuch*, 378 f.). S. 5.2.1.b.

tischen Kontext,[649] sind zugleich aber auch im erweiterten Sinne als allgemeine Lebensweisheiten[650] für ein gerechtes Miteinander verstehbar. Die den Gesetzen in ihrem Ereignisgerüst eingeschriebene Narration ist eng an die inhaltliche Betrachtungsebene gebunden. Daher wird für die nachfolgende Analyse die inhaltliche Gliederung des Textes zugrunde gelegt.

V.1 formuliert drei Ereignisse: einen Prohibitiv gegen das Aufnehmen eines Gerüchtes (E1), einen Vetitiv gegen das Kollaborieren mit Bösen (E2) sowie einen Inf. cs. mit ל zur Erklärung, dass damit falsches Zeugnis verhindert werden soll (E3).[651] Der Prohibitiv לא תשא שמע שוא kann sich sowohl an Richter wenden, die im gerichtlichen Kontext Verleumdungen nicht anhören sollen, als auch generell an alle Mitglieder der Gesellschaft, die – auch vor Gericht – keine Verleumdungen verbreiten sollen.[652] Der Vetitiv אל־תשת ידך עם־רשע richtet sich an alle gesellschaftlichen Akteure. Aus der Infinitivkonstruktion להית עד חמס wird deutlich, dass der im Vetitiv und Prohibitiv ausgedrückte Sachverhalt auf die Verhinderung des Auftretens falscher Belastungszeugen zielt, die durch ihr Zeugnis Unrecht, z.B. den Tod Unschuldiger, herbeiführen können.[653] להית עד חמס fungiert im Ko- und Kontext von v.1 als präzisierende Information und Begründungssatz.

---

649 Vgl. auch Propp, *Exodus 19–40*, 275.

650 Zum Verständnis von Ex 23,2 als Lebensweisheit vgl. Propp, *Exodus 19–40*, 274.

651 Basierend auf umfangreichen Textuntersuchungen werden in der Forschung die Verbotsformen Vetitiv und Prohibitiv häufig hinsichtlich der Intensität ihrer Forderung unterschieden. Der Prohibitiv stehe mit der Formulierung absoluter Normen dabei über dem Erwartungen ausdrückenden Vetitiv (vgl. Choi, *Verhaltensanweisungen*, 69 f.). Grammatikalisch ist das Verhältnis von Prohibitiv und Vetitiv umstritten (vgl. Waltke/O'Connor, *Biblical Hebrew Syntax*, 579 Anm. 6). Gesenius bescheinigt dem Prohibitiv erhöhten Nachdruck im Gegenüber zum Vetitiv (vgl. Gesenius/Kautzsch, *Grammatik § 107o*, 328). Joüon/Muraoka hingegen schreiben beiden Verbotsformen grundsätzlich die gleiche Nuancierung zu, sehen im Prohibitiv aber eine feierlichere Redeweise als im Vetitiv (vgl. Joüon/Muraoka, *Grammar*, 343.348). Doch ist mit dem Aspekt der Feierlichkeit auch eine erhöhte Priorität verbunden. Eine absolute Gleichsetzung von Vetitiv und Prohibitiv ist damit bei Joüon/Muraoka nicht zu halten. Joüons/Muraokas Beobachtung der grundsätzlichen Nähe von Vetitiv und Prohibitiv ist allerdings zuzustimmen. Die Grenze der Intensität von Prohibitiv und Vetitiv kann inhaltlich bisweilen nur schwer genau bestimmt werden (vgl. auch Choi, *Verhaltensanweisungen*, 70). Für das ungewöhnliche Nebeneinander von Prohibitiv und Vetitiv in Ex 23,1.7 gibt Choi kompositorische Gründe in der Rahmung und chiastischen Strukturierung des Abschnitts Ex 23,1–9 an (vgl. Choi, *Verhaltensanweisungen*, 33). Zudem verweist er auf weitere Vorkommen von Vetitiven im Zusammenhang mit inhaltlich vergleichbaren Prohibitiven bzw. Geboten in Lev 18,24; 19,4 (vgl. Choi, *Verhaltensanweisungen*, 50). Im Anschluss an Chois Beobachtungen ist für die Vetitive in Ex 23,1.7 eine Zuordnung zu den inhaltlich zugehörigen Prohibitiven bzw. Geboten festzustellen, wobei die Vetitive in mahnender Funktion die normierenden Prohibitive stützen.

652 Vgl. Propp, *Exodus 19–40*, 273.

653 Vgl. Houtman, *Bundesbuch*, 257.

V.2 ist hinsichtlich der Formulierung von Ereignissen in Anzahl und Inhalt nicht eindeutig. Zunächst wird ein Prohibitiv dagegen formuliert, opportunistisch den „Vielen“ (רבים) der Rechtsgemeinschaft zu folgen (E1).[654] Ist לרעת als präpositionale Ergänzung mit dem Nomen רעה im Abstraktionsplural zu verstehen, so enthält der Prohibitiv ein einziges Ereignis: nämlich das Verbot, sich den bösen Taten der Masse anzuschließen.[655] לרעת kann allerdings auch als Inf. cs. mit ל verstanden werden. Inhaltlich sinnbringend, aber morphologisch nicht augenfällig, ist hier eine Rückführung der Form auf die *mediae geminatae*-Wurzel רע"ע. Insbesondere Propp hat in diesem Zusammenhang auf das Phänomen der Angleichung von *mediae geminatae*- und *tertiae infirmae*-Wurzeln hingewiesen, sodass eine Ableitung von רע"ע durchaus möglich scheint.[656] Vor dem Hintergrund dieser morphologischen Erklärungsmöglichkeit ist die strukturelle Parallelisierung der Infinitive innerhalb von v.2 ein wichtiges Argument für die Lesung des Inf. cs. mit ל.[657] In diesem Fall ergibt sich in der Ereigniskette von v.2 ein weiteres Ereignis: das Tun des Bösen, welches als Folge des Anschließens an die Vielen mit dem Prohibitiv vermieden werden soll (E2optional) und ko- und kontextuell als präzisierende Information begründend wirkt.

Der zweite Prohibitiv in v.2 (E2) ist inhaltlich schwer zu erhellen. Gegenstand der Diskussion sind die Bedeutung von ענ"י *Qal* und der Präposition על in diesem Zusammenhang sowie die Vokalisation von רב.[658] Ohne in den Text und dessen vorliegende Vokalisation einzugreifen, kann לנטת אחרי רבים als notwendige infinitivische Ergänzung des Prohibitivs verstanden werden (E2.1), welche die Art und Weise des Antwortens im Rahmen einer Aussage im Rechtsstreit beschreibt. Entsprechend ist zu übersetzen: „Und du sollst bei einem Rechtsstreit nicht antworten, indem du dich nach den Vielen richtest.“ Die modale Verwendung des Inf. cs. mit ל ist grammatikalisch möglich.[659] Die Konstruktion von ענ"י *Qal* mit על anstelle von ב bleibt im Zusammenhang mit רִב ungewöhnlich. Gleichwohl liegt mit על eine in diesem Kontext verständliche Präposition vor, die auf die Szenerie der Aussage über einen Prozessgegenstand weist.[660] Somit ist hier weder eine Emendation von על zu ב noch eine Änderung der Vokalisation von רִב erforderlich.

Mit להטת (E3) wird wiederum anhand einer Infinitivkonstruktion aus Inf. cs. und ל eine ko- und kontextuell präzisierende Information gegeben, die die zu

654 Vgl. auch Houtman, *Bundesbuch*, 258.
655 Vgl. u. a. Houtman, *Bundesbuch*, 256.258.
656 Vgl. Propp, *Exodus 19–40*, 274.
657 Vgl. auch Propp, *Exodus 19–40*, 274.
658 Zu den verschiedenen Interpretationsvorschlägen s. Houtman, *Bundesbuch*, 258.
659 Vgl. Waltke/O'Connor, *Biblical Hebrew Syntax*, 606.
660 S. auch Gesenius, *Handwörterbuch*[18], 988.1240.

vermeidende Folge des Prohibitivs benennt (vgl. v.1) und begründend wirkt. Das für להטת implizierte Objekt ist משפט (vgl. v.6). Dementsprechend wird mit להטת (E3) in diesem Zusammenhang eingeschärft, dass das Recht nicht durch eine von der Mehrheit beeinflusste Aussage vor Gericht pervertiert werden soll.

Vv.1 f. werben eindringlich für die Ablehnung einer Solidarität mit dem Bösen, welche zu Unrecht führt. Das hinter vv.1 f. stehende historische Problem nimmt Houtman deutlich in den Blick: „Die falsche Anschuldigung war ein großes gesellschaftliches Übel.“[661] Falschaussagen konnten die Ehre und den Ruf von Mitbürgern zerstören.[662] Im Antasten der Grundlagen des sozialen Miteinanders waren sie zudem eine Bedrohung für den gesellschaftlichen Zusammenhalt insgesamt, die eine Eindämmung durch rechtliche Vorschriften erforderlich machte. Die auf der Mikroebene anhand der Infinitivkonstruktionen eingebrachten Begründungseinheiten beruhen auf gesellschaftlich verbreiteten Vorstellungen, die dem Recht vorgeordnet werden. Diese beziehen sich auf moralische Konzeptionen von ‚Gut‘ und ‚Böse‘ und setzen eine Gleichsetzung von Recht mit Gutem und von Unrecht mit Bösem voraus. Darin appellieren sie an das moralische Gewissen der Angeredeten, das Recht durch rechtskonformes Verhalten zu schützen. Die Begründung des Rechts mit moralischen Kategorien erklärt sich daraus, dass die Vorschriften zur Vermeidung von Falschaussagen im altisraelitischen Recht an die Grenze des Kontrollier- und Durchsetzbaren vordringen.[663] Das belegt insbesondere die Vielfalt von Mechanismen, mit denen Falschaussagen vermieden werden sollten (z. B. die Zwei-Zeugen-Regel, die Androhung der Todesstrafe), die offenbar weitgehend wirkungslos blieben und nach moralischen Appellen letztlich nur noch die Hoffnung auf einst kommende göttliche Strafe ließen.[664]

V.3 präsentiert einen Prohibitiv in invertierter Form, der die Begünstigung von Armen[665] vor Gericht verbietet. Den Hintergrund dessen bildet das Grundanliegen der Über- und Unparteilichkeit von Richtern und Zeugen.[666] Die andernorts immer wieder geforderte Solidarität mit den Armen gilt – präzisiert durch בריבו – nicht vor Gericht, um eine mitleidsbasierte Bevorteilung dieser Partei

661 Houtman, *Bundesbuch*, 259.

662 Vgl. Houtman, *Bundesbuch*, 259.

663 Vgl. dazu die Darstellung zur altisraelitischen Justiz bei Houtman, *Bundesbuch*, 259 f.

664 Vgl. Houtman, *Bundesbuch*, 259 f.

665 Für דל in Ex 23,3 wurde im Laufe der Forschung eine Emendation zu גדל vorgeschlagen, sodass Ex 23,3.6 inhaltlich Lev 19,15 bestätigen (vgl. Fabry, „דַּל“, in: *ThWAT 2* [1977], 231 f.). Allerdings wird ein solcher textlicher Eingriff in Ex 23,3 nicht von anderen Textzeugen gestützt. Dem Vorschlag ist daher nicht zu folgen.

666 Vgl. Houtman, *Bundesbuch*, 261; Propp, *Exodus 19–40*, 275.

zu verhindern.[667] Allgemeiner formuliert: Die persönlichen Lebensumstände der betroffenen Parteien sollen in der Rechtsprechung keine Rolle spielen.[668]

Diesem Grundsatz der Über- und Unparteilichkeit folgend sind auch vv.6–8 zu verstehen: V.6 nimmt mit einem Prohibitiv die eigene Vorteilsnahme in den Blick (E1). Auf der Ebene des Einzelgesetzes weist das Suffix der 2.m.Sg. in v.6 weniger auf ein solidarisches Gemeinschaftsgefühl mit dem Armen als vielmehr auf ein Abhängigkeitsverhältnis des Bedürftigen zu Personen, die als Zeuge oder Richter in seinem Prozess agieren.[669] Vor Gericht – wiederum präzisiert durch בריבו – darf die aus der Situation der Abhängigkeit resultierende Macht nicht missbraucht werden, um eigene Vorteile auf Kosten des Rechts Wehrloser zu erzielen.[670]

V.7 enthält das Gebot des Fernbleibens von der Lüge (E1), einen invertiert formulierten Vetitiv gegen den Tod Unschuldiger und Gerechter (E2) und einen Begründungssatz, der die (göttliche) Geringschätzung von Übeltätern (E3) einbringt. Die Aufforderung zum Abstand von einer Angelegenheit der Lüge bezieht sich auf die Problematik von Täuschung und Falschaussagen vor Gericht (s. vv.1 f.). Houtman schlägt vor, den Tod des Unschuldigen und Gerechten in v.7b als mit ו eingeleiteten Kausal- oder Finalsatz zu v.7a zu verstehen. Dann handele es sich bei dem Tod des Gerechten um einen durch Täuschung herbeigeführten Justizmord.[671] Allerdings wird mit הר״ג *Qal* nicht das Ausführen der Todesstrafe beschrieben, sodass nicht von unmittelbarem Justizmord die Rede sein kann, sondern stattdessen an Lynchjustiz oder einen z. B. durch Falschaussage herbeigeführten indirekten Mord zu denken ist.[672]

Mit dem Begründungssatz כי לא־אצדיק רשע tritt in v.7 das Sprecher-Ich hervor, welches die gesetzgebende Instanz und dem Textraum *Bundesbuch* und *Sinaiperikope* zufolge Jhwh selbst ist. Propp zeigt drei Verständnisoptionen für diesen Begründungssatz auf: 1. als Drohung, dass (auch) Jhwh den Mörder des Unschuldigen strafen werde, 2. als Ankündigung göttlicher Rache für fälschlicherweise freigesprochene Schuldige oder 3. als Ausdruck göttlicher Inspiration für

667 Vgl. Houtman, *Bundesbuch*, 261 f.; Propp, *Exodus 19–40*, 275.

668 Vgl. Houtman, *Bundesbuch*, 262. Explizit wird dieses Verständnis in TgPsJ in der Begründung mittels Anfügung von ארום לית מיסב אפין בדינא (vgl. Clarke, *Pseudo-Jonathan*, 95), welche inhaltlich Dtn 16,19 aufgreift.

669 Vgl. Houtman, *Bundesbuch*, 269. Zur sozialgeschichtlichen Rekonstruktion mit dem Verständnis von דל im Sinne eines rechtsfähigen Kleinbauern und der Bevorzugung von Zugehörigen der eigenen Gruppe im Gericht s. Otto, *Dtn 12,1–23,15*, 1460.

670 Vgl. Houtman, *Bundesbuch*, 272.

671 Vgl. Houtman, *Bundesbuch*, 270.

672 Vgl. Propp, *Exodus 19–40*, 278.

menschliche Richter.[673] Die letztgenannte Option geht optimistisch davon aus, dass das menschliche Gericht – unter göttlicher Anleitung – das Unrecht der Lüge und Täuschung aufdecken und verurteilen wird. Doch fiel bei der Betrachtung von vv.1 f. bereits auf, dass dies wohl gerade nicht der dem altisraelitischen Recht vorgegebenen Realität entspricht. Lüge und Täuschung brachten das Recht an seine Grenzen. Daher sind die ersten beiden Verständnismöglichkeiten vorzuziehen, denen dieselbe Vorstellung zugrunde liegt: Unrecht bleibt nicht ungestraft. Sollten menschliche Gerichte Unrecht nicht strafen (können), wird Gott für Gerechtigkeit sorgen. „Er ist der Garant dafür, dass das Recht seinen Lauf nimmt."[674] Der Begründungssatz verweist im Einbeziehen der göttlichen Eigenschaft der Gerechtigkeit auf ein theologisches Argument. Des Weiteren referiert er auf die moralische Prämisse, den רשע „Frevler, Gottlosen" abzulehnen (vgl. v.1). שקר ist die Tat eines רשע und daher auch moralisch abzuwerten.

V.8 fokussiert wieder die Möglichkeit der Vorteilsnahme von Richtern und Zeugen, die aus Bestechung hervorgehen kann. Der Prohibitiv gegen die Annahme eines Bestechungsgeschenkes (E1) wird mit einem zweigliedrigen Begründungssatz versehen, der in der Erblindung Sehender (E2) und der Verdrehung der Worte der Gerechten (E3) die Folgen des Bestechungsgeschenkes aufzeigt. Die Wahrheit des Unschuldigen, die Sehende und Gerechte erkennen, wird durch das Bestechungsgeschenk verstellt.[675] Hierin hat das Geschenk unmittelbar Auswirkungen auf das Recht: Es lässt Recht zu Unrecht werden. Diese empirische Argumentation der Begründung ist nicht auf den Bereich des Rechts beschränkt. In der allgemeinen Nennung von פקחים und צדיקים greift v.8 die gesamtgesellschaftliche Dimension des Phänomens der Bestechung auf: Bestechung führt zur Destabilisierung der Gesellschaft.[676]

Die in vv.1–3.6–8 vorliegenden Ereignisketten und ko- und kontextuell gegebenen Begründungselemente weisen alle auf das Ziel, Gerechtigkeit zu schaffen und zu erhalten – nicht nur in Hinblick auf die Existenz des Einzelnen, sondern auch als gesellschaftlichen Wert.

Vv.4–5.9 beziehen sich nicht explizit auf einen gerichtlichen Kontext. Vv.4 f. weisen auf generell mögliche Situationen in einer kleinbäuerlich geprägten Gesellschaft.[677] V.9 enthält keine zu vv.3.6 (בריבו) vergleichbare Präzision in Richtung eines Gerichtskontextes.

673 Vgl. Propp, *Exodus 19–40*, 278 f.
674 Houtman, *Bundesbuch*, 273.
675 Vgl. dazu Houtman, *Bundesbuch*, 272.
676 Vgl. auch Houtman, *Bundesbuch*, 274.
677 Vgl. Houtman, *Bundesbuch*, 264.265.

Vv.4 f. sind kasuistisch formuliert und beziehen sich auf den Umgang mit dem איב „Feind“ und שנא „Hasser“. Der Wechsel in der Bezeichnung des Verfeindeten bezieht alle Arten von Feindseligkeiten ein und gibt den Gesetzen maximale Reichweite.[678] V.4 enthält folgende Ereigniskette: Antreffen des umherirrenden Rindes oder Esels des Feindes (E1), Zurückbringen des Rindes oder Esels zum Feind (E2). Das entlaufene Nutztier des verfeindeten Mitbürgers darf nicht seinem Schicksal überlassen oder entwendet werden. Binnentextuell werden zwei Begründungen aufgeworfen: 1. Das Tier gehört zum Besitz des Mitbürgers. Ein Entwenden des Tieres wäre Diebstahl, auch wenn es dem Feind gehört.[679] 2. Das Tier ist als Arbeits- oder Nutztier Teil der wirtschaftlichen Grundlage und Absicherung des Mitbürgers. Das Tier weglaufen zu lassen oder zu entwenden, wäre eine bewusste Schädigung der Lebensgrundlage des Mitbürgers – ob Freund oder Feind.[680]

In v.5 liegen zwei Probleme vor, die ein Verständnis des Textes erschweren. Zum einen ist die syntaktische Zuordnung von וחדלת umstritten. Zum anderen ist die Bedeutung und Verwendung von עז"ב *Qal* nicht ohne Weiteres zu verstehen. Im Rahmen der Erklärung von עז"ב *Qal* in Ex 23,5 wurden die Option der Konjektur zu עז"ר *Qal* und die Möglichkeit der Existenz einer Wurzel עז"ב$_2$ mit der Bedeutung „reparieren, wiederherstellen“ vorgeschlagen.[681] Doch ist die Konjektur textlich unsubstantiiert und die Annahme einer homonymen Wurzel עז"ב$_2$ inzwischen lexikographisch verworfen.[682] Wie ist nun also ein Verständnis des Verses mit dem Bedeutungsspektrum von עז"ב *Qal* („verlassen, lassen, loslassen“)[683] möglich?[684] Unter Einbeziehung der Frage nach der syntaktischen Zuordnung von וחדלת ergeben sich folgende Lösungsmöglichkeiten:

1. וחדלת kann als Teil der Apodosis verstanden werden.[685] In diesem Zusammenhang ist וחדלת מעזב לו sinnvollerweise nur als rhetorische Frage zu verstehen:[686]

---

678 Vgl. auch Houtman, *Bundesbuch*, 263.
679 Vgl. Houtman, *Bundesbuch*, 264.
680 Vgl. auch Houtman, *Bundesbuch*, 264.
681 Vgl. Gesenius, *Handwörterbuch[18]*, 944; Houtman, *Bundesbuch*, 267 f.
682 S. Gesenius, *Handwörterbuch[18]*, 944; Houtman, *Bundesbuch*, 267 f.
683 Vgl. Gesenius, *Handwörterbuch[18]*, 944. An die Bedeutung „loslassen“ bindet sich ein kausatives Moment, welches in der deutschen Übersetzung „losmachen“ hervortritt, ohne dass das Hebräische einen *Hif'il* liest.
684 Eine überzeugende Interpretation der zu עז"ב *Qal* gehörenden suffigierten Präpositionen hat Propp vorgelegt: Da mit לו kein Akkusativobjekt zu עז"ב *Qal* bezeichnet sein kann, ist das implizierte Akkusativobjekt der Esel, der *für* den Hasser (*dativus commodi*) losgelassen werden soll (vgl. Propp, *Exodus 19–40*, 276). Gleichermaßen ist der Esel das implizierte Akkusativobjekt im Schlussteil des Verses und עמו (*soziativ*) bezieht sich auf das gemeinsame Losmachen des Esels mit dem Hasser (vgl. Propp, *Exodus 19–40*, 276).
685 Vgl. Propp, *Exodus 19–40*, 276.
686 Zur Lesung eines Fragesatzes s. auch Houtman, *Bundesbuch*, 267.

Wenn du den Esel deines Hassers unter seiner Last erliegend siehst, dann sollst du etwa unterlassen, ihn (Esel) für ihn (Hasser) loszumachen? (Nein, natürlich nicht.) Du sollst (ihn) unbedingt mit ihm (Hasser) losmachen. (Ex 23,5)

2. וחדלת kann als Injunktion verstanden werden.[687] Auch hier kann וחדלת מעזב לו sinnbringend nur mit einem Fragesatz wiedergegeben werden:

Wenn du den Esel deines Hassers unter seiner Last erliegend siehst – Nun unterlasse, ihn (Esel) für ihn (Hasser) loszumachen? – (Nein!) Du sollst (ihn) unbedingt mit ihm (Hasser) losmachen. (Ex 23,5)

3. וחדלת kann als Teil der Protasis verstanden werden:[688]

Wenn du den Esel deines Hassers unter seiner Last erliegend siehst und unterlässt, ihn (Esel) für ihn (Hasser) loszumachen, (so) sollst du (ihn) unbedingt mit ihm (Hasser) losmachen. (Ex 23,5)

Die Akzentstrukturierung des MT widerspricht keiner der drei Optionen. Die fehlende Kennzeichnung des Fragesatzes lässt jedoch Zweifel an den ersten beiden Varianten aufkommen, zumal das Verständnis von וחדלת מעזב לו im Sinne einer Frage nicht vordringlich signalisiert ist. Vor diesem Hintergrund ist die Zuordnung von וחדלת מעזב לו zur Protasis sinnvoll. Und obgleich die masoretische Strukturierung des Verses selbst kein exklusives Argument für die Zuordnung zur Protasis darstellt, so spricht im Ko- und Kontext des Verses eine formale Parallelisierung zu v.4 für die Trennung von Protasis und Apodosis mit dem *Atnach*.

Entsprechend lässt sich aus v.5 folgende Ereigniskette erheben: Sehen des seiner Last erliegenden Esels des Hassers (E1), Unterlassen der Aufrichtung des Esels für den Hasser (E2), Aufrichten des Esels mit dem Hasser (E3). In dieser Ereigniskette wirkt E2 wie ein retardierendes Moment. Das einstweilige Unterlassen der Hilfe für den Hasser zögert den Fortgang der Ereignisse hinaus. Es beschreibt den Impuls, einem in Not geratenen Feind aus Motiven wie Schadenfreude oder Rache nicht zu helfen.[689] Im Kontext der Ereigniskette lenkt die durch E2 erreichte Verzögerung die Aufmerksamkeit nachdrücklich auf die in E3 genannte Aufforderung zur Hilfe für den in Schwierigkeiten geratenen Feind. Die Bestimmung aus v.5 zielt darauf, auch dem verfeindeten Mitbürger in einer Situation zu helfen, die seine Existenzmittel schädigt oder schädigen kann, indem der Esel den Weitertransport der Last verzögert oder gar gänzlich verhindert.[690] Movens ist dabei allerdings nicht ein Ideal der Feindesliebe, sondern die gegenseitige Sicherung des Überlebens einer kleinen Gesellschaft.[691] Denn ein Angriff auf die

687 Vgl. Propp, *Exodus 19–40*, 276.
688 Vgl. Propp, *Exodus 19–40*, 276.
689 Vgl. Houtman, *Bundesbuch*, 265.
690 Vgl. auch Houtman, *Bundesbuch*, 264 f.
691 Vgl. Houtman, *Bundesbuch*, 264 f.

Existenzmittel eines Mitbürgers zahlenmäßig kleiner Gesellschaften schädigt nicht nur den Betroffenen, sondern darüber hinaus die gesamte Gesellschaft, die auf den sozialen und wirtschaftlichen Beitrag eines jeden Mitglieds angewiesen ist. Angesichts dessen dürfen Freund- oder Feindschaft beim Abwenden von Schäden an der Lebensgrundlage eines anderen keine Rolle spielen.

V.9 trifft schließlich eine Regelung zum Umgang mit Fremden (גר). Ein syndetisch an v.8 angeschlossener, invertiert formulierter Prohibitiv verbietet das Bedrücken eines Fremden (E1). Der an den Prohibitiv mit kopulativem Waw angefügte Satz ואתם ידעתם את־נפש הגר verweist auf das eigene Erleben des Status als Fremder (E2) und leitet zum Kausalsatz über, der das Dasein als Fremde in Ägypten (E3) thematisiert. In dieser Ereigniskette ist E3, die Fremdlingschaft in Ägypten, die Begründung für E2, das Wissen darum, wie es dem Fremden in seiner Situation ergeht. Damit spiegelt E2 als präzisierende Information inhaltlich die Begründung für den Prohibitiv gegen das Bedrücken von Fremden. Das *Waw copulativum*, mit dem E2 eingeleitet wird, ist in kausaler Färbung verwendet.[692] Die Begründung des Prohibitivs weist, gespeist aus persönlicher Fremdlingserfahrung, nachdrücklich auf das solidarische Nachempfinden der Situation des Fremden in der eigenen Gesellschaft. Der niedere Status des Fremden darf nicht zu dessen Bedrückung ausgenutzt werden und so seine Existenz gefährden.

Die Begründungselemente aus vv.4–5.9 beziehen sich durchgehend auf die Existenz und Existenzmittel aller gesellschaftlichen Mitglieder. Wenn die Lebensgrundlage des Einzelnen – sei es Feind, Hasser oder Fremder – geschützt und erhalten wird, sichert dies die Basis für den gesellschaftlichen Frieden und den Fortbestand der gesamten Gesellschaft (s. 5.2.1.b).

LXX:

[23,1] Οὐ παραδέξῃ ἀκοὴν ματαίαν· οὐ συγκαταθήσῃ μετὰ τοῦ ἀδίκου γενέσθαι μάρτυς ἄδικος. [2] οὐκ ἔσῃ μετὰ πλειόνων ἐπὶ κακίᾳ· οὐ προστεθήσῃ μετὰ πλήθους ἐκκλῖναι μετὰ πλειόνων ὥστε ἐκκλῖναι κρίσιν. [3] καὶ πένητα οὐκ ἐλεήσεις ἐν κρίσει. [4] Ἐὰν δὲ συναντήσῃς τῷ βοῒ τοῦ ἐχθροῦ σου ἢ τῷ ὑποζυγίῳ αὐτοῦ πλανωμένοις, ἀποστρέψας ἀποδώσεις αὐτῷ. [5] Ἐὰν δὲ ἴδῃς τὸ ὑποζύγιον τοῦ ἐχθροῦ σου πεπτωκὸς ὑπὸ τὸν γόμον αὐτοῦ, οὐ παρελεύσῃ αὐτό, ἀλλὰ συνεγερεῖς αὐτὸ μετ᾽ αὐτοῦ. [6] Οὐ διαστρέψεις κρίμα πένητος ἐν κρίσει αὐτοῦ. [7] ἀπὸ παντὸς ῥήματος ἀδίκου ἀποστήσῃ· ἀθῷον καὶ δίκαιον οὐκ ἀποκτενεῖς, καὶ οὐ δικαιώσεις τὸν ἀσεβῆ ἕνεκεν δώρων. [8] καὶ δῶρα οὐ λήμψῃ· τὰ γὰρ δῶρα ἐκτυφλοῖ ὀφθαλμοὺς βλεπόντων καὶ λυμαίνεται ῥήματα δίκαια. [9] καὶ προσήλυτον οὐ θλίψετε· ὑμεῖς γὰρ οἴδατε τὴν ψυχὴν τοῦ προσηλύτου· αὐτοὶ γὰρ προσήλυτοι ἦτε ἐν γῇ Αἰγύπτῳ.

692 Vgl. Choi, *Verhaltensanweisungen*, 67; Houtman, *Bundesbuch*, 272. Um den kopulativen Charakter in der Übersetzung zu erhalten und zugleich den kausalen Anklang deutlich zu machen, wurde ואתם ידעתם mit „und ihr kennt ja“ in der Übersetzung wiedergeben.

> 23,1 Du sollst kein nichtiges Gerücht annehmen. Du sollst dich nicht mit dem Ungerechten zusammentun, um ein ungerechter Zeuge zu sein. 2 Du sollst dich nicht (den) Vielen zum Bösen anschließen. [Ø] Du sollst nicht der Masse beitreten, um mit den Vielen abzuweichen, um einen Rechtsstreit zu beugen. 3 Und einen Armen sollst du in einem Rechtsstreit nicht schonen. 4 Wenn du aber das Rind deines Feindes oder seinen Esel umherirrend antriffst, sollst du (es/ihn) ihm zurückbringen, indem du umkehrst. 5 Wenn du aber den Esel deines Feindes unter seiner Last zusammengebrochen siehst, [Ø] sollst du nicht an ihm vorübergehen, sondern ihn (Esel) mit ihm (Feind) zusammen aufrichten. 6 Du sollst das Recht eines Armen in seinem Rechtsstreit nicht beugen. 7 Von jeder ungerechten Sache sollst du dich fernhalten. [Ø] Einen Unschuldigen und Gerechten sollst du nicht umbringen und du sollst den Frevler nicht wegen Geschenken für gerecht erklären. 8 Und Geschenke sollst du nicht annehmen; denn die Geschenke machen die Augen der Sehenden blind und zerstören gerechte Worte. 9 Und einen Hinzugekommenen sollt ihr nicht bedrücken. Und ihr kennt ja die Seele des Hinzugekommenen, denn Hinzugekommene seid ihr selbst im Land Ägypten gewesen.

Auch die LXX fokussiert inhaltlich mit vv.1–3.6–8 auf einen gerichtlichen Kontext. Mit einer Verbform von παραδέχομαι „annehmen“ richtet sich in v.1 das Verbot an die Gruppe der Richter.[693] Diese sollen im Rahmen eines Prozesses keine Falschaussagen akzeptieren (E1). Ergänzend dazu richtet sich der zweite Prohibitiv aus v.1 an die Gruppe der Zeugen, die nicht mit dem Ungerechten kollaborieren sollen (E2), um nicht als ungerechter Zeuge aufzutreten (E3). Während MT mit רשע und חמס verschiedene Worte zur Bezeichnung des Frevlers und des Unrechts verwendet, liest die LXX beide Male ἄδικος. Dadurch konstruiert sie ein Wortspiel aus „Ungerechter“ und „ungerechter Zeuge“,[694] welches die das Recht zu Unrecht pervertierende Wirkung von Falschaussagen hervorhebt.

Im ersten Prohibitiv in v.2, der den Anschluss an die Vielen zum Bösen (E1) verbietet, führt die LXX לרעת auf das Nomen רעה zurück. Hierdurch verzichtet sie auf die Angabe einer zusätzlichen präzisierenden Information mit begründendem Charakter, die ein mögliches Verständnis von Proto-MT darstellt (s. 5.2.1.a.i.MT). Des Weiteren liest die LXX beim zweiten Prohibitiv (E2) in v.2 רֹב „Menge, Masse“ statt רִב „Rechtsstreit“. Sie leitet das Nomen von der Wurzel רב״ב ab[695] und bietet mit προστίθημι „hinzufügen, beitreten“ in der Übersetzung ein semantisch an die Lesung רֹב bzw. μετὰ πλήθους angepasstes Verb.[696] Damit gleicht die LXX den zweiten Prohibitiv (οὐ προστεθήσῃ μετὰ πλήθους) insgesamt dem Inhalt des ersten Prohibitivs aus v.2 an. Zudem erweitert die LXX den zweiten Prohibitiv (E2) um eine

693 Vgl. dazu Houtman, *Bundesbuch*, 257; Propp, *Exodus 19–40*, 273.

694 Vgl. auch Houtman, *Bundesbuch*, 257.

695 Vgl. auch Propp, *Exodus 19–40*, 131.

696 Zur Rückführung von προστεθήσῃ auf תענה s. Propp, *Exodus 19–40*, 131; Wevers, *Notes on Ex*, 359.

Infinitivkonstruktion, die der Ereigniskette ein Ereignis hinzufügt: ἐκκλῖναι μετὰ πλειόνων (E3). Die Ereignisse E2 (Beitreten zur Masse) und E3 (Abweichen mit den Vielen) schließen inhaltlich an den ersten Prohibitiv (E1 – Anschluss an die Vielen zum Bösen) an. E2 und E3 werden so zur synonymen Erläuterung von E1. Die Menge und das Böse werden korreliert: Dort, wo sich jemand der Menge anschließt, wird das Abweichen zum Bösen gefördert.

Worin das Böse (E1) bzw. das Abweichen (E3) besteht, formuliert die LXX mittels übersetzerischer Explikation von להטת. In einem mit ὥστε eingeleiteten Finalsatz wird die Absicht des Folgens der Masse (E1; E2) genannt. Sie besteht darin, einen Rechtsstreit zu manipulieren (E4). Dabei nennt die LXX ausdrücklich das zu להטת bzw. ἐκκλῖναι gehörende Objekt: κρίσις. In Ex^{LXX} 23,2 zeichnet sich damit eine zunehmende Textexplikation und Manifestation eines bestimmten Textverständnisses ab, die das Ideal, eine Pervertierung des Rechts auszuschließen, zugrunde legt.

Auch v.3 wird von dem Ideal getragen, eine Verfälschung des Rechts zu vermeiden. Bei der Beteiligung von Armen (vv.3.6: πένης) im Rechtsstreit warnt die LXX vor einer mitleidbasierten Schonung (ἐλεέω) des Armen und fordert, vergleichbar zu MT, von gerichtlichen Entscheidungsträgern unparteiliches Handeln. Dabei bleibt die LXX durch das Fehlen einer Wiedergabe des Suffixes (בריבו) nicht wie MT auf die Rechtsangelegenheit des Armen selbst beschränkt, sondern bezieht jegliche Aktionsform von Armen im gerichtlichen Kontext ein: Der Arme kann Geschädigter, Zeuge oder Schädigender sein. In keiner dieser Funktionen darf das Mitleid mit seiner Armut dazu führen, die Rechtssache abweichend zu verhandeln, z. B. durch übervorteilende Urteile oder die Akzeptanz unzureichender oder gar falscher Aussagen.

In v.6 fehlt in der LXX eine Entsprechung zum Suffix von אבינך. Die im MT vorliegende Forderung, die aus einem persönlichen Abhängigkeitsverhältnis resultierende Macht nicht zu missbrauchen, steht hier nicht im Hintergrund der Bestimmung der LXX. Stattdessen verweist v.6 generell darauf, die Mittellosigkeit des Armen in seinem Rechtsstreit nicht auszunutzen und Recht zu verfälschen. Ergänzend zum in v.3 formulierten Aspekt des Mitleids, welches zur Bevorteilung des Armen führen kann, bringt v.6 das Ausnutzen der Situation des Armen zur Sprache, welches zu dessen Benachteiligung führen kann.

Abweichend vom im MT abgebildeten Text enthält v.7 in der LXX keinen Begründungssatz. Dafür liegt mit καὶ οὐ δικαιώσεις τὸν ἀσεβῆ ἕνεκεν δώρων ein weiterer Prohibitiv vor. Dieser kann auf eine Verwendung der 2.Sg. in Angleichung an die umliegenden Verbformen und eine parallele Gestaltung zum unmittelbar vorangehenden Prohibitiv zurückgeführt werden.[697] Die Ereigniskette

697 Vgl. Propp, *Exodus 19–40*, 132; Houtman, *Bundesbuch*, 270.

in v.7 der LXX stellt sich somit wie folgt dar: Fernhalten von Ungerechtem (E1), keine Tötung von Unschuldigen und Gerechten (E2), keine Freilassung des Schuldigen für Bestechung (E3). In Ex^{LXX} 23,7 fehlt somit eine theologische Begründung, welche das Eintreten Gottes für die Gerechtigkeit in Aussicht stellt. Stattdessen werden unumstößliche moralische Grundsätze rechtlich in Prohibitive festgeschrieben. Indem die LXX hier zum Schutz des Rechts im moralischen Appell verbleibt und nicht als letzte Instanz Gott für Strafe und Gerechtigkeit bemüht (s. 5.2.1.a.i.MT), zeichnet sie auf der Ebene des Einzelgesetzes ein vergleichsweise optimistisches Bild der in Rechtsangelegenheiten beteiligten Menschen und ihrer Gerichte.

Mit der im Vergleich zu MT abweichenden Nennung der Geschenke (ἕνεκεν δώρων) verweist die LXX in v.7 bereits inhaltlich auf v.8.[698] V.8 bezeichnet in der LXX explizit das Körperteil des Erblindens: „die Augen der Sehenden". Während MT die Erblindung in Bezug auf den Sehenden insgesamt formuliert, grenzt die LXX die Erblindung auf das logisch zugehörige Körperteil Augen ein. Im MT liegt die Stilfigur des *totum pro parte* vor, in der LXX die des *pars pro toto*. Im Vergleich zu MT schränkt die LXX abseits der Bildsprache die Reichweite der negativen Auswirkungen der Bestechung auf den Bereich der Augen ein. Dennoch schmälert sie in der Gesamtaussage des Verses nicht die Beschreibung der negativen Auswirkungen des Bestechungsgeschenkes. Die Abmilderung der erstgenannten Folge der Bestechung ausgleichend, nimmt die LXX in der Nennung der zweiten Folge der Bestechung im Vergleich zu MT eine terminologische Intensivierung vor: Das Geschenk „verdreht" nicht, sondern „zerstört" (λυμαίνεται) die gerechten Worte. Auch die LXX hält damit die unvermindert destruktive Wirkung von Bestechungsgeschenken fest. Im Zusammenhang mit v.7 vermag der Ausblick auf die negativen Folgen der Bestechung den moralischen Appell zum Fernbleiben vom Unrecht (v.7) ko- und kontextuell zu untermauern und so – im Vergleich zu MT – den Ausfall der Begründungskraft der theologischen Begründung abzumildern.

Vv.4–5.9 beziehen sich auch in der LXX nicht auf spezifisch gerichtliche Situationen. In v.4 liest die LXX das Partizip ἀποστρέψας und die finite Verbform ἀποδώσεις. Dies kann auf eine ungenaue Wiedergabe der *figura etymologica* (השב תשיבנו) in der LXX-Vorlage zurückzuführen sein. Dabei sind die beiden Bestandteile der *figura etymologica* einzeln und anscheinend stammesverschieden als Formen von שו"ב *Qal* (ἀποστρέψας)[699] und שו"ב *Hif* (ἀποδώσεις) über-

698 Vgl. auch Houtman, *Bundesbuch*, 270.

699 Bei einer Vorlage von השב* wäre zur Rückführung auf שו"ב *Qal* ein Ptz.m.Sg. mit Artikel oder *He interrogativum* zu lesen und anzunehmen, dass der Artikel aus syntaktischen Gründen keine wörtliche Entsprechung in der Übersetzung erhielt bzw. keine explizite Markierung des Fragesatzes erfolgte.

setzt worden. In der LXX führt dies im Vergleich zu MT zu einer Erweiterung der Ereigniskette um das Ereignis des Umkehrens. Im Sinne einer präzisierenden Information wird das zusätzliche Ereignis der Umkehr zum Feind eingebracht. Der eigene Weg wird für das Zurückbringen des Tieres zum Feind unterbrochen. Dieses im MT implizit vorausgesetzte Ereignis wird in der LXX explizit genannt. Die ausdrücklich geforderte Unterbrechung der eigenen Erledigung zugunsten des Feindes vermag die Dringlichkeit der Hilfe für den Feind in der Situation der Bedrohung seiner Existenzmittel stärker anzuzeigen.

In v.5 findet kein Wechsel in der Bezeichnung des Verfeindeten statt. Terminologisch wird dadurch die Reichweite der Bestimmungen aus vv.4 f. im Vergleich zu MT leicht verkürzt. Doch lässt die LXX in v.5 generell eine sinngemäße Wiedergabe ihrer hier zum Konsonantengerüst des MT wahrscheinlich identischen Vorlage erkennen. Diese betrifft insbesondere die Ereignisse E2 und E3, welche im MT das Unterlassen der Aufrichtung des Esels für den Hasser und das Aufrichten des Esels mit dem Hasser beschreiben. E2 wird in der LXX der Apodosis zugeordnet und zu einem Verbot des Vorübergehens an dem Feind und seinem Tier. Dazu kontrastierend (ἀλλά) wird E3 zum Gebot der Hilfe im gemeinsamen Aufrichten des Tiers. Aus dieser Gegenüberstellung wird in der LXX wiederum die Bedeutung der Hilfe für den Feind in Bezug auf seine Existenzgrundlage im Vergleich zu MT deutlicher herausgestellt.

V.9 adressiert in der LXX durchgehend die 2.Pl. Das Phänomen der Pluralisierung von zunächst singularisch formulierten Gesetzen ist in frühen Übersetzungen verbreitet.[700] Zudem kann in Ex^{LXX} 23,9 eine Angleichung an Ex^{LXX} 22,20 vorliegen.[701] Hinsichtlich der Bestimmung von v.9 stellt die pluralische Anrede einen Bezug auf die Gemeinschaft der Angeredeten insgesamt her. Im Unterschied zur singularischen Anrede stärkt sie den Aspekt der gesamtgesellschaftlichen Relevanz der Bestimmung. Mit ὑμεῖς und αὐτοί zielt v.9 intensiv auf die Aufmerksamkeit der Angeredeten.[702] Die Existenz des Fremden[703] in der eigenen Gesellschaft zu schützen, liegt in der Verantwortung der gesamten Gesellschaft, die in der Folge auf einen friedlichen Fortbestand hoffen kann.

---

700 Vgl. auch Propp, *Exodus 19–40*, 133.

701 Vgl. Propp, *Exodus 19–40*, 133.

702 Vgl. Muraoka, *Syntax*, 40.

703 Zu ‚Proselyt' wird diskutiert, ob dieser Begriff in der Zeit des Übersetzers bereits als *terminus technicus* zur Bezeichnung von Konvertiten zu verstehen ist oder noch ohne diesen Hintergrund als Standardäquivalent für גר den aus einem anderen Land gekommenen, dauerhaft ansässigen Gast bezeichnet (s. dazu Le Déaut, „Septante", 149).

Sam:

23,1 לא תשא שמע שוא אל תשית ידך עם רשע להיות עד חמס: 2 לא תהיה אחרי רבים
לרעות ולא תענה על ריב לנטות אחרי רבים להטות: 3 ודל לא תהדר בריבו :–
4 כי תפגע שור איבך או חמורו או כל בהמתו תעה השב תשיבנו לו: 5 כי תראה חמור שנאך
רבץ תחת משאו וחדלת מעזב לו עזב תעזב עמו: 6 לא תטה משפט אבינך בריבו: 7 מדבר
שקר תרחק ונקיא וצדיק אל תהרג כי לא הצדיק רשע: 8 ושחד אל תקח כי השחד יעור
עיני פקחים ויסלף דברי צדיקים: 9 וגר לא תלחצו ואתם ידעתם את נפש הגר כי גרים
הייתם בארץ מצרים :–

23,1 Du sollst kein Gerücht des Nichtigen aufnehmen. Lege deine Hand nicht (mit der eines) Frevlers zusammen, um Zeuge des Unrechts zu sein. 2 Du sollst dich nicht (den) Vielen zum Bösen anschließen. Und du sollst bei einem Rechtsstreit nicht antworten, indem du dich nach den Vielen richtest, um (Recht) zu beugen. 3 Und einen Geringen sollst du in seinem Rechtsstreit nicht begünstigen.
4 Wenn du das Rind deines Feindes oder seinen Esel oder all sein Vieh umherirrend antriffst, sollst du es/ihn ihm unbedingt zurückbringen. 5 Wenn du den Esel deines Hassers unter seiner Last erliegend siehst und unterlässt, ihn (Esel) für ihn (Hasser) loszumachen, (so) sollst du (ihn) unbedingt mit ihm (Hasser) losmachen. 6 Du sollst das Recht deines Armen in seinem Rechtsstreit nicht beugen. 7 Von einer Sache der Lüge sollst du dich fernhalten. Und einen Unschuldigen und Gerechten bringe nicht um, denn man erklärt den Frevler nicht für gerecht. 8 Und ein Bestechungsgeschenk nimm nicht an; denn das Bestechungsgeschenk macht (die) Augen der Sehenden blind und verdreht (die) Worte der Gerechten. 9 Und einen Fremden sollt ihr nicht bedrücken. Und ihr kennt ja die Seele des Fremden, denn Fremde seid ihr im Land Ägypten gewesen.

Sam bezieht in v.4 mit או כל בהמתו jegliches Vieh des Feindes in den Bereich der Geltung des Gesetzes mit ein. Diese Lesart steht im Einklang mit der Tendenz zur Generalisierung im Sam (s. 5.2.2.a). Für Ex^{Sam} 23,4 bedeutet dies, dass Sam die Existenzmittel des Mitbürgers in größerer Breite als z. B. MT und LXX fokussiert. Der Schutz und Erhalt der *gesamten* Existenzbasis des Mitbürgers, ob Freund oder Feind, ist Grund und Ziel der Bestimmung.

An das *Ketib* הצדיק in v.7 bindet sich ein komplexer Überlieferungsbefund. Die samaritanische Aussprache *åṣdəq* von הצדיק in v.7 ist nicht eindeutig. Sie kann für die *Hif*-Formen PK 1.Sg.,[704] AK 3.Sg.m. sowie Inf. und Imp. Sg.m. stehen. Der Schreibung in den samaritanisch-hebräischen Handschriften entsprechen die Lesung einer *Hif* AK 3.Sg.m. sowie eines *Hif* Infinitivs.[705] Die Schreibung אצדיק ist im Handschriftenbefund nicht bezeugt. Lediglich die Targum-Handschrift J gibt eine *Hif* PK 1.c.Sg. wieder, dazu einige wenige Mss der samaritanisch-arabischen Übersetzungen.[706] Darüber hinaus scheint der Befund der samaritanisch-arabischen Überlieferung auf eine AK-Form oder einen kontextuell als 3.m.Sg.

704 Vgl. Ben-Ḥayyim, *LOT IV*, 426.
705 S. z. B. Ms *Dublin 1* CBL, f.116r; Ms *London 3* BL, f.87v.
706 Vgl. Tal, *Samaritan Targum I*, 316; Shehadeh, *Arabic Translation I*, 366 f.

gedeuteten und entsprechend übersetzten Infinitiv zu verweisen. Hinzu kommen Mss des Targums und der samaritanisch-arabischen Übersetzungen, die determiniertes צדיק übersetzen.[707]

Die Lesung eines Nomens ist insbesondere in den samaritanisch-aramäischen Targum-Handschriften verbreitet und erfordert syntaktisch das Verständnis eines Nominalsatzes, der mit seiner Wortstellung und der vorliegenden Verneinung לֹא ungewöhnlich konstruiert ist: „Denn nicht der Gerechte ist ein Frevler." Die Lesung einer 3.m.Sg. AK *Hif* ist neben dem Befund der samaritanisch-arabischen Überlieferung in futurischer Form auch in G^I belegt.[708] Die AK steht hierbei im Sinne eines *Perfekt confidentiae* zur Beschreibung einer mit Sicherheit eintreffenden Tatsache.[709] Dahingehend fasst Houtman das *Ketib* des Sam als unpersönliche Konstruktion unter Verwendung der 3.m.Sg. AK *Hif* auf („man erklärt nicht für gerecht").[710] Vor dem Hintergrund des komplexen Textbefundes und der Abwägung zur syntaktischen Integration der verschiedenen Lesarten in den vorliegenden Kontext ist Houtmans Deutung zu folgen.

Die Lesung einer 3.m.Sg. AK *Hif* („man erklärt nicht für gerecht") bedeutet für Ex^{Sam} 23,7, dass das Sprecher-Ich samt seiner Autorität nicht in den Begründungszusammenhang der Bestimmung einbezogen wird. Es liegt keine theologische Argumentation vor, sondern eine moralisch-rechtliche, die auf die Grundsätze der Rechtsprechung rekurriert. Vergleichbar zu Ex^{LXX} 23,7 zeichnet Sam hier auf der Mikroebene ein optimistisches Bild der menschlichen Rechtsprechung, welches ohne die Aussicht auf göttliches Eingreifen zur Durchsetzung des Rechts auskommt (s. 5.2.1.a.i.LXX).

In v.8 formuliert Sam einen zusätzlichen Vetitiv (אל תקח) anstelle des im MT zu findenden Prohibitivs. Der Vetitiv in Ex^{Sam} 23,8 kann einerseits als möglicher Beleg für eine Tendenz zum äquivalenten Gebrauch von Vetitiv und Prohibitiv im Laufe der Sprachgeschichte zu werten sein. Andererseits wurde im MT für die Vetitive אל תשת ידך עם רשע und ונקי וצדיק אל־תהרג in vv.1.7 eine untermauernde Funktion in Bezug auf die inhaltlich zugehörigen Prohibitive bzw. Gebote beobachtet.[711] Ausgehend von dieser Beobachtung kann der Vetitiv in Ex^{Sam} 23,8 auch als fortsetzende Ausführung zum Gebot des Fernbleibens von einer Sache der Lüge verstanden werden. Entsprechend würde das Annehmen eines Bestechungsgeschenkes als דבר שקר klassifiziert und mit z. B. durch Falschaussagen

707 Vgl. Tal, *Samaritan Targum I*, 316 f.; Shehadeh, *Arabic Translation I*, 366 f.; Tal/Florentin, *Pentateuch*, 677.

708 Vgl. Wevers, *LXX II/1*, 267.

709 Vgl. Gesenius/Kautzsch, *Grammatik § 106n*, 323.

710 Vgl. Houtman, *Bundesbuch*, 270.

711 S. Anm. 651.

herbeigeführtem Mord gleichgesetzt. Diese Korrelation mit v.7 könnte die mindere Intensität der Forderung in Vetitiv-Form inhaltlich ausgleichen, sodass das Verbot des Annehmens von Bestechungsgeschenken im Sam gegenüber dem Prohibitiv des MT nicht an Wertigkeit verlöre.

Des Weiteren fügt auch Sam, vergleichbar zur LXX, in v.8 das von der Erblindung betroffene Körperteil „Augen“ (עין) ein. Auf der Bildebene bezieht sich die Erblindung hier mit einem *pars pro toto* auch auf den gesamten Menschen. Abseits der Bildsprache werden die negativen Folgen des Geschenkes allerdings explizit nur auf die „Augen der Sehenden“ begrenzt und damit im Sam, verglichen zu MT, leicht abgemildert.

In Übereinstimmung mit der LXX nimmt Sam in v.9 mit der durchgehenden Verwendung der 2.m.Pl. die Gemeinschaft der Angeredeten in den Blick und stärkt die Bedeutung des Schutzes von Fremden für die gesamte Gesellschaft.

Peš:

23,1 ܠܐ ܬܫܪܪ ܫܡܥܐ ܕܓܠܐ. ܠܐ ܬܣܝܡ ܐܝܕܟ ܥܡ ܚܛܝܐ ܠܡܗܘܐ ܠܗ ܣܗܕܐ ܕܓܠܐ. 2 ܠܐ ܬܗܘܐ ܒܬܪ ܣܓܝܐܐ
ܠܡܒܐܫܘ. ܘܠܐ ܬܥܢܐ ܥܠ ܕܝܢܐ ܠܡܬܪܟܢܘ ܒܬܪ ܣܓܝܐܐ ܕܡܨܠܝܢ. 3 ܘܠܡܣܟܢܐ ܠܐ ܬܥܕܪ ܒܕܝܢܗ܀ 4 ܘܐܢ ܬܦܓܥ
ܒܬܘܪܐ ܕܒܥܠܕܒܒܟ ܐܘ ܒܚܡܪܗ ܟܕ ܛܥܝܢ. ܡܦܢܘ ܬܦܢܐ ܐܢܘܢ ܠܗ. 5 ܘܐܢ ܬܚܙܐ ܚܡܪܐ ܕܒܥܠܕܒܒܟ ܕܪܒܝܥ
ܬܚܝܬ ܡܘܒܠܗ. ܘܬܬܚܫܒ ܕܠܐ ܬܩܝܡܝܘܗܝ ܥܡܗ. ܡܩܡܘ ܬܩܝܡܝܘܗܝ ܥܡܗ. 6 ܠܐ ܬܨܠܐ ܕܝܢܐ ܕܡܣܟܢܐ ܒܕܝܢܗ. 7 ܘܡܢ
ܡܠܬܐ ܕܓܠܐ ܐܬܪܚܩ. ܘܙܟܝܐ ܘܟܐܢܐ ܠܐ ܬܩܛܘܠ. ܡܛܠ ܕܠܐ ܡܙܟܐ ܐܢܐ ܠܚܛܝܐ܀ 8 ܫܘܚܕܐ ܠܐ ܬܣܒ.
ܡܛܠ ܕܫܘܚܕܐ ܡܥܘܪ ܥܝܢܝ ܚܟܝܡܐ ܒܕܝܢܐ. ܘܡܥܩܡ ܡܠܝܗܘܢ ܕܙܕܝܩܐ. 9 ܘܠܥܡܘܪܐ ܠܐ ܬܐܠܨܘܢ. ܐܢܬܘܢ
ܓܝܪ ܝܕܥܝܢ ܐܢܬܘܢ ܢܦܫܐ ܕܥܡܘܪܐ. ܡܛܠ ܕܥܡܘܪܐ ܗܘܝܬܘܢ ܒܐܪܥܐ ܕܡܨܪܝܢ.

23,1 Du sollst kein falsches Gerücht bestätigen. Du sollst[712] deine Hand nicht mit (der eines) Schuldigen zusammenlegen, um für ihn falscher Zeuge zu sein. 2 Du sollst dich nicht (den) Vielen anschließen, um Böses zu tun. Und du sollst gegen ein Gericht nicht antworten, indem du dich nach den Vielen richtest, die (Recht) verdrehen. 3 Und einem Armen sollst du in seinem Gericht nicht helfen. 4 Und wenn du das Rind deines Feindes oder seinen Esel antriffst, wenn sie umherirren, sollst du sie ihm unbedingt zurückbringen. 5 Und wenn du den Esel deines Feindes, der unter seiner Last erlegen ist, siehst, und du trachtest danach, dass du (ihn) nicht mit ihm (Feind) aufrichten wirst: Richte ihn unbedingt mit ihm (Feind) auf. 6 Du sollst das Gericht eines Armen in seinem Rechtsstreit nicht beugen. 7 Und von einer falschen Sache sollst du dich fernhalten. Und einen Unschuldigen und Gerechten sollst du nicht umbringen, denn ich erkläre den Schuldigen nicht für gerecht. 8 [Ø] Ein Bestechungsgeschenk sollst du nicht annehmen; denn das Bestechungsgeschenk macht die Augen der Weisen blind im Gericht und verdreht die Worte der Unschuldigen. 9 Und Fremde sollt ihr nicht bedrängen, denn ihr kennt ja die Seele der Fremden, denn Fremde seid ihr im Land Ägypten gewesen.

712 Da im Syrischen die Verneinung des Imperativs durch ܠܐ mit PK geschieht und kein unterscheidbares Äquivalent zum vetitiven אל vorliegt (vgl. Brockelmann, *Grammatik*, 91; Ungnad, *Grammatik*, 91), ist zwischen Vetitiv und Prohibitiv nicht mehr zu unterscheiden (vv.1.7). In der Übersetzung wurde dies daher nicht als Unterschied gekennzeichnet.

Für vv.1–3.6–8 stellt Peš stärker als MT, LXX und Sam den Gerichtskontext heraus, indem in vv.2.3.6.8 Ableitungen der Wurzel ܕܘܢ („Gericht", „Rechtsstreit", „Richter")[713] verwendet werden. Den binnentextuell vorausgesetzten Hintergrund der das Recht pervertierenden Realität von Falschaussagen bringt die in Ex^Peš 23,1 vorliegende Übersetzung der Infinitivkonstruktion deutlich zur Sprache: Ziel des Gesetzes ist das Vermeiden des Auftretens als „falscher Zeuge" (ܣܗܕܐ ܕܓܠܐ) für einen „Schuldigen" (ܚܝܒܐ). Die Einfügung des *dativus commodi* ܠܗ, der sich auf den vorgenannten Schuldigen bezieht, lässt in Peš bereits in v.1 an einen Akt von Bestechung denken. Eine Nähe zur Bestechungsthematik aus v.8 ergibt sich auch aus der Gegenüberstellung von Schuldigem (ܚܝܒܐ, v.1) und Unschuldigem (ܙܟܝܐ, v.8), die das Textcluster kontrastierend durchzieht (s. 5.2.1.b).

In v.2 liest die Peš den aus dem Textbestand des MT optional entnehmbaren Infinitiv (ܠܡܒܐܫܘ) und erweitert so die Ereigniskette der Bestimmung um ein begründend wirkendes Ereignis, welches die mit der Einhaltung des Gesetzes zu vermeidende Folge angibt: das Tun von Bösem (E2optional). In dieser Konstruktion steht ܠܡܒܐܫܘ parallel zur Infinitivgruppe in v.1, die ebenso die zu vermeidende Folge angibt. Zu v.2b hingegen liegt hier keine Parallele vor, da das Ereignis des Richtens nach den Vielen zwar infinitivisch formuliert ist, aber inhaltlich keine finale Färbung aufweist, und das Ereignis des Verdrehens von Recht in Peš partizipial formuliert ist. V.2b enthält in Peš damit kein eigenes Begründungselement. Der Infinitiv in Bezug auf das Tun des Bösen (E2optional) ist die einzige Begründung in Ex^Peš 23,2. Sie verweist auf moralische Vorstellungen von Gut und Böse, die dem Recht vorausliegen und die Erhaltung des Rechts als gut und dessen Unterwanderung (v.2: ܕܣܠܝܢ) als böse qualifizieren.

In v.6 weist Peš kein Suffix bei der Nennung des Armen auf und bezieht sich wie LXX daher nicht auf das im MT und Sam vorliegende Abhängigkeitsverhältnis des Armen. In v.8 liest Peš in Angleichung an Dtn 16,19 die Erblindung in Bezug auf die Weisen in der Rechtspflege.[714] Sie gibt wie LXX und Sam *pars pro toto* die Erblindung der „Augen" der Weisen an. Die Nennung der „Weisen" erweitert den Gegenpol zu den „Schuldigen" (s. 5.2.1.b).

Vv.4 f. übersetzt Peš in vereindeutigender Weise, indem sie in v.5 die Bedeutung von עז״ב kontextgemäß formt.[715] Des Weiteren lässt v.5 eine Zuordnung des Ereignisses des Unterlassens der Aufrichtung des Esels zur Protasis der im MT bezeugten Lesetradition erkennen (s. 5.2.1.a.i.MT). Allerdings gestaltet Peš die Ereigniskette nicht konditional, sondern mit[716]...ܘ ...ܘܟܕ temporal. Auf diese Weise

713 Vgl. Brockelmann/Sokoloff, *Lexicon*, 297.
714 Vgl. Propp, *Exodus 19–40*, 132.
715 Vgl. Weitzman, *Syriac Version*, 40.
716 Vgl. Brockelmann/Sokoloff, *Lexicon*, 599.

entsteht eine klare Narration, welche die Situation des in Not geratenen Feindes beschreibt, dem entgegen dem Impuls der Verweigerung in dieser Lage zu helfen ist. Die Forderung der Hilfe im gemeinsamen Aufrichten des Tiers wird mit entsprechendem Nachdruck imperativisch und als *figura etymologica* formuliert.

In Ex^{Peš} 23,9 liegt wie in LXX und Sam eine pluralische Formulierung in der Anrede vor. Peš pluralisiert zudem das Objekt der Bestimmung, die „Fremden" – wie ebenso in Ex^{Peš} 22,20 bezeugt.

Auswertung – Recht als Instrument der Verhinderung von Unrecht

In der synoptischen Analyse von Ex 23,1–9 zeigten sich zwischen den betrachteten Textzeugen folgende wesentliche Differenzen:

1. Die im Textbestand des MT für v.2 optionale Lesung eines begründend wirkenden Infinitivs (לרעת) wird von der LXX nicht expliziert, findet sich allerdings in Peš (ܠܡܒܐܫܘ). Dort wird sie zur einzigen Begründung in v.2. Sie stützt sich auf moralische Kategorisierungen von Gut und Böse und ordnet die Unterwanderung des Rechts dem Bereich des Bösen zu.
2. Die Zuordnung des Ereignisses der Unterlassung von Hilfe für den Feind in v.5 gestaltet sich in den einzelnen Textzeugen unterschiedlich. Während sich im MT und Sam die Einbeziehung in die Protasis nahelegt, ordnet die LXX das Ereignis der Apodosis zu. Peš zeigt eine Zuordnung zur Protasis, formuliert allerdings temporal. Daran binden sich unterschiedliche Strategien, mit denen die Forderung der Hilfe für den Feind mit Nachdruck versehen wird. MT, Sam und Peš nutzen das Ereignis des Unterlassens im Sinne eines retardierenden Momentes. Die LXX formuliert daraus einen die Hilfeforderung kontrastierenden Prohibitiv.
3. In v.6 lösen LXX und Peš die Erwähnung des Armen aus der Fokussierung auf ein persönliches Abhängigkeitsverhältnis und beziehen sich allgemein auf das Auftreten von Armen im Gericht in verschieden Funktionen.
4. V.7 führt in LXX und Sam keine theologische Argumentation ein. LXX und Sam zeichnen dadurch ein optimistisches Bild von einer auch gegen Falschaussagen wehrhaften, menschlichen Gerichtsbarkeit.
5. Im Unterschied zu MT beleuchten LXX, Sam und Peš in v.9 den Schutz von Fremden stärker als gesamtgesellschaftliche Aufgabe.

Insgesamt fokussieren Ex 23,1–9 in allen betrachteten Textzeugen das Thema der Gerechtigkeit in der Gesellschaft als einen stabilisierenden Faktor für das Leben und Überleben der Gemeinschaft. Das oberste Ziel der Bestimmungen ist die Verhinderung von Unrecht, welches aus der Pervertierung von Recht resultiert. Dieses Ziel soll erreicht werden durch das Verbot der Vergemeinschaftung mit dem Bösen (vv.1 f.), durch die Forderung der Un- und Überparteilichkeit (vv.3.6.8) und durch die Forderung des Schutzes der Existenzmittel auch von verfeindeten oder gering geachteten Personen der Gesellschaft (vv.4 f.9).

ii. Synoptische Analyse von Ex 23,10–12 – Gerechtigkeit in der Gesellschaft aus sozialer Sicht

MT:

10 וְשֵׁ֣שׁ שָׁנִ֔ים תִּזְרַ֖ע אֶת־אַרְצֶ֑ךָ וְאָסַפְתָּ֖ אֶת־תְּבוּאָתָֽהּ׃ 11 וְהַשְּׁבִיעִ֞ת תִּשְׁמְטֶ֣נָּה וּנְטַשְׁתָּ֗הּ וְאָֽכְלוּ֙
אֶבְיֹנֵ֣י עַמֶּ֔ךָ וְיִתְרָ֕ם תֹּאכַ֖ל חַיַּ֣ת הַשָּׂדֶ֑ה כֵּֽן־תַּעֲשֶׂ֥ה לְכַרְמְךָ֖ לְזֵיתֶֽךָ׃ 12 שֵׁ֤שֶׁת יָמִים֙ תַּעֲשֶׂ֣ה מַעֲשֶׂ֔יךָ
וּבַיּ֥וֹם הַשְּׁבִיעִ֖י תִּשְׁבֹּ֑ת לְמַ֣עַן יָנ֗וּחַ שֽׁוֹרְךָ֙ וַחֲמֹרֶ֔ךָ וְיִנָּפֵ֥שׁ בֶּן־אֲמָתְךָ֖ וְהַגֵּֽר׃

10 Und sechs Jahre sollst du dein Land besäen und seinen Ertrag einsammeln. 11 Aber im siebenten sollst du es brach liegen lassen und es unbestellt lassen. Und die Armen deines Volkes sollen (davon) essen. Und ihr Übriggelassenes sollen die Tiere des Feldes fressen. Ebenso sollst du es mit deinem Weinberg (und) mit deinem Olivenhain tun. 12 Sechs Tage sollst du deine Arbeiten tun. Aber am siebenten Tag sollst du ruhen, damit dein Rind und dein Esel ausruhen und der Sohn deiner Sklavin und der Fremde aufatmen.

Ex 23,10 f. schreibt die Einhaltung eines Brachjahres für das Land, den Weinberg und den Olivenhain vor. Die zugehörigen Ereignisse sind, mit Ausnahme der Anfügung des Weinbergs und Olivenhains (E5), mit kopulativem und konsekutivem Waw verbunden und lassen sich wie folgt aufschlüsseln:

Tab. 8: Ereignisgerüst in Ex 23,10 f.

Sechs Jahre	Siebentes Jahr
E1 – Besäen des Landes (2.m.Sg.) ושש שנים תזרע את־ארצך	E3 – Brache des Landes (2.m.Sg.) והשביעת תשמטנה E3.1 – Unbestelltlassen des Landes (2.m.Sg.) ונטשתה
E2 – Einsammeln des Ertrags (2.m.Sg.) ואספת את־תבואתה	E4 – Essen durch Bedürftige (3.c.Pl.) ואכלו אביני עמך E4.1 – Essen durch Getier (3.f.Sg. – kollektiv) ויתרם תאכל חית השדה
	E5 – Brache für Weinberg und Olivenhain (2.m.Sg.) כן־תעשה לכרמך לזיתך

Die Ereignisse E2, E3.1 und E4 sind jeweils durch eine AK^{cons}-Form in die Ereigniskette eingebunden. Grammatikalisch setzen die AK^{cons}-Formen die vorherigen, jussivisch gemeinten PK-Formen im Gebotscharakter fort. Zugleich kennzeichnen sie E2, E3.1 und E4 als unmittelbare Folgen der vorangehenden Ereignisse, sodass diese im dadurch entstehenden Sinngefüge eine konsekutive Färbung erhalten:[717] Nach dem Besäen des Landes (E1) *soll folglich* der Ertrag eingesammelt werden (E2). Nach dem Brachlassen des Landes (E3) und *folglich* dessen Nicht-Bestellung (E3.1) *sollen folglich* die Armen davon essen (E4). E2 nimmt dabei die eigene Versorgung des angesprochenen Du in den Blick. Mit אס"ף *Qal* deutet v.10 auf das Sammeln der Erträge, das im Sinne einer Bevorratung für das Brachjahr verstanden werden kann.[718] Kontrastiv dazu steht in v.11 der unmittelbare Verzehr (אכ"ל *Qal*) der wildwachsenden Früchte von der Brache durch die Armen des Volkes und nachgängig dazu durch das Getier des Feldes.

Da die Armen keine Möglichkeit zur längerfristigen Bevorratung haben und mit der landwirtschaftlichen Arbeitsruhe während der Brache auch in deutlich geringerem Maß als Tagelöhner beschäftigt sein können, ist deren Versorgung über die natürlichen Früchte der Brache lediglich eine Parallele zum Sammeln der Erträge durch den Feldbesitzenden (E2). Auf der Ebene der Einzelbestimmungen ist hierin keine spezifisch soziale Begründungslogik, die das Brachjahr zweckgebunden als Institution zur Versorgung der Bedürftigen in den Blick nimmt, zu erkennen. Der soziale Aspekt von E4 der Brachjahrbestimmung tritt erst im Zusammenhang mit dem nachfolgenden Ruhetagsgebot und dessen sozialer Motivation hervor (s. 5.2.1.b).

Houtman erwägt, die soziale Färbung der Brachjahrbestimmung als sekundär zu betrachten und sieht den Hintergrund der Bestimmung im Dualismus von Natur und Kultur. Demnach unterliege die ununterbrochene kulturelle Nutzung des Feldes einem Tabu, sodass im siebenten Jahr der Natur das Feld überlassen werden müsse. Entsprechend sei die Erwähnung der Feldtiere als repräsentativer Ausdruck für die Gegenwelt zur Kulturwelt zu verstehen. Auch die Armen und Ausgestoßenen gehören dieser Gegenwelt an.[719] Diese Vorstellung kann als mögliche binnentextuelle Voraussetzung an die Stelle einer textlich greifbaren Begründungslogik auf der Mikroebene treten und den Hintergrund der Brachjahrbestimmung erhellen.

An die Brachjahrbestimmung schließt Ex 23,12 asyndetisch das Ruhetagsgebot an, welches eine explizite Begründung in einem mit למען eingeleiteten Finalsatz enthält: Sechs Tagen Arbeit (E1) soll ein Tag der Arbeitsruhe (E2) folgen, damit die Arbeitstiere ausruhen (E3) und das Arbeitspersonal sich erholt (E3.1). Das Ereignisgerüst in v.12 lässt sich wie folgt aufschlüsseln:

717 Vgl. Joüon/Muraoka, *Grammar*, 368.
718 Vgl. auch Propp, *Exodus 19–40*, 280.
719 Vgl. Houtman, *Bundesbuch*, 279 f.

Tab. 9: Ereignisgerüst in Ex 23,12.

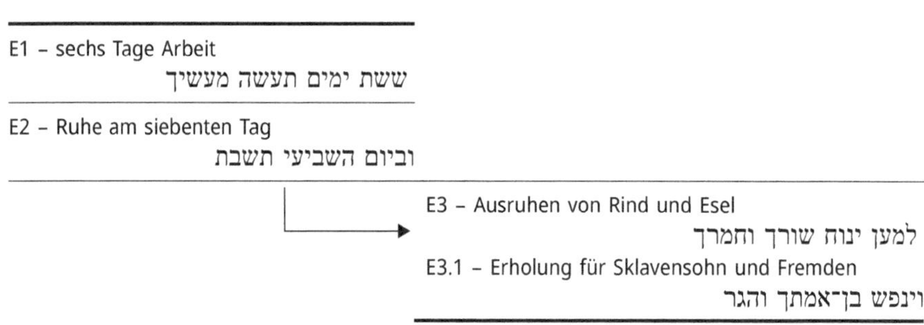

Mit v.12b liegt eine soziale Motivation des Gebots vor,[720] die die Leistung und Vorteile des Gesetzes für die Gesellschaft fokussiert. Das Gesetz der Ruhe am siebenten Tag in Ex 23,12 wird durch seinen Zweck erklärt: Es dient der Regeneration von Mensch und Tier. Die Arbeitstiere, der Sohn der Magd und der Fremde sollen sich ausruhen und erholen. Da das Gesetz das Nomen שבת nicht enthält und sich in seiner Formulierung von den übrigen Sabbatgeboten unterscheidet, wird es in der Forschung überwiegend nicht mit dem kontinuierlich gefeierten, späteren שבת verbunden, sondern im Zusammenhang eines vorübergehenden Ruhetages während der Erntezeit verstanden.[721] Binnentextuell ist damit auf die Gegebenheiten einer landwirtschaftlich geprägten Gesellschaft verwiesen, die durch Phasen harter körperlicher Arbeit gekennzeichnet ist und daher von der Regel eines sozialen Ruhetages profitiert.

LXX:

[10] Ἓξ ἔτη σπερεῖς τὴν γῆν σου καὶ συνάξεις τὰ γενήματα αὐτῆς· [11] τῷ δὲ ἑβδόμῳ ἄφεσιν ποιήσεις καὶ ἀνήσεις αὐτήν, καὶ ἔδονται οἱ πτωχοὶ τοῦ ἔθνους σου, τὰ δὲ ὑπολειπόμενα ἔδεται τὰ θηρία τὰ ἄγρια, οὕτως ποιήσεις τὸν ἀμπελῶνά σου καὶ τὸν ἐλαιῶνά σου. [12] ἓξ ἡμέρας ποιήσεις τὰ ἔργα σου, τῇ δὲ ἡμέρᾳ τῇ ἑβδόμῃ ἀνάπαυσῃ, ἵνα ἀναπαύσηται ὁ βοῦς σου καὶ τὸ ὑποζύγιόν σου, καὶ ἵνα ἀναψύξῃ ὁ υἱὸς τῆς παιδίσκης σου καὶ ὁ προσήλυτος.

[10] [Ø] Sechs Jahre sollst du dein Land besäen und seine Erträge einsammeln. [11] Aber im siebenten sollst du eine Freigabe machen und es unbestellt lassen. Und die Armen deines Volkes sollen (davon) essen. Das Übriggelassene aber sollen die wilden Tiere fressen. Ebenso sollst du es mit deinem Weinberg und mit deinem Olivenhain tun. [12] Sechs Tage sollst du

720 Die Begründungsklausel stuft Schwienhorst-Schönberger anhand eines Vergleichs mit Ex 34,21 als literarisch sekundär ein (vgl. Schwienhorst-Schönberger, *Bundesbuch*, 390 f.).
721 Vgl. dazu den Forschungsüberblick bei Grund, *Entstehung*, 2–9.

deine Arbeiten tun. Aber am siebenten Tag sollst du ausruhen, damit dein Rind und dein Esel ausruhen und damit der Sohn deiner Sklavin und der Hinzugekommene aufatmen.

Die Brachjahrbestimmung der LXX liest in v.11 ἄφεσιν ποιήσεις „eine Freigabe machen". Als hebräische Vorlage lässt sich dafür תעשה שמטה* rekonstruieren (vgl. Dtn 15,1.3). Mit der gegebenen Nominalbildung weist die Brachjahrbestimmung der LXX terminologisch auf die Institution eines siebenjährigen Schuldenerlasses,[722] den MT in Ex 23,11 mit dem suffigierten Verb שמ"ט *Qal* nicht im Blick hat. Dies bestätigt auch die fehlende Wiedergabe eines Objektsuffixes in der LXX: Ohne eingegrenztes Objekt kann ἄφεσιν ποιήσεις nicht nur als Brache für das Land, sondern als Forderung generellen Erlassens verstanden werden. Auf diese Weise tritt in der LXX bereits auf der Mikroebene die soziale Begründungslogik in Bezug auf die Armen hervor. Das hier vorgestellte Erlassjahr dient der Unterstützung Bedürftiger, indem die Möglichkeit des Erlassens, z. B. von Schulden, in Aussicht gestellt wird.

Zugleich spiegelt die LXX in der Lesung τὰ θηρία τὰ ἄγρια mit dem Adjektivattribut τὰ ἄγρια, „wilde" Tiere, den von Houtman für MT herausgestellten Gegensatz von Kultur und Natur.[723] Die betonte soziale Abzweckung der Bestimmung erweitert die Vorstellung der Gegenwelt in der LXX im Vergleich zu MT: Mit Blick auf das Wohl der Armen weist sich die mit dem Erlassen eröffnete Gegenwelt in diesem Zusammenhang nicht als das Chaos von Wildheit und Ausgestoßenem aus, sondern deutet auf die Idee einer Rückkehr zu einem ursprünglicheren Zustand, der soziale Ungleichheiten einebnet.

Sam:

10 וישש שנים תזרע את ארצך ואספת את תבואתה: 11 והשביעית תשמטנה ונטשתה ואכלו
אביוני עמך ויתרם תאכל חית השדה כן תעשה לכרמך ולזיתך: 12 ששת ימים תעשה מעשיך
וביום השביעי תשבת למען ינוח עבדך ואמתך כמוך וכל בהמתך והגר:

10 Und sechs Jahre sollst du dein Land besäen und seinen Ertrag einsammeln. 11 Aber im siebenten sollst du es brach liegen lassen und es unbestellt lassen. Und die Armen deines Volkes sollen (davon) essen. Und ihr Übriggelassenes sollen die Tiere des Feldes fressen. Ebenso sollst du es mit deinen Weinbergen und mit deinen Ölbäumen tun. 12 Sechs Tage sollst du deine Arbeiten tun. Aber am siebenten Tag sollst du ruhen, damit dein Sklave und deine Sklavin wie du und all dein Vieh und der Fremde ausruhen.

722 Vgl. dazu Houtman, *Bundesbuch*, 276.
723 Vgl. Houtman, *Bundesbuch*, 280.

Die samaritanische Lesetradition liest in v.11 jeweils pluralisch: „Weinberge“ und „Ölbäume“.[724] In MT und LXX liegt an dieser Stelle ein Singular vor, der kollektiv im Sinne von „Olivenhain“ verstanden werden kann.

Bei der Aufzählung der durch den Ruhetag Begünstigten in v.12 mischt Sam Elemente aus Dtn 5,14 (עבדך ואמתך כמוך) und Ex 20,10 (בהמה, גר). Durch die suffigierte Präposition כמוך hebt Sam in v.12b die Gleichstellung aller arbeitenden Mitglieder der Gesellschaft am Ruhetag hervor: Sklave, Sklavin, Vieh oder Fremder – alle sind an diesem Tag כמוך „wie du“. Für die Dauer eines Tages ebnet der Ruhetag Standesunterschiede ein.[725]

Peš:

10 ܫܬ ܫܢܝܢ ܬܙܪܘܥ ܐܪܥܟ. ܘܬܟܢܘܫ ܥܠܠܬܗ̇. 11 ܘܒܫܒܝܥܝܬܐ ܬܕܒܪܝܗ̇ ܘܬܫܒܩܝܗ̇. ܘܢܐܟܠܘܢ ܡܣܟܢܐ ܕܥܡܟ.
ܘܫܪܟܢܗܘܢ ܬܐܟܘܠ ܚܝܘܬܐ ܕܕܒܪܐ. ܗܟܢܐ ܬܥܒܕ ܠܟܪܡܝܟ ܘܠܙܝܬܝܟ. 12 ܫܬܐ ܝܘܡܝܢ ܬܥܒܕ ܥܒܕܝܟ. ܘܒܝܘܡܐ
ܫܒܝܥܝܐ ܬܬܢܝܚ. ܡܛܠ ܕܢܬܢܝܚ ܬܘܪܟ ܘܚܡܪܟ. ܘܢܬܢܝܚ ܒܪ ܐܡܬܟ ܘܬܘܬܒܐ ܕܒܩܘܪܝܟ.

10 [Ø] Sechs Jahre sollst du dein Land besäen und seine Erträge einsammeln. 11 Aber im siebenten sollst du es pflügen und es unbestellt lassen. Und die Armen deines Volkes sollen (davon) essen. Und ihr Übriggelassenes sollen die Tiere des Feldes fressen. Ebenso sollst du es mit deinen Weinbergen und mit deinen Ölbäumen tun. 12 Sechs Tage sollst du deine Arbeit tun. Aber am siebenten Tag sollst du ausruhen, damit dein Rind und dein Esel ausruhen und der Sohn deiner Sklavin und der Fremde in deinen Städten ausruhen.

Für Peš ist in v.10 neben der zu MT identischen Lesart „dein Land besäen“ (ܬܙܪܘܥ ܐܪܥܟ) ebenso die Lesung einer *figura etymologica* bezeugt: ܬܙܪܘܥ ܙܪܥܟ „deine Saat säen“.[726] Diese scheint in ihrer schwachen Bezeugung eine jüngere, womöglich hebraisierende Variante darzustellen.

In v.11 variiert Peš das Ereignis des Brachlassens (E3). Anstelle der synonymen Ereignisse des Brachlassens (E3) und Unbestelltlassens (E3.1) stellt Peš eine klare logische und temporale Handlungsabfolge aus Pflügen und daran anschließendem Unbestelltlassen her. So wird im Unterschied zu MT der narrative Charakter der präsentierten Ereignisse im Sinne einer expliziten Markierung der *story* gestärkt. Inhaltlich wird in Peš gegenüber MT die Arbeit des Pflügens im Brachjahr ausdrücklich erlaubt.[727]

Des Weiteren bietet Peš vergleichbar zur samaritanischen Lesetradition in v.11 jeweils den Plural „Weinberge“ und „Ölbäume“, wobei beide Nomina wie in LXX und Sam mit der Konjunktion „und“ verbunden sind.

724 Vgl. Tal/Florentin, *Pentateuch*, 677.
725 Vgl. Houtman, *Bundesbuch*, 292.
726 Vgl. Jansma/Koster, *Exodus*, 170.
727 Vgl. Weitzman, *Syriac Version*, 220.

In v.12 ergibt sich in Peš eine sprachliche Vereinheitlichung in Bezug auf das Verb zur Bezeichnung des Ausruhens: Peš liest stets ܢܘܚ *Etpe*. Alle zur Ruhe aufgeforderten Akteure – sei es das angesprochene Du, das Rind, der Esel, der Sklave oder Fremde – halten gleichermaßen Ruhe. Anhand der sprachlich vereinheitlichten Handlung betont Peš die Gleichstellung aller Arbeitenden am Ruhetag.

Darüber hinaus liest Peš mit ܕܒܥܝܪ̈ܝܟ in v.12 angleichend an Ex^{Peš} 20,10 bzw. Dtn^{Peš} 5,14.

Auswertung – Zunehmende Explikation der sozialen Abzweckung der Bestimmungen

Für Ex 23,10–12 ließ sich beobachten, dass der Textbestand des MT auf der Ebene der Einzelbestimmungen zum Brachjahr in vv.10 f. keine spezifische soziale Begründungslogik bemüht, sondern dessen soziale Komponente erst im Zusammenhang mit dem nachfolgenden Ruhetagsgebot hervortreten kann (s. 5.2.1.b). Binnentextuell mag im MT der Wechsel von Kultur und Natur plausibilisierend für das Brachjahr wirken. Die LXX hingegen hebt im Sinne einer Manifestation des in sozialer Perspektive fokussierten Textverständnisses den sozialen Charakter auch für das Brachjahr hervor, indem ein allgemeines Erlassjahr in den Blick genommen wird. Die Vorstellung zum Verhältnis von Natur und Kultur ist in der LXX modifiziert: Eine Annäherung an den natürlichen Zustand ist keine Bedrohung, sondern eine Wiederherstellung von gerechteren Zuständen.

Peš und Sam zeigen in Ex 23,12 eine Gemeinsamkeit darin, dass sie beide die Einebnung von Hierarchien am Ruhetag durch die Gleichsetzung aller Mitglieder der Arbeitswelt formulieren. Dazu nutzen sie verschiedene Strategien: Sam fügt כמוך als expliziten Ausdruck der Gleichsetzung ein; Peš betreibt die Gleichsetzung subtil mittels wortgleicher Benennung der Handlung des Ausruhens.

b. Clusterebene: Wechselseitige Begründungsstrukturen im Cluster Ex 23,1–9.10–12

Das Textcluster Ex 23,1–9.10–12 ist nach vorn durch einen thematischen Neueinsatz in Ex 23,1 abgegrenzt, der im MT zudem von einer *Parascha setuma* gestützt wird: Nach dem Thema der Heiligkeit in Ex 22,30 wechselt Ex 23,1 zum Thema der Gerechtigkeit. Die zusammenfassende Ermahnung von Ex 23,13 stellt ein Gliederungssignal dar, welche als Abschluss oder als Neueinsatz verstanden werden kann.[728] Inhaltlich und strukturell ähnelt Ex 23,13 in der Kombination eines Verweises auf die Gottesrede und der nachfolgenden Thematisierung der Monolatrie

728 Vgl. Houtman, *Bundesbuch*, 305.

bzw. des Monotheismus dem Beginn des vorderen kultgesetzlichen Rahmens in Ex 20,22b.23. Daher legt sich ein Verständnis von v.13 als Neueinsatz zum Beginn des hinteren kultgesetzlichen Rahmens nahe. MT, LXX und Peš sprechen nicht gegen diese Gliederung. Sam hingegen trennt v.13 vom hinteren kultgesetzlichen Rahmen ab, indem nach v.13 eine *Qitza* eingefügt ist. Damit spiegelt Sam das Verständnis von v.13 als Abschluss des Clusters und ordnet die Forderung des Gehorsams gegenüber der autoritativen Gottesrede sowie der Wahrung der Einzigkeit Jhwhs (v.13) dem im Cluster Ex^{Sam} 23,1–9.10–13 dominierenden Thema der gesellschaftsstabilisierenden Elemente zu.

Innerhalb des Clusters geht mit v.10 ein inhaltlicher Umschwung einher. Mit der Vorschrift zum Brachjahr liegt in vv.10 f. auf den ersten Blick ein Themenwechsel vor. Allerdings sind die vv.1–9 und vv.10–12 thematisch durchaus eng miteinander verwoben: Das verbindende Element ist die Frage nach dem gerechten Umgang mit den Existenzgrundlagen des Einzelnen und der Gesellschaft. Insbesondere v.9 stellt über die Frage nach dem Umgang mit dem Fremden und dessen Lebensbasis einen Bezug zu Ex 23,12 her. V.9 fungiert insofern als Bindeglied zwischen den beiden Bereichen des Textclusters.

Die Nähe zwischen Ex 23,1–9 und Ex 23,10–12 verdeutlicht MT, indem der Übergang zu vv.10–12 mit kopulativem Waw syntaktisch fließend gestaltet ist.[729] Auch Sam schließt v.10 syndetisch an, markiert mit der *Qitza* nach v.9 allerdings grafisch eine Abgrenzung zu vv.10–12. LXX und Peš zeigen eine klare syntaktische Abgrenzung, indem sie v.10 asyndetisch anfügen. Gurtner beschreibt zudem die Ausrückung des ersten Buchstabens von v.10 in Ms *ExodB*, wodurch der Umschwung grafisch als Neueinsatz gekennzeichnet ist.[730] Vor diesem Hintergrund ist eine kleinteiligere Aufspaltung von vv.1–9.10–12 in zwei Textcluster für Sam, LXX und Peš möglich. Da die thematische Beziehung von vv.1–9 und vv.10–12 trotz der Tendenz zur Abgrenzung auch in Sam, LXX und Peš besteht, ist in der vorliegenden Arbeit für Sam, LXX und Peš keine Trennung der Textbereiche vorgenommen worden.[731]

Alle betrachteten Textzeugen stellen das Textcluster unter das Thema der Gerechtigkeit in der Gesellschaft. Sie beziehen sich auf moralische Voraussetzun-

---

729 Vgl. auch Propp, *Exodus 19–40*, 280.

730 Vgl. Gurtner, *Exodus*, 402.

731 Angesichts des Textbefundes sind Gliederungen und die Reichweite der Abgrenzungen des Stoffes auch hier diskutabel. So ließe sich anhand der grafischen Gliederungssignale in MT, Sam und Peš der Text in Ex 23,1–9.10–12 noch kleinteiliger aufspalten: MT unterteilt allein vv.1–5 in vier *Paraschot setumot*; Sam setzt *Qitzot* nach v.3 und v.9; und Peš trennt nach v.3 und v.7. Vor dem Hintergrund dieses Befundes, der in der strikten Umsetzung von Gliederungssignalen geradezu zur *Zer*gliederung des Textes führen kann, gewinnt die Rekonstruktion einer übergreifenden thematischen Verbindung als Kriterium der Abgrenzung von Textclustern an Bedeutung.

gen, in denen Recht mit dem Guten und Unrecht mit dem Bösen identifiziert wird (vv.1 f.), und kontrastieren die Bereiche ‚Recht' und ‚Unrecht'. In besonderer Weise wird diese Gegenüberstellung in Peš expliziert, indem hier die kontrastierten Begriffe den Bedeutungsaspekt von „schuldig" (ܚܝܒܐ) und „unschuldig" (ܙܟܝܐ) tragen[732] und die Polarität in v.8 um die „Weisen" (ܚܟܝ̈ܡܐ) erweitert wird. Generell sind vv.1.7 f. in Peš deutlich aufeinander bezogen. Stichwortberührungen anhand der Kontrastierung von Schuld und Unschuld (ܙܟܝܐ, ܚܝܒܐ) und der Klassifikation von Falschem (ܕܓܠܐ) stellen eine enge Verbindung zwischen diesen Versen her. V.1 verbietet das Kollaborieren mit dem Schuldigen zu dessen falschem (ܕܓܠܐ) Vorteil (*dativus commodi*). V.8 verdeutlicht, dass ein Bestechungsgeschenk die Worte des Unschuldigen verkehrt. In diesem Lichte ist innerhalb des Textclusters auch für v.1 an eine Situation von Bestechung zu denken, in der sich ein Unschuldiger (v.8) für einen Schuldigen (v.1) selbst schuldig macht (v.7). Der Schuldige wird aber nicht gerechtfertigt (v.7). Die übergreifende Motivation, die Peš hier auf der Clusterebene anvisiert, ist damit die persönliche Absicht, sich nicht schuldig zu machen bzw. nicht schuldig zu werden. Diese kann neben der gesellschaftlichen Relevanz der Bestimmungen (s. u.) innerhalb des Textclusters auch auf die Bestimmungen von vv.10–12 übergreifen.

MT, LXX und Sam fokussieren primär die Gegenüberstellung von Recht und Unrecht. Unrecht soll verhindert werden, indem die Vergemeinschaftung mit dem Bösen (vv.1 f.7) verboten und Unparteilichkeit (vv.3.6.8.4 f.9) gefordert wird. Dies dient insgesamt der Stabilisierung und Erhaltung der Gesellschaft (s. o.), womit die übergreifende Vorstellung innerhalb des Textclusters auch für vv.10–12 beschrieben ist: Die Bestimmungen zu Brachjahr und Ruhetag stellen im Zusammenhang mit vv.1–9 Gesetze dar, die einen gerechten Umgang mit den Existenzgrundlagen des Einzelnen und damit auch der Gesellschaft regeln, um diese als stabile Gemeinschaft zu erhalten.

In Anbetracht dessen tritt innerhalb des Textclusters auch der soziale Begründungsaspekt von vv.10 f. deutlich hervor, der auf der Ebene der Einzelgesetze nicht bzw. nur unter Einbeziehung von v.12 zu erkennen war. Die im Cluster verwendeten Suffixe der 2.m.Sg. rekurrieren im Zusammenhang mit der Nennung „deines Volkes" (v.11: עמך) auf das Gemeinschaftsgefühl und den Wert der Solidarität innerhalb des eigenen Volkes. Insbesondere das Stichwort אבינך in v.6 des MT und Sam erscheint in der Zusammenstellung mit v.11 als Kurzfassung der Wendung אביני עמך.[733] MT und Sam beschreiben damit innerhalb des Textclusters in v.6 auch die Grenzen des Gemeinschaftsgefühls der Zugehörigkeit zu einem Volk im Rahmen gerichtlicher Prozesse.

732 Vgl. Brockelmann/Sokoloff, *Lexicon*, 380.445.
733 Vgl. Propp, *Exodus 19–40*, 278.

Der Tendenz der Abgrenzung von vv.1–9 und vv.10–12 folgend weisen LXX und Peš zwischen vv.6.11 keine enge Verknüpfung auf. Neben der fehlenden Possessivbestimmung verwendet die LXX sogar unterschiedliche Vokabeln zur Bezeichnung des Bedürftigen in vv.6.11. Die Grenzziehung zwischen gerichtlichen Vorgängen und solidarischem Mitleid, die MT und Sam innerhalb des Textclusters durch die Verbindung von vv.6.11 einholen, beschreiben LXX und Peš durch die klare Trennung der Thematik gerichtlicher Vorgänge, die Arme involvieren, von der Thematik der Versorgung der Armen des Volkes.[734]

An die Bestimmung des Brachjahrs in Ex 23,10 f. binden sich zahlreiche praktische Fragen, die ebenso den Wirklichkeitsgehalt der Bestimmung betreffen.[735] Für Diskussion sorgt dabei insbesondere die Frage, ob das Brachjahr individuell terminiert wird oder für alle gleichzeitig stattfindet. Houtman bemerkt, dass die Parallelisierung zum für alle gleichermaßen feststehenden Ruhetag in v.12 für eine Gleichzeitigkeit des Brachjahres spreche, dies aber den sozialen Charakter der Bestimmung aushöhle, indem die Versorgung der Bedürftigen nicht durchgehend ermöglicht werde.[736] Ein rotierendes Prinzip hingegen, so Propps Einwand in Anschluss an Baentsch, könne der sozialen Komponente und den ökonomischen Folgen der Brache besser gerecht werden.[737] Während der Textbefund auf der Einzelebene nicht gegen eine Gleichzeitigkeit der Brache spricht, ist vor dem Hintergrund der sozialen Vertiefung des Textclusters nur an ein rotierendes Prinzip zu denken. In diesem Sinne dient die Brache der Versorgung Bedürftiger. Im Ereignisgefüge von vv.10 f. ergibt sich damit eine Verschiebung von der konsekutiven zu einer finalen Anlage: Das Essen durch Bedürftige (E4) wird zum Ziel der Brache (E3 und E3.1). Parallel dazu ist das Einsammeln des Ertrags (E2) als Ziel des Besäens des Landes (E1) zu sehen. E4 und E2 wirken hierbei final begründend. Sie beschreiben die Versorgung aller Mitglieder der Gesellschaft auf Basis der zur Verfügung stehenden Existenzmittel.

Die beschriebenen impliziten finalen Sinngefüge von vv.10 f. korrespondieren innerhalb des Textclusters mit dem expliziten finalen Sinngefüge von v.12. Die Regeneration von Mensch und Tier erweist sich damit auch als ein zur Versorgung der Gesellschaft notwendiger Aspekt. Sowohl im Zusammenhang von vv.10–

---

734 Eine Sonderstellung nimmt in dieser Hinsicht die in G[I] verzeichnete Lesart λαός anstelle von ἔθνος in 23,11 ein (vgl. Wevers, *LXX II/1*, 268). Diese spricht den israelitischen Volksverband in seiner Eigenschaft der Erwählung durch Jhwh an (s. 5.2.3.d.LXX) und könnte – inspiriert von den Cluster-Thematiken – in v.11 auf Egalitäts- und Solidaritätsvorstellungen für die Gemeinschaft der Erwählten verweisen.

735 S. dazu der Überblick bei Houtman, *Bundesbuch*, 278–282.

736 Vgl. Houtman, *Bundesbuch*, 278 f.

737 Vgl. Propp, *Exodus 19–40*, 280.

12 als auch im Rahmen der sozialen Ausrichtung des gesamten Textclusters erscheint diese mit v.12b eingetragene Vorstellung wesentlich, sodass aus dieser Perspektive die Abtrennung der Begründungsklausel in v.12b als sekundär nicht haltbar ist (s. Anm. 720).

Die Vorstellung des Gemeinschaftsgefühls und der Solidarität innerhalb des eigenen Volkes vermag innerhalb des Textclusters auch den Begründungszusammenhang von vv.4 f. einzuholen. Dominierte auf der Ebene des Einzelgesetzes noch das Ideal, durch das Abwenden von Schaden an der Lebensgrundlage des Feindes die Gesellschaft zu schützen, so wird die Hilfe für den Feind im Zusammenhang des Textclusters zu einem Akt der Solidarität, der auf das Ideal der Feindesliebe vorausweisen mag. Innerhalb des Textclusters sind die vv.4 f. damit sowohl in den Ko- und Kontext von vv.1–9 als auch in die Zusammenstellung mit vv.10–12 thematisch ohne offene Bruchstelle integriert. Eine Ausscheidung von vv.4 f. als sekundär kann innerhalb des Textclusters damit nur auf Basis der formalen Differenz, die im Wechsel zur kasuistischen Formulierung besteht, geschehen (s. Anm. 648). Allerdings ist eine Ausscheidung der vv.4 f. mit dem Formwechsel als alleinigem Argument nicht hinreichend begründet.

c. Begründungsstrukturen im Textraum *Bundesbuch*

MT:

1. Textstrukturelle Verflechtungen von Ex 23,1–12 zum Bundesbuch insgesamt: Das Recht als Instrument der Erhaltung der Gesellschaft mittels Förderung von Gerechtigkeit

Das Wortinventar von Ex 23,1–9.10–12 weist zu allen Textclustern des gesetzlichen Hauptteils zahlreiche verschiedene Berührungen anhand semantisch prägender Stichworte auf – außer zu Ex 22,15 f. und Ex 22,17–19, mit denen sich das Vokabular von Ex 23,1–12 lediglich in der Präposition עם und der Negation לא überschneidet (s. 5.3.4.c/5.c). Die lexematischen Verbindungen von Ex 23,1–12 zu nahezu allen Textclustern des gesetzlichen Hauptteils sind vorwiegend von unspezifischem Wortgebrauch und der Behandlung ähnlicher Themen geprägt, welche Überschneidungen z. B. anhand von שור (21,28.29; 22,3.8 u. ö.) und אמה (21,20.26.27.32) bedingen. Daher ist dieser Befund nicht intertextuell, sondern textstrukturell auszuwerten.

Die in Ex 23,1–9.10–12 erkennbare lexematisch-strukturelle Verwobenheit mit nahezu allen Texteinheiten des Bundesbuches kann für fast alle Textcluster des Bundesbuches nachgezeichnet werden. Am Ende des gesetzlichen Hauptteils des Bundesbuches gewinnt diese Verbindungsstrategie im Zusammenklang mit der ab Ex 23,9 intensivierten Verweisstruktur jedoch an spezifischer Bedeutung: Die Verweisstruktur in Bezug auf die Gesamterzählung setzt in Ex 23,1–12 wieder verstärkt ein (s. 4.1.2). Beginnend mit dem Textcluster Ex 23,1–12 wird im Schlussteil des Bundesbuches die hintergründige Autorisierung des Rechts befördert. In Anbetracht der Verstärkung dieser subtilen Autorisierungsstrategie lässt sich das Cluster Ex 23,1–12 in seiner lexematisch-strukturellen Verbindung zum gesamten Bundesbuch als Zusammenführung aller dominierenden Themen des gesetzlichen Hauptteils des Bundesbuches beschreiben. Ex 23,1–9.10–12 leitet den Abschluss des Bundesbuches ein. Das Cluster bindet unter dem Thema der Gerechtigkeit in der Gesellschaft und dem gerechten Umgang mit den Existenzmitteln des Einzelnen sowie der gesamten Gemeinschaft den gesetzlichen Hauptteil zusammen. In dieser Hinsicht stellt sich die in Ex 23,1–9.10–12 zugrunde liegende Vorstellung der Förderung von Recht und Gerechtigkeit zur Erhaltung der Gesellschaft als Hauptsumme und Leitlinie aller gemachten Bestimmungen des Hauptteils heraus.

Das Textcluster Ex 23,1–9.10–12 ist in seiner literarisch-strukturellen Gestaltung und Funktion innerhalb des Bundesbuches somit zu Ex 21,2–11 vergleichbar: Am Ende des gesetzlichen Hauptteils gestaltet Ex 23,1–12 den Übergang zu den abschließenden Rahmenstücken des Bundesbuches und der Wiederaufnahme der Gesamterzählung des Pentateuchs. In diesem Zusammenhang verdichten sich Inhalte und Strukturen, die zur umfassenden Autorisierung des gesamten Rechts des Bundesbuches beitragen.

2. Ex 23,1–12 in Beziehung zu Ex 21,2–11; 22,20–26; 22,27–30: Umsetzung und Grenzen der Umsetzung von Solidarität

Zu den Clustern Ex 21,2–11 und Ex 22,20–26 sowie Ex 22,27–30 besteht in Ex 23,1–12 eine spezifische intertextuelle Verbindung. Das Verhältnis zwischen Ex 23,1–12 und Ex 22,20–26 ist neben thematischen und lexematischen Verbindungen, z. B. anhand von הר״ג, im gemeinsamen Zitat כי־גרים הייתם בארץ מצרים (22,20; 23,9) deutlich markiert und somit stark kommunikativ und referentiell. Das Cluster Ex 22,20–26 fordert einen barmherzigen Umgang mit den Schwachen der Gesellschaft, d. h. mit Fremden, Witwen, Waisen, Armen und Bedürftigen. Letztinstanzlicher Durchsetzer und Garant des Rechts der Schwachen ist dabei Jhwh, der selbst barmherzig ist (Ex 22,26). Vergleichbar zu Ex 23,1–9.10–12 zieht auch Ex 22,20–26 eine theologische Argumentation heran:[738] Ex 22,20–26 bezieht sich mit der Begründung כי חנון אני (v.26) auf Gottes Eigenschaft der Barmherzigkeit; Ex 23,1–9.10–12 rekurriert auf die göttliche Eigenschaft der Gerechtigkeit (v.7). Im

738 S. zu diesem Zusammenhang aus redaktionsgeschichtlicher Sicht die These zur Theologisierung des Rechts bei Otto, *Rechtsbegründungen*, 47 f. sowie die Rekonstruktion einer gottesrechtlichen Redaktion bei Schwienhorst-Schönberger, *Bundesbuch*, 388.

Zusammenklang der Textcluster Ex 23,1–9.10–12 und Ex 22,20–26 wird die Spannung zwischen Barmherzigkeit und Gerechtigkeit, die angesichts des Ideals der Gerechtigkeit (Ex 23,7) zugleich der Solidaritätsforderung an die Israeliten innewohnt (Ex 22,20.26; 23,6.9), auch auf theologischer Ebene expliziert. Indem Ex 23,3.6 die Reichweite der Barmherzigkeit vor Gericht durch den Grundsatz der Über- und Unparteilichkeit begrenzt, wird im Zusammenklang von Ex 22,20–26 und Ex 23,1–12 auch Gottes Eigenschaft der Barmherzigkeit (Ex 22,26) im Gerichtskontext eingeschränkt: Der Wert der Gerechtigkeit steht im Zusammenhang gerichtlicher Entscheidungen über dem Wert der Barmherzigkeit.

Das Verhältnis zwischen Ex 23,1–12 und Ex 22,27–30 wird thematisch von der Fokussierung gesellschaftlicher Stabilität samt binnentextuellen Vorstellungen zur Weltordnung getragen. In dieser thematischen Verbindung gestaltet sich die Textbeziehung stark referentiell.

In Ex 22,27–30 wird die Stabilität der Gesellschaft auf die Anerkennung religiöser und politischer Autoritäten samt Akzeptanz der vorfindlichen Weltordnung und der Forderung von Heiligkeit gegründet. Das in Ex 23,1–9.10–12 zur Stabilisierung der Gemeinschaft geforderte gerechte und solidarische Handeln erfährt im intertextuellen Verhältnis zu Ex 22,27–30 eine Erweiterung hinsichtlich vorausgesetzter Rahmenbedingungen des Handelns: Die Umsetzung der Ideale von Gerechtigkeit und Solidarität vollzieht sich im Rahmen übergreifender hierarchischer Strukturen, die der Anerkennung bedürfen (Ex 22,27–30), und ist zugleich auf diesen Rahmen begrenzt.

Die Beziehung zwischen Ex 23,1–12 und Ex 21,2–11 gestaltet sich anhand der Thematik von Abhängigkeitsverhältnissen und periodisierter Zeit mit Stichwortberührungen, wie z. B. אמה, שש und שנה, in gesteigertem Maß als selektiv, kommunikativ und referentiell. Die inhaltliche Verbindung zwischen Ex 23,1–9.10–12 und Ex 21,2–11 beschreibt Cassuto folgendermaßen: „Every Israelite resembles the Hebrew slave in this respect, that he, too, shall work for only six consecutive years, and after this period he also shall be freed, in the seventh year, from the yoke of hard toil.“[739] Die innerhalb des Textclusters von Ex 23,1–9.10–12 geforderte Solidarität auch mit verfeindeten und verarmten Mitbürgern wird im Zusammenspiel von Ex 23,10 f. und Ex 21,2–6 als aktives Nachempfinden des Lebensrhythmus' eines hebräischen Sklaven konkretisiert. Zudem spricht die intertextuelle Beziehung von Ex 23,10 f. zu Ex 21,2 dafür, die Landbrache in Orientierung an der individuellen Sechsjahresfrist des Sklaven in einem rotierenden Prinzip durchzuführen[740] und so zugleich, dem Solidaritätsideal verpflichtet, die Versorgung der Armen zu gewährleisten.

739 Cassuto, *Exodus*, 301.
740 Vgl. Propp, *Exodus 19–40*, 280.

Die intertextuelle Verbindung von Ex 23,1–9.10–12 zu Ex 21,2–11 bezieht am Ende des gesetzlichen Hauptteils des Bundesbuches dessen Beginn ein und integriert in dieser Form der Umklammerung das gesamte Gesetzeskorpus am Übergang zum Abschluss des Bundesbuches unter dem Grundsatz der Solidarität (s. o.).[741]

3. Ex 23,1–12 in Beziehung zu Ex 23,13–19; Ex 23,20–33: Umsetzung der Rechtsbestimmungen im Rahmen der kultischen Alleinverehrung Jhwhs und des Gehorsams

Zum hinteren kultgesetzlichen Rahmenstück des Bundesbuches in Ex 23,13–19 ist das Cluster Ex 23,1–9.10–12 in der Thematik der landwirtschaftlichen Versorgung und der Einhaltung periodisierter Zeiten verbunden. Die Stichwortberührungen zwischen beiden Clustern spiegeln die thematische Verbindung anhand von Überschneidungen mit אכ״ל, אס״ף, זר״ע sowie יום/ימים, שנה/שנים. Die betreffenden Stichworte entstammen in mäßig kommunikativer und stark selektiver Aufnahme allesamt Ex 23,10–12. Dieser Textbereich des Clusters Ex 23,1–9.10–12 gestaltet damit den Übergang zum hinteren kultgesetzlichen Rahmen.

Aus dem intertextuellen Verhältnis zum Festkalender in Ex 23,13–19 wächst den Bestimmungen von Ex 23,10–12 kultische Relevanz zu: Brachjahr- und Ruhetagsgebot, die auf der Einzelebene der Bestimmungen noch mit den Abläufen einer landwirtschaftlich geprägten Gesellschaft und im Kontext des Clusters Ex 23,1–9.10–12 mit dem Wert der Solidarität begründet waren, erhalten im Zusammenhang mit den Kultanordnungen aus Ex 23,13–19 eine kultisch-religiöse Begründung, die sie als Elemente des Jhwh-Kultes (s. Ex 23,17) klassifiziert. Die intensive Forderung der Alleinverehrung Jhwhs in Ex 23,20–33 unterstreicht dabei die Dringlichkeit der Einhaltung aller kultischen Bestimmungen.

Zwischen Ex 23,1–9.10–12 und Ex 23,20–33 besteht eine schwach kommunikative und stark selektive Textbeziehung anhand der Stichworte איב, מעשיך/מעשיהם, עם und ארץ. Entlang dieser Überschneidungen wird die textsemantische Verbindung zwischen beiden Textclustern erkennbar: die Abgrenzung zu anderen Völkern sowie die Landesthematik. Insbesondere die Verwendung von ארץ anstelle des erwartbaren שדה in Ex 23,10[742] deutet auf eine thematisch arrangierte Überleitung zum narrativen Schlussteil.

Auf der Clusterebene von Ex 23,1–9.10–12 wurde deutlich, dass „Feind“ und „Hasser“ sich in Ex 23,4 f. auf den eigenen Volksgenossen beziehen. Im Verhältnis

741 S. zu diesem Zusammenhang aus redaktionsgeschichtlicher Sicht die Rekonstruktion einer gottesrechtlichen Redaktion für Ex 21,2–11; 23,10 f. und 22,20–26 bei Schwienhorst-Schönberger, *Bundesbuch*, 393.

742 Vgl. dazu Propp, *Exodus 19–40*, 280.

zu Ex 23,20–33 wird diese Eingrenzung besonders wichtig: Jhwhs Feindschaft gegen die Feinde des angesprochenen Du bezieht sich auf die Völker, die Israel ablehnend gegenüberstehen (Ex 23,22 f.). Der Feind innerhalb des eigenen Volkes ist um des eigenen Volkes willen zu unterstützen (s. o.). Die Feinde des eigenen Volkes allerdings sind um des eigenen Volkes willen zu vertreiben (Ex 23,22 f.27 f.). Die unterschiedliche Behandlung der Feinde wird von derselben Begründung, nämlich der Erhaltung des eigenen Volkes, getragen und bemisst sich an der Außen- oder Binnenstellung der betreffenden Person in Bezug auf das Volk Israel.

Des Weiteren werden im intertextuellen Verhältnis zwischen Ex 23,1–12 und Ex 23,20–33 die theologische Begründung und die Gerechtigkeitsthematik aus Ex 23,1–9 vertieft: Ex 23,20–33 zeichnet Jhwh sowohl als Heils- als auch als Strafbringer. Heil von Gott gebührt dabei nur denjenigen, die ihm gegenüber gehorsam sind (Ex 23,25 f.). Jhwhs Gerechtigkeitsmaßstab ist der Gehorsam gegenüber ihm und seinen Anordnungen. Daraus ergibt sich sowohl für Ex 23,1–9.10–12 als auch für alle darin lexematisch-textstrukturell zusammentreffenden Textcluster des Gesetzeskorpus die Motivation zur Einhaltung der Gesetze angesichts von Strafe und Lohn. Der Garant des Rechts, der Unrecht nicht ungestraft lässt (Ex 23,7), weist sein Strafrepertoire in Ex 23,20–33 durch Furcht und Schrecken aus. Sein Lohn für Gerechtigkeit, d. h. das gehorsame Einhalten der Gesetze, hingegen ist ein langes, gutes Leben im verheißenen Land (Ex 23,25 f.).

Dem Verhältnis von Ex 23,1–9.10–12 zum Gesetzeskorpus sowie zum Abschluss des Bundesbuches ist zu entnehmen, dass Ex 23,1–9.10–12 am Ende des gesetzlichen Hauptteils des Bundesbuches eine Scharnierfunktion am Übergang zum rahmenden Abschluss des Bundesbuches einnimmt. Im intertextuellen Zusammenhang von Ex 23,1–9.10–12 zum Gesetzeskorpus (Ex 21,2–22,30) sowie zur kultgesetzlichen Rahmung (Ex 23,13–19) und zum narrativen Schlussteil des Bundesbuches (Ex 23,20–33) wird der Übergang zum Abschluss des Bundesbuches gestaltet. Die dabei aufgegriffenen Themen tragen in verstärktem Maße zur Autorisierung des Rechts bei. Dahingehend spielen insbesondere die Autorität Jhwhs und die Motivation zu Gehorsam und Gerechtigkeit eine zentrale Rolle (s. o.).

4. Querverbindung durch עם: Israel als Volk Jhwhs in Abgrenzung zu anderen Völkern

Mit dem Stichwort עַם partizipiert Ex 23,1–9.10–12 zudem an der hiermit gestalteten Querverbindung, welche als synchrone Achse das gesamte Bundesbuch durchzieht und die Identität des Volkes Israel als Jhwh-Gemeinschaft in Abgrenzung zu anderen Völkern konstruiert (s. 5.1.3.c.MT:4).

LXX:

In der LXX liegen im Vergleich zu MT weniger lexematische Überschneidungen zwischen Ex^{LXX} 23,1–12 und den Textclustern des gesetzlichen Hauptteils vor. Dennoch sind auch in der LXX Stichwortberührungen zu allen Textclustern des gesetzlichen Hauptteils, außer zu Ex^{LXX} 22,15 f. und Ex^{LXX} 22,17–19, zu verzeichnen. Entsprechend ist die textstrukturelle, subtile Ein- und Zusammenbindung des gesetzlichen Hauptteils auch in Ex^{LXX} 23,1–9.10–12 vorhanden, im Vergleich zu MT allerdings weniger markiert.

Zum kultgesetzlichen und narrativen Abschluss fallen in der LXX Berührungen durch ἔτος aufgrund der Verwendung von ἐνιαυτός in 23,14.16.17.29 aus. Doch besteht gegenüber MT in der LXX eine Vielzahl zusätzlicher Stichwortverbindungen zu Ex^{LXX} 23,13–19.20–33, z. B. anhand von γῆ (20,24; 23,19.20), ἔθνος (23,18) und ποιέω (23,15.16.33). Diese zusätzlichen Stichwortberührungen erhöhen im Vergleich zu MT die Kommunikativität im Verhältnis der betreffenden Textcluster. Dementsprechend lässt sich deren intertextuelle Verbindung deutlicher wahrnehmen. Die LXX bindet das Cluster Ex^{LXX} 23,1–9.10–12 insofern stärker an den Abschluss des Bundesbuches als an dessen gesetzlichen Hauptteil.

Zu den Clustern Ex^{LXX} 21,2–11; 22,20–26; 22,27–30; 23,13–19; 23,20–33 besteht für das vorliegende Cluster auch in der LXX eine spezifische Verbindung.[743] Der Zusammenhang zwischen Ex^{LXX} 23,1–12 und Ex^{LXX} 22,20–26 ist näher zu betrachten: Ex^{LXX} 23,7 argumentiert nicht mit der Gerechtigkeit Gottes und bezieht keinerlei Verweis auf eine göttliche Instanz ein. Ex^{LXX} 22,20–26 hingegen verweist auch in der LXX auf die göttliche Eigenschaft der Barmherzigkeit (v.26). Über die Vorstellung des Erbarmens baut sich hier die Verbindung zum Cluster Ex^{LXX} 23,1–9.10–12, welches Solidarität mit Volksgenossen fordert, auf. Die Spannung zwischen Barmherzigkeit und Gerechtigkeit wird dabei in der LXX nicht als theologischer Topos bedacht. Die Auslotung der Grenze der Barmherzigkeit verbleibt in Ex^{LXX} 23,1–9.10–12 vielmehr im Rahmen menschlicher Gerichte als eine Frage nach den Konsequenzen der Solidaritätsforderung an die Israeliten. In der LXX ist in diesem intertextuellen Verhältnis damit nur die menschliche Barmherzigkeit durch den Wert der Gerechtigkeit begrenzt, nicht jedoch Gottes Barmherzigkeit.

Des Weiteren gestaltet sich im Zusammenhang von Ex^{LXX} 23,1–12 mit dem Abschluss des Bundesbuches auch die Rolle Jhwhs in der LXX anders als im MT: Ex^{LXX} 23,7 bezieht sich ohne theologische Pointe auf die menschliche Gerechtsprechung nach dem Maßstab des vorliegenden Rechts. Dieses Recht ist im Zusammenhang mit Ex^{LXX} 23,20–33 auf Jhwh zurückzuführen. In vv.20–33 motiviert Jhwh durch die Ankündigung von Lohn und Strafe sowie durch nachdrückliche Furchteinflößung zum Gehorsam gegenüber seinen Bestimmungen. Die Sanktionierung mit der Verheißung des guten Lebens im Land umfasst als allgemeiner

743 Diese vermag auch die Variation der Wortstellung im Begründungssatz von v.9 (γὰρ προσήλυτοι ἦτε ἐν γῇ Αἰγύπτῳ) in Ex^{LXX} 22,20 nicht zu schmälern.

Lohn die Einhaltung aller Bestimmungen. In dieser generellen Perspektive tritt Jhwh hier als Garant des Rechts auf, der den Gehorsam insgesamt bewertet und belohnt. Erst aus dem intertextuellen Zusammenhang mit Ex^{LXX} 23,20–33 wird Jhwh für das Cluster Ex^{LXX} 23,1–9.10–12 in seiner Funktion als übergeordneter Garant seines Rechts erkennbar.

Sam:

Sam stimmt in den Textbeziehungen auf der Ebene des Bundesbuches überwiegend mit MT überein. Differenzen zu MT ergeben sich aus der unterschiedlichen Clusterabgrenzung im Sam sowie aus der fehlenden expliziten Einbeziehung der göttlichen Instanz in Ex^{Sam} 23,7.

Da v.13 im Sam dem vorliegenden Cluster zugeordnet wird, fallen Stichwortberührungen dieses Verses noch dem Cluster Ex^{Sam} 23,1–9.10–13 zu. Dies hat Auswirkungen auf das Verhältnis zu Ex^{Sam} 22,17–19 und 20,22–26, wobei im Sam eine Abschwächung der Beziehung zwischen Ex^{Sam} 20,24 und 23,13 zu beobachten ist (s. 5.1.1.c.Sam). Die thematische Verbindung zwischen Ex^{Sam} 23,13 und Ex^{Sam} 20,23 sowie Ex^{Sam} 22,19 besteht v. a. anhand des Verbots der Verehrung anderer Götter, sodass aus dem Bezug zu Ex^{Sam} 20,22–26 insbesondere die Kult- und Kultortsthematik auf Ex^{Sam} 23,1–9.10–13 übergreifen und dessen gesellschaftlichen Fokus ausdehnen. Der Jhwh-Kult an dem *einen* Kultort (Ex^{Sam} 20,22–26) ist somit Bestandteil einer gerechten, stabilen Gesellschaft (Ex^{Sam} 23,1–9.10–13).

Ferner ist von dieser Abgrenzung des Clusters das Verhältnis zu Ex^{Sam} 23,20–33 betroffen. Die verbindenden Stichworte zwischen Ex^{Sam} 23,1–9.10–13 und 23,20–33 werden durch v.13 quantitativ erhöht (אלהים, שמ"ר, שם, שמ"ע). Dies steigert die Kommunikativität und Referentialität in der Beziehung zu 23,20–33. Die in Ex^{Sam} 23,20–33 dominierenden Themen des Gehorsams und der Alleinverehrung Jhwhs werden damit für das vorliegende Cluster im Sinne einer Vertiefung der Themen aus Ex^{Sam} 23,13 zu tragenden Pfeilern des gesellschaftlichen Lebens im Volk Israel.

Mit בהמה bezieht Ex^{Sam} 23,4.12 ein textstrukturell relevantes, zusätzliches Verbindungselement ein, welches einerseits mit den Vorkommen von בהמה in Ex^{Sam} 21,28–22,3 korrespondiert, andererseits einen Berührungspunkt zum Cluster Ex^{Sam} 22,17–19 darstellt. Somit bindet Sam die Bestimmungen von Ex^{Sam} 22,17–19 in das textstrukturell abschließende Zusammenfließen der dominierenden Themen des Gesetzeskorpus ein und stellt dies unter die Vorstellung der auf Recht und Gerechtigkeit basierenden Erhaltung der Gesellschaft. Folglich begründet Sam das Verbot von Zauberei, Sodomie und Apostasie (22,17–19) hierin mit den Folgen für das gesellschaftliche Leben: Zauberei, Sodomie und Apostasie zersetzen die Gesellschaft.

Die fehlende Einbeziehung einer göttlichen Instanz in Ex^{Sam} 23,7 ist in ihren Auswirkungen auf die Textbeziehungen innerhalb des Bundesbuches zur LXX vergleichbar: Die göttliche Barmherzigkeit wird im Verhältnis zu Ex^{Sam} 22,20–26 auch für Rechtsangelegenheiten nicht eingeschränkt und die Rolle Jhwhs als übergeordneter Garant seines Rechts wird in der Textbeziehung zu Ex^{Sam} 23,20–33 expliziert (s. 5.2.1.c.LXX).

Peš:

Für Ex^{Peš} 23,1–9.10–12 bestehen im Textraum *Bundesbuch* die bereits für MT herausgestellten Textbeziehungen. Im Unterschied zu MT zeigt Peš eine leichte Zunahme zusätzlicher Stichwortberührungen zum gesetzlichen Hauptteil, z. B. mittels ܩܛܠ (21,12.15.16.17.29; 22,18), ܢܣܒ (21,8.9; 22,15.24.25), ܥܒܕ (21,13; 23,14.31) und ܬܘܪܐ (20,24; 21,31). Diese vermögen durch die Erhöhung der Anzahl und Breite lexematischer Berührungen die textstrukturelle Verflechtung von Ex^{Peš} 23,1–9.10–12 mit dem gesetzlichen Hauptteil stärker zu markieren und dadurch die Zusammenführung aller dominierenden Themen des gesetzlichen Hauptteils des Bundesbuches unter dem Gerechtigkeits- und Solidaritätsideal von Ex^{Peš} 23,1–9.10–12 stärker zu profilieren.

Auswertung – Profilierung der Scharnierfunktion mittels Schärfung verschiedener Begründungszusammenhänge

Im Textraum *Bundesbuch* kristallisiert sich die Scharnierstellung des Clusters Ex 23,1–9.10–12 am Ende des gesetzlichen Hauptteils im Rahmen der Gestaltung des Übergangs in den kultgesetzlichen und narrativen Abschluss heraus. In allen betrachteten Textzeugen weist das Cluster ein vertieftes intertextuelles Verhältnis zu Ex 21,2–11 auf. Aus dieser Korrespondenz von Beginn und Ende des gesetzlichen Hauptteils erfährt das Gesetzeskorpus eine umklammernde Rahmung, die am Übergang zum Abschluss des Bundesbuches den gesamten gesetzlichen Hauptteil einholt. Des Weiteren lässt sich in allen betrachteten Textzeugen textstrukturell eine Zusammenbindung der dominierenden Themen des gesetzlichen Hauptteils beobachten, die über breit angelegte Stichwortverbindungen erreicht wird und nahezu alle Textcluster des Gesetzeskorpus umfasst. Anhand der Rahmung und Zusammenbindung wird der gesetzliche Hauptteil im Cluster Ex 23,1–9.10–12 unter der Idee der Förderung von Recht und Gerechtigkeit zur Erhaltung der Gesellschaft zusammengeführt.

Innerhalb des Textraums *Bundesbuch* ist in allen betrachteten Textzeugen für das Cluster Ex 23,1–9.10–12 die verstärkte Anlagerung von rechtsautorisierenden Themen wahrzunehmen. Insbesondere die Unterstellung des Rechts unter die Autorität Jhwhs (Ex 23,13–19.20–33), die über Sanktionen erreichte Motivation zum Gehorsam (Ex 23,20–33) und der Zuwachs der kultisch-religiösen Dimension (Ex 23,13–19), die im Prä-Sam zudem mit der Identifizierung des *einen* Kultortes einhergeht, vermögen die Anerkennung Jhwhs und seines Rechts zu befördern. Neben diesen an Jhwh gebundenen Autorisierungsleistungen dominiert die Thematik der Erhaltung des Volkes durch Solidarität und Gerechtigkeit als Leitlinie des Rechts (Ex 21,2–11; 22,20–26).

Die Scharnierstellung von Ex 23,1–9.10–12 wird von den betrachteten Textzeugen in der textstrukturellen Anbindung des Clusters unterschiedlich profiliert: Die LXX stärkt gegenüber MT die Verbindung des Clusters zum Abschluss des Bundesbuches. Darin greift sie auf die Bedeutung des Schlussteils des Bundesbuches – beginnend mit Ex^{LXX} 23,1–9.10–12 – für die Autorisierung des Rechts zurück und expliziert als Begründungszusammenhang zunehmend die Alleinverehrung Jhwhs sowie den zugehörigen Gehorsam (Ex^{LXX} 23,13–19.20–33). Peš hingegen erhöht die Bindung des Cluster an den gesetzlichen Hauptteil. Sie folgt darin der Autorisierung mittels Integration der Inhalte des Bundesbuches unter die Werte des Clusters Ex^{Peš} 23,1–9.10–12 und schärft Gerechtigkeit und Solidarität als Ideale zur Begründung des Rechts des Bundesbuches insgesamt.

d. Begründungsstrukturen im Textraum *Sinaiperikope*

MT:

1. Ex 23,1–9.10–12 in Beziehung zu Ex 34,10–26; Ex 20,1–17; Ex 31,13–17; Lev 25: Ruhetag und Brachjahr zwischen theologischer und ideologischer Sinnanreicherung

Mit den Texten Ex 34,10–26; Ex 20,1–17; Ex 31,13–17 und Lev 25 ist das Cluster Ex 23,1–9.10–12 anhand der Brachjahr- und Ruhetagsthematik verbunden. Die dabei vorliegenden intertextuellen Beziehungen sind im pointierten Aufgreifen dieser Thematik stark selektiv, referentiell und kommunikativ.

Das intertextuelle Verhältnis von Ex 23,1–9.10–12 zu Ex 34,10–26 entzündet sich insbesondere an der Korrelation der Ruhetagsgebote von Ex 23,12 und Ex 34,21. Die Stichwortberührungen anhand von שביעי, שש, יום und שב״ת *Qal* spiegeln die thematische Verbindung. Beide Texte verwenden das Verb שב״ת *Qal*, nicht jedoch die zugehörige Nominalbildung שבת. Das an den Begriff ‚Sabbat' gebundene Konzept bildet damit nicht den Hintergrund beider Bestimmungen. In der Textbeziehung von Ex 34,21 und 23,12 fallen die Verwendung unterschiedlicher Verben (עש״י *Qal* und עב״ד *Qal*), die fehlende zweigliedrige soziale Zweckbestimmung der Erholung für Arbeitstiere und Dienstpersonal in Ex 34,21 sowie die zeitliche Präzisierung gegenüber Ex 23,12 auf. Ex 34,21 verstetigt den wöchentlichen Ruhetag explizit zu einer Ruhepause, die sowohl in der arbeitsreichen

Erntephase als auch in der Zeit des Pflügens (בחריש ובקציר) gilt. Schwienhorst-Schönberger leitet aus diesen Differenzen ab, dass Ex 34,21 eine im Verhältnis zu Ex 23,12 ältere Fassung des Gebots bewahre, die in Ex 23,12 eine doppelte Ausweitung erfahren habe: In der Verwendung von עשׂ"י *Qal* richte sich Ex 23,12 in Abgrenzung zu den Sklaven (Ex 21,2: עב"ד *Qal*) an freie Israeliten. Zudem sei mit der Wendung עשׂ"י מעשׂה *Qal* keine Eingrenzung auf die Bearbeitung des Erdbodens ausgedrückt, sondern jegliche andere Tätigkeit inbegriffen.[744]

Schwienhorst-Schönbergers Beobachtung ist in Bezug auf das Ruhetagsgebot sehr plausibel. Für die hier vorzunehmende Untersuchung ist allerdings auch der Ko- und Kontext des Ruhetagsgebots von Ex 34,21 relevant, der anstelle der sozialen Zweckbestimmung dem Gesetz einen eigenen Begründungszusammenhang gibt: Ex 34,21 ist Teil eines Festkalenders für Jhwh (s. Ex 34,18.20.23). Der Ruhetag in Ex 34,21 ist damit direkt ein Element des Jhwh-Kultes und als solches im kultisch-religiösen Zusammenhang autorisiert. Im intertextuellen Verhältnis von Ex 23,12 und 34,21 erhöht sich aus der Nebeneinanderstellung von sozialer und kultisch-religiöser Begründung die Dialogizität beider Texte. Dabei ist eine Verbindung beider Begründungsstränge möglich, welche die Geltungskraft des Ruhetagsgebots zu steigern vermag.

Zudem ist im Zusammenhang des Textraums *Sinaiperikope* der Verweis des Clusters Ex 23,1–9.10–12 auf Ex 34,10–26 bedeutend: Innerhalb des Bundesbuches dient Ex 23,1–9.10–12 lexematisch-textstrukturell der Zusammenführung der den gesetzlichen Hauptteil dominierenden Themen (s. o.). Das Vorliegen eines intertextuellen Verhältnisses dieses zusammenfassenden Clusters zum Recht der Bundeserneuerung zwischen Jhwh und dem Volk Israel in Ex 34 wahrt eine grundsätzliche Kontinuität im Recht Jhwhs. Die Bestimmungen des Bundesbuches bestehen in ihren Grundsätzen auch über den Bundesbruch und ihre damit verbundene Entwertung in Ex 32 hinaus (s. auch 5.1.3.d.MT:2).

Im Verhältnis zum Dekalog in Ex 20,1–17 ergeben sich neben dem Ruhetagsgebot noch weitere Anknüpfungspunkte, z. B. die Thematik der Falschaussage und der Umgang mit Existenzmitteln von Mitbürgern. Darin spiegelt sich der zusammenfassende Charakter beider Texte: Sowohl der Dekalog als auch das Cluster Ex 23,1–9.10–12 komprimieren wesentliche Inhalte des Bundesbuches. Der Dekalog setzt dies als theologischer Spitzentext[745] an einem herausragenden Punkt der Gesamterzählung und in hervorstechender sprachlicher Form um. Ex 23,1–9.10–12 hingegen stellt eine eher unterschwellig angelegte Zusammenfassung des Gesetzeskorpus dar. Die thematisch breit angelegte intertextuelle Beziehung des

744 Vgl. Schwienhorst-Schönberger, *Bundesbuch*, 390.
745 Zur Bezeichnung s. Markl, *Dekalog*, 161.

Clusters Ex 23,1–9.10–12 zum Dekalog wertet das Cluster in der Bedeutung seiner Inhalte und zusammenfassenden Funktion auf.

Im Verhältnis von Ex 23,1–9.10–12 und Ex 20,1–17 sind insbesondere die spezifischen Modifikationen des Ruhetagsgebots beachtenswert.[746] Im Hintergrund von Ex 20,8–10 steht das Konzept des Sabbattages (יום השבת), den die Israeliten wöchentlich für Jhwh (ליהוה), d. h. Jhwh zu Ehren, als Ruhetag heiligen (קד"ש *Pi*) und halten. Konzeptionell und binnentextuell ist der Sabbat in Ex 20,8.10 als Ehrerweis gegenüber Jhwh begründet. Dem fügt Ex 20,11 im Verweis auf die Schöpfung eine explizite Begründung hinzu: Nach sechs Tagen Schöpfungsarbeit ruhte Jhwh am siebenten Tag, den er segnete und heiligte (v.11). Im Ruhen und Heiligen dieses Tages tun die Israeliten es dem Schöpfer gleich und erweisen ihm Anerkennung. Eine soziale Abzweckung des Ruhetages ist in Ex 20,8–11 nicht augenfällig. Sie kann lediglich aus der anthropomorphen Redeweise von Ex 20,11 erschlossen werden, sofern das Ruhen Gottes nach den Anstrengungen der Schöpfung als Regenerationsmoment (נו"ח *Qal*) verstanden wird. Der Zusammenhang mit Ex 23,12 reichert Ex 20,8–11 um die soziale Begründung des Ruhetages an. Diese trägt sich insbesondere anhand der Überschneidung in der Aufzählung der Begünstigten des Ruhetags ein: Vergleichbar zu Ex 23,12 nennt Ex 20,10 Sklave, Magd, Vieh und Fremdling. In dieser Hinsicht gehen Ex 23,12 und Ex 20,10 f. bei der Begründung des Sabbat- bzw. Ruhetagsgebots ein dialogizitäres Verhältnis ein, welches die theologische und die soziale Dimension des Ruhetages komplementär profiliert.

Das Sabbatgebot in Ex 31,13–17 bezieht sich ebenfalls auf das Konzept des Sabbats und begründet diesen als integralen Bestandteil der Beziehung zu Jhwh. Der Sabbat ist Zeichen (אות, vv.13.17) der Verbundenheit Israels mit Jhwh und der Schöpfungsruhe (נפ"ש *Nif*, v.17), bildet den ewigen Bund (ברית עולם, vv.16 f.) mit den Israeliten ab und dient der Erkenntnis Jhwhs (v.13). Vor dem Hintergrund dieser starken theologischen und ideologischen Aufladung des Sabbats wird dessen Einhaltung in Ex 31,13–17 nachdrücklich, auch unter Androhung der Todes- und *kārēt*-Strafe (vv.14 f.), welche die komplette Auslöschung aus dem Volk Israel und dem Land bedeutet,[747] eingeschärft. Die starke Ideologisierung des Sabbats in Ex 31,13–17 lässt dessen mögliches soziales Begründungsmoment, welches wiederum nur aus dem Anthropomorphismus der Erholung nach der Schöpfungsarbeit erhoben werden könnte (v.17), verblassen. Im intertextuellen Verhältnis zu Ex 23,12 kann eine soziale Begründung des Sabbats allerdings anhand der Korrelation des Stichwortes נפ"ש *Nif* hervortreten, da in Ex 23,12 Sklave und Fremdling

746 Zur Zusammenführung von Ruhetag und Sabbat s. Prudký, „Sabbath“, 47–55.

747 Vgl. Propp, *Exodus 19–40*, 493.

Subjekt des Erholens sind. Auf Ex 23,12 kann im Verhältnis zu Ex 31,13–17 insbesondere die ideologische Aufladung abfärben.

Lev 25,1–7 bezieht das Konzept des Sabbats auf die Landesthematik. Dazu kombiniert der Text die Idee des Brachjahres mit dem Ideal der Sabbatruhe und thematisiert die bleibende Versorgung der Israeliten durch das Land. Im Zusammenhang mit Ex 23,1–9.10–12 werden darin die Brachjahr- und Ruhetagsbestimmung sowie die Frage nach dem Umgang mit den Existenzmitteln und der Versorgung der Gesellschaft aufgerufen. In Lev 25,4 wird das Sabbatjahr als Brache sowohl für den Herrn als auch für das Land eingesetzt (ליהוה, לארץ). Es dient damit einerseits der Ehrung Jhwhs, andererseits aber auch dem Land, welches nach einer Ruhephase wieder längerfristig Frucht bringen kann.[748] Die in Ex 23,12 vorliegende Vorstellung der Erholung für Dienstpersonal und Arbeitstiere lässt sich im Sinne einer Erholung des Landes im Brachjahr im intertextuellen Zusammenhang mit Lev 25,4 f. auf das Land übertragen.

Die Brache im siebenten Jahr wurde auf der Ebene von Ex 23,10 f. binnentextuell als Würdigung des Dualismus von Natur und Kultur greifbar. Im Zusammenhang des Clusters Ex 23,1–9.10–12 sowie innerhalb des Bundesbuches ist das Brachjahr zur Institution der Versorgung der Schwachen der Gesellschaft geformt. Im Lichte von Lev 25 schließlich wird das Brachjahr auch als Schutzmechanismus für das Land selbst verstehbar. Das Land, dessen Gabe die Israeliten innerhalb der Gesamterzählung des Pentateuchs ausgehend von Jhwhs Verheißung erwarten, ist ein schützenswertes Gut, dem die Ruhe der Brache zur langfristigen Erhaltung des Ertrags gewährt werden soll.

Auch während der Brache bringt das Land Ertrag zur Versorgung von Mensch und Tier (Lev 25,6 f.). Eine vorausgehende Bevorratung, die in Ex 23,10 f. vorstellbar ist, sieht Lev 25 nicht vor. Alle freien und unfreien Glieder der Gesellschaft sowie alle Arbeitstiere und die wilden Tiere (חית השדה) versorgen sich während der Brache vom Feld weg (vv.6 f.). Im Zusammenhang mit Ex 23,10–12 verstärkt diese Konstellation die Idee der Einebnung von sozialen Unterschieden während der Ruhephase, die in Lev 25,7 sogar das Vieh der Kultur-Welt und die wilden Tiere der Natur-Gegenwelt in die Vorstellung der Gleichstellung einbezieht, denn im Unterschied zu Ex 23,11 erhalten die wilden Tiere in Lev 25,7 nicht das, was übriggelassen wird, sondern Vieh und wildes Getier bedienen sich gleichrangig am Ertrag des Landes.

748 Vgl. auch Propp, *Exodus 19–40*, 281. Die beschriebene Logik der Profitsteigerung zeichnet sich innerhalb des Pentateuchs ebenso im Gebrauch von יס"ף *Hif* in Lev 19,25 ab.

2. Ex 23,1–9.10–12 in Beziehung zu Lev 19: Heiligkeit und Autorität Jhwhs als Begründung des Kult- und Sozialrechts

Die Gesetze in Lev 19 werden ausgehend von der theologischen Aussage der Heiligkeit Jhwhs und der daraus resultierenden Heiligkeitsforderung an die Adressaten entfaltet (Lev 19,2). Dabei bearbeitet Lev 19 zu Ex 23,1–9.10–12 vergleichbare Themen und Grundsätze aus dem sozial- und kultrechtlichen Bereich: die Sabbate Jhwhs (שבתתי, v.3), den Umgang mit dem Land als Versorgungsmittel der Armen und als Existenzgrundlage (vv.9 f.23–25) sowie den gerechten Umgang miteinander anhand des Verbots von Lüge, Raub, Ausnutzen von Schwachen, Bevorzugung vor Gericht und Falschaussagen (Lev 19,11 f.13 f.15 f.).

Die Bestimmung zur Liebe des Nächsten in Lev 19,18 ist in Bezug auf die mit כמוך einhergehende Syntax in v.18b unterschiedlich gedeutet worden: Die Lesung von כמוך in attributiver Funktion zur Näherbestimmung des Nächsten (רע) im Sinne eines asyndetischen Relativsatzes („der Nächste, der ist wie Du") zeichnet sich dabei als dem hebräischen Text aus philologischer Sicht angemessenes Verständnis ab,[749] welches auf Basis der wortgetreuen Übersetzung der LXX als eine adverbiale Näherbestimmung der Handlung des Liebens (ὡς σεαυτόν „wie dich selbst") rezipiert wurde.[750] Das Gebot steht im Zusammenhang mit Verboten zur Rache (נק"ם *Qal*) und zum Zürnen (נט"ר *Qal*), sodass implizit auch feindschaftliche Beziehungen in das Liebesgebot eingeschlossen werden. Die Zusammenstellung von רעך und בני עמך in v.18a kann als Konkretisierung für רע auf den israelitischen Mitbürger gelesen werden, sodass das Liebesgebot auch ein Gebot der innerisraelitischen Feindesliebe einschließt.[751] Dieses expliziert im intertextuellen Verhältnis zu Ex 23,1–9.10–12 die in Ex 23,4.5 auf der Clusterebene angelegte Sinnlinie zur Nächsten- und Feindesliebe.

Auch die Forderung des fairen Umgangs mit Fremden führt Lev 19,34 an und versieht diese mit einer zu Ex 23,9 wortgleichen Begründung. Zudem fügt Lev 19 an jeden Forderungsbereich direkt die Formel (אלהיכם) אני יהוה an (vv.3.10.12.14.16.25) und unterstellt die Bestimmungen somit unmittelbar der Autorität Jhwhs.[752] Die in Ex 23,1–9.10–12 vorliegenden gesellschaftlichen und morali-

---

749 Vgl. Schüle, „Kāmōkā", 120.

750 Vgl. Muraoka, „Syntactic Problem", 291–293.

751 Vgl. auch Moenikes, „Liebesgebot (AT)", in: *WiBiLex* (2012), 2.2.1.

752 Baker interpretiert die Formel אני יהוה אלהיכם in den Rechtstexten des Pentateuchs als Kurzfassung der z. B. in Ex 6,7 belegten Bundesformel (vgl. Baker, „Why care for the Poor?", 9–12). In Lev 18.19 wird regelmäßig die kürzere Formel אני יהוה (z. B. Lev 18,5.6.21; Lev 19,12.14.28) angeführt. Diese enthält nicht das die Beziehung zu Jhwh anzeigende Element אלהיכם, sodass אני יהוה in Lev 19 nicht vorrangig als Verweis auf die Bundesbeziehung verstanden werden kann. Vielmehr stellt die Formel einen Verweis auf Jhwhs Autorität dar (vgl. auch Milgrom, *Leviticus 17–22*, 1517 f.).

schen Begründungen werden in Lev 19 von der wiederholt expliziten, vollständigen Zuweisung des Rechts zu Jhwh überboten. Im intertextuellen Verhältnis zu Ex 23,1–9.10–12 vermag diese absolute Vorordnung Jhwhs als Quelle, Träger und Garant des Rechts einerseits auf die Bestimmungen des Clusters abfärben sowie andererseits die vollumfängliche Umsetzung der Vorstellung aus Ex 23,7b aufzeigen. In diesem Sinne ist auch die intertextuelle Verbindung zwischen Ex 23,1–9.10–12 und Lev 19 als dialogizitär einzuschätzen.

3. Ex 23,1–9.10–12 in Beziehung zu Lev 26: Gehorsam gegenüber Jhwhs Bestimmungen als Grundlage des Wohlergehens und Miteinanders mit Jhwh im Land

Lev 26 und Ex 23,1–9.10–12 sind in schwach kommunikativer und mäßig referentieller Weise durch folgende thematische Pole miteinander verbunden: Ruhetag (Ex 23,12) bzw. Sabbat (Lev 26,2.34 f.43), Erhaltung (Ex 23,1–9) bzw. Einhaltung des Rechts (Lev 26,3–13.14–46), Umgang mit dem Land (Ex 23,10 f.) bzw. Leben im Land (Lev 26,3–13.20 f.), Feinde innerhalb des eigenen Volkes (Ex 23,4 f.) bzw. Feinde außerhalb dessen (Lev 26,7 f.16 f.25.32–45). Lexematische Berührungen zwischen Ex 23,1–9.10–12 und Lev 26 anhand von איב, ארץ, שב"ת, זר"ע, שבע/שביעי, ארץ מצרים, משפט, שנ"א, חית השדה und יום spiegeln diese thematischen Verbindungslinien.

In Lev 26 ist der Sabbat mit der Landesthematik verbunden und dient der Erholung des Landes (vv.34 f.). Der Einhaltung des Sabbats und des gesamten Rechts (vv.2 f.) folgt ein gutes (vv.4 f.10) und vor Feinden sicheres Leben (vv.6–8) im Land mit Jhwh inmitten seines Volkes (vv.11–13). Diese Gemeinschaft mit Jhwh im Land als sein Volk wird als Ziel des Exodus-Geschehens definiert (vv.12 f.). Die Nicht-Einhaltung des Rechts hingegen unterliegt harten Strafen Jhwhs. Dazu zählen u. a. das Erstarken der Feinde und der wilden Tiere – jeweils verbunden mit einer Dezimierung des Volkes (vv.16 f.22), Unfruchtbarkeit des Landes (v.20), Krankheit und Übergabe in Feindeshand (v.25) – bis zur Verödung des Landes, Vertreibung daraus und Zerstreuung unter die Feinde (vv.32–41). Insbesondere die Verödung des Landes sowie die Vertreibung und Zerstreuung des Volkes Israel formulieren die Negation des in vv.12 f. definierten Ziels des Exodus-Geschehens.

Im intertextuellen Verhältnis zu Ex 23,1–9.10–12 bietet Lev 26 eine Darstellung der Zusammenhänge zwischen den Themenbereichen Ruhetag, Recht, Land und Feinden. Dabei signalisieren die Forderungen nach Sabbatruhe und gehorsamem Bewahren des Rechts (Lev 26,2 f.) dem Leser das Verhältnis zu den Gesetzen aus Ex 23,1–9.10–12. Das Zusammenspiel beider Texte führt die Gesetze aus Ex 23,1–12 in der Aussicht auf Lohn und Strafe (Lev 26) in einen Begründungszusammenhang, der diese Bestimmungen zur Grundlage des Wohlergehens und Miteinanders mit Jhwh im Land macht.

4. Ex 23,1–9.10–12 in Beziehung zu Ex 32: Gehorsam als Ausdruck von Loyalität gegenüber Jhwh

Im intertextuellen Verhältnis von Ex 23,1–9.10–12 zu Ex 32 erfährt auf thematischer Ebene das Tun des Bösen durch die Menge (Ex 23,2)[753] eine Illustration im Sinne des Abweichens von Jhwh (Ex 32,8). Das Tun des Bösen wird in der Beziehung beider Texte dialogizitär ausgeleuchtet: Während Ex 23,2 menschliche Handlungen nennt, bezeichnet רעה in Ex 32,12.14 Jhwhs Absichten gegenüber seinem abtrünnigen Volk. In der differenzierten Aufnahme der Thematik des Tuns des Bösen ist das Verhältnis zwischen Ex 32 und Ex 23,1–9.10–12 als dialogizitär und stark selektiv einzuschätzen. Die Breite der Stichwortverbindungen, die ferner das Volksein Israels (עם) und das Exodus-Geschehen (ארץ מצרים) einbinden, gestaltet das intertextuelle Verhältnis zudem mäßig kommunikativ und schwach referentiell.

Über die Vorstellung des Jhwh-Rechts, welche innerhalb des Textraums *Bundesbuch* auf das Cluster Ex 23,1–9.10–12 übertragbar wird, lässt sich im Zusammenhang von Ex 32 und 23,2 das Abweichen von Jhwhs Recht zum Abweichen von Jhwh in der Verehrung von Gottesbildern parallelisieren. Das in Ex 32 dargestellte Abweichen und die entsprechend ausgeführten Strafen schärfen im intertextuellen Verhältnis zu Ex 23,1–9.10–12 Loyalität in der Beziehung zu Jhwh und damit den Gehorsam gegenüber Jhwhs Gesetzen ein.

5. Ex 23,1–9.10–12 in Beziehung zum Sechs-Sieben-Rhythmus in Ex 20,9–11; 24,16 f.; 31,15–17; 34,21; 35,2; Lev 23,3; Lev 25: Theologisierung des Rechts mittels zitathafter Aufnahme kultisch-religiös geprägter Konzepte

Die motivische Querverbindung anhand des Sechs-Sieben-Rhythmus bewirkt innerhalb der Sinaiperikope eine kultisch-religiöse Aufladung und Theologisierung der jeweiligen Bestimmungen von Brachjahr und Ruhetag aus Ex 23,1–9.10–12 (s. 5.1.3.d.MT:3).

6. Ex 23,1–9.10–12 in Beziehung zur Ägypten-Referenz in Ex 19,1.4; 20,2; Ex 29,46; 32,1.4.7 f.11 f.23; 33,1; 34,18; Lev 11,45; 18,3; 19,34.36; 22,33; 23,43; 25,38.42.55; 26,13.45; Num 1,1; 3,13; 8,17; 9,1: Jhwhs Recht als Ausdruck der Exklusivität der Jhwh-Beziehung und Identität als Jhwh-Gemeinschaft

Eine weitere motivische Querverbindung stellt die Ägypten-Referenz dar. Sie rekurriert in je unterschiedlicher Zuspitzung auf den Aufenthalt Israels in Ägypten

753 Die intertextuelle Verbindung zwischen Ex 32 und Ex 23,1–9.10–12 tritt besonders hervor, wenn in Ex 23,2 das Abstraktionsnomen רעה gelesen wird. Da aber ebenso zur Verbalbildung von רע״ע eine thematische Verbundenheit besteht, wird auch im Falle der Lesung eines Inf. cs. לרעת in Ex 23,2 die Qualität des intertextuellen Verhältnisses zu Ex 32 kaum gemindert.

und die daran gebundenen Ereignisse der Herausführung: Teils dient sie der Datierung (z. B. Ex 19,1; Num 1,1), teils der Legitimation Jhwhs bzw. Moses (z. B. Ex 19,4; 29,46; 33,1) sowie der Abgrenzung der Identität Israels (z. B. Lev 18,3). Sie stellt jeweils eine komprimierte Rekapitulation der Ereignisse in Ägypten dar und spielt das zentrale Gründungsgeschehen des Volkes Israel in seiner Beziehung zu Jhwh an. Die umfassende Bedeutung des Gründungsgeschehens Israels äußert sich in seiner Verwendung als Fixpunkt der Zeitrechnung, seiner Begründung des Anspruchs Jhwhs auf Israel sowie seiner Herausbildung zum prägenden Identitätskern Israels. Insofern bringt die Ägypten-Referenz im intertextuellen Verhältnis zu Ex 23,1–9.10–12 einen breiteren Bedeutungszuwachs mit sich als die Exodus-Motivik (s. 5.1.3.d.MT:4), die ein Element der Ägypten-Referenz darstellt. Sie stellt auf Basis selektiver und referentieller Intertextualität Ex 23,1–9.10–12 unter das Vorzeichen der exklusiven Beziehung zwischen Jhwh und Israel sowie der umstürzenden und identitätsbildenden Kraft des Gründungsgeschehens des Volkes Israel.

LXX:

In der LXX ist Ex^{LXX} 23,1–9.10–12 innerhalb des Textraums *Sinaiperikope* ebenso auf die bereits für MT erhobenen Texte bezogen. Die intertextuellen Verhältnisse stellen sich dabei quantitativ unterschiedlich dar: In der LXX ist gegenüber MT eine leichte Reduktion der Stichwortberührungen zu beobachten. Diese ist überwiegend auf sprachlich bedingte Unterschiede in der Wortwahl zurückzuführen. So fallen z. B. aufgrund der Wahl von λαός anstelle von ἔθνος einige Stichwortverbindungen weg (Ex^{LXX} 31,14; 32,1 u. ö.). Gleiches trifft auch stellenweise für die Wiedergabe von Verben wie לק״ח, דב״ר, נש״א und אכ״ל zu (z. B. Ex^{LXX} 20,7; 31,13; 32,20; 34,15). In Entsprechung zum Verb שב״ת nutzen Ex^{LXX} 20,11; 31,17; 34,21 mit καταπαύω ein zu Ex^{LXX} 23,12 verschiedenes Kompositum, wobei eine Überschneidung anhand des Simplex παύω erkennbar bleibt.[754] Die Begründungssätze in Ex^{LXX} 23,9 und Lev^{LXX} 19,34 stimmen nicht wortwörtlich überein, gleichen sich aber in ihren prägenden Stichworten und ihrer Aussage.

Aus qualitativer Sicht bleibt die thematische Verbundenheit zwischen den wie im MT betrachteten Bezugstexten und Ex^{LXX} 23,1–9.10–12 im Textraum *Sinaiperikope* anhand der verwendeten Synonyme unvermindert erhalten, sodass das Merkmal der Referentialität die intertextuellen Verhältnisse prägt. Mit der Stichwortreduktion geht in der LXX gegenüber MT eine leichte Minderung in der Mar-

754 Mit καταπαύω stellt die LXX hier eine direkte lexematische Verbindung zu Gen^{LXX} 2,2 f. her und bezieht sich also nicht nur thematisch, sondern auch lexematisch klar auf die Schöpfungserzählung (s. 5.1.3.d.MT:3).

kierung der intertextuellen Verhältnisse einher, sodass der Grad an Kommunikativität der Textbeziehungen von Ex^{LXX} 23,1–9.10–12 im Textraum *Sinaiperikope* etwas verringert ist.

Sam:
Im Sam bestehen für das vorliegende Cluster im Textraum *Sinaiperikope* ebenso intertextuelle Beziehungen zu den bereits für MT erhobenen Bezugstexten. Im Vergleich zu MT verbreitert sich im Sam quantitativ die Anzahl der Stichwortberührungen, da durch die Eingliederung von Ex^{Sam} 23,13 in dieses Cluster und die Verwendung des Nomens בהמה weitere Überschneidungen zu den Bezugstexten (z. B. Ex^{Sam} 20,3.7.10; Lev^{Sam} 19,19; 25,7; 26,22) hinzukommen. In dieser Hinsicht erhöht sich gegenüber MT die Kommunikativität der Textbeziehungen leicht. Insbesondere verstärkt Ex^{Sam} 23,13 die Verbindung zum Dekalog des Sam. Dieser identifiziert den auf der Ebene des Bundesbuches für das Cluster relevanten Kultort (s. 5.2.1.c.Sam) mit dem Garizim. Die Bindung an den Garizim strahlt somit auch im Textraum *Sinaiperikope* auf das Cluster Ex^{Sam} 23,1–9.10–13.

Peš:
In Peš zeigt sich im Vergleich zu MT eine leichte Verlagerung bezüglich der Stichwortberührungen von Ex^{Peš} 23,1–9.10–12 im Textraum *Sinaiperikope*, wobei die bereits für MT herausgestellten Bezugstexte des Clusters auch für Peš vorliegen. Die Verlagerung basiert vorwiegend auf sprachlich bedingten Differenzen im Wortbestand des Clusters Ex^{Peš} 23,1–9.10–12, wie z. B. der Nutzung von ܥܒܕܐ für מעשה, ܩܛܠ für הר"ג und ܢܘܚ für שב"ת. Beispielhaft zu nennen sind hier gegenüber MT zusätzliche Bezüge zu Ex^{Peš} 20,13; 31,15 anhand von ܩܛܠ sowie zu Ex^{Peš} 31,15 anhand von ܥܒܕܐ. Die Verwendung des Verbes ܢܘܚ in Ex^{Peš} 23,12 führt gegenüber MT zu einem Verlust der Stammgleichheit zu Ableitungen der Wurzel ܫܒܬ „den Sabbat halten",[755] z. B. in Lev^{Peš} 25,2; 26,34 f. Demzufolge verringert sich die Anzahl und Breite lexematischer Berührungen im Verhältnis von Ruhetagsgebot in Ex^{Peš} 23,12 und den Sabbatgeboten im Textraum *Sinaiperikope* gegenüber MT leicht. Die thematische Verbindung über den Fakt des Ruhens, und damit die intertextuelle Eigenschaft der Referentialität, bleibt allerdings erhalten.

Auswertung – Autorisierung des Rechts durch Bindung an den Jhwh-Kult, die Identität des Volkes Israel und die Aussicht auf Lohn für Gehorsam
Innerhalb des Textraums *Sinaiperikope* besteht in allen betrachteten Textzeugen für die Gesetze des Clusters Ex 23,1–9.10–12 eine Anbindung an Ex 20,1–17;

755 Vgl. Brockelmann/Sokoloff, *Lexicon*, 1506.

Ex 31,13–17; Ex 32; Ex 34,10–26; Lev 19.25.26. Zudem partizipiert Ex 23,1–9.10–12 in allen betrachteten Textzeugen an motivischen Querverbindungen durch den Sechs-Sieben-Rhythmus und die Ägypten-Referenz. Die Qualität der intertextuellen Verhältnisse variiert in den betrachteten Textzeugen bisweilen hinsichtlich der lexematischen Markierung und Wahrnehmbarkeit, sodass sich leichte Verschiebungen in der jeweiligen Kommunikativität ergeben. In Referentialität und Selektivität ergeben sich allerdings keine bedeutenden Unterschiede. Die thematische Verbundenheit und pointierte Auswahl von bezugstragenden Inhalten, wie z. B. dem Ruhetagsgebot, sind in allen betrachteten Textzeugen gleichermaßen erkennbar.

Insgesamt erfahren die Bestimmungen des Clusters Ex 23,1–9.10–12 innerhalb des Textraums *Sinaiperikope* durchgehend eine kultisch-religiöse Aufladung, welche im Prä-Sam zudem den Garizim als Kultort aufgreift, sowie eine nachdrückliche Einschärfung anhand gehorsamsorientierter Lohn- und Strafaussichten. Wiederkehrend und dominierend tritt dabei die Ruhetagsthematik hervor, die in nahezu allen Bezugstexten präsent ist (Ex 20; 31; 34; Lev 19; 25; 26) und im Textraum *Sinaiperikope* mit dem Sabbat identifizierbar wird. Die innerhalb des Clusters Ex 23,1–9.10–12 vorliegende soziale Begründung des Ruhetages erfährt im Textraum *Sinaiperikope* anhand der Korrelation mit dem Sabbat eine kultisch-religiöse Erweiterung.[756] Zudem werden die sozialrechtlichen Bestimmungen aus Ex 23,1–9.10–12 zum Umgang mit dem (verfeindeten) Mitbürger und dessen Existenzgrundlage sowie mit Fremden und Schwachen innerhalb des Textraums *Sinaiperikope* mit religiöser Bedeutung aufgeladen, indem Lev 19 diesen Themenbereich unmittelbar Jhwh unterstellt, von dessen Autorität her begründet und unter das Vorzeichen der Forderung von Heiligkeit stellt.

Die nachdrückliche, gehorsamsfokussierte Einschärfung der Inhalte des Clusters Ex 23,1–9.10–12 speist sich im Textraum *Sinaiperikope* vorrangig aus dem Verhältnis zu Ex 32 und Lev 26. Als Grundprinzip gilt: Das Bewahren des Jhwh-Rechts wird reich belohnt, Rechtsbruch hingegen hart bestraft.

Die Ägypten-Referenz in Ex 23,9 bringt innerhalb des Textraums *Sinaiperikope* einen Bezug zur exklusiven Beziehung zwischen Jhwh und Israel sowie zum identitätsformenden Gründungsgeschehen des Volkes Israel zum Ausdruck. In der Anbindung an dieses Motiv wird das Jhwh-Recht zum Identitätsmerkmal Israels stilisiert und als solches autorisiert.

756 Vgl. auch Houtman, *Bundesbuch*, 281.

e. Begründungsstrukturen im Textraum *Exodusbuch*

MT:

1. Ex 23,1–9.10–12 in Beziehung zu Ex 1–15: Schärfung von Begründungszusammenhängen mittels Kontrastierung zu Ägypten und Entfaltung des Hoheitsanspruchs Jhwhs

Der Kausalsatz in Ex 23,9 setzt neben verschiedenen weiteren Berührungen, z. B. anhand von לח"ץ, מצרים (Ex 3,9) sowie צדיק, עם, רשע (Ex 9,27), im Textraum *Exodusbuch* eine deutliche Markierung für das intertextuelle Verhältnis zwischen dem Cluster Ex 23,1–9.10–12 und der Erzählung von der Bedrückung in Ägypten und der Herausführung aus Ägypten in Ex 1–15. Entsprechend zeichnet sich dieses Textverhältnis durch einen hohen Grad an Kommunikativität aus. Die Thematiken von Bedrückung und Gerechtigkeit in der Gesellschaft verbinden beide Textbereiche. In dieser Hinsicht ist die Beziehung zwischen Ex 23,1–9.10–12 und Ex 1–15 als mäßig referentiell und selektiv einzuschätzen.

Ex 23,9 begründet das Verbot der Bedrückung von Fremden inhaltlich mit dem Verweis auf die Erfahrungen des Volkes Israel als Fremde in Ägypten (Ägypten-*ger*-Motivation).[757] Für den in Ex 23,9 geforderten Umgang mit Fremden dient die Erfahrung in Ägypten als Negativfolie. Die Ausgestaltung des Zusammenlebens mit Fremden, und darüber hinaus – auf der Ebene des Clusters Ex 23,1–9.10–12 – des gesellschaftlichen Zusammenlebens insgesamt, orientiert sich grundlegend an der Abgrenzung gegenüber der Erfahrung der Bedrückung in Ägypten. Die Israeliten sollen an Fremden, und entsprechend auch an Mitgliedern des eigenen Volkes, nicht handeln wie die Ägypter an ihnen. Diese Kontrastierung des von den Israeliten geforderten Handelns mit dem Handeln der Ägypter lässt dem intertextuellen Verhältnis von Ex 23,1–9.10–12 und Ex 1–15 Dialogizität zuwachsen.

Im Verhältnis von Ex 23,1–9.10–12 und Ex 1–15 lässt sich das von den Israeliten geforderte Handeln dem Handeln Jhwhs zuordnen. Dies kristallisiert sich aus der Verbindung mit Ex 3,9 heraus: Jhwh hat sich Israels Bedrückung in Ägypten angenommen (Ex 3,9: הלחץ אשר מצרים לחצים אתם) und die Befreiung des Volkes erwirkt. Wenn die Israeliten Fremde nicht bedrücken (Ex 23,9), handeln sie in Übereinstimmung mit Jhwhs Erbarmen für die Israeliten in Ägypten.

Die Metapher vom Erblinden des Sehenden durch ein Bestechungsgeschenk in Ex 23,8 erhält im intertextuellen Verhältnis zu Ex 4,11 einen Bedeutungszuwachs: In Ex 4,11 weist Jhwh im Zusammenhang der Zeichen für Moses Berufung

757 Vgl. auch Schwienhorst-Schönberger, *Bundesbuch*, 349 f.

gegenüber Mose seine schöpferische Hoheit über Sehen und Blindsein (פק"ח, עו"ר) aus. Das metaphorische Blindheit herbeiführende Bestechungsgeschenk pervertiert damit nicht nur das Recht (Ex 23,8), sondern sabotiert vor dem Hintergrund von Ex 4,11 auch Jhwhs schöpferischen Hoheitsanspruch über den Menschen.

Ebenso erfährt die Gegenüberstellung von Gerechten und Frevlern, die in Ex 23,1–9 hergestellt wird, im Zusammenhang mit Ex 9,27 eine dialogizitäre Erweiterung: Die Feststellung der Gerechtigkeit Jhwhs und des Frevler-Seins der Ägypter in Ex 9,27 stellt eine moralische Wertung dar, die im Laufe der Erzählung immer wieder aufgerufen und bestätigt wird. Angesichts des taktisch täuschenden Handelns Pharaos dient diese Aussage in Ex 9,27 aus dem Mund Pharaos zudem der Bestätigung der Gegenüberstellung von Jhwh und Ägyptern bzw. Gerechtigkeit und Frevlertum. Die Gerechten gehören auf die Seite Jhwhs, die Frevler auf die Seite der Ägypter. Entsprechend spricht Jhwh Frevler nicht gerecht (Ex 23,7) und das in Ex 23,1 verbotene Kollaborieren mit dem Frevler kommt vor dem Hintergrund von Ex 1–15 einem Kollaborieren mit den Ägyptern gleich.

Im intertextuellen Verhältnis zu Ex 1–15 werden somit zwei inhaltliche Fluchtlinien der Begründung der Bestimmungen von Ex 23,1–9.10–12 veranschaulicht und geschärft: Zum einen wird im Lichte der identitätsprägenden Erfahrungen der Israeliten als Fremde in Ägypten die Abgrenzung zu den Ägyptern auf mehreren Handlungsebenen eine tragende Motivation zur Befolgung von Ex 23,1–9.10–12. Zum anderen stellt sich die Befolgung der Bestimmungen als Anerkennung der Zuwendung Jhwhs zu Israel in Ägypten sowie seines Hoheitsanspruchs über den Menschen dar.

2. Ex 23,1–9.10–12 in Beziehung zu Ex 16: Verankerung des Ruhetags in der Anfangs- und Heilszeit des Volkes Israel

Ex 16 und Ex 23,1–9.10–12 sind vorrangig anhand der Ruhetags- bzw. Sabbatthematik verbunden. In dieser Hinsicht ist das intertextuelle Verhältnis beider Texte als stark selektiv und mäßig referentiell einzuschätzen. Mit deutlich wahrnehmbaren, übereinstimmenden Phrasen (ששת ימים, ארץ מצרים; z. B. Ex 16,1.6.26) und lexematischen Berührungen im Wortfeld des Ruhetags liegt zwischen beiden Textbereichen zudem eine hohe Kommunikativität vor.

Ex 16 bietet eine narrative Fiktion zur Einhaltung des Sabbats in der Zeit der Wüstenwanderung, der Anfangs- und Heilszeit Israels. Auf dem Weg durch die Wüste versorgt Jhwh die Israeliten mit Wachteln und Manna und ermöglicht durch Gabe der doppelten Menge am sechsten Tag und Erhaltung der Lebensmittel bis zum nächsten Tag die Einhaltung des Sabbats. Dieser wird in Ex 16 als Gabe Jhwhs für alle Israeliten eingeschärft (vv.27–30). Im intertextuellen Verhältnis zu Ex 23,1–9.10–12 lassen sich Ruhetag und Sabbat miteinander identifizieren. In dieser Hinsicht bringt Ex 16 die Verankerung der Einhaltung des Ruhetages in der Anfangszeit des Verhältnisses zwischen Jhwh und Israel zum Ausdruck und wertet diese Institution als grundlegenden Bestandteil der Beziehung zwischen Jhwh und Israel. Eine soziale Begründung wie im Cluster Ex 23,1–9.10–12 lässt Ex 16 nicht erkennen. Die exklusive Begründung des Sabbats aus dem Verhältnis zwischen Jhwh und Israel unterstellt den Ruhetag ideologischen und religiösen Denkmustern und absorbiert die soziale Argumentation aus Ex 23,1–9.10–12, indem in Ex 16 auch das Anliegen der Erholung erfüllt, aber nicht als Begründung angeführt wird.

3. Ex 23,1–9.10–12 in Beziehung zu Ex 18: Verankerung der Rechtsgewalt in der Anfangs- und Heilszeit des Volkes Israel

Ex 18 berichtet die Rekapitulation des Exodus-Geschehens zwischen Mose und Jitro (vv.1–12), welche in Jitros Bekenntnis zum Gott Jhwh gipfelt (vv.10 f.). Anschließend erzählt Ex 18 die Einsetzung von Richtern über das Volk als Entlastung für Mose sowie als Mittel zur Erlangung gesellschaftlichen Friedens im Rahmen der Heraufführung in das zugesagte Land (v.23). Mit Blick auf die beiden Themenbereiche Exodus und Richtertätigkeit sowie die zugehörigen Stichwortberührungen (z. B. Ex 18,22: עם, דבר, נש״א, שפ״ט) treten Ex 18 und Ex 23,1–9.10–12 mäßig referentiell und kommunikativ zueinander ins Verhältnis. In diesem Verhältnis gewinnt Ex 23,1–9.10–12 aus Ex 18 die grundlegende Legitimation der Institution menschlicher Gerichte, die nicht nur das gerechte (Ex 23,1–9), sondern auch das friedliche Zusammenleben der Israeliten (Ex 18,23) sichern und – wie die Einhaltung des Ruhetages – in der Anfangszeit Israels verwurzelt sind.

LXX:

Im Textraum *Exodusbuch* treten für Ex^{LXX} 23,1–9.10–12, wie im MT, Ex^{LXX} 1–15.16.18 als Bezugsbereiche in den Blick. Quantitativ ergeben sich in den lexematischen Berührungen kleinere Differenzen gegenüber MT. Dies betrifft zu Ex^{LXX} 1–15 beispielsweise die Phrase ἀπὸ παντὸς ῥήματος ἀδίκου, die mit dem Vokabular in Ex^{LXX} 5,9 nicht übereinstimmt. Die grundlegende Bezugnahme anhand des Kausalsatzes in Ex^{LXX} 23,9 und weitere Übereinstimmungen wie in Ex^{LXX} 3,9; 4,11; 9,27 bestehen auch in der LXX.

Eine leichte Modifikation gegenüber MT ergibt sich im Verhältnis zwischen Ex^{LXX} 23,1.7 und 9,27, da in der LXX die gegenübergestellten Parteien differenzierter benannt werden: Für die Ägypter wählt Ex^{LXX} 9,27 ἀσεβεῖς als Kontrast zum gerechten Jhwh (δίκαιος). Darin fokussiert Ex^{LXX} 9,27 den Aspekt der Gottesfurcht als Scheidekriterium zwischen Israeliten und Ägyptern und ordnet Jhwh die Eigenschaft der Gerechtigkeit zu. Ex^{LXX} 23,1.7 verwendet zur Bezeichnung der dem

Recht entgegenstehenden Seite sowohl ἀσεβής „frevelhaft, unfromm“ als auch ἄδικος „ungerecht“. Eine Gegenüberstellung von „gerecht“ und „ungerecht“ bzw. „gottesfürchtig“ und „frevelhaft“ wird in der LXX aus dem intertextuellen Verhältnis von Ex^{LXX} 9,27 und 23,1.7 explizit greifbar. Aufgrund der Affinität zwischen Jhwh und der Gerechtigkeit können und dürfen Frevler keine Gerechtsprechung durch menschliche Gerichte erfahren (Ex^{LXX} 23,7). In dieser Hinsicht erweitert das Verhältnis zu Ex^{LXX} 9,27 die Begründung für die Ablehnung der Gerechtsprechung für Bestechungsgeschenke in Ex^{LXX} 23,7.

Im Verhältnis zu Ex^{LXX} 16 ist für Ex^{LXX} 23,1–9.10–12 im Vergleich zu MT quantitativ eine leichte Reduktion von Stichwortberührungen festzustellen, welche die Kommunikativität der Textbeziehung geringfügig mindert. Diese ist vorrangig auf zwei Stichwortbereiche zurückzuführen: So fallen aufgrund der Verwendung von λαός für עם Berührungen anhand von ἔθνος aus (16,4.30). Zudem bedingt die fehlende Stammgleichheit zwischen Verbformen des Simplex παύω (23,12) und dem Nomen σάββατον den Verlust von Berührungen anhand von שבת (16,25.29.30).

Auch zu Ex^{LXX} 18 sind für Ex^{LXX} 23,1–9.10–12 die Anzahl an Stichwortberührungen im Vergleich zu MT und damit der Grad an Kommunikativität leicht gemindert. Dies ist überwiegend auf unterschiedliche Wortwahl für דבר (ἀντιλογία, λόγος statt ῥῆμα) und עם (λαός statt ἔθνος) zurückzuführen (vv.10.14.16.18.19 u. ö.). Eine zusätzliche Stichwortberührung anhand von δίκαιος liegt zu Ex^{LXX} 18,21 vor. Ex^{LXX} 18,21 beschreibt u. a. mit δίκαιος und θεοσεβής notwendige Eigenschaften für Richter und bestätigt damit die aus dem Zusammenhang von Ex^{LXX} 23,1.7 und 9,27 erhobene Gegenüberstellung von „gerecht“ bzw. „gottesfürchtig“ und „ungerecht“ bzw. „unfromm“. Durch diese Beschreibung wird im intertextuellen Zusammenhang deutlich, dass Richter – wenn sie legitim sind – der Seite Jhwhs zugehören. Vor diesem Hintergrund gewinnt die menschliche Gerichtsbarkeit (vgl. Ex^{LXX} 23,7) nicht nur ihre Legitimation, sondern erfährt auch eine Aufwertung als Jhwh zugeordnete Institution.

Sam:

In der Beziehung zu Ex^{Sam} 1–15.16.18 liegen im Sam für das Cluster Ex^{Sam} 23,1–9.10–13 die bereits im MT beobachteten Verbindungen vor. Aus quantitativer Sicht ist festzustellen, dass auch zu den Bereichen, in denen Sam einen textlichen Überschuss gegenüber MT aufweist, Stichwortberührungen vorliegen, so z. B. Ex^{Sam} 6,9a (מצרים, חד״ל); 7,18a (עם, שמ״ע); 18,24a (עם, נש״א); 18,25b (משפט, שמ״ע). Der Grad an Kommunikativität zwischen Ex^{Sam} 23,1–9.10–13 und Ex^{Sam} 1–15.18 wird damit auch durch die Textüberschüsse des Sam nicht gemindert. Aus der Zuordnung von Ex^{Sam} 23,13 zum vorliegenden Cluster ergeben sich im Verhältnis zu Ex^{Sam} 16 zudem eine stärkere Ausleuchtung der Gehorsams- und Vertrauensthematik sowie in Bezug auf Ex^{Sam} 3,15 eine Eintragung der Legitimation Jhwhs in das vorliegende Cluster (s. 5.2.2.e.MT).

Peš:

Im Verhältnis zwischen Ex^{Peš} 23,1–9.10–12 und Ex^{Peš} 1–15 ist gegenüber MT eine deutliche Reduktion im Vorliegen spezifischer Stichwortkombinationen zu verzeichnen. So liegen zwar die generelle Bezugnahme in Ex^{Peš} 23,9 und diverse Stichwortberührungen, aber keine spezifischen Mehrfachberührungen zu Ex^{Peš} 3,9; 4,11; 5,9; 9,27 vor. Die Kommunikativität der Textbeziehung zwischen beiden Textbereichen ist dadurch gemindert und ein wie im MT beobachteter, unmittelbarer Bedeutungszuwachs aus diesen Textstellen entfällt.

Doch ergibt sich in Peš anhand des generellen Bezuges zu Ex^{Peš} 1–15 in Ex^{Peš} 23,9 sowie aus der Dialogizität beider Textbereiche ein mittelbarer Bedeutungszuwachs zu Ex^{Peš} 23,1–9.10–12. Dieser bezieht sich einerseits auf die Thematik der Bedrückung der Israeliten in Ägypten, welche sich thematisch mit der verbotenen Bedrängung Fremder verbindet und inhaltlich wie im MT ausgestaltet ist. Andererseits erweitert sich im Verhältnis von Ex^{Peš} 23,1–9.10–12 und Ex^{Peš} 9,27 das Bedeutungsspektrum der gegenübergestellten Bereiche. Ex^{Peš} 23,1–9.10–12 kontrastiert die Kategorien „schuldig“ und „unschuldig“, ergänzt um den Aspekt der Weisheit (v.8). Ex^{Peš} 9,27 stellt ܙܕܝܩ „gerecht“ und ܪܫܝܥ „frevelhaft, unfromm“ gegenüber. Basierend auf Ex^{Peš} 23,7 bilden sich als gegenüberliegende Pole gerecht/fromm/unschuldig/weise und ungerecht/frevelhaft/schuldig. Im intertextuellen Verhältnis zwischen Ex^{Peš} 23,1–9.10–12 und Ex^{Peš} 1–15 gewinnt die Gegenüberstellung aus Ex^{Peš} 23,1–9.10–12 somit die Kategorie der Gottesfurcht hinzu und die Gegenüberstellung aus Ex^{Peš} 9,27 die Kategorie der Schuld. Dies verstärkt die dualisierende Darstellung von Ägyptern und Israeliten, welche eine grundlegende Motivation zur Einhaltung der Gesetze in Ex^{Peš} 23,1–9.10–12 einbringt: Mit dem in Ex^{Peš} 23,1–9.10–12 geforderten Verhalten grenzen sich die Israeliten in mehrfacher Hinsicht – moralisch, religiös und rechtlich – von den Ägyptern ab.

Zu Ex^{Peš} 16 ist im Vergleich zu MT eine leichte Reduktion an Stichwortberührungen zu beobachten, die vorrangig auf das Fehlen der Wurzel ܫܒܬ in Ex^{Peš} 23 zurückzuführen ist (16,23.25.26.29) und eine geringfügige Minderung in der Kommunikativität der Textbeziehung zwischen Ex^{Peš} 23,1–9.10–12 und Ex^{Peš} 16 mit sich bringt. Die Korrelation von Ruhetag und Sabbat ist auf thematischer Basis aber auch hier möglich.

Im Vergleich zu MT fällt in Bezug auf Ex^{Peš} 18 vor allem das Fehlen von vergleichsweise unspezifischen Stichwortverbindungen anhand von ܡܠܬܐ für דבר (vv.16.17.18.19.23.26) auf. Allerdings bietet Ex^{Peš} 18,21 eine zusätzliche, spezifische lexematische Berührung mit ܫܘܚܕܐ: Ex^{Peš} 18,21 setzt das Hassen von Bestechung (ܘܣܢܝܢ ܫܘܚܕܐ) als Eigenschaft von Richtern voraus. Ex^{Peš} 23,8 fordert die

Ablehnung von Geschenken und begründet dies mit deren pervertierender Wirkung. Sofern die in $Ex^{Peš}$ 18,21 genannten Anforderungsstandards an Richter erfüllt werden, ist das Verbot in $Ex^{Peš}$ 23,8 für Richter *de facto* überflüssig. Damit manifestiert sich im intertextuellen Verhältnis von $Ex^{Peš}$ 23,8 zu $Ex^{Peš}$ 18,21 explizit die Ausweitung des Kreises der Angesprochenen von $Ex^{Peš}$ 23,8 über Richter hinaus auch auf andere gerichtlich involvierte Personen, z. B. Zeugen.

Auswertung – Schärfung von Deutungskategorien sowie ideologische und religiöse Sinnanreicherung

In allen betrachteten Textzeugen besteht im Textraum *Exodusbuch* eine Beziehung zwischen Ex 23,1–9.10–12 und Ex 1–15.16.18. Im Zusammenhang mit Ex 1–15 wird die Motivation zur Befolgung der Bestimmungen in Ex 23,1–9.10–12 vertieft: Die Einhaltung der Gesetze ist konform zu Jhwhs Handeln an dem Volk Israel in Ägypten und stellt eine Anerkennung dessen sowie eine identitätsbezogene Abgrenzung gegenüber den Ägyptern dar. Diesbezüglich differenzieren insbesondere LXX und Peš das Bedeutungsspektrum der Bezeichnung רשע, welcher die Ägypter zugeordnet werden, in unterschiedlicher Reichweite aus. LXX expliziert neben der Thematik der Un-/Gerechtigkeit mit der Kategorie der Gottesfurcht (ἀσεβεῖς) den religiösen Aspekt, Peš mit der Zusammenstellung von Gerechtigkeit, Gottesfurcht und Unschuld auch die rechtlich fassbare Kategorie von Schuld und Unschuld. Die Schärfung der Deutungskategorien in LXX und Peš profiliert zunehmend den Begründungszusammenhang der Gegenüberstellung von Recht und Unrecht aus Ex 23,1–9.10–12.

Im Verhältnis zu Ex 16.18 erfahren zentrale Institutionen von Ex 23,1–9.10–12 eine Verankerung in der Anfangs- und Heilszeit Israels. So werden der Beginn der Einhaltung des Ruhetages und die Einrichtung menschlicher Gerichte in diese Zeit projiziert. Die Einhaltung des Ruhetages erhält hierdurch eine ideologische und religiöse Aufladung, die sie als Bestandteil der exklusiven Beziehung zu Jhwh begründet. Die Institution menschlicher Gerichte wird als Organisationselement der Jhwh-Treuen definiert, indem der Zusammenhang von Ex 9,27; 18,21; 23,1–9 Richter als Jhwh zugehörig beschreibt. Zudem ist die Existenz von Gerichten nicht nur mit dem Zweck der Förderung und Erhaltung von Gerechtigkeit (Ex 23,1–9), sondern auch mit dem Ziel des friedlichen Zusammenlebens (Ex 18,23) begründet.

Insgesamt erfährt das Cluster Ex 23,1–9.10–12 im Textraum *Exodusbuch* eine vielschichtige Bedeutungsanreicherung, welche die Autorisierung der gegebenen Gesetze insbesondere an ideologisch und religiös gefärbte Begründungszusammenhänge bindet.

5.2.2 Das Textcluster Ex 23,13–19

a. Mikroebene: Begründungsstrukturen innerhalb der Einzelgesetze Ex 23,13–19 – Kultgesetzliches Rahmenstück

MT:

13 וּבְכֹל אֲשֶׁר־אָמַרְתִּי אֲלֵיכֶם תִּשָּׁמֵרוּ וְשֵׁם אֱלֹהִים אֲחֵרִים לֹא תַזְכִּירוּ לֹא יִשָּׁמַע עַל־פִּיךָ׃
14 שָׁלֹשׁ רְגָלִים תָּחֹג לִי בַּשָּׁנָה׃ 15 אֶת־חַג הַמַּצּוֹת תִּשְׁמֹר שִׁבְעַת יָמִים תֹּאכַל מַצּוֹת כַּאֲשֶׁר צִוִּיתִךָ
לְמוֹעֵד חֹדֶשׁ הָאָבִיב כִּי־בוֹ יָצָאתָ מִמִּצְרָיִם וְלֹא־יֵרָאוּ פָנַי רֵיקָם׃ 16 וְחַג הַקָּצִיר בִּכּוּרֵי מַעֲשֶׂיךָ
אֲשֶׁר תִּזְרַע בַּשָּׂדֶה וְחַג הָאָסִף בְּצֵאת הַשָּׁנָה בְּאָסְפְּךָ אֶת־מַעֲשֶׂיךָ מִן־הַשָּׂדֶה׃ 17 שָׁלֹשׁ פְּעָמִים
בַּשָּׁנָה יֵרָאֶה כָּל־זְכוּרְךָ אֶל־פְּנֵי הָאָדֹן ׀ יְהוָה׃ 18 לֹא־תִזְבַּח עַל־חָמֵץ דַּם־זִבְחִי וְלֹא־יָלִין חֵלֶב־חַגִּי
עַד־בֹּקֶר׃ 19 רֵאשִׁית בִּכּוּרֵי אַדְמָתְךָ תָּבִיא בֵּית יְהוָה אֱלֹהֶיךָ לֹא־תְבַשֵּׁל גְּדִי בַּחֲלֵב אִמּוֹ׃ ס

13 Und hütet euch in Bezug auf alles, was ich euch gesagt habe! (Den) Namen anderer Götter aber sollt ihr nicht ausrufen; er soll in deinem Mund nicht gehört werden. 14 Dreimal im Jahr sollst du mir ein Fest feiern. 15 Das Fest der ungesäuerten Brote sollst du halten: sieben Tage sollst du ungesäuerte Brote essen, wie ich dir geboten habe, zur festgesetzten Zeit im Monat Aviv, denn in ihm bist du aus Ägypten herausgezogen. Und man soll nicht mit leeren Händen vor meinem Angesicht erscheinen. 16 Und das Fest der Ernte, der Erstlinge deiner Erträge, die du auf dem Feld säen wirst; und das Fest des Einsammelns, wenn das Jahr endet, wenn du deine Erträge vom Feld einsammelst. 17 Dreimal im Jahr soll alles, was männlich ist bei dir, vor dem Angesicht des Herrn, des HERRN, erscheinen. 18 Du sollst das Blut meines Schlachtopfers nicht auf Gesäuertem opfern; und das Fett meines Festopfers soll nicht über Nacht bleiben bis zum Morgen. 19 Das Erste der Erstlinge deines Ackers sollst du in das Haus des HERRN, deines Gottes, bringen. Du sollst ein Böckchen, das bei der Milch seiner Mutter ist, nicht kochen.

Ex 23,13 setzt mit einer im Plural formulierten, allgemeinen Aufforderung zum Gehorsam (E1) gegenüber dem Gesagten des Sprecher-Ichs (E2) ein. Daran ist ein singularisch gefasster Doppelprohibitiv gegen das Ausrufen des Namens anderer Götter (E3) und das Hören dieses Namens aus dem Mund der Adressaten (E4) angefügt. Die generelle Gehorsamsaufforderung (E1) ist in der Konstruktion aus שמ"ר *Nif* und ב- doppeldeutig: Sie kann im Sinne von „sich hüten“ sowohl das sorgsame Bewahren „in Bezug auf“ das Gesagte bezeichnen als auch die Bewahrung des eigenen Lebens „durch“ das Gesagte benennen.[758] In letzterer Hinsicht begründet שמ"ר *Nif* mit ב- das Gesagte, also die Anordnungen Jhwhs, binnentextuell als lebenserhaltendes Instrument.

Das „Gesagte“ verweist auf Mitteilungen, die das Sprecher-Ich, welches im personalen Subjekt von אמרתי explizit hervortritt, vorgenommen hat (E2). Im Zusammenhang des Clusters ist das Sprecher-Ich mit Jhwh zu identifizieren (v.17;

758 Vgl. Propp, *Exodus 19–40*, 281.

s. 5.2.2.b), sodass der Relativsatz אשר־אמרתי אליכם auf autoritative Gottesrede verweist.

Der anschließende Doppelprohibitiv führt zwei synonyme Ereignisse zur Abwehr der Verwendung des Namens anderer Götter an. Der zweite Prohibitiv (E4) konkretisiert dabei den ersten (E3)[759] und überbietet diesen mit einer Steigerung: Während die in E3 anvisierte Namensnennung in den Kontext von Handlungen der Anrufung Gottes und des Preisens (זכ"ר *Hif*) gestellt ist, verbietet der zweite Prohibitiv auch das bloße, nicht die Beziehungsaufnahme intendierende Aussprechen des Namens anderer Götter (E4). Der Personenwechsel vom Kollektiv in תזכירו (Pl.) zum Individuum in פיך (Sg.) unterstützt die Überbietung des ersten Prohibitivs durch den zweiten. Die synonym gesteigerte Dopplung versieht das Anliegen der Prohibitive mit Nachdruck.

Das Anliegen des Doppelprohibitivs ist laut Propp der Schutz des Monotheismus.[760] Da die Existenz anderer Götter hier vorausgesetzt ist, scheint es allerdings angemessen, zunächst von Monolatrie zu sprechen. Eine Anschlussfähigkeit an das Konzept des Monotheismus ist im Fortgang der religionsgeschichtlichen Entwicklung gegeben. Mit dem Gebrauch göttlicher Namen im Rahmen der Beziehungsaufnahme bei Ritualen, Bundesschlüssen etc. geht die Anerkennung der Göttlichkeit des Namensträgers einher.[761] Binnentextuell liegt zugrunde, dass allein das Sprecher-Ich Jhwh den legitimen Anspruch erhebt, Israels Gott zu sein. Entsprechend verbietet sich jegliche Form der Anerkennung anderer Götter. Da für die Israeliten auf Basis dieser Vorstellung keine Möglichkeit besteht, bei Schwüren und Eiden andere Götter einzubeziehen, sind auch keine Bundesschlüsse mit Nationen, die nicht Jhwh anbeten, möglich.[762] Damit bedient der Schutz der Monolatrie, bzw. folgend des Monotheismus, in dieser Form zugleich die Vorstellung der Erhaltung einer homogenen Nation.

V.14 schreibt das Feiern dreier jährlicher Feste zu Ehren Jhwhs, des Sprecher-Ichs (לי), vor. Zu den jeweiligen Festen ist das Aufsuchen eines bzw. des einen Jhwh-Heiligtums vorgesehen (v.15). Ob es sich dabei um einen zentralen Ort oder lokale Heiligtümer handelt, ist auf der Mikroebene des Gesetzes nicht explizit festgelegt. Auch der mit vv.14 f. korrespondierende v.17 ordnet dreimal jährlich das Erscheinen alles Männlichen vor Jhwh (רא"י *Nif*) bzw. die Begegnung mit Jhwh von Angesicht zu Angesicht an.[763]

759 Vgl. Houtman, *Bundesbuch*, 306.

760 Vgl. auch Propp, *Exodus 19–40*, 282.

761 Vgl. Houtman, *Bundesbuch*, 306.

762 Vgl. Propp, *Exodus 19–40*, 282.

763 Zur Diskussion der Lesung von רא"י *Nif* im MT, die auf eine Zensur des Anthropomorphismus zurückzuführen sein mag, und der wahrscheinlich ursprünglicheren Lesart des *Qal* s. Propp, *Exodus 19–40*, 134 f.

Die Formulierung האדן יהוה (v.17) legt die Feste explizit als Bestandteile des Jhwh-Kultes fest. Mit der Bezeichnung Jhwhs als האדן wird anhand der Determination mit Artikel zunächst die Einzigkeit Jhwhs als *der* Herr ausgesagt. Des Weiteren werden die Adressaten in diesem sprachlichen Bild als Diener und (Land-)Arbeiter Jhwhs gezeichnet.[764] Der monolatrische bzw. gar monotheistische Anspruch und die hierarchischen Verhältnisse, die die Phrase האדן יהוה zum Ausdruck bringt, flechten in die Bestimmungen weitere auf Jhwhs Autorität verweisende Strukturen ein.

Die drei Feste werden in vv.15f. umrissen: V.15 ordnet die Feier des Mazzot-Festes an (E1). Zu diesem soll zur festgelegten Zeit sieben Tage ungesäuertes Brot gegessen werden (E2). Der Brauch des Ungesäuerten und der Zeitpunkt werden mit erklärenden Ereignissen versehen: Das Essen des Ungesäuerten hat Jhwh bereits befohlen (E3) und der Zeitpunkt des Festes leitet sich aus dem Monat des Auszugs aus Ägypten ab (E4). Der Bezug zu bereits ergangenen Befehlen (צו״י *Pi*) in E3 bedient ebenso die Strategie der subtilen Einbringung von Jhwhs Autorität. Diese Autorität wird in der vorliegenden Ereigniskette auf der Ebene des Einzelgesetzes allerdings nicht begründend mit dem Exodus-Bezug (E4) in Verbindung gebracht. Der Exodus-Bezug ist als aktive Handlung des Adressaten mit יצ״א im *Qal* formuliert, nicht in kausativer Diathese als Jhwh-Tat. Insofern ist auf der Ebene der Einzelgesetze die Autorität Jhwhs unabhängig vom Exodus-Geschehen vorausgesetzt. Der Exodus wird lediglich herangezogen, um das Mazzot-Fest anhand seines Termins als geschichtliches Fest, ohne nähere Inhalte, zu begründen.[765] Auch das letztgenannte Ereignis in v.15, das verbotene gabenlose Erscheinen (רא״י *Nif* und פנים) vor Jhwhs Angesicht (E5), bedient die binnentextuelle Annahme der Autorität Jhwhs: Der Gebrauch von רא״י und פנים weist in der Zusammenstellung mit einer Gottheit auf das Erscheinen vor Gott im Rahmen der Verehrung in einem Heiligtum.[766] Die Darbringung von Gaben bestätigt anerkennend die hierarchischen Verhältnisse.

V.16 führt in Fortsetzung von vv.14f. zwei weitere Feste an, die jeweils an Ereignisse zu Tätigkeiten auf dem Feld gebunden sind: das Fest der Ernte in Bezug auf die Erstlinge (חג הקציר) und das Fest des Einsammelns am Jahresende (חג האסף). Das Fest חג הקציר rekurriert auf das Ereignis des Aussäens auf dem Feld (תזרע בשדה, E1) und charakterisiert sich dadurch als Mähfest, bei dem die ersten Erträge der Arbeit auf dem Feld (מעשיך) geerntet werden.[767] Das Fest חג האסף hingegen ist ein Lese- und Pflückfest, bei dem die Erträge vom Feld (מעשיך)

764 Vgl. Propp, *Exodus 19–40*, 283; Rösel, *Adonaj*, 27–31.
765 Vgl. auch Houtman, *Bundesbuch*, 307; Schwienhorst-Schönberger, *Bundesbuch*, 402.
766 Vgl. Propp, *Exodus 19–40*, 283.
767 Vgl. Houtman, *Bundesbuch*, 300.

eingesammelt werden.[768] Ersteres deutet auf die Kornernte im Frühsommer, letzteres auf die Trauben- und Olivenernte im Herbst.[769] מעשה „Arbeit, Werk" bezeichnet hier beide Male das Resultat der Arbeit und beschreibt die Ernte im Sinne eines Produktes menschlicher Arbeit.[770] Auf der Ebene von v.16 begründen sich die Feste damit binnentextuell als landwirtschaftliche Feiern, die nach getaner Arbeit den Abschluss der jeweiligen Ernte gestalten.

V.18 fügt an den Festkalender zwei Prohibitive gegen die Verwendung von Gesäuertem beim Schlachtopfer (E1) und gegen das Aufheben von Opferfett bis zum nächsten Morgen (E2) an. Beide Verbote sind nicht explizit mit Begründungen versehen. Als Hintergrund des Verbots von Gesäuertem wird in der Forschung, ausgehend von Arbeiten Keels, auf lebenstabuistische Vorstellungen verwiesen, die eine Berührung der Sphäre des Lebens (Blut) mit der des Todes (Gesäuertes) ausschließen.[771] Diese Kategorisierung ist auf unterschiedliche Weise spezifiziert worden: Propp beschreibt den Hintergrund dieses Verbots auf Basis kultischer Kategorien und verweist auf die Trennung von reinigendem Blut und unreinem Gesäuerten.[772] Houtman spekuliert über einen ursprünglichen Zusammenhang mit einem Säuberungs- und Erneuerungsritus, bei dem das Ungesäuerte als Sinnbild von Reinheit fungiere.[773] Textlich greifbar ist in v.18 die Unvereinbarkeit von Gesäuertem und Opferblut. Im Zusammenhang der Opfer- und der Blutthematik stellen daher Keels bzw. Schwienhorst-Schönbergers und Propps Erläuterungen einen angemessenen Ansatz dar: Das Ungesäuerte steht auf der Seite der Reinheit und des Lebens,[774] der auch das Blut als Träger des Lebens angehört. Das Gesäuerte hingegen bezieht sich auf die Seite der Unreinheit und des Todes,[775] sodass es nicht im Rahmen des Schlachtopfers verwendet werden darf.

V.19 präsentiert zwei Gesetze: das Darbringen der Erstlinge des Erdbodens zum Haus[776] Jhwhs (E1) sowie das Verbot, ein noch säugendes Böckchen zu ko-

768 Vgl. auch Houtman, *Bundesbuch*, 307.
769 Vgl. Houtman, *Bundesbuch*, 307.
770 Vgl. auch Houtman, *Bundesbuch*, 301.
771 Vgl. Schwienhorst-Schönberger, *Bundesbuch*, 405.
772 Vgl. Propp, *Exodus 19–40*, 284.
773 Vgl. Houtman, *Bundesbuch*, 319.
774 Vgl. Schwienhorst-Schönberger, *Bundesbuch*, 405.
775 Vgl. Houtman, *Bundesbuch*, 298.319.
776 Das Wort בית bringt auf der Ebene von Ex 23,19 Verständnisprobleme mit sich. Hier kann entweder eine anachronistische Notiz in Bezug auf den Tempel vorliegen oder בית synonym für jegliche Art von Schrein oder Heiligtum verwendet sein (vgl. Propp, *Exodus 19–40*, 284). Ein Verständnis zunächst in Bezug auf lokale Einrichtungen und später auf den zentralen Tempel fügt sich in die religionsgeschichtliche Entwicklung von Lokalität zu Zentralität.

chen (E2).[777] Die Gabe der Erstlinge des Ackers an Jhwh (E1) ist auf der Einzelebene des Gesetzes vor dem Hintergrund des Verhältnisses zwischen Jhwh und Israel erklärbar: Jhwh als dem Gott Israels (אלהיך) gebührt zur Wahrung eines guten Verhältnisses[778] die Gabe der ersten Erntefrüchte, die seine Diener von ihrem Acker (אדמתך) einbringen.

Das Verständnis und der Hintergrund von Ex 23,19b sind in der Forschung breit diskutiert worden. Basierend auf verschiedenen Interpretationen der Syntax haben sich drei wesentliche Deutungslinien entwickelt: 1. das Kochen des Böckleins in der Milch seiner Mutter, 2. das Kochen des Böckleins im Fett seiner Mutter sowie 3. das Kochen eines Böckleins, das von seiner Mutter noch gesäugt wird („ein Böckchen bei seiner Mutter Milch").[779] Zum Verständnis wesentlich ist dabei die Wahrnehmung der Syntax: Während die erst- und zweitgenannte Deutung בחלב אמו als auf das Verb bezogene, in den Hauptsatz eingegliederte Präpositionalgruppe lesen und lediglich bei der Vokalisation von חלב auseinandergehen, versteht die drittgenannte Interpretation die Präpositionalgruppe relativisch in Bezug auf das Objekt des Hauptsatzes. Die Lesung von Fett (חֵלֶב) statt Milch (חָלָב) wird von einschlägigen Textzeugen nicht unterstützt[780] und ist daher sehr hypothetisch. Der Zuordnung der Präpositionalgruppe zum Verb des Hauptsatzes, welche die traditionelle Lesart des Verses darstellt, mangelt es an einer konsistenten Erhellung des historischen Hintergrundes.[781] Die Verbindung der Präpositionalgruppe zum Objekt des Hauptsatzes hingegen stellt eine grammatikalisch gültige Konstruktion dar, die sich zudem gut in die Text- und Literargeschichte des Pentateuchs integrieren lässt.[782] Im Rahmen dessen zeichnet sich eine Unterscheidung hinsichtlich des Zwecks der Schlachtung ab: Gesäugtwerden gilt in Ex 23,19 nur als Ausschlusskriterium für das Tier, wenn die Schlachtung im Zusammenhang von Pilgerfestmahlen zum Zweck des Essens geschieht, nicht aber, wenn sie z. B. zur gänzlichen Opferung des Tieres für Jhwh vorgenommen wird.[783] Binnentextuell verweist dieses Verbot damit auf kultisch-religiöse Vorstellungen, die sich auf das Verhältnis zwischen Jhwh und den Israeliten beziehen und insbesondere die Anerkennung der Differenz zwischen Gottheit und Mensch und deren jeweiliger Verfügungsgewalt abbilden.

777 Vgl. Schorch, „Young Goat", 123 f.
778 Vgl. auch Houtman, *Bundesbuch*, 310.
779 Vgl. die Darstellung der drei Deutungen bei Schorch, „Young Goat", 117–123.
780 Vgl. Schorch, „Young Goat", 121 f.
781 S. dazu den Kurzabriss bei Schorch, „Young Goat", 117–120.
782 Vgl. dazu Schorch, „Young Goat", 124–129.
783 Vgl. Schorch, „Young Goat", 125.

LXX:

13 πάντα, ὅσα εἴρηκα πρὸς ὑμᾶς, φυλάξασθε. καὶ ὄνομα θεῶν ἑτέρων οὐκ ἀναμνησθήσεσθε, οὐδὲ μὴ ἀκουσθῇ ἐκ τοῦ στόματος ὑμῶν. 14 Τρεῖς καιροὺς τοῦ ἐνιαυτοῦ ἑορτάσατέ μοι. 15 τὴν ἑορτὴν τῶν ἀζύμων φυλάξασθε ποιεῖν· ἑπτὰ ἡμέρας ἔδεσθε ἄζυμα, καθάπερ ἐνετειλάμην σοι, κατὰ τὸν καιρὸν τοῦ μηνὸς τῶν νέων· ἐν γὰρ αὐτῷ ἐξῆλθες ἐξ Αἰγύπτου. οὐκ ὀφθήσῃ ἐνώπιόν μου κενός. 16 καὶ ἑορτὴν θερισμοῦ πρωτογενημάτων ποιήσεις τῶν ἔργων σου, ὧν ἂν σπείρῃς ἐν τῷ ἀγρῷ σου, καὶ ἑορτὴν συντελείας ἐπ᾽ ἐξόδου τοῦ ἐνιαυτοῦ ἐν τῇ συναγωγῇ τῶν ἔργων σου τῶν ἐκ τοῦ ἀγροῦ σου. 17 τρεῖς καιροὺς τοῦ ἐνιαυτοῦ ὀφθήσεται πᾶν ἀρσενικόν σου ἐνώπιον κυρίου τοῦ θεοῦ σου. 18 ὅταν γὰρ ἐκβάλω ἔθνη ἀπὸ προσώπου σου, καὶ ἐμπλατύνω τὰ ὅριά σου, οὐ θύσεις ἐπὶ ζύμῃ αἷμα θυσιάσματός μου, οὐδὲ μὴ κοιμηθῇ στέαρ τῆς ἑορτῆς μου ἕως πρωί, 19 τὰς ἀπαρχὰς τῶν πρωτογενημάτων τῆς γῆς σου εἰσοίσεις εἰς τὸν οἶκον κυρίου τοῦ θεοῦ σου. οὐχ ἑψήσεις ἄρνα ἐν γάλακτι μητρὸς αὐτοῦ.

13 [Ø] Haltet [Ø] alles, was ich euch gesagt habe! Und (des) Namens anderer Götter sollt ihr nicht gedenken; er soll auch nicht aus eurem Mund gehört werden. 14 Feiert (zu) drei festen Zeiten des Jahres für mich ein Fest. 15 Haltet das Fest der ungesäuerten Brote, um es zu begehen: sieben Tage sollt ihr ungesäuerte Brote essen, wie ich dir geboten habe, zur festgesetzten Zeit des Monats des Neuen (an Getreide), denn in ihm bist du aus Ägypten herausgezogen. [Ø] Du sollst nicht leer vor meinem Angesicht erscheinen. 16 Und (das) Fest der Ernte der erstgewordenen (Früchte) deiner Werke sollst du begehen, die auch immer du auf deinem Feld säst; und ein Schlussfest am Ende des Jahres beim Einsammeln deiner Werke von deinem Feld. 17 (Zu) drei festen Zeiten des Jahres soll alles, was männlich ist bei dir, vor dem Angesicht des HERRN, deines Gottes, erscheinen. 18 Denn wenn ich Völker vor deinem Angesicht vertreiben werde und deine Grenzen ausdehnen werde, sollst du nicht das Blut meines Schlachtopfers auf Gesäuertem opfern; und das Fett meines Festopfers soll nicht über Nacht bleiben bis zum Morgen. 19 Das Erste der erstgewordenen (Früchte) deines Landes sollst du in das Haus des HERRN, deines Gottes, hineinbringen. Du sollst ein Böckchen nicht in der Milch seiner Mutter kochen.

Die LXX schließt v.13 asyndetisch an und formuliert hier durchgehend im Plural. Die Verwendung von ἀναμιμνήσκω im ersten Verbot des Doppelprohibitivs beschreibt eine Handlung des Gedenkens und Erinnerns und weist auf die Lesung des *Qal* von זכ״ר in der Vorlage. Die sich dadurch ergebende Aufspaltung von „Denken“ (ἀναμιμνήσκω) und „Sprechen“ (ἀκούω passiv) im Doppelprohibitiv führt zur Schwächung der Synonymität der Ereignisse. Statt Synonymität werden für das Verbot fremder Gottesnamen zwei sich ergänzende Bereiche aufgezeigt, die den alle Lebensbereiche umspannenden Charakter der konsequenten Monolatrie einschärfen.

Des Weiteren liegen in vv.13a.14.15a Imperative anstelle der sonst üblichen, im Futur formulierten Befehlsformen (vgl. vv.10–12) vor. Diese akzentuieren die Reihe φυλάξασθε („haltet“, v.13), ἑορτάσατε („feiert“, v.14) und φυλάξασθε („haltet“, v.15) formal. Die drei Imperative geben hier jeweils generelle Aufforderungen an, welche in deren Ko- und Kontext durch futurisch formulierte Befehlsformen konkretisiert werden (vv.13b.15b–19).[784] In der Folge ergibt sich in der LXX durch die Überordnung und im Vergleich zu MT noch stärkere Fokussierung des Bewahrens und Einhaltens der Bestimmungen und Feste Jhwhs eine gesteigerte Gehorsamsforderung. Diese wird auch durch den Wegfall der Bedeutung des Bewahrtwerdens „durch" das Mitgeteilte deutlich. Mit der Lesung von φυλάσσω im Medium in transitiver Form weist die LXX auf eine hebräische Vorlage, die wahrscheinlich eine zu MT identische, aber unvokalisierte Konstruktion aus שמ״ר und ב- liest. Diese versteht der Übersetzer unter Lesung von שמ״ר *Qal*[785] im Sinne von „halten, bewahren" und expliziert so das sorgsame Einhalten des Gesagten.

V.15 enthält gegenüber MT mit dem Infinitiv ποιεῖν, der als finale Bestimmung fungiert, ein zusätzliches Ereignis: das Begehen des Festes. Das Fest des Ungesäuerten soll eingehalten werden, um es zu begehen. Das Fest ist damit neben seiner Begehung für Jhwh (v.14) auch zirkulär in einem Selbstzweck begründet.

In vv.16 f. enthält die LXX im Vergleich zu MT einen Überschuss an Possessivpronomina der 2.Sg. So sind das Feld (ἀγρός) und Gott (θεός) mit enklitischem σου versehen. Vv.16 f. korrespondiert mit der an „Feld" (ἀγρός) angefügten Possessivangabe sowie mit der um σου erweiterten Wiedergabe des vorauszusetzenden *Qere* für האדן יהוה (κυρίου τοῦ θεοῦ σου) zu v.19, wo die Gabe der Erstlinge des Erdbodens (τῆς γῆς σου) für Jhwh (τοῦ θεοῦ σου) gefordert wird. In der Einfügung des possessiven σου expliziert damit in der LXX auch vv.16 f. die Bedeutung der Feste und Anordnungen für die Beziehung zwischen Jhwh und dem Adressaten.

In v.18 enthält die LXX im Vergleich zu MT einen Zusatz, der wortgleich in Ex^{LXX} 34,24 vorliegt und möglicherweise von dort übernommen wurde.[786] Dieser Zusatz ändert die Ereigniskette und Begründungszusammenhänge in v.18 gegenüber MT entscheidend. Ein temporal mit ὅταν eingeleiteter Nebensatz fügt zwei Ereignisse hinzu: die Vertreibung der Völker durch Jhwh (E1) sowie die Ausdehnung der Grenzen durch Jhwh (E2). Zu der Zeit, wenn diese beiden Ereignisse stattfinden, sind die Verwendung von Gesäuertem beim Schlachtopfer (E3) und das Aufheben von Opferfett bis zum nächsten Morgen (E4) verboten. Ein Zusammenhang zwischen den Ereignissen des Temporalsatzes (E1; E2) und den kultischen Verboten (E3; E4) lässt sich mithilfe der Landesthematik, auf die E1 und E2 verweisen, herstellen. Die Feste und Opfer sollen erst im Land begangen werden.[787] Dann, wenn Jhwh die verfeindeten Völker vertreiben und die Grenzen

---

784 Zum Nebeneinander von präskriptivem Futur und Imperativen s. Muraoka, *Syntax*, 286.

785 Zur Konstruktion von שמ״ר *Qal* mit ב- in der Bedeutung „achthaben auf" s. Gesenius, *Handwörterbuch*[18], 1387.

786 Vgl. auch Schaper, „Exodos", 308.

787 Zur Bedeutung der LXX-Einfügung als temporale Bedingung im Rahmen eines möglichen Ausgleichs mit Lev 7,13 vgl. Teeter, *Scribal Laws*, 110 f.

weiten wird (E1; E2), können und sollen die Israeliten, sicher vor Feinden, ihrem Gott seinen Geboten entsprechend (E3; E4) opfern. Damit stellen die Ereignisse E1 und E2 eine in die Zukunft gerichtete historische Begründung der Verbote in E3 und E4 dar, welche in ihrer vorausweisenden Stoßrichtung der Begründung mit dem Exodus in v.15 genau gegenüberliegt. Beachtenswert ist, dass hier kein finaler Zusammenhang zwischen den geforderten Handlungen (E3; E4) und den künftigen Ereignissen (E1; E2) hergestellt wird. Die Strategie, Lohn für Gehorsam in Aussicht zu stellen, kommt damit hier nicht zur Anwendung. Stattdessen wird das geschichtliche Handeln Jhwhs angeführt, welches die Voraussetzungen für die Ausführung seiner Gebote schafft.

In der Übersetzung οὐχ ἑψήσεις ἄρνα ἐν γάλακτι μητρὸς αὐτοῦ (v.19) konstruiert die LXX mittels wortgetreuer Wiedergabe des Hebräischen לא־תבשל גדי בחלב אמו eine Syntax, die in ihrer Rezeption einen adverbialen Bezug von ἐν γάλακτι auf die Handlung des Kochens ermöglicht.[788]

Sam:

13 וכל אשר־אמרתי אליכם תשמרו ושם אלהים אחרים לא תזכר ולא ישמעו על פיך :–
14 שלש רגלים תחג לי בשנה: 15 את חג המצות תשמר שבעת ימים תאכל מצות כאשר צויתיך
למועד חדש האביב כי בו יצאת ממצרים ולא יראו פני ריקם: 16 וחג הקציר בכורי מעשיך
אשר תזרע בשדה וחג האסף בצאת השנה באספך את מעשיך מן השדה: 17 שלש פעמים
בשנה יראה כל זכורך את פני הארון יהוה: 18 לא תזבח על חמץ דם זבחי ולא ילין חלב חגי
עד בקר: 19 ראשית בכורי אדמתך תביא ביתה יהוה אלהיך לא תבשל גדי בחלב אמו כי עשה
זאת כזבח שכח ועברה היא לאלהי יעקב :–

13 Und ihr sollt [Ø] alles, was ich euch gesagt habe, bewahren. (Des) Namens anderer Götter
aber sollst du nicht gedenken; und sie sollen in deinem Mund nicht gehört werden.
14 Dreimal im Jahr sollst du mir ein Fest feiern. 15 Das Fest der ungesäuerten Brote sollst
du halten: sieben Tage sollst du ungesäuerte Brote essen, wie ich dir geboten habe, zur
festgesetzten Zeit im Monat Aviv, denn in ihm bist du aus Ägypten herausgezogen. Und man
soll nicht mit leeren Händen vor meinem Angesicht erscheinen. 16 Und das Fest der Ernte,
der Erstlinge deiner Erträge, die du auf dem Feld säen wirst; und das Fest des Einsammelns,
wenn das Jahr endet, wenn du deine Erträge vom Feld einsammelst. 17 Dreimal im Jahr soll
alles, was männlich ist bei dir, bei dem Angesicht der Lade des HERRN, erscheinen. 18 Du
sollst das Blut meines Schlachtopfers nicht auf Gesäuertem opfern; und das Fett meines
Festopfers soll nicht über Nacht bleiben bis zum Morgen. 19 Das Erste der Erstlinge deines
Ackers sollst du in das Haus des HERRN, deines Gottes, bringen. Du sollst ein Böckchen, das
bei der Milch seiner Mutter ist, nicht kochen, denn wer dies tut, – es ist wie ein Opfer des
Vergessens, und es ist eine Erzürnung für den Gott Jakobs.[789]

---

788 Zur Interpretation der hebräischen Syntax s. 5.2.2.a.MT. Zur Frage, ob auch die Übersetzung des LXX-Griechischen mehrdeutig ist, s. Schüle, „Kāmōkā“, 116.

789 Zur Übersetzung und deren Problematik s. Tov, *Criticism*, 80 Anm. 130; Teeter, *Scribal Laws*, 62; s. u.

Die samaritanische Lesetradition liest in v.13 תשמרו im *Qal*.[790] Als zugehöriges Akkusativobjekt stellt sie וכל אשר־אמרתי אליכם dem Prädikat voran. Die Anordnungen Jhwhs sind damit Gegenstand des Bewahrens. Die im MT in der Konstruktion aus שמ״ר *Nif* und ב- mitschwingende Bedeutung der Bewahrung „durch" die Anordnungen liegt im Sam nicht vor.

Des Weiteren ist זכ״ר in v.13 im *Qal* verwendet,[791] sodass hier eine Handlung des Denkens und Gedenkens vorliegt, aber keine preisende Aus- oder Anrufung (זכ״ר *Hif*). Die Synonymität der beiden Handlungen des Doppelprohibitivs ist dadurch im Sam im Vergleich zu MT leicht geschwächt. Es liegen im Unterschied zu MT (preisendes Ausrufen E3; Aussprechen E4) zwei deutlicher unterscheidbare Handlungen vor: Gedenken und Aussprechen. Die beiden Prohibitive steigern und überbieten sich nicht im Sam, sondern ergänzen einander: Das erste Verbot bezieht sich eher auf den Bereich des Denkens und das zweite auf den des Sprechens. Zudem formuliert Sam im ersten Prohibitiv den Namen anderer Götter im Singular (שם אלהים אחרים) und weist im zweiten Prohibitiv mit dem Plural ישמעו auf eine Vielzahl von Götternamen. In die Ergänzungsstruktur zwischen erstem und zweitem Prohibitiv bindet Sam damit im Sinne eines umfassenden Ausschlusses anderer Götter aus dem Leben der Israeliten auch eine Tendenz der Erweiterung ein. Binnentextuell vorausgesetzt ist dabei das Ideal der Errichtung und Befolgung einer strikten Monolatrie. Sam ordnet v.13 nicht dem hinteren kultgesetzlichen Rahmen zu, sondern stellt Gehorsam und Monolatrie in den Zusammenhang der gerechten, stabilen Gesellschaft (s. o.).

In v.17 ordnet Sam das Erscheinen vor der „Lade" (הארון)[792] Jhwhs an, wobei die samaritanische Lesetradition הארון nicht determiniert,[793] sodass eine grammatikalisch gültige Constructus-Verbindung entsteht. Aus textkritischer Sicht basieren die Lesarten von MT und Sam auf einer Verwechslung von ד und ר. Sam vereinfacht dahingehend zwar die tautologisch wirkende Lesart האדן יהוה, implantiert mit der Lesung von (ה)ארון in v.17 allerdings einen deutlichen Anachronismus, da die Lade – abgesehen von der Anspielung in Ex 16 – erst in Ex 25 thematisiert wird.[794] Sam manifestiert und expliziert in der Nennung der Lade die anachronistische Tendenz der in vv.18 f. folgenden Bestimmungen, welche im Opferkult und der Nennung des „Hauses Jhwhs" (ביתה יהוה)[795] anklingt.[796] Das einmalige Vorhandensein der Lade und die Nennung des בית Jhwhs weisen in

790 Vgl. Tal/Florentin, *Pentateuch*, 678.
791 Vgl. Ben-Ḥayyim, *LOT IV*, 88.
792 Zur Verwendung von את פני im Sinne von לפני s. Propp, *Exodus 19–40*, 135.
793 Vgl. Tal/Florentin, *Pentateuch*, 678.
794 Vgl. auch Propp, *Exodus 19–40*, 134.
795 Zur Lesetradition von ביתה als בית s. Tal/Florentin, *Pentateuch*, 741.
796 Vgl. auch Propp, *Exodus 19–40*, 134.

Ex^{Sam} 23,17–19 unmissverständlich auf *einen* zentralen Kultort, zu dem die Israeliten pilgern. Binnentextuell bezieht sich Sam damit auf den Kult am Heiligtum.

Eine zusätzliche explizite Begründung bietet Sam in v.19. Der כי-Satz fügt der Ereigniskette aus v.19 abgesehen von der partizipialen Nennung der Ausführung des Verbotenen (עשה זאת) keine neuen Ereignisse hinzu, qualifiziert aber das Tun des Verbotenen aus v.19 als זבח שכח und עברה לאלהי יעקב. זבח שכח ist in der samaritanischen Tradition im Sinne von Opfer der „Vergesslichkeit" oder Opfer des „Zerstörens" verstanden worden,[797] עברה als „Erzürnung".[798] Eine konkretere Erhellung des Hintergrundes dieser Begründungsklausel gestaltet sich schwierig.[799] Auf der Ebene des Textes ist festzustellen, dass ein kultischer Zusammenhang vorliegt. Die Bestimmungen zu den Erstlingen und zum Böcklein in v.19 setzen einen solchen Kontext voraus. Der Begründungssatz lässt diesen in der expliziten Klassifizierung des Böckleins als Opfer (זבח שכח) und der Wirkung auf Jhwh (ועברה היא לאלהי יעקב) schließlich offen zutage treten. Insofern dient der Begründungssatz der Einschärfung des kultischen Kontextes der Bestimmungen.[800] Er führt die Destruktivität der Missachtung der Vorschrift zum Böcklein sowohl in Bezug auf den Gegenstand des Opfers selbst als auch in Bezug auf das Verhältnis zu Jhwh aus. Gegenüber MT verschärft Sam damit an dieser Stelle die Bedeutung der kultischen Beziehung zwischen Jhwh und Israel.

Peš:

13 ܘܟܠ ܡܕܡ ܕܐܡܪܬ ܠܟܘܢ ܬܙܕܗܪܘܢ. ܘܫܡ ܕܐܠܗܐ ܐܚܪܢܐ. ܠܐ ܬܬܕܟܪܘܢ ܘܠܐ ܢܫܬܡܥ ܥܠ ܦܘܡܟܘܢ. 14 ܬܠܬ
ܪ̈ܓܠܝܢ ܬܥܒܕ ܠܝ ܒܫܢܬܐ. 15 ܥܐܕܐ ܕܦܛܝܪܐ ܬܛܪ. ܫܒܥܐ ܝܘܡܝܢ ܦܛܝܪܐ ܬܐܟܘܠ. ܐܝܟ ܕܦܩܕܬܟ
ܒܙܒܢܐ ܕܝܪܚܐ ܕܐܒܝܒܐ. ܡܛܠ ܕܒܝܪܚܐ ܕܐܒܝܒܐ ܢܦܩܬܘܢ ܡܢ ܡܨܪܝܢ. ܘܠܐ ܬܬܚܙܘܢ ܩܕܡܝ ܣܪܝܩܐܝܬ. 16 ܘܥܐܕܐ
ܕܚܨܕܐ. ܪܫ ܥܒ̈ܕܝܟ ܕܙܪܥܬ ܒܚܩܠܐ. ܘܥܐܕܐ ܕܡܟܢܫܬܐ ܒܡܦܩܗ ܕܫܢܬܐ. ܡܐ ܕܟܢܫ ܐܢܬ ܥܠܠܬܟ ܡܢ
ܚܩܠܐ. 17 ܬܠܬ ܙܒ̈ܢܝܢ ܒܫܢܬܐ ܢܬܚܙܐ ܟܠ ܕܘܟܪܝܟ ܩܕܡ ܡܪܝܐ ܐܠܗܟ. 18 ܠܐ ܬܕܒܘܚ ܥܠ ܚܡܝܥܐ ܕܡܐ ܕܕܒܚܬܐ.
ܘܠܐ ܢܒܘܬ ܬܪܒܐ ܕܥܐܕܐ ܥܕܡܐ ܠܨܦܪܐ. 19 ܪܫ ܥܠܠܬܗ ܕܐܪܥܟ. ܬܝܬܐ ܠܒܝܬܗ ܕܡܪܝܐ ܐܠܗܟ܆ ܠܐ ܬܒܫܠ
ܓܕܝܐ ܒܚܠܒܐ ܕܐܡܗ.

797 Vgl. Tal/Florentin, *Pentateuch*, 678.

798 Vgl. Teeter, *Scribal Laws*, 67.

799 Das Verständnis beider Termini ist v. a. ausgehend von der rabbinischen Tradition der Annahme eines Kochens des Böckleins *in* der Milch seiner Mutter in der Forschung breit diskutiert und häufig in den Zusammenhang der Diskreditierung paganer Kultpraxis gestellt worden (vgl. dazu den Kurzabriss bei Teeter, *Scribal Laws*, 63–67). Doch wird ein kultpolemischer Hintergrund aufgrund mangelnder Belege zunehmend bestritten (vgl. Teeter, *Scribal Laws*, 67). Teeter versucht eine Deutung im Lichte u. a. qumranischer Textzeugnisse und gelangt zu der These, dass עברה zur Zeit des Zweiten Tempels auf einen Zusammenhang mit Vorstellungen von Schwangerschaft und ungeborenem Leben weise. Allerdings räumt auch Teeter den aufgrund der schmalen Evidenzbasis hypothetischen und konjekturalen Charakter seiner Analyse ein (vgl. Teeter, *Scribal Laws*, 69–76).

800 Vgl. auch Schorch, „Young Goat", 125 Anm. 33.

13 Und ihr sollt [Ø] alles achten, was ich euch gesagt habe! (Des) Namens anderer Götter aber sollt ihr nicht gedenken; auch soll er euch nicht in den Sinn kommen. 14 Begeht dreimal im Jahr für mich ein Fest! 15 Das Fest der ungesäuerten Brote sollst du halten: sieben Tage sollst du ungesäuertes Brot essen, wie ich dir geboten habe, [Ø] im Monat Habiva, denn im Monat der Blüten[801] seid ihr aus Ägypten herausgezogen. Und ihr sollt nicht mit leeren Händen vor mir erscheinen. 16 Und das Fest der Ernte, des Ersten eures Korns, das ihr auf dem Feld säen werdet; und das Fest des Einsammelns, wenn das Jahr endet, wenn du deine Erträge vom Feld einsammelst. 17 Dreimal im Jahr soll dein ganzes Andenken vor dem HERRN, deinem Gott, erscheinen. 18 Du sollst das Blut eines Schlachtopfers nicht auf Gesäuertem opfern; und das Fett eines Festopfers soll nicht über Nacht bleiben bis zum Morgen. 19 Das Erste der Erträge deines Landes sollst du zum Haus des HERRN, deines Gottes, bringen. Du sollst ein Böckchen, das bei der Milch seiner Mutter ist, nicht kochen.

Peš verfolgt in v.13 vergleichbar zu MT im Rahmen des Doppelprohibitivs die Strategie der synonymen Steigerung. Allerdings wird diese in Bezug auf Vorgänge des Gedenkens und Denkens, nicht des Ausrufens und Aussprechens, formuliert. Das zweite Verbot des Doppelprohibitivs steigert und überbietet den Inhalt des ersten Verbots: Das bloße In-den-Sinn-Kommen (ܣܠܩ ܥܠ ܠܒܟ)[802] eines anderen Gottesnamens übertrifft das bewusste Gedenken dessen.

Des Weiteren weist ܙܗܪ *Etpe* („achten, aufpassen")[803] in Verbindung mit dem Akkusativobjekt ܟܠ ܡܕܡ ܕܐܡܪܬ ܠܟܘܢ in v.13 auf die Lesung von שמ"ר *Qal*, vergleichbar zu LXX und Sam. Die im MT mitschwingende Bedeutung der Anordnungen als Instrument der Bewahrung entfällt auch in Peš. Das Gesagte ist Gegenstand des Gehorsams, ohne implizite Zweckbegründung.

In v.14 liest Peš vergleichbar zur LXX ܚܓܘ im Imperativ. Im Zusammenhang der nachfolgenden Ausführungen zu den drei Festen hebt diese formale Unterscheidung zu vv.15–17 den Überschriftscharakter von v.14 hervor.

In v.17 liest Peš ܕܘܟܪܢܟ („dein Andenken"). Dies entspricht der Lesung des Hebräischen זכרונך anstelle von זכורך („dein Männliches"). Zur Erklärung der Entstehung dieser Lesart werden die Unabhängigkeit der Peš von MT sowie angesichts der Nähe im Konsonantenbestand von ܕܟܪܐ („männlich") und ܕܘܟܪܢܟ eine innersyrische Textverderbnis diskutiert.[804] Der Handschriftenbefund lässt keine Anzeichen für eine Problematisierung der Übersetzung ܕܘܟܪܢܟ erkennen. So finden sich, abgesehen von der Auslassung von ܟܠ, keine abweichenden Lesarten zu ܕܘܟܪܢܟ.[805] Hinzu kommt, dass die Lesung von ܕܘܟܪܢܐ in Entsprechung zu זכור

801 Zur assoziativen Interpretation im Zusammenhang von אביב und ܦܩ̈ܚܐ vgl. Weitzman, *Syriac Version*, 37.

802 Vgl. Brockelmann/Sokoloff, *Lexicon*, 1014.

803 Vgl. Brockelmann/Sokoloff, *Lexicon*, 368.

804 Vgl. Weitzman, *Syriac Version*, 127; Brockelmann/Sokoloff, *Lexicon*, 281.

805 Vgl. Jansma/Koster, *Exodus*, 171.

(MT) jeweils auch in den Parallelstellen Ex^{Peš} 34,23 und Dtn^{Peš} 16,16 vorliegt. Dtn^{Peš} 20,13 belegt hingegen in einem anderen Zusammenhang die Wiedergabe von זכור mit ܕܟܪܐ („männlich"). Vor diesem Hintergrund liegt nahe, dass diese Textstelle der Peš bewusst mit der Lesart „dein Andenken" tradiert wurde. Die Entstehung der Lesart der Peš kann zwar aus dem im MT bezeugten Befund erklärt werden, eine an MT זכורך angleichende Korrektur der Peš ist aber nicht angebracht. Stattdessen spitzt Peš mit dieser Lesart die Anordnung auf die ausschließliche Beziehung zu Jhwh hin zu. In Korrespondenz zum Verbot des Gedenkens fremder Gottesnamen aus v.13 weist ܕܘܟܪܢܟ in v.17 auf die Forderung einer gänzlichen Fokussierung auf Jhwh im Rahmen der Pilgerfeste (s. 5.2.2.b).

Auswertung – Unterschiedliche Strategien zur Einschärfung der Gesetze zwischen Bindung an den Kult, Betonung des Gehorsams und Internalisierung

Alle betrachteten Textzeugen beziehen sich in Ex 23,13–19 binnentextuell auf Vorstellungen zur Ausgestaltung der monolatrischen Beziehung Israels zu seinem Gott Jhwh, die sie in unterschiedlicher Weise akzentuieren. Zum Schutz der Monolatrie, bzw. ferner auch des Monotheismus, gehört die Frage nach dem Umgang mit dem Namen anderer Götter, den die einzelnen Textzeugen unter Nutzung verschiedener Strategien und in unterschiedlicher Reichweite ablehnen (v.13). So formulieren LXX und Sam zwei komplementäre Prohibitive, die die alle Lebensbereiche umfassenden Konsequenzen der Monolatrie hervorheben. MT und Peš hingegen formulieren zwei sich synonym überbietende Prohibitive, die das Verbot des Gebrauchs anderer Gottesnamen nachdrücklich einschärfen. Während MT in diesem Zusammenhang vorrangig den hörbaren, mithin öffentlichen Akt des Ausrufens und Aussprechens anderer Gottesnamen verbietet, verlagert Peš das Verbot des Gebrauchs anderer Gottesnamen im Sinne einer Tendenz zur Internalisierung vollständig in den Bereich des Gedenkens und Denkens.

Auch die Beziehung zwischen Jhwh und Israel fokussieren die betrachteten Textzeugen in Ex 23,13–19 aus verschiedenen Blickwinkeln: MT zieht neben der Darstellung Jhwhs als Israels Gott auch die Beschreibung Jhwhs als *dem* Dienstherrn Israels (האדן) heran. LXX und Peš sind in den Bezeichnungen κύριος und ܡܪܝܐ/ܡܪܐ anschlussfähig für den Aspekt des Dienstverhältnisses. Die LXX führt ferner Jhwhs Geschichtshandeln an, welches die Voraussetzungen zur Ausgestaltung der kultischen Beziehung zwischen ihm und Israel schafft (Ex^{LXX} 23,18). Sam hingegen stärkt durch die Hervorhebung und Einschärfung des kultischen Kontextes (Ex^{Sam} 23,19) die kultische Dimension des Verhältnisses zwischen Israel und Jhwh. Die Verschärfung dieses Aspektes geht im Sam mit der Voraussetzung des Kults am Heiligtum einher (בית, ארון), der zugleich *den* zentralen Ort des Kultes einbezieht. Peš hingegen konzentriert sich in dieser Hinsicht insbesondere auf die Ausschließlichkeit Jhwhs, indem sie im Rahmen der Pilgerfeste die Fokussierung auf Jhwh – wiederum internalisierend – mit dem „ganzen Andenken" (v.17) verlangt.

Zur Rolle des Mitgeteilten, also der Anordnungen Jhwhs, lässt nur MT ein doppeldeutiges Verständnis als Gegenstand des Gehorsams sowie als Instrument der Bewahrung zu. Dies ist im Sinne der *lectio difficilior* die wahrscheinlich ältere Lesart, denn LXX, Sam und Peš basieren auf der vereinfachten und vereindeutigenden Lesung des transitiven *Qal* von שמ"ר anstelle des *Nif'al* mit Präposition. Sie stellen damit den Gehorsam gegenüber der autoritativen Gottesrede in den Mittelpunkt.

Auf die religions- und kultgeschichtlichen Hintergründe der drei genannten Feste lassen die untersuchten Textzeugen nur wenige Schlüsse zu. Im Gegenüber des im MT und Sam abgebildeten Textbestandes legt sich die Entwicklung von Lokalität zu Zentralität offen: Proto-MT ist mehrdeutig in Bezug auf das Vorliegen des Kultes an Lokalheiligtümern oder an einem zentralen Ort. Sam hingegen setzt eindeutig einen zentralen Kultort voraus. Des Weiteren kann auf der Einzelebene der Gesetze für Ex 23,16 binnentextuell eine Tendenz der Feier von landwirtschaftlichen Festen zur Feier von Jhwh-Festen nachgezeichnet werden. Diese Beobachtung entspricht den mehrheitlichen Forschungsergebnissen, welche von einer Übernahme bzw. – in abgemilderter Form – Dienstbarmachung nicht-israelitischer Feste und Bräuche im israelitischen Kult ausgehen.[806] Allerdings wird für das Mazzot-Fest in Ex 23,15 ein nicht-israelitischer Ursprung besonders diskutiert.[807] Dies liegt u. a. daran, dass es in Ex 23,15 als rein geschichtlich geprägtes Fest, ohne Bezug zum Naturjahr, präsentiert wird. Die beiden Erntefeste in Ex 23,16 begründen sich insofern neben ihrer Feier für Jhwh (v.14) auch aus ihrem Bezug zum landwirtschaftlichen Lebens- und Arbeitsrhythmus. Zum Mazzot-Fest in Ex 23,15 hingegen lässt sich auf der Einzelebene abgesehen von der Ehrung Jhwhs (vv.14.15) keine weitere Begründung erheben, da sich der Exodus-Bezug im Kausalsatz in begründender Weise nur auf den Termin des Festes bezieht, nicht aber auf dessen Inhalte.

b. Clusterebene: Wechselseitige Begründungsstrukturen im Cluster Ex 23,13–19

Das Cluster Ex 23,13–19 ist einerseits durch die zusammenfassende Ermahnung und Monolatrie-Forderung in v.13 begrenzt, welche als Auftakt des hinteren kultgesetzlichen Rahmens gestaltet ist (vgl. Ex 20,22b.23), im Sam allerdings noch als Abschluss dem vorangehenden Cluster zugeordnet wird (s. 5.2.1.b). Andererseits

806 Vgl. Schwienhorst-Schönberger, *Bundesbuch*, 403; Houtman, *Bundesbuch*, 313–318.
807 Vgl. Houtman, *Bundesbuch*, 313–318.

stellt v.20 den Neueinsatz für den Redeabschluss in vv.20–33 dar. Im MT und Sam liegen zwischen v.19 und v.20 mit einer *Parascha setuma* (MT) und einer *Qitza* (Sam) zudem Signale vor, die diese Gliederung unterstützen.

Grundthema des vorliegenden Clusters ist in MT, LXX und Peš das Verhältnis zwischen Jhwh und Israel sowie dessen Ausgestaltung. In MT, LXX und Peš fungiert v.13 in seiner Generalität als Überschrift des Clusters,[808] welche im Zusammenhang mit v.14 eine übergreifende Begründung der nachfolgenden Bestimmungen bietet: In v.13 grundieren MT, LXX und Peš die Beziehung zwischen Jhwh und Israel als eine hierarchisch strukturierte, auf Gehorsam ausgerichtete, monolatrische Beziehung. Diese Verbindung zu Jhwh bedarf der Pflege, Erhaltung und Bestätigung seitens der Israeliten, indem für Jhwh (v.14) Feste begangen werden (vv.15 f.) und kultische Vorschriften (vv.18 f.) eingehalten werden.

Innerhalb des Clusters ergibt sich in allen Textzeugen zwischen vv.14.15 und v.17 eine refrainartige Wiederholung im Ereignis des dreimal jährlichen Erscheinens vor Jhwh. Dem Inhalt des Aufsuchens Jhwhs ordnet sich auch das Bringen der Erstlinge zum Jhwh-Heiligtum in v.19 zu, sodass innerhalb des Clusters die verehrende Kontaktaufnahme zu Jhwh als dominierendes Ziel der Bestimmungen greifbar wird. Dieses Ziel wird in Peš anhand einer assoziativen sowie lexematischen Verbindung zwischen v.13 (ܕܟܪ) und v.17 (ܕܘܟܪܢܟ) intensiviert: Das Erscheinen vor Jhwh gestaltet sich in Peš als gänzliche Hingabe, mit dem „ganzen Andenken“ (v.17), das sich nicht mit einem „anderen Gottesnamen“ befasst (v.13).

Des Weiteren besteht eine assoziative Verbindung zwischen den ungesäuerten Broten in v.15 und dem Verbot des Gesäuerten in v.18. Diesem Themenbereich von Nahrungsmitteln ist innerhalb des Clusters zudem die Speisevorschrift in v.19 zuzuordnen. Im Hintergrund von v.19 steht die Anerkennung der umfassenden Autorität Jhwhs, welche sich in der Differenz zwischen Opfern gänzlich für Jhwh und solchen zum menschlichen Verzehr entfaltet (s. o.). Somit spannt v.19 im Sinne einer Bestätigung der Autorität Jhwhs am Ende des Clusters einen Bogen zu dessen Beginn mit der Monolatrie-Thematik in v.13.

In der LXX sind ferner v.15 und v.18 anhand der Verweise auf Geschichtsereignisse, den Auszug (v.15) sowie die Vertreibung der Feinde und Ausweitung der Grenzen (v.18), verbunden. Aus der Korrelation dieser beiden Verse lässt sich in der LXX bereits auf der Clusterebene eine Mitwirkung Jhwhs beim Auszug der Israeliten konstruieren, obgleich dieser in v.15 nicht kausativ formuliert wird. V.18 beschreibt Jhwh als zugunsten der Israeliten handelnden, hoheitlichen Akteur der Geschichte. Bedeutende, mithin förderliche Ereignisse in der Geschichte des

808 Für die LXX weist Gurtner wiederum auf die grafische Absetzung von v.13 durch Ausrückung in Ms *ExodB* hin, welche auf eine grafische Umsetzung des Überschriftscharakters deute (vgl. Gurtner, *Exodus*, 402).

Volkes Israel sind gemäß v.18 auf Jhwhs Handeln zurückzuführen. Entsprechend beruht im Lichte von v.18 auch der Auszug aus Ägypten in v.15 auf einer Ermöglichung durch Jhwh. Ex^{LXX} 23,13–19 zeichnet die Beziehung zwischen Jhwh und dem Volk Israel damit als wechselseitiges Verhältnis, in dem die Israeliten Jhwh verehren und Jhwh den Lauf der Geschichte zugunsten der Israeliten gestaltet.

Sam ordnet v.13 nicht dem kultgesetzlichen Rahmenstück zu. Dementsprechend stellt die Gehorsams- und Monolatrie-Thematik nicht die Überschrift des Clusters dar. Stattdessen gewinnt im Sam v.14 durch seine generelle Formulierung Überschriftscharakter. Dadurch, dass das Feiern der drei jährlichen Feste für Jhwh Überschrift des Abschnittes ist, erhält Ex^{Sam} 23,14–19 eine klare Ausrichtung auf die geforderten kultischen Handlungen. Diese ebnet auf der Clusterebene die Bahnen für eine Fokussierung auf den Kult an einem zentralen Ort. Die subtile Einfügung der Ortsthematik ist bereits auf der Einzelebene in der Nennung der Lade (ארון) und der damit verbundenen Konkretisierung auf einen einzigen Ort sichtbar geworden (s. o.). Insofern erhellt Sam die Bestimmungen in Ex^{Sam} 23,14–19 im Unterschied zu MT, LXX und Peš vom Kult im Heiligtum her, ohne explizit die Forderungen nach Gehorsam und Monolatrie damit zu verbinden. Entsprechend liegt im Sam auch keine Umklammerung durch die Anerkennung der Autorität Jhwhs in v.13 und v.19 vor. Diese wird als Instrument zur Stabilisierung der Gesellschaft im Rahmen des vorangehenden Clusters betrachtet (s. o.). Im Zusammenhang der Kultbestimmungen in Ex^{Sam} 23,14–19 wird Jhwhs Autorität als Gott Israels vorausgesetzt (v.14), aber nicht explizit eingeschärft.

Zusammenfassend ist festzuhalten, dass alle betrachteten Textzeugen den vorliegenden Abschnitt auf der Clusterebene der Absicht der kultischen Verehrung Jhwhs unterstellen. MT, LXX und Peš formen dieses Anliegen hinsichtlich der Beziehung zwischen Jhwh und Israel aus. Dabei zeigt insbesondere Peš eine Ausdehnung der Beziehungsvorstellung auch auf den mentalen Bereich der Adressaten. Sam hingegen setzt das Beziehungsthema zwar voraus (v.14), gestaltet den hinteren kultgesetzlichen Rahmen aber nicht von diesem her, sondern fokussiert die Kulthandlungen und deren Ort. Die LXX fügt zudem die Geschichtsdimension im Verhältnis zwischen Jhwh und Israel ein und beschreibt zugleich die Wechselseitigkeit der Beziehung.

c. Begründungsstrukturen im Textraum *Bundesbuch*

MT:

1. Textstrukturelle Verflechtungen von Ex 23,13–19 zum Bundesbuch insgesamt: Die Einhaltung der Gesetze Jhwhs als Jhwh-Dienst

Für Ex 23,13–19 liegen lexematische Berührungen zu allen Clustern des Bundesbuches vor, außer zu Ex 22,15 f. Die Stichwortberührungen zu den Clustern des gesetzlichen Hauptteils, v. a. zu Ex 21,12–17; Ex 21,18–32; Ex 21,33–22,14; Ex 22,20–26, sind überwiegend unspezifisch und gewinnen als Merkmal der lexematischen Textstruktur im Bundesuch aufgrund ihres Auftretens im kultgesetzlichen Abschluss des Bundesbuches an Relevanz. Das Cluster Ex 23,13–19 nimmt durch die Gestaltung eines kultrechtlichen Rahmens mit Ex 20,22–26 eine wichtige Rolle zur Autorisierung des Rechts des Bundesbuches ein (s. 5.1.1.c.MT:1/3). Darüber hinaus erhöht sich in Ex 23,13–19 die Anzahl der Verweise auf die Gesamterzählung (vv.13.15). Diese dienen zum einen zur Gestaltung des Übergangs in die Gesamterzählung und tragen zum anderen auch Argumente für die Autorisierung der Bestimmungen ein (s. 4.1.2).

Die Autorisierungsfunktion des Clusters Ex 23,13–19 realisiert sich sowohl in der Stellung und Funktion des Clusters innerhalb der Komposition des Bundesbuches als auch in Bezug auf dessen Verhältnis zur Gesamterzählung. In Anbetracht dessen weist die lexematische Einbindung fast aller Cluster des Bundesbuches in Ex 23,13–19 auf eine Zusammenfassung aller Inhalte des Bundesbuches unter der Leitlinie des Clusters Ex 23,13–19. Diese besteht in der Pflege einer kultischen Beziehung zu Jhwh, dem einzigen Gott des Volkes Israel. Ex 23,13–19 begründet damit das gesamte Recht des Bundesbuches als ein Element der Bindung an Jhwh. Insbesondere Ex 23,13 ermöglicht dahingehend als Überschrift des Clusters eine Parallelisierung der Einhaltung aller Jhwh-Gesetze, welche in v.13 angeordnet wird, mit der kultischen Verehrung Jhwhs, welche vv.14–19 explizieren.

2. Ex 23,13–19 in Beziehung zu Ex 20,22–26; 22,17–19; 22,27–30: Begründung der Alleinverehrung Jhwhs mit der Autorität Jhwhs und der Aussicht auf Segen

Mit den Clustern Ex 20,22–26; 22,17–19 und 22,27–30 ist Ex 23,13–19 vorrangig anhand der Thematik der kultischen Alleinverehrung Jhwhs verbunden. Das intertextuelle Verhältnis zwischen Ex 23,13–19 und Ex 20,22–26 erfüllt die Kriterien der Referentialität, Selektivität, Strukturalität und Kommunikativität (s. 5.1.1.c.MT:3). Zu Ex 22,17–19 besteht in der Fokussierung auf die alleinige Verehrung Jhwhs vor allem eine starke Selektivität (s. 5.3.5.c.MT:1), zu Ex 22,27–30 anhand der Forderung der Gabe des Ersten der landwirtschaftlichen Produktion zudem eine erhöhte Referentialität und Selektivität (s. 5.3.7.c.MT:1). Die verbindenden Stichworte, wie z. B. זב"ח (20,24; 22,19), אכ"ל (22,30) und אם (22,29), spiegeln die thematische Verknüpfung zwischen Ex 23,13–19 und Ex 20,22–26; 22,17–19; 22,27–30.

Im Zusammenklang von Ex 23,13–19 und Ex 20,22–26 wird ein Bild von der alleinigen Verehrung Jhwhs (23,13) am entsprechend gestalteten Kultort (20,23–26) gezeichnet. Aus Ex 20,22–26 tragen die Legitimation Jhwhs gegenüber den Israeliten (20,22) und die Fokussierung auf die förderliche Kraft der Beziehung zu Jhwh (20,24) zusätzliches Sinnpotenzial in Ex 23,13–19 ein: Zum einen wird

Jhwhs in Ex 23,13–19 vorausgesetzter Autoritätsanspruch durch den Verweis auf die Sinai-Theophanie in Ex 20,22 begründet. Zum anderen stellt Ex 20,22–26 die positiven Effekte der Pflege der kultischen Beziehung zu Jhwh, wie sie in Ex 23,13–19 vorgeschrieben ist, dar. Dabei tritt die Segensverheißung aus Ex 20,24 auf verschiedenen Ebenen in einen Dialog mit den Forderungen Jhwhs in Ex 23,13–19: Auf der Ebene der Einzelbestimmungen werden die im Rahmen der landwirtschaftlichen Feste genannten Arbeitserträge (מעשיך) in Ex 23,16 nicht nur als Frucht der eigenen Arbeit, sondern auch als Frucht der Segnungen Jhwhs begreifbar. Auf der Ebene des Clusters Ex 23,13–19 wird die Gegenseitigkeit in der Beziehung zwischen Jhwh und Israel explizit. Auf der Ebene des Bundesbuches wird die Befolgung des Jhwh-Rechts als Dienst für Jhwh (Ex 23,13–19) mit der Aussicht auf Segen (Ex 20,24) belohnt.

Des Weiteren ist Ex 23,13 im Textraum *Bundesbuch* in seiner Übergangsfunktion relevant: Ex 23,13 greift die Fremdgötterproblematik aus Ex 20,23; 22,19 auf und führt diese dem kultgesetzlichen und narrativen Rahmenstück zu. Die kultische Abgrenzung gegenüber fremden Göttern durchzieht damit die Rahmenstücke des Bundesbuches. Im Zusammenhang mit Ex 22,27–30 wird die exklusive Kultbeziehung zu Jhwh (Ex 23,13–19) als Garant gesellschaftlicher Stabilität erhellt (s. 5.3.7.c.MT:1).

3. Ex 23,13–19 in Beziehung zu Ex 21,2–11: Jhwh-Kult als Dienstpflicht gegenüber dem Herrn

Aus dem intertextuellen Verhältnis zwischen Ex 21,2–11 und Ex 23,13–19 entfaltet sich für das vorliegende Cluster vor allem anhand des Stichworts אדון zusätzliches Sinnpotenzial in Bezug auf die Beschreibung der Beziehung zwischen Jhwh und Israel.[809] Das auf der Ebene der Einzelgesetze terminologisch mit אדון in Ex 23,17 eingeführte (landwirtschaftliche) Dienstverhältnis erhält im Zusammenhang mit Ex 21,2–11 eine explizite Ausformung zu einer Sklave-Herr-Beziehung. Hierbei gewinnt auch die Exodus-Notiz in Ex 23,15 zusätzliches hermeneutisches Potenzial, da sie zur Freilassung des Sklaven in Ex 21,2–11 parallelisiert werden kann. Der Auszug aus Ägypten (Ex 23,15) hat als Auszug aus der Sklavenschaft (Ex 21,2–11) die Israeliten in ein qualitativ neues Dienstverhältnis, nämlich jenes zu Jhwh (Ex 23,13–19), geführt. Die kultische Verehrung Jhwhs, wie sie Ex 23,13–19 vorschreibt, lässt sich vor dem Hintergrund von Ex 21,2–11 insofern als eine Dienstplicht der „Sklaven“ (עבד) Jhwhs beschreiben.

809 Zur mit der Bezeichnung אדון einhergehenden sozialen Verhältnisbestimmung s. Rösel, *Adonaj*, 28.

In der Fokussierung auf die Thematik des Dienstverhältnisses ist die intertextuelle Beziehung zwischen Ex 21,2–11 und Ex 23,13–19 als stark selektiv und schwach referentiell einzuschätzen, in der Breite und Spezifik der lexematischen Verknüpfung, z. B. anhand von אדון und יצ״א, als schwach bis mäßig kommunikativ.

4. Ex 23,13–19 in Beziehung zu Ex 23,1–9.10–12: Das Begehen des Jhwh-Kultes als Stabilisator der Gesellschaft

Das intertextuelle Verhältnis zwischen Ex 23,13–19 und Ex 23,1–9.10–12 wird vorrangig von der inhaltlichen Ausrichtung auf eine landwirtschaftlich geprägte Gesellschaft sowie der Einhaltung bestimmter Zeiten getragen (s. 5.2.1.c.MT:3). Im Zusammenspiel beider Cluster überträgt sich aus Ex 23,1–9.10–12 insbesondere die soziale und gesellschaftsstabilisierende Abzweckung von Brachjahr- und Ruhetag auf die kultischen Forderungen in Ex 23,13–19. Vor dem Hintergrund dieses zusätzlichen Sinnpotenzials ist das Feiern der angeordneten Feste nicht nur ein Dienst an Jhwh (Ex 23,14), sondern kann auch als Stabilisator der Gesellschaft begründet werden.

5. Ex 23,13–19 in Beziehung zu Ex 23,20–33: Begründung des Jhwh-Kultes als Identitätsmerkmal des Volkes Israel

Zwischen Ex 23,13–19 und Ex 23,20–33 besteht anhand der Themen der Alleinverehrung Jhwhs und des Gehorsams eine enge Verbindung, die im vorliegenden Cluster vorrangig von Ex 23,13 getragen wird. In der Textbeziehung zu Ex 23,20–33 vollzieht sich eine zusätzliche Sinnanreicherung für Ex 23,13–19 anhand dialogizitärer Ausleuchtungen zu den Stichworten שׁם, מעשׂה sowie im Querverbinder אלהים (s. u.). Die dialogizitären Ausleuchtungen beschreiben jeweils eine Gegenüberstellung von Jhwh und Israel gegenüber anderen Göttern und fremden Völkern. Jhwhs Name (שׁם) liegt im Inneren des Boten (בקרבו), dem die Israeliten gehorchen sollen (Ex 23,21). Der Name anderer Götter darf im Volk Israel nicht gebraucht werden (Ex 23,13). Diese Götter sind die Götter (אלהים) der fremden Völker (Ex 23,23 f.), denen die Israeliten nicht anheimfallen sollen (Ex 23,33). Die Werke der Israeliten (מעשׂה) unterscheiden sich von denen der Fremdvölker (Ex 23,24). Der Jhwh-Kult (Ex 23,13–19) unterscheidet sich von den fremden Kulten (Ex 23,24).

Diese Kontrastierung von Jhwh und Israel gegenüber Fremdvölkern und ihren Göttern (Ex 23,23 f.27 f.), welche sich im intertextuellen Verhältnis zwischen Ex 23,13–19 und Ex 23,20–33 entfaltet, trägt in Ex 23,13–19 die Thematik der Identität des Volkes Israel ein. Mit Ex 23,13–19 findet diese ihre wesentliche Konkretion in der kultischen Verehrung Jhwhs. Die Einhaltung der Bestimmungen von

Ex 23,13–19 stellt insofern auch eine identitätsbestimmende Abgrenzung gegenüber fremden, mithin verfeindeten (Ex 23,20–33), Völkern dar.

Aus der syntagmatischen Parallele von Ex 23,13 (ובכל אשר־אמרתי אליכם) und 23,22 (כל אשר אדבר) wird der Gehorsam zudem in maximaler Reichweite für bereits getroffene (AK) und noch zu treffende (PK) Forderungen Jhwhs verlangt.

Das intertextuelle Verhältnis zwischen Ex 23,13–19 und Ex 23,20–33 stellt sich in der Fokussierung auf den Gehorsam und die Alleinverehrung Jhwhs stark selektiv und referentiell, in den lexematischen Berührungen schwach bis mäßig kommunikativ sowie in der inhaltlichen Ausleuchtung der betreffenden Stichworte stark dialogizitär dar.

6. Querverbindung durch אלהים: Jhwh als ‚dein Gott' gegenüber anderen Göttern

Mit dem Stichwort אלהים hat Ex 23,13–19 im Textraum *Bundesbuch* an der hiermit gestalteten Querverbindung teil, welche insbesondere in der Kontrastierung von Jhwh als Gott Israels und anderen Göttern die Beziehung zwischen Jhwh und Israel hervorhebt (s. 5.1.1.c.MT:5).

LXX:

Ex^{LXX} 23,13–19 zeigt im Textraum *Bundesbuch* lexematische Berührungen zu allen Textclustern des Bundesbuches, auch zu Ex^{LXX} 22,15 f. (κοιμάομαι). Die lexematische Textstruktur sowie die vorliegende Rahmung mit den Kultgesetzen in Ex^{LXX} 20,22–26 sprechen auch in der LXX für eine Zusammenführung der Rechtsbestimmungen des Bundesbuches unter der Leitlinie des übergreifend autorisierend wirkenden Clusters Ex^{LXX} 23,13–19: Das Recht des Bundesbuches ist Teil der Beziehung zu Jhwh und der Verehrung Jhwhs (s. 5.2.2.c.MT:1).

Das intertextuelle Verhältnis zwischen Ex^{LXX} 23,13–19 und 20,22–26 gestaltet sich inhaltlich teils verschieden zu MT. Zunächst ist der Aspekt der Gegenseitigkeit in der Beziehung zwischen Jhwh und Israel ausgehend vom textlichen Überschuss in Ex^{LXX} 23,18 bereits auf der Clusterebene in Ex^{LXX} 23,13–19 vorhanden. Im Zusammenklang mit Ex^{LXX} 20,24 erfährt diese Vorstellung eine Vertiefung: Die Ankündigung des Kommens und Segnens aus Ex^{LXX} 20,24 tritt zum Textzusatz in 23,18 ins Verhältnis. Das Kommen und Segnen erhält im Verweis auf Jhwhs Geschichtshandeln zugunsten der Israeliten eine Konkretisierung.

Darüber hinaus bildet sich im Verhältnis beider Textcluster zusätzliches Sinnpotenzial anhand des οἶκος-Begriffes heraus. Ex^{LXX} 20,22 verwendet diesen Terminus in der Wendung οἶκος Ἰακώβ synonym zu υἱοὶ Ἰσραήλ zur Bezeichnung des

Volkes Israel.[810] Ex^LXX^ 23,19 benennt damit das Heiligtum Jhwhs (οἶκος κυρίου τοῦ θεοῦ σου), d.h. den Kultort. In der Textbeziehung beider Cluster lassen sich die ethnische und die lokale Bedeutung von οἶκος aufeinander beziehen: Das „Haus Jakobs" ist an das „Haus Jhwhs", welches regelmäßig aufzusuchen ist, gebunden. Die Beziehung zu Jhwh, die sowohl Ex^LXX^ 20,22–26 als auch Ex^LXX^ 23,13–19 hervorheben, bringt insofern für das Volk Israel und dessen Selbstverständnis eine Ortsbindung mit sich, die – gemäß Ex^LXX^ 20,24 – auf mehrere, wechselnde Kultorte verteilt sein kann, in Ex^LXX^ 23,19 aber auch für die Existenz nur *eines* Kultortes anschlussfähig ist.

Die Orts- und Identitätsthematik, die Ex^LXX^ 23,19 im Zusammenhang mit Ex^LXX^ 20,22–26 aufwirft, bestätigt sich zudem in der verstärkten Anbindung des Clusters Ex^LXX^ 23,13–19 an Ex^LXX^ 23,20–33 (s. u.).

Das intertextuelle Verhältnis zwischen Ex^LXX^ 23,13–19 und Ex^LXX^ 21,2–11 entspricht den Beobachtungen zu MT (s. o.). Darüber hinaus sind hier die Querverbindungen der LXX anhand von ἔθνος und κύριος zu nennen (s. u.). Insbesondere die Berührung anhand des Stichworts ἔθνος, das in Ex^LXX^ 23,18 fremde, bisweilen verfeindete Völker bezeichnet, verstärkt im intertextuellen Verhältnis von Ex^LXX^ 23,13–19 und Ex^LXX^ 21,2–11 die Tendenz der Abgrenzung zu anderen Völkern. Im Cluster Ex^LXX^ 21,2–11 dient die Abgrenzung der Erhaltung des eigenen Volkes, in Ex^LXX^ 23,13–19 geschieht sie zum Zweck der ungestörten und alleinigen Verehrung Jhwhs. In diesem Sinne lassen sich die Erhaltung des Volkes Israel und die Erhaltung des Jhwh-Kultes im Textraum *Bundesbuch* intertextuell aufeinander beziehen.

Im intertextuellen Verhältnis zwischen Ex^LXX^ 23,1–9.10–12 und Ex^LXX^ 23,13–19 vollzieht sich, vergleichbar zu MT, eine Verkultlichung in Bezug auf das erstgenannte Cluster und eine Sozialisierung in Bezug auf das letztgenannte Cluster. Verkultlichung bedeutet dabei, dass die Befolgung der jeweiligen Bestimmungen, von Jhwh angeordnet, als Dienst für Jhwh begreifbar wird. Sozialisierung dagegen heißt, dass die soziale Dimension und die positiven gesellschaftlichen Effekte des Jhwh-Kultes hervortreten. In Ex^LXX^ 23,18 liegen diese offener zutage als im MT, insofern die Sicherheit vor Feinden beim Ausführen des Kultes ebenso einen Vorteil für die Israeliten darstellt.

Zum narrativen Rahmenstück in Ex^LXX^ 23,20–33 weist Ex^LXX^ 23,13–19 eine deutlich intensivere lexematische und thematische Anbindung auf als MT, sodass in der LXX die Kommunikativität und die Referentialität der intertextuellen Beziehung gestärkt sind. Diese Intensivierung geht u. a. vom textlichen Überschuss in Ex^LXX^ 23,18 aus, welcher die Landes- und Fremdvölkerthematik aufruft. Neben

810 Zum οἶκος als soziale und rechtliche Struktur in der LXX vgl. Wodke, „Oikos", 58–140.

Alleinverehrung und Gehorsam verbinden damit auch die Frage nach dem Land und dem Umgang mit Fremdvölkern Ex^{LXX} 23,13–19 mit Ex^{LXX} 23,20–33. Vergleichbar zum Verhältnis zu Ex^{LXX} 20,22–26 rücken auch hier die Identität und Lokalbindung des Volkes Israel in den Sinnhorizont des Cluster Ex^{LXX} 23,13–19.

Des Weiteren bringt in der LXX die verstärkte Thematisierung der Frage nach dem Land im Textraum *Bundesbuch* ein deutlicheres Drängen auf den Fortgang der Gesamterzählung mit sich: Am Ende des gesetzlichen Hauptteils setzt in Ex^{LXX} 23,10–12 mit dem Stichwort γῆ (23,10) die Landesthematik ein. Ex^{LXX} 23,13–19 greift mit dem Stichwort γῆ (23,19) und dem Textzusatz in 23,18 intensiver auf die Landesthematik zurück. In Ex^{LXX} 23,20–33 tritt die Landesthematik schließlich ganz explizit hervor (γῆ: 23,20.26.29.30.31.33). Das Ziel des Lebens im Land durchzieht in seiner Begründungskraft damit den gesamten Schlussteil des Bundesbuches.

Mit den Stichworten ἔθνος, κύριος und θεός partizipiert Ex^{LXX} 23,13–19 innerhalb des Bundesbuches an den dadurch gestalteten Querverbindungen (s. 5.1.3.c.LXX).

Sam:

Aufgrund der Zuordnung von Ex^{Sam} 23,13 zum Cluster Ex^{Sam} 23,1–9.10–13 fallen für Ex^{Sam} 23,14–19 im Textraum *Bundesbuch* quantitativ die Stichwortverbindungen durch אמ״ר, זכ״ר, שם und שמ״ע weg. Zudem bedingt die Lesung von ארון statt אדון in Ex^{Sam} 23,17 einen Wegfall der Berührungen mit אדון für das vorliegende Cluster. יהוה liegt nicht in Ex^{Sam} 22,19, aber zusätzlich in Ex^{Sam} 22,8 vor. Im Textüberschuss von Ex^{Sam} 23,19 ergeben sich innerhalb des Bundesbuches quantitativ zusätzliche Berührungen für עש״י, זב״ח und אלהים.

Trotz des Wegfalls der genannten Stichworte bleiben auch in Ex^{Sam} 23,14–19 Stichwortberührungen zu allen Clustern des Bundesbuches, außer Ex^{Sam} 22,15 f., erhalten. Spezifische Textbeziehungen liegen zu den bereits im MT genannten Clustern vor, wobei die Bezüge zu Ex^{Sam} 20,22–26 reduziert sind.

Bedingt durch die Ausgrenzung von Ex^{Sam} 23,13 aus dem vorliegenden Cluster und die Lesung von ארון statt אדון ergeben sich auf qualitativer und inhaltlicher Ebene im Textraum *Bundesbuch* deutliche Differenzen zu MT. Diese betreffen das Verhältnis zu Ex^{Sam} 20,22–26; 22,17–19; 23,20–33 und 21,2–11. Die Ausgrenzung der expliziten Monolatrie- und Gehorsamsthematik aus dem Cluster Ex^{Sam} 23,14–19 führt im intertextuellen Zusammenhang mit Ex^{Sam} 20,22–26 zu einer deutlicheren Fokussierung auf den Kultort, an dem die Verehrung Jhwhs stattfindet. Die ortsbindenden Tendenzen beider Cluster (במקום, ארון) verstärken die Schwerpunktsetzung auf den Kultort zusätzlich. Nicht Gehorsam und Alleinverehrung (23,13), sondern der Kult an *dem einen* festgelegten Kultort prägt und begründet den Zusammenhang des kultgesetzlichen Rahmens im Sam. Aufgrund der Rahmungsfunktion beider Cluster und der lexematisch-textstrukturellen Integration nahezu des gesamten Bundesbuches wirkt sich die Betonung des Kultortes im Sam auch im Textraum *Bundesbuch* insgesamt aus, sodass sich das Recht des Bundesbuches als Element der Entfaltung der Jhwh-Verehrung an dem *einen* Kultort darstellt.

Eine ähnliche Bedeutungsverlagerung vollzieht sich im Verhältnis zu Ex^{Sam} 22,17–19 und 23,20–33. Die im Vergleich zu MT verkürzte Formulierung der Alleinverehrung in Ex^{Sam} 22,19 sowie die Ausgrenzung von Ex^{Sam} 23,13 aus dem vorliegenden Cluster reduzieren gegenüber MT im Verhältnis von Ex^{Sam} 22,17–19 und Ex^{Sam} 23,14–19 die Betonung der Alleinverehrungsthematik. Auf das Verhältnis zu Ex^{Sam} 23,20–33 wirkt sich die Ausgrenzung von Ex^{Sam} 23,13 aus dem betrachteten Cluster in vergleichbarer Weise aus: Die über den Anspruch des Gehorsams und der Alleinverehrung hergestellte thematische Anbindung an Ex^{Sam} 23,20–33 ist für das vorliegende Cluster im Sam gekappt. Die Betonung von Kult und Kultort in Ex^{Sam} 23,14–19 führt im Zusammenhang mit Ex^{Sam} 22,17–19; 23,20–33 zur verstärkten Kontrastierung zwischen dem Kult des Volkes Israel für Jhwh und den Kulten fremder Völker.

In Bezug auf Ex^{Sam} 21,2–11 wirkt sich, verglichen mit MT, das Fehlen des Stichwortes אדון aus. Eine Beschreibung des Verhältnisses zwischen Israel und Jhwh in Form einer Sklave-Herr-Beziehung ist im Sam in der Textbeziehung von Ex^{Sam} 23,14–19 und 21,2–11 nicht expliziert. Eine Parallelisierung des Ausziehens aus Ägypten mit dem Auszug aus der Sklavenschaft ist allerdings auch im Sam möglich (s. o.).

Peš:

Für Peš sind im Textraum *Bundesbuch* im Vergleich zu MT drei Befunde bedeutsam, die insbesondere die Beziehung zu Ex^{Peš} 23,20–33 betreffen: das quantitativ intensivierte Verhältnis zu Ex^{Peš} 23,20–33, der Wegfall von Stichwortberührungen eines Äquivalents zu מעשה sowie die zusätzlichen Berührungen anhand von ܒܝܬܐ.

Auch in Peš wird das intertextuelle Verhältnis zwischen Ex^{Peš} 23,13–19 und 23,20–33 von den Themen der Alleinverehrung und des Gehorsams getragen. Durch die Verwendung der Verben ܙܗܪ *Etpe* („achten, aufpassen“)[811] und ܢܛܪ *Pe*/*Pa* („bewahren, bewachen“)[812] differenziert Peš in beiden Clustern das zum Gehorsam gehörende Wortfeld näher aus. Damit legt Peš einen Fokus auf die Gehorsamsthematik. Zur Thematik der Alleinverehrung bestehen auch in Peš dialogizitäre Ausleuchtungen zu ܫܡܐ und ܐܠܗܐ (s. 5.2.2.c.MT:5). Die Gegenüberstellung der Israeli-

811 Vgl. Brockelmann/Sokoloff, *Lexicon*, 368.
812 Vgl. Brockelmann/Sokoloff, *Lexicon*, 913.

ten und der Fremdvölker anhand des Stichwortes מעשה entfällt allerdings, sodass im Vergleich zu MT die identitätsprägende Abgrenzung gegenüber Fremdvölkern in Bezug auf die Israeliten in Peš gemindert ist. Stattdessen bindet Peš mit dem Stichwort ܒܝܬܐ (23,25), vergleichbar zur LXX (s. 5.2.2.c.LXX), die ethnische und lokale Dimension des Jhwh-Kultes ein und erweitert diese durch die intensivierte Eintragung der Landesthematik mit dem Stichwort ܐܪܥܐ (23,19.20.26.29.30.31.33). Auch Peš drängt hiermit, vergleichbar zur LXX (s. 5.2.2.c.LXX), stärker auf den Fortgang der Gesamterzählung und lässt das Ziel des Lebens im Land zu einer dominierenden Begründung im Schlussteil des Bundesbuches werden.

Zusätzliches Sinnpotenzial bindet sich in Peš an das Stichwort ܕܚܠܬܐ in v.13. In Ex[Peš] 22,19; 23,13.32 bezeichnet ܕܚܠܬܐ fremde Götter. In Ex[Peš] 23,32 wird ܕܚܠܬܐ synonym zu ܐܠܗܝܗܘܢ (v.24) verwendet. Die wortwörtliche Bedeutung von ܕܚܠܬܐ ist „Furcht“,[813] womit in Ex[Peš] 23,27 der Jhwh-Schrecken bezeichnet ist. Mit ܕܚܠܬܐ wählt Ex[Peš] 23,13 insofern auch eine auf emotionaler Ebene abgrenzende Terminologie, welche in diesem Zusammenhang die gehorsame Fokussierung auf Jhwh einschärft. Insgesamt wird die Einhaltung des Jhwh-Kults in der Zusammenschau von Ex[Peš] 23,13–19 und 23,20–33 weniger als Identitätsmerkmal des Volkes Israel begründet, sondern als Identitätsmerkmal Jhwhs, welchem sich die deutlicher in den Vordergrund gestellte Gehorsams- und Landesthematik zuordnen.

Darüber hinaus zeigt Peš im Textraum *Bundesbuch* ebenso lexematische Berührungen zu allen Textclustern des Bundesbuches, außer zu Ex[Peš] 22,15 f., und die Stichworte ܡܪܐ/ܡܪܝܐ und ܐܠܗܐ binden Ex[Peš] 23,13–19 an die dadurch gestalteten Querverbindungen an (s. 5.1.1.c.MT:5; 5.1.3.c.MT:4).

Auswertung – Ausdifferenzierung und Verbreiterung der Begründungszusammenhänge des Rechts in Sam, LXX und Peš

In allen betrachteten Textzeugen weist das Cluster Ex 23,13–19 im Textraum *Bundesbuch* in seiner lexematisch-textstrukturellen Gestaltung und Rahmungsfunktion mit Ex 20,22–26 Beziehungen zum gesamten Bundesbuch auf. Spezifische Textbeziehungen bestehen dabei jeweils zu Ex 20,22–26; 21,2–11; 22,17–19; 22,27–30; 23,1–9.10–12; 23,20–33.

Die lexematische Textstruktur und Rahmungsfunktion von Ex 23,13–19 stellen das gesamte Recht des Bundesbuches unter das Ziel der Pflege einer kultischen Beziehung zu Jhwh.[814] Die Befolgung der Anordnungen Jhwhs ist im Sinne des

813 Vgl. Brockelmann/Sokoloff, *Lexicon*, 282.

814 Schwienhorst-Schönberger schreibt die stichwortgeleitete Einbindung des Clusters Ex 23,13–19 in das Bundesbuch einer gottesrechtlichen Redaktion zu (vgl. Schwienhorst-Schönberger, *Bundesbuch*, 402–406). Die im Textraum *Bundesbuch* herausgestellte Theologisierung und Verkultlichung des Rechts des Bundesbuches beschreibt diesen Befund aus intertextueller Perspektive.

Gehorsams gegenüber den Gesetzen des Bundesbuches ein Bestandteil dieser Beziehungspflege. Sam bindet hier den Jhwh-Kult zudem an den *einen* Kultort. Die Beziehungspflege durch Gesetzesgehorsam impliziert im Sam daher zugleich die Anerkennung des *einen* Jhwh-Kultortes.

Im Verhältnis zu Ex 20,22–26 entfaltet sich in allen betrachteten Textzeugen zusätzliches Sinnpotenzial anhand der Segensankündigung in Ex 20,24. Dahingehend bezieht die LXX in Ex^{LXX} 23,18 auch das Geschichtshandeln Jhwhs als Segensleistung zugunsten der Israeliten ein. MT, Sam und Peš hingegen beschränken sich inhaltlich auf die landwirtschaftlichen Erträge. Sam grundiert ferner beide Cluster mit der Thematik des *einen* Kultortes. LXX und Peš binden über den ‚Haus'-Begriff die Identitäts- und Ortsthematik ein.

Im intertextuellen Verhältnis zu Ex 23,20–33 fokussieren alle betrachteten Textzeugen den Gehorsam und die Jhwh-Verehrung und integrieren so die Frage nach der Identität des Volkes Israel in Abgrenzung zu anderen Völkern und Kulten. Sam bezieht die Identitätsfrage zudem auf die Frage nach dem Kultort. In Peš hingegen lässt sich eine Abschwächung der Identitätsproblematik auf der einen Seite, aber eine Zunahme in der Betonung der Gehorsams- und Landesthematik auf der anderen Seite beobachten. Die Landesthematik stärkt in diesem Zusammenhang auch die LXX. LXX und Peš forcieren hierbei im Schlussteil des Bundesbuches hintergründig den Fortgang der Gesamterzählung.

Aus literarhistorischer Sicht lässt sich in der Textbeziehung von Ex 23,13–19 zu den Rahmenstücken Ex 20,22–26; 23,20–33 in den betrachteten Textzeugen eine Verbreiterung von Inhalten der Rechtsbegründung beschreiben. Für die intertextuelle Beziehung zu den Clustern des gesetzlichen Hauptteils hingegen zeichnet sich unter den betrachteten Textzeugen eine deutlich geringere Ausdifferenzierung der Begründungslinien ab: Aus der intertextuellen Beziehung zu Ex 23,1–9.10–12 erfahren die kultischen Bestimmungen von Ex 23,13–19 eine Sozialisierung, indem sie unter dem Aspekt ihres gesellschaftlichen Nutzens betrachtet werden. Aus der intertextuellen Beziehung zu Ex 21,2–11 wird der Jhwh-Kult in MT, LXX und Peš als Dienstpflicht der Israeliten gegenüber ihrem Herrn beschreibbar, wobei die LXX auch in diesen Zusammenhang die Identitätsthematik anhand des Stichwortes ἔθνος integriert und die Erhaltung des Jhwh-Kultes mit der Erhaltung des Volkes Israel verbindet.

d. Begründungsstrukturen im Textraum *Sinaiperikope*

MT:

1. Ex 23,13–19 in Beziehung zu Ex 20,1–17: Alleinverehrung als Beziehungsmodell

Ex 20,1–17 und Ex 23,13–19 stehen vorrangig anhand der Forderung der Alleinverehrung Jhwhs im Textraum *Sinaiperikope* zueinander in Beziehung. Die Stichwort- und Phrasenverbindungen zwischen beiden Texten beziehen sich z. B. in יהוה אלהיך, שם und אלהים אחרים auf die gemeinsame Thematik. Das intertextuelle Verhältnis von Ex 20,1–17 und Ex 23,13–19 gestaltet sich in seiner thematischen Verknüpfung mäßig referentiell und stark selektiv und in der lexematischen Markierung schwach kommunikativ.

Ex 20,2–7 entfaltet den Alleinigkeitsanspruch Jhwhs gegenüber dem Volk Israel. Ex 20,2 begründet diesen Anspruch in Form einer Selbstvorstellung Jhwhs mit der Herausführung aus Ägypten: Jhwh hat die Israeliten aus der Knechtschaft in Ägypten befreit (Ex 20,2), um deren Gott zu sein. Konsequenterweise ist jegliche Bindung an andere Götter für Israel nicht zulässig (Ex 20,3). Das bezieht insbesondere Kultbilder und deren Verehrung mit ein (Ex 20,4 f.), aber auch den Schutz des Namens Jhwhs (Ex 20,7). Die Kenntnis und der Gebrauch des Namens bringen eine gesteigerte Verfügungsgewalt mit sich, beeinflussen Jhwhs Ruf und lassen Jhwh plastischer werden.[815] Um Jhwhs Ruf nicht zu schänden (v.7) und ihn nicht mit bildgebenden Vorstellungen zu erfassen (v.4), darf sein Name nicht missbraucht werden. Zur expliziten Begründung droht Ex 20,7 die Bestrafung eines Verstoßes gegen das Gebot durch Gott selbst an und rekurriert inhaltlich implizit auf Gottes Eigenschaft der Eifersucht (v.5: אל קנא). Die entsprechende Strafe wird als eine Handlung aus Eifersucht erklärt. Demzufolge erscheint das gestrafte Vergehen als ein Vergehen an der Beziehung zu Jhwh.

Die historische Argumentation mit dem Exodus aus Ex 20,2 wird in Ex 20,5 f. um eine theologische Begründung sowie um eine Sanktionierung ergänzt. Jhwhs Eigenschaft der Eifersucht stellt einen zusätzlichen Grund für seinen Alleinigkeitsanspruch gegenüber Israel dar und bedingt zugleich die Sanktionierung der Alleinigkeitsforderung (Ex 20,5b.6). Die Sanktionen beziehen sich dabei jeweils generationsübergreifend auf zwei Gruppen: als strafende Heimsuchung gelten sie den „Hassern“ Jhwhs (שנאי) – also denen, die von ihm abweichen; als belohnende Gnade hingegen gelten sie denen, die Jhwh „lieben“ und seine Gebote „bewahren“

815 Vgl. Propp, *Exodus 19–40*, 174.

(אהבי, שמרים). Die generationsübergreifende Ausrichtung der Sanktionen untermauert die Dauerhaftigkeit, auf die Jhwhs Anspruch auf das Volk Israel und seine Beziehung zu diesem Volk hin angelegt ist.

In der intertextuellen Verbindung von Ex 20,2–7 und Ex 23,13 entfaltet die historische Begründung des Alleinigkeitsanspruchs Jhwhs gegenüber Israel zusätzliches Sinnpotenzial, indem der in Ex 23,13 vorausgesetzte Anspruch Jhwhs mit dem Exodus erklärbar wird.

Die Namensthematik erfährt im intertextuellen Verhältnis beider Texte eine ergänzende Ausleuchtung: Ex 23,13 bezieht sich auf den Gebrauch des Namens fremder Götter, der wegen der damit einhergehenden Anerkennung der Göttlichkeit abzulehnen ist. Ex 20,7 dagegen bezieht sich auf den Namen Jhwhs, dessen Gebrauch zwar zulässig ist, aber nicht לשוא erfolgen darf. Welche Situationen die wenig konkrete Einschränkung לשוא vor Augen hat, lässt Interpretationsspielraum offen. Deutlich ist allerdings, dass sowohl das Verbot in Ex 20,7 als auch das in Ex 23,13 dem Schutz des exklusiven Verhältnisses zu Jhwh dient.

2. Ex 23,13–19 in Beziehung zu Ex 34,10–26: Begründung des Rechts als Bestandteil der Bundesbeziehung mit gegenseitigen Verpflichtungen

Im intertextuellen Verhältnis zwischen Ex 23,13–19 und Ex 34,10–26 sticht insbesondere die über weite Strecken wortgleiche Übereinstimmung zwischen beiden Texten hervor (vgl. Ex 23,15.16a.17–19 und 34,18.20b.22b.23.24b.25 f.), welche in der Textbeziehung zu einem hohen Maß an Kommunikativität und Referentialität führt. Basierend auf Arbeiten Halbes wird Ex 34,10–26 in der Forschung unter dem Stichwort ‚Privilegrecht' als alte Tradition,[816] die „JHWHs Privileg an Israel fest[schreibt; AmK] und [...] Israel auf das Halten seiner Gebote [verpflichtet; AmK]",[817] behandelt. Dabei entfalte sich im Rahmen dieser Tradition insbesondere die Bundesthematik.[818]

Die nachfolgende Tabelle stellt anhand von Unterstreichungen und Textstellenangaben das gemeinsame Inventar von Ex 34,10–26 und dem Abschluss des Bundesbuches in Ex 23,12.13–33 dar. Dabei sind vergleichbare Inhalte mit „vgl." und wörtliche Übereinstimmungen mit = markiert:

816 Halbe arbeitet für Ex 34,10–26 einen traditionsgeschichtlichen Vorrang vor dem Bundesbuch heraus und bezieht diesen nicht auf eine literarische Abhängigkeit (vgl. Halbe, *Privilegrecht*, 449.505).

817 Grünwaldt, „Recht (AT)", in: *WiBiLex* (2011), 3.4.2.

818 Vgl. Halbe, *Privilegrecht*, 522 f.

Tab. 10: Überschneidungen zwischen Ex 23,12–33 und Ex 34,10–26.

Ex 23,12–33	Ex 34,10–26
	10 וַיֹּאמֶר הִנֵּה אָנֹכִי כֹּרֵת בְּרִית נֶגֶד כָּל־עַמְּךָ אֶעֱשֶׂה נִפְלָאֹת אֲשֶׁר לֹא־נִבְרְאוּ בְכָל־
	הָאָרֶץ וּבְכָל־הַגּוֹיִם וְרָאָה כָל־הָעָם אֲשֶׁר־אַתָּה בְקִרְבּוֹ אֶת־מַעֲשֵׂה יְהוָה כִּי־נוֹרָא
vgl. Ex 23,13	הוּא אֲשֶׁר אֲנִי עֹשֶׂה עִמָּךְ׃ 11 שְׁמָר־לְךָ אֵת אֲשֶׁר אָנֹכִי מְצַוְּךָ הַיּוֹם הִנְנִי גֹרֵשׁ מִפָּנֶיךָ
vgl. Ex	אֶת־הָאֱמֹרִי וְהַכְּנַעֲנִי וְהַחִתִּי וְהַפְּרִזִּי וְהַחִוִּי וְהַיְבוּסִי׃ 12 הִשָּׁמֶר לְךָ פֶּן־תִּכְרֹת בְּרִית
23,23 f.28.32 f.	לְיוֹשֵׁב הָאָרֶץ אֲשֶׁר אַתָּה בָּא עָלֶיהָ פֶּן־יִהְיֶה לְמוֹקֵשׁ בְּקִרְבֶּךָ׃ 13 כִּי אֶת־מִזְבְּחֹתָם
	תִּתֹּצוּן וְאֶת־מַצֵּבֹתָם תְּשַׁבֵּרוּן וְאֶת־אֲשֵׁרָיו תִּכְרֹתוּן׃ 14 כִּי לֹא תִשְׁתַּחֲוֶה לְאֵל אַחֵר
(vgl. Ex 20,5)	כִּי יְהוָה קַנָּא שְׁמוֹ אֵל קַנָּא הוּא׃ 15 פֶּן־תִּכְרֹת בְּרִית לְיוֹשֵׁב הָאָרֶץ וְזָנוּ ׀ אַחֲרֵי
	אֱלֹהֵיהֶם וְזָבְחוּ לֵאלֹהֵיהֶם וְקָרָא לְךָ וְאָכַלְתָּ מִזִּבְחוֹ׃ 16 וְלָקַחְתָּ מִבְּנֹתָיו לְבָנֶיךָ וְזָנוּ
	בְנֹתָיו אַחֲרֵי אֱלֹהֵיהֶן וְהִזְנוּ אֶת־בָּנֶיךָ אַחֲרֵי אֱלֹהֵיהֶן׃ 17 אֱלֹהֵי מַסֵּכָה לֹא תַעֲשֶׂה־לָּךְ׃
= Ex 23,15	18 אֶת־חַג הַמַּצּוֹת תִּשְׁמֹר שִׁבְעַת יָמִים תֹּאכַל מַצּוֹת אֲשֶׁר צִוִּיתִךָ לְמוֹעֵד חֹדֶשׁ
= Ex 23,15	הָאָבִיב כִּי בְּחֹדֶשׁ הָאָבִיב יָצָאתָ מִמִּצְרָיִם׃ 19 כָּל־פֶּטֶר רֶחֶם לִי וְכָל־מִקְנְךָ תִּזָּכָר
	פֶּטֶר שׁוֹר וָשֶׂה׃ 20 וּפֶטֶר חֲמוֹר תִּפְדֶּה בְשֶׂה וְאִם־לֹא תִפְדֶּה וַעֲרַפְתּוֹ כֹּל בְּכוֹר בָּנֶיךָ
vgl. Ex 23,12	תִּפְדֶּה וְלֹא־יֵרָאוּ פָנַי רֵיקָם׃ 21 שֵׁשֶׁת יָמִים תַּעֲבֹד וּבַיּוֹם הַשְּׁבִיעִי תִּשְׁבֹּת בֶּחָרִישׁ
vgl. Ex 23,16	וּבַקָּצִיר תִּשְׁבֹּת׃ 22 וְחַג שָׁבֻעֹת תַּעֲשֶׂה לְךָ בִּכּוּרֵי קְצִיר חִטִּים וְחַג הָאָסִיף תְּקוּפַת
= Ex 23,17	הַשָּׁנָה׃ 23 שָׁלֹשׁ פְּעָמִים בַּשָּׁנָה יֵרָאֶה כָּל־זְכוּרְךָ אֶת־פְּנֵי הָאָדֹן ׀ יְהוָה אֱלֹהֵי יִשְׂרָאֵל׃
vgl. Ex 23,30 f.	24 כִּי־אוֹרִישׁ גּוֹיִם מִפָּנֶיךָ וְהִרְחַבְתִּי אֶת־גְּבֻלֶךָ וְלֹא־יַחְמֹד אִישׁ אֶת־אַרְצְךָ בַּעֲלֹתְךָ
vgl. Ex 23,17	לֵרָאוֹת אֶת־פְּנֵי יְהוָה אֱלֹהֶיךָ שָׁלֹשׁ פְּעָמִים בַּשָּׁנָה׃
vgl. Ex 23,18 f.	25 לֹא־תִשְׁחַט עַל־חָמֵץ דַּם־זִבְחִי וְלֹא־יָלִין לַבֹּקֶר זֶבַח חַג הַפָּסַח׃ 26 רֵאשִׁית בִּכּוּרֵי
	אַדְמָתְךָ תָּבִיא בֵּית יְהוָה אֱלֹהֶיךָ לֹא־תְבַשֵּׁל גְּדִי בַּחֲלֵב אִמּוֹ׃ פ

Ex 23,13–19; Ex 23,20–33 und Ex 34,10–26 weisen zahlreiche Überschneidungen auf. Die genannten Feste stimmen überein, wobei das Mähfest (Ex 23,16) in Ex 34,22 mit dem Wochenfest gleichgesetzt wird und das Schlachtopfer (Ex 23,18) in Ex 34,25 mit dem Pessach-Opfer. Für Ex 34,10.19 f. liegt kein Pendant im Abschluss des Bundesbuches vor. Einige der Aspekte, die Ex 34,10–26 mit den Kultbestimmungen unmittelbar in Verbindung bringt, stellt Ex 23,20–33 mittelbar auch für Ex 23,13–19 im Zusammenhang des Bundesbuches heraus. Das betrifft die Ablehnung einer Vermischung mit fremden Kulten (Ex 23,24.32 f.) sowie die Vertreibung der Fremdvölker und Erweiterung der Landesgrenzen (Ex 23,23.27–31).

Ex 34,19 f. lässt sich für das Bundesbuch als Erläuterung der Bestimmungen zur Erstgeburt in Ex 22,28 begreifen und bringt darin wenig zusätzliches Sinnpotenzial ein. Ex 34,10 hingegen grundiert die kultischen Bestimmungen in Ex 34,11–26 mit der Bundesthematik und einem Verweis auf Jhwhs Legitimation: Jhwh weist sich vor aller Welt (בכל־הארץ ובכל־הגוים) als großer Wundertäter aus. Beruhend auf furchterregenden Taten (נורא) formt Jhwh die Sonderstellung des Volkes Israel aus.[819]

819 Vgl. Propp, *Exodus 19–40*, 612.

Die Kult-Beziehung in Ex 23,13–19 stellt sich im Lichte von Ex 34,10–26 als Teil einer Bundesbeziehung gegenseitiger Verpflichtung dar. Die Pflicht der Israeliten ist der Gehorsam gegenüber Jhwh (Ex 23,13; 34,11a), der in Ex 23,13–19; 34,12–16 zum einen die Einhaltung der jeweiligen Kultbestimmungen einschließt und zum anderen in Ex 34,12–16 auch explizit eine Vermischung mit Kulten der Fremdvölker ausschließt. Die Pflicht Jhwhs dagegen ist laut Ex 34,11b.24 die Eroberung und Sicherung des Landes für Israel, welche sich in der Vertreibung der Fremdvölker und der Erweiterung der Grenzen des Landes äußert. Die Ausführung der Jhwh-Pflichten hat zum Ziel, dass die Israeliten im Land bedenkenlos dem Jhwh-Kult einschließlich der geforderten Pilgerreisen nachgehen können (v.24). Somit schafft Jhwh selbst die Voraussetzungen dafür, dass die Israeliten ihren kultischen Pflichten nachkommen können.

Die Vorstellung einer solchen Abzweckung der Jhwh-Pflichten ist im Bundesbuch nicht formuliert – weder in Ex 23,13–19, noch in Ex 23,20–33, noch im intertextuellen Verhältnis beider Texte. Stattdessen fungiert der Ausblick auf die erfolgreiche Eroberung des Landes und ein langes, gutes Leben im Land in Ex 23,20–33 im Zusammenhang des Bundesbuches als eine motivationsdienliche Aussicht auf Lohn für den Gehorsam der Israeliten (s. 5.2.3.a.MT).

Aus dem intertextuellen Verhältnis zu Ex 34,10–26 ergeben sich für Ex 23,13–19 somit zwei Sinnanreicherungen: Zunächst gibt Ex 34,10 eine Legitimation für Jhwhs Anspruch auf das Volk Israel an. Sodann bringt die Bundesthematik in Ex 34,10–26 mit der Formulierung wechselseitiger Pflichten, bei der Jhwhs Pflicht nicht die Belohnung des Gehorsams, sondern die Schaffung von Voraussetzungen für den Gehorsam im Bereich der kultischen Bestimmungen umfasst, eine neue Perspektive in Ex 23,13–19 und das Bundesbuch ein.

Doch nicht nur mit Blick auf Ex 23,13–19, sondern auch hinsichtlich des Bundesbuches insgesamt und dessen Eingliederung in den Fortgang der Gesamterzählung ist das intertextuelle Verhältnis zwischen Ex 23,13–19 und Ex 34,10–26 bedeutsam. Die intensivsten intertextuellen Verbindungen von Ex 34,10–26 zum Bundesbuch betreffen die Textcluster an dessen Abschluss in Ex 23. Somit wird ein deutlich greifbares Verhältnis zur Tradition des Privilegrechts und dessen Bundesthematik eingeführt, welches am Abschluss des Bundesbuches mit der subtil eingebrachten Bundesthematik einerseits den Übergang zum narrativen Rahmenstück in Ex 23,20–33 gestaltet und andererseits den Fortgang der Gesamterzählung mit dem Bundesschluss in Ex 24 vorbereitet.

Des Weiteren ist auf der Ebene der Gesamterzählung die generelle Bedeutung der Verbindung zwischen dem Bundesbuch und Ex 34,10–26 für das Recht des Bundesbuches nach dem Bundesbruch der Israeliten in Ex 32 für die Autorisierung des Rechts relevant: Die Aufnahme von Rechtssätzen des Bundesbuches in Ex 34,10–26 spiegelt eine Kontinuität im Recht der Bundesschlüsse mit Jhwh, denn nicht das Recht des Bundesbuches führte zum Bundesbruch, sondern die Israeliten. Das Recht des Bundesbuches erfährt somit – trotz der mit dem Bundesbruch verbundenen Entwertung – innerhalb der Gesamterzählung keine Abwertung.

3. Ex 23,13–19 in Beziehung zu Lev 23: Unterschiedliche religions- und kultgeschichtliche Ausprägung der Pflege und Erhaltung einer kultischen Beziehung zu Jhwh

Das intertextuelle Verhältnis zwischen Ex 23,13–19 und Lev 23 entfaltet sich unter der Thematik des Festkalenders und ist durch zahlreiche Stichwort- und Phrasenberührungen gekennzeichnet, wie z. B. חג המצות, שבעת ימים, קציר und ראשית. Die Qualität der Textbeziehung lässt sich anhand der thematischen Verbindung als in hohem Maße referentiell und anhand der lexematischen Markierung als in gesteigertem Maße kommunikativ einschätzen.

Lev 23 präsentiert ausgefeilte und detailreiche Bestimmungen zu Festen, die für Jhwh begangen werden sollen (Lev 23,2.4). Die drei Feste aus Ex 23,13–19 lassen sich mit folgenden Festvorschriften aus Lev 23 in Verbindung bringen:

- Mazzot (חג המצות, Ex 23,15) – Mazzot (Lev 23,6–8),
- Mähfest (חג הקציר, Ex 23,16) – Erstlings- und Wochenfest (Lev 23,9–14.15–22),
- Lesefest (חג האסף, Ex 23,16) – Laubhüttenfest (Lev 23,34–43).

Dem Mazzot-Fest ist in Lev 23,5 das Pessach-Fest vorangestellt. Charakteristika des Mähfestes, wie die Datierung im Frühsommer und Darbringung der Erstlinge des Feldes, sind im Erstlings- und im Wochenfest wiederzufinden. Lesefest und Laubhüttenfest sind anhand der Datierung im Herbst und der Erstlingsgaben korrelierbar.

Die grundlegende Begründung der Feste als Begehungen für Jhwh teilen Ex 23,13–19 und Lev 23. Für Pessach/Mazzot gibt Lev 23,5 f. im Unterschied zu Ex 23,15 keine nähere Erläuterung an. Das Erstlingsfest hingegen wird in Lev 23,10 von der Landesthematik her begründet: Jhwh gibt den Israeliten das Land, im Gegenzug geben die Israeliten die Erstlinge des Landes ihm bzw. seinem Priester, der sie ihm darbringt (Lev 23,10). Im Zusammenhang der Landesthematik erschließt sich die Erstlingsgabe als eine Dankes- und Tributleistung an den eigentlichen Landbesitzer (vgl. Lev 25,23), mit der vor allem die Hoffnung auf ein gutes Verhältnis zueinander verbunden ist.[820] Die Begründung des Erstlingsfestes mit der Landesthematik dehnt sich in Lev 23 zudem auf das Wochenfest aus, welches in Verlängerung des Erstlingsfestes (Lev 23,15) begangen wird. Ferner schließt ein genereller Verweis auf die soziale Verantwortung der Israeliten im Rahmen der

820 Vgl. auch Houtman, *Bundesbuch*, 310.

Landesthematik in Lev 23,22 die Bestimmungen zum Erstlings- und Wochenfest ab.

Lev 23,14.21 kennzeichnet die Bestimmungen zu Erstlings- und Wochenfest jeweils zusammenfassend als חקת עולם לדרתיכם בכל משבתיכם. Diese autorisierend wirkende Notiz stellt die Dauerhaftigkeit der Gesetze (חקת עולם) fest, welche sich generationsübergreifend auf das Volk Israel (לדרתיכם) beziehen und in deren Wohnsitzen einzuhalten sind (בכל משבתיכם).

Ein generationsübergreifendes Konzept formuliert Lev 23 auch in Bezug auf das Laubhüttenfest: Die Vorschrift zum Wohnen in Sukkot wird in Lev 23,43 als nacherlebendes Gedenken des Exodus und der Wüstenzeit erklärt. Die geschichtliche Erfahrung der Exodus-Generation wird zeitlich entschränkt und auf alle Generationen Israels ausgedehnt. Das Laubhüttenfest wird als Geschichtsfest begangen.

Im intertextuellen Zusammenhang mit Lev 23 wird das Mähfest, welches in Ex 23,16 auf der Mikroebene als landwirtschaftliche Feier und auf der Clusterebene als Jhwh-Fest begangen wird, mit Begründungsmustern der Landes- und Tributthematik und der zeitübergreifenden Geltung des Rechts für Israel angereichert. Das Lesefest, welches Ex 23,16 ebenso als Erntefest begründet, wird in Lev 23 zu einem Geschichtsfest. Und das Mazzot-Fest, welches Ex 23,15 als Geschichtsfest anordnet, wird in Lev 23 zu einem Jhwh-Fest, das zwar mit Pessach verbunden wird, aber keine explizite Begründung mit dem Exodus erfährt.

Gegenüber Ex 23,13–19 fällt eine starke Ausdifferenzierung der Feste und zugehörigen Kulthandlungen in Lev 23 auf. So setzt Lev 23 im Gegensatz zu Ex 23,13–19 eine umfassende kultische Infrastruktur voraus, die u. a. Kultpersonal (Lev 23,10) und einen ausgeprägten Opferkult vorsieht. Zwischen den Festbestimmungen in Ex 23,13–19 und Lev 23 zeichnet sich somit eine religions- und kultgeschichtliche Entwicklung ab, die innerhalb des Textraums *Sinaiperikope* von einer kontinuierlichen Leitlinie getragen wird: Beide Festkalender fokussieren die Pflege und Erhaltung einer kultischen Beziehung zu Jhwh.

4. Ex 23,13–19 in Beziehung zu Lev 25: Hintergründige Einflechtung in die Gesamterzählung mittels Fokussierung der Landesthematik

Die intertextuelle Beziehung zwischen Ex 23,13–19 und Lev 25 entzündet sich thematisch im Themenbereich landwirtschaftlicher Arbeit und Versorgung sowie der Einhaltung kultischer Zeiten. Stichwort- und Phrasenberührungen, z. B. anhand von אס"ף, שביעי, שנה, זר"ע und מן השדה, spiegeln diese Verbindung. Die Textbeziehung zwischen beiden Texten gestaltet sich mäßig referentiell und kommunikativ.

Lev 25 thematisiert die landwirtschaftliche Arbeit und Versorgung im Zusammenhang des Sabbat- und Jobeljahres. Das Sabbatjahr ist eine Feier für Jhwh sowie eine Ruhe- und Erholungsphase für das Land (s. 5.2.1.d.MT:1). Lev 25 fokussiert insbesondere die Landesthematik. Aus dem intertextuellen Zusammenhang zu Lev 25 wird im Textraum *Sinaiperikope* die Landesthematik, neben Ex 23,1–12, auch in Ex 23,13–19 eingetragen. Die subtile Verstärkung der Einbindung der Landesthematik am Abschluss des Bundesbuches gestaltet im Textraum *Bundesbuch* den Übergang zu dessen narrativem Rahmen. Im Textraum *Sinaiperikope* setzt sich für Ex 23,13–19 die Tendenz der inhaltlichen Anbindung an den Fortgang der Gesamterzählung fort. Diese befördert hintergründig die Einflechtung der Rechtstexte des Bundesbuches in die Gesamterzählung des Pentateuchs.

5. Ex 23,13–19 in Beziehung zu Lev 1–7: Explikation des Selbst- und Beziehungszwecks von Opfern

Zu den Opfergesetzen in Lev 1–7 weist Ex 23,13–19 durch Berührungen im Wortfeld ‚Opfer', z. B. anhand von זב"ח, חלב, דם, אכ"ל, יהוה, חמץ und ראשית, eine thematische und lexematische Verbindung auf. Die Textbeziehung zwischen beiden Texten ist schwach bis mäßig referentiell und kommunikativ.

Gegenüber Ex 23,13–19 wird das Opfern für Jhwh in Lev 1–7 mit zahlreichen, detaillierten Vorschriften geregelt. Zur Begründung der Opfervorschriften führt Lev 1–7 vorrangig den Wohlgefallen Jhwhs an (z. B. ריח ניחח in Lev 1,13 u. ö.), welcher zum einen Selbstzweck des Opfers ist (z. B. Lev 3,5) und zum anderen dem Ausgleich im Verhältnis zwischen Opfernden und Jhwh dient (z. B. Lev 1,3 f.; 4,20). In der Betonung des Wohlgefallens Jhwhs liegt für Ex 23,13–19 zusätzliches Sinnpotenzial, welches sich im intertextuellen Verhältnis beider Texte auf Ex 23,13–19 überträgt: Die in Ex 23,13–19 binnentextuell vorausgesetzten lebenstabuistischen Vorstellungen und die Manifestation der Differenz zwischen Göttlichkeit Jhwhs und Mensch-Sein der Israeliten lassen sich in der Textbeziehung zu Lev 1–7 in die Betonung des Wohlgefallens Jhwhs hin als Selbst- und Beziehungszweck explizieren.

6. Ex 23,13–19 in Beziehung zur Ägypten-Referenz: Jhwhs Recht als Ausdruck der Exklusivität der Jhwh-Beziehung und Identität als Jhwh-Gemeinschaft

Im Rahmen dieser motivischen Querverbindung im Textraum *Sinaiperikope* wird für Ex 23,13–19 anhand der kausativen Verwendung von יצ"א (z. B. Ex 20,2; Lev 22,33) das in Ex 23,15 angeführte Ereignis des Herausziehens aus Ägypten als Handeln Jhwhs begreifbar. Im Lichte dessen wird das Mazzot-Fest in Ex 23,15 zu einem Geschichtsfest zum Gedenken einer Jhwh-Tat. Zudem stärkt die Ägypten-Referenz im Textraum *Sinaiperikope* die in Ex 23,13–19 genannte exklusive Beziehung zwischen Jhwh und Israel und begründet diese mit der umstürzenden und identitätsbildenden Kraft des Gründungsgeschehens des Volkes Israel (s. 5.2.1.d.MT:6).

LXX:

Für das Cluster Ex 23,13–19 ergeben sich, mit leichten lexematischen Verschiebungen, auch in der LXX im Textraum *Sinaiperikope* die für MT herausgestellten Textbeziehungen.

Verglichen mit MT, erhöht in der LXX der mit Ex^{LXX} 34,24 übereinstimmende Zusatz in Ex^{LXX} 23,18 die Kommunikativität und Referentialität zum Privilegrecht in Ex^{LXX} 34,10–26. Die Beziehung zu den Bestimmungen des Festkalenders in Lev^{LXX} 23 und des Sabbat- und Jobeljahrs in Lev^{LXX} 25 intensiviert die LXX lexematisch anhand des Stichwortes γῆ. Dies überwiegt quantitativ den Wegfall weniger Stichwortberührungen gegenüber MT[821] und hebt inhaltlich die Landesthematik im intertextuellen Verhältnis des Clusters zu Lev^{LXX} 23.25 hervor. Auch im Textraum *Sinaiperikope* liegt in der LXX damit ein Schwerpunkt auf dem Fortgang der Gesamterzählung. Das Ziel des Lebens im Land, welches zugleich Ziel der Gesamterzählung ist, durchzieht den Begründungszusammenhang der Rechtsbestimmungen.

Sam:

Sam bezieht das vorliegende Cluster im Textraum *Sinaiperikope* ebenfalls auf die bereits im MT erhobenen Texte. Für Ex^{Sam} 23,14–19 reduzieren sich im Vergleich zu MT im Textraum *Sinaiperikope* aufgrund der Ausgliederung von v.13 aus dem Cluster insbesondere die lexematischen Berührungen zum Dekalog. Die thematischen Bezüge zwischen Ex^{Sam} 23,14–19 und dem Dekalog in Ex^{Sam} 20 erhöhen sich jedoch: Die Monolatrie-Forderung ist in Ex^{Sam} 23,14–19 auf der Cluster- und der Bundesbuchebene impliziert. Explizit tritt auf diesen beiden Ebenen das Thema des Jhwh-Kults an dem *einen* Kultort hervor (s. o.). Die Themen Monolatrie, Jhwh-Kult und Kultort erhöhen die Referentialität zwischen Ex^{Sam} 23,14–19 und dem Dekalog des Sam, der das so genannte Garizim-Gebot enthält. Im Lichte dessen wird der Kultort in Ex^{Sam} 23,14–19 mit dem Garizim identifizierbar.

Mit der Lesung ארון wird in Ex^{Sam} 23,17 die Lade als am Kultort befindliche Ausstattung genannt. Im Textraum *Sinaiperikope* korrespondiert ארון mit Ex^{Sam} 25.40 und Num^{Sam} 4.7, wo die Lade als ארן העדות (z. B. Ex^{Sam} 25,22; 40,3; Num^{Sam} 4,5; 7,89) beschrieben wird. In diesen Texten wird die Lade als Bezugspunkt zum Heiligtum und dessen Ausgestaltung sowie in ihrer Funktion im Rahmen der Gottesbegegnung eingeführt. Die Kommunikation zwischen Jhwh und Mose ist eng mit der Lade verbunden (Ex^{Sam} 25,22; Num^{Sam} 7,89). Insofern bindet sich an die Lade als Ort des Vollzugs der Kommunikation zwischen Jhwh

---

821 Zu nennen sind z. B. Differenzen für ἑπτὰ ἡμέρας in Lev^{LXX} 23,41, ἐνιαυτός in Lev^{LXX} 25,4.21.22 und ἐκ τοῦ ἀγροῦ σου in Lev^{LXX} 25,12.

und Mose thematisch auch die Sonderstellung des Mose in der Beziehung des Volkes Israel zu Jhwh.

Sam verflechtet die Rechtsbestimmungen aus Ex^{Sam} 23,14–19 im Textraum *Sinaiperikope* mit Traditionen zum Heiligtum und der Sonderrolle des Mose. Die Lesung ארון in Ex^{Sam} 23,17 hebt im Textraum *Sinaiperikope* einerseits den kultischen Zusammenhang und Bezug zum Heiligtum für Ex^{Sam} 23,14–19 hervor. Andererseits bindet sie subtil die spezifische Autorisierung des Mose in seiner Funktion als Mittler zwischen Jhwh und den Israeliten ein.

Das Privilegrecht in Ex^{Sam} 34,10–26 weist zwar wie Ex^{Sam} 23,17 die Lesung (ה)ארון, nicht aber den in Ex^{Sam} 23,19 enthaltenen Textüberschuss auf. Dies führt, verglichen zu MT, zu einer geringfügigen Minderung der Kommunikativität und Referentialität zwischen beiden Texten. In Anbetracht der intensivierten thematischen Anbindung an den Dekalog legt Sam den Schwerpunkt hier stärker auf den Kultort als auf die Thematik von Bund und Land im Privilegrecht.

Peš:

Peš bezieht das Cluster im Textraum *Sinaiperikope* ebenfalls auf die bereits im MT dargestellten Bezugstexte. Vergleichbar zur LXX intensiviert auch Peš die Landesthematik im Textraum *Sinaiperikope* anhand lexematischer Überschneidungen mit ܐܪܥܐ und ܚܠܠܬܐ in Ex^{Peš} 34,10–26 und Lev^{Peš} 23.25. Die lexematische Verbindung zum Dekalog hingegen ist gegenüber MT leicht gemindert, da zur Bezeichnung der fremden Götter in Ex^{Peš} 23,13 ܕܚܠܬܐ, in Ex^{Peš} 20,3 ܐܠܗܐ ܐܚܪܢܐ verwendet wird. Mit ܕܚܠܬܐ liegen allerdings zusätzliche Berührungen zu Ex^{Peš} 34,13.15 vor, wo die Bezeichnung für אשרה und אלהיהם steht. Im intertextuellen Verhältnis zum Privilegrecht hebt Peš anhand von ܕܚܠܬܐ die Abgrenzung zu fremden Kultobjekten und Göttern für das vorliegende Cluster noch deutlicher hervor als MT, LXX und Sam. Die Verringerung der Intensität lexematischer Verbindungen zum Dekalog und die Stärkung jener in Bezug auf Ex^{Peš} 34,10–26 sowie Lev^{Peš} 23.25 spitzt in Peš die Fokussierung auf das Voranbringen des Erzählfortgangs unter stärkerer Berücksichtigung der Abgrenzung zu fremden Kulten zu. In dieser Hinsicht greift Peš zeitlich weiter als die LXX auf das Ziel des Lebens im Land voraus. Sie nimmt Israels Existenz im Land, deutlicher als die LXX, unter der Frage des Umgangs mit fremden Kulten und Göttern in den Blick.

Auswertung – Die vielfältigen Facetten der Beziehung zwischen Jhwh und Israel als Begründungszusammenhang für Ex 23,13–19

In allen betrachteten Textzeugen erfährt das Cluster Ex 23,13–19 im Textraum *Sinaiperikope* eine Anbindung an Ex 20,1–17; Ex 34,10–26; Lev 1–7; Lev 23; Lev 25 und die motivische Querverbindung der Ägypten-Referenz. In diesem Zusammenhang gewinnt insbesondere die Legitimation des Anspruchs Jhwhs auf Israel eine historische und theologische Begründung mit dem Exodus (Ex 20,1–17) und der Eigenschaft Jhwhs als Wundertäter (Ex 34,10–26). Zudem trägt die intertextuelle Verbindung zu Ex 34,10–26 subtil die Bundes- und Landesthematik in das Cluster Ex 23,13–19 ein und intensiviert am Abschluss des Bundesbuches das Drängen auf den Fortgang der Gesamterzählung. Diese Stoßrichtung wird in LXX und Peš anhand der verstärkten Einbindung der Landesthematik deutlich profiliert. Im Sam wird die Zugkraft der Gesamterzählung zugunsten einer Betonung des *einen* Kultortes und der subtilen Einbeziehung der Rolle des Mose geringfügig abgemildert.

Die gegenseitige Verpflichtung Jhwhs und der Israeliten im Bund, bei der Jhwh die Voraussetzungen für die kultische Pflichterfüllung Israels schafft, greift aus Ex 34,10–26 auf die Beschreibung der Beziehung zwischen Jhwh und dem Volk Israel in Ex 23,13–19 über. Die Kulthandlungen der Israeliten erklären sich dabei im Textraum *Sinaiperikope* als Darbringung von Dankes- und Tributleistungen (Lev 23) zum Wohlgefallen Jhwhs (Lev 1–7). Insgesamt stellen die Bezugstexte im Textraum *Sinaiperikope* die Bestimmungen in Ex 23,13–19 in den Zusammenhang eines historisch und theologisch begründeten, auf Dauerhaftigkeit ausgerichteten, exklusiven, kultisch vermittelten Verhältnisses zwischen Jhwh und dem Volk Israel im Land. Dabei binden sich insbesondere an die Vorstellung der Exklusivität identitätsbezogene Begründungstendenzen, wie z. B. die Abgrenzung von fremden Kulten und Göttern.

e. Begründungsstrukturen im Textraum *Exodusbuch*

MT:

1. Ex 23,13–19 in Beziehung zu Ex 1–15: Die Einhaltung der Jhwh-Feste im Sinne einer Aktualisierung der Exoduserzählung

Der Kausalsatz in Ex 23,15 setzt im Textraum *Exodusbuch* eine klare Markierung für das intertextuelle Verhältnis zwischen dem Cluster Ex 23,13–19 und der Erzählung in Ex 1–15, sodass die Textbeziehung sich durch ein hohes Maß an Kommunikativität auszeichnet. Thematisch verbindet die Forderung der kultischen Ausgestaltung der Beziehung zu Jhwh beide Textbereiche. In dieser Hinsicht gestaltet sich die Beziehung zwischen Ex 23,13–19 und Ex 1–15 als mäßig referentiell und selektiv. Spezifische Textverbindungen liegen insbesondere zu Ex 3 und Ex 12–13 vor. Anhand quantitativ gesteigerter lexematischer (z. B. ריקם, שם) und thematischer Verbindungen erhöhen sich die Kommunikativität, Referentialität und Selektivität zwischen Ex 3.12–13 und Ex 23,13–19.

Die intertextuelle Sinnanreicherung zwischen Ex 3 und Ex 23,13–19 betrifft die bereits für Ex 20,22–26 und Ex 3 beobachteten Inhalte (s. 5.1.1.e.MT:1): 1. Jhwh-Kult, 2. Jhwh-Legitimation und 3. Qualität des Kultortes.

ad 1) Die Pflege einer kultischen Beziehung zu Jhwh, wie sie in Ex 23,13–19 gefordert wird, erfüllt das Ziel der Erzählung in Ex 1–15. In der Ausführung des kultischen Jhwh-Dienstes werden die in Ex 23,13–19 angesprochenen Israeliten Teil und Vollender der Exoduserzählung. Zudem bedient die Korrelation des Wortes ריקם, welches innerhalb des Textraums *Exodusbuch* nur in Ex 3,21 und Ex 23,15 vorliegt, die Vorstellung der Wechselseitigkeit im Verhältnis zwischen Jhwh und Israel: So wie die Israeliten nicht mit leeren Händen aus Ägypten zogen (Ex 3,21; 12,35), sollen sie auch nicht mit leeren Händen vor ihm erscheinen (Ex 23,15). Auch der Ko- und Kontext von Ex 23,15 stellt diese Forderung in das Licht der Exoduserzählung. Der Zustand der Israeliten beim Erscheinen vor Jhwh, speziell zum Mazzot-Fest, wird dem beim Verlassen Ägyptens gleichgestellt. Die Darbringung von Gaben zu Jhwh ist angesichts der Erfüllung der Herausführung aus Ägypten im Kult eine dankbare und anerkennende Rückgabe des im Exodus Erhaltenen.

ad 2) Auch am Abschluss des Bundesbuches findet sich eine zu Ex 3,15 vergleichbare thematische Konstellation: Die Forderung einer exklusiven Beziehung zu Jhwh, die angesichtliche Begegnung mit Jhwh und die Namensthematik verbinden Ex 23,13–19 und Ex 3. Ex 3,13–17 formuliert auf Basis dieser Themen die Legitimation Jhwhs als mächtiger und beständiger Partner der Israeliten. Angesichts der unüberbietbaren Beziehung zu Jhwh und seiner namensvermittelten Gegenwart (Ex 3,13–17) erübrigen sich für die Israeliten der Gebrauch fremder Gottesnamen und die Anerkennung fremder Götter (Ex 23,13).

ad 3) In Ex 3,5 wird die Heiligkeit des Ortes der Gottesoffenbarung hervorgehoben. Ex 23,13–19 setzt die Existenz eines, wohl zunächst lokalen, Heiligtums voraus, verzichtet aber auf eine genauere Beschreibung der Qualitäten dieses Ortes. Diese expliziert der Zusammenhang mit Ex 3. Insgesamt liegt der Schwerpunkt des intertextuellen Verhältnisses zwischen Ex 23,13–19 und Ex 3 aber nicht auf dem Kultort, sondern auf der Kultbeziehung.

Zu Ex 12–13 liegen eine Vielzahl an Stichwortberührungen mit Ex 23,13–19 (z. B. חמץ, מצות, חג), ein expliziter Verweis in Ex 23,15 sowie thematische Verknüpfungen basierend auf der Nennung des Mazzot-Festes in Ex 23,15 und des Schlachtopfers in Ex 23,18 vor. Ausgehend von Ex 12,10 kann das in Ex 23,18 genannte Schlachtopfer mit dem Pessach-Opfer gleichgesetzt werden, welches ebenso bis zum nächsten Morgen abgeschlossen sein muss und mit Gesäuertem unvereinbar ist.[822] Die in Ex 12–13 eingetragenen Begründungen für Pessach und Mazzot werden im Textraum *Exodusbuch* somit auch für das Mazzot-Fest in Ex 23,15 und das Schlachtopfer in Ex 23,18 aktiviert.

Ex 12–13 präsentiert Pessach und Mazzot als zusammengehörende Feste in detaillierten Vorschriften und mit vielschichtigen Begründungen: Ex 12,11–14 begründet den Abschluss des Pessach-Opfers bis zum nächsten Morgen aus der Situation der Eile heraus (v.11), die die Nacht des Auszugs aus Ägypten bestimmt (v.12). Ferner wird der Pessach-Tag als Gedächtnis zu Ehren Jhwhs und ewige Ordnung eingeschärft (v.14). Diese Begründungsmuster aus Ex 12,14 entsprechen der Autorisierung per Befehlsansage in Ex 23,15, welche sich auf das Mazzot-Fest bezieht, und der Plausibilisierung anhand der Verehrung Jhwhs in Ex 23,14, welche sowohl das Mazzot-Fest als auch das Schlachtopfer einbindet.

Das Verbot von Gesäuertem ist in Ex 12,15; 13,3.7 jeweils mit dem Mazzot-Fest verbunden. In Ex 23,13–19 steht dieses Verbot explizit nur im Zusammenhang mit dem Schlachtopfer in Ex 23,18, für das Mazzot-Fest ist es im Essen der Mazzot binnentextuell vorausgesetzt (Ex 23,15). Ex 12,15 sanktioniert das Verbot von Gesäuertem mit der *kārēt*-Strafe, welche die genealogische und besitzrechtliche Auslöschung aus dem Volk Israel bedeutet[823] und das Ziel des dauerhaften, über die eigene Existenz hinausgehenden Verbleibs im Land für den Einzelnen negiert. Eine inhaltliche Begründung erfährt das Verbot in Ex 13,3.8 aus theologischer Sicht mit der Stärke Jhwhs (13,3: חזק יד) im Rahmen des Exodus und aus historischer Sicht mit dem Exodus selbst (13,8: בצאתי ממצרים). Im Sinne der historischen Argumentation verbinden insbesondere Ex 12,34.39 in der Erzählung das Essen von ungesäuertem Brot mit dem eiligen Aufbruch in der Nacht des Auszugs. Das Mazzot-Fest und das Verbot von Ungesäuertem in Ex 23,13–19 erklären sich damit als erinnerndes und aktualisierendes (s. u.) Nachvollziehen des Exodus, welches den dauerhaften Verbleib im Land befördert.

Im intertextuellen Verhältnis zu Ex 12–13 erhält das Cluster Ex 23,13–19 im Lichte der narrativen Verankerung der Bestimmungen zu Pessach und Mazzot in der Exoduserzählung eine Sinnanreicherung. Im Zusammenhang von Ex 12–13 fungieren u. a. das Opfertier (Ex 12,3.21.27), das Essen in Hast (חפזון: Ex 12,11.33.39) und die ungesäuerten Mazzot (Ex 12,8.15–20.34.39) als materiale Verbindungsstücke zwischen den angeordneten Ritualen und der Exoduserzählung. Alle diese Elemente sind in Ex 12–13 Bestandteil der Anordnungen zu den Festen *und* werden narrativ in den Erzählfortgang eingebunden. Auf diese Weise werden die angeordneten Gesetze und die Abläufe der Exoduserzählung in Ex 12–13 einem

822 Vgl. auch Propp, *Exodus 19–40*, 284.
823 Vgl. Propp, *Exodus 1–18*, 404.

Gleichklang zugeführt[824] und die Erzählung wird zum Ursprungs-[825] und Legitimationsort der geforderten Rituale stilisiert.

Dieser Befund lässt sich mit ritualtheoretischen Überlegungen zum performativen Charakter des Rituals verbinden: Im Ritual wird die Erzählung nicht lediglich illustriert, sondern im Handeln real vollzogen.[826] Dabei wird das rituelle Wissen, welches sich auf den die Realität auslegenden und konstruierenden Gehalt des Rituals bezieht, im Vollzug des Rituals körperlich entdeck- und erfahrbar.[827] Demnach ermöglicht das jeweilige Ritual aus Ex 12–13 in seinem Vollzug die reale Teilhabe am Erzählgeschehen: Im Vollzug des Rituals fallen das Erzählgeschehen und das je aktuelle Geschehen, also Vergangenheit und Gegenwart, zusammen. Eine solche Verflechtung von Vergangenheit und Gegenwart spiegelt sich textlich in der Erklärung der Bedeutung der Riten für künftige Generationen als fortwährende Vergegenwärtigung und Aktualisierung des Exodus-Geschehens (Ex 12,26 f.; 13,8.14 f.).[828] Die Gesetze zu Mazzot und zum Schlachtopfer in Ex 23,13–19 werden durch die Verflechtung zur Exoduserzählung in Ex 12–13 mit dem Nacherleben der Erzählung von der Nacht des Auszugs aus Ägypten begründet.

2. Ex 23,13–19 in Beziehung zu Ex 16: Die Einhaltung des Rechts zwischen Gehorsam und Vertrauen

Im intertextuellen Verhältnis zwischen Ex 23,13–19 und Ex 16 gewinnen die Thematik des Gehorsams (Ex 23,13) und der Pflege einer kultischen Beziehung zu Jhwh (Ex 23,14) an Bedeutung. Ex 16 berichtet von der Prüfung des Gehorsams der Israeliten gegenüber Jhwh (Ex 16,4). In der Wüste sorgt Jhwh für sein aus Ägypten befreites Volk mit Brot vom Himmel. Damit soll das Volk ihn als den, der sie aus Ägypten geführt hat, und als ihren Gott erkennen (Ex 16,6 f.12). Ferner berichtet Ex 16 von der Einhaltung des Sabbats als Ruhetag zu Jhwhs Ehren während der Wüstenzeit (Ex 16,23.25). Die Themen des Gehorsams und der Kultbeziehung zu Jhwh werden somit in Ex 16 von der Notwendigkeit des Vertrauens der Israeliten zu Jhwh geleitet. Basierend auf der Erzählung von der Erfahrung der gehorsamsprüfenden Versorgung in der Wüste (Ex 16) gewinnen der in Ex 23,13–19 geforderte Gehorsam und die kultische Beziehung zu Jhwh eine Grundierung im Vertrauen auf Jhwh.

---

824 Zur Konsonanz zwischen Ritualbestimmungen und Erzählung s. Durham, *Exodus*, 158.

825 Vgl. dazu Dohmen, *Exodus 1–18*, 289.

826 Auf die Problematik der Subsumtion rituellen Vorgehens unter die gegebenen mythischen und narrativen Raster, die die kategoriale Eigenständigkeit des Rituals verkürzt, weist insbesondere Jennings Jr., „Rituelles Wissen", 157.

827 Vgl. Jennings Jr., „Rituelles Wissen", 157 f.161.

828 Vgl. dazu Durham, *Exodus*, 163.179.

Die vorliegenden Stichwort- und Phrasenüberschneidungen zwischen Ex 23,13–19 und Ex 16 (z. B. בקר, אכ״ל, שמ״ע, אמ״ר, יום שביעי) beschreiben ein schwach kommunikatives intertextuelles Verhältnis. Die thematischen Berührungen im Gehorsam und in der Pflege der Jhwh-Beziehung weisen die Intertextualität beider Texte als mäßig referentiell aus.

LXX:

Auch in der LXX liegen im Textraum *Exodusbuch* für das Cluster Ex^{LXX} 23,13–19 die bereits für MT herausgestellten Textbeziehungen vor. Quantitativ liegen im Vergleich zu MT geringfügige Verschiebungen bei den lexematischen Berührungen zu Ex^{LXX} 3.12–13.16 vor. Diese betreffen z. B. den sprachlich bedingten Wegfall von stammgleichen Verbindungen in Äquivalenz zum Hebräischen יצ״א und בו״א, z. B. in Bezug auf Ex^{LXX} 3,9.11.12.13.18; 16,6.29. Doch ergeben sich in der LXX zusätzliche Berührungen anhand der im MT nicht vorliegenden Stichworte γῆ, ἐκβάλλω, ἔθνος und ὅριον, welche im Zusammenhang mit Ex^{LXX} 1–15 insbesondere auf die Identität Israels als Volk und das Ziel des Lebens im Land eingehen. Die Identitätsthematik entfaltet sich hierbei explizit in Bezug auf die Volkwerdung Israels in Ägypten (ἔθνος: Ex^{LXX} 1,9; 9,24), die sich innerhalb der Exoduserzählung im Gegenüber zu den Ägyptern vollzieht und in Ex^{LXX} 23,13 die Abgrenzung zu fremden Göttern und Völkern nach sich zieht. Die Landesthematik entzündet sich neben den allgemeinen Stichworten γῆ und ὅριον (Ex^{LXX} 13,7) vorrangig am Ereignis des „Herauswerfens“ (ἐκβάλλω), welches sich in Ex^{LXX} 12,33.39 auf die Israeliten, die Ägypten verlassen sollen, und in Ex^{LXX} 23,18 auf die Völker, die das Land verlassen sollen, bezieht. Beide Male ist der Rauswurf von Jhwh herbeigeführt. In der Spannung zwischen dem Rauswurf Israels aus Ägypten und dem anvisierten Rauswurf der Fremdvölker (Ex^{LXX} 23,18) trägt sich im Textraum *Exodusbuch* der Gesamtaufriss der Erzählung der Heraus- und Heraufführung in Ex^{LXX} 23,18 ein.

Sam:

Für Sam ist auch im Textraum *Exodusbuch* die Ausgrenzung von Ex^{Sam} 23,13 aus dem vorliegenden Cluster folgenreich. Mit der Namens- und Gehorsamsthematik fallen wichtige Verbindungselemente zu Ex^{Sam} 3 und Ex^{Sam} 16 weg, die im Vergleich zu MT die Kommunikativität und Referentialität in der Beziehung dieser Texte reduzieren, durch eine stärkere Fokussierung auf den Jhwh-Kult und dessen Kultort aber von einer erhöhten Selektivität ausgeglichen werden.

In Bezug auf das Verhältnis des Clusters zu Ex^{Sam} 3 schmälert im Vergleich zu MT der aus der Abtrennung von Ex^{Sam} 23,13 resultierende Wegfall der Namensthematik die Einbeziehung der Legitimation Jhwhs in das Cluster (s. o.).

Dafür werden in der Verbindung zu Ex^{Sam} 3 nur der Jhwh-Kult, den das Cluster in Ex^{Sam} 23,19 zusätzlich betont, und die Qualität des Kultortes, der vor allem in Ex^{Sam} 23,17 explizit als der *eine* Kultort definiert ist, ausgeleuchtet (s. o.).

Die Prüfung des Gehorsams und Vertrauens der Israeliten aus Ex^{Sam} 16 wird aufgrund der Ausgrenzung der Gehorsamsthematik (Ex^{Sam} 23,13) für das vorliegende Cluster des Sam nicht zum Kern der Verbindung zu Ex^{Sam} 16. Stattdessen tritt die Lade-Anspielung in Ex^{Sam} 16,33 in Beziehung zur Erwähnung der Lade in Ex^{Sam} 23,17: Das Gefäß zur Aufbewahrung des Manna soll vor Jhwh stehen und der Veranschaulichung für künftige Generationen dienen (Ex^{Sam} 16,33). Dieses Gefäß (צנצנת) lässt sich mit der am Kultort vor Jhwh befindlichen Lade korrelieren (Ex^{Sam} 23,17). Die Verbindung zwischen Ex^{Sam} 23,14–19 und Ex^{Sam} 16 entzündet sich damit an einem kultischen Gegenstand der Erinnerung, an dem die Beziehung zu Jhwh plastisch greifbar wird. In der Textbeziehung zwischen Ex^{Sam} 23,14–19 und Ex^{Sam} 16 rückt die Ausstattung des Kultortes zur Pflege der Kult-Beziehung in den Vordergrund. Somit bringt die Abtrennung von Ex^{Sam} 23,13 für das Cluster Ex^{Sam} 23,14–19 im Textraum *Exodusbuch* eine deutlichere Fokussierung auf den Jhwh-Kult und dessen Ort, den Garizim, mit sich.

Peš:

Auch Peš bezieht das vorliegende Cluster im Textraum *Exodusbuch* insbesondere auf Ex^{Peš} 3.12–13.16. Quantitativ fallen gegenüber MT wenige Stichwortberührungen zu den genannten Bezugstexten weg, z. B. zu Ex^{Peš} 3,2.9. Die Stichworte ܕܚܠܬܐ, ܐܪܥܐ und ܕܘܟܪܢܐ bringen gegenüber MT zusätzliche Berührungen ein, z. B. zu Ex^{Peš} 8,22; 12,12.14; 13,9.16.

ܕܚܠܬܐ dient in Ex^{Peš} 12,12 zur Bezeichnung der Götter Ägyptens. Die in Ex^{Peš} 23,13 genannten Götter (ܕܚܠܬܐ) werden im Zusammenhang der Exoduserzählung zu Jhwh unterlegenen Gottheiten der Feinde abqualifiziert. ܕܘܟܪܢܐ beschreibt vergleichbar zu Ex^{Peš} 23,17 auch in Ex^{Peš} 3,15; 12,14; 13,9.16 einen Bestandteil der Beziehungsaufnahme zu Jhwh. Entsprechend verlagert Peš die Sinnanreicherung für das vorliegende Cluster im Zusammenhang mit Ex^{Peš} 1–15 stärker in Richtung der identitätsprägenden Abgrenzung und kultischen Fokussierung Israels auf Jhwh.

Auswertung – Unterschiedliche Schwerpunktsetzungen in Bezug auf den Stellenwert von Identität, Kult und Gehorsam

Das Cluster Ex 23,13–19 tritt in allen betrachteten Textzeugen im Textraum *Exodusbuch* in ein Verhältnis zu Ex 1–15.16, wobei im Rahmen der Exoduserzählung insbesondere Ex 3.12–13 als nähere Bezugstexte in den Fokus rücken. Die Pflege einer kultischen Beziehung zu Jhwh, wie sie Ex 23,13–19 fordert, ist in der Exoduserzählung als angestrebtes Ziel der Erzählung narrativ verankert und für die Feier von Pessach/Mazzot als Nachvollzug der Ereignisse zur Aktualisierung und Vergegenwärtigung der Bindung an Jhwh historisch und theologisch begründet.[829] Die Einhaltung der Bestimmungen des Clusters Ex 23,13–19 stellt sich als partizipierende Vollendung der Exoduserzählung dar und beweist Vertrauen und Gehorsam gegenüber Jhwh (Ex 16). Die Feier von Pessach/Mazzot markiert im Rahmen der Exoduserzählung einen Wendepunkt in der Heilsgeschichte Israels,[830] der eine fortdauernde Bindung zwischen Jhwh und dem Volk Israel begründet und Jhwh als mächtigen Gott für Israel legitimiert.

In dieser Konstellation setzen die betrachteten Textzeugen eigene Schwerpunkte: So betrachtet die LXX die Kultbeziehung zu Jhwh explizit als Element der Identität Israels und spannt mit dem Ziel des Lebens im Land zwischen Ex^{LXX} 1–15 und Ex^{LXX} 23,13–19 den gesamten Erzählbogen bis zur Heraufführung ins Land auf. Peš hebt die kultische Beziehungsaufnahme zu Jhwh hervor und Sam stellt unter Ausgrenzung des Vertrauens- und Gehorsamsanspruchs (Ex 16) den Kultort ins Zentrum der intertextuellen Verflechtungen.

5.2.3 Das Textcluster Ex 23,20–33

a. Mikroebene: Begründungsstrukturen innerhalb der Einzelgesetze Ex 23,20–33 – Narrativer Redeabschluss

MT:

20 הִנֵּ֨ה אָנֹכִ֜י שֹׁלֵ֤חַ מַלְאָךְ֙ לְפָנֶ֔יךָ לִשְׁמָרְךָ֖ בַּדָּ֑רֶךְ וְלַהֲבִיאֲךָ֔ אֶל־הַמָּק֖וֹם אֲשֶׁ֥ר הֲכִנֹֽתִי׃ 21 הִשָּׁ֧מֶר
מִפָּנָ֛יו וּשְׁמַ֥ע בְּקֹל֖וֹ אַל־תַּמֵּ֣ר בּ֑וֹ כִּ֣י לֹ֤א יִשָּׂא֙ לְפִשְׁעֲכֶ֔ם כִּ֥י שְׁמִ֖י בְּקִרְבּֽוֹ׃ 22 כִּ֣י אִם־שָׁמֹ֤עַ תִּשְׁמַע֙
בְּקֹל֔וֹ וְעָשִׂ֕יתָ כֹּ֖ל אֲשֶׁ֣ר אֲדַבֵּ֑ר וְאָֽיַבְתִּי֙ אֶת־אֹ֣יְבֶ֔יךָ וְצַרְתִּ֖י אֶת־צֹרְרֶֽיךָ׃ 23 כִּֽי־יֵלֵ֣ךְ מַלְאָכִי֮ לְפָנֶ֒יךָ֒
וֶהֱבִֽיאֲךָ֗ אֶל־הָֽאֱמֹרִי֙ וְהַ֣חִתִּ֔י וְהַפְּרִזִּי֙ וְהַֽכְּנַעֲנִ֔י הַחִוִּ֖י וְהַיְבוּסִ֑י וְהִכְחַדְתִּֽיו׃ 24 לֹֽא־תִשְׁתַּחֲוֶ֤ה לֵאלֹֽהֵיהֶם֙
וְלֹ֣א תָֽעָבְדֵ֔ם וְלֹ֥א תַעֲשֶׂ֖ה כְּמַֽעֲשֵׂיהֶ֑ם כִּ֤י הָרֵס֙ תְּהָ֣רְסֵ֔ם וְשַׁבֵּ֥ר תְּשַׁבֵּ֖ר מַצֵּבֹתֵיהֶֽם׃ 25 וַעֲבַדְתֶּ֗ם אֵ֚ת

---

829 Die Verbindung des Clusters Ex 23,13–19 zum makrotextuellen Kontext des Exodusbuches, insbesondere in Ex 12–13, schreibt Schwienhorst-Schönberger in der Phrase כאשר צויתך der (dtr) Redaktion zu (vgl. Schwienhorst-Schönberger, *Bundesbuch*, 402–406). Die sich in intertextueller Perspektive darstellende intensive Begründungsleistung von Ex 12–13 für das Cluster Ex 23,13–19, die unterschiedlich detaillierte Ausformung der Bestimmungen zu Pessach/Mazzot in den beiden Textbereichen sowie die fehlende Einbeziehung des Exodus zur inhaltlichen Begründung auf der Einzelebene von Ex 23,15 können als Argumente für eine nachgängige Verknüpfung von Ex 23,15 mit Ex 12–13 durch die Notiz כאשר צויתך gelten. In der Verbindung zu Ex 12–13 überträgt sich die historische Imagination, in der die Bestimmungen verankert werden, auf Ex 23,15.18.

830 Vgl. Houtman, *Bundesbuch*, 319.

יְהוָה אֱלֹהֵיכֶם וּבֵרַךְ אֶת־לַחְמְךָ וְאֶת־מֵימֶיךָ וַהֲסִרֹתִי מַחֲלָה מִקִּרְבֶּךָ׃ 26 לֹא תִהְיֶה מְשַׁכֵּלָה וַעֲקָרָה
בְּאַרְצֶךָ אֶת־מִסְפַּר יָמֶיךָ אֲמַלֵּא׃ 27 אֶת־אֵימָתִי אֲשַׁלַּח לְפָנֶיךָ וְהַמֹּתִי אֶת־כָּל־הָעָם אֲשֶׁר תָּבֹא
בָּהֶם וְנָתַתִּי אֶת־כָּל־אֹיְבֶיךָ אֵלֶיךָ עֹרֶף׃ 28 וְשָׁלַחְתִּי אֶת־הַצִּרְעָה לְפָנֶיךָ וְגֵרְשָׁה אֶת־הַחִוִּי
אֶת־הַכְּנַעֲנִי וְאֶת־הַחִתִּי מִלְּפָנֶיךָ׃ 29 לֹא אֲגָרְשֶׁנּוּ מִפָּנֶיךָ בְּשָׁנָה אֶחָת פֶּן־תִּהְיֶה הָאָרֶץ שְׁמָמָה וְרַבָּה
עָלֶיךָ חַיַּת הַשָּׂדֶה׃ 30 מְעַט מְעַט אֲגָרְשֶׁנּוּ מִפָּנֶיךָ עַד אֲשֶׁר תִּפְרֶה וְנָחַלְתָּ אֶת־הָאָרֶץ׃ 31 וְשַׁתִּי
אֶת־גְּבֻלְךָ מִיַּם־סוּף וְעַד־יָם פְּלִשְׁתִּים וּמִמִּדְבָּר עַד־הַנָּהָר כִּי׀ אֶתֵּן בְּיֶדְכֶם אֵת יֹשְׁבֵי הָאָרֶץ
וְגֵרַשְׁתָּמוֹ מִפָּנֶיךָ׃ 32 לֹא־תִכְרֹת לָהֶם וְלֵאלֹהֵיהֶם בְּרִית׃ 33 לֹא יֵשְׁבוּ בְּאַרְצְךָ פֶּן־יַחֲטִיאוּ אֹתְךָ לִי
כִּי תַעֲבֹד אֶת־אֱלֹהֵיהֶם כִּי־יִהְיֶה לְךָ לְמוֹקֵשׁ׃ פ

[20] Siehe, ich sende einen Boten vor dir her, um dich auf dem Weg zu bewahren und dich an den Ort zu bringen, den ich bereitet habe. [21] Hüte dich vor ihm, und höre auf seine Stimme, widerstrebe ihm nicht! Denn er wird euer Vergehen nicht vergeben, denn mein Name ist in ihm. [22] Wenn du gewiss auf seine Stimme hörst und alles tust, was ich sagen werde, dann werde ich deinen Feinden feind sein und deine Bedränger bedrängen. [23] Gewiss, mein Bote wird vor dir gehen und er wird dich bringen zu den Amoritern und den Hetitern und den Perisitern und den Kanaanitern, den Hewitern und den Jebusitern; und ich werde sie[831] vernichten. [24] Du sollst dich vor ihren Göttern nicht niederwerfen und ihnen nicht dienen, und du sollst nicht nach ihren Taten tun, sondern du sollst sie unbedingt niederreißen und ihre Mazzeben unbedingt zerschmettern. [25] Und ihr sollt dem HERRN, eurem Gott, dienen. Und er wird dein Brot und dein Wasser segnen, und ich werde (jegliche) Krankheit aus deiner Mitte wegnehmen. [26] Keine (Frau) in deinem Land wird eine Fehlgeburt haben und unfruchtbar sein; die Zahl deiner Tage werde ich voll(zählig) machen. [27] Meinen Schrecken werde ich vor dir hersenden und alle Völker, zu denen du kommst, in Verwirrung setzen, und ich werde alle deine Feinde (mit dem) Rücken zu dir kehren. [28] Auch werde ich Hornissen vor dir hersenden. Und sie werden[832] die Hewiter, die Kanaaniter und die Hetiter vor dir vertreiben. [29] Nicht in einem Jahr werde ich sie[833] vor dir vertreiben, damit das Land nicht eine Ödnis wird und die Tiere des Feldes gegen dich nicht (zu) zahlreich werden. [30] Nach und nach werde ich sie[834] vor dir vertreiben, bis dass du (so) fruchtbar bist und das Land in Besitz nehmen wirst. [31] Und ich werde deine Grenze festsetzen: vom Schilfmeer bis zum Meer der Philister und von der Wüste bis an den Strom. Gewiss, ich werde die Bewohner des Landes in eure Hand geben und du wirst sie vor dir vertreiben. [32] Du sollst mit ihnen und mit ihren Göttern keinen Bund schließen. [33] Sie sollen nicht in deinem Land wohnen, damit sie dich nicht zur Sünde gegen mich verführen; denn wirst du ihren Göttern dienen, wird es dir gewiss zum Fallstrick werden.

In Ex 23,20 setzt der Abschluss der Gottesrede und des Bundesbuches mit dem Hinweis auf die Sendung eines Boten ein (E1/T2), der das angesprochene Du, d. h. die Israeliten, auf dem Weg bewahren soll (E2/T3) und an den Ort führen soll (E3/T4), den das Sprecher-Ich, d. h. Jhwh, bereitet hat (E4/T1). Die Bereitung des Ortes (E4/T1), welcher sich auf das Land Kanaan bezieht,[835] liegt den die Heraufführung

831 Wörtlich im Singular in Bezug auf Kollektivum.
832 Wörtlich im Singular in Bezug auf Kollektivum.
833 Wörtlich im Singular in Bezug auf Kollektivum.
834 Wörtlich im Singular in Bezug auf Kollektivum.
835 Vgl. auch Propp, *Exodus 19–40*, 287.

beschreibenden Ereignissen (E1–E3) zeitlich voraus. Die Ereignisse der Heraufführung (E1–E3) folgen im *plot* einer linearen Chronologie. Die Sendung des Boten (E1/T2) ist im *futurum instans* formuliert. Die Heraufführung in das Land steht im Verlauf der in v.20 imaginierten Erzählung unmittelbar bevor. Damit tritt Ex 23,20 in Spannung zum tatsächlichen Fortgang der Erzählung, der zunächst den Bundesschluss (Ex 24) vorsieht und mit Verzögerungen, wie z. B. dem Bundesbruch in Ex 32, keinen derart linearen Ablauf nimmt, wie in Ex 23,20 vorgestellt. Ex 23,20 drängt deutlich auf das Ziel der Landnahme, welches den Redeabschluss insgesamt grundiert.

V.21 enthält drei Aufforderungen zum Gehorsam gegenüber dem Boten, die in v.22 damit begründet werden, dass der Bote Vergehen (פשע) nicht vergeben wird. פשע spielt dabei möglicherweise auf Bundesuntreue an.[836] Ko- und kontextuell wird die fehlende Vergebung durch den Boten mit der Vorstellung der Präsenz des Jhwh-Namens in ihm (בקרבו) verbunden. Die Partikel כי im Nominalsatz כי שמי בקרבו ist bisweilen konzessiv verstanden worden.[837] Eine verweigerte Vergebung durch den Boten, *obwohl* Jhwhs Name in ihm ist, würde die prinzipielle Vergebungsbereitschaft Jhwhs betonen und die Vorstellung, dass Jhwh allein zur Vergebung berechtigt ist,[838] konsequent umsetzen. Allerdings wäre für eine klar konzessive Satzanbindung ein Anschluss mit einer eindeutig konzessiven Konjunktion zu erwarten, sodass die kausale Verknüpfung vorzuziehen ist.[839] Diese sieht den Grund für die Nicht-Vergebung gerade in der Präsenz Jhwhs im Boten. Ohne Gehorsam gegenüber Jhwh bzw. dem Boten ist damit keine Beziehung zu Jhwh möglich, weil Vergebung seitens Jhwhs für פשעים nicht vorgesehen ist. Die binnentextuelle Annahme der Bedeutung „Bundesvergehen" für פשעים mag die Radikalität dieser Vorstellung erklären können.

V.22 bietet in einem Konditionalgefüge eine weitere Begründung für den geforderten Gehorsam gegenüber dem Boten bzw. Jhwh. Im Fall einer Befolgung der Anweisungen des Boten bzw. Jhwhs wird Jhwh für den Adressaten gegenüber seinen Feinden Beistand und Schutz sein. Die Notwendigkeit des Schutzes ergibt sich aus der bevorstehenden Begegnung mit den Fremdvölkern (v.23).

Ausgehend vom Ereignis der Begegnung mit den Fremdvölkern formuliert v.24 die Forderung der alleinigen Verehrung Jhwhs in drei Prohibitiven gegen die Verehrung (E1) und den Dienst[840] (E2) für die Götter der Fremdvölker und gegen

836 Vgl. Propp, *Exodus 19–40*, 288.

837 S. Propp, *Exodus 19–40*, 288; Houtman, *Bundesbuch*, 328.

838 Vgl. Propp, *Exodus 19–40*, 136; Houtman, *Bundesbuch*, 328.

839 Vgl. auch Propp, *Exodus 19–40*, 288.

840 Unsicherheit besteht im Verständnis von תעבדם in v.24 als *Qal* oder *Hof'al* (vgl. Gesenius/Kautzsch, *Grammatik § 60b*, 168). Die Betonung der Alleinverehrung und des Gehorsams legt im Ko- und Kontext von v.24 inhaltlich eine Lesung des *Qal* nahe, welche vorrangig die Aktivität

Teilhabe an deren Kultpraktiken[841] (E3). Unter dem Anspruch der alleinigen Verehrung Jhwhs sollen diese niedergerissen (E4) und zugehörige Kultgegenstände zerstört (E5) werden. Zur Begründung der Forderung der Alleinverehrung Jhwhs zeichnen vv.25 f. eine Vision von einem guten und langen Leben im Land. Abwesenheit von Krankheit, ein langes Leben und Fruchtbarkeit gelten als Ausdruck für Jhwhs Segen und beziehen sich auf das altisraelitische Ideal, „nach einem erfüllten Leben als Hochbetagter, umringt von Kindern und Enkelkindern [...], im Frieden den Tod des Aufrechten [...] zu sterben, im Wissen, dass sein ‚Name' auf Erden bestehen bleibt [...].“[842] Die alleinige Verehrung Jhwhs, welche den Gehorsam einschließt, bringt laut vv.25 f. die Erfüllung dieses Lebensideals.

Vv.27–31 beschreiben die Eroberung des Landes durch Jhwh. Die hierbei beschriebene Realität der Vertreibung der Landesbewohner stellt die in v.20 behauptete, bereits geschehene Bereitung des Landes (כו"ן *Hif*) infrage. Diese kann sich in der erzählten Welt im Lichte von vv.27–31 nur auf vorausgesetzte Qualitäten des Landes und eine grundsätzliche, von Jhwh vorgenommene Bestimmung des Landes für Israel beziehen, nicht aber auf dessen tatsächlichen Besitzstatus. Der Besitzanspruch auf das Land bedarf noch der Durchsetzung, die Jhwh selbst vornehmen wird (vv.27–30). Die Eroberung des Landes ist in Ex 23,20–33 vornehmlich Jhwhs Aufgabe.[843] Dazu greift Ex 23,20–33 auf Traditionselemente, die Jhwhs als Krieger vorstellen, zurück.[844] Die Israeliten spielen bei der Einnahme des Landes hier eine untergeordnete Rolle. Die von Israel auszuführende Vertreibung der Landesbewohner (v.31b, AK^{cons} וגרשתמו) geschieht als Konsequenz des Ereignisses, dass Jhwh diese in ihre Hände gegeben hat (v.31b, Übereignungsformel). Die Übereignung der Landesbewohner sagt deren totale Unterwerfung durch Jhwh aus.[845] Hauptakteur der Eroberung des Landes bleibt Jhwh. Doch wird sich die Inbesitznahme zur Schonung des Landes über einen längeren Zeitraum strecken (v.30), sodass sich die Israeliten auf eine Phase der gleichzeitigen Bewohnung des Landes mit den Völkern einstellen (v.30) müssen.[846]

---

der Adressaten betont und diese nicht im Sinne des passiv kausativen *Hofal* als Spielball fremder Völker zeichnet. Zudem ist in v.25 עב"ד *Qal* zur Beschreibung des Jhwh-Dienstes gebraucht. Die kontrastierende Gegenüberstellung des Dienstes für fremde Götter und des Jhwh-Dienstes in vv.24 f. spricht ebenso für die Lesung von עב"ד *Qal* in v.24. Evidenz für die Lesetradition von עב"ד *Qal* gibt zudem die Lesart μὴ λατρεύσῃς αὐτοῖς der LXX.

841 Zum Verständnis von תעשה כמעשיהם im Sinne der Ausführung kultischer Handlungen s. Houtman, *Bundesbuch*, 330.

842 Houtman, *Bundesbuch*, 332.

843 Vgl. auch Houtman, *Bundesbuch*, 339.

844 Vgl. Ausloos, „War of YHWH“, 562 f.

845 Vgl. Osumi, *Kompositionsgeschichte*, 208 f.

846 Vgl. Houtman, *Bundesbuch*, 330.

Vor diesem Hintergrund fordern vv.32 f. nachdrücklich die Absonderung Israels von den Landesbewohnern, welche sich im Bundesverbot (v.32) und in der Begründung des expliziten Verbots zum Verbleib der Völker im Land äußert (v.33). Die Landesbewohner dürfen nicht bleiben, weil sie die Israeliten zum Abfall von Jhwh (חט"א *Hif*, v.33a) verführen könnten. Die Syntax und Kausalzusammenhänge von v.33b erschließen sich in der doppelten Verwendung des כי nicht unmittelbar. Am ehesten bezieht sich die Fallstrickaussage im Sg. auf den Verbleib der Landesbewohner zurück und die Aussage zum Dienen fremder Götter stellt eine begründende Erläuterung zu dem dar, was zur Sünde Verführen (חט"א *Hif*, v.33a) meint. Der Verbleib der Landesbewohner kann damit zum Fallstrick (מוקש) für die Israeliten werden, wenn dieser sie zum Abfall von Jhwh reizt (v.33). Die von den Landesbewohnern ausgehende Bedrohung beschreibt keine territoriale Konkurrenz oder kriegerische Anfeindung, sondern eine Gefährdung der exklusiven Beziehung zwischen Jhwh und Israel.[847]

LXX:

[20] Καὶ ἰδοὺ ἐγὼ ἀποστέλλω τὸν ἄγγελόν μου πρὸ προσώπου σου, ἵνα φυλάξῃ σε ἐν τῇ ὁδῷ, ὅπως εἰσαγάγῃ σε εἰς τὴν γῆν, ἣν ἡτοίμασά σοι. [21] πρόσεχε σεαυτῷ καὶ εἰσάκουε αὐτοῦ καὶ μὴ ἀπείθει αὐτῷ· οὐ γὰρ μὴ ὑποστείληταί σε, τὸ γὰρ ὄνομά μού ἐστιν ἐπ᾿ αὐτῷ. [22] ἐὰν ἀκοῇ ἀκούσῃς τῆς φωνῆς μου, καὶ ποιήσῃς πάντα, ὅσα ἂν εἴπω σοι, ἐχθρεύσω τοῖς ἐχθροῖς σου, καὶ ἀντικείσομαι τοῖς ἀντικειμένοις σοι. [23] πορεύσεται γὰρ ὁ ἄγγελός μου ἡγούμενός σου, καὶ εἰσάξει σε πρὸς τὸν Ἀμορραῖον καὶ Χετταῖον καὶ Φερεζαῖον καὶ Χαναναῖον καὶ Γεργεσαῖον καὶ Εὐαῖον καὶ Ἰεβουσαῖον, καὶ ἐκτρίψω αὐτούς. [24] οὐ προσκυνήσεις τοῖς θεοῖς αὐτῶν οὐδὲ μὴ λατρεύσῃς αὐτοῖς· οὐ ποιήσεις κατὰ τὰ ἔργα αὐτῶν, ἀλλὰ καθαιρέσει καθελεῖς καὶ συντρίβων συντρίψεις τὰς στήλας αὐτῶν. [25] καὶ λατρεύσεις κυρίῳ τῷ θεῷ σου, καὶ εὐλογήσω τὸν ἄρτον σου καὶ τὸν οἶνόν σου καὶ τὸ ὕδωρ σου, καὶ ἀποστρέψω μαλακίαν ἀφ᾿ ὑμῶν. [26] οὐκ ἔσται ἄγονος οὐδὲ στεῖρα ἐπὶ τῆς γῆς σου· τὸν ἀριθμὸν τῶν ἡμερῶν σου ἀναπληρώσω. [27] καὶ τὸν φόβον ἀποστελῶ ἡγούμενόν σου, καὶ ἐκστήσω πάντα τὰ ἔθνη, εἰς οὓς σὺ εἰσπορεύῃ εἰς αὐτούς, καὶ δώσω πάντας τοὺς ὑπεναντίους σου φυγάδας. [28] καὶ ἀποστελῶ τὰς σφηκίας προτέρας σου, καὶ ἐκβαλεῖ τοὺς Ἀμορραίους καὶ τοὺς Εὐαίους καὶ τοὺς Χαναναίους καὶ τοὺς Χετταίους ἀπὸ σοῦ. [29] οὐκ ἐκβαλῶ αὐτοὺς ἐν ἐνιαυτῷ ἐνί, ἵνα μὴ γένηται ἡ γῆ ἔρημος καὶ πολλὰ γένηται ἐπὶ σὲ τὰ θηρία τῆς γῆς· [30] κατὰ μικρὸν μικρὸν ἐκβαλῶ αὐτοὺς ἀπὸ σοῦ, ἕως ἂν αὐξηθῇς καὶ κληρονομήσῃς τὴν γῆν. [31] καὶ θήσω τὰ ὅριά σου ἀπὸ τῆς ἐρυθρᾶς θαλάσσης ἕως τῆς θαλάσσης τῆς Φυλιστιίμ, καὶ ἀπὸ τῆς ἐρήμου ἕως τοῦ ποταμοῦ τοῦ μεγάλου Εὐφράτου· καὶ παραδώσω εἰς τὰς χεῖρας ὑμῶν τοὺς ἐγκαθημένους ἐν τῇ γῇ, καὶ ἐκβαλῶ αὐτοὺς ἀπὸ σοῦ. [32] οὐ συγκαταθήσῃ αὐτοῖς καὶ τοῖς θεοῖς αὐτῶν διαθήκην, [33] καὶ οὐκ ἐγκαθήσονται ἐν τῇ γῇ σου, ἵνα μὴ ἁμαρτεῖν σε ποιήσωσιν πρός με· ἐὰν γὰρ δουλεύσῃς τοῖς θεοῖς αὐτῶν, οὗτοι ἔσονταί σοι πρόσκομμα.

[20] Und siehe, ich sende meinen Boten vor dir her, damit er dich auf dem Weg bewahrt, dass er dich hineinführt in das Land, das ich dir bereitet habe. [21] Hüte dich [Ø], und höre auf

847 Vgl. auch Houtman, *Bundesbuch*, 338.

ihn, und sei ihm nicht ungehorsam! Denn er wird nicht von dir weichen, denn mein Name ist in ihm. 22 Wenn du gewiss [Ø] meine Stimme hörst und alles tust, was auch immer ich dir sagen werde, (dann) werde ich deinen Feinden feind sein und deinen Widersachern Widersacher sein. 23 Gewiss, mein Bote wird ausgehen, dein Wegführer, und er wird dich hineinführen zu den Amorräern und Chettäern und Pherezäern und Kanaanäern und Gergesäern und Hewäern und den Jebusäern; und ich werde sie vernichten. 24 Du sollst ihre Götter nicht anbeten und ihnen nicht dienen, [Ø] du sollst nicht nach ihren Taten tun, sondern du sollst (sie) unbedingt niederreißen und ihre Säulen unbedingt zerschmettern. 25 Und du sollst dem HERRN, deinem Gott, dienen. Und ich werde dein Brot und deinen Wein und dein Wasser segnen, und ich werde (jegliche) Krankheit von euch wegnehmen. 26 Und es wird keine Kinderlose und keine Unfruchtbare in deinem Land geben; die Zahl deiner Tage werde ich vollständig machen. 27 Und die Furcht werde ich aussenden, deinen Wegführer, und ich werde alle Völker, zu denen du hineingehst, in Schrecken setzen, und ich werde alle deine Gegner zu Flüchtlingen machen. 28 Auch werde ich Hornissen vor dir hersenden. Und sie werden[848] die Amorräer und die Hewäer und die Kanaanäer und die Chettäer vor dir vertreiben. 29 Nicht in einem Jahr werde ich sie [Ø] vertreiben, damit das Land nicht eine Ödnis wird und die Tiere des Landes gegen dich nicht (zu) zahlreich werden. 30 Nach und nach werde ich sie vor dir vertreiben, bis du dich (so) vermehrst und das Land in Besitz nehmen wirst. 31 Und ich werde deine Grenzen festsetzen: vom Roten Meer bis zum Meer der Phylistiim und von der Wüste bis an den Strom des großen Euphrat. Und ich werde die Bewohner im Land in eure Hände geben und ich werde sie vor dir vertreiben. 32 Du sollst mit ihnen und mit ihren Göttern keinen Bund schließen. 33 Und sie sollen nicht in deinem Land wohnen, damit sie dich nicht zum Sündigen gegen mich veranlassen; wenn du ihren Göttern dienst, [Ø] werden diese dir zum Fallstrick werden.

Die LXX betont „die Verbindung zwischen dem Boten und seinem Sender“[849] in v.20, indem sie das Possessivum μου einfügt. Zwischen Bote und Jhwh besteht ein enges, untrennbares Verhältnis. Dies führen vv.21 f. näher aus: Auf den Boten soll gehört werden. Jhwhs Name ist in ihm. Durch ihn ist Jhwh in Israel präsent. Die Lesung des possessiven μου in Bezug auf die Stimme (v.22) anstelle des im MT belegten Possessivsuffixes der 3.m.Sg. spiegelt im Zusammenhang mit dem Gehorsamsbefehl aus v.21 die Gleichsetzung von Jhwhs Stimme und der des Boten. Jedoch definiert die LXX gegenüber MT in v.21b bezüglich des Boten auch eine theologische Grenze: Mit οὐ γὰρ μὴ ὑποστείληταί σε vermeidet sie eine Aussage zur Sündenvergebung durch den Boten und bedient die Vorstellung, dass nur Jhwh selbst zur Vergebung von Sünden berechtigt ist.[850]

Der Jhwh-Bote soll die Israeliten auf dem Weg ins Land schützen und führen. Mit der Lesung von γῇ bezieht sich die LXX in v.20 explizit auf das verheißene Land:

848 Wörtlich im Singular in Bezug auf Kollektivum.

849 Gurtner, *Exodus*, 404. (Übers. AmK)

850 Vgl. Houtman, *Bundesbuch*, 328.

> Hier wird bewusst hervorgehoben, dass es sich um die Heilsgabe des Landes Israel handelt, ein deutlicher Hinweis darauf, welch große Bedeutung das Mutterland gerade unter den Bewohnern der Diaspora hatte.[851]

Die Einfügung des *dativus commodi* σοι in Bezug auf die Bereitung des Landes vertieft diese Vorstellung. Sie drückt die Konstitution des Landes „für" die Israeliten aus und untermauert im Umkehrschluss deren Anspruch auf das Land. Mit Blick auf die Gesamterzählung drängt die Nennung des Landes hier auf deren Fortgang.

Für v.22 bezeugen einige in G^{I} verzeichnete Mss einen an Ex^{LXX} 19,5.6 angelehnten Textüberschuss,[852] welcher unter Verweis auf die exklusive Beziehung zwischen Jhwh und Israel und die Herrschaft Jhwhs über das Land den Gehorsam gegenüber Jhwhs Geboten nachdrücklich einschärft. Der Textüberschuss in 23,22 verbindet die Gehorsamsforderung, den Anspruch der Heiligung (ὑμεῖς δὲ ἔσεσθέ μοι βασίλειον ἱεράτευμα καὶ ἔθνος ἅγιον) und der Erwählung Israels aus allen Völkern (ἔσεσθέ μοι λαὸς περιούσιος) mit der Vorstellung, dass Jhwh Eigentümer des gesamten Landes ist (ἐμὴ γάρ ἐστιν πᾶσα ἡ γῆ). Im Zusammenhang von Ex^{LXX} 23,20–33 verweist γῆ auf das Land Kanaan (23,20), das mit Jhwh als Eigentümer dessen Verfügungsgewalt untersteht. Das Volk Israel genießt also im Falle des Gehorsams gegenüber Jhwh eine Exklusivstellung als erwähltes Volk des Landeseigentümers. Diese Stellung zeichnet das Volk Israel vor den Völkern des Landes aus und begründet zugleich den Anspruch Israels auf das Land.

Die Aufnahme von Ex 19,5 f. stellt in den betreffenden Mss im narrativen Abschluss des Bundesbuches textstrukturell eine explizite Rückbindung an die Szenerie am Sinai her, die den Bundesschluss, der in der Gesamterzählung in Ex^{LXX} 24 unmittelbar bevorsteht, intensiv vorbereitet. Aus textkritischer Sicht ist der Textüberschuss in Ex^{LXX} 23,22 als Homoioarkton zu erklären und im Sinne der *lectio brevior* auszuscheiden. Dennoch bringt der Textüberschuss für die Autorisierung des Rechts in den jeweiligen Mss eine Verstärkung wichtiger Begründungsmuster am Ende des Bundesbuches mit sich. Darin bezeugen die betreffenden Mss eine stärkere Profiliierung der Scharnierfunktion von Ex^{LXX} 23,20–33. Der Textüberschuss geht auf Jhwhs Legitimation, dessen Befehlsautorität, den besonderen Charakter der Beziehung zwischen Jhwh und Israel und die daraus resultierenden Vorteile für die Israeliten, den darauf gründenden Anspruch auf das Land sowie die Bundesvorstellung ein. Insbesondere der Heiligkeitsanspruch, der den Anspruch auf das Land begründet und im Gehorsam seine Erfüllung

---

851 Schaper, „Exodos", 308.

852 S. Wevers, *LXX II/1*, 272 f. (ἐὰν ἀκοῇ ἀκούσητε τῆς ἐμῆς φωνῆς καὶ ποιήσῃς πάντα ὅσα ἂν ἐντείλωμαί σοι καὶ φυλάξητε τὴν διαθήκην μου ἔσεσθέ μοι λαὸς περιούσιος ἀπὸ πάντων τῶν ἐθνῶν ἐμὴ γάρ ἐστιν πᾶσα ἡ γῆ ὑμεῖς δὲ ἔσεσθέ μοι βασίλειον ἱεράτευμα καὶ ἔθνος ἅγιον ταῦτα τὰ ῥήματα ἐρεῖς τοῖς υἱοῖς Ισραηλ) findet, vermag am Abschluss des Bundesbuches die Einhaltung des Rechts des gesamten Bundesbuches zu begründen.

In v.25 bezeugt die LXX gegenüber MT eine Erweiterung der Reihe der Segnungen um καὶ τὸν οἶνόν σου. Neben der Grundversorgung mit Brot und Wasser spielte auch der als belebend geltende Wein im Alten Israel eine besondere Rolle, dessen Vorhandensein auf Segnung durch Jhwh zurückgeführt wurde.[853] Insofern überrascht die Nennung von Wein im Zusammenhang des Segenshandelns Jhwhs nicht und die Einfügung des Weins als Jhwh-Segnung bekräftigt die bereits in Brot und Wasser anklingenden Voraussetzungen eines fruchtbaren Landes. Sie ordnet sich in Ex^{LXX} 23,25 der intensiven Fokussierung auf das Land am Abschluss des Bundesbuches zu.[854]

Die Eroberung des Landes samt Vertreibung der Bewohner[855] formuliert die LXX auch in v.31b als Jhwh-Tat in der 1.Sg. Damit setzt sie einerseits das in Ex^{LXX} 23,20–33 vorliegende Konzept der alleinigen Eroberung des Landes durch Jhwh konsequent um. Andererseits resultiert hieraus, dass die von den Landesbewohnern ausgehende Identitätsbedrohung in der LXX stärker hervorsticht: Eine Aktivität der Israeliten ist bei der Vertreibung der Völker nicht vorgesehen. Stattdessen sollen sich alle Kräfte der Israeliten einzig im Bereich des Gehorsams und der Alleinverehrung Jhwhs konzentrieren, welche unter den Bedingungen der allmählichen Landgabe (v.30) in besonderer Weise die Abwehr fremder Kulte und Götter einschließt (vv.24.32).[856]

Sam:

20 הנה אנכי שלח מלאכי לפניך לשמרך בדרך ולהביאך אל המקום אשר הכנתי: 21 השמר
מפניו ושמע בקולו אל תמרי בו כי לא ישא לפשעכם כי שמי בקרבו: 22 כי אם שמע תשמעו
בקולי ועשיתם את כל אשר אדבר ואיבתי את איביך וצרתי את צרריך: 23 כי ילך מלאכי
לפניך והביאך אל הכנעני והאמרי והחתי והגרגשי והפרזי והחוי והיבוסי והכחדתיו: 24 לא
תשתחוי לאלהיהם ולא תעבדם ולא תעשה כמעשיהם כי הרס תהרסם ושבר תשבר מצבתיהם:
25 ועבדתם את יהוה אלהיכם וברך את לחמך ואת מימיך והסרתי מחלה מקרבך: 26 ולא תהיה
משכלה ועקרה בארצך את מספר ימיך אמלא: 27 ואת אימתי אשלח לפניך והמתי את כל
העם אשר תבוא בהן ונתתי את כל איביך אליך ערף :–

853 Vgl. Wöhrle, „Getränke (AT)“, in: *WiBiLex* (2008), 2.2.1;4.

854 Dies spricht gegen die textkritische Erwägung, die in der Einfügung aus Ex^{LXX} 23,25 unter Annahme einer Parablepsis bei der Aufzählung ואת יינך ואת מימיך eine MT vorzuziehende Lesart sieht (vgl. Propp, *Exodus 19–40*, 137).

855 Zu Differenzen in der Auflistung der Fremdvölker (vv.23.28) in den einzelnen Textzeugen s. Propp, *Exodus 19–40*, 137 f.

856 Die Bedrohung durch fremde Kultpraxis und Götter ist auch der Mehrdeutigkeit des Demonstrativums οὗτοι in v.33b zu entnehmen, welches sowohl auf die Landesbewohner als auch auf deren Götter bezogen werden kann. Beide können zum Fallstrick für Israel werden.

28 ושלחתי את הצרעה לפניך וגרשה את הכנעני ואת האמרי ואת החתי ואת הגרגשי ואת
הפרזי ואת החוי ואת היבוסי מלפניך: 29 לא אגרשנו מפניך בשנה אחת פן תהיה הארץ שממה
ורבה עליך חית השדה: 30 מעט מעט אגרשנו מפניך עד אשר תפרה ונחלת את הארץ: 31 ושתי
את גבולך מים סוף ועד ים פלשתים וממדבר ועד הנהר כי אתן בידכם את ישבי הארץ
וגרשתם מפניך: 32 לא תכרת להם ולאלהיהם ברית: 33 לא ישבו בארצך פן יחטיאו אתך לי
כי תעבד את אלהיהם כי יהיו לך למוקש :–

20 Siehe, ich sende meinen Boten vor dir her, um dich auf dem Weg zu bewahren und dich
an den Ort zu bringen, den ich bereitet habe. 21 Hüte dich vor ihm, und höre auf seine Stimme,
widerstrebe ihm nicht! Denn er wird euer Vergehen nicht vergeben, denn mein Name ist in
ihm. 22 Wenn ihr gewiss auf meine Stimme hört und ihr alles tut, was ich sagen werde, dann
werde ich deinen Feinden feind sein und deine Bedränger bedrängen. 23 Gewiss, mein Bote
wird vor dir gehen und er wird dich bringen zu den Kanaanitern und den Amoritern und
den Hetitern und den Girgasitern und den Perisitern und den Hewitern und den Jebusitern;
und ich werde sie[857] vernichten. 24 Du sollst dich vor ihren Göttern nicht niederwerfen und
ihnen nicht dienen, und du sollst nicht nach ihren Taten tun, sondern du sollst sie unbedingt
niederreißen und ihre Mazzeben unbedingt zerschmettern. 25 Und ihr sollt dem HERRN, eurem Gott, dienen. Und er wird dein Brot und dein Wasser segnen, und ich werde (jegliche)
Krankheit aus deiner Mitte wegnehmen. 26 Und keine (Frau) in deinem Land wird eine Fehlgeburt haben und unfruchtbar sein; die Zahl deiner Tage werde ich voll(zählig) machen. 27 Und
meinen Schrecken werde ich vor dir hersenden und alle Völker, zu denen du kommst, werde
ich töten, und ich werde alle deine Feinde (mit dem) Rücken zu dir kehren.
28 Auch werde ich Hornissen vor dir hersenden. Und sie werden[858] die Kanaaniter und die
Amoriter und die Hetiter und die Girgasiter und die Perisiter und die Hewiter und die
Jebusiter vor dir vertreiben. 29 Nicht in einem Jahr werde ich sie[859] vor dir vertreiben, damit
das Land nicht eine Ödnis wird und die Tiere des Feldes gegen dich nicht (zu) zahlreich
werden. 30 Nach und nach werde ich sie[860] vor dir vertreiben, bis dass du (so) fruchtbar
bist und das Land in Besitz nehmen wirst. 31 Und ich werde deine Grenze festsetzen: vom
Schilfmeer bis zum Meer der Philister und von der Wüste auch bis an den Strom. Gewiss, ich
werde die Bewohner des Landes in eure Hand geben und ich werde sie vor dir vertreiben.
32 Du sollst mit ihnen und mit ihren Göttern keinen Bund schließen. 33 Sie sollen nicht in
deinem Land wohnen, damit sie dich nicht zur Sünde gegen mich verführen; denn wirst du
ihren Göttern dienen, werden sie dir gewiss zum Fallstrick werden.

Sam fügt in vv.20.22 an מלאך und קול Possessivsuffixe der 1.c.Sg. an und stimmt darin mit der LXX überein. Auch Sam betont damit die untrennbare Verbindung zwischen Jhwh und seinem Boten, bezeugt in der Frage nach der Sündenvergebung durch den Boten in v.21 allerdings keine Lesart wie LXX.

Ferner führt Sam תמרי in v.21 auf die *tertiae infirmae*-Wurzel מר״י zurück.[861] Für die im MT vorliegende Form אל־תמר hat Kutscher gezeigt, dass die MT-Form

857 Wörtlich im Singular in Bezug auf Kollektivum.
858 Wörtlich im Singular in Bezug auf Kollektivum.
859 Wörtlich im Singular in Bezug auf Kollektivum.
860 Wörtlich im Singular in Bezug auf Kollektivum.
861 Vgl. Ben-Ḥayyim, *LOT IV*, 168.

nicht als Ableitung von מר"ר „bitter sein" zu deuten ist, sondern als ein *Hif'il* von מר"ר „streben, kämpfen".[862] Es liegt insofern keine semantische Differenz zwischen MT, LXX und Sam sowie Peš vor, aber eine lexikalische und morphologische Differenz der im MT und Sam verwendeten Verbformen.[863] Die Wurzel מר"ר des MT stellt in v.21 die *lectio difficilior* dar.

In v.27 führt die samaritanische Aussprachetradition והמתי auf מו"ת *Hif* zurück, wie es auch die samaritanischen Targumim durchgängig belegen.[864] Die Aussage des Tötens in v.27 korrespondiert mit der Vernichtung der Völker in v.23 und bekräftigt Jhwhs Legitimation als mächtiger Beistand Israels. Zudem bezeugt die samaritanische Lesetradition in v.31 eine weitere Übereinstimmung mit der LXX, indem sie für וגרשתם eine suffigierte AK^{cons}-Form der 1.c.Sg. statt der 2.m.Sg. liest.[865] Auch im Sam ist die Eroberung des Landes alleinig die Aufgabe Jhwhs. Die Aufgabe der Israeliten besteht im Gehorsam und in der Alleinverehrung Jhwhs.

Peš:

20 ܗܐ ܡܫܕܪ ܐܢܐ ܡܠܐܟܐ ܩܕܡܝܟ. ܕܢܛܪܟ ܒܐܘܪܚܐ ܘܢܥܠܟ ܠܐܬܪܐ ܕܛܝܒܬ. 21 ܐܙܕܗܪ ܡܢܗ ܘܫܡܥ ܒܩܠܗ.
ܠܐ ܬܬܚܪܐ ܠܘܩܒܠܗ. ܕܠܐ ܢܫܒܘܩ ܠܚܘܒܝܟܘܢ. ܡܛܠ ܕܫܡܝ ܥܠܘܗܝ. 22 ܘܐܢ ܡܫܡܥ ܬܫܡܥ ܒܩܠܗ. ܘܬܥܒܕ
ܟܠܡܕܡ ܕܐܡܪ ܠܟ. ܐܣܢܐ ܠܣܢܐܝܟ ܘܐܥܝܩ ܠܡܥܝܩܢܝܟ. 23 ܡܛܠ ܕܐܙܠ ܡܠܐܟܝ ܩܕܡܝܟ. ܘܢܥܠܟ ܥܠ ܐܡܘܪܝܐ
ܘܚܬܝܐ. ܘܦܪܙܝܐ ܘܟܢܥܢܝܐ. ܘܚܘܝܐ ܘܝܒܘܣܝܐ. ܘܐܘܒܕ ܐܢܘܢ. 24 ܠܐ ܬܣܓܘܕ ܠܐܠܗܝܗܘܢ ܘܠܐ ܬܦܠܘܚ ܐܢܘܢ.
ܘܠܐ ܬܥܒܕ ܐܝܟ ܥܒܕܝܗܘܢ. ܐܠܐ ܡܣܚܦܘ ܬܣܚܦ ܐܢܘܢ. ܘܡܬܒܪܘ ܬܬܒܪ ܩܝܡܬܗܘܢ. 25 ܘܬܦܠܚܘܢ ܠܡܪܝܐ
ܐܠܗܟܘܢ. ܘܢܒܪܟ ܠܠܚܡܟܘܢ ܘܡܝܟܘܢ. ܘܢܥܒܪ ܟܘܪܗܢܐ ܡܢ ܒܝܢܬܟܘܢ. 26 ܘܠܐ ܬܗܘܐ ܕܡܚܒܠܐ ܘܥܩܪܬܐ
ܒܐܪܥܟܘܢ. ܘܡܢܝܢ ܝܘܡܬܟܘܢ ܐܫܠܡ. 27 ܘܕܚܠܬܝ ܐܫܕܪ ܩܕܡܝܟ. ܘܐܘܒܕ ܠܟܠ ܥܡܡܐ ܕܬܐܙܠ ܥܠܝܗܘܢ. ܘܐܬܠ
ܠܒܥܠܕܒܒܝܟ ܕܢܦܢܘܢ ܩܕܠܗܘܢ ܩܕܡܝܟ. 28 ܘܐܫܕܪ ܕܒܘܪܬܐ ܩܕܡܝܟ. ܘܐܛܪܘܕ ܠܟܢܥܢܝܐ ܘܠܚܬܝܐ ܡܢ ܩܕܡܝܟ.
29 ܠܐ ܐܛܪܘܕ ܐܢܘܢ ܡܢ ܩܕܡܝܟ. ܒܫܢܬܐ ܚܕܐ. ܕܠܐ ܬܗܘܐ ܐܪܥܐ ܚܪܒܐ. ܘܬܣܓܐ ܥܠܝܟ ܚܝܘܬ ܒܪܐ.
30 ܩܠܝܠ ܩܠܝܠ ܐܛܪܘܕ ܐܢܘܢ ܡܢ ܩܕܡܝܟ. ܥܕܡܐ ܕܬܬܝܒ ܘܬܐܪܬ ܐܪܥܐ. 31 ܘܐܥܒܕ ܬܚܘܡܝܟ ܡܢ ܝܡܐ
ܕܣܘܦ. ܘܥܕܡܐ ܠܝܡܐ ܕܦܠܫܬܝܐ. ܘܡܢ ܡܕܒܪܐ ܘܥܕܡܐ ܠܢܗܪܐ. ܡܛܠ ܕܐܫܠܡ ܐܢܐ ܒܐܝܕܝܟܘܢ ܝܬܒܝ ܐܪܥܐ.
ܘܬܛܪܕܘܢ ܐܢܘܢ. 32 ܠܐ ܬܩܝܡ ܠܗܘܢ ܘܠܐܠܗܝܗܘܢ ܩܝܡܐ. 33 ܘܠܐ ܢܬܒܘܢ ܒܐܪܥܟ. ܕܠܐ ܢܚܛܘܢܟ ܩܕܡܝ. ܘܠܐ
ܬܦܠܘܚ ܠܐܠܗܝܗܘܢ. ܕܠܐ ܢܗܘܘܢ ܠܟ ܠܬܘܩܠܬܐ܀

[20] Siehe, ich sende einen Boten vor dir her, der dich auf dem Weg bewahren wird und der dich zu dem Land bringen wird, das ich bereitet habe. [21] Nimm dich in Acht vor ihm und höre auf seine Stimme! Du sollst nicht gegen ihn streiten! Er wird wohl eure Sünden nicht vergeben, denn mein Name ist auf ihm. [22] Und wenn du gewiss auf seine Stimme hörst und

---

862 Vgl. Kutscher, „Marginal Notes", 343–345. Propp zieht für מר"י und מר"ר in Ex 23,21, vergleichbar zu Ex 23,2, die Möglichkeit der Äquivalenz zwischen *tertiae infirmae-* und *mediae geminatae*-Wurzeln in Betracht (vgl. Propp, *Exodus 19–40*, 136).

863 Ob der griechische und der syrische Übersetzer die in MT oder Sam bezeugte Form gelesen haben, ist daher kaum zu entscheiden.

864 Vgl. Tal/Florentin, *Pentateuch*, 678.

865 Vgl. Tal/Florentin, *Pentateuch*, 679.

alles tust, was er dir sagt, dann werde ich deine Hasser hassen und deine Feinde bedrücken.
[23] Denn mein Bote wird vor dir gehen und er wird dich hineinbringen gegen die Amoriter und Hetiter und Perisiter und Kanaaniter und Hewiter und Jebusiter; und ich werde sie vernichten.
[24] Du sollst ihre Götter nicht anbeten und ihnen nicht dienen, und du sollst nicht nach ihren Taten tun, sondern reiße sie unbedingt nieder und zerschmettere unbedingt ihre Standbilder.
[25] Und ihr sollt dem HERRN, eurem Gott, dienen. Und er wird euer Brot und euer Wasser segnen, und (jegliche) Plagen von euren Häusern abwenden.
[26] Und es wird keine (Frau) geben, die kinderlos ist, und (keine), die unfruchtbar ist, in eurem Land; die Zahl eurer Tage werde ich vollständig machen.
[27] Und meine Furcht werde ich vor dir hersenden und alle Völker, gegen die du gehst, vernichten, und ich werde [Ø] deinen Feinden geben, dass sie sich (mit dem) Rücken vor dich kehren.
[28] Auch werde ich Wespen vor dir hersenden. Und ich werde [Ø] die Kanaaniter und die Hetiter vor dir vernichten.
[29] Nicht in einem Jahr werde ich sie vor dir vernichten, damit das Land nicht vernichtet wird und die Wildtiere gegen dich nicht (zu) zahlreich werden.
[30] Nach und nach werde ich sie vor dir vernichten, bis dass du (so) stark bist und das Land in Besitz nehmen wirst.
[31] Und ich werde deine Grenze machen: vom Schilfmeer bis zum Meer der Philister und von der Wüste bis an den Strom, denn ich werde die Bewohner des Landes übergeben in eure Hände und ihr werdet sie [Ø] vernichten.
[32] Du sollst mit ihnen und mit ihren Göttern keinen Bund aufrichten.
[33] Sie sollen nicht in deinem Land wohnen, damit sie dich nicht zur Sünde vor mir verführen; und du sollst nicht ihren Göttern dienen, dass sie dir nicht zum Stolperstein werden.

Peš weist in v.20 dem Boten die Aufgaben des Schutzes und der Führung in das Land mit der Ausformulierung zweier Relativsätze (ܕܢܛܪܟ ... ܘܕܢܥܠܟ ...) zu. Damit hebt Peš die funktionalen Aspekte der Sendung des Boten gegenüber den finalen, wie sie in den Finalkonstruktionen in MT, LXX und Sam vorliegen, hervor.

Zu ܕܐܡܪ in v.22 liegen als homographe Formen im Konsonantenbestand die PK der 1.c.Sg., die AK der 3.m.Sg. oder das Ptz.m.Sg. vor. Mit dem diakritischen Punkt oberhalb des Mim wird hier vermutlich die Lesung des Partizips angezeigt.[866] Die Vokalisation nach der syrischen Masora in Ms *10m3* bezeugt hierzu die Lesung des Partizips.[867] Syntaktisch liegt nahe, dass das Partizip das vorangehende Subjekt fortsetzt und entsprechend der Bote Subjekt des Sprechens ist. Diese Lesart fügt sich harmonischer in den Ko- und Kontext des Verses als ein Rückgriff auf Jhwh als Subjekt. Die vereindeutigende Einfügung des Personalpronomens ܗܘ in Ms *12b2* belegt,[868] dass die Zuordnung des Boten zum Partizip als Verständnisoption bestand.

Zur Bezeichnung der Gegner wählt Peš in v.22 ܣܢܐܐ „Hasser“ und ܒܥܠܕܒܒܐ „Feind“ und verschärft damit die Semantik von איב und צרר,[869] sodass die umfas-

866 Vgl. Ungnad, *Grammatik*, 8.

867 Vgl. Ms *10m3* BAV, fol. 12v.

868 Vgl. Jansma/Koster, *Exodus*, 171.

869 Für MT ist die Aufspaltung von איב und שנא aus Ex 23,4.5 belegt, wo durch den Wechsel in der Bezeichnung des Verfeindeten jegliche Feindseligkeiten eingeschlossen werden (vgl. auch Houtman, *Bundesbuch*, 263).

sende Ablehnung der Gegner Israels ausgedrückt wird. Die Verbindung zwischen Jhwh und Israel wird im Gegenüber zu den gemeinsamen Feinden gestärkt. In dieser Hinsicht ist zudem auffallend, dass Peš in vv.20–33 stets die „Vernichtung“ der Fremdvölker angibt (ܚܪܒ: vv.23.27.28.29.30.31), nicht aber deren Vertreibung oder Verwirrung. Peš zeichnet hier ein dualistisches Bild der Verfeindung Jhwhs und Israels mit den Fremdvölkern und drängt daher auf die radikale Auslöschung der Feinde.

Mit der Lesung der Vokabel ܟܐܒܐ rückt Ex[Peš] 23,20–33 in die Nähe von Dtn[Peš] 7,15. Auch ܡܚܘܬܐ „Schläge, Plagen“ (v.25) ist in Dtn[Peš] 7,15 belegt. MT weist diese Übereinstimmungen nicht auf. Insofern zeigt Ex[Peš] 23,20–33 als Übersetzung deutliche Spuren eines Verständnisses von Dtn her.

In v.25 gestaltet sich in ܘܢܥܒܪ ܡܚܘܬܐ ܡܢ ܒܬ̈ܝܟܘܢ die Syntax kompliziert. Die PK 3.m.Sg. ܢܥܒܪ liegt im *Pe'al* in der Bedeutung „vorübergehen, überwinden“ vor,[870] setzt das Subjekt von ܘܢܒܪܟ fort und kann sich somit nur auf Jhwh beziehen. In der Verbindung mit ܡܚܘܬܐ ܡܢ ܒܬ̈ܝܟܘܢ rückt die Bedeutung von ܥܒܪ eher in die Nähe des *Af'el*: Jhwh „überwindet“ (ܢܥܒܪ) die Plagen „von den Häusern der Israeliten weg“ (ܡܢ ܒܬ̈ܝܟܘܢ). D. h. auf der Mikroebene, dass er die Plagen von Israel fernhalten und abwenden wird (s. 5.2.3.e.Peš).

Die Satzeinleitungen mit כי in vv.23.31, welche im MT im Sinne eines כי-*emphaticus* zu verstehen sind,[871] gibt Peš mit ܡܛܠ ܕ wieder, sodass Peš dem Hebräischen כי keine affirmative, sondern die kausale Bedeutung entnimmt. Die daraus resultierenden expliziten Begründungszusammenhänge stellen sich wie folgt dar:

- v.23: Die Führungsaufgabe des Boten (v.23a) begründet die Gehorsamsforderung aus v.22a ergänzend zu der Motivation durch die Verbündung mit Jhwh gegenüber Feinden (v.22b), welche in die Vernichtung der Fremdvölker durch Jhwh mündet (v.23b).
- v.31: Die Übereignung der Landesbewohner durch Jhwh und deren Vernichtung durch die Israeliten begründet die Festsetzung der Grenzen des Landes in seiner umfassenden Ausdehnung.

Damit stellt Peš die Gehorsamsforderung und die Aneignung des Landes in einen engen Zusammenhang mit der Begegnung mit den Fremdvölkern, wobei der Gehorsam die Voraussetzung der Argumentation und das Land deren Ziel darstellt: Der Gehorsam gegenüber Jhwh und dessen Boten ermöglicht die Vernichtung der Fremdvölker (vv.23b.31). Die Vernichtung der Fremdvölker ermöglicht die umfängliche Aneignung des Landes (v.31).

---

870 Vgl. Brockelmann/Sokoloff, *Lexicon*, 1064 f.

871 Vgl. auch Osumi, *Kompositionsgeschichte*, 64; Houtman, *Bundesbuch*, 327.336.

Auswertung – Gehorsam gegenüber Jhwh und seinem Boten und die Alleinverehrung Jhwhs als Aufgabe der Israeliten

Bei Ex 23,20–33 handelt es sich um einen narrativ grundierten Text, der am Abschluss der Gottesrede zur Befolgung der mitgeteilten Gesetze motiviert (s. 5.2.3.b). Als Scharnierstück leitet der Abschnitt vom Gesetzes- zum Erzähltext über und enthält in Bezug auf das Recht des Bundesbuches wichtige generelle Begründungen (s. 4.1). Die Scharnierstellung des Abschnitts Ex 23,20–33 schlägt sich auch auf die darin formulierten Forderungen nieder,[872] welche eine Zwischenstellung zwischen Rechtssätzen und allgemeiner Paränese einnehmen.[873] Der rechtliche sowie paränetische Charakter der Forderungen aus vv.21.22.24.25.32 erschließt sich dabei jeweils in den Bezugstexten im Textraum *Bundesbuch* und *Sinaiperikope* (s. 5.2.3.c.MT:2; 5.2.3.d.MT:1).

Gemeinsam ist allen betrachteten Textzeugen die Darstellung des Textes als Gottesrede an die Israeliten. Der im MT bezeugte Wechsel zwischen singularischer und pluralischer Anrede sowie die wechselnde Bezugnahme zwischen dem Boten und dem Sprecher-Ich werden von LXX, Sam und Peš in unterschiedlicher Intensität harmonisiert. Die grundlegenden Sprechverhältnisse, in denen sich Jhwh an die Israeliten wendet und der Bote eine Mittlerfigur darstellt, bleiben davon aber unberührt.

Alle betrachteten Textzeugen weisen Jhwh die zentrale Rolle bei der Eroberung des Landes zu. Die Aufgaben der Israeliten bestehen im Gehorsam und der alleinigen Verehrung Jhwhs. Die ausschließliche Aktivität Jhwhs bei der Vertreibung bzw. Vernichtung der Fremdvölker sagen LXX und Sam aus, indem sie in v.31 durchgängig das Sprecher-Ich als Subjekt wählen. Zudem wurde deutlich, dass die Übersetzung der Peš in Ex 23,20–33 von der Perspektive des Dtn her geprägt ist und insofern eine Harmonisierung vorliegt.[874]

---

872 Dies betrifft die Gehorsamsaufforderungen in vv.21.22a, die Verbote der Verehrung fremder Götter und des Praktizierens fremder Kulte sowie die Aufforderung zur Zerstörung fremder Kultelemente in v.24, die Forderung der Alleinverehrung Jhwhs in v.25 und das Bundesverbot in v.32.

873 Zur Diskussion um die Zugehörigkeit von Ex 23,20–33 zum Rechtsbuch und den rechtlichen Charakter der Bestimmungen in Ex 23,20–33 s. Osumi, *Kompositionsgeschichte*, 16 f. Anm. 11. Die Zugehörigkeit von Ex 23,20–33 zum Bundesbuch ergibt sich einerseits auf der Ebene der Gesamterzählung (s. auch 4.1–2) sowie andererseits aus vergleichbaren Rechtskorpora der Hebräischen Bibel, die mit einem Lohn bzw. Strafe in Aussicht stellenden Abschnitt schließen (vgl. auch Schwienhorst-Schönberger, *Bundesbuch*, 409).

874 Ein Zusammenhang von Ex 23,20–33 und Dtn 7 ist in der Forschung häufig unter der Frage nach einem dtn/dtr Ursprung des Textes in Ex 23,20–33 diskutiert worden. Die mehrheitliche Forschungsmeinung sieht in Ex 23,20–33* einen vordtn/vordtr Grundbestand und damit keine unmittelbare literarische Abhängigkeit von Dtn 7, geht aber bisweilen von einer dtn/dtr Redaktionstätigkeit für Ex 23,20–33 aus (vgl. u. a. Schwienhorst-Schönberger, *Bundesbuch*, 407–409; Propp, *Exodus 19–40*, 147; Osumi, *Kompositionsgeschichte*, 212–217).

b. Clusterebene: Wechselseitige Begründungsstrukturen im Cluster Ex 23,20–33

Die Abgrenzung des Textclusters ergibt sich aus den Neueinsätzen in Ex 23,20 und Ex 24,1, die im MT und Sam zudem mit *Parascha petucha* bzw. *Qitza* und ferner in Peš auch nach v.33 mit einem Punkthaufen gekennzeichnet sind.

Ausgehend vom Ereignis der bevorstehenden Heraufführung in das Land wird in allen betrachteten Textzeugen in Ex 23,20–33 eine sich aus narrativen Strukturen, d.h. Ereignisketten, speisende Argumentationskette entfaltet, die die Forderungen des Gehorsams und der Alleinverehrung mit dem Land, einem langen, guten Leben im Land sowie dem Schutz und Beistand gegenüber Feinden begründet (s. 4.1.3). Eine zentrale Grundabsicht ist dabei, die Identität Israels als Jhwh-Volk in exklusiver Beziehung zu Jhwh zu erhalten. Die Feindschaft zu den fremden Völkern basiert wesentlich darauf, dass sie für Israel eine Identitätsbedrohung darstellen.[875] Die in Peš zu beobachtende inhaltliche Verschärfung zur ausschließlichen Vernichtung der Fremdvölker stellt in dieser Hinsicht eine konsequente Umsetzung des Identitätsschutzes für das Volk Israel dar. Für Peš ist zudem die dualistische Gegenüberstellung von Jhwh und Israel einerseits und den zu vernichtenden Feinden andererseits bedeutsam: In der gemeinsamen Verbündung gegen die Feinde begründet sich der Gehorsam gegenüber Jhwh als notwendige Loyalität.

Innerhalb des Clusters korrelieren die Aussendung des Schreckens und der Hornissen[876] (vv.27.28) mit der Aussendung des Boten (v.20). Houtman interpretiert daher, dass sich der Bote bei der Landnahme in den Schrecken bzw. einen Hornissenschwarm verwandeln werde.[877] Die Gleichsetzung von Bote, Schrecken und Hornissen ist in allen betrachteten Textzeugen möglich, allerdings nicht eindeutig signalisiert. Eine unmissverständliche Konkretion der Botenfigur bleibt hier möglicherweise absichtlich versagt, um mit Blick auf die Gesamterzählung die Optionen des weiteren Verlaufs nicht zu verengen (s. 4.2.1.b).[878]

Den Fortgang der Gesamterzählung nimmt die LXX in der stärkeren Fokussierung des Landes (vv.20.29) in den Blick: Sie hebt im Cluster Ex^{LXX} 23,20–33 das Ziel des Lebens im Land als Motivation zum Gehorsam gegenüber Jhwh hervor.

---

875 Vgl. Houtman, *Bundesbuch*, 336.340.

876 Zum Verständnis s. Propp, *Exodus 19–40*, 290.

877 Vgl. Houtman, *Bundesbuch*, 338.

878 Vgl. Propp, *Exodus 19–40*, 287.

c. Begründungsstrukturen im Textraum *Bundesbuch*

MT:

1. Textstrukturelle Verflechtungen von Ex 23,20–33 zum Bundesbuch insgesamt: Autorisierung mittels der Aussicht auf Lohn für Gehorsam gegenüber den Gesetzen

Das Rahmenstück Ex 23,20–33 weist eine hohe Anzahl und breite Streuung von Stichwortberührungen innerhalb des Bundesbuches auf, z. B. anhand von מקום, שׁל״ח, שׁם, ארץ, איב. Dabei liegen lexematische Verbindungen zu allen Clustern des Bundesbuches vor. In Verbindung mit der Rahmungs- und Redeabschlussfunktion von Ex 23,20–33 greifen in der lexematischen Zusammenbindung aller Textcluster des Bundesbuches in Ex 23,20–33 die das Recht autorisierenden und plausibilisierenden Inhalte von Ex 23,20–33 (s. 4.1.3) auf Ex 20,22–23,19 über: Die im vorliegenden Cluster formulierte Aufforderung zum Gehorsam und der dafür in Aussicht gestellte Lohn begründen im Textraum *Bundesbuch* zugleich das gesamte Recht des Bundesbuches.

2. Ex 23,20–33 in Beziehung zu Ex 20,22–26; Ex 23,13–19; Ex 22,17–19.27–30: Umfassende Kontrastierung des Volkes Israel und der Fremdvölker

Der rechtliche Charakter der Forderungen aus Ex 23,21.22.24.25.32 erschließt sich im Textraum *Bundesbuch* anhand vergleichbarer Vorschriften in Ex 20,23; 22,19; 22,27.30; 23,13.[879] In Ex 20,23; 23,13 ist die alleinige Verehrung Jhwhs Bestandteil der kultischen Beziehung zu Jhwh, welche sowohl in der Ausgestaltung des Kultortes (Ex 20,22–26) als auch in den Kulthandlungen selbst (Ex 23,13–19) relevant ist. Im intertextuellen Verhältnis zu Ex 20,22–26 ergibt sich für Ex 23,20–33 vorrangig eine Kontrastierung der Ausstattung des Jhwh-Kultortes (Ex 20,22–26) mit der der Kulte der Fremdvölker (Ex 23,20–33; s. 5.1.1.c.MT:2). Die Gegenüberstellung zu den Fremdvölkern wird in Bezug auf Kulthandlungen auch im Zusammenhang mit Ex 23,13–19 ausgeführt (s. 5.2.2.c.MT:5).

Ex 22,19 sowie Ex 22,27.30 formulieren die Alleinverehrung Jhwhs in ihrer identitätsprägenden, gesellschaftlichen Dimension im Ko- und Kontext sozialer und religiöser Bestimmungen, die zur Aufrechterhaltung einer homogenen, stabilen und beständigen Gesellschaft dienen.[880] Im Verhältnis zu Ex 23,20–33 stellen Zauberei, Sodomie und die Verehrung anderer Götter (Ex 22,17–19) sowie Geiz mit Erwirtschaftetem, Zurückhalten der Erstgeburt und der Verzehr von zerrissenem

879 Zur Frage nach dem rechtlichen bzw. paränetischen Charakter von Ex 23,20–33 s. Osumi, *Kompositionsgeschichte*, 16 f.220.

880 Vgl. auch Propp, *Exodus 19–40*, 263.

Fleisch (Ex 22,27–30) abgelehnte Praktiken dar, die dem Tun der Fremdvölker nahestehen (Ex 23,24). Gleichermaßen steht die Forderung, heilige Menschen zu sein (Ex 22,30), der Beschreibung der Fremdvölker als zur Sünde verführende Feinde (Ex 23,33) gegenüber. In dieser Hinsicht vertieft Ex 22,27–30 die ideologische Aufladung der Abgrenzung zu den Fremdvölkern: Das Volk Israel ist Jhwhs heilige Gemeinschaft (Ex 22,27–30),[881] die sich fundamental von den das Land bewohnenden Völkern (Ex 23,20–33) unterscheidet.

Die intertextuelle Beziehung zwischen Ex 23,20–33 und Ex 20,22–26; 22,17–19.27–30 gestaltet sich in der Aufnahme der Thematik der Alleinverehrung stark selektiv und schwach referentiell. Die vorliegenden lexematischen Überschneidungen, z. B. anhand von יהוה, יום, מקום, נת"ן, weisen auf ein schwach bis mäßig kommunikatives Verhältnis der Texte.

3. Querverbindungen durch עם und אלהים: Die Identität des Volkes Israel und Jhwhs als Gott Israels im Gegenüber zu fremden Völkern und Göttern

Mit den Stichworten עַם und אלהים partizipiert Ex 23,20–33 an den hiermit gestalteten Querverbindungen im Textraum *Bundesbuch*, welche im Gegenüber zu fremden Völkern und Göttern die Identität des Volkes Israel als Jhwh-Gemeinschaft profilieren und die exklusive Beziehung zwischen Jhwh und Israel einschärfen (s. 5.1.1.c.MT:5; 5.1.3.c.MT:4).

LXX:

Im Textraum *Bundesbuch* zeigen sich in den Stichwortberührungen des Clusters Ex^{LXX} 23,20–33 im Vergleich zu MT geringfügige Differenzen. So kommen z. B. φυλάσσω nicht in 21,29.36; 23,21 und ἐχθρός zusätzlich in 23,5, nicht aber in 23,27 vor. Auf die lexematische Anbindung an alle Cluster des Bundesbuches haben diese Differenzen keine Auswirkungen. Für Ex^{LXX} 23,20–33 liegen, wie im MT, im Textraum *Bundesbuch* Stichwortberührungen zu allen Clustern vor.

Gegenüber MT intensiviert die LXX die Stichwortberührungen zwischen Ex^{LXX} 23,13–19 und 23,20–33 anhand des Wortes γῆ sowie anhand des Textüberschusses in Ex^{LXX} 23,18. Zu Ex^{LXX} 22,27 fällt eine Überschneidung anhand des Stichworts ἔθνος weg. Doch enthält der Vers Verbalbildungen von λέγω, die ihn zusätzlich an das vorliegende Cluster anschlussfähig machen. Die den textlichen Überschuss in v.22 enthaltenden Mss der LXX intensivieren mit den Stichworten λαός und ἅγιος zudem die Verbindung zu Ex^{LXX} 22,27–30.

Bei der Betrachtung des intertextuellen Verhältnisses zwischen Ex^{LXX} 20,22–26 sowie 23,13–19 und 23,20–33 wurden für die LXX gegenüber MT bereits die

881 Vgl. auch Propp, *Exodus 19–40*, 272.

Stärkung der Landesthematik und die Abgrenzung gegenüber den Fremdvölkern sowie deren Gottheiten und Kulten herausgestellt (s. 5.1.1.c.LXX; 5.2.2.c.LXX). Die Unterscheidung von den Fremdvölkern drückt sich für das vorliegende Cluster in der LXX zudem in der Querverbindung anhand des Wortes κύριος aus, mit dem die angesprochenen Israeliten – im Gegensatz zu den Fremdvölkern – unter Jhwhs Autoritäts- und Besitzanspruch gestellt werden (s. 5.1.3.c.LXX).

In Bezug auf Ex^{LXX} 22,27–30 verschärft sich gegenüber MT in denjenigen Mss, die in v.22 den Textüberschuss lesen, die Abgrenzung zwischen Israeliten und Fremdvölkern auf Basis der jeweiligen Stellung zu Jhwh. Diese ist an das Stichwort des Heiligseins (ἅγιος) gebunden. In Ex^{LXX} 22,30 schließt die Forderung, heilige Männer (ἄνδρες ἅγιοι) für Jhwh zu sein, die Gesetze in Ex^{LXX} 22,27–30 mit ein. Dabei wird binnentextuell eine Gleichsetzung von Heiligsein für Jhwh und Gehorsam gegenüber seinen Gesetzen vorausgesetzt. Mit dem Textüberschuss in Ex^{LXX} 23,22 wird der an das Heiligsein gebundene Gehorsam in den Horizont der Wahrung der Sonderstellung zu Jhwh und damit zugleich der Wahrung des Anspruchs auf das Land gestellt (s. o.). Aus dem intertextuellen Verhältnis von Ex^{LXX} 22,30 und dem Textüberschuss in Ex^{LXX} 23,22 ergibt sich für 22,30 eine Sinnanreicherung bezüglich der an das Heiligsein gebundenen Sonderstellung zu Jhwh und des Anspruchs auf das Land. Für den Textüberschuss in Ex^{LXX} 23,22 konkretisiert die Heiligkeitsforderung in Ex^{LXX} 22,30 die Rechtsbestimmungen des Bundesbuches als Gegenstand der generellen Gehorsamsforderung des Redeabschlusses. Qualitativ verstärkt sich durch den Textüberschuss in Ex^{LXX} 23,22 in den entsprechenden Mss die Referentialität und Kommunikativität des intertextuellen Verhältnisses zwischen Ex^{LXX} 23,20–33 und 22,27–30.

Auf der Ebene des Bundesbuches ist in der LXX eine funktionale Nähe in der Eigenschaft des Mittler-Seins zwischen Mose und dem Boten erkennbar. Diese stützt sich auf die Verbindung zwischen der von Mose verlangten Handlung des Ansagens (20,22: ἀναγγέλλω) und der Bezeichnung des Boten als ἄγγελος (23,20). Eine Identifikation des Boten mit Mose ist im Textraum *Bundesbuch* sowie angesichts des erwarteten linearen Fortgangs der Ereignisse hier zunächst naheliegend.

Mit den Stichworten ἔθνος und θεός partizipiert Ex^{LXX} 23,20–33 innerhalb des Bundesbuches, neben κύριος, zudem an den entsprechenden Querverbindungen (s. 5.1.3.c.LXX).

Sam:

Aufgrund der zu MT unterschiedlichen Clusterabgrenzung des Sam fallen Überschneidungen zu Ex^{Sam} 23,13 dem Cluster Ex^{Sam} 23,1–9.10–13 zu (s. 5.2.1.b). Darüber hinaus sind quantitativ im Sam zwei lexematische Verschiebungen gegenüber MT zu beobachten: Zum einen liegt יהוה nicht in Ex^{Sam} 22,19, aber zusätzlich in Ex^{Sam} 22,8 vor. Zum anderen ergeben sich zu Ex^{Sam} 21,12.14.15.16.17.18.20.28.29.34.35.36; 22,1.9.13.18 zusätzliche Stichwortberührungen aufgrund der Lesung der Wurzel מו"ת in Ex^{Sam} 23,27. Die Vernichtung der Völker in Ex^{Sam} 23,27 kann allerdings nicht zur Ausführung der Todesstrafe ins Verhältnis gesetzt werden. Das Recht des Bundesbuches richtet sich nicht an die Fremdvölker. Eine Umsetzung dieser Bestimmungen wird im Textraum *Bundesbuch* von ihnen nicht erwartet und entsprechend auch nicht sanktioniert. Die Bezüge anhand von מו"ת sind insofern unspezifischer Art und schaffen für die Vernichtung der Fremdvölker keine unmittelbar rechtliche Basis. Die Notwendigkeit der Tötung der Fremdvölker ergibt sich daraus, dass sie die Identität des Volkes Israel bedrohen.[882] Durch ihre Existenz im Land könnten sie den Israeliten Anreiz zur Teilnahme an ihren Kulten und Praktiken geben (Ex^{Sam} 23,33; s. o.) und sie so zum Verstoß gegen die Gesetze in z. B. Ex^{Sam} 22,17–19; 23,14–19 verleiten. Der Schutz des Volkes Israel und seiner exklusiven Beziehung zu Jhwh stellt damit hier ein dem Recht übergeordnetes Prinzip dar, welches die Vernichtung der Völker des Landes legitimiert.

Peš:

Auch in Peš zeigen sich, trotz Verschiebungen in den Stichwortberührungen gegenüber MT (z. B. für ܥܒܕ, ܒܥܠܕܒܒܐ), wie im MT für das vorliegende Cluster lexematische Verbindungen zu allen Textclustern des Bundesbuches. Spezifische Textbeziehungen bestehen zu Ex^{Peš} 20,22–26; 22,17–19.27–30; 23,13–19. Die Stichworte ܐܪܥܐ, ܕܚܠܬܐ und ܫܢܬܐ intensivieren quantitativ die Beziehung zu Ex^{Peš} 23,13–19. Darüber hinaus partizipiert Ex^{Peš} 23,20–33 mit den Stichworten ܡܪܐ/ܡܪܝܐ und ܐܠܗܐ im Textraum *Bundesbuch* an den jeweiligen Querverbindungen.

Im Textraum *Bundesbuch* lässt Peš – unter Anrede des einzelnen Israeliten in Ex^{Peš} 23,20 – in der Verbindung von Ex^{Peš} 23,22, wo der Bote das sprechende Subjekt ist (ܐܡܪ), und Ex^{Peš} 20,22 (ܐܡܪ) eine Identifikation des Boten mit Mose zu. Ex^{Peš} 23,22 greift damit auf die in Ex^{Peš} 20,22 vorgestellte Sprechsituation zurück und verankert den Redeabschluss in der Imagination, die der Stand der Gesamterzählung in der narrativen Redeeinleitung erwarten lässt: Mose ist der Mittler zwischen Jhwh und Israel (Ex^{Peš} 19,7; 20,19.22). Zweifel an seiner Beteiligung bei der Eroberung des Landes kommen in der Situation von Ex^{Peš} 20,22 nicht auf. Insofern gestaltet Ex^{Peš} 23,20–33 den zu erwartenden weiteren Verlauf der Gesamterzählung im Textraum *Bundesbuch* weniger offen als auf der Clusterebene.

Die Kontrastierung des Volkes Israel und der Völker des Landes fällt in Peš aufgrund der nachdrücklichen Betonung der Feindschaft und der gänzlichen Ver-

---

882 Vgl. auch Houtman, *Bundesbuch*, 338.

nichtung der Völker schärfer aus als in MT, LXX und Sam. Mit der Einhaltung der gegebenen Bestimmungen hebt sich das Volk Israel von den verfeindeten Völkern ab ($Ex^{Peš}$ 23,22.24). Das Recht des Bundesbuches, welches der Redeabschluss insgesamt einschärft, wird zum Instrument und Ausdruck der Verbündung mit Jhwh gegen die verhassten Völker.

Im intertextuellen Zusammenhang von $Ex^{Peš}$ 23,13–19 zu 23,20–33 wird der Fortgang der Gesamterzählung zur Eroberung des Landes hervorgehoben und die identitätsbasierte Abgrenzung zu den Völkern des Landes gemindert (s. 5.2.2.c.Peš). Die mögliche Identifikation des Boten mit Mose in $Ex^{Peš}$ 23,22 unterstützt das Drängen auf den Fortgang der Gesamterzählung, indem sie eine stringente Fortsetzung der Gesamterzählung anvisiert. Die angegebene Vernichtung der Landesbewohner in $Ex^{Peš}$ 23,20–33 erklärt zudem die Minderung der Identitätsthematik in Bezug auf $Ex^{Peš}$ 23,13–19: Mit der Aussicht auf die vollständige Vernichtung der verfeindeten Völker stellt sich die Identitätsfrage nicht vordergründig.

Auswertung – Der Schutz des Volkes Israel und seiner exklusiven Beziehung zu Jhwh

In allen betrachteten Textzeugen ist für Ex 23,20–33 im Textraum *Bundesbuch* aus textstruktureller Sicht die lexematische Einbindung aller Cluster des Bundesbuches festzustellen. Gemeinsam mit der redeabschließenden Rahmungsfunktion von Ex 23,20–33 ermöglicht dies die Übertragung aller Autorisierungselemente aus Ex 23,20–33 (s. 4.1.3) auf das gesamte Recht des Bundesbuches.

Spezifische Textbeziehungen liegen für Ex 23,20–33 in allen betrachteten Textzeugen im Textraum *Bundesbuch* zu Ex 20,22–26; 22,17–19; 22,27–30; 23,13–19 vor. Im Lichte dieser Bezugstexte wird zunächst der rechtliche Charakter der Gehorsams- und Alleinverehrungsforderungen in Ex 23,20–33 deutlich. Ferner entfaltet sich die Bedeutung der Alleinverehrungsforderung im Zusammenhang mit Ex 20,22–26; 23,13–19 in kultisch-religiöser sowie in Bezug auf Ex 22,17–19.27–30 in gesellschaftlicher Perspektive. Anhand der negativ wertenden Darstellung der Landesbewohner in Ex 23,20–33 befördern die Gesetze in Ex 22,17–19.27–30 zudem die Kontrastierung des Volkes Israel gegenüber den Landesbewohnern.

In LXX und Peš ist im Vergleich zu MT eine Intensivierung der Abgrenzung zu den Fremdvölkern und eine Steigerung der Bedeutung der Landesthematik wahrzunehmen. LXX und Peš binden den Fortgang der Erzählung in unterschiedlicher Intensität an $Ex^{LXX/Peš}$ 20,22 zurück und legen im Textraum *Bundesbuch* Moses Führung zum Ziel des Landes nahe.

Insgesamt stellt Ex 23,20–33 in allen betrachteten Textzeugen den Schutz des Volkes Israel und seiner exklusiven Beziehung zu Jhwh als ein übergeordnetes Prinzip des Rechts heraus, welchem die Notwendigkeit der Vertreibung bzw. Vernichtung der Völker des Landes logisch entspringt. Die in Peš eingetragene völlige

Vernichtung der Völker stellt eine konsequente Umsetzung dieser Leitlinie des Schutzes dar, die, wie für Sam gezeigt, keiner rechtlichen Verankerung bedarf.

d. Begründungsstrukturen im Textraum *Sinaiperikope*

MT:

1. Ex 23,20–33 in Beziehung zu Ex 19 f.; 20,1–17; 24; 32 f.; 34,10–26: Jhwh-Beziehung und Gehorsam gegenüber Jhwhs Recht im Lichte der Bundes- und Landesthematik

Im Textraum *Sinaiperikope* bestehen spezifische Textbeziehungen von Ex 23,20–33 zu Ex 19 f.; 20,1–17; 24; 32 f.; 34,10–26. Die Textverbindungen beruhen auf den Themen des Bundes, der Alleinverehrung und des Gehorsams (Ex 19 f.; 20,1–17; 24; 34,10–26; 32 f.) sowie der Vorstellung zum Boten Jhwhs (Ex 32 f.) und zugehörigen Stichwort- und Phrasenüberschneidungen, z. B. anhand von מלאך, שמ״ר, כר״ת, ברית.

Im intertextuellen Verhältnis zwischen Ex 23,20–33 und Ex 19 f. ist zur Autorisierung des Bundesbuchrechts vor allem die Verknüpfung der Gehorsams- mit der Landesthematik relevant. Der in Ex 23,20–33 vorausgesetzte Anspruch auf das Land gründet im Lichte von Ex 19,5 in der exklusiven Beziehung des Volkes Israel zum Besitzer des Landes, Jhwh. Der Gehorsam des Volkes Israel gegenüber dem Landbesitzer Jhwh ist daher zur Wahrung der Exklusivstellung und des Anspruchs auf das Land notwendig (s. 5.2.3.c.LXX). Die paränetische Funktion der Theophanie unterstützt die Einschärfung der gehorsamen Beziehung zu Jhwh (s. 5.1.1.d.MT:3) und spitzt die Forderungen in Ex 23,21.22.24.25.32 stärker auf ihren narrativen Charakter hin zu. Zudem erinnert die Gehorsamsthematik in Ex 23,20–33 im Textraum *Sinaiperikope* daran, dass die Israeliten am Sinai bereits eine Absichtserklärung zum Gehorsam gegeben haben (Ex 19,8; 20,19). Diese Bedeutungsanreicherung aus der Exklusivstellung Israels und dem Gehorsam bereitet in Ex 23,20–33 zugleich den Bundesschluss in Ex 24 vor. Im Bundesschluss vollzieht sich die rechtsverbindliche Anerkennung der exklusiven Beziehung zwischen Jhwh und Israel und die Israeliten wiederholen gegenüber dem Bundespartner ihre Zustimmung zum Gehorsam (Ex 24,7 f.). Entsprechend werden die Bestimmungen aus Ex 20–23 als Rechtsgrundlage des Bundes zur Bundesurkunde aufgewertet und verschriftet (Ex 24,4.7).

Im unmittelbaren Vorfeld des Bundesschlusses formuliert Ex 23,20–33 keine expliziten Strafandrohungen für den Fall des Ungehorsams. Die Ausblendung der expliziten Strafperspektive kann an diesem sensiblen Punkt der Gesamterzählung, der auf die Zustimmung der Israeliten drängt, als strategisches Mittel die Zustimmungsbereitschaft der Israeliten befördern. Gleichwohl ist die Option der

Strafe für Ungehorsam im Textraum *Sinaiperikope* in der Strafandrohung aus Ex 20,5 sowie in der Erzählung vom Bundesbruch in Ex 32 präsent. Dabei dienen die jeweiligen Strafen dem Schutz der exklusiven Beziehung zu Jhwh. Das Hauptaugenmerk in der Begründung und Motivation zu Gehorsam und Alleinverehrung liegt damit sowohl in Ex 23,20–33 als auch in den jeweiligen Bezugstexten im Textraum *Sinaiperikope* auf dem Aspekt der Beziehung, nicht auf dem der Strafen (s. o.; s. 5.1.1.d.MT:4).

Im Verhältnis zwischen Ex 23,20–33 und Ex 32 f. spielt zudem die in Ex 32,34; 33,2 genannte Botenfigur eine Rolle. Die Sprechverhältnisse in Ex 32,34 und 33,2 sind eindeutig: Jhwh spricht zu Mose über den Boten. Eine Gleichsetzung des Boten mit Mose, die in den mehrdeutigen Sprechverhältnissen von Ex 23,20–33 denkbar wäre, ist hier nicht möglich. In dieser Hinsicht vereindeutigen Ex 32,34; 33,2 die Sprechverhältnisse von Ex 23,20–33, die im Textraum *Bundesbuch* sowohl Mose als auch die Israeliten adressieren (s. Ex 20,22; 21,1; s. 4.2.1).

Zwischen Ex 23,20–33 und Ex 34,10–26 besteht eine starke lexematisch und thematisch getragene Nähe. Prägend sind dabei die Bundesthematik und die Problematik der Landesbewohner. Im intertextuellen Verhältnis beider Texte fällt insbesondere die unterschiedliche Anordnung ähnlicher Inhalte auf:

Tab. 11: Anordnung des Materials in Ex 23,13–33 und Ex 34,10–26.

Ex 23,13–19.20–33	**Ex 34,10–26**
Ex 23,13–19 Kultbestimmungen	
Ex 23,20–33	Ex 34,10–16
- v.20: Sendung des Boten, Land als Ziel; (הנה אנכי שלח מלאך)	- v.10: Bundesschluss, Anspruch Jhwhs auf Israel; (הנה אנכי כרת ברית)
- v.21: Gehorsamsaufforderung → vv.22 f.: Austilgen der Völker	- v.11: Gehorsamsaufforderung → Vertreibung der Völker
- v.24: Alleinverehrungsforderung → Niederreißen fremder Kulte	- v.12: Bundesschlussverbot mit Bewohnern, Fallstrick → v.13: Niederreißen fremder Kulte
- vv.25 f.: Segnungen als Lohn	
- vv.27–31: Eroberung des Landes	- v.14: Alleinverehrungsforderung
- v.32: Bundesschlussverbot mit Bewohnern und Göttern	- vv.15 f.: Bundesschlussverbot mit Bewohnern, Verführungsgefahren[883]
- v.33: Verbleibeverbot, Verführung, Fallstrick	Ex 34,17–26 Kultbestimmungen

883 Vor dem Hintergrund der Bundesthematik illustriert Ex 34,15 f. die Problematik der Landesbewohner in einem Mikronarrativ. Dieses Narrativ verbindet Ereignisse, die eine Verführung (זנ"י) durch die Völker zur Teilhabe an deren Kultpraktiken beschreiben und eheliche Vermischungen thematisieren. Im intertextuellen Verhältnis zu Ex 23,33 erläutert dies die Aussagen zum Veranlassen zur Sünde und zur Gefahr des Fallstricks.

Ex 23,20–33 ist von der Aussicht auf das Land geprägt (v.20), Ex 34,10–26 von der Aussicht auf den Bund (v.10). Unter diesem Vorzeichen unterscheidet sich die Rolle der Landesbewohner in beiden Texten: Während Ex 34,12–15 die Bewohner vorrangig als Bedrohung des Bundes darstellt und das (doppelt gegebene) Verbot des Bundesschlusses nur auf den Bund mit den Landesbewohnern bezieht, sind die Völker in Ex 23,24 eine Gefahr für die Sicherstellung der alleinigen Verehrung Jhwhs durch Israel. Entsprechend formuliert Ex 23,32 das Verbot des Bundesschlusses in Bezug auf die Landesbewohner *und* deren Götter. In beiden Texten bedingen Bund und Alleinverehrung einander. Doch stellt Ex 34,12–15 gegenüber Ex 23,24.32 das Konzept des Bundes besonders heraus.

Diese unterschiedliche Schwerpunktsetzung spiegelt den Gang der Gesamterzählung: Ex 34,10–26 argumentiert vom Bund her. Einmal ist der Bund bereits geschlossen und gebrochen worden (Ex 24.32). Entsprechend wird das Konzept des Bundes in Ex 34 geschärft und in das Zentrum der Argumentation gestellt. Ex 23,20–33 hingegen argumentiert zum Land hin. Der Bund ist in dem in Ex 23,20–33 vorgestellten linearen Fortgang der Erzählung lediglich ein formaler Begleitumstand auf dem Weg ins Land, der die alleinige Verehrung Jhwhs verbrieft. Aus dem intertextuellen Verhältnis zu Ex 34,10–26 relativiert sich für Ex 23,20–33 damit die Betonung der Landesthematik zugunsten einer Hervorkehrung der Bundesvorstellung: Ex 23,20–33 hat das Ziel des Landes in den Mittelpunkt gestellt. Daraufhin scheitern die Israeliten an der Einhaltung des Bundes (Ex 32). Folglich rückt Ex 34 den Bund in den Mittelpunkt.

Die Textbeziehungen von Ex 23,20–33 zu Ex 19 f.; 20,1–17; 24; 32 f. gestalten sich in den thematischen Verbindungen mäßig referentiell und in der lexematischen Markierung schwach bis mäßig kommunikativ. Im Verhältnis zu Ex 34,10–26 erhöhen sich demgegenüber die thematischen und lexematischen Verstrebungen, sodass die Beziehung beider Texte von starker Referentialität und Kommunikativität geprägt ist. Diese intensivierten qualitativen Merkmale der Textbeziehung markieren die für den narrativen Fortgang der Gesamterzählung bedeutsamen Verstrebungen zwischen Ex 23,20–33 und Ex 34,10–26.

2. Ex 23,20–33 in Beziehung zu Lev 18: Das Jhwh-Recht als Hausrecht im Land

Im Textraum *Sinaiperikope* besteht zwischen Ex 23,20–33 und Lev 18 ein intertextuelles Verhältnis, welches sich an den Themen des Gehorsams, der Landesbewohner und des Landes entzündet und in entsprechenden Stichwort- und Phrasenüberschneidungen gespiegelt wird, z. B. anhand von מעשה, ארץ, יש״ב, כנען.

Im intertextuellen Verhältnis zwischen Ex 23,20–33 und Lev 18 formt sich auf Basis der Forderung des Gehorsams gegenüber Jhwhs Recht der Zusammenhang zwischen Recht, Land und Landesbewohnern näher aus. Lev 18,3–5 fordert die Israeliten dazu auf, in Abgrenzung zu den Ägyptern und den Bewohnern Kanaans nach Jhwhs Recht und Ordnungen zu handeln. Grund und Ziel dieser Forderung bestehen dabei in Jhwh selbst (אני יהוה) sowie in der lebensförderlichen Wirkung des Rechts (v.5, וחי בהם). Ausgehend von diesen generellen Argumenten werden in Lev 18,6–23 Gesetze zu unzulässigen Sexualbeziehungen und weiteren Praktiken entfaltet, die einerseits dem Schutz sozialer Strukturen dienen (z. B. vv.13.17), andererseits aber zugleich auf kultisch-religiöser Ebene abgewertet und einer Klassifikation als unrein zugeführt werden (z. B. vv.20.23). Lev 18,24–30 verbindet die Lebensweise der Landesbewohner (v.3) mit den verbotenen Handlungen (vv.6–23) und konstruiert aus der Vorstellung der Unreinheit (v.20) und der Landesthematik folgenden Kausalzusammenhang: Die Landesbewohner haben mit diesen Taten nicht nur sich, sondern auch das Land verunreinigt (vv.24 f.). Daher hat das Land sie ausgespien (v.25). Die Israeliten sollen also nach den Ordnungen Jhwhs leben, um nicht auch vom Land ausgespien zu werden (vv.26–28). Die eingangs genannte lebensförderliche Wirkung des Rechts äußert sich somit auch in der Möglichkeit des Verbleibens im Land.

Aus dieser Darstellung gewinnt Ex 23,20–33 in der Textbeziehung zu Lev 18 einen mehrfachen Sinnzuwachs: Für den Fall des Ungehorsams ist eine Korrelation des Ergehens der Völker (Ex 23,27–30; Lev 18,24 f.) mit dem eigenen Ergehen (Lev 18,26–28) möglich. Die Vertreibung der Völker in Ex 23,20–33 stellt sich als Strafe für die Verunreinigung des Landes dar. Vorausgesetzt ist dabei, dass Jhwh der Eigentümer des Landes ist (vgl. Ex 19,5; Lev 25,23) und die Völker mit ihren Taten sein Hausrecht missachtet und seinem Besitz Schaden zugefügt haben. Entsprechend wird auch das Land selbst in Lev 18,25 wegen seiner Unreinheit von Jhwh heimgesucht (ואפקד עונה עליה).[884]

Die Befolgung der moralischen Ansprüche von Lev 18,6–23 wird im Land laut Lev 18 auch von den Kanaanäern erwartet. Darin unterscheidet sich Lev 18 von der für Ex 23,20–33 auf der Bundesbuchebene beobachteten Auffassung zur Geltung der Rechtsinhalte für die Völker des Landes. Jhwhs Gesetze sind territorial gebunden und schützen zugleich das Land vor Verunreinigung. Die Vertreibung der Landesbewohner geschieht in Lev 18 nicht vorrangig zum Schutz der Identität Israels, wie in Ex 23,20–33, sondern zum Schutz des Landes im Sinne einer konsequenten Durchsetzung des moralischen Ideals des Landesbesitzers. Mit der Einhaltung des Rechts Jhwhs, d. h. des Hausrechts im Land, werden die Israeliten die zu verabscheuenden Taten der vorherigen Landesbewohner nicht nachahmen (Lev 18,30) und damit auch Jhwhs Zustimmung zum Verbleib im Land aufrechterhalten. Für das in Ex 23,20–33 anvisierte Ziel des dauerhaften Lebens im Land ist im Lichte von Lev 18 die Befolgung des Jhwh-Rechts somit unabdingbar.

884 Vgl. auch Milgrom, *Leviticus 17–22*, 1580.

Eine logische Folge der Vorstellung von Lev 18,24–30 ist, dass die Landesbewohner bereits vertrieben sind oder der Vertreibungsprozess zumindest bereits im Gange ist, wenn Israel in das Land kommt (v.28). Die Landesbewohner sind „vor" den Israeliten dort gewesen (vv.27 f.: אשר לפניכם). Eine längere Phase des gemeinsamen Lebens im Land mit den Landesbewohnern, wie sie Ex 23,29 f. vorstellt, sieht Lev 18 nicht vor.

In der Aufnahme der Themen des Gehorsams, der Landesbewohner und des Landes gestaltet sich die Intertextualität zwischen Ex 23,20–33 und Lev 18 mäßig referentiell, kommunikativ und selektiv. Bei der Bearbeitung der Landes- und Landesbewohnerthematik zeigen sich zudem dialogizitäre Elemente.

3. Ex 23,20–33 in Beziehung zu Lev 26: Der Fluch für den Ungehorsam als Umkehrung des in Aussicht gestellten Segens und Beistands

Im Textraum *Sinaiperikope* besteht zwischen Ex 23,20–33 und Lev 26 eine Textbeziehung auf der Basis thematischer und lexematischer sowie funktionaler und kompositioneller Überschneidungen. In Lev 26 finden sich zu Ex 23,20–33 vergleichbare Stoffe in den Segnungen, die für den Gehorsam angekündigt werden (vv.4–12). Lev 26 stellt die Fruchtbarkeit des Landes (vv.4 f.), Frieden und Sicherheit (v.6), Überlegenheit gegenüber Feinden (vv.7 f.), die fortdauernde Bundesgemeinschaft mit Jhwh (v.9), Ernteertrag im Überfluss (v.10) und das Sein Jhwhs inmitten seines Volkes (vv.11 f.) in Aussicht. Die Liste der Segnungen in Ex 23,25 f. ist deutlich kürzer als die in Lev 26, umfasst in ihren Grundzügen aber auch die Thematik des fruchtbaren Landes (לחם, מים) sowie des fruchtbaren, langen und gesunden Lebens. Die in Lev 26 für den Gehorsam angekündigte Sicherheit und Überlegenheit gegenüber Feinden wird in Ex 23,22.27–31 in der Aussage des Beistands Jhwhs und der Imagination der Eroberung des Landes ausgeführt. Während Lev 26 also ein Bild zeichnet, bei dem das Volk Israel bereits im Land wohnt, skizziert Ex 23,20–33 die Situation der noch bevorstehenden Einnahme des Landes. Der Gehorsam und das daran gebundene Recht führen einerseits mit Jhwhs Hilfe zur Landgewinnung (Ex 23,20–33) und dienen andererseits der Ausgestaltung des Lebens mit Jhwh im Land (Lev 26).

Inwiefern das Recht zur Erhaltung des Lebens im Land notwendig ist, verdeutlichen die für den Ungehorsam angekündigten Strafen in Lev 26,16–43, die ebenso parallele Ereignisse zu Ex 23,20–33 enthalten. Lev 26,17 wendet die in Ex 23,22 gegebenen Zusagen für den Gehorsam gegen das Volk Israel: Ungehorsam führt dazu, dass Jhwh sich gegen Israel wendet und die Feinde übermächtig werden. Wie die Landesbewohner den Israeliten in Ex 23,31 zur Vertreibung übereignet werden, werden die Israeliten in Lev 26,25 für Ungehorsam den Feinden übereignet (נת"ן ביד). Analog zur Vernichtung der fremden Kultstätten durch die Israeliten in Ex 23,24 wird Jhwh die Kultstätten Israels zerstören (Lev 26,30). Kontrastiv zu Ex 23,25 f.29 verödet das Land (Lev 26,19 f.32 f.), das Brot ist nicht gesegnet (Lev 26,26), Krankheit und Entsetzen dominieren (Lev 26,16) und die Tiere des Feldes dezimieren die personale und wirtschaftliche Basis für den Fortbestand des Volkes, indem sie Kinder und Nutztiere reißen (Lev 26,22). Über den Stoff von Ex 23,20–33 hinausgehend drückt die Kannibalismusaussage in Lev 26,29 die absolute Zerstörung der Gemeinschaft aus.

Ex 23,20–33 enthält im unmittelbaren Vorfeld des Bundesschlusses vermutlich bewusst keine expliziten Fluchankündigungen für Ungehorsam. Aus dem Verhältnis zu Lev 26 erschließt sich allerdings, dass der Fluch für den Ungehorsam in der Umkehrung des in Ex 23,20–33 in Aussicht gestellten Segens und Beistands besteht. Die Strafen für den Ungehorsam schützen in Lev 26 somit einerseits die Bundesbeziehung zu Jhwh (v.25) bzw. das Leben als Jhwh-Gemeinschaft im Land (vv.11 f.), andererseits aber auch das Land selbst (v.34). Der Stellenwert des Landes in Lev 26, welches in der Imagination von Lev 26 bereits in Besitz genommen ist, unterscheidet sich insofern von dem in Ex 23,20–33, wo das Recht nicht explizit auch als Schutzinstrument des Landes vorgestellt wird, sondern der Schutz des Landes vor der Verödung während der Phase der Eroberung vordringlich und von Jhwh umgesetzt wird (Ex 23,29).

Das intertextuelle Verhältnis von Ex 23,20–33 und Lev 26 stellt sich in den Stichwort- und Themenberührungen in hohem Maße kommunikativ und referentiell dar. Im Aufgreifen gleicher Stoffe und Ereignisse liegen auf der Mikroebene zudem strukturelle Überschneidungen vor, die auf der gesamtkompositionellen Ebene eine funktionale Entsprechung beider Texte im Rahmen der nachdrücklichen Einschärfung und Autorisierung des Rechts am Abschluss von Gesetzessammlungen erkennen lassen.

LXX:

Quantitativ ergeben sich für das Cluster Ex^LXX 23,20–33 im Textraum *Sinaiperikope* gegenüber MT leichte lexematische Verschiebungen. Dabei ist hauptsächlich ein Wegfall von Überschneidungen zu beobachten, der überwiegend auf sprachlich bedingte Veränderungen auf der Wortebene zurückzuführen ist, so z. B. die stammverschiedene Wiedergabe der hebräischen Verben בו"א (23,20 // Ex 19,4.7; 32,3), הל"ך (23,23 // Ex 19,24; 32,7.34) und כר"ת (23,32 // 34,13; Lev 18,29; 26,22). Des Weiteren gibt es einen textlich bedingten Wegfall von Überschneidungen zu Ex 32,9, da dieser Vers in der LXX komplett fehlt. Demgegenüber ist im Vergleich mit MT aber auch ein Hinzukommen von Stichwortberührungen festzustellen, z. B. für ἀκούω in Ex^LXX 19,8, für λατρεύω in Lev^LXX 18,21 oder für ἁμαρτία in Lev^LXX 26,41. Mss, die die Langfassung von Ex^LXX 23,22 lesen, weisen zudem eine enge Verbindung zu Ex^LXX 19,3.5 f. auf. Die thematische Verbundenheit zwischen Ex^LXX 23,20–33 und Ex^LXX 19 f.; 20,1–17; 24; 32 f.; 34,10–26; Lev^LXX 18.26 liegt wie im

MT vor. Daher ist qualitativ hier allenfalls eine geringfügige Minderung in der Kommunikativität der Textbeziehungen festzustellen.

Für Ex^{LXX} 23,20–33 ergeben sich im Textraum *Sinaiperikope* im Vergleich zu MT beachtenswerte Verlagerungen in der Sinnanreicherung

1. in Bezug auf die Beschreibung des Volkes Israel aus Ex^{LXX} 19,5,
2. in Bezug auf den Stellenwert des Landes aus Lev^{LXX} 18,25 sowie
3. in Bezug auf die Korrelation von Dekalog und Bundesbuch aus Ex^{LXX} 24,3 f.

ad 1) Ex^{LXX} 19,5 f. schafft eine terminologische Differenzierung zwischen λαός und ἔθνος, die sich einerseits auf Ex^{LXX} 23,20–33, andererseits aber auch auf die Querverbindung durch ἔθνος im Bundesbuch der LXX auswirkt. In Ex^{LXX} 19,5 f. wird λαός zu einem für das erwählte Gottesvolk reservierten Begriff, der das Volk Israel als einen aus allen Nationen (ἀπὸ πάντων τῶν ἐθνῶν) hervorgehobenen λαός Jhwhs anspricht.[885] Die Bezeichnung λαός kennzeichnet binnentextuell die Erwählung durch Jhwh. Doch ist der Begriff ἔθνος damit nicht automatisch negativ besetzt, sondern kann – ohne Markierung der Erwählung – auch in Bezug auf das Volk Israel verwendet werden (z. B. Ex^{LXX} 19,6; 23,11).

Aus dieser begrifflichen Unterscheidung ergibt sich im intertextuellen Bezug zu Ex^{LXX} 23,20–33 eine schärfere Kontrastierung der nicht-erwählten Völker und des erwählten Israel. Darüber hinaus kann der Querverbinder ἔθνος dort, wo er das Volk Israel bezeichnet, mit λαός korreliert (Ex^{LXX} 23,11),[886] und dort, wo er fremde Völker bezeichnet (Ex^{LXX} 21,8; 23,18.27), von λαός abgegrenzt werden.

ad 2) Lev^{LXX} 18,25 liest καὶ ἀνταπέδωκα ἀδικίαν αὐτοῖς δι᾽ αὐτήν und beschreibt somit die Bestrafung der Bewohner durch das Land als Vergeltung für deren Fehlverhalten.[887] Im Unterschied zu MT empfängt das Land selbst keine Ahndung seiner Unreinheit, sondern es tritt als Werkzeug Jhwhs (δι᾽ αὐτήν) zur Durchsetzung der Strafe an den Landesbewohnern auf. Die Verunreinigung des Landes wird in Lev^{LXX} 18,25 nicht auch am Land selbst gestraft. Dies verweist einerseits auf die besondere Stellung des Landes in der LXX und zeigt andererseits an, dass die Bestrafung nach dem Verursacherprinzip der Aufhebung der rituellen Unreinheit vorgeordnet wird oder vielleicht sogar mit dieser einhergeht.

ad 3) Das aus Ex^{LXX} 24,3 f. greifbare Verhältnis von Dekalog und Bundesbuch wurde im Lichte der Verschriftungsfrage bereits im Zusammenhang von Ex^{LXX} 21,1 betrachtet (s. 5.1.2.c).

885 Vgl. Vahrenhorst, „Levitikon", 298 f.
886 S. dazu Anm. 734.
887 Vgl. Vahrenhorst, „Levitikon", 391.

Sam:

Sam bezeugt für das vorliegende Cluster im Textraum *Sinaiperikope* die bereits im MT beobachteten lexematischen Bezüge. Darüber hinaus sind Themen- und Stichwortberührungen zu den Textüberschüssen in Ex^{Sam} 20 festzustellen, die sich vorrangig auf das Land, den Gehorsam und die Mittlerfigur zwischen Israel und Jhwh beziehen, so z. B.:

- zu Ex^{Sam} 20,17a–h: בו״א, ארץ, כנעני, יש״ב, יהוה, אלהים.
- zu Ex^{Sam} 20,19a–d: אמ״ר, יהוה, אלהים, קול, שמ״ע, יום, דב״ר, מו״ת, עש״י.
- zu Ex^{Sam} 20,21a–i: דב״ר, יהוה, אמ״ר, שמ״ע, קול, שמ״ר, יום, נת״ן, שם, בו״א, ארץ.

Im Vergleich zu MT erhöht sich im Sam die Kommunikativität und Referentialität der Textbeziehung zwischen Ex^{Sam} 23,20–33 und Ex^{Sam} 20. Die aus den Textzusätzen in Ex^{Sam} 20 resultierenden Sinnanreicherungen bewirken für Ex^{Sam} 23,20–33 die Eintragung des Garizim in die Landesthematik sowie eine Stärkung der Botenfigur und der Gehorsamsaufforderung.

Ex^{Sam} 20,17a–h nimmt ebenso wie Ex^{Sam} 23,20–33 seinen Ausgangspunkt in der Situation des In-das-Land-Gebracht-Werdens. In Ex^{Sam} 20,17a–h ist es Jhwh selbst, der das Volk in das Land bringt. Es folgen die Aufforderung zur Verschriftung von Jhwhs Weisung und deren Aufrichtung auf dem Garizim sowie eine konkrete Lagebeschreibung zum Ort des Garizim. Im intertextuellen Verhältnis zu Ex^{Sam} 23,20–33 gewinnt der Bote eine Aufwertung aus der funktionalen Entsprechung zu Jhwhs Handeln. Die Verschriftung der Jhwh-Weisung und deren Aufstellung auf dem Garizim stellen die Verbindlichkeit und Bedeutsamkeit der Jhwh-Worte heraus und wirken auf die Gehorsamsthematik in Ex^{Sam} 23,20–33. Die Lokalangabe des Garizim korrespondiert mit der Beschreibung der Landesgrenzen in Ex^{Sam} 23,31 und schärft die Landesperspektive des Clusters auf den Garizim hin.

Ex^{Sam} 20,19a–d tritt im Zusammenhang mit Ex^{Sam} 23,20–33 in ein Verhältnis zur Stimme des Boten, auf die laut 23,21 f. zu hören ist. Vor dem Hintergrund, dass die Israeliten Mose um Vermittlung zu Jhwh bitten, weil sie einen dauerhaften unmittelbaren Kontakt zu Jhwh nicht überleben würden (Ex^{Sam} 20,19a–d), kristallisiert sich die (über-)lebenswichtige Funktion des Boten für die Israeliten in Ex 23,20–33 heraus. Die Notwendigkeit des Gehorsams ihm gegenüber wird selbstevident. Aus der Ankündigung einer Prophetenfigur in Ex^{Sam} 20,21a–i wird im Textraum *Sinaiperikope* sowohl die Position des Mose als auch die des Boten gestärkt. Eine Identifikation beider ist allerdings nicht angezeigt. Die Stärkung der Botenfigur in Ex^{Sam} 23,20–33 aus den Bezugstexten in Ex^{Sam} 20 kann im Sam aufgrund der textlichen Begrenzung auf den Pentateuch zwar nicht als die Landnahme vorbereitendes erzählerisches Mittel verstanden werden, bedient aber die grundsätzliche Offenheit der Gesamterzählung am Ende des Dtn und die Perspektive auf den Fortgang der Geschichte des Volkes auch nach Moses Tod.

Im Verhältnis zwischen Ex^{Sam} 23,20–33 und Ex^{Sam} 24 fällt, verglichen mit MT, eine Stichwortberührung anhand von מצבה (23,24) weg. Statt der Aufrichtung von Mazzeben sieht Ex^{Sam} 24,4 die Errichtung von Steinen vor. Im Verhältnis von Ex^{Sam} 23,24 und Ex^{Sam} 24 wird die Abgrenzung zu den Landesbewohnern auch beim Bundesschluss gewahrt: Jegliche Gegenstände, die mit den zuvor abgelehnten fremden Kulten in Verbindung gebracht werden könnten, werden dem Zusammenhang des Bundesschlusses ferngehalten. Des Weiteren ist die Aufrichtung der Steine in Ex^{Sam} 24,4 vergleichbar zur Zeremonie beim Betreten des Landes und des Garizim (Ex^{Sam} 20,17a–h). Der Bundesschluss in Ex^{Sam} 24 enthält somit ein auf die Landnahme bzw. den Garizim vorausweisendes Element, welches die Landeszusage als Teil des Bundes kennzeichnet.

Peš:

Auch in Peš ergeben sich im Textraum *Sinaiperikope* die bereits für MT herausgestellten Bezugstexte. Quantitativ ist gegenüber MT häufig ein Wegfall von Stichwortberührungen für die Äquivalente zu בו״א (z. B. Ex^{Peš} 19,4.7.9; 24,3; 32,1.21; Lev^{Peš} 26,25.41), הל״ך (z. B. Lev^{Peš} 18,3.4; 26,3.13.21.41) und דב״ר (Ex^{Peš} 19,7.9; 32,28; 33,4) zu beobachten. Des Weiteren fallen z. B. lexematische Berührungen für die Äquivalente zu נש״א (z. B. Ex^{Peš} 19,4; 20,7), הר״ס (Ex^{Peš} 19,21.24), נת״ן (Ex^{Peš} 20,12; Lev^{Peš} 18,21) und כר״ת (Ex^{Peš} 34,13; Lev^{Peš} 18,29; 26,22) aus. Zusätzliche Stichwortverbindungen ergeben sich anhand von ܕܚܠܬܐ zu Ex^{Peš} 34,13.15; Lev^{Peš} 26,1.30. Die wegfallenden Stichwortberührungen verringern die lexematische Markierung der Intertextualität und bedingen qualitativ eine Minderung in der Kommunikativität der Textbeziehungen. Die Erweiterung um Stichwortberührungen mit ܕܚܠܬܐ hebt die Thematik der Abgrenzung zu fremden Göttern und Kulten hervor und stärkt für die betreffenden Textbeziehungen das Kriterium der Referentialität.

Dieser Befund setzt die bereits für Ex^{Peš} 23,13–19 im Textraum *Sinaiperikope* beobachtete stärkere Berücksichtigung der Abgrenzung zu fremden Kulten und Göttern im weiteren Verlauf der Gesamterzählung fort.

Auswertung – Die Autorisierung des Rechts im Begründungsgeflecht von Gehorsam, Alleinverehrung, Bund und Land

In allen betrachteten Textzeugen ist für das Cluster Ex 23,20–33 im Textraum *Sinaiperikope* eine intertextuelle Beziehung anhand lexematischer und thematischer Verbindungen zu Ex 19 f.; 20,1–17; 24; 32 f.; 34,10–26; Lev 18.26 festzustellen. Der paränetisch-narrative Charakter der Forderungen aus Ex 23,21.22.24.25.32 erschließt sich dabei im Textraum *Sinaiperikope* vor allem anhand zugehöriger narrativer Stoffe, die die Alleinverehrungs- und Gehorsamsforderung umsetzen, wie z. B. Ex 19; 24; 32 f.

Im Verhältnis zu den genannten Bezugstexten entfaltet sich für Ex 23,20–33 eine umfassende Ausleuchtung der Zusammenhänge zwischen Gehorsam, Alleinverehrung, Bund und Land im Gegenüber zu den bisherigen Landesbewohnern. Der Anspruch Israels auf das Land gründet in der exklusiven Beziehung zum Landbesitzer Jhwh (Ex 19 f.). Diese exklusive Beziehung äußert sich auf Seiten Israels in der Zusage zum Gehorsam und der alleinigen Verehrung gegenüber Jhwh im Bund (Ex 24; 32; 34,10–26). Auf Seiten Jhwhs bindet sich daran die Zustimmung zum Verbleib in seinem Land (Lev 18.26). Für den Verbleib im Land ist die Einhaltung des Jhwh-Rechts notwendig, welches zugleich das Land vor ritueller Unreinheit und Verödung schützt (Lev 18.26). Diese Vorstellung der territorial bezogenen Gültigkeit des Jhwh-Rechts unterscheidet sich von der in Ex 23,20–33 im Textraum *Bundesbuch* ausbleibenden rechtlichen Verankerung der Vertreibung der Völker.

In Bezug auf das Land setzen vor allem Prä-Sam und LXX verschiedene Akzente: In der LXX lässt sich in der Aussetzung einer Ahndung der Unreinheit des Landes (Lev^{LXX} 18,25) einerseits eine Vorordnung des Verursacherprinzips vor die Kategorie der kultischen Unreinheit, andererseits aber auch die Sonderstellung des Landes fassen. Prä-Sam fokussiert die Landesthematik aus den Bezugstexten in Ex^{Sam} 20 insbesondere auf den Garizim hin und trägt die Perspektive auf das Land und den Garizim auch implizit in den Bundesschluss in Ex^{Sam} 24 ein. Aus Ex^{Sam} 20 gewinnen zudem die Gehorsamsthematik und die Botenfigur eine deutliche Aufwertung. Peš hingegen gewichtet im Textraum *Sinaiperikope* die Abgrenzung gegenüber fremden Kulten und Göttern schwerer.

e. Begründungsstrukturen im Textraum *Exodusbuch*

MT:

1. Ex 23,20–33 in Beziehung zu Ex 1–15: Die Herausführung aus Ägypten als Vorbild für die in Ex 23,20–33 angekündigte Heraufführung ins Land

Im Textraum *Exodusbuch* ergibt sich aus der Gegenüberstellung des Volkes Israel mit fremden Völkern, der Bedrängung der Feinde mit Schrecken und Plagen sowie der Aussicht auf das Land und der Darstellung der Führung Israels durch Jhwh bzw. dessen Boten für das Cluster Ex 23,20–33 ein genereller Bezug zu Ex 1–15. Lexematisch und thematisch hervorgehobene Bezüge liegen, z. B. anhand von ארץ, מלאך, שם, אימה, ים־סוף, zu Ex 3 f. und Ex 14.15 vor. Die Textbeziehung zwischen Ex 23,20–33 und Ex 3 f.14.15 gestaltet sich darin stark kommunikativ und referentiell.

In Ägypten ist Israel zum Volk geworden (Ex 1,9) und von den Ägyptern bedrückt worden (Ex 1,11–13). Jhwh möchte der Bedrängung Israels ein Ende setzen, das Volk vor den Ägyptern retten und in ein gutes Land führen (Ex 3,7–9). Die in Ex 23,22 für den Gehorsam in Aussicht gestellte Bedrängung der Feinde Israels durch Jhwh korrespondiert somit einerseits mit der eigenen Erfahrung der Bedrängung Israels in Ägypten. Andererseits verifiziert das Handeln Jhwhs an den ägyptischen Bedrängern die Aussage aus Ex 23,22. Das in Ex 3,8 genannte Land beschreibt den Ort, den auch Ex 23,20 anvisiert und dessen Einnahme Ex 23,20–33 durch die Vertreibung der in Ex 3,8; 23,23 genannten Völker vorsieht. Die Fokussierung auf die Landperspektive in Ex 23,20–33 konkretisiert das Ziel der Erzählung von Ex 1–15 (s. Ex 3,8).

Zur Durchführung des Plans der Befreiung Israels aus Ägypten sendet Jhwh Mose zu den Israeliten und den Ägyptern (Ex 3,10–4,17). In diesem Zusammenhang legitimiert sich Jhwh unter Mitteilung seines Namens gegenüber dem Volk Israel als Gott der Väter (Ex 3,13–16). Zu Moses Legitimation dienen verschiedene Zeichen, die ihn als Jhwhs Gesandten ausweisen (Ex 4,2–17). Ex 23,20 f. überträgt die Legitimation durch Jhwhs Namen auf den Boten. Machtvolle Zeichen werden ihm nicht explizit zugeschrieben. Jedoch gewinnt die textlich mögliche Identifikation des Boten mit dem Schrecken und dem Hornissenschwarm[888] in dieser Hinsicht an Plausibilität, indem die Verwandlung des Boten als Zeichen seiner Sendung durch Jhwh verstanden werden könnte.

Die in Ex 3 f. angeführten Legitimationen Jhwhs und Moses werden im Laufe der Erzählung aus Ex 1–15 bestätigt und vertieft. Dabei avanciert Jhwh zum mächtigen Partner Israels und Mose zur Führungsfigur des Volkes. Dies findet in den Beschreibungen des Durchzugs durch das Schilfmeer in Ex 14.15 besonderen Ausdruck: Mose wird in Jhwhs Pläne eingeweiht, fungiert als Mittler zwischen Jhwh und Israel (Ex 14,1–4.15–18) sowie als Helfer Jhwhs bei der Umsetzung seiner Pläne (Ex 14,21.27). Jhwh hingegen ist derjenige, der das Geschehen nach seinem Willen zur Rettung der Israeliten ebenso wie zur Demonstration seiner Macht lenkt (Ex 14). Die Notiz in Ex 14,31 bestätigt die Anerkennung Jhwhs und Moses durch die Israeliten. In der Textbeziehung zu Ex 23,20–33 vermag dieser Hintergrund auf die Anerkennung Jhwhs und seines gesandten Boten abfärben, sodass die Gehorsamsforderungen aus Ex 23,20–33 zur logischen Folge der Akzeptanz Jhwhs und seines Boten werden.

Die Lieder von Mose und Mirjam in Ex 15 bekräftigen die Anerkennung der Macht Jhwhs. Von zentraler Bedeutung ist dabei, dass Mose trotz seiner Führungsrolle im Exodus den Lobgesang auf Jhwh anstimmt. Die Verehrung für die He-

888 Vgl. Houtman, *Bundesbuch*, 338.

rausführung aus Ägypten gilt nur Jhwh:[889] „Ex 15 sichert Gottes Alleinverehrung.“[890] Die Verhältnisbestimmung zwischen Jhwh und seinen Gesandten ist damit eindeutig: Jhwhs Gesandte sind lediglich dessen Werkzeuge. Diese funktionale Grenzziehung erhellt die Alleinverehrungsforderung in Ex 23,20–33 in Abgrenzung zur Rolle des Boten. Ferner lässt sich das in Ex 15 beschriebene Handeln Jhwhs an den Feinden mit den in Ex 23,20–33 angekündigten Handlungen an den Völkern korrelieren (איב, המ״ם, אימה, הר״ס), sodass im Lichte von Ex 15 an der erfolgreichen Vertreibung der Landesbewohner und der sicheren Führung ins Land, welche Ex 23,20–33 in Aussicht stellt, kein Zweifel bestehen kann.

Der Bote Jhwhs ist in Ex 23,20 mit der wegweisenden Führung und dem Schutz Israels betraut. Vergleichbare Funktionen nimmt der in Ex 14,19 genannte Bote ein, der zunächst weisend vor Israel hergeht und sich schließlich schützend zwischen die Israeliten und die Ägypter stellt. Der in Ex 3,2 genannte Bote dient dazu, Moses Aufmerksamkeit auf das Offenbarungsgeschehen zu lenken. Er verkörpert in Form der Feuerflamme den sichtbaren Teil der Offenbarung. Den hörbaren Teil spricht Jhwh selbst (Ex 3,4). Daraus lässt sich das Konzept einer göttlichen Durchdringung des Boten ableiten, welchem sich die in Ex 23,20–33 greifbare Vorstellung, dass der Bote eine Präsenzweise Jhwhs ist,[891] zuordnet.[892]

2. Ex 23,20–33 in Beziehung zu Ex 18: Die Bedeutung des Rechts für das Volk Israel auf dem Weg ins Land

Im Textraum *Exodusbuch* besteht eine intertextuelle Beziehung zwischen Ex 18 und 23,20–33. Verbindende Themen der beiden Texte sind die Führung in das Land und die Rolle des Rechts auf dem Weg in das Land. In dieser thematischen Verknüpfung sowie in der lexematischen Markierung, z. B. anhand von דרך, מקום, קול, בר״ך, gestaltet sich das intertextuelle Verhältnis zwischen Ex 23,20–33 und Ex 18 mäßig referentiell und kommunikativ.

In Ex 18,19–23 rät Jitro angesichts einer drohenden Überlastung des Mose in Bezug auf seine (auch richterliche) Führungsaufgabe dazu, dass Mose sich auf seine Mittleraufgabe und die Unterweisung des Volkes konzentriert (vv.19 f.) und für die Rechtsprechung in unproblematischen Fällen geeignete Richter einsetzt (vv.21 f.). Ziel dieser Maßnahmen ist die erfolgreiche Führung des Volkes in das Land (Ex 18,23; vgl. מקום in Ex 23,20).

Jitro setzt voraus, dass Mose derjenige ist, der unter göttlicher Anweisung das Volk ins Land führen wird. Im Zusammenhang mit Ex 23,20–33 korrespon-

889 Vgl. Fischer, „Schilfmeerlied“, 44.
890 Fischer, „Schilfmeerlied“, 44.
891 Vgl. auch Propp, *Exodus 19–40*, 288.
892 Vgl. dazu Neef, „Ich selber bin in ihm“, 75.

diert dies mit der Beschreibung des Boten als Wegführer und Mittler, dem wegen seiner Verbindung zu Jhwh zu gehorchen ist (vv.20–22). Die Dialogizität in der Textbeziehung zwischen Ex 23,20–33 und Ex 18 erhöht sich hierbei dadurch, dass der Bote in Ex 23,20–33 trotz der möglichen Identifikation mit Mose nicht explizit als Mose benannt wird.

Ex 18 beschreibt die rechtliche Unterweisung durch Mose (v.20: חוק) sowie die Notwendigkeit der rechtlichen Verwaltung der Angelegenheiten des Volkes Israel auf dem Weg ins Land. Das Bundesbuch ergänzt die Erzählung von Ex 18, indem es für die bevollmächtigten Richter als Leitfaden ihrer Rechtsprechung dienen kann. Auf diese Weise sichert die Befolgung des Rechts das Volk Israel auf dem Weg ins Land (s. Ex 18,23) und dient zugleich der Gewinnung des Landes mit Jhwhs Hilfe (Ex 18,23; 23,20–33).

LXX:

Die LXX weist für das vorliegende Cluster im Textraum *Exodusbuch* die bereits für MT herausgestellten Textbeziehungen auf. Dabei sind die Stichwortberührungen gegenüber MT quantitativ leicht gemindert. Dies führt zu einer leichten Reduktion in der Kommunikativität der Textbeziehung. So fallen im Vergleich zu MT z. B. häufig Überschneidungen zwischen den Äquivalenten zu בו״א (Ex^{LXX} 3,13.18; 14,22; 18,16.19.22) und דב״ר (Ex^{LXX} 18,14.16.19.22.23) weg. Auch für das Stichwort עם wird in Ex^{LXX} 1–15.18 zur Bezeichnung der Israeliten häufiger λαός verwendet anstatt ἔθνος. Ferner fallen teilweise Verbindungen anhand der Äquivalente zu עש״י (Ex^{LXX} 3,16), הל״ך (Ex^{LXX} 3,10.21) und יש״ב (Ex^{LXX} 15,14.15) weg. Zusätzliche Berührungen ergeben sich z. B. anhand von ἄγγελος zu Ex^{LXX} 4,24 und anhand von συντρίβω zu Ex^{LXX} 15,3.

Die dominierende Bezeichnung der Israeliten als λαός in Ex^{LXX} 1–15.18 verschärft im Zusammenhang mit Ex^{LXX} 23,20–33 die Kontrastierung der Landesbewohner (v.27: ἔθνος) mit dem Volk Israel. Mit λαός wird die Identität Israels als erwähltes Jhwh-Volk betont (s. o.).

Die zusätzliche Berührung anhand von συντρίβω zu Ex^{LXX} 15,3 ist für die Theologie von Ex^{LXX} 23,20–33 relevant: Mit κύριος συντρίβων πολέμους „der Herr, der die Kriege zerschlägt“ liegt in Ex^{LXX} 15,3 wahrscheinlich eine bewusst interpretative Übertragung der hebräischen Vorlage vor, die die hellenistisch-jüdische Vorstellung, dass Jhwh allen Kriegen ein Ende setzt und in eine Friedenszeit führt, einträgt.[893] Diesem Ideal der Darstellung Jhwhs als pazifistischer Gottheit ordnet Schaper auch die Erwähnung des Boten in Ex^{LXX} 4,24 zu, welcher einen Tötungsauftrag verfolgt, den der nicht-gewalttätige Gott nicht selbst durchführt. Das Ex-

893 Vgl. Schaper, „Exodos“, 293.

odusbuch der LXX lässt laut Schaper insofern eine Tendenz zur Pazifizierung Jhwhs erkennen.[894] Falls dies zutrifft, erscheint die Beschreibung der Eroberung des Landes in Ex^{LXX} 23,20–33 in einem anderen Licht und das Ziel des Lebens im Land gestaltet sich als Erwartung einer Friedenszeit unter Jhwhs Herrschaft. Die direkte (kriegerische) Auseinandersetzung mit den Landesbewohnern in Ex^{LXX} 23,20–33 obliegt in der LXX auf der Mikroebene zwar allein Jhwh (s. o.), wird aber auch von seinem Schrecken (v.27) und Hornissen (v.28) ausgefochten. Zudem wird die Vertreibung der Bewohner auf schonende Weise geschehen (vv.29 f.). Diese Elemente fügen sich in die Darstellung einer Gottheit, die die Anwendung von Gewalt selbst vermeidet. Das dieser Gottheit zugeschriebene Recht stellt einen Teil zur Schaffung und Erhaltung der Friedenszeit dar.

Sam:

Für das vorliegende Cluster spiegelt Sam die bereits im MT beobachteten lexematischen und thematischen Verbindungen im Textraum *Exodusbuch*. Des Weiteren liegen im Sam auch Stichwortverbindungen zum Textüberschuss in Ex^{Sam} 18,24.25 vor, z. B. anhand von אמ"ר, עם, נש"א, יהוה, אלהים, יום, בר"ך, דב"ר, עש"י und שמ"ע.

Durch den an Dtn 1,9–18 orientierten Textüberschuss in Ex^{Sam} 18,24.25 ergeben sich im Sam weitere Sinnlinien für Ex^{Sam} 23,20–33: Im Unterschied zu MT berichtet Sam in dem Textüberschuss von der ausdrücklichen Zustimmung der Israeliten zur Einsetzung der Richter (vv.24 f.: ויאמרו טוב הדבר אשר דברת לעשות). Dafür begründet Mose die Notwendigkeit der Maßnahme zu seiner Entlastung mit dem Verweis darauf, dass Jhwh seine Verheißung, Israel zahlreich zu machen (Gen 22.26), erfüllt (v.24b). Mose wünscht und erwartet ausdrücklich eine Fortsetzung dieser Vermehrung (vv.24c–d), benötigt angesichts dessen aber Entlastung bei seinen Aufgaben. Die Notwendigkeit der Existenz gerichtlicher Institutionen ergibt sich aus der Erfüllung der Vermehrungsverheißung Jhwhs (Ex^{Sam} 18). Aus dieser Perspektive betrachtet, zielt Ex^{Sam} 23,20–33 auf die Erfüllung der Landesverheißung. Deren Erfüllung erfordert die Befolgung des Rechts (Ex^{Sam} 18,20.23; 23,20–33). Insofern kann sich im intertextuellen Verhältnis zu Ex^{Sam} 18,24.25 das in Ex^{Sam} 23,20–33 greifbare Muster von Gehorsam und Lohn zu einer Logik umkehren, die von der Verheißung ausgeht und einen Weg zu deren Erfüllung sucht.

Peš:

Das Cluster Ex^{Peš} 23,20–33 bezieht sich im Textraum *Exodusbuch* ebenso auf die bereits im MT dargestellten Texte. Quantitativ fallen gegenüber MT einige Stich-

894 Vgl. Schaper, „Exodos“, 293.284 f.

wortberührungen weg. Dies betrifft vorrangig die Äquivalente zu חל״ך (Ex^Peš 3,10; 14,21.29), בו״א (Ex^Peš 3,18; 14,16; 15,17; 18,16.19.22) und דב״ר (Ex^Peš 3,16; 18,14.16.19.22.23). Aber auch für z. B. דרך (Ex^Peš 3,18), המ״ם (Ex^Peš 14,24), נח״ל (Ex^Peš 14,17) ist ein geringfügiger Wegfall von Berührungen zu beobachten. Zusätzliche Verbindungen ergeben sich anhand von ܐܙܠ zu Ex^Peš 14,5, anhand von ܬܒܪ zu Ex^Peš 15,15, anhand von ܕܚܠܬܐ zu Ex^Peš 8,22; 12,12; 15,14.15 f., anhand von ܙܗܪ zu Ex^Peš 18,20, anhand von ܫܠܡ zu Ex^Peš 18,23 und anhand von ܡܚܘܬܐ zu Ex^Peš 9,14. Qualitativ ist damit gegenüber MT keine deutliche Abschwächung in der Kommunikativität der Textbeziehungen festzustellen.

Die zusätzlichen Stichwortberührungen anhand von ܕܚܠܬܐ, ܫܠܡ und ܡܚܘܬܐ ermöglichen im Textraum *Exodusbuch* weiterführende Fokussierungen für Ex^Peš 23,20–33: Durch ܡܚܘܬܐ wird Ex^Peš 23,25 explizit mit der Plagenerzählung in Ex^Peš 7–12 verbunden. In Ex^Peš 7–12 schützt Jhwh das Volk Israel vor den Ägypten geltenden Plagen (z. B. Ex^Peš 8,18 f.; 9,4 f.26; 10,23; 11,7; 12,23). Im Zusammenhang von Ex^Peš 23,25 und Ex^Peš 12,23 gewinnt insbesondere die Imagination des vorübergehenden Jhwh an Bedeutung. Diese kann die ungewöhnliche Syntax von Ex^Peš 23,25 erhellen, denn aus der Verbindung von ܢܥܒܪ im *Peʿal* und ܡܚܘܬܐ ܡܢ ܒܝܢܬܟܘܢ ist mit Jhwh als Subjekt in Ex^Peš 23,25 ein Bild gezeichnet, welches der Imagination der Nacht des Auszugs aus Ägypten nahekommt:[895] Jhwh geht an den Häusern der Israeliten vorüber und verschont sie mit der Plage. Aus diesem Bezug gewinnt die an den Gehorsam gebundene Segensverheißung in Ex^Peš 23,20–33 an Kontinuität und Glaubwürdigkeit. Jhwh wird das Volk Israel auch im Land vor Plagen schützen, wie er es bereits seit der Zeit in Ägypten tut.

Die Sinnkonstruktion zwischen Ex^Peš 18 und dem vorliegenden Cluster unterscheidet sich in Peš von MT, Sam und LXX. Ex^Peš 18,23 erwähnt, im Unterschied zu Ex^Peš 23,20, nicht explizit das Ziel des Landes. Die Einsetzung der Richter bezweckt, dass Mose besteht (ܘܬܫܟܚ ܐܢܬ ܠܡܩܡ) und das Volk in Frieden zu seinen Häusern geht (ܘܐܦ ܟܠܗ ܥܡܐ ܗܢܐ. ܐܝܟ ܠܕܘܟܬܗ ܢܐܙܠܘܢ ܒܫܠܡܐ). Die Einsetzung der Rechtsprechung und des Rechts folgt hier einer generellen Notwendigkeit, um das Ziel eines friedlichen Zusammenlebens zu erreichen (ܫܠܡܐ) – sei es auf dem Weg in das Land, im Land selbst oder andernorts. Die Sicherung des Friedens durch das Recht erklärt die Befolgung des Rechts zu einer ortsungebundenen Notwendigkeit.

895 Die fehlende Überschneidung der Phrasen ܥܒܪ ܡܢ (23,25) und ܦܨܚ ܥܠ (12,23) spricht nicht zwangsläufig gegen die Annahme, dass 23,25 die Imagination von 12,23 aufgreift. Das Verb ܥܒܪ wird auch Ex^Peš 12,12.23 verwendet. Dass das Verb ܦܨܚ in 23,25 nicht verwendet wird, kann vor dem Hintergrund der darin anklingenden Zuspitzung auf das Pessach-Fest erklärt werden, die in der generellen Segensformulierung von 23,25 nicht beabsichtigt ist.

ܕܐܠܗ̈ܐ wird in Ex^Peš 12,12 zur Bezeichnung der Götter Ägyptens verwendet. Für die Alleinverehrungsforderung aus Ex^Peš 23,20–33 bedeutet dies, dass sich die Israeliten von den Göttern der Landesbewohner ebenso abgrenzen sollen, wie zu denen der Ägypter. Das Ziel der (alleinigen) Verehrung Jhwhs hat das Volk Israel bereits in Ägypten verfolgt und ist davon nicht abgewichen (z. B. 8,22 f.). In dieser Hinsicht haben sich die Israeliten bereits in Ägypten bewährt. Eine Fortsetzung dieser Praxis, wie sie Ex^Peš 23,20–33 fokussiert, ist daher nur konsequent.

Auswertung – Unterschiedliche Zuspitzungen zu den Funktionen des Rechts

In allen betrachteten Textzeugen besteht für das Cluster Ex 23,20–33 im Textraum *Exodusbuch* eine generelle Beziehung zu Ex 1–15 sowie eine hervorgehobene Verbindung zu Ex 3.14 f.18. Peš zeigt zudem eine deutlich markierte Beziehung zu Ex^Peš 7–12.

Grundsätzlich gewinnt das Cluster Ex 23,20–33 aus diesen Textbeziehungen sinnanreichernde Inhalte zur Legitimation des Anspruchs Jhwhs auf Israel, zur Legitimation des Boten sowie zur Verhältnisbestimmung zwischen Jhwh und seinem Boten. Des Weiteren illustrieren die Bezüge zu Ex 7–12.14.15 die Aussage der Bedrängung gemeinsamer Feinde Jhwhs und Israels (23,22) und schärfen die Aussichten auf eine erfolgreiche Einnahme des Landes im Vertrauen auf Jhwhs Macht, die Führung durch seinen Boten und mittels des geforderten Gehorsams. Insofern entfaltet sich zwischen Ex 1–15 und Ex 23,20–33 die Boten-, Führungs- und Wegthematik in der Spannung zwischen der Vergangenheit in Ägypten und der erwarteten Zukunft im Land.

In allen betrachteten Textzeugen ist ein genereller, assoziativer Bezug zwischen den in Ex 23,28 genannten Hornissen und den Insektenschwärmen, die zur Plage Ägyptens ausgeschickt werden (Ex 8.10), möglich. Peš vertieft dieses Verhältnis und bedient in der Imagination von Ex^Peš 23,25 das Bild des vorüberziehenden Jhwh in der Nacht des Auszugs aus Ägypten. Die in Ex 23,20–33 eingeschärfte Befolgung des Bundesbuchrechts dient der Fortsetzung dieser heilvollen Beziehung zu Jhwh.

Die LXX schärft und veranschaulicht im Textraum *Exodusbuch* die Identität Israels als erwähltes Jhwh-Volk, indem sie eine terminologische Unterscheidung schafft, die die Abgrenzung zwischen Israel und fremden Völkern befördert. In dieser Fluchtlinie zeichnen das Recht Jhwhs und dessen Befolgung die Israeliten vor anderen Völkern aus. Ferner kann in der Theologie des Exodusbuches der LXX eine Tendenz zur pazifistischen Darstellung Jhwhs nachgezeichnet werden.[896] Diese legitimiert das Recht des Bundesbuches, welches als Jhwh-Recht

896 Vgl. Schaper, „Exodos“, 293.

präsentiert wird, zudem als Instrument zur Erlangung und Erhaltung der unter Jhwh erwarteten Friedenszeit im Land.

Peš begründet im Zusammenhang mit Ex^{Peš} 18 das Recht als generelles, ortsungebundenes Mittel der gesellschaftlichen Friedenssicherung. MT, LXX und Sam hingegen stützen das Recht im Zusammenhang mit Ex 18 zweckgebunden auf die Erlangung des Landes. Hierbei stellt Sam angesichts der laufenden Erfüllung der Vermehrungsverheißung für das Volk vor allem den Verheißungsaspekt des Landes heraus und lässt das Recht als notwendiges Mittel auf dem Weg zur Erfüllung der Verheißung erscheinen.

5.2.4 Zwischenfazit: Autoritätskonstruktion im Schlussteil des Bundesbuches mittels abschließender Bündelung von Begründungszusammenhängen des Rechts

Das den gesetzlichen Hauptteil abschließende Textcluster Ex 23,1–9.10–12, das kultgesetzliche Rahmenstück Ex 23,13–19 sowie das redeabschließende narrative Rahmenstück Ex 23,20–33 gestalten den Übergang vom Gesetzes- zum Erzähltext. Sie flechten das Bundesbuch als Rechtskorpus in umfassende Begründungs- und Autorisierungszusammenhänge ein und bereiten das Wiedereinsetzen und den Fortgang der Gesamterzählung vor.

In Bezug auf die Autorisierung der Rechtsbestimmungen auf der Mikro- und Clusterebene sowie in den Texträumen *Bundesbuch*, *Sinaiperikope* und *Exodusbuch* zeigen sich in der Analyse des Textes und im Vergleich der jeweiligen Textzeugen unterschiedliche Perspektiven und Profilierungen:

1. Die Formulierung der Rechtssätze weist auf der Mikroebene häufig narrative Strukturen auf, deren Gestaltung literarischen Prinzipien folgt (z. B. Ex 23,5) und anhand derer sich binnen- sowie ko- und kontextuelle Begründungszusammenhänge der jeweiligen Bestimmungen entfalten lassen. Diese beziehen sich u. a. auf sozialgeschichtliche Hintergründe (z. B. Ex 23,1.12), moralische Prämissen (z. B. Ex 23,7) und Vorstellungen zur Ordnung der Welt (z. B. Ex 23,11.18).
2. Durch die Zusammenfassung mehrerer Rechtssätze zu einer literarisch-strukturell abgrenzbaren Texteinheit ergeben sich auf der Clusterebene häufig übergreifende Begründungslinien, welche für die einzelnen Rechtssätze teils eine Verschiebung ihres auf der Mikroebene gegebenen Begründungszusammenhanges mit sich bringen. So wird z. B. das Brachjahrgesetz (Ex 23,10 f.) erst durch die Zusammenstellung mit dem nachfolgenden Ruhetagsgesetz und dessen sozialer Zuspitzung (Ex 23,12) in den Horizont des Ideals von Solidarität in der Gesellschaft gestellt.

3. Im Textraum *Bundesbuch*, *Sinaiperikope* und *Exodusbuch* liegen sowohl für den Anfangs- als auch für den Schlussteil des Bundesbuches Überschneidungen hinsichtlich der jeweiligen Bezugstexte vor. Dabei sind z. B. regelmäßig Textbeziehungen zu Ex 19 f.24.32.34; Lev 18.19 und Ex 1–15 relevant. Diese übertragen in je unterschiedlicher Akzentuierung begründende Sinnanreicherungen auf das Recht des Bundesbuches und beziehen sich z. B. auf die Legitimation des Rechts als Jhwh-Recht, auf die Legitimation Jhwhs und seines Anspruchs auf Israel, auf die Notwendigkeit des Gehorsams sowie auf die Exklusivstellung Israels.
4. Im Vergleich zwischen MT, LXX, Sam und Peš zeichnen sich in Ex 23,1–33 spezifische Profilierungen von Begründungszusammenhängen des Rechts ab. Dabei betont die LXX insbesondere die Bedeutung des Landes und der Identität des Volkes Israel. Peš bezeugt darüber hinaus eine Tendenz zur ortsunabhängigen Internalisierung der Jhwh-Beziehung und Sam hebt die Stellung des Mose und die Bedeutung des Berges Garizim hervor. Die textliche Vielfalt in der jeweiligen Konzeption der Rechtsbegründung lässt sich nicht stemmatisch auf eine einzige Texturform reduzieren, sondern bewahrt vielmehr Spuren der rechts- und literarhistorischen Prozesse, in deren Verlauf das Bundesbuch mit den umgebenden Texten verbunden wurde.

5.3 Der gesetzliche Hauptteil des Bundesbuches: Ex 21,12–22,30

5.3.1 Das Textcluster Ex 21,12–17

a. Mikroebene: Begründungsstrukturen innerhalb der Einzelgesetze Ex 21,12–17 – Unter Todesstrafe gestellte Vergehen

MT:

12 מַכֵּה אִישׁ וָמֵת מוֹת יוּמָת׃ 13 וַאֲשֶׁר לֹא צָדָה וְהָאֱלֹהִים אִנָּה לְיָדוֹ וְשַׂמְתִּי לְךָ מָקוֹם אֲשֶׁר יָנוּס
שָׁמָּה׃ 14 וְכִי־יָזִד אִישׁ עַל־רֵעֵהוּ לְהָרְגוֹ בְעָרְמָה מֵעִם מִזְבְּחִי תִּקָּחֶנּוּ לָמוּת׃ ס 15 וּמַכֵּה אָבִיו וְאִמּוֹ
מוֹת יוּמָת׃ 16 וְגֹנֵב אִישׁ וּמְכָרוֹ וְנִמְצָא בְיָדוֹ מוֹת יוּמָת׃ ס 17 וּמְקַלֵּל אָבִיו וְאִמּוֹ מוֹת יוּמָת׃ ס

[12] Wer einen Mann (so) schlägt, dass er stirbt, soll unbedingt getötet werden. [13] Hat er (ihm) aber nicht nachgestellt, sondern Gott hat es seiner Hand widerfahren lassen, dann werde ich dir einen Ort bestimmen, wohin er fliehen soll. [14] Und wenn jemand gegen seinen Nächsten vermessen handelt, indem er ihn mit Hinterlist tötet – von meinem Altar sollst du ihn wegnehmen, damit er stirbt. [15] Und wer seinen Vater und seine Mutter schlägt, soll unbedingt getötet werden. [16] Und wer einen Mann raubt – sei es, dass er ihn verkauft, sei es, dass er in seiner Hand gefunden wird, soll unbedingt getötet werden. [17] Und wer seinen Vater und seine Mutter verflucht, soll unbedingt getötet werden.

Syntaktisch besteht Ex 21,12 aus einer Partizipialkonstruktion (מכה איש), einer zugehörigen AK^cons^-Form (ומת) sowie einer eine PK^(J)^-Form enthaltenden *figura etymologica* (מות יומת). Die partizipiale Formulierung deutet eine Einheit von Täter und Tat an[897] und brandmarkt laut Jacob Täter und Tat im Pathos der Entrüstung.[898] Die Vorstellung der Einheit von Täter und Tat spiegelt sich in der syntaktischen Doppelfunktion, welche die Partizipialkonstruktion trägt: Zum einen enthält sie das Subjekt („ein einen Mann Schlagender"), welches zur passiven PK יומת („soll getötet werden") kongruiert. Zum anderen gibt die Partizipialkonstruktion die Handlung der Tat (נכ"י *Hif*) an, welche von der angeschlossenen AK^cons^ ומת („und er stirbt") konkretisiert wird. Die AK^cons^ benennt die unmittelbare Folge der Tat. Damit enthält v.12 drei Ereignisse, die in einem kausallogischen Zusammenhang stehen: Einer schlägt einen Mann (E1) und der geschlagene Mann stirbt (E2). Demzufolge muss der Schlagende getötet werden (E3). In diesem Mikronarrativ vermag vor allem der Tod des Opfers (E2) die Härte der Strafe (E3) zu erklären.[899]

In Bezug auf die angeordnete Todesstrafe fallen deren passive Formulierung sowie deren Verschärfung mittels *figura etymologica* auf. Diese ermöglichen drei Interpretationen, die in der Forschung auch vorgebracht werden: Durch die Lesung „er soll des Todes sterben" wird die Zuschreibung einer individuellen Handlungshoheit und -verantwortung der die Strafe Ausführenden vermieden. Die Lesung „er soll mit dem Tod bestraft werden" betont die Art der Strafe als Todesstrafe und die Lesung „er soll des Todes sein" fokussiert eine deklaratorische Normierung der Todesverfallenheit.[900] Die letztgenannte Deutung erscheint insofern nicht plausibel, als sie die Realität der Tötung von Straftätern missachtet, die entstehungs- und rezeptionsgeschichtlich nicht ausgeblendet werden kann.[901] Die erst- und zweitgenannte Deutung hingegen sind gleichermaßen plausibel und schließen einander nicht aus. In größter Nähe zum hebräischen Text ist die Übersetzung „er soll unbedingt getötet werden" zu favorisieren. Wie und von wem die Todesstrafe ausgeführt wird, scheint hierbei als kulturelles Wissen vorausgesetzt.[902]

V.13 thematisiert den Fall einer unabsichtlichen Tötung. Zur Beschreibung des Tatbestandes präsentiert v.13 zwei zusammengehörige Ereignisse: Der Täter hat dem Opfer nicht aufgelauert (צד"י *Qal*; E1.1), sondern האלהים verursacht das Geschehen ($אנ"י_2$ *Pi*; E1.2).[903] Es handelt sich also nicht wie in v.12 um absichtliches Schlagen, sondern um einen Unglücksfall. Daher bestimmt das Sprecher-Ich

897 Vgl. dazu Schulz, *Todesrecht*, 12.
898 Vgl. Jacob, *Exodus*, 643.
899 Vgl. dazu Jacob, *Exodus*, 643.
900 Vgl. Schnocks, „Todesstrafe (AT)", in: *WiBiLex* (2014), 3.1.
901 Vgl. auch Schnocks, „Todesstrafe (AT)", in: *WiBiLex* (2014), 3.1.
902 Vgl. Propp, *Exodus 19–40*, 204 f.
903 Vgl. dazu Daube, „Causation", 264–269.

einen (Schutz-)Ort (E2), zu dem derjenige, durch dessen Hand (vgl. לידו) die Tat geschehen ist,[904] fliehen soll (E3).

V.14 zeichnet inhaltlich eine Negativfolie zu v.13: Ein Mann handelt vermessen (זי"ד *Hif*; E1.1) und tötet hinterlistig einen anderen (הר"ג *Qal*; E1.2). Dieser Täter hat einen vorsätzlichen Mord begangen.[905] Er ist vom Altar des Sprecher-Ichs zu entfernen (E2),[906] damit er stirbt (E3). In v.13 und v.14 liegt damit ein paralleler Aufbau nach folgendem Schema vor:

Tab. 12: Aufbau des Ereignisgerüsts in Ex 21,13.14.

E1.1 Umstände der Handlung	E2 (keine) Schutzmöglichkeit für Täter
E1.2 Information zum Verursacher der Tat	E3 Folge für den Täter

In Bezug auf die Personen und Ereignisse in v.13 bedeutet dies:

Tab. 13: Ereignisgerüst in Ex 21,13.

E1.1 vermeintlicher Täter, kein Mutwillen	E2 Sprecher-Ich, Schutzmöglichkeit für Täter
E1.2 eigentlicher Verursacher, vom Täter nicht beabsichtigtes Geschehen	E3 vermeintlicher Täter, rettende Flucht

In Bezug auf die Personen und Ereignisse in v.14 bedeutet dies:

Tab. 14: Ereignisgerüst in Ex 21,14.

E1.1 Täter, Mutwillen	E2 angesprochenes Du, keine Schutzmöglichkeit für Täter
E1.2 Täter, vom Täter beabsichtigtes Geschehen	E3 Täter, tödlicher Ausgang (Blutrache)

904 Zur Möglichkeit einer Schuld aus Fahrlässigkeit s. Jacob, *Exodus*, 647.

905 Vgl. auch Jacob, *Exodus*, 648 f.

906 In Bezug auf מעם מזבחי תקחנו ist in v.14b auf der Mikroebene denkbar, dass dem Täter der Zugang zum Opferkult zu verwehren ist. Angesichts der Betonung von מעם מזבחי durch Voranstellung kann hier zudem gemeint sein: „selbst von meinem Altar sollst du ihn wegnehmen".

Damit ergibt sich auf der Mikroebene ein kausallogischer Zusammenhang zwischen dem Handlungsumstand und der tatsächlichen Verursachung der Tat (E1.1; E1.2) einerseits und der Option der Gewährung von Schutz bzw. dessen Verweigerung (E2) sowie der jeweiligen Folge für den Täter (E3) andererseits. Hinsichtlich der Folge für den Täter setzen Ex 21,13 f. binnentextuell anscheinend die Praxis der Blutrache voraus,[907] bei welcher der Tod des Täters als Sühnung für das Blut des Opfers verstanden wird.

In v.15 werden mittels einer Partizipialkonstruktion (s. o.) zwei Ereignisse präsentiert: das Schlagen der Eltern (נכ"י *Hif*; E1) und die Tötung des Schlagenden (E2). Dabei stellt die Tötung des Schlagenden die Grundaussage von v.15 dar. Auffällig ist, dass v.15 trotz seiner inhaltlichen und syntaktischen Nähe zu v.12 keine Explikation der Folge des Schlagens vornimmt. Die Todesstrafe für das Schlagen der Eltern erfährt keine Begründung durch die negativen Folgen des Schlagens für die Eltern, sondern das Schlagen wird als Tatbestand an sich verurteilt. Binnentextuell bezieht sich dieses Gesetz auf die Existenz einer natürlichen Sozialordnung zwischen Eltern und Kindern.[908] Davon ausgehend weist Propp darauf hin, dass das Schlagen der Eltern als „reversal of the natural order“[909] zu betrachten sei, bei der (erwachsene) Kinder ihre Eltern misshandeln, obgleich die herkömmliche Ordnung die Züchtigung der (jungen) Kinder durch ihre Eltern vorsehe.[910]

In syntaktischer und inhaltlicher Parallele zu v.15 liegt in v.17 die Anordnung der Todesstrafe für den seine Eltern Verfluchenden vor. Eine Explikation dessen, was קל"ל *Pi* in v.17 bezeichnet, wird im Text nicht vorgenommen. Auch findet sich, vergleichbar zu v.15, keine Konkretisierung zu den negativen Folgen des Fluchens in Bezug auf die Eltern. Ein Verständnis von קל"ל *Pi* in voller semantischer Breite ist daher hier angebracht: קל"ל *Pi* weist als Antonym von כב"ד *Pi* auf ehrverletzendes Verhalten und schmähliches Behandeln.[911] In dieser Hinsicht bezieht sich auch das Gesetz in v.17 binnentextuell auf den Schutz einer Sozialordnung, in der erwachsene Kinder ihre betagten Eltern nicht verstoßen[912] und zu respektieren haben.

Die Bestimmung in v.16 legt für Menschenraub die Todesstrafe fest. Folgende Ereigniskette lässt sich aus v.16 extrahieren: Der Täter entführt einen freien Mit-

---

907 Vgl. Propp, *Exodus 19–40*, 208 f.
908 Vgl. auch Jacob, *Exodus*, 644.650.
909 Propp, *Exodus 19–40*, 211.
910 Vgl. Propp, *Exodus 19–40*, 211.
911 Vgl. Propp, *Exodus 19–40*, 213; Houtman, *Bundesbuch*, 131.
912 Vgl. dazu Houtman, *Bundesbuch*, 139.

bürger (איש; E1)[913] und verkauft (E2a) oder behält ihn (E2b).[914] Der Täter ist mit dem Tod zu bestrafen (E3). Die Ereignisse E2a und E2b stellen Alternativen für das Vorhaben des Täters mit seinem Opfer dar.[915] Darin zeigen sich verschiedene Facetten des Vergehens auf, welche dessen umfassenden Charakter kennzeichnen. Keine der genannten Handlungen ist zulässig: Ein freier Mann darf nicht entführt und gegen seinen Willen einbehalten oder verkauft werden.

LXX, Sam und Peš:

LXX:

12 Ἐὰν δὲ πατάξῃ τίς τινα, καὶ ἀποθάνῃ, θανάτῳ θανατούσθω· 13 ὁ δὲ οὐχ ἑκών, ἀλλὰ ὁ θεὸς
παρέδωκεν εἰς τὰς χεῖρας αὐτοῦ, δώσω σοι τόπον, οὗ φεύξεται ἐκεῖ ὁ φονεύσας. 14 Ἐὰν δέ
τις ἐπιθῆται τῷ πλησίον ἀποκτεῖναι αὐτὸν δόλῳ, καὶ καταφύγῃ, ἀπὸ τοῦ θυσιαστηρίου μου
λήμψῃ αὐτὸν θανατῶσαι. 15 Ὃς τύπτει πατέρα αὐτοῦ ἢ μητέρα αὐτοῦ, θανάτῳ θανατούσθω.
16 ὁ κακολογῶν πατέρα αὐτοῦ ἢ μητέρα αὐτοῦ θανάτῳ τελευτάτω. 17 Ὃς ἂν κλέψῃ τίς τινα
τῶν υἱῶν Ἰσραήλ, καὶ καταδυναστεύσας αὐτὸν ἀποδῶται, καὶ εὑρεθῇ ἐν αὐτῷ, θανάτῳ τελευτάτω.

12 Wenn aber jemand einen schlägt, und er stirbt, soll er unbedingt getötet werden. 13 Hat
er aber nicht willentlich (gehandelt), sondern hat Gott (ihn) in seine Hände übergeben,
(dann) werde ich dir einen Ort geben, wohin der Totschläger fliehen soll. 14 Wenn aber
jemand den Nächsten angreift, um ihn arglistig zu töten, und er sucht Zuflucht – von
meinem Altar sollst du ihn wegnehmen, um (ihn) zu töten. 15 [Ø] Wer seinen Vater oder
seine Mutter misshandelt, soll unbedingt getötet werden. 16 [17] [Ø] Wer seinen Vater oder
seine Mutter schmäht, soll mit dem Tode enden. 17 [16] [Ø] Wer auch immer einen der
Israeliten raubt und, nachdem er ihn unterdrückt hat, verkauft, und er wird bei ihm gefunden, (der) soll mit dem Tode enden.

Sam:

12 מכה איש ומת מות יומת: 13 ואשר לא צדה והאלהים אנה לידו ושמתי לך מקום אשר ינוס
שמה: 14 וכי יזיד איש על רעהו להרגו בערמה מעם מזבחי תקחנו למות: 15 מכה אביו ואמו
מות יומת: 16 וגנב איש ומכרו ונמצא בידו מות יומת: 17 ומקלל אביו ואמו מות יומת :–

12 Wer einen Mann (so) schlägt, dass er stirbt, soll unbedingt getötet werden. 13 Hat er (ihm)
aber nicht nachgestellt, sondern Gott hat es seiner Hand widerfahren lassen, dann werde
ich dir einen Ort bestimmen, wohin er fliehen soll. 14 Und wenn jemand gegen seinen
Nächsten vermessen handelt, indem er ihn mit Hinterlist tötet – von meinem Altar sollst

913 Vgl. dazu Schulz, *Todesrecht*, 14 f.
914 Vgl. auch Propp, *Exodus 19–40*, 212 f.
915 Vgl. Daube, „Codes and Codas", 95.

du ihn wegnehmen, damit er stirbt. [15] Und wer[916] seinen Vater und seine Mutter schlägt, soll unbedingt getötet werden. [16] Und wer einen Mann raubt – sei es, dass er ihn verkauft, sei es, dass er in seiner Hand gefunden wird, soll unbedingt getötet werden. [17] Und wer seinen Vater und seine Mutter verflucht, soll unbedingt getötet werden.

Peš:

12 ܕܢܡܚܐ ܠܓܒܪܐ ܘܢܡܘܬ ܡܬܩܛܠܘ ܢܬܩܛܠ. 13 ܘܕܠܐ ܟܡܢ ܠܗ ܘܐܠܗܐ ܐܫܠܡܗ ܒܐܝܕܘܗܝ. ܐܥܒܕ ܠܟ ܐܬܪܐ
ܕܢܥܪܘܩ ܠܬܡܢ. 14 ܘܐܢ ܢܡܪܚ ܓܒܪܐ ܥܠ ܚܒܪܗ. ܘܢܩܛܠܝܘܗܝ ܒܢܟܠܐ. ܡܢ ܠܘܬ ܡܕܒܚܝ ܕܒܪܝܗܝ ܠܡܩܛܠܗ.
15 ܕܢܡܚܐ ܠܐܒܘܗܝ ܘܠܐܡܗ ܡܬܩܛܠܘ ܢܬܩܛܠ. 16 ܕܓܢܘܒ ܢܦܫܐ ܘܢܙܒܢܝܗ̇ ܘܬܫܬܟܚ ܒܐܝܕܘܗܝ ܡܬܩܛܠܘ ܢܬܩܛܠ.
17 ܕܢܨܚܐ ܠܐܒܘܗܝ ܘܠܐܡܗ ܡܬܩܛܠܘ ܢܬܩܛܠ.

[12] Wer einen Mann (so) schlägt, dass er stirbt, soll unbedingt getötet werden. [13] Hat er ihm aber nicht aufgelauert, sondern hat Gott ihn in seine Hand ausgeliefert, [Ø] werde ich dir einen Ort bereiten, wohin er fliehen soll. [14] Und wenn ein Mann dreist gegen seinen Nächsten ist und er ihn mit Hinterlist tötet – von meinem Altar sollst du ihn wegnehmen, um ihn zu töten. [15] [Ø] Wer seinen Vater und seine Mutter schlägt, soll unbedingt getötet werden. [16] [Ø] Wer eine Seele raubt – sei es, dass er sie verkauft, sei es, dass sie in seiner Hand gefunden wird, soll unbedingt getötet werden. [17] Und wer seinen Vater und seine Mutter verflucht, soll unbedingt getötet werden.

Auswertung:

Die LXX löst in v.12 die Partizipialkonstruktion des Hebräischen zu einem konditional gefärbten Gefüge auf. Dadurch treten die Ereignisse, die MT partizipial formuliert, in der Gestaltung der Textoberfläche signifikant hervor[917] und die zugrunde liegende Ereigniskette wird deutlich markiert. Als Folge dieser Form der Auflösung der hebräischen Syntax lässt sich die Vorstellung einer Verschmelzung von Täter und Tat in Ex[LXX] 21,12 nicht textlich verifizieren. Sie könnte jedoch in den Relativkonstruktionen in vv.15–17 auch in der LXX Spuren hinterlassen haben.

In v.13 liest die LXX παρέδωκεν εἰς τὰς χεῖρας αὐτοῦ. Diese Übersetzung lässt für die hebräische Vorlage eine der Übereignungsformel (vgl. 23,31) nahestehende Wendung vermuten, welche die Passivität des Täters unterstreicht. Die LXX expliziert hierdurch, dass die Tötung ursächlich auf Gottes Aktivität zurückzuführen ist.

In vv.15–17 findet sich in der LXX im Vergleich zu MT eine Versumstellung: Die thematisch und strukturell zusammengehörenden Vergehen gegenüber den Eltern werden verbunden (vv.15 f.). Ihnen wird die Bestimmung zum Menschen-

916 Die samaritanische Ausspracheradition liest, vergleichbar zu MT, *wmakki*, s. Tal/Florentin, *Pentateuch*, 741.

917 Vgl. Muraoka, *Syntax*, 770.

raub nachgestellt (v.17). Die in vv.15.16 verwendeten Verben τύπτω und κακολογέω bestätigen die für MT herausgestellte fehlende Spezifik in v.15 und die Deutung von קל״ל *Pi* (v.17) in semantischer Breite: Mit τύπτω wählt die LXX in v.15 ein Verb, welches – gegenüber dem erwartbaren πατάσσω (v.12) – neben der Bezeichnung physischer Gewalt auch eine übertragene, generellere Semantik aufweist.[918] Dementsprechend zielt v.15 in der LXX auf eine Untersagung jeglicher, nicht nur physischer, Misshandlung der Eltern. Auch in v.16 nutzt die LXX mit κακολογέω ein Verb, welches in seiner Semantik nicht nur die Handlung des Fluchens, sondern auch generell schlechtes Reden umfasst.[919] Somit hat auch in der LXX jegliche schmähende Rede in Bezug auf die Eltern als ein Verstoß gegen die Sozialordnung zu gelten.

Die *figura etymologica* מות יומת* gibt die LXX in vv.12.15 und vv.16.17 unterschiedlich wieder: Der Gebrauch von θανατόω *med.* (vv.12.15) weist auf die Lesung eines *Hof'al*, die Verwendung von τελευτάω *akt.* (vv.16.17) auf die Deutung als *Qal*. Die semantische Differenz beider Konstruktionen ist minimal.[920] Die Lesung von τελευτάω *akt.* dient im Textraum *Sinaiperikope* der Anbindung an Ex^{LXX} 19,12 (s. 5.3.1.d.LXX).

Konkretionen und im Vergleich zu MT zusätzliche Ereignisse liegen in der LXX in vv.14.17 vor. Mit der Suche nach Zuflucht (καὶ καταφύγῃ) wird in v.14 das Ansinnen des Täters auf Asyl explizit genannt und inhaltlich in der Strafe der Tötung (θανατῶσαι) kontrastiert. In v.17 konkretisiert die LXX die Bestimmung auf die Israeliten hin (τινα τῶν υἱῶν Ἰσραήλ) und fügt das Ereignis der Unterdrückung des Opfers ein (καταδυναστεύσας αυτόν). Damit gleicht sie den Vers an Dtn 24,7 an.[921] Das betreffende Vergehen beschreibt Ex^{LXX} 21,17 nicht mit der Nennung umfassender Handlungsoptionen, sondern mit einer Handlungsabfolge. Diese besteht aus der Entführung (κλέπτω), Unterdrückung (καταδυναστεύω) und dem Verkauf (ἀποδίδωμι) eines freien Israeliten, wobei die Unterdrückung als Form der Bemächtigung synonym zur Entführung oder als Versklavung explikativ zur Entführung gelesen werden kann. Den umfassenden Charakter des Vergehens kennzeichnet die LXX syntaktisch mittels Verallgemeinerung des Relativpronomens (ὃς ἂν κλέψῃ).

Peš gibt in v.16, ebenso in Angleichung an Dtn 24,7,[922] das Objekt der Handlung mit ܢܦܫܐ wieder. Dadurch wird der Kreis möglicher Opfer des Vergehens in Peš gegenüber MT, Sam und LXX auf jegliche Person ausgeweitet. Peš zeigt auf

---

918 Vgl. Muraoka, *Lexicon*, 690.538 f.
919 Vgl. Muraoka, *Lexicon*, 357.
920 S. auch Gurtner, *Exodus*, 389.
921 Vgl. Propp, *Exodus 19–40*, 120.
922 Vgl. Propp, *Exodus 19–40*, 120.

der Mikroebene keine Einschränkung auf einen festgelegten Sozialverband. MT und Sam beziehen sich auf den Sozialverband einer Gesellschaft freier Bürger. Die LXX hingegen fokussiert explizit den israelitischen Sozialverband.

b. Clusterebene: Wechselseitige Begründungsstrukturen im Cluster Ex 21,12–17

Ex 21,12–17 präsentiert eine Gesetzesreihe, deren Bestimmungen mit der Todesstrafe sanktioniert sind.[923] Die Abgrenzung des Clusters stützt sich inhaltlich auf die Übereinstimmung in der Sanktion. Stilistisch und formal legt sie sich aus der in Ex 21,12 einsetzenden partizipialen Formulierung und der מות יומת-Formel nahe. Für MT und Sam ist sie zudem aus der grafischen Absetzung mittels *Parascha setuma* bzw. *Qitza* erkennbar, wobei die Parascheneinteilung des MT in einer Häufung von *Paraschot setumot* eine Tendenz zur Vereinzelung der Bestimmungen in dieser Sinneinheit erkennen lässt.

Propp identifiziert in Anschluss an Cazelles ein „basic principle about the protection of persons“[924] in v.12, welches im weiteren Verlauf des Kapitels variiert werde.[925] Der Schutz von Personen ist ein unmittelbar ansichtig werdendes Anliegen auf der Mikroebene der Gesetze. Auf der Clusterebene gewinnt diese Leitlinie zudem eine Bedeutungserweiterung mit Blick auf den Schutz der Sozialordnung. Die vv.12–14 reflektieren über den Tatbestand der Tötung. Vv.15–17 nehmen Grundbedingungen für einen stabilen Sozialverband aus freien Bürgern in den Blick, welche auf der Clusterebene den Inhalt von vv.12–14 thematisch in ihren Begründungszusammenhang integrieren: Die genannten Tötungsdelikte (vv.12–14) gefährden die Stabilität des Sozialverbandes. Das Prinzip des Schutzes von Personen wird auf der Clusterebene damit in das Ziel der Erhaltung und des Schutzes eines stabilen Sozialverbandes eingegliedert. Der inhaltliche Schwerpunkt des Begründungszusammenhangs der Bestimmungen verlagert sich dabei vom Individual- zum Sozialprinzip.

---

923 Zur Gliederung anhand der angeordneten Strafe s. Houtman, Bundesbuch, 102. Für diese Gliederung spricht auch die formale Abgrenzung von Ex 21,12–17, partizipial formuliert, zu Ex 21,18 f., kasuistisch formuliert, (vgl. auch Schwienhorst-Schönberger, *Bundesbuch*, 25). Osumi, *Kompositionsgeschichte*, 108–116 fasst Ex 21,12–23 thematisch als Bestimmungen über die Tötung zu einer Einheit zusammen.

924 Propp, *Exodus 19–40*, 204.

925 Vgl. Propp, *Exodus 19–40*, 204.

c. Begründungsstrukturen im Textraum *Bundesbuch*

MT:

1. Ex 21,12–17 in Beziehung zu Ex 20,22–26; Ex 23,20–33: Die Asylstätte als Ort von Recht und Gerechtigkeit

Im Textraum *Bundesbuch* bestehen spezifische lexematische und thematische Verbindungen zwischen Ex 21,12–17 und Ex 20,22–26 sowie Ex 23,20–33. Die Textbeziehungen stützen sich insbesondere auf die Altar- bzw. Ortsthematik (מזבח, מקום) und sind als mäßig referentiell und kommunikativ einzuschätzen. Spezifische Sinnanreicherungen erfährt Ex 21,12–17 aus diesen Textbeziehungen durch die Vorstellungen der Präsenz Jhwhs am Ort des Altars (Ex 20,22–26) sowie der Bereitung des Ortes (Ex 23,20–33).

Auf der Ebene des Clusters Ex 21,12–17 ist eine Asylstätte ein von Jhwh festgelegter Ort (v.13), an dem sich ein Jhwh-Altar befindet (v.14). Im Lichte von Ex 20,22–26 und der dort zunächst vorausgesetzten Vielzahl von Kultorten und Altären beschreibt die Schutzstätte in Ex 21,13 f. ein Lokalheiligtum. Der Schutzort am Altar ist als Ort der Anwesenheit Jhwhs eine heilige Stätte (Ex 20,22–26), bei der Gastfreundschaft und Heiligkeit aufeinandertreffen: Am Altar ist Jhwh mit dem Schutz seiner Gäste betraut; gleichwohl lässt sich angesichts der Qualität der Heiligkeit des Ortes und der göttlichen Eigenschaft der Gerechtigkeit (vgl. Ex 23,7) selbst bei einem Altar die Schutzdimension nicht auf einen Mörder beziehen.[926] Dieser ist vom Altar weg- und menschlichen Gerichten zuzuführen.[927] Auf Basis dieser Vorstellungen wird der Altar im Textraum *Bundesbuch* als Ort der Erhaltung von Recht und Gerechtigkeit profiliert (s. 5.1.1.c.MT:4).

Die Bereitung eines Ortes durch Jhwh wird im Textraum *Bundesbuch* inhaltlich sowohl in Ex 21,13 als auch Ex 23,20 ausgesagt. In der Textbeziehung zwischen Ex 21,13 und 23,20 ist auf der Ebene des Bundesbuches eine Möglichkeit zur Entkoppelung der Asylstätte vom Ort des Altars angelegt, da Ex 23,20 vergleichbar zur Mikroebene von Ex 21,13 keine Bindung an den Altar expliziert. Die Entkoppelung von Altar und Zufluchtsort gewinnt im Zusammenhang der Kultzentralisation an Bedeutung und mündet in die Benennung von Asylstädten in Num 35.

2. Ex 21,12–17 in Beziehung zu Ex 21,18–32; 21,33–22,14: Vorrang des Schutzes des Sozialverbands

Im Textraum *Bundesbuch* liegt ein intertextuelles Verhältnis zwischen Ex 21,12–17 und Ex 21,18–32 und Ex 21,33–22,14 vor, welches thematisch auf der Behandlung

926 Vgl. Propp, *Exodus 19–40*, 210.

927 Zum ‚weltlichen' Charakter dieses Bildes vgl. Houtman, *Bundesbuch*, 121.

des Gegenstands der Körperverletzung und des Diebstahls beruht. Die lexematischen Überschneidungen ordnen sich diesen Themen zu (z. B. נכ״י,[928] מו״ת, איש, רע). Die Beziehung der Texte ist von schwach bis mäßiger Kommunikativität und Referentialität.

Im intertextuellen Verhältnis von Ex 21,12–17 und 21,18–32 besteht hinsichtlich der Thematik der Körperverletzung eine Spannung zwischen der Bestrafung des Schlagens von Eltern mit dem Tod (Ex 21,15) und der Bestrafung körperlicher Verletzungen nach dem Talionsrecht (Ex 21,23–25). Zur Erhellung dieser Diskrepanz ist entscheidend, wer die jeweiligen Opfer der Tat sind: gleichrangige Mitbürger oder niederrangige Mitglieder der Gesellschaft. In Ex 21,12.16 werden die Opfer als איש bezeichnet. Dies ist ebenfalls in Ex 21,18.22.28.29 der Fall. Schulz identifiziert den איש definitionsgemäß innerhalb des Bundesbuches mit dem freien israelitischen Vollbürger, sodass kein Abhängigkeitsverhältnis, sondern eine Gleichrangigkeit zwischen Täter und Opfer vorausgesetzt ist.[929] Trifft Schulz' These zu, so lägen weibliche Opfer nicht im Blickfeld der Bestimmungen zum איש.[930] Die explizite Erwähnung der אשה in Ex 21,28.29 kann diese Annahme zusätzlich belegen.

Von dem mittels איש ausgedrückten, gleichrangigen Verhältnis von Täter und Opfer sind Konstellationen zu unterscheiden, in denen ein Abhängigkeitsverhältnis zwischen beiden besteht. Dies ist z. B. der Fall bei der Schädigung von Sklaven (Ex 21,20.26), die innerhalb der Sozialordnung vorrangig unter die Kategorie des Eigentums fallen (s. 5.3.2.a), und bei der Schädigung von Eltern (Ex 21,15), die innerhalb der Sozialordnung eine ihren Kindern vorgeordnete Position einnehmen (s. o.).

Aus der Betrachtung des Verhältnisses von Täter und Opfer innerhalb der Gesellschaftsordnung wird deutlich, dass Vergehen gegen die Eltern als Vergehen gegen die Hierarchie des Sozialverbandes zu werten und daher der מות יומת-Strafe unterstellt sind (Ex 21,15) – und zwar unabhängig vom tatsächlichen körperlichen Schaden der Opfer. Vergehen gegenüber gleich- oder niederrangigen Mitgliedern des Sozialverbandes stellen – abgesehen von der Tötung freier Mit-

928 Zur Funktion von נכ״י zur Anbindung an Ex 21,18–32 s. auch Osumi, *Kompositionsgeschichte*, 110.

929 Vgl. Schulz, *Todesrecht*, 14 f. Houtman versteht in Ex 21,12 unter איש einen männlichen Geschädigten (vgl. Houtman, *Bundesbuch*, 105). Auch Propp sieht eine Fokussierung auf ein männliches Opfer der Tat, womit Frauen aber nicht von der Vorschrift ausgeschlossen seien (vgl. Propp, *Exodus 19–40*, 204).

930 Schwienhorst-Schönberger diskutiert die Frage nach dem איש in Ex 21,12.16 in Bezug auf dessen Zugehörigkeit zum engeren Verwandtschaftskreis und stellt im Anschluss an Schulz heraus, dass eine Eingrenzung auf Familienangehörige nicht angemessen sei (vgl. Schwienhorst-Schönberger, *Bundesbuch*, 220–222).

bürger (vgl. Ex 21,12) – die Ordnung der Gesellschaft nicht infrage und sind im Strafmaß auf gleichwertige Vergeltung bzw. Ersatzleistungen ausgerichtet (z. B. Ex 21,23–25.26). Im Gegenüber der Strafmaße von Ex 21,12–17 und Ex 21,18–32 kristallisiert sich somit eine Vorordnung des Schutzes des Sozialverbandes vor den Schutz der Interessen einzelner Bürger (s. 5.3.2.c.MT:2) heraus, die durch die Voranstellung des Cluster Ex 21,12–17 vor Ex 21,18–32 im Textraum *Bundesbuch* zudem kompositionell umgesetzt ist.

Des Weiteren beschreiben Ex 21,16 und Ex 21,37; 22,3 im Textraum *Bundesbuch* jeweils Situationen von Diebstahl samt vergleichbarer Optionen zum Verbleib von Gestohlenem. Die drei Bestimmungen setzen unterschiedliche Strafen fest: Ex 21,16 sieht für Menschendiebstahl die Todesstrafe vor. In Bezug auf gestohlenes Vieh ordnet Ex 21,37 angesichts der unwiederbringlichen Veräußerung oder Schlachtung des Viehs eine vervielfachte Erstattung des Gestohlenen an. Ex 22,3 sieht im Vergleich zu Ex 21,37 unter Voraussetzung der Möglichkeit zur Rückgabe des Gestohlenen eine Strafmilderung vor. Die in Ex 21,16 vorgestellte Szenerie impliziert im Falle des Verbleibs des Opfers beim Täter (ונמצא בידו) eine Möglichkeit zur Rückkehr des Opfers.[931] Dennoch räumt das Gesetz keinerlei Option zur Strafmilderung ein. Auf diese Weise stellt sich in der Gegenüberstellung der Strafmaße für Menschen- und Eigentumsdiebstahl im Verhältnis zwischen Ex 21,12–17 und Ex 21,33–22,14 der Vorrang des Schutzes des Sozialverbandes vor dem Schutz von Eigentum heraus.

3. Ex 21,12–17 in Beziehung zu Ex 22,17–19 und zur Querverbindung mit אלהים: Die Stabilität des Sozialverbands in der exklusiven Bindung an Jhwh

Das Strafmaß der Todesstrafe verbindet Ex 21,12–17 und Ex 22,17–19.[932] Die Überschneidung anhand der מות יומת-Formel und die partizipiale Formulierung stellen im Textraum *Bundesbuch* einen spezifischen Bezug zwischen Ex 21,12–17 und Ex 22,17–19 her. Das Verhältnis beider Texte ist schwach bis mäßig kommunikativ und referentiell.

Ex 21,12–17 definiert auf der Clusterebene bestimmte Vergehen gegen bestimmte Personen der Gesellschaft als Vergehen gegen den Sozialverband. Die in Ex 22,17–19 sanktionierten Vergehen beziehen sich auf Kräfte (22,17) und Praktiken (22,18 f.), die zur Destabilisierung der Gesellschaft beitragen und somit ebenso als Vergehen gegen den Sozialverband zu werten sind. Ex 21,12–17 und 22,17–19 ergänzen einander inhaltlich und beziehen sich auf das Ideal der umfassenden Sicherung einer stabilen Gesellschaft.

---

931 Zur Korrelation von Ex 21,16 und Ex 22,3 anhand von מצ"א ביד s. auch Jacob, *Exodus*, 650.
932 Otto sieht daher eine kompositionelle Klammer in der Darstellung todeswürdiger Vergehen in Ex 21,12–17 und 22,17–19 (vgl. Otto, *Rechtsbegründungen*, 9 f.).

Die determinierte Verwendung von אלהים in Ex 21,13 (והאלהים) grenzt sich im Verhältnis zu Ex 22,19 von der dortigen Verwendung von אלהים ab und korreliert mit der Nennung Jhwhs.[933] Für Ex 21,13 bedeutet die Gleichsetzung von האלהים und יהוה, dass der vermeintliche Täter (Ex 21,13) nicht Spielball anderer Götter oder Mächte,[934] sondern dem Agieren Jhwhs unterworfen ist. Auch das Vorkommen von Unglücksfällen ist somit in das Konzept des exklusiven Verhältnisses zwischen Jhwh und Israel integriert.

LXX, Sam und Peš:
In LXX, Sam und Peš zeichnen sich auf Basis lexematischer und thematischer Verknüpfungen für das Cluster Ex 21,12–17 die bereits für MT analysierten Textbeziehungen innerhalb des Bundesbuches ab. Bedeutende Differenzen ergeben sich dabei vor allem im Sam: Sam weist das Stichwort נכ"י auch in Ex^{Sam} 21,28.29.31.32.36 auf und liest in Ex^{Sam} 21,20 f. ebenso מות יומת. Die Textbeziehung zwischen Ex^{Sam} 21,12–17 und 21,18–32 ist damit deutlicher markiert als im MT. Insbesondere die Verwendung von נכ"י intensiviert die Gegenüberstellung der Strafmaße beider Cluster. Im Zuge der Verstärkung der Beziehung zwischen Ex^{Sam} 21,12–17 und 21,18–32 lenkt Sam den Fokus auf die sich zwischen beiden Texten herauskristallisierende Vorordnung des Sozialverbands vor das Individuum.

Zudem bezeugt Ex^{Sam} 21,20 die מות יומת-Sanktionierung für das Schlagen eines Sklaven mit Todesfolge. Hierbei betrachtet Sam den Sklaven offenbar weniger in seiner Stellung als Eigentum, sondern vielmehr in seiner Qualität als Person und Teil der Gesellschaft. Dementsprechend wird – vergleichbar zu 21,12 – Körperverletzung mit Todesfolge auch in Bezug auf Sklaven mit dem Tod bestraft. Dies steht nicht notwendigerweise im Widerspruch zur Vorordnung des Sozialverbandes vor den Schutz des Individuums. Im Gegenteil: Sam expliziert darin, dass auch ein untergeordnetes Glied des Sozialverbandes sowohl in seiner Funktion für die Gesellschaft als auch in seiner Verfasstheit als Person schutzwürdig ist.

Zur Frage nach dem Altar an der Asylstätte (21,14) und dem Ort des Asyls ist im Sam auf die bereits im Textraum *Bundesbuch* erkennbare Eingrenzung auf *einen* Kultort zu verweisen (s. 5.1.1.c.Sam; 5.2.2.c.Sam). Die Möglichkeit einer Entkoppelung des Schutzortes vom Ort des Altars ist angesichts der starken Fokussierung auf den *einen* Kultort im Textraum *Bundesbuch* des Sam nicht gegeben.

---

933 Da Ex^{Sam} 22,19 verkürzt ohne בלתי ליהוה לבדו liest, realisiert sich die Zuordnung zwischen האלהים (21,13) und Jhwh im Sam generell auf der Ebene des Bundesbuches über die Verknüpfung von יהוה und אלהים.
934 Vgl. Jacob, *Exodus*, 646.

d. Begründungsstrukturen im Textraum *Sinaiperikope*

MT:

1. Ex 21,12–17 in Beziehung zu Ex 20,1–17: Explikation und Schärfung binnentextueller Begründungszusammenhänge

Im Textraum *Sinaiperikope* liegen zwischen Ex 21,12–17 und dem Dekalog vergleichsweise wenige lexematische Berührungen, z. B. anhand von אם, אב, אלהים, גנ"ב, vor. Die thematische und inhaltliche Übereinstimmung beider Texte im Verbot des Tötens und Stehlens sowie im Gebot des Ehrens der Eltern liegt jedoch offen zutage.[935] Die Beziehung beider Texte gestaltet sich damit in ihrer lexematischen Markierung schwach kommunikativ und in ihrem thematischen Bezug stark referentiell.

Das Gebot des Ehrens der Eltern in Ex 20,12 stellt die positive Formulierung zu Ex 21,17 dar. Die beiden Bestimmungen sind im Gebrauch der Antonyme כב"ד *Pi* (20,12) und קל"ל *Pi* (21,17) aufeinander bezogen. Der ehrende Umgang mit den (betagten) Eltern, deren Produktivität mit zunehmendem Alter abnimmt,[936] wird in Ex 20,12 als Voraussetzung für ein langes Leben im Land begründet. Die Befolgung dieser Forderung geschieht in Ex 20,12 explizit zum eigenen Wohl der Adressaten. Das Clusters Ex 21,12–17 unterstellt den ehrenden Umgang mit den (betagten) Eltern binnentextuell der Erhaltung der gesellschaftlichen Ordnung und Stabilität. In der Textbeziehung zwischen Ex 20,12 und Ex 21,15.17 ist eine Zusammenführung der beiden Begründungen möglich: Die Anerkennung der Sozialordnung stabilisiert die Gesellschaft und schafft die Voraussetzungen für das persönliche Wohlergehen des Einzelnen. Diese Argumentation scheint Ex 20,12 bereits vorauszusetzen. Für Ex 21,15.17 stellt die Ausrichtung auf das persönliche Wohl der Adressaten, wie sie in Ex 20,12 formuliert ist, eine Explikation und motivationsdienliche Zuspitzung der binnentextuellen Begründung dar.

Innerhalb des Dekalogs wird das Tötungsverbot zwischen Prohibitiven zum Schutz der Familie und zum Schutz des Nächsten präsentiert.[937] Auf Basis dieser Anordnung des Stoffes richtet sich Ex 20,13 nicht gegen z. B. Kriegstötungen oder die Ausführung der Todesstrafe, sondern verbietet Mord, der das gemeinschaftliche Zusammenleben unterminiert.[938] In ähnlicher Weise stellt sich das Verbot des Stehlens in Ex 20,15 kompositionell und im Gegenüber zu Ex 20,17 als Verbot von

935 Die Beziehung zwischen Ex 21,12–17 und Ex 20,13–15 untersucht ferner Schulz, *Todesrecht*, 6–39.

936 Vgl. Houtman, *Bundesbuch*, 131.

937 Vgl. Schulz, *Todesrecht*, 8.15.

938 Vgl. Houtman, *Bundesbuch*, 109.

Menschendiebstahl dar.[939] Sowohl das Tötungs- als auch das Menschendiebstahlverbot in Ex 20,13.15 dienen damit dem Schutz der Gemeinschaft. Darin stimmen Ex 20,13.15 mit der Leitlinie des Textclusters Ex 21,12–17 überein, sodass sich die Fokussierung des Clusters auf die Erhaltung und den Schutz des Sozialverbandes in der Textbeziehung von Ex 21,12–17 zum Dekalog schärft.

2. Ex 21,12–17 in Beziehung zu Lev 24,15b–22: Theologisierung des Begründungszusammenhangs der Gesetze durch Vorordnung Jhwhs

Zwischen Ex 21,12–17 und Lev 24,15b–22 besteht im Textraum *Sinaiperikope* eine schwach bis mäßig kommunikative und referentielle Textbeziehung auf Basis der Thematik des (Tot-)Schlagens (נכ"י) und der Todesstrafe (מות יומת). Ausgehend von einer kurzen Erzählung zu einem Vorkommnis von Blasphemie werden in Lev 24,15b–22 Grundsätze des Rechts und der Rechtsprechung entfaltet.[940] Diese beinhalten das Verbot von Blasphemie (vv.15b f.), das Verbot von Totschlag (v.17) sowie Erstattungs- und Talionsregelungen samt Verweis auf den Geltungsbereich dieser Grundsätze (vv.18–22). Dabei wird der Fall von Blasphemie in Lev 24,10–15a Anlass zur Mitteilung des Blasphemie-Verbots und daran anschließend aller weiteren Bestimmungen in Lev 24,15b–22. Ausgehend von der Darlegung des Blasphemie-Verbots ist die Anerkennung Jhwhs den Gesetzen in Lev 24,17–22 vorgeordnet:[941] Die Achtung des Sozialverbandes, auf welche sich die Gesetze in Lev 24,17.18–22 beziehen, geht aus der Anerkennung Jhwhs hervor. Das in Ex 21,12–17 verfolgte Prinzip der Erhaltung der Sozialordnung lässt sich im Lichte von Lev 24,15b–22 in die Anerkennung Jhwhs integrieren. Dadurch wird die Begründungsbasis von Ex 21,12–17 in der Textbeziehung zu Lev 24,15b–22 theologisiert. (Zur Ablösung der Vorstellung der Blutrache s. 5.3.2.d.MT:2)

3. Ex 21,12–17 in Beziehung zur Verwendung der מות יומת-Formel im Textraum *Sinaiperikope*: Die Erhaltung des Sozialverbands der Jhwh-Treuen

Im Textraum *Sinaiperikope* ist die מות יומת-Formel im Zusammenhang von Bestimmungen überliefert, die kultisch-religiöse und soziale Strukturen schützen. Dem

---

939 Vgl. Schulz, *Todesrecht*, 37.

940 Zu Lev 24,10–23 als *oracular novella* s. Chavel, *Oracular Law*, 15.23–92.

941 Lev 24,15 f. bezeichnet die Gottheit(en) mit einer suffigierten Form von אלהים und יהוה. Davon ausgehend erwägt Fishbane im Zusammenhang von Lev 24,15 f. eine Unterscheidung der Blasphemie von Nicht-Israeliten in Bezug auf deren Gottheit(en) von der Blasphemie in Bezug auf Jhwh. Dementsprechend gehöre die Verhandlung der Lästerung fremder Gottheit(en) durch Nicht-Israeliten nicht in den Verfügungsbereich des israelitischen Rechts (v.15). Eine Blasphemie bezüglich Jhwh (v.16) hingegen sei in jedem Fall strikt zu ahnden (vgl. Fishbane, *Interpretation*, 101). Damit würde die uneingeschränkte Anerkennung Jhwhs und seines Macht- und Wirkungsbereichs im Volk Israel – auch für Nicht-Israeliten – zum zentralen Anliegen von Lev 24,15 f.

sozialen Bereich sind vorrangig die Verbote zum Verfluchen der Eltern (Lev 20,9), zu sexuellen Vergehen (Lev 20,10–13) und sexueller Vergemeinschaftung mit Tieren (Lev 20,15 f.) sowie zu vorsätzlichem Totschlag (Lev 24,17) zuzuordnen. Bei einen Teil der Bestimmungen überschneiden sich der Schutz der Kult- und der der Sozialordnung: So beziehen sich z. B. die Einhaltung des Sabbats (Ex 31,14.15), das Verbot der Gabe von Kindern an den Moloch (Lev 20,2), das Verbot der Blasphemie (Lev 24,16) sowie Nekromantie und Wahrsagerei (Lev 20,27) und der Umgang mit Gebanntem (Lev 27,29) sowohl auf kultische als auch auf soziale Gegebenheiten. Im Zusammenhang der Sinai-Theophanie wird in Ex 19,12 zudem die Berührung des Berges zum Schutz des abgegrenzten heiligen Bereiches mit der מות יומת-Strafe belegt.

Die מות יומת-Formel kreiert damit im Textraum *Sinaiperikope* eine synchrone Achse, anhand derer sich in der Verflechtung kultisch-religiöser und sozialer Verbote eine theologische und ideologische Profilierung der Grundstrukturen der Gesellschaft abzeichnet: Die mit der מות יומת-Formel gestraften Vergehen beschreiben Vorkommnisse der Desintegration in die Jhwh-Gemeinschaft. Die entsprechenden Bestimmungen des Clusters Ex 21,12–17 dienen vor diesem Hintergrund dem Erhalt des Sozialverbandes der Jhwh-Treuen.

LXX, Sam und Peš:

LXX, Sam und Peš weisen für das vorliegende Cluster im Textraum *Sinaiperikope* die bereits für MT dargestellten Textbeziehungen auf. Im Sam bestehen anhand der Altarthematik (מזבח: Ex^{Sam} 20,17a–h) zusätzliche Verbindungen zwischen Ex^{Sam} 21,12–17 und dem Dekalog. Diese ermöglichen eine Konkretisierung des Schutzortes, an dem sich der Altar befindet (21,13 f.), auf den Garizim hin.

Im Verhältnis zu Lev 24,15b–22 zeigen sich für das vorliegende Cluster in der LXX und Peš terminologische Differenzierungen und Konkretisierungen: So wählt Lev^{LXX} 24,15 zur Bezeichnung des vorliegenden Falls der Blasphemie das Verb καταράομαι, welches spezifischer als κακολογέω auf eine Handlung des Fluchens verweist,[942] und stellt anschließend in v.16 die Nennung des Gottesnamens (ὀνομάζων δὲ τὸ ὄνομα κυρίου) unter Todesstrafe durch Steinigung. Im Zusammenhang von Lev^{LXX} 24,15–22 profiliert die LXX damit die absolute Vorordnung Jhwhs im Sinne einer Voraussetzung für die in den anschließend entfalteten Gesetzen geforderte Achtung des Sozialverbandes.

Ferner konkretisieren Lev$^{LXX/Peš}$ 24,17 anhand von καὶ ἀποθάνῃ/ܘܢܡܘܬ die verbotene Handlung zu einem Akt der Tötung (ܩܛܠ) und weisen damit wahr-

942 Vgl. Muraoka, *Lexicon*, 381 im Unterschied zu κακολογέω, s. Muraoka, *Lexicon*, 357.

scheinlich eine Angleichung an Ex$^{LXX/Peš}$ 21,12 auf.[943] Mit der Einfügung von καὶ ἀποθάνῃ/ܘܢܡܘܬ markieren LXX und Peš die Textbeziehung zwischen Ex 21,12–17 und Lev 24,15–22 deutlicher als MT und Sam und geben textempirisch Evidenz für die Wahrnehmung der Intertextualität beider Texte.

Für die מות יומת-Formel bezeugt die LXX innerhalb der Sinaiperikope unterschiedliche Äquivalente. Mit θανάτῳ τελευτήσει weicht Ex^{LXX} 19,12 von der ansonsten überwiegenden Form θανάτῳ θανατούσθω ab. Ex^{LXX} 19,12 stimmt darin mit der Sanktion in Ex^{LXX} 21,17 überein. Auf diese Weise wird das Verbot des Menschendiebstahls in der LXX explizit an die Erzählung der Sinai-Theophanie gebunden und vor diesem Hintergrund als Antasten des geheiligten Bereichs und Tabu begründet.

e. Begründungsstrukturen im Textraum *Exodusbuch*

MT:

Im Textraum *Exodusbuch* besteht für das Cluster Ex 21,12–17 eine spezifische Beziehung zu Ex 2,11–15. Dabei liegt in der Thematik des Totschlags eine starke thematische Verbindung zwischen beiden Texten vor, die sich ebenso in lexematischen Verbindungen, z. B. איש, נכ״י, רע und הר״ג, abzeichnet. Die Textbeziehung gestaltet sich somit mäßig kommunikativ sowie stark referentiell und selektiv.

Die Erzählung über den Totschlag des Ägypters durch Mose in Ex 2,11–15 stellt Moses Zugehörigkeit und Loyalität zum Volk Israel anlässlich der Misshandlung eines Hebräers (Ex 2,11) dar. Im Aufriss der Erzählung bestehen zwei Probleme, die eine Beurteilung des Totschlags, den Mose begeht, erschweren: 1. In der Erzählung wird nicht explizit klar, ob der Ägypter den Hebräer schlug oder erschlug.[944] Und 2. steht Mose mit seiner doppelten Identität als offizieller Ägypter (Ex 2,10 f.), *de facto* aber Hebräer (Ex 2,6) zwischen den Fronten der involvierten Parteien.

Denkbar ist der Fall, dass die tödliche Misshandlung des Hebräers vorliegt. Hierbei wirkt der Totschlag durch Mose in der Erzählung wie eine Rache für den Hebräer an dem Ägypter (vgl. Ex 21,20). Die Vorstellung der Blutrache kann insbesondere im Zusammenklang mit Ex 21,12–17 für Ex 2 aktiviert werden. Da Mose nicht nur wegen der hierarchischen Gegebenheiten, sondern auch wegen seiner offiziellen Zugehörigkeit zu den Ägyptern (Ex 2,10 f.) wohl kaum zur Rache des Hebräers befugt ist, begeht er den rächenden Totschlag heimlich (Ex 2,12) und

---

943 Vgl. Vahrenhorst, „Levitikon", 415. MT beinhaltet den Aspekt des Totschlagens in Lev 24,17 bereits in der Wendung נכ״י נפש (vgl. Vahrenhorst, „Levitikon", 415; Chavel, *Oracular Law*, 24 Anm. 9).

944 Vgl. Jacob, *Exodus*, 33.

flieht, als alles bekannt wird. Vor dem Hintergrund der Vorstellung der Blutrache (s. Ex 21,12–17) zeichnet Ex 2 im Wissen um die wahre, hebräische Identität des Mose (Ex 2,6) ein Bild, in dem der (verkannte) Bluträcher aus Angst flieht.

Es ist allerdings auch denkbar, dass der misshandelte Hebräer nicht zu Tode gekommen ist. Eine ausdrückliche Erwähnung zum Tod des Hebräers fehlt. Hierbei stellt sich der Totschlag des Ägypters durch Mose als eine überschießende Reaktion dar,[945] die Moses Mitgefühl und Verbundenheit zu seinen eigentlichen Volksgenossen stark hervorhebt (Ex 2,11). Diese Zugehörigkeit ist den Hebräern in Ex 2,13 f. verborgen – nicht aber Pharao. Aus Pharaos Sicht hat Mose nicht nur einen Ägypter getötet, dessen Tod ggf. zu rächen wäre, sondern sich zudem mit den Hebräern solidarisiert. Mose ist in den Augen Pharaos daher umzubringen (Ex 2,15) und seine hebräische Identität wird durch die Flucht offenbar.

In beiden denkbaren Fällen wird der Totschlag durch Mose in der Situation von Ex 2 nicht als Vergehen an sich, sondern vorrangig aufgrund der Doppel-Identität des Mose zum Problem, denn sowohl für den Fall der Blutrache für den Hebräer als auch für den der überschießenden Reaktion auf dessen Misshandlung positioniert sich Mose durch diese Tat klar aufseiten der Hebräer und soll konsequenterweise getötet werden.

Der Totschlag des Ägypters durch Mose erfährt innerhalb des Textes keine Problematisierung. Im Gegenteil: Für den Fortgang der Exoduserzählung fungiert das Ereignis des Totschlags durch Mose als *kernel*: Es ist für die Erzählung notwendig, weil es die Flucht nach Midian motiviert und so die Voraussetzung für die Offenbarung im brennenden Dornbusch in Ex 3 schafft. Abgesehen von der zentralen Funktion des genannten Ereignisses im narrativen Aufriss wird diese Tat einem Helden der Erzählung zugeschrieben. In der Textbeziehung mit Ex 21,12–17 erwächst daraus eine Spannung in der Frage, ob es Fälle legitimen Totschlags geben kann?[946] Zur Beantwortung dieser Frage sind die jeweiligen Begründungszusammenhänge der Thematik des Totschlags heranzuziehen: Ex 21,12–17 verbietet Totschlag als Vergehen gegen diejenige Gemeinschaft, die in den Texträumen *Bundes-*

---

945 Vgl. Jacob, *Exodus*, 33.

946 Über die in der vorliegenden Arbeit betrachteten Texträume hinaus sei auf die Erzählung vom Verkauf Josefs nach Ägypten (Gen 37) verwiesen, welche einen Fall von Menschendiebstahl und -verkauf berichtet und Ex 21,16 kontrastiert. Auch das Ereignis des Verkaufs fungiert erzähltheoretisch als *kernel*: Es eröffnet die Möglichkeit zum Fortgang der Erzählung in Ägypten. Innerhalb der Erzählung von Gen 37 wird die Tat des Verkaufs Josefs problematisiert und negativ gewertet (Gen 37,20–29). Im Verlauf der Erzählung wird dieses Ereignis jedoch zur Voraussetzung zum Erhalt der Söhne Jakobs in der Hungersnot umgedeutet (Gen 45,5) und zum Erweis der förderlichen und mächtigen Führung Jhwhs instrumentalisiert (Gen 50,20). Vergleichbar zu Ex 2 und Ex 21,12 liegt hier ein Verstoß gegen den Inhalt von Ex 21,16 vor, der unter dem Ideal eines höheren Zieles, nämlich der langfristigen Erhaltung des Volkes, akzeptiert wird.

buch und *Sinaiperikope* mit dem Volk Israel identifiziert wird. Der Totschlag, den Mose in Ex 2 begeht, drückt dessen (verborgene) Zugehörigkeit zu dieser Gemeinschaft aus und ist eine Folge der Absicht des Schutzes des Volkes Israel. Unter dieser Leitlinie ist die Tat des Mose inhaltlich mit Ex 21,12–17 vereinbar. Entsprechend bestätigt und schärft die Erzählung in Ex 2,11–15 im Verhältnis zu Ex 21,12–17 das Prinzip des Schutzes und Erhalts der Sozialgemeinschaft der Israeliten.

LXX, Sam und Peš:
Auch LXX, Sam und Peš zeigen im Textraum *Exodusbuch* die im MT analysierten Verbindungen zu Ex 2. Insbesondere LXX und Peš erlauben dabei mittels terminologischer Differenzierung Rückschlüsse auf die der Tat des Mose vorausgehende Misshandlung des Hebräers: So unterscheidet Ex^{LXX} 2,11–15 ebenso wie das Cluster Ex^{LXX} 21,12–17 zwischen τύπτω und πατάσσω. Die Misshandlung des Hebräers wird mit dem generellen τύπτω beschrieben, der Totschlag des Ägypters mit πατάσσω. Diese Differenzierung legt nahe, dass der Hebräer *nicht* zu Tode gekommen ist.[947] Einen vergleichbaren Befund zeigt Peš: Mit ܩܛܠ wird in Ex^{Peš} 2,12 die Tötung des Ägypters durch Mose explizit genannt. Das Vergehen gegenüber dem Hebräer wird allerdings mit ܡܚܐ bezeichnet (vgl. 2,13). Da Peš im Sinne zunehmender Textexplikation – vergleichbar zur LXX – dazu neigt, die Todesfolge einer Misshandlung ausdrücklich zu benennen (s. 5.3.1.d.LXX/Peš, s. Ex^{Peš} 2,12), ist auch hier nicht von einer Tötung des Hebräers auszugehen.

In der Manifestation dieses Textverständnisses profilieren LXX und Peš Mose als loyales Mitglied des Volkes Israel. Die Tötung des Ägypters geschieht auf der Grundlage von Moses Verbundenheit mit seinem Volk und ist mit dem Prinzip des Schutzes der Sozialgemeinschaft der Israeliten vereinbar.

5.3.2 Das Textcluster Ex 21,18–32

a. Mikroebene: Begründungsstrukturen innerhalb der Einzelgesetze Ex 21,18–32 – Gesetze für Fälle von Körperverletzung

MT:

18 וְכִֽי־יְרִיבֻ֣ן אֲנָשִׁ֔ים וְהִכָּה־אִישׁ֙ אֶת־רֵעֵ֔הוּ בְּאֶ֖בֶן א֣וֹ בְאֶגְרֹ֑ף וְלֹ֥א יָמ֖וּת וְנָפַ֥ל לְמִשְׁכָּֽב׃ 19 אִם־יָק֞וּם
וְהִתְהַלֵּ֥ךְ בַּח֛וּץ עַל־מִשְׁעַנְתּ֖וֹ וְנִקָּ֣ה הַמַּכֶּ֑ה רַ֥ק שִׁבְתּ֛וֹ יִתֵּ֖ן וְרַפֹּ֥א יְרַפֵּֽא׃ ס 20 וְכִֽי־יַכֶּה֩ אִ֨ישׁ אֶת־עַבְדּ֜וֹ
א֤וֹ אֶת־אֲמָתוֹ֙ בַּשֵּׁ֔בֶט וּמֵ֖ת תַּ֣חַת יָד֑וֹ נָקֹ֖ם יִנָּקֵֽם׃ 21 אַ֥ךְ אִם־י֛וֹם א֥וֹ יוֹמַ֖יִם יַעֲמֹ֑ד לֹ֣א יֻקַּ֔ם כִּ֥י כַסְפּ֖וֹ
הֽוּא׃ ס 22 וְכִֽי־יִנָּצ֣וּ אֲנָשִׁ֗ים וְנָ֨גְפ֜וּ אִשָּׁ֤ה הָרָה֙ וְיָצְא֣וּ יְלָדֶ֔יהָ וְלֹ֥א יִהְיֶ֖ה אָס֑וֹן עָנ֣וֹשׁ יֵעָנֵ֗שׁ כַּֽאֲשֶׁ֨ר

947 S. auch die Verwendung von τύπτω in Ex^{LXX} 2,13 für eine nicht tödliche Misshandlung.

יָשִׁית עָלָיו בַּעַל הָאִשָּׁה וְנָתַן בִּפְלִלִים׃ 23 וְאִם־אָסוֹן יִהְיֶה וְנָתַתָּה נֶפֶשׁ תַּחַת נָפֶשׁ׃ 24 עַיִן תַּחַת
עַיִן שֵׁן תַּחַת שֵׁן יָד תַּחַת יָד רֶגֶל תַּחַת רָגֶל׃ 25 כְּוִיָּה תַּחַת כְּוִיָּה פֶּצַע תַּחַת פָּצַע חַבּוּרָה תַּחַת
חַבּוּרָה׃ ס 26 וְכִי־יַכֶּה אִישׁ אֶת־עֵין עַבְדּוֹ אוֹ־אֶת־עֵין אֲמָתוֹ וְשִׁחֲתָהּ לַחָפְשִׁי יְשַׁלְּחֶנּוּ תַּחַת עֵינוֹ׃
ס 27 וְאִם־שֵׁן עַבְדּוֹ אוֹ־שֵׁן אֲמָתוֹ יַפִּיל לַחָפְשִׁי יְשַׁלְּחֶנּוּ תַּחַת שִׁנּוֹ׃ פ
28 וְכִי־יִגַּח שׁוֹר אֶת־אִישׁ אוֹ אֶת־אִשָּׁה וָמֵת סָקוֹל יִסָּקֵל הַשּׁוֹר וְלֹא יֵאָכֵל אֶת־בְּשָׂרוֹ וּבַעַל הַשּׁוֹר
נָקִי׃ 29 וְאִם שׁוֹר נַגָּח הוּא מִתְּמֹל שִׁלְשֹׁם וְהוּעַד בִּבְעָלָיו וְלֹא יִשְׁמְרֶנּוּ וְהֵמִית אִישׁ אוֹ אִשָּׁה
הַשּׁוֹר יִסָּקֵל וְגַם־בְּעָלָיו יוּמָת׃ 30 אִם־כֹּפֶר יוּשַׁת עָלָיו וְנָתַן פִּדְיֹן נַפְשׁוֹ כְּכֹל אֲשֶׁר־יוּשַׁת עָלָיו׃
31 אוֹ־בֵן יִגָּח אוֹ־בַת יִגָּח כַּמִּשְׁפָּט הַזֶּה יֵעָשֶׂה לּוֹ׃ 32 אִם־עֶבֶד יִגַּח הַשּׁוֹר אוֹ אָמָה כֶּסֶף ׀ שְׁלֹשִׁים
שְׁקָלִים יִתֵּן לַאדֹנָיו וְהַשּׁוֹר יִסָּקֵל׃ ס

18 Und wenn Männer (sich) streiten und ein Mann seinen Nächsten mit einem Stein oder mit einer Faust schlägt, dass er nicht stirbt, aber bettlägerig wird, – 19 wenn er aufsteht und draußen an seinem Stab umhergeht, dann soll der Schläger frei sein. Nur soll er ihm (Entschädigung) geben (für) sein Daheimsitzen und ihn gewiss heilen. 20 Und wenn ein Mann seinen Sklaven oder seine Sklavin mit dem Stock schlägt, dass er unter seiner Hand stirbt, (dann) soll er unbedingt gerächt werden. 21 Doch wenn er einen Tag oder zwei Tage am Leben bleibt, soll er nicht gerächt werden, denn er ist sein Geld. 22 Und wenn Männer (miteinander) raufen und (dabei) eine schwangere Frau stoßen, dass ihre Leibesfrucht abgeht, aber kein (weiterer) Schaden entsteht, soll (der Schuldige) gewiss gestraft werden, sobald der Ehemann der Frau ihm (etwas) auferlegt. Und er soll (es) geben durch Schiedsrichter. 23 Und wenn (weiterer) Schaden entsteht, dann sollst du geben Seele um Seele, 24 Auge um Auge, Zahn um Zahn, Hand um Hand, Fuß um Fuß, 25 Brandmal um Brandmal, Wunde um Wunde, Strieme um Strieme. 26 Und wenn ein Mann das Auge seines Sklaven oder das Auge seiner Sklavin schlägt und es zerstört, soll er ihn für sein Auge als freien Mann (weg)schicken. 27 Und wenn er den Zahn seines Sklaven oder den Zahn seiner Sklavin ausschlägt, soll er ihn für seinen Zahn als freien Mann (weg)schicken.

28 Und wenn ein Rind einen Mann oder eine Frau stößt, dass er stirbt, soll das Rind unbedingt gesteinigt werden. Und sein Fleisch soll nicht gegessen werden und der Besitzer des Rindes soll straflos sein. 29 Und wenn (das) Rind schon seit einiger Zeit stößig war und sein Besitzer gewarnt wurde, es aber nicht verwahrt hat – und (wenn) es einen Mann oder eine Frau tötet, soll das Rind unbedingt gesteinigt werden und auch sein Besitzer soll getötet werden. 30 Wenn ihm ein Sühnegeld auferlegt wird, dann soll er das Auslösungsgeld seiner Seele geben gemäß allem, was ihm auferlegt wird. 31 Wenn es einen Sohn oder eine Tochter stößt, soll nach diesem Recht an ihm gehandelt werden. 32 Wenn das Rind einen Sklaven oder eine Sklavin stößt, soll er seinem Herrn dreißig Schekel Silber geben und das Rind soll gesteinigt werden.

Ex 21,18–32 enthalten Regelungen, die sich thematisch um den Tatbestand der Körperverletzung gruppieren. Imaginiert werden drei Szenarien:

1. eine aus dem Ruder laufende Auseinandersetzung unter freien Männern
   a. mit Schädigung einer der involvierten Parteien in vv.18 f.,
   b. mit Schädigung Dritter und Kompensationsbestimmungen in vv.22–25;
2. eine aus dem Ruder laufende Züchtigung von Sklaven
   a. mit (auch zeitlich versetzter) Todesfolge in vv.20 f.,
   b. ohne Todesfolge, mit Kompensationsbestimmungen in vv.26 f.;
3. ein stößiges Rind (vv.28–32).

Diese Gliederung wird zudem von der Paraschen-Einteilung des MT gestützt.

Szenario 1)
Vv.18 f.22–25 gehen von der Situation aus, dass freie Bürger[948] streiten und es im Rahmen dessen zu körperlichen Schädigungen kommt. Vv.18 f. beziehen sich mit ר״יב *Qal* auf ein Wortgefecht, z. B. über rechtliche Ansprüche, aus dem eine physische Auseinandersetzung (נכ״י *Hif*) hervorgeht, die auch unter Hinzunahme von Gegenständen (אבן) ausgetragen werden kann.[949] Vv.22–25 nehmen ihren Ausgangspunkt direkt in einer physischen Auseinandersetzung (נצ״י *Nif*). Vv.18 f.22–25 stellen jeweils folgende Ereignisse dar:

Tab. 15: Ereignisgerüst in Ex 21,18 f.22–25.

vv.18 f.	vv.22–25
E1 Streit unter Männern	E1 Streit unter Männern
E2 Schlagen	E2 Stoßen einer Schwangeren
E3 kein Sterben des Opfers	E3 Fehl- oder Frühgeburt
E3.1 Bettlägerigwerden des Opfers	E3.1 kein weiterer Schaden
E4 Aufstehen des Opfers	E4 Strafe
E5 Umhergehen des Opfers	E4.1 Auferlegen der Strafe
E6 Freiheit für Täter	E5 Geben der auferlegten Strafe
E7 Geben für Daheimsitzen	(E1–3 vorausgesetzt)
E8 Sorgen für Heilung	E-3.1 weiterer Schaden
	E-5 Geben gemäß Talion

In der Ereigniskette von vv.18 f. stellen die Ereignisse E4; E5 den Wendepunkt für das Ergehen des Täters dar: Basierend auf der öffentlich demonstrierten Genesung des Opfers (E4; E5) kann die Freisprechung des Täters erfolgen (E6).[950] Es ist somit anzunehmen, dass der Täter bis zur nachgewiesenen Genesung des Opfers festgesetzt wurde.[951] Der Täter selbst kann und soll die Genesung seines Opfers unterstützen. Dies beschreiben E7 und E8. Die beiden Ereignisse lassen ein mehrdeutiges Verständnis zu: Neben dem Verständnis, dass E7 und E8 ein Aufkommen für die Zeit der Krankheit und die entstandenen Heilungskosten intendieren, können E7 und E8 auch so verstanden werden, dass der Täter sein Opfer nach Hause geleiten (E7/T4) und selbst pflegen soll (E8/T5).[952] Da für den Täter nicht notwendigerweise die medizinische Kompetenz zur Heilung des Opfers vorauszusetzen ist,

948 Zu diesem Verständnis von איש s. Schulz, *Todesrecht*, 14 f.
949 Vgl. Jacob, *Exodus*, 655; Propp, *Exodus 19–40*, 214. Zur Problematik des Verständnisses von באגרף s. Jacob, *Exodus*, 655; Propp, *Exodus 19–40*, 214 f.
950 Vgl. Schwienhorst-Schönberger, *Bundesbuch*, 55 f.
951 Vgl. Propp, *Exodus 19–40*, 216.
952 Vgl. Propp, *Exodus 19–40*, 216 f.

scheint das Verständnis zur Erstattung der Aufwendungen hier sinnbringender.[953] In jedem Falle ermöglichen E7 und E8 dem Täter, den Genesungsprozess seines Opfers aktiv zu fördern und so möglicherweise seine Freisprechung zu beschleunigen.[954] Die Ereigniskette in vv.18 f. zielt damit auf die Wiederherstellung des Zustands vor der aus dem Ruder gelaufenen Auseinandersetzung – sowohl in Bezug auf die Gesundheit des Opfers als auch auf die Freiheit des Täters.

Ausgehend von der Situation einer physischen Auseinandersetzung unter Männern beschreiben vv.22–25 die unabsichtliche Verletzung einer Schwangeren, infolge derer sie eine Früh- oder Fehlgeburt[955] erleidet. Makujina tendiert, ausgehend von einer Analyse der Semantik von יצ״א, zum Vorliegen einer lebensfähigen Frühgeburt in Ex 21,22.[956] Houtman hingegen geht für Ex 21,22 von dem Fall einer Fehl- bzw. Totgeburt aus, da eine lebensfähige Frühgeburt einerseits keinen Schaden für den Mann darstelle, andererseits angesichts der medizinischen Gegebenheiten aber auch kaum verbreitet gewesen sein könne.[957] Dagegen ist einzuwenden, dass eine lebensfähige Frühgeburt, die unter den Umständen einer Schlägerei herbeigeführt wurde, durchaus einen kompensationswürdigen Schaden mit sich bringen kann, der in Bezug auf die Entwicklung und Versorgung des möglicherweise beeinträchtigten Kindes auch den Ehemann betreffen würde. Insofern können sowohl Früh- als auch Fehlgeburt eine Schädigung des Ehemannes bedeuten. Diese Problemlage bestätigt Propps Annahme, dass in Ex 21,22 eine absichtliche Mehrdeutigkeit bestehe.[958]

Für den Fall der Früh- oder Fehlgeburt muss dem Ehemann entstandener Schaden ersetzt werden (E4; E5), sobald (כאשר) er dies einfordert. Die temporale Deutung von כאשר ergibt sich aus der inneren Logik des Falls: Sollte dem Ehemann ein Schaden entstanden sein, sei es im Sinne einer Ehrverletzung oder in Bezug auf die Lebensfähigkeit des Kindes (s. o.), kann er diesen geltend ma-

953 Vgl. auch Propp, *Exodus 19–40*, 217.

954 Vgl. Propp, *Exodus 19–40*, 215. Außerhalb des Horizonts dieser Bestimmung, aber denkbar, ist auch ein Missbrauch der Regelung, wenn das Opfer seine Heilung absichtlich verzögert (vgl. Propp, *Exodus 19–40*, 216).

955 Im Zusammenhang des suffigierten Nomens ילדיה im Pl. wird eine nähere Bestimmung der Leibesfrucht diskutiert: So könne der Pl. auf den Abgang einer Mehrlingsschwangerschaft oder auf die Gesamtheit von Kind und abgestoßenem Gewebe weisen (vgl. Propp, *Exodus 19–40*, 121.222). Da eine Eingrenzung der Bestimmung nur auf Mehrlingsschwangerschaften nicht plausibel wäre und der Pl. ילדיה grammatikalisch als Ausdruck einer Generalisierung verstanden werden kann (vgl. Joüon/Muraoka, *Grammar*, 472), bezeichnet ילדיה hier wahrscheinlich ohne nähere Spezifizierung auf ein Entwicklungsstadium die Leibesfrucht der Schwangeren (s. auch Schwienhorst-Schönberger, *Bundesbuch*, 97 f.).

956 Vgl. Makujina, „Semantics“, 321.

957 Vgl. Houtman, *Bundesbuch*, 160.

958 Vgl. Propp, *Exodus 19–40*, 222.

chen.[959] Dazu bedarf es der Schlichtung durch Schiedsrichter (פלילֿ), um nach den Grundsätzen der (wirtschaftlichen) Fairness zwischen beiden Parteien Frieden herzustellen und zu wahren.[960]

Mit אסון wird ein über die Fehl- oder Frühgeburt hinausgehender Schaden bezeichnet (E3.1; E-3.1). Dieser bezieht sich beide Male in vv.22 f. auf die Frau und bezeichnet eine weitergehende Verletzung oder gar den Tod der (schwangeren) Frau.[961] In diesem Falle ist gemäß der Talion zu strafen, mit der eine gleichwertige Schädigung des Täters hergestellt wird. Das Grundanliegen der Talionsbestimmungen in Ex 21,23–25 ist damit die Erlangung eines gerechten Ausgleichs, sei er körperlich oder finanziell,[962] für den entstandenen Schaden eines an der ursprünglichen Konfliktsituation unbeteiligten freien Israeliten.[963]

Szenario 2)
Vv.20 f.26 f. behandeln Fälle einer körperlichen Schädigung von Sklaven. Da Sklaven in ihrer Stellung zwischen der Kategorie des Besitzes und der des Personseins changieren,[964] bedarf es eigener Gesetze für Körperverletzungen an Sklaven, welche in der Manier antiker Gesetzestechnik kompositionell unmittelbar an die Bestimmungen für freie Bürger angeschlossen werden.[965] Die Nennung männlicher

959 Vgl. Jacob, *Exodus*, 667.
960 Vgl. Propp, *Exodus 19–40*, 225.
961 Vgl. Jacob, *Exodus*, 667.
962 Ob die Talionsbestimmungen in vv.23–25 wortwörtlich oder im übertragenen Sinne zu verstehen sind, ist in der Forschung umstritten. Als Argumente für die übertragene Bedeutung, die auf eine finanzielle Ersatzleistung im Wert des jeweiligen Schadens zielt, wird 1. auf die Verwendung des Verbs נת"ן anstelle von של"ם, 2. auf vergleichbare akkadische Terminologie sowie 3. auf den Widerspruch strikter Talion zu Ex 21,13 verwiesen (vgl. Schwienhorst-Schönberger, *Bundesbuch*, 101 f.). Da Ex 21,22 f. keinen ungewollten Totschlag unter freien Israeliten (איש, v.13), sondern die Schädigung einer ihrem Ehemann unterstellten Frau beschreibt, liegt nicht zwangsläufig ein Widerspruch zu Ex 21,13 vor. Die Vermeidung der buchstäblichen Anwendung der Talion durch die Alternative einer Finanzleistung ist textlich belegt (z. B. 1 Kön 20,39). Diese kann einen Hinweis auf die Praxis der wörtlichen Anwendung der Talion geben (vgl. Houtman, *Bundesbuch*, 166), bezeugt allerdings auch die Gleichwertigkeit der Option eines finanziellen Ersatzes (vgl. Ex 21,30). Insofern ist kaum eine gesicherte Aussage zur Talionspraxis möglich. In jeden Falle mag das Motiv der am Täter in der Strafe gespiegelten Tat (vgl. Propp, *Exodus 19–40*, 230) abschreckende und präventive Wirkung haben.
963 In dieser Hinsicht schreibt Propp Ex 21,22–25 paradigmatischen Charakter zu und geht davon aus, dass die an diesem speziellen Fall dargestellten Bestimmungen generell auf die Schädigung Dritter im Rahmen eines Gerangels anzuwenden seien (vgl. Propp, *Exodus 19–40*, 222). Als Beleg führt Propp u. a. die Aufzählung der Körperteile in Ex 21,24 f. an, welche nicht auf die Situation der herbeigeführten Geburt und etwaige Geburtsverletzungen beschränkt sind (vgl. Propp, *Exodus 19–40*, 230).
964 Vgl. Propp, *Exodus 19–40*, 218.
965 Vgl. Jacob, *Exodus*, 659.

und weiblicher Sklaven in vv.20.27 expliziert, dass Sklaven nicht freien Israeliten (vv.12.18) bzw. Sklavinnen nicht freien Bürgern zugeordneten Frauen (vv.22 f.) gleichgestellt sind. Da auf der Mikroebene des MT keine nähere Bestimmung zur Volkszugehörigkeit der Sklaven gemacht wird, sind die Regelungen sowohl auf hebräische als auch auf fremdländische Sklaven anzuwenden.[966]

Ausgehend von der Imagination einer aus dem Ruder laufenden Auseinandersetzung unter freien Bürgern, die ggf. auch unter Hinzunahme einer Waffe ausgetragen wird (v.18), greift v.20 den Fall einer übermäßigen Züchtigung eines Sklaven bzw. einer Sklavin auf: Unter Hinzunahme eines Stocks, der ein gängiges Werkzeug im Umgang mit Sklaven gewesen sein kann,[967] schlägt der Sklavenbesitzer seinen Sklaven derart (E1), dass er infolge der Misshandlung unmittelbar verstirbt (ומת תחת ידו; E2). In diesem Fall ist der Tod des Sklaven zweifelsfrei dem schlagenden Herrn zuzurechnen, sodass Rache erforderlich ist (E3). Ob die mit נקם ינקם geforderte Strafe im Sinne einer Blutrache zu verstehen ist, ist umstritten: Lipiński erwägt, נק״ם *Nif* in Ex 21,20 reflexiv und demnach als Aufforderung zur Blutrache zu verstehen und führt als Argument das Vorliegen der Todesstrafe (מות יומת) im Sam an.[968] Gegen die Forderung von Blutrache sprechen jedoch die Verwendung von נק״ם in einem Rechtstext in Bezug auf eine gerichtlich anzuordnende Strafe, die mit der Lesung נקם ינקם einhergehende Unterscheidung von der מות יומת-Formel, welche die Stellung der Sklaven von der freier Bürger differenziert, sowie praktische Fragen zur Umsetzung der Blutrache für einen Sklaven, dem – angesichts nicht erfolgter Auslösung aus der Sklavenschaft – unter Umständen legitimierte Bluträcher fehlen.[969] In Anbetracht dessen bezieht sich die נקם ינקם-Strafe im MT wahrscheinlich nicht auf die Blutrache, sondern fordert eine rechtliche Verfolgung und Ahndung der Tat, ohne konkrete Vorgaben zum Strafmaß.[970]

Für den Fall, dass der Sklave die übermäßige Züchtigung (E1) einen bis zwei Tage überlebt (E-2) und nach dieser Frist verstirbt, ist der Tod nicht mehr dem Sklavenhalter zuzurechnen. Eine rechtliche Verfolgung ist daher nicht vorzunehmen (E-3). Dieses Vorgehen begründet Ex 21,21 mit dem Status des Sklaven als erworbener Besitz des Sklavenhalters (כי כספו הוא). Der in כי כספו הוא ausgedrückte Sachverhalt rechtfertigt zum einen den züchtigenden Umgang des Skla-

966 Vgl. auch Houtman, *Bundesbuch*, 150.
967 Vgl. Houtman, *Bundesbuch*, 149.
968 Vgl. Lipiński, „נָקַם“, in: *ThWAT 5* (1986), 603.
969 Vgl. auch Propp, *Exodus 19–40*, 219 f. Das Verständnis der Forderung einer rechtlich geordneten Verfolgung und Ahndung der Tat belegen TgO (vgl. Sperber, *Pentateuch*, 124) und Peš (s. 5.3.2.a.Peš).
970 Vgl. Houtman, *Bundesbuch*, 152 und Propp, *Exodus 19–40*, 219 gegen Jacob, *Exodus*, 659 f.

venhalters mit dem Sklaven.[971] Zum anderen weist die Begründung כי כספו הוא den Sklaven als wirtschaftliche Investition des Sklavenhalters aus. Der Verlust des Sklaven kommt insofern einer impliziten Strafe gleich.[972]

Vv.26 f. präsentieren ausgehend von den Talionsbestimmungen für freie Bürger Fälle kompensationswürdiger Schädigungen von Sklavinnen und Sklaven. Da die Talion nur zur Anwendung unter gleichgestellten Bürgern vorgesehen ist, bedarf es wiederum gesonderter Regelungen für Sklaven. Vergleichbar zu vv.20 f. ist auch in vv.26 f. vorausgesetzt, dass der Sklavenhalter im Umgang mit seinen Sklaven als Besitz von züchtigenden Maßnahmen Gebrauch machen kann, dabei allerdings in Achtung des Sklaven als Person nicht in die Anwendung grober Gewalt abdriften darf.[973] Für den Fall einer sichtbar bleibenden Schädigung eines Sklaven bzw. einer Sklavin (E1; vv.26a.27a) verwirkt der Sklavenhalter sein Besitzrecht, sodass der Sklave bzw. die Sklavin freizulassen ist (E2; vv.26b.27b).

Insgesamt sind die Bestimmungen zu Sklaven in Ex 21,20 f.26 f. von einer Abwägung zwischen dem Prinzip der Achtung der (wirtschaftlichen) Interessen eines freien Bürgers in Bezug auf dessen Besitz und dem Prinzip der Achtung der Personenqualität und des Lebensschutzes der Sklaven grundiert. In vv.20 f. lässt sich eine Tendenz zur Vorordnung der Interessen des freien Bürgers ausmachen: Der mindere Sklavenstatus stützt die wirtschaftlichen Interessen des freien Bürgers und führt dazu, dass für den Fall des Totschlags eines Sklaven auf der Mikroebene des Gesetzes zwar Rache (נקם ינקם), aber nicht explizit die Todesstrafe vorgesehen ist.

Szenario 3)
Vv.28–32 behandeln Fälle der körperlichen Schädigung durch ein stößiges Rind. Folgende Situationen und Ereignisketten werden konstruiert:

– das tödliche Stoßen freier Personen – v.28: E1 Stoßen eines Mannes oder einer Frau, E2 Tod der Person, E3 Steinigung des Rindes, E4 kein Verzehr des Fleisches, E5 Straffreiheit des Besitzers;
– das (tödliche) Stoßen infolge von Fahrlässigkeit des Besitzers – vv.29 f.: E1 Rind als stoßendes Rind bekannt, E2 Warnung an Besitzer, E3 kein Verwahren des Rindes, E4 Tötung einer Person durch stößiges Rind, E5 Steinigung des Rindes, E6 Tötung des Besitzers, E-6 Auferlegen eines Sühnegeldes, E-6.1 Zahlung dessen als Auslösungsgeld gemäß E-6.2 Auferlegung;
– das (tödliche) Stoßen von Söhnen und Töchtern – v.31: E1 (tödliches) Stoßen von Sohn oder Tochter, E2 Verfahren nach genanntem Recht;

971 Vgl. auch Jacob, *Exodus*, 660 f.
972 Vgl. auch Houtman, *Bundesbuch*, 151; Propp, *Exodus 19–40*, 220.
973 Vgl. auch Houtman, *Bundesbuch*, 169.

- das (tödliche) Stoßen von Sklaven – v.32: E1 (tödliches) Stoßen eines Sklaven bzw. einer Sklavin, E2 Ersatzzahlung an Sklavenhalter, E3 Steinigung des Rindes.

In jedem der genannten Fälle ist das stößige Rind zu steinigen.[974] Über die binnentextuell vorausgesetzte Begründung für die Tötung des Tieres ist in der Forschung breit spekuliert worden: So wurde insbesondere erwogen, dass das Rind Blutschuld auf sich geladen habe, das Land verunreinigt habe oder für die Tötung des göttlichen Ebenbildes zu strafen sei.[975] Auch Propp sieht in der Bestrafung mit der Steinigung einen Hinweis auf einen religiösen Deutungshintergrund,[976] welcher sich für das Cluster allerdings erst im Zusammenhang des Textraums *Sinaiperikope* erschließt (s. 5.3.2.d.MT:1). Der Text in Ex 21,28–32 enthält auf der Mikroebene keine expliziten Hinweise auf kultisch und theologisch ausgeformte Konzepte. Daher gewinnt Houtmans Erwägung an Plausibilität: Houtman erklärt die Steinigung des Rindes vor dem Hintergrund, dass das stößige Rind eine Gefahr für die Gemeinschaft sei und die Steinigung aus sicherer Entfernung das einzige Mittel zur gefahrlosen Beseitigung des aggressiven Tiers darstelle.[977] Als von der Gemeinschaft ausgeführte Tötung bezieht sich die Strafe der Steinigung zudem auf eine tiefe gesellschaftliche Verankerung.[978] Die Steinigung des Rindes erfüllt somit sowohl in der Beseitigung der Gefahr als auch in der gefahrlosen Durchführung das Prinzip des Schutzes der Gemeinschaft.

Den Besitzer des stößigen Rindes trifft keine Schuld (נקי, v.28), sofern er nicht der Fahrlässigkeit überführt werden kann (v.29). Analog zu v.21 kann der wirtschaftliche Schaden durch den Verlust des Rindes implizit als Äquivalent einer Strafe für den Besitzer gelten. Für den Fall der Mitschuld des Besitzers durch Fahrlässigkeit ist in vv.29 f. dessen Tötung (E6) oder die Zahlung eines Lösegeldes (כפר; E-6) vorgesehen. Dies deutet auf eine Praxis, bei der – vermutlich im Einverständnis mit der geschädigten Familie – anstelle der Todesstrafe eine finanziel-

974 Die Untersagung des Verzehrs des gesteinigten Tieres in Ex 21,18–32 lässt sich evtl. auf die Verbindung zwischen Fleischkonsum und Opferpraktiken zurückführen (vgl. Propp, *Exodus 19–40*, 234). Da innerhalb des Pentateuchs keine Beziehung dieser Bestimmungen zu Texten, die Opfervorstellungen thematisieren (z. B. Lev 1–7), vorliegt, könnte die Verbindung zur Opferthematik binnentextuell vorausgesetzt sein. Das Fleisch des Rindes, welches einen Menschen tödlich gestoßen hat, könnte indirekt als Menschenopfer verstanden werden (vgl. Propp, *Exodus 19–40*, 234) und wäre daher zwangsläufig abzulehnen (z. B. Ex 13,13; Num 18,15).

975 S. dazu den kurzen Überblick bei Houtman, *Bundesbuch*, 177.

976 Vgl. Propp, *Exodus 19–40*, 233 f.

977 Vgl. Houtman, *Bundesbuch*, 177 f.

978 Vgl. auch Schnocks, „Todesstrafe (AT)“, in: *WiBiLex* (2014), 3.2.

le Einigung getroffen werden kann, mit der ein Ausgleich zwischen beiden Parteien erreicht wird.[979]

Für den Fall der Tötung eines Sklaven durch ein stößiges Rind wird die Zahlung von 30 Silberschekel festgesetzt (v.32). Der Sklave gilt hier als Eigentum, welches durch das Eigentum eines anderen geschädigt wurde und daher dem Besitzer zu ersetzen ist.[980] Darin folgt die Bestimmung dem Prinzip des Ausgleich eines unter freien Bürgern entstandenen Schadens.

LXX, Sam und Peš:

LXX:

18 Ἐὰν δὲ λοιδορῶνται δύο ἄνδρες, καὶ πατάξῃ τις τὸν πλησίον λίθῳ ἢ πυγμῇ, καὶ μὴ ἀποθάνῃ, κατακλιθῇ δὲ ἐπὶ τὴν κοίτην, 19 ἐὰν ἐξαναστὰς ὁ ἄνθρωπος περιπατήσῃ ἔξω ἐπὶ ῥάβδου, ἀθῷος ἔσται ὁ πατάξας· πλὴν τῆς ἀργίας αὐτοῦ ἀποτείσει καὶ τὰ ἰατρεῖα. 20 Ἐὰν δέ τις πατάξῃ τὸν παῖδα αὐτοῦ ἢ τὴν παιδίσκην αὐτοῦ ἐν ῥάβδῳ, καὶ ἀποθάνῃ ὑπὸ τὰς χεῖρας αὐτοῦ, δίκῃ ἐκδικηθήτω. 21 ἐὰν δὲ διαβιώσῃ ἡμέραν μίαν ἢ δύο, οὐκ ἐκδικηθήσεται· τὸ γὰρ ἀργύριον αὐτοῦ ἐστιν. 22 Ἐὰν δὲ μάχωνται δύο ἄνδρες καὶ πατάξωσιν γυναῖκα ἐν γαστρὶ ἔχουσαν, καὶ ἐξέλθῃ τὸ παιδίον αὐτῆς μὴ ἐξεικονισμένον, ἐπιζήμιον ζημιωθήσεται· καθότι ἂν ἐπιβάλῃ ὁ ἀνὴρ τῆς γυναικός, δώσει μετὰ ἀξιώματος· 23 ἐὰν δὲ ἐξεικονισμένον ᾖ, δώσει ψυχὴν ἀντὶ ψυχῆς, 24 ὀφθαλμὸν ἀντὶ ὀφθαλμοῦ, ὀδόντα ἀντὶ ὀδόντος, χεῖρα ἀντὶ χειρός, πόδα ἀντὶ ποδός, 25 κατάκαυμα ἀντὶ κατακαύματος, τραῦμα ἀντὶ τραύματος, μώλωπα ἀντὶ μώλωπος. 26 Ἐὰν δέ τις πατάξῃ τὸν ὀφθαλμὸν τοῦ οἰκέτου αὐτοῦ ἢ τὸν ὀφθαλμὸν τῆς θεραπαίνης αὐτοῦ, καὶ ἐκτυφλώσῃ, ἐλευθέρους ἐξαποστελεῖ αὐτοὺς ἀντὶ τοῦ ὀφθαλμοῦ αὐτῶν. 27 Ἐὰν δὲ τὸν ὀδόντα τοῦ οἰκέτου ἢ τὸν ὀδόντα τῆς θεραπαίνης αὐτοῦ ἐκκόψῃ, ἐλευθέρους ἐξαποστελεῖ αὐτοὺς ἀντὶ τοῦ ὀδόντος αὐτῶν. 28 Ἐὰν δὲ κερατίσῃ ταῦρος ἄνδρα ἢ γυναῖκα, καὶ ἀποθάνῃ, λίθοις λιθοβοληθήσεται ὁ ταῦρος, καὶ οὐ βρωθήσεται τὰ κρέα αὐτοῦ· ὁ δὲ κύριος τοῦ ταύρου ἀθῷος ἔσται. 29 ἐὰν δὲ ὁ ταῦρος κερατιστὴς ᾖ πρὸ τῆς ἐχθὲς καὶ πρὸ τῆς τρίτης καὶ διαμαρτύρωνται τῷ κυρίῳ αὐτοῦ, καὶ μὴ ἀφανίσῃ αὐτόν, ἀνέλῃ δὲ ἄνδρα ἢ γυναῖκα, ὁ ταῦρος λιθοβοληθήσεται, καὶ ὁ κύριος αὐτοῦ προσαποθανεῖται. 30 ἐὰν δὲ λύτρα ἐπιβληθῇ αὐτῷ, δώσει λύτρα τῆς ψυχῆς αὐτοῦ ὅσα ἂν ἐπιβάλωσιν αὐτῷ. 31 ἐὰν δὲ υἱὸν κερατίσῃ ἢ θυγατέρα, κατὰ τὸ δικαίωμα τοῦτο ποιήσουσιν αὐτῷ. 32 ἐὰν δὲ παῖδα κερατίσῃ ὁ ταῦρος ἢ παιδίσκην, ἀργυρίου τριάκοντα δίδραχμα δώσει τῷ κυρίῳ αὐτῶν, καὶ ὁ ταῦρος λιθοβοληθήσεται.

---

979 Vgl. auch Houtman, *Bundesbuch*, 176.179. Jacob hingegen merkt an, dass mit וגם־בעליו יומת in v.29 eine gerichtlich festzusetzende Todesstrafe nicht angezeigt sei, da keine מות יומת-Bestimmung vorliege und eine rechtlich erforderliche Todesstrafe nicht durch ein Sühnegeld abgelöst werden könne. Stattdessen werde mit וגם־בעליו יומת (v.29) die Tötung des aus Fahrlässigkeit Mitschuldigen angesichts der Vernichtung eines Menschenlebens Gott überstellt (vgl. Jacob, *Exodus*, 678). Dieses Verständnis bezeugt auch TgPsJ (s. Clarke, *Pseudo-Jonathan*, 93). Gegen Jacobs Deutung spricht, dass מו״ת *Hof* im rechtlichen Kontext, auch ohne Verwendung innerhalb der מות יומת-Formel, zur Bezeichnung der Todesstrafe belegt ist, wie z. B. in Lev 24,16b.21. Zudem zeichnet sich in der Vorstellung einer Übereignung der Tötung des Mitschuldigen an Gott eine Transzendierung der Strafe ab, welche der Ko- und Kontext von Ex 21,29 f. nicht nahelegt.

980 Vgl. Propp, *Exodus 19–40*, 236.

18 Wenn aber zwei Männer (sich) streiten und einer den Nächsten mit einem Stein oder mit
einer Faust schlägt, dass er nicht stirbt, aber bettlägerig wird, – 19 wenn der Mensch, nachdem er aufgestanden ist, draußen an einem Stab umhergeht, dann soll der Schläger
(schuld)frei sein. Über seinen Arbeitsausfall hinaus soll er ihm auch die medizinischen Kosten zurückzahlen. 20 Und wenn einer seinen Sklaven oder seine Sklavin mit einem Stock
schlägt, dass er/sie unter seinen Händen stirbt, (dann) soll er unbedingt verurteilt werden.
21 Wenn er aber einen Tag oder zwei überlebt, soll er nicht verurteilt werden, denn er ist
sein Geld. 22 Wenn aber zwei Männer (miteinander) raufen und (dabei) eine schwangere
Frau stoßen, dass ihr (noch) nicht ausgebildetes Kind abgeht, soll (der Schuldige) gewiss
Strafe zahlen. Gemäß dem, was der Ehemann der Frau [Ø] auferlegt, soll er (ihm) in Übereinstimmung mit richterlicher Feststellung geben. 23 Wenn es aber (schon) ausgebildet ist, dann
soll er geben Seele um Seele, 24 Auge um Auge, Zahn um Zahn, Hand um Hand, Fuß um
Fuß, 25 Brandmal um Brandmal, Wunde um Wunde, Strieme um Strieme. 26 Und wenn einer
das Auge seines Haussklaven oder das Auge seiner Haussklavin schlägt und er/sie erblindet,
soll er sie (Pl.) für ihr (Pl.) Auge als freie (Menschen) wegschicken. 27 Wenn er aber den Zahn
seines Haussklaven oder den Zahn seiner Haussklavin ausschlägt, soll er sie (Pl.) für ihren
(Pl.) Zahn als freie (Menschen) wegschicken. 28 Wenn aber ein Stier einen Mann oder eine
Frau stößt, dass er/sie stirbt, soll der Stier unbedingt gesteinigt werden. Und sein Fleisch soll
nicht gegessen werden. Der Herr des Stieres aber soll schuldfrei sein. 29 Wenn aber der Stier
schon seit einiger Zeit stößig war und man das seinem Herrn angezeigt hatte, und er hat
ihn nicht entfernt – (wenn) er einen Mann oder eine Frau tötet, soll der Stier [Ø] gesteinigt
werden und sein Herr soll auch sterben. 30 Wenn ihm aber ein Lösegeld auferlegt wird,
dann soll er das Lösegeld seiner Seele geben, so viel man ihm auferlegt. 31 Wenn er aber
einen Sohn stößt oder eine Tochter, soll man nach dieser Rechtsordnung an ihm handeln.
32 Wenn aber der Stier einen Sklaven stößt oder eine Sklavin, soll er ihrem (Pl.) Herrn
dreihundert Doppeldrachmen Silber geben und der Stier soll gesteinigt werden.

Sam:

18 וכי יריבון אנשים והכו איש את רעהו ולא ימות ונפל למשכב: 19 אם יקום והתהלך בחוץ
על משענתו ונקה המכה רק שבתו יתן ורפא ירפא: 20 וכי יכה איש את עבדו או את אמתו
ומת תחת ידו מות יומת: 21 אך אם יום או יומים יעמד לא יומת כי כספו הוא :–
22 וכי ינצו אנשים ונגפו אשה הרה ויצא ולדה ולא יהיה אסון ענש יענש כאשר ישית עליו
בעל האשה ונתן בפללים: 23 ואם אסון יהיה ונתתה נפש תחת נפש: 24 עין תחת עין שן תחת
שן יד תחת יד רגל תחת רגל: 25 מכוה תחת מכוה פצע תחת פצע חבורה תחת חבורה: 26 וכי
יכה איש את עין עבדו או את עין אמתו ושחתה לחפשי ישלחנו תחת עינו: 27 ואם שן עבדו
או שן אמתו יפיל לחפשי ישלחנו תחת שנו :–
28 וכי יכה שור וכל בהמה את איש או את אשה ומת סקל יסקל הבהמה ולא יאכל את בשרו
ובעל הבהמה נקיא: 29 ואם בהמה מכה היא מתמול שלשום והועד בבעליו ולא ישמרנו והמית
איש או אשה הבהמה תסקל וגם בעליו יומת: 30 אם כפר יושת עליו ונתן פדיון נפשו ככל
אשר יושת עליו: 31 או בן יכה או בת כמשפט הזה יעשה לו: 32 אם עבד תכה הבהמה או
אמה כסף שלשים שקלים יתן לאדניו והבהמה תסקל :–

18 Und wenn Männer (sich) streiten und sie schlagen (einander) – ein Mann seinen Nächsten
[Ø], dass er nicht stirbt, aber bettlägerig wird, – 19 wenn er aufsteht und draußen an seinem
Stab umhergeht, dann soll der Schläger frei sein. Nur soll er ihm (Entschädigung) geben
(für) sein Daheimsitzen und ihn gewiss heilen. 20 Und wenn ein Mann seinen Sklaven oder

seine Sklavin [Ø] schlägt, dass er unter seiner Hand stirbt, (dann) soll er unbedingt getötet werden. [21] Doch wenn er einen Tag oder zwei Tage am Leben bleibt, soll er nicht getötet werden, denn er ist sein Geld.
[22] Und wenn Männer (miteinander) raufen und (dabei) eine schwangere Frau stoßen, dass ihr Kind abgeht, aber kein (weiterer) Schaden entsteht, soll (der Schuldige) gewiss gestraft werden, sobald der Ehemann der Frau ihm (etwas) auferlegt. Und er soll (es) geben durch Schiedsrichter. [23] Und wenn (weiterer) Schaden entsteht, dann sollst du geben Seele um Seele, [24] Auge um Auge, Zahn um Zahn, Hand um Hand, Fuß um Fuß, [25] Brandstelle um Brandstelle, Wunde um Wunde, Strieme um Strieme. [26] Und wenn ein Mann das Auge seines Sklaven oder das Auge seiner Sklavin schlägt und es zerstört, soll er ihn für sein Auge als freien Mann (weg)schicken. [27] Und wenn er den Zahn seines Sklaven oder den Zahn seiner Sklavin ausschlägt, soll er ihn für seinen Zahn als freien Mann (weg)schicken.
[28] Und wenn ein Rind oder (auch) alles Vieh einen Mann oder eine Frau schlägt, dass er stirbt, soll das Vieh unbedingt gesteinigt werden. Und sein Fleisch soll nicht gegessen werden und der Besitzer des Viehs soll straflos sein. [29] Und wenn (das) Vieh schon seit einiger Zeit schlagend war und sein Besitzer gewarnt wurde, es aber nicht verwahrt hat – und (wenn) es einen Mann oder eine Frau tötet, soll das Vieh unbedingt gesteinigt werden und auch sein Besitzer soll getötet werden. [30] Wenn ihm ein Sühnegeld auferlegt wird, dann soll er das Auslösungsgeld seiner Seele geben gemäß allem, was ihm auferlegt wird. [31] Wenn es einen Sohn oder eine Tochter schlägt, soll nach diesem Recht an ihm gehandelt werden.
[32] Wenn das Vieh einen Sklaven oder eine Sklavin schlägt, soll er seinem Herrn dreißig Schekel Silber geben und das Vieh soll gesteinigt werden.

Peš:

18 ܘܡܐ ܢܨܘܢ ܬܪܝܢ ܓܒܪܝܢ. ܘܢܡܚܐ ܓܒܪܐ ܠܚܒܪܗ ܒܟܐܦܐ ܐܘ ܒܟܘܦܪܐ ܘܠܐ ܢܡܘܬ. ܘܢܦܠ ܠܡܪܥܐ. 19 ܐܢ
ܢܩܘܡ ܘܢܗܠܟ ܒܫܘܩܐ ܥܠ ܚܘܛܪܗ. ܢܙܟܐ ܗܘ ܕܡܚܝܗܝ. ܒܠܚܘܕ ܒܘܛܠܢܗ ܘܐܓܪ ܐܣܝܐ ܢܬܠ. 20 ܘܡܐ ܕܢܡܚܐ ܓܒܪܐ
ܠܥܒܕܗ ܐܘ ܠܐܡܬܗ ܒܫܒܛܐ ܘܢܡܘܬ ܬܚܝܬ ܐܝܕܗ. ܡܬܕܢܘ ܢܬܕܝܢ. 21 ܒܪܡ ܕܝܢ ܐܢ ܚܕ ܝܘܡ ܐܘ ܬܪܝܢ ܝܘܡܝܢ
ܢܚܐ ܠܐ ܢܬܕܝܢ. ܡܛܠ ܕܟܣܦܗ ܗܘ܀ 22 ܘܡܐ ܢܨܘܢ ܬܪܝܢ ܓܒܪܝܢ ܘܢܡܚܘܢ ܐܢܬܬܐ ܕܒܛܢܐ. ܘܢܦܩܘܢ ܥܘܠܗ. ܘܠܐ
ܢܗܘܐ ܡܘܬܢܐ. ܡܬܚܝܒܘ ܢܬܚܝܒ ܐܝܟ ܕܢܪܡܐ ܥܠܘܗܝ ܒܥܠܗ ܕܐܢܬܬܐ. ܘܢܬܠ ܐܝܟ ܕܦܣܩܝܢ ܕܝܢܐ. 23 ܘܐܢ
ܡܘܬܢܐ ܗܘ. ܬܬܠ ܢܦܫܐ ܚܠܦ ܢܦܫܐ. 24 ܥܝܢܐ ܚܠܦ ܥܝܢܐ. ܫܢܐ ܚܠܦ ܫܢܐ. ܐܝܕܐ ܚܠܦ ܐܝܕܐ. ܪܓܠܐ ܚܠܦ ܪܓܠܐ.
25 ܟܘܝܐ ܚܠܦ ܟܘܝܐ. ܦܠܘܥܬܐ ܚܠܦ ܦܠܘܥܬܐ. ܡܚܘܬܐ ܚܠܦ ܡܚܘܬܐ܀ 26 ܘܡܐ ܕܢܡܚܐ ܓܒܪܐ ܠܥܝܢܐ ܕܥܒܕܗ ܐܘ ܠܥܝܢܐ
ܕܐܡܬܗ ܘܢܚܒܠܝܗ. ܒܪ ܚܐܪܐ ܢܫܕܪܝܘܗܝ ܚܠܦ ܥܝܢܗ. 27 ܘܐܢ ܫܢܐ ܕܥܒܕܗ ܐܘ ܫܢܐ ܕܐܡܬܗ ܢܦܠܐ. ܒܪ ܚܐܪܐ
ܢܫܕܪܝܘܗܝ ܚܠܦ ܫܢܗ. 28 ܘܡܐ ܢܢܓܘܚ ܬܘܪܐ ܠܓܒܪܐ ܐܘ ܠܐܢܬܬܐ ܘܢܡܘܬ. ܡܬܪܓܡܘ ܢܬܪܓܡ ܬܘܪܐ. ܘܠܐ ܢܬܐܟܠ
ܒܣܪܗ. ܘܡܪܗ ܕܬܘܪܐ ܢܗܘܐ ܙܟܝ. 29 ܘܐܢ ܬܘܪܐ ܢܓܚܢܐ ܗܘܐ ܡܢ ܐܬܡܠܝ ܘܡܢ ܕܩܕܡܘܗܝ. ܘܐܣܗܕܘ ܒܡܪܗ
ܘܠܐ ܢܛܪܗ. ܘܢܩܛܘܠ ܠܓܒܪܐ ܐܘ ܠܐܢܬܬܐ. ܬܘܪܐ ܢܬܪܓܡ ܘܐܦ ܡܪܗ ܢܬܩܛܠ. 30 ܘܐܢ ܟܘܦܪܐ ܢܣܝܡܘܢ ܥܠܘܗܝ.
ܢܬܠ ܦܘܪܩܢܐ ܕܢܦܫܗ ܐܝܟ ܟܠ ܕܢܣܝܡܘܢ ܠܗ. 31 ܘܐܢ ܠܒܪܐ ܐܘ ܠܒܪܬܐ ܢܢܓܘܚ ܬܘܪܐ. ܐܝܟ ܕܝܢܐ ܗܢܐ ܢܬܥܒܕ ܠܗ.
32 ܘܐܢ ܠܥܒܕܐ ܐܘ ܠܐܡܬܐ ܢܢܓܘܚ ܬܘܪܐ. ܬܠܬܝܢ ܐܣܬܪܝܢ ܕܟܣܦܐ ܢܬܠ ܠܡܪܗ. ܘܬܘܪܐ ܢܬܪܓܡ܀

[18] Und wenn zwei Männer (miteinander) raufen und ein Mann seinen Nächsten mit einem Stein oder mit Faustgewalt schlägt, dass er nicht stirbt, aber in Krankheit fällt, – [19] wenn er aufsteht und draußen an seinem Stab umhergeht, dann soll der, der ihn schlug, unschuldig sein. Nur soll er ihm (Erstattung) geben (für) seinen Wegfall des Arbeitens und den Lohn des Arztes. [20] Und wenn ein Mann seinen Sklaven oder seine Sklavin mit dem Stock schlägt, dass er unter seiner Hand stirbt, (dann) soll er unbedingt gerichtet werden. [21] Doch wenn er aber einen Tag oder zwei Tage am Leben bleibt, soll er nicht gerichtet werden, denn er ist sein Geld. [22] Und wenn zwei Männer (miteinander) raufen und (dabei) eine Frau, die schwanger ist, schlagen und (sie) ihren Fötus abtreiben, aber kein (weiterer) Schaden ent-

steht, soll (der Schuldige) gewiss gestraft werden gemäß dem, was der Ehemann der Frau ihm auferlegt, und er soll (es) geben gemäß dem, was Richter erlassen. [23] Und wenn (weiterer) Schaden entsteht, dann soll er geben Seele um Seele, [24] Auge um Auge, Zahn um Zahn, Hand um Hand, Fuß um Fuß, [25] Brandmal um Brandmal, Wunde um Wunde, Strieme um Strieme. [26] Und wenn ein Mann das Auge seines Sklaven oder das Auge seiner Sklavin schlägt und es zerstört, soll er ihn für sein Auge als freien Mann wegschicken. [27] Und wenn er den Zahn seines Sklaven oder den Zahn seiner Sklavin ausschlägt, soll er ihn für seinen Zahn als freien Mann wegschicken. [28] Und wenn ein Rind einen Mann oder eine Frau durchbohrt, dass er stirbt, soll das Rind unbedingt gesteinigt werden. Und sein Fleisch soll nicht gegessen werden und der Besitzer des Rindes soll unschuldig sein. [29] Und wenn (das) Rind schon seit einiger Zeit stößig war und sein Besitzer gewarnt wurde, es aber nicht verwahrt hat – und (wenn) es einen Mann oder eine Frau tötet, soll das Rind [Ø] gesteinigt werden und auch sein Besitzer soll getötet werden. [30] Und wenn sie ihm ein Lösegeld auferlegen, dann soll er das Auslösungsgeld seiner Seele geben so viel, wie sie (von) ihm erbitten. [31] Wenn das Rind einen Sohn oder eine Tochter durchbohrt, soll nach diesem Recht an ihm gehandelt werden. [32] Und wenn das Rind einen Sklaven oder eine Sklavin durchbohrt, soll er seinem Herrn dreißig Schekel Silber geben und das Rind soll gesteinigt werden.

Auswertung:

Eine Unterscheidung zwischen den Formen des Beginns der Auseinandersetzung in vv.18.22 liegt vergleichbar zu MT ebenso in LXX, Sam und den samaritanisch-aramäischen Targumim[981] vor. Peš bezeugt, wie TgO und TPsJ,[982] eine Angleichung zwischen v.18 und v.22 mittels Ausrichtung auf eine physische Auseinandersetzung.

In v.19 vereindeutigt die LXX die anscheinend zu MT identisch lesende Vorlage ורפא ירפא* zum Aufkommen des Täters für die entstandenen Heilungskosten, wohl in Angleichung an eine dem Übersetzer aus Ägypten bekannte Praxis.[983] Dieses Textverständnis zeichnet sich auch in Peš ab.

In v.20 weist Peš mit der Lesart ܡܬܕܝܢܘ ܢܬܕܝܢ darauf, dass die Praxis der Blutrache keinen Deutungshorizont für die in Ex^Peš 21,20 angeordnete Strafe darstellt. Die Lesart deutet auf eine Explikation des bereits für MT erwogenen Verständnisses, dass den Sklavenhalter für den Totschlag eines Sklaven eine gerichtliche Verurteilung, ohne klare Festsetzung auf die Todesstrafe, ereilen soll. Auch für Ex^LXX 21,20 ist anhand der Übersetzung δίκῃ ἐκδικηθήτω eine Zuspitzung auf eine in einem gerichtlichen Verfahren festzusetzende Strafe erwogen worden.[984] Da ἐκδικέω im Pentateuch allerdings ein Standardäquivalent für נק"ם ist, deckt sich der Befund der LXX in der anzunehmenden Vorlage hier mit dem im MT bezeugten Konsonantenbestand und der Lesung einer passiven Diathese. Das Vorliegen einer semantischen Zuspitzung in der LXX ist für Ex 21,20 damit unsicher.

---

981 Vgl. Tal, *Samaritan Targum I*, 308 f.310 f.

982 Vgl. Sperber, *Pentateuch*, 124; Clarke, *Pseudo-Jonathan*, 93.

983 Vgl. Schaper, „Exodos“, 302.

984 Vgl. Houtman, *Bundesbuch*, 152.

Darüber hinaus zeichnen sich Spuren antiker Textinterpretation in v.22 in der Übersetzung von כאשר* ab: LXX und Peš lesen, ebenso wie TgPsJ,[985] eine vergleichende Partikel. Die Festsetzung einer Strafe ist damit obligatorisch. Hinsichtlich der inneren Logik des Gesetzes setzt dies voraus, dass die Früh- oder Fehlgeburt in jedem Falle einen kompensationswürdigen Schaden für den Ehemann darstellt.

In vv.22 f. zeigt die LXX deutliche Abweichungen zum im MT bezeugten Text, indem keine Formulierung über einen weiteren Schaden, sondern mit μὴ ἐξεικονισμένον eine nähere Beschreibung zum Entwicklungsstadium des Kindes vorliegt. Ausschlaggebend für die Auferlegung eines Bußgeldes (v.22) oder die Anwendung der Talion (vv.23–25) wird damit in der LXX die Frage, ob der abgegangene Embryo bzw. Fötus bereits in „ebenbildlicher Gestalt" (Gen^{LXX} 1,26; 9,6) ausgebildet war.[986]

Im Sam zeichnet sich eine Tendenz zur Generalisierung der Bestimmungen ab (z. B. vv.18.20.28.29).[987] Mit der Lesung von מות יומת liegt in Ex^{Sam} 21,20 ein wichtiger Unterschied zu MT, LXX und Peš vor. Mit מות יומת qualifiziert Sam den Totschlag eines Sklaven als ein mit der Todesstrafe zu ahndendes Vergehen. Darin erhebt Sam die menschliche Würde zum uneingeschränkten Prinzip – sowohl für die Tötung freier Bürger als auch für die von Sklaven.[988]

In v.29 verdeutlich die LXX mit καὶ μὴ ἀφανίσῃ αὐτόν, dass eine Beseitigung des stößigen Rindes durch den Besitzer erwartet wird, sobald ihm diese Eigenschaft des Rindes angezeigt wurde. Dies geht wahrscheinlich auf eine Lesung von שמ"ד* in der Vorlage zurück und betont die Verantwortung des Besitzers für die vollständige Beseitigung der Gefahr. Die subtile Profilierung des Handelns des Besitzers als enorme Fahrlässigkeit begründet innerhalb der Kausallogik von vv.29 f. verstärkt die Anordnung der Todesstrafe für den Mitschuldigen. Der syntaktische Anschluss von v.30 unter Einfügung eines δέ expliziert zudem, dass die Zahlung eines Sühnegelds lediglich eine Alternative darstellt, die dem Mitschuldigen gewährt werden kann.

b. Clusterebene: Wechselseitige Begründungsstrukturen im Cluster Ex 21,18–32

Grafisch ist das Cluster Ex 21,18–32 in MT, Sam und Peš nach v.32 durch eine *Parascha setuma*, *Qitza* bzw. einen einfachen Punkthaufen abgegrenzt. Vor v.18

985 Vgl. Clarke, *Pseudo-Jonathan*, 93.

986 Vgl. Schaper, „Exodos", 302 f.

987 Vroom deutet die Generalisierungstendenz des Sam als Beleg für die Entwicklung des Verbindlichkeitscharakters der Tora, s. Vroom, *Authority of Law*, 135–138.144–146. Zur Generalisierung durch Auslassung oder das Ersetzen von Wörtern in Sam s. Müller/Pakkala, *Editorial Techniques*, 346 f.394 f.

988 Vgl. auch Propp, *Exodus 19–40*, 219.

finden sich im MT und Sam eine *Parascha setuma* bzw. *Qitza*. Die LXX bezeugt in Ms *ExodB* zudem Ausrückungen in vv.18.33,[989] welche eine grafische Untergliederung anzeigen. Formal grenzt sich Ex 21,18–32 von Ex 21,12–17 anhand des Nicht-Vorliegens der מות יומת-Formel (abgesehen von Ex^{Sam} 21,20) und von Ex 21,33–22,14 anhand des Fehlens einer של"ם-Forderung ab.

Das Cluster Ex 21,18–32 enthält Regelungen zu Körperverletzungen, die eine unmittelbare oder mittelbare Schädigung eines freien Bürgers mit sich bringen. Eine direkte Schädigung eines freien Bürgers liegt in den Gesetzen der vv.18 f.28 f. vor. Indirekte Schädigungen betreffen die Verletzung der schwangeren Frau (vv.22–25), der Kinder (v.31) und der Sklaven (v.32). Die übermäßige Misshandlung von Sklaven stellt eine indirekte Selbstschädigung des Sklavenhalters dar (vv.20 f.26 f.). Das Kompensationsprinzip, welches einen gleichwertigen Ausgleich zur Herstellung ausgesöhnter Verhältnisse zwischen *beiden* jeweils beteiligten Parteien vorsieht,[990] formt das Cluster zu einer Sinneinheit.

Die Schädigung von Sklaven nimmt im Rahmen des Kompensationsprinzips eine Sonderrolle ein, da die erforderliche Entschädigung hier sowohl dem Sklavenbesitzer (v.32) als auch dem Sklaven selbst (vv.26 f.) zustehen kann. Insgesamt ordnen MT, LXX und Peš in Ex 21,18–32 das Leben des Sklaven vorrangig den wirtschaftlichen Ansprüchen des Sklavenhalters unter (vv.20 f.). Einzig Sam gewichtet, wenn es um Leben und Tod des Sklaven geht, das Prinzip der Unersetzbarkeit menschlichen Lebens höher und sieht im vorsätzlichen Totschlag eines Sklaven ein todeswürdiges Vergehen (v.20).

c. Begründungsstrukturen im Textraum *Bundesbuch*

MT:

1. Ex 21,18–32 in Beziehung zu Ex 21,2–11: Humaner Umgang mit Sklaven aus Gründen von Wirtschaftlichkeit und Solidarität

Im Textraum *Bundesbuch* liegt zwischen Ex 21,18–32 und Ex 21,2–11 eine Textbeziehung anhand der Sklaventhematik (vv.20 f.26 f.32) vor, welche sich auch in den verbindenden Stichworten (z. B. אמה, עבד, יצ"א, כסף, חפשי) abzeichnet (s. 5.1.3.c.MT:2).

Sowohl Ex 21,18–32 als auch Ex 21,2–11 beruhen auf Prinzipien der wirtschaftlichen Fairness und formulieren Schutzmechanismen für Sklavinnen und Sklaven, die auf die Erzielung eines höherwertigen Nutzens abgezweckt sind und in der Textbeziehung zwischen Ex 21,2–11 und Ex 21,18–32 einander ergän-

989 Vgl. Gurtner, *Exodus*, 390.392.
990 S. dazu auch Daube, „Lex Talionis", 146.

zen: Ex 21,2–11 bezieht sich auf den Schutz der Konkubine, um den personellen Fortbestand der Gemeinschaft zu sichern (s. 5.1.3.b). Ex 21,18–32 bezieht sich auf den körperlichen Schutz von Sklavinnen und Sklaven, um deren Arbeitsfähigkeit und Wirtschaftskraft für den Hausherrn zu erhalten. Letztere Zweckbestimmung implizieren die jeweils vorgesehenen Strafen in Ex 21,20 f.26 f., die für den Fall einer übermäßigen Misshandlung des Sklaven eine wirtschaftliche Schädigung des Hausherrn mit sich bringen.

Im Zusammenhang mit Ex 21,2–11 lässt sich die Volkszugehörigkeit der Sklavinnen und Sklaven aus Ex 21,18–32 *auch* auf hebräische Sklaven hin spezifizieren: Die Nennung der Sklavinnen und Sklaven in Ex 21,18–32 kann ebenso Hebräer einschließen.[991] An die Thematisierung des Umgangs mit dem hebräischen Sklaven in Ex 21,2 bindet sich im Textraum *Bundesbuch* der Anspruch von Solidarität (s. 5.1.3.c.MT:3), welcher auf die übrigen Sklavenbestimmungen in Ex 21,18–32 übertragbar ist und im Zusammenhang der Körperverletzungsthematik zu einer Forderung des humanen Umgangs mit Sklavinnen und Sklaven ausgeformt werden kann.

2. Ex 21,18–32 in Beziehung zu Ex 21,12–17; Ex 21,33–22,14: Die Kompositionsstruktur des Bundesbuches und der Schutz der körperlichen Unversehrtheit

Das Cluster Ex 21,18–32 ist im Textraum *Bundesbuch* thematisch anhand der Behandlung von Körperverletzungen mit Ex 21,12–17 und anhand des Grundsatzes des Ausgleichs von Schädigungen mit Ex 21,33–22,14 verbunden. Lexematische Berührungen bestehen zwischen den Textclustern z. B. anhand von נכ״י, נג״ח, איש und רע. Die genannten Textbeziehungen gestalten sich schwach bis mäßig kommunikativ und referentiell.

In Ex 21,12–17 steht der Schutz des Sozialverbandes im Vordergrund. Ex 21,33–22,14 thematisiert den Schutz des Eigentums freier Bürger. Die Bestimmungen des Clusters Ex 21,18–32 stehen kompositionell innerhalb des Bundesbuches zwischen den todeswürdigen (Ex 21,12–17) und den erstattungspflichtigen Vergehen (Ex 21,33–22,14). Diese Zwischenstellung spiegelt sich in den Sanktionen des vorliegenden Clusters, die zwischen körperlicher und finanzieller Strafe changieren.[992] Die Sanktionen in Ex 21,18–32 stellen gegenüber Ex 21,33–22,14 keine Er-

---

991 Vgl. dazu Houtman, *Bundesbuch*, 150.

992 Für die Praxis der Talion ist die Frage nach körperlicher oder finanzieller Bestrafung nicht eindeutig zu klären (s. Anm. 962), in Ex 21,30 ist diese Alternative im vorliegenden Cluster belegt. Die kompositionelle Stellung des Clusters im Bundesbuch zwischen einem Cluster mit der Todes- und einem mit der Erstattungsstrafe legt nahe, dass Ex 21,18–32 bewusst beide Optionen zur Anwendung vorsieht.

stattung im Sinne einer exakten Behebung des entstandenen Schadens dar.[993] Diese ist bei manch bleibenden körperlichen Schäden oder Fällen, in denen ein Mensch zu Tode kommt, auch kaum möglich.[994] Sie beziehen sich allerdings auch nicht auf materiell nicht ausgleichbare Vergehen gegen den Sozialverband (Ex 21,12–17), da die körperliche Schädigung unmittelbar nur den Einzelnen bzw. mittelbar dessen zugehörige Autoritätsperson betrifft. In Anbetracht dessen profiliert die Kompositionsstruktur des Bundesbuches eine Rangfolge der den Clustern jeweils zugrunde liegenden Werte: Der Schutz des Sozialverbandes in Ex 21,12–17 ist dem Schutz der körperlichen Unversehrtheit in Ex 21,18–32 vorgeordnet. Der Schutz des Eigentums in Ex 21,33–22,14 hingegen ist dem Schutz der körperlichen Unversehrtheit in Ex 21,18–32 nachgeordnet.

LXX, Sam und Peš:
Auch in LXX, Sam und Peš bestehen für Ex 21,18–32 im Textraum *Bundesbuch* Textbeziehungen zu den Clustern Ex 21,2–11; 21,12–17; 21,33–22,14. Im Unterschied zu MT und Sam hat das vorliegende Cluster in LXX und Peš an der mittels κύριος bzw. ܡܪܝܐ/ܡܪܐ gestalteten Querverbindung teil, welche im Textraum *Bundesbuch* für das vorliegende Cluster unmittelbar die Perspektive des gemeinsamen Unterstelltseins unter Jhwh eröffnet (s. 5.1.3.c.LXX).

Hinsichtlich der Positionierung des vorliegenden Clusters zwischen den todeswürdigen Vergehen gegen den Sozialverband (Ex 21,12–17) und den erstattungspflichtigen Vergehen gegen fremdes Eigentum (Ex 21,33–22,14) liegen in LXX und Sam Verschiebungen im Vergleich zu MT vor: Sam verbindet das Cluster anhand der מות יומת-Formel in der Frage nach dem Schutz des Lebens von Sklaven mit den todeswürdigen Vergehen in Ex^{Sam} 21,12–17. Auch der vorsätzliche Totschlag eines Sklaven ist damit im Sam ein Vergehen gegen die Gemeinschaft. Im Ausgleich zu dieser engen Anbindung an Ex^{Sam} 21,12–17 intensiviert Sam in vv.28.29 mit dem generalisierenden Stichwort בהמה am Übergang zu den Eigentumsdelikten (v.32) die lexematische Anbindung an Ex^{Sam} 21,33–22,14 (בהמה: 21,32.33.35.36; 22,3). Auf diese Weise profiliert auch Sam die Bestimmungen des vorliegenden Clusters in ihrer Zwischenposition zwischen den todes- und den erstattungswürdigen Vergehen.

Zur Unterscheidung von Entschädigungs- und Erstattungsleistungen differenziert MT präzise zwischen נת"ן und של"ם in den Clustern Ex 21,18–32 und 21,33–22,14. Die LXX verwendet allerdings in Ex^{LXX} 21,19 das auch für של"ם gebräuchliche

993 Eine Ausnahme stellt die in Ex 21,32 anzutreffende Eigentumslogik dar, die am Übergang zu Ex 21,33–22,14 für den Sklaven eine finanzielle Erstattung – wohl im durchschnittlichen Wert eines Sklaven (vgl. Propp, *Exodus 19–40*, 236) – vorsieht.
994 Vgl. Jacob, *Exodus*, 678.

Äquivalent ἀποτίνω. Sie fokussiert damit die Erstattung der Arztkosten, welche den finanziellen Schaden des Opfers exakt behebt.[995] Darin setzt sie die klare Differenzierung, die MT spiegelt, konsequent um und bezeugt die Durchlässigkeit der Entschädigungssanktionen des Clusters Ex^{LXX} 21,18–32 zu Erstattungssanktionen.

d. Begründungsstrukturen im Textraum *Sinaiperikope*

MT:

1. Ex 21,18–32 in Beziehung zu Ex 19 f.: Das Vergehen des stößigen Rindes als Sakrileg

Im Textraum *Sinaiperikope* besteht ein stark selektives intertextuelles Verhältnis zwischen Ex 21,18–32 und Ex 19 f., welches vorrangig durch den Gebrauch der *figura etymologica* סקול יסקל markiert ist. Diese ist innerhalb der Sinaiperikope nur in Ex 19,13 und Ex 21,28 belegt. Die Forderung der Steinigung führt Ex 19,13 als Strafe für das Betreten oder Berühren des Berges Sinai während des Erscheinens Jhwhs (Ex 19,12 f.) an. Die Steinigung sanktioniert hierbei das Eindringen in einen heiligen Bereich und steht somit im Zusammenhang eines kultisch-religiösen Tabubruchs. Vor diesem Hintergrund lässt die Forderung der Steinigung des Rindes in Ex 21,18–32 darauf schließen, dass das Rind – im Lichte von Ex 19,12 f. – einen heiligen Bereich angetastet hat: Die Steinigung straft das Rind für ein Sakrileg, welches im „Aufstand gegen die von Gott gesetzte, irdische Autoritätsrangfolge“[996] besteht.

2. Ex 21,18–32 in Beziehung zu Lev 19: Keine Blutrache für den in Ex 21,20 getöteten Sklaven

Im Textraum *Sinaiperikope* verbindet Ex 21,18–32 und Lev 19 in schwach bis mäßiger Kommunikativität, Referentialität und Dialogizität insbesondere die Frage der Rache (נק"ם): Während Ex 21,20 explizit Rache für den vorsätzlichen Totschlag eines Sklaven fordert (נק"ם), verbietet Lev 19,18 generell die Durchführung der Rache (נק"ם), im Mindesten unter Angehörigen eines Verwandtschaftsverbandes (בני עמך). Lev 19,18 lehnt die Rache auf Basis theologischer Prämissen ab. Aus-

995 Da die im MT überlieferte Lesart mit ורפא ירפא hier mehrdeutig formuliert ist, bleibt die Erstattung von Arztkosten Teil der Interpretation des Textes. Sofern die LXX-Vorlage hier einen zu MT identischen Konsonantenbestand liest, expliziert der LXX-Übersetzer diese Interpretation (s. o.) und schafft damit eine enge Verbindung zu den Erstattungsregeln des nachfolgenden Clusters. MT hingegen verbleibt ohne Erstattungsterminologie in der Zwischenstellung zwischen einem körperlich-materiellen und finanziellen Ausgleich, zwischen der Option der Pflege durch den Täter und einer Geldleistung.

996 Propp, *Exodus 19–40*, 233 f. (Übers. AmK)

schlaggebend sind dabei die Vorstellung der Heiligkeit Jhwhs, welcher die Israeliten entsprechen sollen (Lev 19,2), und die Deutung des Exodus-Geschehens als Herausführung durch Jhwh (Lev 19,36), welche in ihrer befreienden Strahlkraft die Liebe des (israelitischen) Nächsten (רע/בני עמך, Lev 19,18) und des Fremden (גר, Lev 19,34) ermöglicht.[997] Dementsprechend setzt Lev 19,18 voraus, dass die Rache als Rechtsinstrument Jhwh übergeben ist[998] und dieser als Garant des Rechts für einen angemessenen Ausgleich sorgen wird (s. 5.2.1.d.MT:2).

Sowohl Ex 21,20 als auch Lev 19,18 binden ihrem Ko- und Kontext zufolge die Idee der von Menschen umgesetzten, ausgleichenden Gerechtigkeit an das Konzept der Rache. Angesichts der Tragweite von Lev 19,18, die keineswegs eine generelle Straflosigkeit von Unrecht intendiert, ist die Annahme sinnbringend, dass sich das Verbot vorrangig an der Praxis der Blutrache entzündet.[999] In dieser Konkretion wird die Blutrache, die MT für Ex 21,20 auf der Mikro- und Clusterebene nicht anstrebt (s. o.), für Ex 21,20 im Textraum *Sinaiperikope* assoziierbar und zugleich als unangemessene Rache abgelehnt.

3. Ex 21,18–32 in Beziehung zu Lev 24,15b–22: Das Kompensationsprinzip im theologischen Begründungszusammenhang als Entfaltung der Anerkennung Jhwhs

Das intertextuelle Verhältnis zwischen Ex 21,18–32 und Lev 24,15b–22 bezieht sich lexematisch und thematisch auf den Talionsgrundsatz (Ex 21,24; Lev 24,20: עין תחת עין שן תחת שן). Die Beziehung zwischen beiden Texten ist mäßig kommunikativ und referentiell sowie stark selektiv. Lev 24,15b–22 stellt den Rechtsgrundsätzen thematisch und kompositionell die Anerkennung Jhwhs voran. Die Talionsbestimmungen stellen sich somit als Entfaltung der Anerkennung Jhwhs dar. Vor diesem Hintergrund wird das Prinzip des gleichwertigen Ausgleichs, welches Ex 21,18–32 insgesamt grundiert, in der Textbeziehung zu Lev 24,15b–22 mit theologischer Bedeutung angereichert.

LXX, Sam und Peš:

Die LXX weist im Textraum *Sinaiperikope* die bereits für MT betrachteten Textbeziehungen auf. Sam und Peš hingegen stellen lexematisch und thematisch keine spezifische Verbindung zu Lev 19,18 her. Dazu fehlen insbesondere die Stichwortberührungen für das jeweilige Äquivalent zu נק"ם. Für Ex^{Sam} 21,20 bedeutet die

997 Vgl. auch Brandscheidt, „Blutrache", in: *WiBiLex* (2011), 3; Moenikes, „Liebesgebot (AT)", in: *WiBiLex* (2012), 2.2.1.

998 Vgl. Brandscheidt, „Blutrache", in: *WiBiLex* (2011), 3.

999 Vgl. Brandscheidt, „Blutrache", in: *WiBiLex* (2011), 3.

Kappung der Textbeziehung zu Lev^{Sam} 19,18 die unbedingte Beibehaltung der מות יומת-Strafe für die vorsätzliche Tötung eines Sklaven, auch im Falle einer Infragestellung der Praxis der Blutrache.

Peš hingegen weitet in der Übersetzung von Lev 19,18 den Zusammenhang auf ethische Grundsätze aus und übersetzt: ܠܐ ܬܛܪ ܒܥܠܕܒܒܘܬܐ ܠܒܢܝ ܥܡܟ. „Du sollst nicht Feindschaft beibehalten zu den Söhnen deines Volkes“.[1000] Lexematisch liegt zwischen Ex^{Peš} 21,18–32 und Lev^{Peš} 19,18 keine spezifische Verbindung vor. Gleichwohl ordnet sich das in Ex^{Peš} 21,18–32 zugrunde liegende Kompensationsprinzip, welches dem Ziel der Wiederherstellung ausgesöhnter Verhältnisse dient, thematisch der Forderung eines friedlichen Zusammenlebens von Lev^{Peš} 19 zu.

e. Begründungsstrukturen im Textraum *Exodusbuch*

MT:

Im Textraum *Exodusbuch* ergeben sich für das Cluster Ex 21,18–32 spezifische lexematische und thematische Bezüge anhand der Problematik des Totschlags zu Ex 2,11–15, z. B. mittels נכ״י, רע und נצ״י. Die Beziehung beider Texte ist schwach bis mäßig kommunikativ sowie in erhöhtem Maße referentiell und selektiv.

In Ex 2,11–15 begeht Mose einen Totschlag, der im Lichte von Ex 21,20 als Rache für einen tödlich misshandelten Sklaven verstehbar wird. Gleichwohl entspricht das Handeln des Mose in Ex 2,11–15 nicht den in Ex 21,20 intendierten Vorgängen: Die Tat des Mose stellt aufgrund der Gegebenheiten in Ägypten keineswegs eine geordnete rechtliche Verfolgung dar, wie sie Ex 21,20 vorsieht. Zudem hat sie möglicherweise auch nicht als verhältnismäßige Rache für den Totschlag eines Sklaven zu gelten, da Ex 21,20 nicht explizit die Todesstrafe als Strafmaß ansetzt und Ex 2,11–15 eine absichtliche Übersteigerung in der Reaktion des Mose zeichnet, um dessen intensive Zugehörigkeit zum Volk Israel zu erweisen.

Die Frage nach der angemessenen Behandlung von Sklaven verbindet das Cluster Ex 21,18–32 mit Ex 2,11–15 sowie Ex 1–15 insgesamt. In der Begründung der wirtschaftlichen (Selbst-)Schädigung des Sklavenhalters verdeutlicht Ex 21,18–32, dass die nicht unmittelbar tödliche Misshandlung von Sklaven zwar kein Zeichen von Kriminalität (Ex 21,21), wohl aber von großer Torheit ist:[1001] „[T]he archetype of such brutish stewardship [is; AmK] Pharaoh himself, who chose to oppress his own Hebrew slaves.“[1002] Die in Ex 21,18–32 zugrunde liegende Forderung der angemessenen Behandlung von Sklaven begründet sich in der Textbezie-

1000 Vgl. Payne Smith, *Thesaurus Syriacus I*, 2353; Payne Smith/Payne Smith, *Compendious Dictionary*, 337.

1001 Vgl. Propp, *Exodus 19–40*, 220.

1002 Propp, *Exodus 19–40*, 220.

hung zu Ex 1–15 aus der Kontrastierung des geforderten Verhaltens des Sklavenhalters zum Verhalten Pharaos und der Ägypter.

LXX, Sam und Peš:

Auch LXX, Sam und Peš weisen insbesondere Ex 2,11–15 als Bezugstext des vorliegenden Clusters im Textraum *Exodusbuch* auf. Eigene Akzente setzt dabei Sam: Aufgrund der Anordnung der מות יומת-Strafe in Ex^{Sam} 21,20 kann der Totschlag des Mose in Ex^{Sam} 2,11–15 nicht als unverhältnismäßige Rache verstanden werden, sondern stellt sich als Wahrung unumstößlicher israelitischer Grundsätze dar – auch vor deren Formulierung im Bundesbuch, in der Fremde und unter den Bedingungen der Versklavung des eigenen Volkes. Dahingehend profiliert Sam im Zusammenspiel von Ex^{Sam} 21,18–32 und Ex^{Sam} 2,11–15 Mose als einen rechtschaffenen und heldenhaften Charakter, welcher für die Adressaten der Bestimmungen des Clusters Vorbildwirkung haben und zur Befolgung der Gesetze motivieren kann.

5.3.3 Das Textcluster Ex 21,33–22,14

a. Mikroebene: Begründungsstrukturen innerhalb der Einzelgesetze Ex 21,33–22,14 – Schäden an fremdem Eigentum

MT:

33 וְכִֽי־יִפְתַּח אִישׁ בּוֹר אוֹ כִּֽי־יִכְרֶה אִישׁ בֹּר וְלֹא יְכַסֶּנּוּ וְנָֽפַל־שָׁמָּה שּׁוֹר אוֹ חֲמֽוֹר׃ 34 בַּעַל הַבּוֹר
יְשַׁלֵּם כֶּסֶף יָשִׁיב לִבְעָלָיו וְהַמֵּת יִֽהְיֶה־לּֽוֹ׃ ס 35 וְכִֽי־יִגֹּף שׁוֹר־אִישׁ אֶת־שׁוֹר רֵעֵהוּ וָמֵת וּמָכְרוּ
אֶת־הַשּׁוֹר הַחַי וְחָצוּ אֶת־כַּסְפּוֹ וְגַם אֶת־הַמֵּת יֶֽחֱצֽוּן׃ 36 אוֹ נוֹדַע כִּי שׁוֹר נַגָּח הוּא מִתְּמוֹל שִׁלְשֹׁם
וְלֹא יִשְׁמְרֶנּוּ בְּעָלָיו שַׁלֵּם יְשַׁלֵּם שׁוֹר תַּחַת הַשּׁוֹר וְהַמֵּת יִֽהְיֶה־לּֽוֹ׃ ס 37 כִּי יִגְנֹֽב־אִישׁ שׁוֹר אוֹ־שֶׂה
וּטְבָחוֹ אוֹ מְכָרוֹ חֲמִשָּׁה בָקָר יְשַׁלֵּם תַּחַת הַשּׁוֹר וְאַרְבַּֽע־צֹאן תַּחַת הַשֶּֽׂה׃ 22,1 אִם־בַּמַּחְתֶּרֶת יִמָּצֵא
הַגַּנָּב וְהֻכָּה וָמֵת אֵין לוֹ דָּמִֽים׃ 2 אִם־זָֽרְחָה הַשֶּׁמֶשׁ עָלָיו דָּמִים לוֹ שַׁלֵּם יְשַׁלֵּם אִם־אֵין לוֹ וְנִמְכַּר
בִּגְנֵבָתֽוֹ׃ 3 אִֽם־הִמָּצֵא תִמָּצֵא בְיָדוֹ הַגְּנֵבָה מִשּׁוֹר עַד־חֲמוֹר עַד־שֶׂה חַיִּים שְׁנַיִם יְשַׁלֵּֽם׃ ס 4 כִּי
יַבְעֶר־אִישׁ שָׂדֶה אוֹ־כֶרֶם וְשִׁלַּח אֶת־(בְּעִירֹה) [בְּעִירוֹ] וּבִעֵר בִּשְׂדֵה אַחֵר מֵיטַב שָׂדֵהוּ וּמֵיטַב
כַּרְמוֹ יְשַׁלֵּֽם׃ ס 5 כִּֽי־תֵצֵא אֵשׁ וּמָצְאָה קֹצִים וְנֶאֱכַל גָּדִישׁ אוֹ הַקָּמָה אוֹ הַשָּׂדֶה שַׁלֵּם יְשַׁלֵּם
הַמַּבְעִר אֶת־הַבְּעֵרָֽה׃ ס 6 כִּֽי־יִתֵּן אִישׁ אֶל־רֵעֵהוּ כֶּסֶף אֽוֹ־כֵלִים לִשְׁמֹר וְגֻנַּב מִבֵּית הָאִישׁ
אִם־יִמָּצֵא הַגַּנָּב יְשַׁלֵּם שְׁנָֽיִם׃ 7 אִם־לֹא יִמָּצֵא הַגַּנָּב וְנִקְרַב בַּֽעַל־הַבַּיִת אֶל־הָֽאֱלֹהִים אִם־לֹא
שָׁלַח יָדוֹ בִּמְלֶאכֶת רֵעֵֽהוּ׃ 8 עַֽל־כָּל־דְּבַר־פֶּשַׁע עַל־שׁוֹר עַל־חֲמוֹר עַל־שֶׂה עַל־שַׂלְמָה
עַל־כָּל־אֲבֵדָה אֲשֶׁר יֹאמַר כִּי־הוּא זֶה עַד הָֽאֱלֹהִים יָבֹא דְּבַר־שְׁנֵיהֶם אֲשֶׁר יַרְשִׁיעֻן אֱלֹהִים יְשַׁלֵּם
שְׁנַיִם לְרֵעֵֽהוּ׃ ס 9 כִּֽי־יִתֵּן אִישׁ אֶל־רֵעֵהוּ חֲמוֹר אוֹ־שׁוֹר אוֹ־שֶׂה וְכָל־בְּהֵמָה לִשְׁמֹר וּמֵת אוֹ־נִשְׁבַּר
אוֹ־נִשְׁבָּה אֵין רֹאֶֽה׃ 10 שְׁבֻעַת יְהוָה תִּהְיֶה בֵּין שְׁנֵיהֶם אִם־לֹא שָׁלַח יָדוֹ בִּמְלֶאכֶת רֵעֵהוּ וְלָקַח
בְּעָלָיו וְלֹא יְשַׁלֵּֽם׃ 11 וְאִם־גָּנֹב יִגָּנֵב מֵעִמּוֹ יְשַׁלֵּם לִבְעָלָֽיו׃ 12 אִם־טָרֹף יִטָּרֵף יְבִאֵהוּ עֵד הַטְּרֵפָה
לֹא יְשַׁלֵּֽם׃ פ
13 וְכִֽי־יִשְׁאַל אִישׁ מֵעִם רֵעֵהוּ וְנִשְׁבַּר אוֹ־מֵת בְּעָלָיו אֵין־עִמּוֹ שַׁלֵּם יְשַׁלֵּֽם׃ 14 אִם־בְּעָלָיו עִמּוֹ לֹא
יְשַׁלֵּם אִם־שָׂכִיר הוּא בָּא בִּשְׂכָרֽוֹ׃ ס

[33] Und wenn jemand eine Zisterne öffnet oder wenn jemand eine Zisterne gräbt und sie nicht zudeckt, und ein Rind oder ein Esel fällt dort hinein, [34] (dann) soll der Besitzer der Zisterne erstatten: Geld soll er seinen Besitzern erstatten, aber das tote (Tier) soll ihm gehören. [35] Und wenn jemandes Rind das Rind seines Nächsten stößt, dass es stirbt, dann sollen sie das lebende Rind verkaufen und sein Geld teilen, und auch das tote (Tier) sollen sie teilen. [36] Oder war bekannt, dass (das) Rind schon seit einiger Zeit stößig war, und sein Besitzer hat es nicht verwahrt, (dann) soll er ein Rind für das Rind unbedingt erstatten, aber das tote (Tier) soll ihm gehören. [37] Wenn jemand ein Rind oder ein Schaf stiehlt und es schlachtet oder verkauft, soll er fünf Rinder erstatten für das Rind und vier (Stück) Kleinvieh für das Schaf. [22,1] Wenn der Dieb beim Einbruch gefunden wird und er wird geschlagen, dass er stirbt, ist es ihm keine Blutschuld. [2] Wenn die Sonne über ihm aufgegangen ist, ist es ihm Blutschuld. Er soll es unbedingt erstatten. Wenn er nichts hat, dann soll er im Wert seines Gestohlenen verkauft werden. [3] Wenn das Gestohlene, von Rind bis Esel bis Schaf, lebend in seiner Hand doch gefunden wird, (dann) soll er das Doppelte erstatten. [4] Wenn jemand ein Feld oder einen Weinberg abweiden lässt und seinem Vieh freien Lauf lässt, dass es auf dem Feld eines anderen weidet, (dann) soll er das Beste seines Feldes und das Beste seines Weinbergs erstatten. [5] Wenn Feuer ausbricht und Dorngestrüpp erreicht, und ein Garbenhaufen oder das stehende Getreide oder das Feld verzehrt wird, soll der, der den Brand angezündet hat, unbedingt erstatten. [6] Wenn jemand seinem Nächsten Geld oder Gegenstände gibt, um es zu verwahren, und es wird aus dem Haus des Mannes gestohlen – falls der Dieb gefunden wird, soll er das Doppelte erstatten. [7] Falls der Dieb nicht gefunden wird, dann soll der Besitzer des Hauses zu Gott herantreten, (um herauszufinden,) ob er nicht seine Hand nach dem Besitz seines Nächsten ausgestreckt hat. [8] Bei jeder Sache von Vergehen an Rind, an Esel, an Schaf, an Kleidung, (oder) an jedem Verlorenen, von dem er sagt: Gewiss, dies ist es!, soll die Sache der beiden vor Gott kommen. Wen Gott für schuldig erklärt (Pl.), der soll seinem Nächsten das Doppelte erstatten. [9] Wenn jemand seinem Nächsten einen Esel oder ein Rind oder ein Schaf oder jegliches Tier gibt, um es zu verwahren, und es stirbt oder bricht sich (etwas) oder wird weggeführt (und) niemand sieht es, [10] (dann) soll der Schwur des HERRN zwischen ihnen beiden sein, ob er nicht seine Hand nach dem Besitz seines Nächsten ausgestreckt hat. Dann soll sein Besitzer es annehmen, und er soll nicht erstatten. [11] Wenn es ihm aber gewiss gestohlen worden ist, soll er es seinem Besitzer erstatten. [12] Wenn es gewiss zerrissen worden ist, soll er es als Beweis bringen; das Zerrissene soll er nicht erstatten.

[13] Und wenn jemand von seinem Nächsten (etwas) erbittet und es bricht sich (etwas) oder stirbt – sein Besitzer war nicht dabei, soll er es unbedingt erstatten; [14] falls sein Besitzer dabei war, soll er es nicht erstatten. Falls es gemietet war, geht es auf seinen Mietpreis.

Die in Ex 21,33–22,14 getroffenen Bestimmungen behandeln Fälle der Schädigung fremden Eigentums[1003] und enthalten keine expliziten Begründungsklauseln. Daher sind die binnentextuell gegebenen Begründungslogiken und Prinzipien unter Aufschlüsselung der Mikronarrative zu erheben. Zu diesem Zweck lassen sich die präsentierten Einzelbestimmungen folgendermaßen zusammenfassen:[1004]

1003 Vgl. auch Houtman, *Bundesbuch*, 181.

1004 Zur Gliederung s. auch Houtman, *Bundesbuch*, 181–211.

1. Ex 21,33–36
2. Ex 21,37–22,3
3. Ex 22,4 f.
4. Ex 22,6–14

ad 1) Ex 21,33–36 präsentiert zwei, jeweils variierte Mikronarrative zu Schädigungen fremden Viehs.[1005] Dabei werden folgende Ereignisketten und -konstellationen thematisiert:

Tab. 16: Ereignisgerüst in Ex 21,33–36.

vv.33 f.	E1a/b	Öffnen/Graben einer Zisterne
	E2	Offenstehenlassen der Zisterne
	E3	Hineinstürzen von Rind/Esel
	E4	Erstattung des Schadens
		E4.1 Geldzahlung an Besitzer
		E4.2 Verbleib des Kadavers

vv.35 f.	v.35		v.36	
			Z0	bekannte Stößigkeit des Rindes
			Z0.1	kein Verwahren dieses Tiers
	E1	Stoßen eines Rindes durch ein Rind		
	E2	Tod des gestoßenen Rindes	(E1–2 vorausgesetzt; E3 entfällt)	
	E3	Verkauf des lebenden Rindes		
	E4.1	Teilen des Verkaufserlöses	E4a.1	Erstattung 1:1
	E4.2	Teilen des Kadavers	E4a.2	Verbleib des Kadavers

Vv.33 f. beschreiben die Schädigung eines Rindes oder eines Esels durch den Sturz (E3) in eine offen gelassene Grube (E2). Die Reichweite der Bestimmung ist nicht notwendigerweise auf Rind und Esel zu begrenzen, insofern Rind und Esel auch exemplarisch für jegliches Vieh stehen können.[1006] Ein textliches Indiz dafür, dass שור und חמור in v.33 den Viehbestand im Allgemeinen bezeichnen, stellt die zunächst generelle Aufforderung zur Erstattung des entstandenen Schadens (בעל הבור ישלם; E4) dar, welche anschließend mit Regelungen zu einer Geldzahlung (E4.1) und zum Verbleib des Kadavers (E4.2) konkretisiert wird. In vv.35 f. fehlt jeweils eine vergleichbare generelle Formulierung zur Erstattung des entstandenen Schadens. Stattdessen wird direkt die konkrete Schadensregulierung (E4.1/E4.2; E4a.1/E4a.2) beschrieben.

1005 Vgl. auch Houtman, *Bundesbuch*, 182.
1006 Vgl. Houtman, *Bundesbuch*, 183.

Die in vv.33 f. und v.36 konstruierten Fälle beziehen sich auf den Umstand fahrlässigen Handelns im Offenstehenlassen der Zisterne (E2) bzw. in der unterlassenen Verwahrung eines bekannt stößigen Rindes (Z0.1). V.35 beinhaltet demgegenüber kein Moment von Fahrlässigkeit, sondern beschreibt ein durch den jeweiligen Viehbesitzer nicht kontrollier- und vermeidbares Geschehen. Die Differenzierung der Umstände spiegelt sich auch in der Formulierung der jeweiligen Schadensregulierung: Während vv.34.36 mit של״ם eine Erstattungsleistung von derjenigen Partei, der die Fahrlässigkeit zuzurechnen ist, fordert, beschreibt v.35 eine gleichmäßige Aufteilung des entstandenen Schadens unter den beiden involvierten Parteien.

Hinsichtlich vv.34.36 ist fraglich, auf wen sich die Regelung והמת יהיה־לו bezieht. Houtman zieht in Betracht, dass der Kadaver der jeweils fahrlässig handelnden Partei als Kompensation der zu tätigenden Erstattung zufalle.[1007] Dies würde die wirtschaftlichen Einbußen der für die Schädigung zur Verantwortung gezogenen Partei lindern und somit die Strafe für das fahrlässige Handeln minimieren. Propp erkennt die Uneindeutigkeit der Regelung an, bringt jedoch die Möglichkeit, dass der Kadaver als weiterer Ausgleich des Schadens und der Unannehmlichkeiten der geschädigten Partei übereignet werde, ins Gespräch.[1008] Die Mehrdeutigkeit der Bestimmungen in dieser Frage lässt sich auf der Mikroebene nicht auflösen (s. 5.3.3.b; 5.3.3.c.MT:1).

ad 2) Ex 21,37–22,3 formuliert Regelungen zu Schäden durch (Vieh-)Diebstahl und präsentiert dazu folgende Ereignisketten:

Tab. 17: Ereignisgerüst in Ex 21,37–22,3.

v.37	E1	Diebstahl von Rind/Schaf
	E2a/b	Schlachtung oder Verkauf des Tiers
	E3	Erstattung 5:1 für Rind / 4:1 für Schaf

vv.1–3	v.1		vv.2 f.	
	E1	Finden eines einbrechenden Diebs	(E1 vorausgesetzt)	
	E2	Schlagen des Diebs	E1a	Situationsänderung
	E3	Sterben des Diebs	(E2–3 vorausgesetzt)	
	Z4	keine Blutschuld	Z4a	Blutschuld
			E4b	Erstattung
			Z5.1a	keine Habe
			E5.2a	Verkauf als Schuldsklave
			Z5.1b	Gestohlenes noch bei Dieb
			E5.2b	Erstattung des Doppelten

1007 Vgl. Houtman, *Bundesbuch*, 182 f.
1008 Vgl. Propp, *Exodus 19–40*, 237.

Ex 21,37 regelt die Erstattung (E3) von gestohlenem Vieh (E1), welches geschlachtet oder verkauft (E2a/b) wurde. Schlachtung und Verkauf des Tieres (E2a/b) stellen Handlungsoptionen des Täters dar und bestätigen das Vorliegen eines Diebstahls: Sie weisen eine absichtliche und wissentliche Bereicherung an fremdem Eigentum nach und machen eine Rückgabe des gestohlenen, lebenden Tiers unmöglich.[1009] Die geforderte Erstattungsleistung (של"ם) enthält angesichts der Absichtlichkeit der Schädigung eine am Wert des gestohlenen Gutes orientierte Vervielfachung,[1010] welche einerseits den Tatbestand des Diebstahls bestraft und andererseits den Schaden und die Unannehmlichkeiten der betroffenen Partei aufwiegen soll. Die Vervielfachung des Gestohlenen in der zu leistenden Erstattung hat in präventiver Funktion zudem abschreckende Wirkung.[1011]

Ex 22,2b f. trifft Erstattungsregelungen, welche inhaltlich die Erstattungsregel aus Ex 21,37 variieren: Für den Fall, dass der Dieb die vervielfachte Erstattung (v.37) nicht aufbringen kann (Z5.1a), ist ein wertgleicher Verkauf in Schuldsklavenschaft (E5.2a) vorgesehen. Und für den Fall, dass sich das gestohlene Tier in lebendem Zustand noch bei dem Dieb befindet (Z5.1b), wird die in v.37 festgelegte Vervielfachung der Erstattungsleistung auf eine Verdopplung reduziert (E5.2b). Diese Minderung der Strafe mag darauf zurückzuführen sein, dass einerseits mit dem (noch) nicht erfolgten Verkauf oder Schlachten des Tieres der Tatbestand des Diebstahls unter Umständen angezweifelt werden kann und andererseits die Möglichkeit zur Rückgabe des fremden Eigentums besteht.[1012]

Ex 22,1–2 bezieht sich auf die Situation des Ertappens eines Einbrechers. In der Forschung wird mehrheitlich die Auffassung vertreten, dass v.2 mit אם־זרחה השמש עליו eine zeitliche Differenzierung zwischen einem Einbruch in der Nacht und einem am helllichten Tag vornehme.[1013] Dabei sei die tödliche Verletzung eines nächtlichen Einbrechers eine Folge von Verteidigung und Notwehr und stelle keine Blutschuld für den Hausherrn dar. Am Tag habe der Hausherr aber die Möglichkeit, den Dieb zu identifizieren und um Hilfe zu rufen, sodass eine Tötung des Diebes nicht als Notwehr zu gelten habe und Blutschuld bedeute.[1014]

Greenstein interpretiert אם־זרחה השמש עליו auf Basis philologischer Analysen nicht als Hinweis auf eine temporale, sondern auf eine qualitative Veränderung der Situation: Vorausgesetzt sei, dass der beim Einbruch ertappte Dieb ge-

---

1009 Vgl. Propp, *Exodus 19–40*, 238; Houtman, *Bundesbuch*, 191.

1010 Zum höheren Wert von Rindern gegenüber Schafen s. Propp, *Exodus 19–40*, 238; Houtman, *Bundesbuch*, 186.

1011 Vgl. Propp, *Exodus 19–40*, 238.

1012 Vgl. Propp, *Exodus 19–40*, 238; Houtman, *Bundesbuch*, 191.

1013 S. u. a. Propp, *Exodus 19–40*, 241; Houtman, *Bundesbuch*, 187.

1014 Vgl. Propp, *Exodus 19–40*, 241; Houtman, *Bundesbuch*, 187.

genüber dem Hausherrn gewalttätig wird, um zu entkommen oder nicht erkannt zu werden. Entsprechend sei eine Tötung des Diebes in der Situation des Diebstahls als Notwehr einzustufen. Ein Antreffen des Diebes unter anderen Umständen, z. B. mit dem Diebesgut oder bei dessen Verkauf, stelle eine qualitativ andere Situation dar, in der für den Hausherrn keine Gefahr bestehe und eine Tötung des Diebes nicht mehr als Notwehr gelten könne.[1015]

Das temporale Verständnis von אם־זרחה השמש עליו setzt voraus, dass in der Situation des Einbruchs am Tag für den Hausherrn keine Bedrohung besteht, die Notwehr rechtfertigen oder erforderlich machen würde. In der zugrunde liegenden Situation, einen Dieb auf frischer Tat zu ertappen, scheint dies allerdings kaum vorstellbar. Daher gewinnt Greensteins Interpretation auch vor dem Hintergrund der Imagination des beschriebenen Falles an Plausibilität. Die Regelungen in vv.1 f. schützen insofern einerseits das Opfer des Diebstahls in der Situation des Einbruchs und andererseits den Dieb vor einer zügellosen Rache durch den Hausherrn im Nachgang des Diebstahls.

ad 3) Ex 22,4 f. behandelt Schäden am fremden Feld und Weinberg, die auf fahrlässiges Handeln zurückzuführen sind.[1016] Folgende Ereignisse werden genannt:

Tab. 18: Ereignisgerüst in Ex 22,4 f.

v.4	E1	Abweidenlassen des Feldes/Weinbergs	v.5	E1	Ausbruch von Feuer
	E2	freier Lauf des Viehs		E2	Brand von Dorngestrüpp
	E3	Abweiden fremden Feldes		E3	Brand von Garben/Getreide/Feld
	E4	Erstattung des Besten		E4	Erstattung durch Brandleger

Die Ereignisse der Mikronarrative in v.4 und v.5 lassen sich miteinander koordinieren:[1017] Die Ereignisse E1 und E2 thematisieren jeweils den Anlass und die Ursache des Schadens, die Ereignisse E3 und E4 die eingetretene Schädigung und deren Erstattung. Innerhalb der Ereignisketten stellt jeweils E4 einen Bezug zu E1 her: In v.5 wird der zur Erstattung Verpflichtete direkt in einer Partizipialkonstruktion genannt, welche inhaltlich E1 rekapituliert und auf einen Verursacher des Feuers hin personalisiert (המבער את־הבערה). Analog dazu lässt sich in v.4 die Erstattung des Besten des Ertrags (מיטב שדהו ומיטב כרמו) anhand des Pos-

1015 Vgl. Greenstein, „If the Sun Shone“, 39 f.
1016 Vgl. auch Houtman, *Bundesbuch*, 196; Propp, *Exodus 19–40*, 245.
1017 Des Weiteren sind vv.4.5 in einer Wortspielverbindung anhand der Konsonanten ב.ע.ר verstrebt (vgl. Houtman, *Bundesbuch*, 194).

sessivsuffixes der 3.m.Sg. auf den Besitzer des Viehs (E1) beziehen.[1018] Die Höhe der Erstattung ist in beiden Fällen nicht explizit genannt. Houtman erwägt in Anlehnung an den Text der Vulgata eine Schätzung.[1019] Die Forderung des Besten (מיטב, v.4) setze dabei voraus, dass der geschädigten Partei keinerlei Einbußen entstehen sollen.[1020] Gleichermaßen impliziert die Forderung des Besten, dass die zur Erstattung verpflichtete Partei nicht aus Sparsam- oder Kleinlichkeit minderwertige Erträge übergeben soll. Aufgrund der engen Verbindung und Parallelität der Ereignisse zwischen v.4 und v.5 legt sich für v.5 eine zu v.4 vergleichbare Erstattung nahe.

ad 4) In Ex 22,6–14 werden weitere Regelungen zu Schäden an fremdem Eigentum getroffen. Die jeweiligen Ereignisketten stellen sich folgendermaßen dar:

Tab. 19: Ereignisgerüst in Ex 22,6–14.

vv.6–8	E1.1	Übergabe von Wertsachen	vv.9–12	E1.1	Übergabe von Tieren
	E1.2	Verwahrung von Wertsachen		E1.2	Verwahrung von Tieren
	E2	Diebstahl der Wertsachen		E2a/b/c	Tod/Verletzung/Entführung des Tiers
	E3a	Finden des Diebes		E3.1	Schwur Jhwhs
	E4a	Erstattung des Doppelten		E3.2	Urteil zu Veruntreuung
				E3.3	Annahme des Schwurs
	E3b	kein Finden des Diebes		E4	keine Erstattung
	E4b.1	Nähern zu Gott			
	E4b.2	Urteil zu Veruntreuung		E2d	Diebstahl des Tiers
				E3d	Erstattung
	E3c	Anschuldigung durch Besitzer			
	E4c.1	Kommen vor Gott		E2e	Tier wurde gerissen
	E4c.2	Urteil zu Veruntreuung		E3e	Erbringen des Beweises
	E4c.3	Erstattung des Doppelten		E4e	keine Erstattung
vv.13–14a	E1	Ausleihe eines Tiers	v.14b	E-1	Miete
	E2a/b	Verletzung/Tod des Tiers (ohne Beisein des Besitzers)		(E2/-2 vorausgesetzt, Beisein des Besitzers nicht relevant)	
	E3a/b	Erstattung		E-3	Verrechnung Mietpreis
	E-2a/b	Verletzung/Tod des Tiers (im Beisein des Besitzers)			
	E-3a/b	keine Erstattung			

1018 Zum Problem der Referenz des Possessivsuffixes s. Propp, *Exodus 19–40*, 244; Jacob, *Exodus*, 694.

1019 Vgl. Houtman, *Bundesbuch*, 194.

1020 Vgl. Houtman, *Bundesbuch*, 195.

Die getroffenen Regelungen beziehen sich auf Schäden durch Diebstahl (vv.6.11), Veruntreuung (vv.7 f.10), fahrlässiges Handeln (vv.11.13) oder Unglück (vv.9.12.14a). Diebstahl, Fälle von Fahrlässigkeit und Unglücksfälle werden als durch menschliche Richter aufklärbare Angelegenheiten betrachtet. Dementsprechend wird für Unglücksfälle keine Erstattung (vv.12.14a), für Fahrlässigkeit eine gleichwertige Erstattung (vv.11.13) und für Diebstahl eine verdoppelte Erstattung (v.6), die eine Bestrafung des Diebes einschließt, vorgesehen. Der Verdacht zur Veruntreuung zählt zu nicht durch menschliche Richter eindeutig aufklärbaren Eigentumsdelikten und ist per Gottesurteil bzw. Schwur zu regeln (vv.7 f.10).

Für den Fall eines Diebstahls von verwahrtem Eigentum werden in vv.6.11 die Verantwortlichkeiten des Diebes und der mit der Verwahrung betrauten Person unterschieden. Nur der Dieb selbst wird mit einer Verdopplung des Wertes gestraft (v.6). Die Wache über das fremde Eigentum hingegen macht sich, wenn das Verwahrte aus ihrer Obhut gestohlen wird, lediglich des fahrlässigen Handelns schuldig[1021] und ist zum gleichwertigen Ersatz verpflichtet (v.11). Ist die Wache allerdings selbst des Diebstahls schuldig, ist sie zur Erstattung des Doppelten verpflichtet (v.8).

Sollte kein Diebstahl nachweisbar sein und der Verdacht der Veruntreuung im Raum stehen (vv.7.9), ist eine Regelung per Gottesurteil bzw. Schwur vorgesehen. V.7 ist hinsichtlich des gerichtlichen Vorgangs vor der Gottheit mehrdeutig: Auf der Mikroebene ist eine Verhandlung der Anschuldigung ohne Schwur denkbar. Die Beschreibung des Näherns zu Gott kann jedoch implizit auch auf das Ereignis des Schwörens vor der Gottheit weisen.[1022] Ein Schuldspruch des Gottesurteils in v.8 erweist die Schuld der Veruntreuung. Eine zu v.7 vergleichbare Praxis skizziert v.10. Die in vv.7.10 geschilderten Situationen folgen vorrangig der Perspektive des Eigentümers, der die Wache beschuldigt, sodass diese zu ihrer Entlastung einen Schwur zu leisten hat.[1023]

Fraglich ist, worauf sich האלהים in vv.7 f. bezieht: In Korrelation mit v.10 lassen sich insbesondere auf der Clusterebene האלהים und יהוה gleichsetzen (s. 5.3.3.b). Das zu האלהים gehörende Prädikat in v.8 ist im Plural formuliert. Eine Interpretation als *pluralis maiestatis* ist möglich. Auf der Mikroebene fällt die Unterscheidung von האלהים und יהוה auf. Zum Verständnis von v.8 wird האלהים entweder als Bezeichnung menschlicher Richter, als Hinweis auf Kultfunktionäre am Lokalheiligtum oder auf Hausgottheit(en) gewertet.[1024] Die Bezeichnung

1021 Vgl. Houtman, *Bundesbuch*, 205.

1022 Vgl. Propp, *Exodus 19–40*, 247. Zur Einleitung der indirekten Frage in v.8 s. Gesenius/Kautzsch, *Grammatik § 150i*, 498.

1023 Vgl. auch Propp, *Exodus 19–40*, 250. Zur Problematik in der Syntax der Schwurformeln in vv.7.10 und der Annahme einer elliptischen Verkürzung s. Propp, *Exodus 19–40*, 247–250.

1024 Vgl. Houtman, *Bundesbuch*, 206 f.

menschlicher Richter ist nicht naheliegend, da ein Fall konstruiert wird, der offenbar gerade *nicht* von menschlichen Richtern gelöst werden kann, sondern einer göttlichen Entscheidung bedarf.[1025] Die Gleichsetzung von האלהים in vv.7 f. mit Hausgottheit(en) wird dem zu regelnden Tatbestand der Veruntreuung eines im Haus der Wache verwahrten Gegenstandes gerecht.[1026] Zudem ist das Gottesurteil (v.8) bzw. Eidgeschehen (vv.7.10) vor Hausgottheit(en) im Verlauf der religionsgeschichtlichen Entwicklung für eine Interpretation innerhalb des Jhwh-Kultes anschlussfähig (vgl. Ex 21,6; s. 5.1.3.a.i.MT:2). Die Annahme, dass sich in האלהים in vv.7 f. ein ursprünglich polytheistisches Element der Volks- und Familienfrömmigkeit niederschlägt, ist daher plausibel. Für die zur Entscheidung konsultierten Gottheiten sind binnentextuell die Eigenschaften der Gerechtigkeit und Wahrheitsliebe vorausgesetzt.

Vv.13 f. unterscheiden das Ausleihen und Mieten fremden Eigentums von der Situation der Verwahrung dessen (vv.6–12). Dies wird auch anhand der unterschiedlichen Erstattungsregelungen in Bezug auf den Tod oder die Verletzung des Tieres deutlich: Während vv.9 f. – sofern Diebstahl und Veruntreuung ausgeschlossen sind – für den Fall der Schädigung des Tieres in der Verwahrung keine Erstattung vorsehen, hat die ausleihende Partei für den Schaden an einem geliehenen Tier aufzukommen, wenn dessen Besitzer bei der Schädigung nicht anwesend war (v.13). Der Unterschied begründet sich aus der Situation der Verwahrung, welche keine Nutzung des Verwahrten vorsieht, gegenüber der Situation des Ausleihens, welche eine Nutzung des Ausgeliehenen voraussetzt. Eine Schädigung des Geliehenen im Rahmen seiner Nutzung kann daher auf einen fahr- oder nachlässigen Umgang mit dem Geliehenen zurückzuführen sein und ist entsprechend zu erstatten. Das Beisein des Besitzers allerdings entbindet die ausleihende Partei vom Vorwurf der Fahrlässigkeit (v.14b), da der Besitzer in diesem Fall selbst die Aufsicht über sein Eigentum und die Option zum Eingreifen in Gefahrensituationen[1027] behält. Für die Anmietung fremden Eigentums sind die Fragen nach Fahrlässigkeit und nach der Anwesenheit des Besitzers bei der Schädigung irrelevant. Hier liegt ein bezahlter Dienst vor, bei dem die dienstleistende Partei etwaige Risiken im Mietpreis mit einzukalkulieren hat.[1028]

1025 Vgl. auch Houtman, *Bundesbuch*, 206.
1026 Vgl. auch Houtman, *Bundesbuch*, 207.
1027 Vgl. auch Houtman, *Bundesbuch*, 206.
1028 Vgl. Durham, *Exodus*, 309.

LXX, Sam und Peš:

LXX:

33 Ἐὰν δέ τις ἀνοίξῃ λάκκον ἢ λατομήσῃ λάκκον καὶ μὴ καλύψῃ αὐτόν, καὶ ἐμπέσῃ ἐκεῖ μόσχος ἢ ὄνος, 34 ὁ κύριος τοῦ λάκκου ἀποτείσει· ἀργύριον δώσει τῷ κυρίῳ αὐτῶν, τὸ δὲ τετελευτηκὸς αὐτῷ ἔσται. 35 Ἐὰν δὲ κερατίσῃ τινὸς ταῦρος τὸν ταῦρον τοῦ πλησίον, καὶ τελευτήσῃ, ἀποδώσονται τὸν ταῦρον τὸν ζῶντα καὶ διελοῦνται τὸ ἀργύριον αὐτοῦ, καὶ τὸν ταῦρον τὸν τεθνηκότα διελοῦνται. 36 ἐὰν δὲ γνωρίζηται ὁ ταῦρος ὅτι κερατιστής ἐστιν πρὸ τῆς ἐχθὲς καὶ πρὸ τῆς τρίτης ἡμέρας, καὶ διαμεμαρτυρημένοι ὦσιν τῷ κυρίῳ αὐτοῦ, καὶ μὴ ἀφανίσῃ αὐτόν, ἀποτείσει ταῦρον ἀντὶ ταύρου, ὁ δὲ τετελευτηκὼς αὐτῷ ἔσται. 37 (G 22,1) Ἐὰν δέ τις κλέψῃ μόσχον ἢ πρόβατον, καὶ σφάξῃ αὐτὸ ἢ ἀποδῶται, πέντε μόσχους ἀποτείσει ἀντὶ τοῦ μόσχου καὶ τέσσαρα πρόβατα ἀντὶ τοῦ προβάτου. 22,1 (G 22,2) ἐὰν δὲ ἐν τῷ διορύγματι εὑρεθῇ ὁ κλέπτης, καὶ πληγεὶς ἀποθάνῃ, οὐκ ἔστιν αὐτῷ φόνος· 2 (G 3) ἐὰν δὲ ἀνατείλῃ ὁ ἥλιος ἐπ᾽ αὐτῷ, ἔνοχός ἐστιν, ἀνταποθανεῖται. ἐὰν δὲ μὴ ὑπάρχῃ αὐτῷ, πραθήτω ἀντὶ τοῦ κλέμματος. 3 (G 4) ἐὰν δὲ καταλημφθῇ, καὶ εὑρεθῇ ἐν τῇ χειρὶ αὐτοῦ τὸ κλέμμα ἀπό τε ὄνου ἕως προβάτου ζῶντα, διπλᾶ αὐτὰ ἀποτείσει. 4 (G 5) Ἐὰν δὲ καταβοσκήσῃ τις ἀγρὸν ἢ ἀμπελῶνα, καὶ ἀφῇ τὸ κτῆνος αὐτοῦ καταβοσκῆσαι ἀγρὸν ἕτερον, ἀποτείσει ἐκ τοῦ ἀγροῦ αὐτοῦ κατὰ τὸ γένημα αὐτοῦ. ἐὰν δὲ πάντα τὸν ἀγρὸν καταβοσκήσῃ, τὰ βέλτιστα τοῦ ἀγροῦ αὐτοῦ ἢ τὰ βέλτιστα τοῦ ἀμπελῶνος αὐτοῦ ἀποτείσει. 5 (G 6) Ἐὰν δὲ ἐξελθὸν πῦρ εὕρῃ ἀκάνθας, καὶ προσεμπρήσῃ ἅλωνα ἢ στάχυς ἢ πεδίον, ἀποτείσει ὁ τὸ πῦρ ἐκκαύσας. 6 (G 7) Ἐὰν δέ τις δῷ τῷ πλησίον ἀργύριον ἢ σκεύη φυλάξαι, καὶ κλαπῇ ἐκ τῆς οἰκίας τοῦ ἀνθρώπου, ἐὰν εὑρεθῇ ὁ κλέψας, ἀποτείσει διπλοῦν· 7 (G 8) ἐὰν δὲ μὴ εὑρεθῇ ὁ κλέψας, προσελεύσεται ὁ κύριος τῆς οἰκίας ἐνώπιον τοῦ θεοῦ, καὶ ὀμεῖται, ἦ μὴν μὴ αὐτὸς πεπονηρεῦσθαι ἐφ᾽ ὅλης τῆς παρακαταθήκης τοῦ πλησίον. 8 (G 9) κατὰ πᾶν ῥητὸν ἀδίκημα περί τε μόσχου καὶ ὑποζυγίου καὶ προβάτου καὶ ἱματίου καὶ πάσης ἀπωλείας τῆς ἐγκαλουμένης, ὅ τι οὖν ἂν ᾖ, ἐνώπιον τοῦ θεοῦ ἐλεύσεται ἡ κρίσις ἀμφοτέρων, καὶ ὁ ἁλοὺς διὰ τοῦ θεοῦ ἀποτείσει διπλοῦν τῷ πλησίον. 9 (G 10) Ἐὰν δέ τις δῷ τῷ πλησίον ὑποζύγιον ἢ πρόβατον ἢ μόσχον ἢ πᾶν κτῆνος φυλάξαι, καὶ συντριβῇ ἢ τελευτήσῃ ἢ αἰχμάλωτον γένηται καὶ μηδεὶς γνῷ, 10 (G 11) ὅρκος ἔσται τοῦ θεοῦ ἀνὰ μέσον ἀμφοτέρων ἦ μὴν μὴ αὐτὸν πεπονηρεῦσθαι καθ᾽ ὅλης τῆς παρακαταθήκης τοῦ πλησίον· καὶ οὕτως προσδέξεται ὁ κύριος αὐτοῦ, καὶ οὐ μὴ ἀποτείσῃ. 11 (G 12) ἐὰν δὲ κλαπῇ παρ᾽ αὐτοῦ, ἀποτείσει τῷ κυρίῳ. 12 (G 13) ἐὰν δὲ θηριάλωτον γένηται, ἄξει αὐτὸν ἐπὶ τὴν θήραν, καὶ οὐκ ἀποτείσει. 13 (G 14) Ἐὰν δὲ αἰτήσῃ τις παρὰ τοῦ πλησίον, καὶ συντριβῇ ἢ ἀποθάνῃ, ὁ δὲ κύριος μὴ ᾖ μετ᾽ αὐτοῦ, ἀποτείσει· 14 (G 15) ἐὰν δὲ ὁ κύριος ᾖ μετ᾽ αὐτοῦ, οὐκ ἀποτείσει· ἐὰν δὲ μισθωτὸς ᾖ, ἔσται αὐτῷ ἀντὶ τοῦ μισθοῦ αὐτοῦ.

33 Wenn aber jemand eine Zisterne öffnet oder [Ø] jemand eine Zisterne gräbt und sie nicht zudeckt, und ein Rind oder ein Esel fällt dort hinein, 34 (dann) soll der Besitzer der Zisterne erstatten: Geld soll er ihrem (Pl.) Besitzer erstatten, aber das tote (Tier) soll ihm gehören. 35 Wenn aber jemandes Rind das Rind seines Nächsten stößt, dass es stirbt, dann sollen sie das lebende Rind verkaufen und sein Geld teilen, und [Ø] das tote Rind sollen sie teilen. 36 Wenn aber (von dem) Rind bekannt war, dass [Ø] es schon seit einiger Zeit stößig war, und man es seinem Besitzer bezeugt hat, und [Ø] er hat es nicht verwahrt, (dann) soll er einen Stier für den Stier erstatten, aber das tote (Tier) soll ihm gehören. 37 (G 22,1) Wenn jemand ein Rind oder ein Stück Kleinvieh stiehlt und es schlachtet oder verkauft, soll er fünf Rinder erstatten für das Rind und vier (Stück) Kleinvieh für das Kleinvieh. 22,1 (G 2) Wenn aber der Dieb beim Einbruch gefunden wird und stirbt, weil er geschlagen wurde, ist ihm kein Mord geschehen. 2 (G 3) Wenn aber die Sonne über ihm aufgegangen ist, ist er schuldig. Er soll zur

Strafe sterben. Wenn er aber nichts hat, dann soll er für [Ø] das Gestohlene verkauft werden. [3 (G 4)] Wenn er aber gefasst wird und das Gestohlene, von [Ø] Esel bis Kleinvieh, lebend in seiner Hand gefunden wird, (dann) soll er sie doppelt erstatten. [4 (G 5)] Wenn aber jemand ein Feld oder einen Weinberg abweiden lässt und [Ø] er lässt sein Vieh ein anderes Feld abweiden, (dann) soll er von seinem Feld gemäß seines Ertrages erstatten. Wenn er aber alles (auf dem) Feld abweiden lässt, soll er das Beste seines Feldes und das Beste seines Weinbergs erstatten. [5 (G 6)] Wenn aber Feuer ausbricht und Dorngestrüpp erreicht, und es eine Dreschtenne oder [Ø] Kornähren oder [Ø] offenes Feld außerdem in Brand setzt, soll der, der den Brand angezündet hat, erstatten. [6 (G 7)] Wenn aber jemand dem Nächsten Geld oder Gegenstände gibt, um es zu verwahren, und es wird aus dem Haus des Menschen gestohlen – falls der Dieb gefunden wird, soll er das Doppelte erstatten. [7 (G 8)] Falls aber der Dieb nicht gefunden wird, dann soll der Besitzer des Hauses vor Gott herantreten, und er soll schwören, dass er sich selbst sicherlich nicht am ganzen hinterlegten Gut des Nächsten vergangen hat. [8 (G 9)] Bei jedem angegebenen Vergehen an Rind und Esel und Kleinvieh und Kleidung und jedes Verlorene, über das ein Fall verhandelt wird, was auch immer es sei, [Ø] soll die Rechtssache der beiden vor Gott kommen. Und der durch Gott für schuldig Erklärte soll dem Nächsten das Doppelte erstatten. [9 (G 10)] Wenn aber jemand dem Nächsten einen Esel oder ein Kleinvieh oder ein Rind oder jegliches Tier gibt, um es zu verwahren, und es wird ihm etwas gebrochen oder es stirbt oder es wird gefangen und niemand weiß es, [10 (G 11)] (dann) soll ein Schwur Gottes zwischen ihnen beiden sein, dass er sich selbst sicherlich nicht am ganzen hinterlegten Gut des Nächsten vergangen hat. Dann soll sein Besitzer es so annehmen, und er soll nicht erstatten. [11 (G 12)] Wenn es ihm aber gestohlen worden ist, soll er es dem Besitzer erstatten. [12 (G 13)] Wenn es aber von wilden Tieren gerissen worden ist, soll er ihn zur Beute führen; und er soll [Ø] nicht erstatten. [13 (G 14)] Wenn aber jemand von dem Nächsten (etwas) erbittet und es wird ihm etwas gebrochen oder es stirbt – der Besitzer aber war nicht dabei, soll er es erstatten; [14 (G 15)] wenn der Besitzer aber dabei war, soll er es nicht erstatten. Wenn es aber gemietet war, geht es auf seinen Mietpreis.

Sam:

33 וכי יפתח איש בור או כי יכרה איש בור ולא יכסנו ונפל שם שור או חמור או כל בהמה:
34 בעל הבור ישלם כסף ישיב לבעליו והמת יהיה לו :–
35 וכי יגף שור איש או כל בהמתו את שור רעהו או את כל בהמתו ומת ומכרו את החי וחצו
את כספו וגם את המת יחצון: 36 או נודע כי בהמה מכה היא מתמול שלשום ולא ישמרנו
בעליו שלם ישלם בהמה תחת בהמה והמת יהיה לו :–
37 וכי יגנב איש שור או שה וטבחו או מכרו חמשה בקר ישלם תחת השור וארבע צאן תחת
השה: 22,1 אם במחתרת ימצא הגנב והכהו ומת אין לו דם: 2 אם זרחה השמש עליו דם לו
שלם ישלם אם אין לו ונמכר בגנבתו: 3 אם המצא תמצא בידו הגנבה משור עד חמור עד
שה עד כל בהמה חיים אחד שנים ישלם :–
4 וכי יבעיר איש שדה או כרם ושלח את בעירו ובער בשדה אחר שלם ישלם משדהו
כתבואתה ואם כל השדה יבעי מיטב שדהו ומיטב כרמו ישלם: 5 כי תצא אש ומצאה קוצים
ונאכל גדיש או הקמה או השדה שלם ישלם המבעיר את הבערה :–
6 וכי יתן איש אל רעהו כסף או כלים לשמר ונגנב מבית האיש אם ימצא הגנב ושלם אחד
שנים: 7 ואם לא ימצא הגנב ונקרב בעל הבית אל האלהים אם לא שלח ידו במלאכת רעהו:
8 על כל דבר פשע על שור על חמור על שה על שלמה על כל האבדה אשר יאמר כי הוא
זה עד יהוה יבוא דבר שניהם אשר ירשיענו האלהים ישלם אחד שנים לרעהו :–

9 וכי יתן איש אל רעהו חמור או שור או שה או כל בהמה לשמר ומת או נשבר או נשבה
אין ראה: 10 שבועת יהוה תהיה בין שניהם אם לא שלח ידו במלאכת רעהו ולקח בעליו ולא
ישלם: 11 אם גנב יגנב מעמו ושלם לבעליו: 12 אם טרף יטרף יביא עד הטרפה ולא ישלם:
13 וכי ישאל איש מעם רעהו ונשבר או מת בעליו אין עמו שלם ישלם: 14 אם בעליו עמו לא
ישלם אם שכיר הוא ובא בשכרו :–

[33] Und wenn jemand eine Zisterne öffnet oder wenn jemand eine Zisterne gräbt und sie nicht zudeckt, und ein Rind oder ein Esel oder alles Vieh fällt dort (hinein), [34] (dann) soll der Besitzer der Zisterne erstatten: Geld soll er seinen Besitzern erstatten, aber das tote (Tier) soll ihm gehören.

[35] Und wenn jemandes Rind oder all sein Vieh das Rind seines Nächsten oder all sein Vieh stößt, dass es stirbt, dann sollen sie das Lebende [Ø] verkaufen und sein Geld teilen, und auch das tote (Tier) sollen sie teilen. [36] Oder war bekannt, dass (das) Vieh schon seit einiger Zeit schlagend war, und sein Besitzer hat es nicht verwahrt, (dann) soll er Vieh für [Ø] Vieh unbedingt erstatten, aber das tote (Tier) soll ihm gehören.

[37] Und wenn jemand ein Rind oder ein Schaf stiehlt und es schlachtet oder verkauft, soll er fünf Rinder erstatten für das Rind und vier (Stück) Kleinvieh für das Schaf. [22,1] Wenn der Dieb beim Einbruch gefunden wird und man schlägt ihn, dass er stirbt, ist es ihm keine Blutschuld. [2] Wenn die Sonne über ihm aufgegangen ist, ist es ihm Blutschuld. Er soll es unbedingt erstatten. Wenn er nichts hat, dann soll er im Wert seines Gestohlenen verkauft werden. [3] Wenn das Gestohlene, von Rind bis Esel bis Schaf bis zu allem Vieh, lebend in seiner Hand doch gefunden wird, (dann) soll er für eins das Doppelte erstatten.

[4] Und wenn jemand ein Feld oder einen Weinberg abweiden lässt und seinem Vieh freien Lauf lässt, dass es auf dem Feld eines anderen weidet, (dann) soll er unbedingt von seinem Feld gemäß seines Ertrages erstatten. Und wenn es das ganze Feld abweidet, soll er das Beste seines Feldes und das Beste seines Weinbergs erstatten. [5] Wenn Feuer ausbricht und Dorngestrüpp erreicht, und ein Garbenhaufen oder das stehende Getreide oder das Feld verzehrt wird, soll der, der den Brand angezündet hat, unbedingt erstatten.

[6] Und wenn jemand seinem Nächsten Geld oder Gegenstände gibt, um es zu verwahren, und es wird aus dem Haus des Mannes gestohlen – falls der Dieb gefunden wird, dann soll er für eins das Doppelte erstatten. [7] Und falls der Dieb nicht gefunden wird, dann soll der Besitzer des Hauses zu Gott herantreten, (um herauszufinden,) ob er nicht seine Hand nach dem Besitz seines Nächsten ausgestreckt hat. [8] Bei jeder Sache von Vergehen an Rind, an Esel, an Schaf, an Kleidung, (oder) am ganzen Verlorenen, von dem gesagt wird: Gewiss, dies ist es!, soll die Sache der beiden vor den HERRN kommen. Derjenige, den (der) Gott für schuldig erklärt (Sg.), soll seinem Nächsten für eins das Doppelte erstatten.

[9] Und wenn jemand seinem Nächsten einen Esel oder ein Rind oder ein Schaf oder jegliches Tier gibt, um es zu verwahren, und es stirbt oder bricht sich (etwas) oder wird weggeführt (und) niemand sieht es, [10] (dann) soll der Schwur des HERRN zwischen ihnen beiden sein, ob er nicht seine Hand nach dem Besitz seines Nächsten ausgestreckt hat. Dann soll sein Besitzer es annehmen, und er soll nicht erstatten. [11] [Ø] Wenn es ihm gewiss gestohlen worden ist, dann soll er es seinem Besitzer erstatten. [12] Wenn es gewiss zerrissen worden ist, soll er [Ø] als Beweis das Zerrissene bringen; und er soll [Ø] nicht erstatten. [13] Und wenn jemand von seinem Nächsten (etwas) erbittet und es bricht sich (etwas) oder stirbt – sein Besitzer war nicht dabei, soll er es unbedingt erstatten; [14] falls sein Besitzer dabei war, soll er es nicht erstatten. Falls es gemietet war, dann soll es auf seinen Mietpreis gehen.

Peš:

33 ܘܡܐ ܢܦܬܚ ܓܒܪܐ ܓܘܒܐ. ܐܘ ܢܚܦܘܪ ܓܒܪܐ ܒܐܪܐ ܘܠܐ ܢܟܣܝܘܗܝ. ܘܢܦܠ ܬܡܢ ܬܘܪܐ ܐܘ ܚܡܪܐ. 34 ܡܪܗ
ܕܓܘܒܐ ܢܦܪܘܥ ܟܣܦܐ ܠܡܪܘܗܝ. ܘܡܝܬܐ ܢܗܘܐ ܕܝܠܗ܀ 35 ܘܡܐ ܕܢܓܘܚ ܬܘܪܐ ܕܓܒܪܐ ܠܬܘܪܐ ܕܓܒܪܐ ܚܒܪܗ
ܘܢܡܘܬ ܢܙܒܢܘܢ ܠܬܘܪܐ ܚܝܐ ܘܢܦܠܓܘܢ ܟܣܦܗ. ܘܐܦ ܕܡܝܬܐ ܢܦܠܓܘܢ. 36 ܘܐܢ ܡܬܝܕܥ ܕܬܘܪܐ ܢܓܚܢܐ ܗܘܐ
ܡܢ ܐܬܡܠ ܘܡܢ ܡܬܬܡܠ. ܘܠܐ ܢܛܪܗ ܡܪܗ. ܢܬܠ ܬܘܪܐ ܚܠܦ ܬܘܪܐ. ܘܡܝܬܐ ܢܗܘܐ ܕܝܠܗ܀ 37 ܘܡܐ ܕܢܓܢܘܒ
ܓܒܪܐ ܬܘܪܐ ܐܘ ܥܢܐ ܘܢܟܘܣ ܐܢܘܢ ܐܘ ܢܙܒܢ ܐܢܘܢ. ܚܡܫܐ ܬܘܪܝܢ ܢܬܠ ܚܠܦ ܬܘܪܐ. ܘܐܪܒܥ ܢܩܘܢ ܢܬܠ ܚܠܦ
ܢܩܝܐ. 22,1 ܘܐܢ ܒܡܚܬܪܬܐ ܢܫܬܟܚ ܓܢܒܐ. ܘܢܬܡܚܐ ܘܢܡܘܬ. ܠܝܬ ܠܗ ܬܒܥܬܐ. 2 ܘܐܢ ܕܢܚ ܫܡܫܐ ܥܠܘܗܝ. ܐܝܬ
ܠܗ ܬܒܥܬܐ. ܡܦܪܥ ܢܦܪܘܥ. ܘܐܢ ܠܝܬ ܠܗ. ܢܙܕܒܢ ܒܓܢܘܒܬܗ. 3 ܘܐܢ ܡܫܬܟܚܘ ܡܫܬܟܚܐ ܒܐܝܕܘܗܝ ܓܢܘܒܬܐ.
ܡܢ ܬܘܪܐ ܘܠܚܡܪܐ ܘܥܕܡܐ ܠܥܢܐ. ܟܕ ܚܝܝܢ ܚܕ ܒܥܦܝܦ ܢܫܠܡ܀ 4 ܘܐܢ ܢܐܟܠ ܓܒܪܐ ܚܩܠܐ ܐܘ ܟܪܡܐ. ܘܢܫܒܘܩ
ܒܥܝܪܗ ܘܢܐܟܠ ܒܚܩܠܐ ܐܚܪܢܐ. ܡܢ ܛܒܐ ܕܚܩܠܗ ܘܡܢ ܛܒܐ ܕܟܪܡܗ ܢܦܪܘܥ܀ 5 ܘܐܢ ܬܦܘܩ ܢܘܪܐ ܘܬܫܟܚ
ܟܘܒܐ. ܘܬܐܟܘܠ ܓܕܝܫܐ ܐܘ ܩܡܬܐ ܐܘ ܚܩܠܐ. ܡܫܠܡܘ ܢܫܠܡ ܗܘ ܕܐܘܩܕ ܝܩܕܢܐ܀ 6 ܘܐܢ ܢܬܠ ܓܒܪܐ ܠܚܒܪܗ.
ܟܣܦܐ ܐܘ ܡܐܢܐ ܠܡܛܪ. ܘܢܬܓܢܒ ܡܢ ܒܝܬ ܓܒܪܐ. ܐܢ ܢܫܬܟܚ ܓܢܒܐ. ܢܫܠܡ ܚܕ ܬܪܝܢ. 7 ܘܐܢ ܠܐ ܢܫܬܟܚ
ܓܢܒܐ. ܢܬܩܪܒ ܡܪܗ ܕܒܝܬܐ ܠܘܬ ܕܝܢܐ. ܐܠܐ ܐܘܫܛ ܐܝܕܗ ܒܩܢܝܢܐ ܕܚܒܪܗ. 8 ܥܠ ܟܠܡܕܡ ܕܣܟܠܐ. ܥܠ ܬܘܪܐ
ܘܥܠ ܚܡܪܐ. ܘܥܠ ܐܡܪܐ ܘܥܠ ܠܒܘܫܐ. ܘܥܠ ܟܠ ܐܒܝܕܬܐ ܕܢܐܡܪ ܗܢܐ ܗܘ. ܘܩܕܡ ܕܝܢܐ ܢܥܠ ܡܠܬܐ ܕܬܪܝܗܘܢ.
ܘܠܡܢ ܕܢܚܝܒܘܢ ܕܝܢܐ. ܢܫܠܡ ܚܕ ܬܪܝܢ ܠܚܒܪܗ܀ 9 ܘܐܢ ܢܬܠ ܓܒܪܐ ܠܚܒܪܗ. ܚܡܪܐ ܐܘ ܬܘܪܐ ܐܘ ܐܡܪܐ. ܐܘ ܟܠ
ܒܥܝܪܐ ܠܡܛܪ. ܘܢܡܘܬ ܐܘ ܢܬܬܒܪ ܐܘ ܢܫܬܒܐ. ܘܠܝܬ ܐܢܫ ܕܚܙܐ܀ 10 ܡܘܡܬܐ ܕܡܪܝܐ ܬܗܘܐ ܒܝܬ ܬܪܝܗܘܢ. ܐܠܐ
ܐܡܪ ܐܢܘܢ ܒܗܝܡܢܘܬܐ ܕܡܪܗ. ܘܢܩܒܠ ܡܪܗ ܡܘܡܬܐ ܘܠܐ ܢܫܠܡ. 11 ܘܐܢ ܡܬܓܢܒܘ ܢܬܓܢܒ ܡܢܗ ܢܫܠܡ
ܠܡܪܘܗܝ. 12 ܘܐܢ ܡܬܬܒܪܘ ܢܬܬܒܪ ܢܝܬܝܘܗܝ ܠܣܗܕܘܬܐ ܕܬܒܝܪܬܐ ܠܐ ܢܫܠܡ܀ 13 ܘܐܢ ܢܫܐܠ ܓܒܪܐ ܡܢ ܚܒܪܗ
ܒܥܝܪܐ. ܘܢܬܬܒܪ ܐܘ ܢܡܘܬ. ܘܡܪܗ ܠܐ ܗܘܐ ܥܡܗ ܡܫܠܡܘ ܢܫܠܡ. 14 ܘܐܢ ܡܪܗ ܥܡܗ ܠܐ ܢܫܠܡ. ܘܐܢ ܐܓܝܪܐ
ܗܘ ܥܠܠ ܒܐܓܪܗ.

33 Und wenn jemand eine Zisterne öffnet oder wenn jemand einen Brunnen gräbt und sie nicht zudeckt, und ein Rind oder ein Esel fällt dort (hinein), 34 (dann) soll der Besitzer der Zisterne [Ø] seinen Besitzern Geld zurückzahlen, aber das tote (Tier) soll ihm gehören. 35 Und wenn jemandes Rind das Rind eines Mannes, seines Nächsten, stößt, dass es stirbt, dann sollen sie das lebende Rind verkaufen und sein Geld teilen, und auch das tote (Tier) sollen sie teilen. 36 Und wenn bekannt wird, dass (das) Rind schon seit einiger Zeit stößig war, und sein Besitzer hat es nicht verwahrt, (dann) soll er ein Rind für das Rind geben, aber das tote (Tier) soll ihm gehören. 37 Wenn jemand ein Rind oder ein Schaf stiehlt und sie schlachtet oder sie verkauft, soll er fünf Rinder geben für (das) Rind und vier Schafe soll er geben für (das) Schaf. 22,1 Und wenn (der) Dieb beim Einbruch gefunden wird und er wird geschlagen, dass er stirbt, gibt es für ihn keine Rache. 2 Und wenn die Sonne über ihm aufgegangen ist, gibt es für ihn Rache. Er soll es unbedingt zurückzahlen. Und wenn er nichts hat, dann soll er im Wert seines Gestohlenen verkauft werden. 3 Und wenn das Gestohlene in seinen Händen doch gefunden wird, von Rind und (bis) zu Esel und bis Schaf, wenn sie leben, (dann) soll er eins im Wert des Doppelten erstatten. 4 Und wenn jemand ein Feld oder einen Weinberg abweiden lässt und seinem Vieh freien Lauf lässt, dass es auf einem anderen Feld weidet, (dann) soll er vom Guten seines Feldes und vom Guten seines Weinbergs zurückzahlen. 5 Und wenn Feuer ausbricht und Dorngestrüpp erreicht, und einen Garbenhaufen oder das stehende Getreide oder das Feld verzehrt, soll der, der den Brand angezündet hat, unbedingt erstatten. 6 Und wenn jemand seinem Nächsten Geld oder Gegenstände gibt, um es zu verwahren, und es wird aus dem Haus des Mannes gestohlen – falls der Dieb gefunden wird, soll er für eins das Doppelte erstatten. 7 Und falls der Dieb nicht gefunden wird, dann soll der Besitzer des Hauses zu den Richtern herantreten, (um herauszufinden,) ob er nicht seine Hand nach dem Besitz seines Nächsten ausgestreckt hat. 8 Bei jeder Sache von Sünde an Rind und an Esel und an Schaf und an Kleidung und an jedem Verlorenen, von dem er sagt: [Ø] Dies ist es!, sollen die Worte der beiden vor die

Richter kommen. Und wen die Richter für schuldig erklären, der soll seinem Nächsten für eins das Doppelte erstatten. [9] Und wenn jemand seinem Nächsten einen Esel oder ein Rind oder ein Schaf oder jegliches Vieh gibt, um es zu verwahren, und es stirbt oder es wird ihm etwas gebrochen oder wird weggeführt und niemand sieht es, [10] (dann) soll der Schwur des HERRN zwischen ihnen beiden sein, ob er nicht seine Hand nach dem Besitz seines Nächsten ausgestreckt hat. Dann soll ihr Besitzer den Schwur annehmen, und er soll nicht erstatten. [11] Und wenn es ihm aber gewiss gestohlen worden ist, soll er es seinem Besitzer erstatten. [12] Und wenn ihm gewiss etwas gebrochen worden ist, soll er es zum Beweis, dass ihm etwas gebrochen worden ist, bringen; er soll nicht erstatten. [13] Und wenn jemand von seinem Nächsten Vieh erbittet und es bricht sich (etwas) oder stirbt – und sein Besitzer war nicht dabei, soll er es unbedingt erstatten; [14] und falls sein Besitzer dabei war, soll er es nicht erstatten. Und falls es gemietet war, wird sein Mietpreis (davon) betroffen.

Auswertung:

Der Text in Ex^{LXX} 21,33–22,14 weist im Vergleich zum im MT bezeugten Textbestand eine Tendenz zur Vereindeutigung der Fälle und ihrer Abläufe auf. In v.34 liest die LXX αὐτῶν und imaginiert die Zugehörigkeit der Tiere zu *einem* Besitzer. Der Viehbesitzer ist der Empfänger der Erstattung. Die nachfolgende Lesung der Partikel δέ, welche den Übergang zu einem weiteren Gedanken kennzeichnet,[1029] deutet in der LXX möglicherweise in abgrenzender Funktion darauf, dass der Kadaver der zur Erstattung verpflichteten Partei zufällt und deren Aufwand der Erstattung lindert. So fänden die wirtschaftlichen Interessen beider involvierter Parteien Berücksichtigung.

In v.36 fügt die LXX in Anlehnung an v.29 das Ereignis der Warnung an den Besitzer ein. Auf diese Weise ist in der Ereignisabfolge der LXX in v.36 abgesichert, dass der Besitzer des stößigen Rindes über dessen Neigung zum Stoßen rechtsgültig in Kenntnis war und daher den Vorwurf des fahrlässigen Handelns und die daraus resultierende Pflicht zur Erstattung nicht ablehnen kann. Der Viehbesitzer kann somit nicht vorgeben, über die gefährliche Eigenschaft des Tieres unwissend gewesen zu sein, um z. B. eine für ihn günstigere Regelung nach v.35 anzustreben.

In Ex^{LXX} 22,1 liegt mit πληγείς syntaktisch ein *participium coniunctum* vor, welches der inneren Logik des geschilderten Falls entsprechend in kausaler Färbung temporal vorzeitig zu verstehen ist: Der Dieb stirbt aufgrund des vorangehenden Schlagens. Damit setzt die LXX für das unmittelbare Ertappen eines Diebes voraus, dass es zur Anwendung von Gewalt oder Kampfhandlungen kommen kann. Mit der Lesart ἀνταποθανεῖται in v.2 setzt die LXX die Todesstrafe für den Hausherrn fest, sofern ihm die Tötung des Diebes schuldhaft anzulasten ist (φόνος bzw. ἔνοχός). In der Bestrafung des Schuldigen mit dem Tod setzt Ex^{LXX} 22,2 konse-

1029 Vgl. Muraoka, *Lexicon*, 140.

quent das Konzept der Blutschuld für die Tötung des Diebes um. Dies vermag in der LXX das Prinzip des Schutzes des Lebens, auch wenn es sich um einen Einbrecher handelt, hervorzuheben. Infolgedessen fällt in der LXX in v.2b allerdings die Wiederaufnahme der Erstattungsthematik mit dem Stichwort ἀποτίνω weg. Daraus ergibt sich in v.2b ein stärkerer thematischer Bruch, der den qualitativen Unterschied zwischen dem Prinzip des Schutzes des Lebens, auch für Diebe, und dem der Erstattung von Schäden am Eigentum abbildet.

In v.3 erweitert die LXX im Vergleich zu MT die narrative Grundstruktur um das Ereignis des Ergreifen des Diebes. Die Regelung der Erstattung gilt somit explizit auch für den Fall einer späteren Festnahme des Diebes. Das erhöht die abschreckende Wirkung der Bestimmungen: Auch ein entkommener Dieb kann sich nicht in Sicherheit wiegen.

In v.4 bezeugt die LXX, übereinstimmend mit Sam, eine gegenüber MT längere Textversion, welche in der Forschung teils für die wahrscheinlich ältere Variante gehalten wird.[1030] Als wesentliche Argumente für die Ursprünglichkeit der Lesart werden deren Bezeugung in Qumran-Texten sowie deren syntaktischer Aufbau angeführt: Es handele sich hier nicht um eine erklärende Phrase, sondern um zwei Satzbruchstücke, die der ko- und kontextuellen Anbindung bedürfen.[1031] Houtman hingegen sieht keinen Grund zur Annahme einer Ursprünglichkeit der Lesart von LXX und Sam und verweist darauf, dass auch die kürzere Version des MT verständlich sei.[1032]

Es ist möglich, dass MT in v.4 eine allgemein bekannte Praxis zur Festsetzung der Erstattungshöhe voraussetzt, deren Kernanliegen keine Benachteiligung der geschädigten Partei ist (s. o.). Damit weist MT textlich und inhaltlich jedoch eine Leerstelle auf. Zwischen dem im MT überlieferten Textbestand und der Lesart von LXX und Sam zeichnet sich die Schließung dieser Leerstelle ab. Literarhistorisch liegt auf Basis dieses inhaltsbezogenen Arguments dementsprechend nahe, dass LXX und Sam auf eine Vorlage zurückgehen, in welcher die betreffende Leerstelle bereits geschlossen ist. Die Schließung der Leerstelle bezieht sich in LXX und Sam inhaltlich auf ein zweistufiges Verfahren: bei einer teilweisen Abweidung erfolgt die Erstattung entsprechend des Abgeweideten, bei einer kompletten Abweidung erfolgt keine Erstattung des kompletten eigenen Ertrages, sondern des qualitativ Hochwertigsten davon (22,4). Im Fall der kompletten Abweidung des Feldes/Weinbergs eines anderen trägt die Eingrenzung der Erstattung auf das Beste des eigenen Ertrages dem wirtschaftlichen Erhalt der fahrlässigen Partei Rechnung.

1030 Vgl. u. a. Propp, *Exodus 19–40*, 124.
1031 Vgl. Propp, *Exodus 19–40*, 124.
1032 Vgl. Houtman, *Bundesbuch*, 195.

Zusammenfassend dient die in der LXX zu beobachtende Tendenz der Vereindeutigung und Konkretisierung der Fälle dem eindeutigen Nachweis schuldhaften Handelns (v.36), der klaren und konkreten Regelung der Strafmaße (vv.34.2.4) sowie der Vorbeugung des Missbrauchs gesetzlicher Leerstellen (vv.36.4). Des Weiteren ermöglichen die LXX-Lesarten eine Hierarchisierung von Schutzprinzipien (v.2) und weiten die Möglichkeiten zur Prävention von Straftaten durch Abschreckung (v.3) aus.

Sam und Peš zeigen in Bezug auf vv.7 f.10 eigene Akzentsetzungen: Ex^{Sam} 22,8 liest zunächst יהוה (vgl. v.10) und bietet nachfolgend ein mit der 3.m.Sg. suffigiertes Prädikat im Sg., dessen Subjekt האלהים als *pluralis maiestatis* in determinierter Form ist. Gegenüber dem im MT überlieferten Textbestand ist dieser Befund des Sam als monolatrische Zuspitzung zu lesen, welche durch die unmittelbare Gleichsetzung von יהוה und האלהים den im Textbestand des MT noch greifbaren, polytheistischen Zusammenhang der Praxis ausradiert. Sam profiliert damit die exklusive Fokussierung auf Jhwh, auch und erst recht zur Klärung strittiger Rechtsangelegenheiten.

Peš hingegen differenziert die Regelungen der Aufklärung von Veruntreuung in vv.7 f. und in v.10: Die Fälle in vv.7 f. und v.10 unterscheiden sich darin, dass vv.7 f. ausschließlich das Abhandenkommen des Verwahrten, v.10 dagegen dessen Verletzung, Tötung oder Entführung (ohne Zeugen) behandelt. In vv.7 f. sieht Peš eine Regelung vor menschlichen Gerichten (ܕܝ̈ܢܐ) vor, in v.10 die Einbeziehung Jhwhs zum Schwur (ܡܘܡܬܗ ܕܡܪܝܐ).[1033] Offenbar setzt Peš für vv.7 f. voraus, dass menschliche Gerichte mit ihren investigativen Mitteln den Fall des diebstahlähnlichen Abhandenkommens von verwahrtem Eigentum aufklären können. Demgegenüber ist die Aufklärung eines Falles, bei dem verwahrtes Vieh ohne Zeugen verletzt, getötet oder entführt wird (v.10), den menschlichen Gerichten in Peš nicht möglich, sodass ein Jhwh-Schwur notwendig ist. Im Vergleich zu MT, LXX und Sam hebt Peš die Kompetenzen zivilgesellschaftlicher Rechtsinstitutionen hervor und verlagert den Jhwh-Schwur auf die Position des letzten Mittels, welches nur herangezogen wird, wenn menschliche Gerichte an ihre Grenzen gelan-

---

1033 Propp geht davon aus, dass die Lesung ὅρκος … τοῦ θεοῦ der LXX in v.10 nicht notwendigerweise für die Lesung von (ה)אלהים* in der Vorlage spreche, da der Gebrauch des יהוה-Äquivalents κύριος zur Verwirrung mit der Bezeichnung des Besitzers führen würde und entsprechend θεός im Sinne einer Vereindeutigung gebraucht werde (vgl. Propp, *Exodus 19–40*, 125). Gleichwohl könnte θεός in v.10 auch angleichend an vv.7 f. übersetzt oder in diesem Sinne gar אלהים* in der Vorlage verwendet sein. In jedem Falle deutet die LXX mit der Lesung θεός im Sg. auf der Mikroebene auf die Konsultation *einer* Gottheit. In Peš weist der Pl. ܡܘܡܬܗ nicht notwendigerweise auf die Ableistung mehrerer Schwüre, sondern auf die schwurgebundene Zurateziehung Jhwhs (vgl. Brockelmann/Sokoloff, *Lexicon*, 726). Entsprechend ist ܡܘܡܬܗ in der deutschen Übersetzung im Sg. wiedergegeben.

gen. Insofern beschränkt Peš die gerichtlichen Funktionen Jhwhs, behält aber zugleich dessen höchst- und letztinstanzliche Position zur Schaffung von Gerechtigkeit in uneindeutigen Fällen.

b. Clusterebene: Wechselseitige Begründungsstrukturen im Cluster Ex 21,33–22,14

Die Abgrenzung des Clusters Ex 21,33–22,14 orientiert sich formal an der Verwendung der Wurzel שׁל"ם zur Regelung der behandelten Fälle.[1034] Thematisch dominieren Erstattungsregelungen das Cluster. Die gewählte Abgrenzung wird in den verschiedenen Textzeugen auch grafisch unterstützt (s. o.).[1035] Nach Ex 22,14 finden sich im MT und Sam mit einer *Parascha setuma* bzw. *Qitza* grafische Signale, die eine Abgrenzung nach v.14 anzeigen.[1036]

Das Cluster Ex 21,33–22,14 sieht für Schädigungen fremden Eigentums unter der Maßgabe des Schutzes des Eigentums drei grundlegende Regelungsmuster vor:

1. Auf fahrlässiges Handeln zurückzuführende Schädigungen sind durch eine (gleichwertige) Erstattung zu beheben. (Ex 21,33 f.36; 22,4.5.11.13)
2. Nachweislich auf Diebstahl oder Veruntreuung zurückzuführende Schädigungen sind durch vervielfachte Erstattung (= Erstattung + Strafe) beizulegen. (Ex 21,37; 22,3.6.8)
3. Auf ein Unfall- oder Unglücksgeschehen zurückzuführende Schädigungen sind durch die involvierten Parteien gemeinsam zu tragen. (Ex 21,35)

Auf Basis dieser Grundmuster tritt auf der Clusterebene eine Differenzierung zwischen fahrlässigem und mutwilligem Handeln hervor, welche sich insbesondere im jeweiligen Strafmaß niederschlägt: Mutwilliges Handeln wird über die wertgleiche Erstattung hinaus gestraft, fahrlässiges Handeln hingegen bedarf keiner zusätzlichen Bestrafung.

Vor diesem Hintergrund legt sich für die Frage nach dem Verbleib des Kadavers in vv.34.36 auf der Clusterebene nahe, dass der Kadaver bei der fahrlässig handelnden Partei verbleibt. Eine Rückgabe des Kadavers zusätzlich zur zu leis-

---

1034 S. auch die Bezeichnung *j^e^šällem*-Gesetze bei Otto, *Rechtsbegründungen*, 12.

1035 Als Einwand gegen diese Abgrenzung kann die Aufspaltung der in Ex 21,28–36 dominierenden Thematik des stößigen Rindes hervorgebracht werden (s. Houtman, *Bundesbuch*, 181). Eine solche Gliederung verlangt eine Anordnung des Stoffes nach der jeweiligen Situation und Schadensursache, welche die Stoffverteilung innerhalb des Bundesbuches nicht nahelegt (z. B. Ex 20,24; 22,19; 23,18 sowie 22,20; 23,9).

1036 Innerhalb des Clusters spiegelt die vermehrte Setzung von *Paraschot setumot* und *petuchot* bzw. *Qitzot* eine Tendenz zur feingliedrigeren Aufspaltung von Sinneinheiten, wie sie z. B. auch in Ex 23,1–9.10–12 wahrzunehmen ist. Zur Zusammenfassung kleinteilig gegliederter Texteinheiten s. Anm. 731.

tenden Erstattung würde einer Erhöhung der Erstattungsleistung gleichkommen, welche das Cluster vorrangig für die Ahndung mutwilliger Vergehen vorsieht.[1037]

Des Weiteren spiegeln die drei genannten Grundmuster das Prinzip der Angemessenheit von Strafen. Im Rahmen dessen zeichnet sich mit den Regelungen zur Tötung eines Diebes (Ex 22,1–2a)[1038] auf der Clusterebene eine klare Grenzlinie zwischen dem Schutz des Lebens und dem Schutz des Eigentums ab. Eine von Notwehr zu unterscheidende, tödliche Rache am Dieb kann nicht als Bestrafung eines Eigentumsdelikts gerechtfertigt werden und ist entsprechend zu ahnden (Ex$^{MT/LXX}$ 22,1 f.; s. o.). Der Schutz des Lebens – auch von Kleinkriminellen – ist dem Schutz des Eigentums vorgeordnet.

Darüber hinaus eröffnet sich auf der Clusterebene die Perspektive der letztinstanzlichen Unterstellung des Rechts unter Jhwh. Aus der Korrelation von האלהים in vv.7 f. und יהוה in v.10 (MT) wird die Regelung einer nicht aufklärbaren Angelegenheit zur Sache Jhwhs, welche per Schwur geregelt wird.[1039] Diese Verbindung von האלהים und יהוה ist im Sam textlich voraus- und umgesetzt. Die zum richtigen Urteil (v.8) erforderliche Gerechtigkeit und Wahrheitsliebe ist auf der Clusterebene demzufolge Jhwh zuzuschreiben.

c. Begründungsstrukturen im Textraum *Bundesbuch*

MT:

1. Ex 21,33–22,14 in Beziehung zu Ex 21,2–11; 21,12–17; 21,18–32: Verhältnisbestimmung und Grenzziehung zwischen leitenden Prinzipien des Rechts

Das Cluster Ex 21,33–22,14 weist im Textraum *Bundesbuch* spezifische thematische und lexematische Berührungen zu den kompositionell vorangestellten Clustern

---

1037 Diese Praxis klingt in der LXX bereits auf der Mikroebene an (s. o.). Dabei kann die Mikroebene in der LXX vom Verständnis des Clusters her geprägt sein (vgl. auch Ex^{LXX} 21,2–11; s. 5.1.3.b).

1038 Ex 22,1–2a werden in der Forschung teils als sekundärer Einschub gewertet (s. Schwienhorst-Schönberger, *Bundesbuch*, 182). Anlass zu dieser Abtrennung geben dabei vor allem der thematische Umschwung zwischen Ex 21,37 und 22,1, der passgenaue Anschluss zwischen Ex 21,37 und 22,2b sowie die unterschiedlichen Strafmaße in Ex 21,37 und 22,3 (vgl. dazu Houtman, *Bundesbuch*, 189 f.). Die unterschiedlichen Strafmaße in Ex 21,37 und Ex 22,3 lassen sich mit dem Verbleib des Diebesguts in Zusammenhang bringen (s. o.). Das Argument des Themenwechsels hingegen wiegt schwerer und kann mit einem Verweis auf das zur Thematik passende, ursprüngliche Vorliegen von Viehdiebstahl (s. Houtman, *Bundesbuch*, 190 f.) in Ex 22,1–2a nur leicht abgemildert werden. Ein sekundärer Ursprung von Ex 22,1–2a kann damit nicht ausgeschlossen werden.

1039 Für die LXX entfaltet sich die Gleichsetzung von Jhwh und θεός aufgrund des Fehlens von κύριος als Gottesbezeichnung in Ex^{LXX} 22,10 explizit erst im Textraum *Bundesbuch*.

Ex 21,2–11 (z. B. anhand von בעל, כסף, מכ״ר); 21,12–17 (z. B. anhand von גנ״ב, מו״ת, מכ״ר, מצ״א, רע) und 21,18–32 (z. B. anhand von נג״ח, מו״ת, נג״ף, בעל, רע) auf. In den jeweiligen lexematischen Verbindungen spiegelt sich die verbindende Thematik: Mit Ex 21,2–11 teilt das Cluster Ex 21,33–22,14 die Thematik der Schuldsklavenschaft und der Konsultation von Gottheit(en); mit Ex 21,12–17 teilt das Cluster Ex 21,33–22,14 die Regelung von Tötungsereignissen und Diebstahlsdelikten; mit Ex 21,18–32 teilt das Cluster Ex 21,33–22,14 die Thematik von Tötungsereignissen und Ausgleichsregelungen. Die vorliegenden intertextuellen Beziehungen sind schwach bis mäßig kommunikativ und referentiell.

Im Textraum *Bundesbuch* werden zwei Hinweise in Bezug auf die Frage nach dem Verbleib des Kadavers in Ex 21,34.36 generiert: Zum einen legt das in Ex 21,2–11 feststellbare Prinzips der wirtschaftlichen Fairness (s. 5.1.3.a.i.Auswertung) nahe, dass der Kadaver bei der zur Erstattung verpflichteten Partei verbleibt, um für diese keine übermäßige wirtschaftliche Belastung zu erzeugen. Zum anderen weist die Fokussierung auf einen gleichwertigen Ausgleich im Rahmen des Kompensationsprinzips (תחת: Ex 21,23–25; 21,36) darauf, dass mit der Erstattung keine Erhöhung des Wertes vorgesehen ist.

Das Cluster Ex 21,2–11 fokussiert den personellen und wirtschaftlichen Fortbestand des Volkes. Die Regelungen zur Schuldsklavenschaft in Ex 21,2–6 stellen eine logische Fortsetzung und Ergänzung des in Ex 22,2 begonnenen Mikronarrativs zum Verkauf des Diebes in Sklavenschaft dar. Aufgrund der Begrenzung der Gesetze aus Ex 21,2–6 auf hebräische Sklaven kann dieser Ereignisfortgang zu Ex 22,2 insbesondere für hebräische Diebe gelten. Damit setzt der Grundsatz der personellen und wirtschaftlichen Erhaltung des Volkes aus Ex 21,2–11 im Textraum *Bundesbuch* eine Grenzlinie für die Bestrafung von (hebräischen) Dieben in Ex 22,1–3: Kleinkriminelle sind zum Zweck des sozialen und wirtschaftlichen Ausgleichs angemessen zu bestrafen (Ex 21,37; 22,3). Eine darüberhinausgehende Bestrafung oder gar tödliche Rache (Ex 22,2) verbietet sich, da auch der (bestrafte) Kleinkriminelle zur Erhaltung des Volkes erforderlich ist und mit dem Diebstahl von Eigentum kein Vergehen begangen hat, welches seine Loyalität gegenüber den Grundlagen der Erhaltung des Volkes infrage stellt.

Aus dem Zusammenhang des Clusters Ex 21,33–22,14 mit Ex 21,12–17 und Ex 21,18–32 gewinnt Greensteins These zum Verständnis von אם־זרחה השמש עליו als Hinweis auf eine qualitative Änderung der Situation an Plausibilität: Auch in Ex 21,21 ist ein qualitativer Wechsel der Situation vorausgesetzt, wenn nach dem Ablauf der Frist von zwei Tagen der Tod des Sklaven nicht mehr der Misshandlung durch den Sklavenhalter zuzurechnen ist.[1040] Eine vergleichbare

1040 Vgl. Greenstein, „If the Sun Shone", 41.

Änderung der Situation setzt zudem Ex 21,19 voraus, wo mit dem öffentlichen Auftritt des in der Rauferei Verletzten die Straffreiheit für die involvierte Gegenpartei einhergeht und nachträglich auftretende Schäden nicht mehr der Rauferei zugerechnet werden können. Die strafrelevante Zurechenbarkeit von Schäden ist damit auf bestimmte Situationen und Fristen beschränkt. Die Tötung eines Diebes in einer gefahrlosen Situation (Ex 22,2) überschreitet diese Beschränkung und käme dem in Ex 21,13 f. genannten Akt des Nachstellens und hinterlistigen Handelns gleich.

Aus dem intertextuellen Verhältnis und der kompositionellen Abfolge der Cluster Ex 21,2–11; 21,12–17; 21,18–32 und 21,33–22,14 lässt sich eine Rangfolge der zugrunde gelegten Prinzipien und Werte erheben, die sich auch in der absteigenden Schwere der Strafmaße spiegelt (s. o.): Ex 21,2–11 fokussiert den Fortbestand des Volkes. Darauf basierend wird der Schutz des Sozialverbandes (Ex 21,12–17) vor dem Schutz der körperlichen Unversehrtheit (Ex 21,18–32) und dem Schutz des Besitzes (Ex 21,33–22,14) thematisiert.

2. Ex 21,33–22,14 in Beziehung zur Querverbindung mit אלהים: Jhwh als Garant der Gerechtigkeit

Eine Gleichsetzung von האלהים und Jhwh ist für Ex 21,33–22,14 auf der Clusterebene sowie davon ausgehend mittels der Querverbindung אלהים im Textraum *Bundesbuch* möglich. Die innerhalb des Bundesbuches anzitierten gerichtlichen Funktionen Jhwhs als Zeuge, Schwurinstanz und Richter weisen diesen als höchste Rechtsinstanz und Garant der Gerechtigkeit aus (s. 5.1.3.c.MT:4).

LXX, Sam und Peš:

Auch in LXX, Sam und Peš ist das vorliegende Cluster anhand lexematischer und thematischer Berührungen im Textraum *Bundesbuch* auf Ex 21,2–11; 21,12–17 und 21,18–32 bezogen. Die LXX verstärkt im Vergleich zu MT die Anbindung des Clusters an Ex^{LXX} 21,12–17 und 21,18–32, indem das Ereignis der Warnung in 21,36 einen engeren Bezug zu 21,29 herstellt und die Ausführung der Totschlagsthematik bis zur Todesstrafe (ἀνταποθανεῖται) in 22,2 die Inhalte von Ex^{LXX} 21,12–14 rekapituliert. Auf diese Weise regt die LXX stärker zum Vergleich der Fälle in Ex^{LXX} 21,36 und 21,29 sowie Ex^{LXX} 22,1 f. und 21,12–14 an, innerhalb dessen sich auch auf der Bundesbuchebene die Vorordnung des Schutzes des Sozialverbandes und des Lebens vor den Schutz des Eigentums herauskristallisiert (s. o.).

In der LXX hat das vorliegende Cluster zudem an den Querverbindungen mittels θεός und κύριος teil (s. 5.1.3.c.LXX), in Peš an der Querverbindung mittels ܡܪܝܐ/ܡܪܐ. LXX und Peš tragen über die Stichworte κύριος bzw. ܡܪܝܐ/ܡܪܐ im Textraum *Bundesbuch* zugleich eine Tendenz zur Relativierung menschlicher Besitzverhältnisse und Besitztümer angesichts des gemeinsamen Unterstelltseins unter Jhwh in dieses Cluster ein (s. 5.1.3.c.LXX/Peš). Zudem ergibt sich die explizite Gleichsetzung von θεός und Jhwh als höchstrichterliche Instanz aufgrund des Fehlens von κύριος als Gottesbezeichnung in Ex^{LXX} 22,10 erst auf der Bundesbuchebene der LXX unter Einbeziehung des Querverbinders θεός.

d. Begründungsstrukturen im Textraum *Sinaiperikope*

MT:

Im Textraum *Sinaiperikope* liegen intertextuelle Beziehungen des Clusters Ex 21,33–22,14 zu Lev 5,21–26; Ex 20,1–17; Lev 19 und Lev 24,15b–22 vor. Diese fußen thematisch auf der Präsentation von Regelungen in Bezug auf fremdes Eigentum (Lev 5,21 f.; Ex 20,17; Lev 19,11), zur Erstattung dessen (Lev 5,24; 24,18.21) sowie auf Vorstellungen zur Ausübung von Rache (Lev 19). Die zugehörigen Stichwortberührungen, z. B. anhand von רע, גנ״ב, שב״ע und של״ם, bestätigen die jeweilige thematische Verbindung. Das Verhältnis von Ex 21,33–22,14 zu den genannten Texten gestaltet sich schwach kommunikativ sowie mäßig referentiell und selektiv.

Lev 5,21–26 bezieht sich auf zu Ex 21,37–22,3 vergleichbare Delikte der Veruntreuung, des Diebstahls und darüber hinaus auf die Tatbestände des unehrlichen Findens und der gewaltvollen Erlangung fremden Besitzes. Die Bestimmungen in Lev 5,21–26 haben maximale Reichweite und beschreiben jegliche unrechtmäßige Aneignung fremden Besitzes. Im Rahmen des jeweiligen Verfahrens setzt Lev 5,22 die Anwendung eines (Jhwh-)Schwurs voraus. Dies entspricht der Regelung zum Verdacht von Veruntreuung in Ex 22,7.10.

Lev 5,22 beschreibt einen Meineid, der auf nicht genannte Weise ans Licht kommt. Davon ausgehend sehen vv.24–26 vor, dass das unrechtmäßig Angeeignete zurückzugeben und um 20 Prozent aufzustocken[1041] (vgl. Num 5,6–10) und die Schuld gegenüber Jhwh mit einem Schuldopfer zu begleichen ist. Zur Frage, worin das schuldhafte Handeln gegenüber Jhwh besteht, ist Lev 5,21–26 doppeldeutig: Einerseits ist das Schwören der Unwahrheit (שב״ע ל/על־שקר), sofern es wie in Ex 22,10 mit der Schwurinstanz Jhwh geschieht, ein Vergehen gegenüber Jhwh (vv.21 f.24). Andererseits ist in v.21 bereits vor der Erwähnung des Deliktes des Meineids von einem schuldhaften Vergehen gegen Jhwh die Rede, welches

1041 Im Unterschied zur Verdopplung des zu Erstattenden in Ex 22,8 sieht Lev 5,24 nur die Erhöhung des Wertes um ein Fünftel vor. Da in Lev 5,24–26 aber zur Aussöhnung mit Jhwh noch die Gabe eines makellosen Widders hinzukommt, ist für Lev 5,21–26 nicht von einer Strafminderung gegenüber Ex 22,8 auszugehen (vgl. Propp, *Exodus 19–40*, 249), sondern von einer Strafverlagerung.

mit dem schuldhaften Handeln gegenüber dem Eigentümer des Besitzes korreliert wird (v.21). Das Vergehen gegen den Nächsten (עמית) ist damit ein Vergehen gegen Jhwh – ohne dies explizit einen Verstoß gegen Jhwhs Anordnungen zu nennen. In dieser Hinsicht sind die Bestimmungen in Lev 5,21–26 von der Anerkennung Jhwhs her begründet. Darin zeichnet sich eine Theologisierung der Begründungsbasis des Rechts ab, welche im intertextuellen Zusammenhang beider Texte auf Ex 21,33–22,14 übertragen werden kann.

In Ex 20,1–17 ist die Forderung der Achtung gegenüber fremdem Besitz (v.17) in einen theologischen Spitzentext[1042] eingebettet, der an einem zentralen Punkt der Gesamterzählung die Grundsätze des Zusammenlebens in der Gemeinschaft der Jhwh-Treuen definiert und hohe Geltungskraft beansprucht. Das Anliegen aus Ex 20,17 stellt sich als eine Zusammenfassung des Grundprinzips des Schutzes fremden Eigentums, wie es in Ex 21,33–22,14 entfaltet wird, dar. Die Forderung der Achtung fremden Eigentums ist dabei auch auf die Anerkennung der Autorität Jhwhs bezogen (Ex 20,1), welche wiederum im Exodus-Geschehen gründet (Ex 20,2). Die Inhalte von Ex 21,33–22,14 werden im Lichte von Ex 20,1–17 mit theologischer Bedeutung angereichert und lassen sich mit der historischen Begründungsbasis des Exodus-Geschehens verbinden.

Die in Ex 21,33–22,14 genannten Schwurereignisse werden insbesondere vor dem Hintergrund des Verbots des Missbrauchs des Jhwh-Namens in Ex 20,7 profiliert: Angesichts der in Ex 20,7 angedrohten Bestrafung durch Jhwh selbst ist für Ex 22,(7.)10 anzunehmen, dass die betreffenden Parteien vor einem Meineid zurückschrecken werden und der Jhwh-Schwur in jedem Falle die Wahrheit ans Licht bringen wird, sei es durch ein Absehen vom Meineid, durch eine göttliche Strafe für den Meineid oder durch die Akzeptanz eines zutreffenden Eides.

Die Bestimmungen in Lev 19 werden auf Basis der theologischen Aussage der Heiligkeit Jhwhs und der daraus resultierenden Heiligkeitsforderung an die Adressaten entfaltet (Lev 19,2). Zudem sind die Gesetze in Lev 19 mittels Anfügung der Formel אני יהוה wiederholt und vollumfänglich der Autorität Jhwhs unterstellt. Diebstahl, Lüge und Betrug (Lev 19,11), wie teils in Ex 21,33–22,14 beschrieben, sowie Meineid (Lev 19,12), dessen Ablehnung in Ex 22,7 f.10 vorauszusetzen ist, widersprechen somit dem Heiligkeitsanspruch Jhwhs.

Des Weiteren lehnt Lev 19,18 die Ausübung menschlicher Rache untereinander ab und weist dieses Rechtsinstrument Jhwh zu (s. 5.3.2.d.MT:2). Der Verzicht auf Rache an einem Dieb in einer gefahrlosen Situation (Ex 22,2) ist daher im Zusammenhang mit Lev 19 auch darin begründet, dass Jhwh selbst für Gerechtigkeit sorgen wird.

1042 Zur Bezeichnung s. Markl, *Dekalog*, 161.

In Lev 24,15b–22 wird die Forderung einer gleichwertigen Erstattung von Schäden als wesentlicher Rechtsgrundsatz für die Behandlung von Vergehen an fremdem Eigentum präsentiert. Dabei setzt Lev 24,15b–22 die Anerkennung Jhwhs als Basis der Rechtsgrundsätze voraus (s. o.) und reichert das Prinzip des gleichwertigen Ausgleichs, welches für fahrlässige Schäden in Ex 21,33–22,14 angeführt wird, mit theologischer Bedeutung an.

LXX, Sam und Peš:
In LXX, Sam und Peš bestehen für das Cluster Ex 21,33–22,14 im Textraum *Sinaiperikope* die bereits für MT analysierten Textbeziehungen. Geringfügige Differenzen gegenüber dem von MT bezeugten Befund zeichnen sich in der LXX ab: Im Unterschied zu MT definiert Lev^{LXX} 5,21 den Verstoß gegen die Anordnungen Jhwhs (καὶ παριδὼν παρίδῃ τὰς ἐντολὰς κυρίου) als Vergehen gegen Jhwh. Damit expliziert die LXX den im Textbestand des MT ebenso angelegten Begründungszusammenhang, der Vergehen gegen Jhwhs Gesetz mit Vergehen gegen Jhwh selbst gleichsetzt. Zudem setzt Lev^{LXX} 5,21–26 hierin explizit die Existenz von Gesetzen Jhwhs in Bezug auf Eigentumsdelikte und Meineid, wie z. B. in Ex^{LXX} 20,7.17; Lev^{LXX} 19,11.12, voraus.

e. Begründungsstrukturen im Textraum *Exodusbuch*

MT:
Im Textraum *Exodusbuch* besteht eine Textbeziehung zwischen Ex 21,33–22,14 und Ex 18. Die Beziehung entfaltet sich lexematisch (z. B. בו"א, אלהים, דבר) und thematisch in der Konsultation gerichtlicher Instanzen zur Klärung von Rechtsstreitigkeiten. Das intertextuelle Verhältnis stellt sich als schwach kommunikativ und referentiell sowie stark selektiv dar.

Ex 18 legitimiert die Organisation des Rechtswesens in der Form der Verteilung der Aufgaben zwischen menschlichen Gerichten, welche in Jhwhs Recht unterwiesen sind und unkomplizierte Fälle regeln, sowie der Befragung Moses (Ex 18,22) bzw. Jhwhs selbst (Ex 18,19) bei schwierigen Sachverhalten. Die Hoheit über das Recht hat Jhwh in Ex 18. Nach seinen Anordnungen wird verfahren und er ist die für strittige Rechtsfragen konsultierte Gottheit. Im Lichte von Ex 18 wird die polytheistische Prägung der in Ex 22,7 f. beschriebenen Rechtspraxis, welche bereits auf der Clusterebene disambiguiert wird (s. 5.3.3.a/b), ausdrücklich von einer alleinigen Fokussierung auf Jhwh abgelöst. Diese wird vom Bekenntnis des Jitro zu Jhwh als dem Gott, der sich im Exodus-Geschehen größer als alle Götter erwiesen hat (Ex 18,10 f.), untermauert.

In Ex 18 fungiert Mose auf dem Weg ins Land als Mittler zu Jhwh auch im Vorbringen von Rechtssachen (Ex 18,19). Eine vergleichbare Mittlerfigur ist in der unmittelbaren Konsultation der Gottheit in Ex 22,7 f. nicht erwähnt. Die daraus resultierende Spannung entfaltet mit Blick auf die Gesamterzählung eigenes Sinnpotenzial: In der Differenz zu Ex 18,19 deutet das Fehlen der (mosaischen) Vermittlung in Ex 22,7 f. den Fortgang der Gesamterzählung an. Die in Ex 21,33–22,14 getroffenen Bestimmungen setzen Sesshaftigkeit voraus und nehmen das Leben im Land in den Blick. Das Fehlen des Mittlers in Ex 22,7 f. öffnet auf der Ebene der Gesamterzählung zum einen die Perspektive auf die Option der Verweigerung des Landes für Mose. Zum anderen setzt der generelle Wegfall einer Mittlerperson bei der Klärung von Rechtsfragen vor Jhwh in Ex 22,7 f. ein unmittelbares Verhältnis zu Jhwh im Land voraus. In dieser Hinsicht wird der Inhalt des Clusters Ex 21,33–22,14 im Zusammenhang mit Ex 18 auf das besondere Verhältnis zwischen Jhwh und dem Volk Israel hin zugespitzt (s. ferner 5.2.1.e.MT:3; 5.2.3.e.MT:2).

LXX, Sam und Peš:

In LXX und Sam zeigen sich im Textraum *Exodusbuch* die im MT betrachteten Verbindungslinien zu Ex 18. In Peš hingegen liegt eine Differenz zum von MT gespiegelten Befund vor: Mit der Lesung ܕܝܢܐ „Richter“ zeichnet sich in Ex^{Peš} 22,7 f. bereits auf der Mikroebene eine Tendenz zur Vermeidung von Ordalen oder Jhwh-Schwüren in der gerichtlichen Praxis ab. Nach Möglichkeit ist eine Klärung vor einem menschlichen Gericht herbeizuführen.[1043] Dies entspricht dem Anliegen der gestuften Organisation des Rechtswesens in Ex^{Peš} 18 und reserviert in Übereinstimmung mit Ex^{Peš} 18 die Konsultation der Gottheit Jhwh für wenige Ausnahmefälle (s. Ex^{Peš} 22,10).[1044] In der Textbeziehung zwischen Ex^{Peš} 18 und Ex^{Peš} 21,33–22,14 manifestiert sich die Organisationsform des Gerichtswesens in ihrer von der höchsten Rechtsinstanz Jhwh her zu entfaltenden, gestuften Struktur.

5.3.4 Das Textcluster Ex 22,15 f.

a. Mikroebene: Begründungsstrukturen innerhalb der Einzelgesetze Ex 22,15 f. – Die Verführung einer unverlobten Jungfrau

MT:

15 וְכִֽי־יְפַתֶּ֣ה אִ֗ישׁ בְּתוּלָ֛ה אֲשֶׁ֥ר לֹא־אֹרָ֖שָׂה וְשָׁכַ֣ב עִמָּ֑הּ מָהֹ֛ר יִמְהָרֶ֥נָּה לּ֖וֹ לְאִשָּֽׁה׃ 16 אִם־מָאֵ֥ן יְמָאֵ֛ן
אָבִ֖יהָ לְתִתָּ֣הּ ל֑וֹ כֶּ֣סֶף יִשְׁקֹ֔ל כְּמֹ֖הַר הַבְּתוּלֹֽת׃ ס

1043 Vgl. Dietrich, „Ordal“, in: *WiBiLex* (2015), 6.

1044 Die Absicht einer Reduktion von Ordalen lässt sich ebenso in Dtn 17,8–13 nachzeichnen, wo strittige Fälle von einem Zentralgericht aus Kultfunktionären und einem Richter entschieden werden. Es ist möglich, dass der Textbefund in Ex^{Peš} 22,7 f. auf eine Lesung im Horizont des Dtn weist.

> [15] Und wenn jemand eine Jungfrau verführt, die nicht verlobt ist, und er liegt bei ihr, (dann) soll er sie sich unbedingt um den Brautpreis zur Frau erwerben. [16] Falls sich ihr Vater sehr weigert, sie ihm zu geben, (dann) soll er Geld abwiegen entsprechend dem Brautpreis der Jungfrauen.

Ex 22,15 f. regelt das Vorgehen für den Fall der Verführung unverlobter Jungfrauen. Diese familienrechtliche Bestimmung weist keine expliziten Begründungselemente auf. Als Zustand der jungen Frau wird in v.15 vorausgesetzt, dass sie rechtlich noch keinem anderen Mann zur Heirat versprochen ist (Z0). Ihr Vater hat für sie bisher keinen Brautpreis erhalten.[1045] Davon ausgehend wird die Grundkonstellation des Falles in v.15 mit folgenden Ereignissen geschildert: Verführung des unverlobten Mädchens (E1), Geschlechtsverkehr zwischen dem Verführer und dem unverlobten Mädchen (E2), Verpflichtung zur Heirat des Mädchens samt Zahlung des Brautpreises (E3).

Mit פת"י *Pi* weist v.15 dem Mann die Rolle des Verführers zu (E1),[1046] dessen Charme und Annäherungsversuchen das Mädchen erliegt.[1047] In der vorliegenden Ereigniskette stellt sich die Geschlechtsgemeinschaft zwischen beiden (E2) als Folge der Verführungskünste des Mannes dar, denen sich das Mädchen nicht widersetzt. Eine physische Gewalthandlung scheint daher hier nicht vorzuliegen.

Das Problem des Falls entfaltet sich als Konflikt auf der Ebene der involvierten Männer: Das betreffende Mädchen ist der Verfügungsgewalt ihres Vaters unterstellt und gilt als Teil dessen Vermögens.[1048] Dies belegt zudem die Praxis der Zahlung eines Brautpreises, der den wirtschaftlichen Verlust des Vaters mindern soll, wenn ihm nach der Heirat z. B. die Arbeitskraft seiner Tochter nicht mehr zur Verfügung steht.[1049] Der Geschlechtsakt seiner unverlobten Tochter birgt für den Vater die Gefahr, dass seine Tochter anschließend einen schlechten Ruf genießen und folglich im Falle der Heirat keinen oder nur einen deutlich geringeren Brautpreis erzielen könnte.[1050] Insofern ist in v.15 auch die physische Jungfräulichkeit der Frau vorausgesetzt.

Das Recht zur Wahl des Ehemannes obliegt dem Vater (v.16). Obgleich der Verführer mit dem Geschlechtsakt zur Heirat des Mädchens verpflichtet ist (v.15; E3), kann der Vater dieser widersprechen (v.16; E-3). Das Veto-Recht des Vaters (E-3) stärkt die Position und Rolle des Vaters. Des Weiteren ist der Verführer auch für den Fall der Verweigerung der väterlichen Zustimmung (E-3) zur Zahlung

---

1045 Vgl. Houtman, *Bundesbuch*, 212.
1046 S. dazu Gesenius, *Handwörterbuch*^{18}, 1089.
1047 Vgl. Houtman, *Bundesbuch*, 211.213.
1048 Vgl. Houtman, *Bundesbuch*, 213.
1049 Vgl. auch Houtman, *Bundesbuch*, 212.
1050 Vgl. Houtman, *Bundesbuch*, 214; Frymer-Kensky, „Virginity“, 80 f.

einer Summe in Höhe des vor dem Geschlechtsakt zu erwartenden Brautpreises verpflichtet (E4). Dies bestätigt, dass sich die durch die Verführung und den Geschlechtsakt entstandene Schädigung ausschließlich auf die daraus resultierenden, möglichen wirtschaftlichen Nachteile des Vaters bezieht.

LXX, Sam und Peš:

LXX:

15 (G 16) Ἐὰν δὲ ἀπατήσῃ τις παρθένον ἀμνήστευτον, καὶ κοιμηθῇ μετ᾽ αὐτῆς, φερνῇ φερνιεῖ αὐτὴν αὐτῷ γυναῖκα. 16 (G 17) ἐὰν δὲ ἀνανεύων ἀνανεύσῃ καὶ μὴ βούληται ὁ πατὴρ αὐτῆς δοῦναι αὐτὴν αὐτῷ γυναῖκα, ἀργύριον ἀποτείσει τῷ πατρὶ καθ᾽ ὅσον ἐστὶν ἡ φερνὴ τῶν παρθένων.

15 (G 16) Wenn aber jemand eine nicht verlobte Jungfrau verführt und er liegt bei ihr, (dann) soll er sie sich unbedingt um den Brautpreis als Frau erwerben. 16 (G 17) Falls aber sich ihr Vater sehr weigert und sie ihm nicht als Frau geben will, (dann) soll er dem Vater Geld erstatten entsprechend all dem, was der Brautpreis der Jungfrauen ist.

Sam:

15 וכי יפתה איש בתולה אשר לא ארשה ושכב עמה מהר ימהרנה לו לאשה: 16 ואם מאן
ימאן אביה לתתה לו כסף ישקל כמהר הבתולת:

15 Und wenn jemand eine Jungfrau verführt, die nicht verlobt ist, und er liegt bei ihr, (dann) soll er sie sich unbedingt um den Brautpreis zur Frau erwerben. 16 Und falls sich ihr Vater sehr weigert, sie ihm zu geben, (dann) soll er Geld abwiegen entsprechend dem Brautpreis der Jungfrauen.

Peš:

15 ܘܐܢ ܢܛܥܐ ܓܒܪܐ ܒܬܘܠܬܐ ܕܠܐ ܡܟܝܪܐ ܗܘܬ ܘܢܕܡܘܟ ܥܡܗ. ܡܣܒ ܢܣܒܝܗ ܠܗ ܠܐܢܬܬܐ. 16 ܘܐܢ ܠܐ ܨܒܐ
ܐܒܘܗ ܕܢܬܠܝܗ ܠܗ. ܟܣܦܐ ܢܬܩܘܠ ܐܝܟ ܡܗܪܐ ܕܒܬܘܠܬܐ.

15 Und wenn jemand eine Jungfrau verführt, die nicht verlobt war, und er liegt bei ihr, (dann) soll er sie sich unbedingt zur Frau nehmen. 16 Und falls ihr Vater nicht wünscht, sie ihm zu geben, (dann) soll er Geld abwiegen entsprechend dem Brautpreis der Jungfrau.

Auswertung:

Ex^{LXX} 22,15 f. weist drei relevante Unterschiede zum im MT bezeugten Textbestand auf:

1. In v.16 fügt die LXX in Bezug auf die Zustimmung des Vaters das Ereignis des Wollens (καὶ μὴ βούληται) ein. Propp zieht die Lesung des MT vor, erwägt

aber auch, ob nicht die Lesart der LXX vorzuziehen sei und MT hier als Haplographie aus dem für die hebräische LXX-Vorlage anzunehmenden Konsonantenbestand entstanden sein könnte.[1051] Mit der Nennung dieses gegenüber MT zusätzlichen Ereignisses des Wollens hebt die LXX die Notwendigkeit der Zustimmung des Vaters und dessen Position hervor. Dies expliziert die Zuordnung der Tochter zum Vermögen ihres Vaters sowie den für die Heirat der Tochter einzuhaltenden Rechtsweg, der zuallererst die Zustimmung des Vaters vorsieht. Die Lesart der LXX stellt gegenüber dem Textbestand des MT somit eine Vereindeutigung dar.
2. Mit dem Dativ τῷ πατρί benennt die LXX in v.16 den Empfänger der Geldzahlung. Auch dies ist eine Vereindeutigung der Verhältnisse, welche der Textbestand des MT binnentextuell voraussetzt: Die nicht verlobte Tochter gehört zum Vermögen ihres Vaters und eine potenzielle Minderung ihres Wertes auf dem Heiratsmarkt muss dem Vater beglichen werden.
3. Die Wahl des Prädikats ἀποτείσει in v.16 spricht entweder für die Lesung von של״ם* in der hebräischen Vorlage oder für deren Verständnis im Sinne von של״ם. Die LXX expliziert den Fall der Verführung einer Jungfrau damit als ein erstattungspflichtiges Vergehen. Die vom Verführer im Falle der väterlichen Verweigerung einer Ehe zu zahlende Summe ist eine Erstattung, die den entstandenen Schaden, nämlich den nicht mehr erreichbaren Brautpreis für Jungfrauen, exakt aufwiegt.

Insgesamt profilieren und schärfen die Vereindeutigungen der LXX die Sichtachse auf den durch die Verführung der unverlobten Tochter wirtschaftlich geschädigten, freien Israeliten.

In Peš hingegen ist mit der Übersetzung ܢܣܒ ܐܢܬܬܐ „zur Frau nehmen" in v.15 die Brautpreisthematik (מה״ר$_1$) nicht vordergründig erkennbar. Die Fokussierung auf die wirtschaftlichen Verhältnisse des Vaters ist gegenüber MT, LXX und Sam in Ex^{Peš} 22,15 gemindert. Gleichwohl ist die Praxis der Zahlung eines Brautpreises auch für Ex^{Peš} 22,15 vorauszusetzen, da v.16 explizit darauf verweist und die Ausgleichszahlung in Höhe des Brautpreises (ܡܗܪܐ) festlegt.

b. Clusterebene: Wechselseitige Begründungsstrukturen im Cluster Ex 22,15 f.

Die Zusammenfassung von Ex 22,15 f. zu einer klar abgrenzbaren Texteinheit beschränkt sich auf den knappen Abschnitt eines Gesetzes, welches sich aus einem Haupt- (v.15) und einem Unterfall (v.16) zusammensetzt. Das wesentliche Argument für eine Abgrenzung dieser beiden Verse zu einem Cluster in MT, Sam und

1051 Vgl. Propp, *Exodus 19–40*, 127.

Peš ist das Fehlen des Leitworts שׁל״ם, bzw. der zugehörigen Äquivalente ܥܠܡ und ܦܪܥ, sowie der dominierenden Vokabel רע bzw. ܚܒܪܐ aus Ex 21,33–22,14.[1052] MT, Sam und Peš ordnen die Verführung der Jungfrau damit nicht explizit den erstattungspflichtigen Vergehen zu.

Der Begründungsschwerpunkt in Ex 22,15 f. liegt auf der wirtschaftlichen Position des freien Israeliten. Dem Vater der verführten Jungfrau drohen finanzielle Einbußen, weil der Wert seiner Tochter auf dem Heiratsmarkt gemindert ist. Diese zu erwartenden Einbußen bedürfen eines angemessenen finanziellen Ausgleichs. Darüber hinaus ermöglicht die Bestimmung eine Bevorteilung des geschädigten Vaters: Im Falle der Verweigerung einer Ehe mit dem Verführer und einer erfolgreichen nachträglichen Vermittlung der Tochter kassiert der Vater die Ausgleichszahlung des vollen Brautpreises (v.16) sowie den gegebenenfalls ausgehandelten Brautpreis für die später zustande kommende Ehe.[1053] Obgleich ein solches Vorgehen für den Vater ein spekulatives Unterfangen wäre, hält die Ausgleichszahlung des Verführers das wirtschaftliche Risiko des Vaters in Grenzen. Hieran wird deutlich, dass der wirtschaftliche Fortbestand der Familie des geschädigten freien Bürgers Ziel der Bestimmungen des Clusters Ex 22,15 f. ist.

Die LXX verwendet in v.16 das שׁל״ם-Äquivalent ἀποτίνω. Damit stellt sie das Gesetz in vv.15 f. in den Zusammenhang erstattungspflichtiger Vergehen und legt eine Zuordnung der beiden Verse zum vorangehenden Cluster nahe. In dieser Hinsicht profiliert die LXX inhaltlich hier auch das Ziel des wirtschaftlichen Fortbestands der Familie des Geschädigten, betrachtet die Tochter aber vorrangig als Teil des Besitzes des Vaters, der eine durch eine andere Partei herbeigeführte Wertminderung erfahren hat. Diese Wertminderung bedarf einer (mindestens) gleichwertigen Erstattung.

c. Begründungsstrukturen im Textraum *Bundesbuch*

MT:

Im Textraum *Bundesbuch* bestehen keine spezifischen Textbeziehungen des Clusters Ex 22,15 f. zu anderen Textclustern. Aufgrund der Kürze des Clusters sollte dieser Befund einerseits nicht überbewertet werden. Andererseits kann er auch als symptomatisch für ein Problem gelten, welches in der Forschung diskutiert wird: nämlich die Stellung dieses Gesetzes innerhalb des Bundesbuches.

Wagner und Halbe ordnen Ex 22,15 f. vorwiegend aus inhaltlichen und kompositionellen Gründen dem Körperverletzungsrecht in Ex 21,18–32 zu.[1054] Otto

1052 Vgl. auch Osumi, *Kompositionsgeschichte*, 132.
1053 Vgl. auch Houtman, *Bundesbuch*, 214.
1054 Vgl. Wagner, „Systematik“, 176; Halbe, *Privilegrecht*, 415 f.

stellt das geschlechtliche Delikt in Ex 22,15 f. in einer umklammernden Struktur als Pendant zum Körperverletzungsrecht in Ex 21,18–32 dar und beruft sich dafür auf vergleichbare konzentrische Kompositionsstrukturen in altorientalischen Rechtstexten.[1055] Houtman, Propp und Osumi ordnen Ex 22,15 f. inhaltlich als Eigentumsdelikt in die Nähe von Ex 21,33–22,14.[1056] Auch Schwienhorst-Schönberger liest Ex 22,15 f. besitzrechtlich und macht darin einen redaktionellen Nachtrag aus, der den Übergang zwischen dem seinerseits rekonstruierten kasuistischen Rechtsbuch und dem zweiten Teil des Bundesbuches gestalte.[1057]

Für die besitzrechtliche Einordnung von Ex 22,15 f. sprechen inhaltliche Argumente, die sich aus der Analyse der Mikro- und Clusterebene ergeben: Das Gesetz in Ex 22,15 f. problematisiert vor allem die Schädigung des Vaters, nicht der Tochter. Ex 22,15 f. gibt keine Hinweise auf einen gewalttätig herbeigeführten Geschlechtsakt. Die körperlichen Konsequenzen des Geschlechtsverkehrs für die Tochter werden in Ex 22,15 f. vorrangig in ihrer wirtschaftlichen Bedeutung für den Vater bedacht (s. o.). Insofern liegt auf Basis der Ergebnisse der Analyse der Mikro- und Clusterebene eine thematische Affinität zwischen Ex 22,15 f. und Ex 21,33–22,14 vor, welche zudem in der LXX textempirisch bestätigt wird (s. o.).

Allerdings wird eine ausschließlich besitzrechtliche Kategorisierung von Ex 22,15 f., welche das Gesetz in den Horizont von Ex 21,33–22,14 stellt, innerhalb des Bundesbuches (s. MT) ausdrücklich relativiert, indem insbesondere die Verbindung anhand des Stichworts של"ם gekappt ist. Daher sind über die Stellung des Clusters zu Ex 21,33–22,14 hinaus auch die in vergleichbarer Weise leicht gehäuften, aber unspezifischen lexematischen Berührungen zu Ex 21,2–11; 21,12–17; 21,18–32 und 22,20–26 zu berücksichtigen, welche über den Fokus der Mikro- und Clusterebene hinausweisende thematische Sinnhorizonte öffnen:

- Die Korrespondenz zu Ex 21,2–11 entfaltet sich in der Thematisierung der rechtlichen Rollenverteilung zwischen Vätern und Töchtern bzw. Männern und den ihnen unterstellten Frauen sowie dem Prinzip der Wahrung des wirtschaftlichen Fortbestandes einzelner Familien und des Volkes Israel.
- Die Korrespondenz zu Ex 21,12–17 entfaltet sich in der Thematisierung der Anerkennung der Ordnung des Sozialverbandes bzw. der (rechtlichen) Position und Rolle des Vaters, der in Bezug auf die Ehe seiner Tochter nicht übergangen werden darf.
- Die Korrespondenz zu Ex 21,18–32 entfaltet sich in der Thematisierung der Zwischenstellung bestimmter Personengruppen zwischen der Kategorie des

1055 Vgl. Otto, „Körperverletzung“, 162–164.
1056 Vgl. Houtman, *Bundesbuch*, 213; Propp, *Exodus 19–40*, 253; Osumi, *Kompositionsgeschichte*, 132 f.
1057 Vgl. Schwienhorst-Schönberger, *Bundesbuch*, 211–213.

Besitzes und des Lebens (vgl. Ex 21,28–32) sowie der Schädigung Dritter durch physische Handlungen zwischen zwei Personen (vgl. Ex 21,22–25).

- Die Korrespondenz zu Ex 22,17–19 entfaltet sich anhand der Wendung שכ"ב עם in der Thematisierung des Schutzes der gesellschaftlichen Stabilität. Dabei wird die Verführung einer Jungfrau als eine Gefährdung der gesellschaftlichen Ordnung begreifbar, welche sowohl im Übergehen des rechtlichen und wirtschaftlichen Anspruchs des Vaters als auch in der Minderung des Wertes der Frau auf dem Heiratsmarkt die gesellschaftliche Struktur aushöhlen und destabilisieren kann.
- Die Korrespondenz zu Ex 22,20–26 entfaltet sich in der Thematisierung des Achtens der wirtschaftlichen Ressourcen anderer.

Insgesamt nimmt Ex 22,15 f. aufgrund des Fehlens eines klaren intertextuellen Bezugspunktes innerhalb des Bundesbuches eine Position ein, die ohne eindeutigen Haftpunkt einen weiten thematischen Bogen spannen und die Plausibilisierung des Gesetzes zwischen all den genannten Korrespondenzaspekten schillern lässt.[1058]

LXX, Sam und Peš:

Auch Sam und Peš entwickeln, vergleichbar zu MT, für Ex$^{Sam/Peš}$ 22,15 f. im Textraum *Bundesbuch* keine spezifischen intertextuellen Beziehungen zu anderen Clustern,[1059] sodass – wie im MT – lose Korrespondenzen entstehen.

In der LXX hingegen liegt mit dem Stichwort ἀποτίνω eine klare Anbindung von Ex^{LXX} 22,15 f. an 21,33–22,14 vor. Diese stärkt die besitzrechtliche Plausibilisierung des Gesetzes und lässt die weiteren thematischen Sinnhorizonte der Bestimmung im Textraum *Bundesbuch* gegenüber MT geringfügig verblassen.

d. Begründungsstrukturen im Textraum *Sinaiperikope*

MT:

Im Textraum *Sinaiperikope* liegen für das Cluster Ex 22,15 f. ausgehend von der Thematik des Geschlechtsaktes Textbeziehungen zu Lev 18.19.20; Num 5 z. B. anhand von שכ"ב und אשה vor. Allerdings stellt die Problematisierung des Ge-

1058 Diese Beobachtung unterstützt Schwienhorst-Schönbergers Annahme einer bewussten, redaktionellen Einfügung von Ex 22,15 f. an dieser Stelle im Bundesbuch. S. dazu Schwienhorst-Schönberger, *Bundesbuch*, 213.

1059 Quantitativ fallen in Peš gegenüber MT Berührungen der Äquivalente zu שק"ל weg und es kommen Überschneidungen anhand des unspezifischen Stichworts ܫܩܠ hinzu (s. 5.2.1.c.Peš).

schlechtsaktes an sich nicht das Kernanliegen von Ex 22,15 f. dar. Insofern sind die genannten Textbeziehungen schwach kommunikativ und referentiell. Das Aufgreifen der Thematik des Geschlechtsakts erfüllt das Kriterium der Selektivität.

Die betreffenden Texte im Textraum *Sinaiperikope* legen in ihren Ausführungen zum Geschlechtsakt unterschiedliche Schwerpunkte: Num 5 betrachtet den Geschlechtsakt als Element der exklusiven Bindung einer Frau an ihren Mann. In Num 5 gibt die Eifersucht des Mannes Anlass zur Überprüfung der sexuellen Treue der Frau an (vv.14.29 f.). Die Überprüfung erweist günstigstenfalls die Unschuld der Frau und ermöglicht die Wiederherstellung und Fortführung einer fruchtbaren Beziehung (v.28). Lev 18 verweist mit der Kategorie der Blutsverwandtschaft auf eine schutzwürdige soziale Struktur (vv.6.13), die nicht durch sexuelle Beziehungen gestört werden darf. Über diese sozialen Dimensionen aus Num 5 und Lev 18 hinaus tangiert die Thematisierung des Geschlechtsaktes binnentextuell auch stets die Frage nach dem Fortbestand des Volkes. In den Verboten zu sexueller Vergemeinschaftung mit Tieren und homosexuellen Handlungen in Lev 18.20 wird dies deutlich greifbar. Ferner bringen Lev 18.19.20 explizit Vorstellungen aus dem Bereich des Kultes, der Moral und des Lebens im Land in die Thematisierung des Geschlechtsaktes ein.

Insgesamt werden in den Bezugstexten zu Ex 22,15 f. im Textraum *Sinaiperikope* unzulässige Sexualbeziehungen vor dem Hintergrund ihrer sozialen Sprengkraft (Num 5; Lev 18), mit Blick auf das Ziels des Fortbestands des Volkes sowie im Zusammenhang kultischer und moralischer Vorstellungen in Bezug auf Heiligkeit und das Leben im Land (Lev 18.19.20) thematisiert. Doch keiner der Bezugstexte beschreibt eine zu Ex 22,15 f. vergleichbare Konstellation der Verführung einer nicht verlobten Jungfrau.[1060] Im Textraum *Sinaiperikope* lässt sich gegenüber Ex 22,15 f. eine Verschiebung der Vorstellungen zum Geschlechtsakt in einen Begründungszusammenhang, der sich aus Vorstellungen zur Sozialkonstellation, Heiligkeit und kultischen Reinheit speist, erkennen. Demgegenüber setzt Ex 22,15 f. unmittelbar eine wirtschaftliche Argumentation voraus, bei der nicht der Geschlechtsakt selbst, sondern die daraus resultierende, potenzielle Schädigung eines Dritten, eines freien Israeliten, relevant ist. Insofern nimmt die Bestimmung aus Ex 22,15 f. auch im Textraum *Sinaiperikope* eine Sonderstellung ein, deren Begründungszusammenhang von den kultischen, theologischen, sozialen und moralischen Sinnhorizonten der Bezugstexte im Textraum *Sinaiperikope* angereichert werden kann.

1060 Zwar geht es in Lev 19,29 auch um Sexualbeziehungen einer Tochter, doch werden diese als זנ״י beschrieben und aktiv vom Vater initiiert, welcher seine Tochter mit der Anstiftung zur Hurerei entweiht (חל״ל).

LXX, Sam und Peš:
Auch auf LXX, Sam und Peš treffen im Textraum *Sinaiperikope* die bereits für MT gemachten Beobachtungen zu. Dabei liegen in LXX und Peš in den Bezugstexten teils Präzisierungen vor, die die Thematik des Fortbestands des Volkes sowie die soziale und theologische Dimension unzulässiger Sexualbeziehungen zusätzlich explizieren.[1061]

e. Begründungsstrukturen im Textraum *Exodusbuch*

Ex 22,15 f. weist keine spezifischen Textbeziehungen im Textraum *Exodusbuch* auf.[1062]

5.3.5 Das Textcluster Ex 22,17–19

a. Mikroebene: Begründungsstrukturen innerhalb der Einzelgesetze Ex 22,17–19 – Zauberei, Sodomie und Götteropfer

MT:

[17] מְכַשֵּׁפָ֖ה לֹ֥א תְחַיֶּֽה׃ ס [18] כָּל־שֹׁכֵ֥ב עִם־בְּהֵמָ֖ה מ֥וֹת יוּמָֽת׃ ס [19] זֹבֵ֥חַ לָאֱלֹהִ֖ים יָֽחֳרָ֑ם בִּלְתִּ֥י לַיהוָ֖ה
לְבַדּֽוֹ׃

[17] Eine Zauberin sollst du nicht am Leben lassen. [18] Jeder, der bei einem Tier liegt, soll unbedingt getötet werden. [19] Wer den Göttern opfert, soll gebannt werden – außer (es gilt) dem HERRN allein.

1061 Zu nennen sind insbesondere die Lesarten der LXX in Lev^{LXX} 18,23, wo die Absicht der Besamung durch ein Tier den Willen zum Fortbestand des Volkes infrage stellt, und Lev^{LXX} 20,12, wo die verbotene Handlung als Gottlosigkeit bezeichnet wird (s. Vahrenhorst, „Levitikon", 390.397), sowie die Lesarten von LXX und Peš in Num$^{LXX/Peš}$ 5,28, wo die Vorstellung der Geburt eines männlichen Nachkommens durch die unschuldige Frau in LXX aufscheint bzw. in Peš explizit wird (s. Vahrenhorst, „Levitikon", 452).

1062 Über die Grenzen des Exodusbuches hinaus sei auf die Erzählungen in Gen 29.34 verwiesen, die Anknüpfungspunkte zu Ex 22,15 f. enthalten. Doch anders als Ex 22,15 f. berichtet Gen 34 von einer Vergewaltigung (durch einen Nicht-Israeliten), die unter Vortäuschung einer rechtlichen Einigung zur Ehe, die zu Ex 22,15 f. vergleichbar ist (s. Gen 34,12–16), gerächt wird. Gen 34 hebt damit im Unterschied zu Ex 22,15 f. den Schutz der Frau und ihres Ansehens vor Übergriffen von Nicht-Israeliten hervor. In Gen 29 wird kein vorzeitiger Geschlechtsakt berichtet, stattdessen werden – in Übereinstimmung zu Ex 22,15 f. – mit der vorläufigen Täuschung Jakobs (Gen 29,23), dessen zweimaligem Dienst sowie dem späteren Erhalt der gewünschten Frau (Gen 29,28) das Bestimmungsrecht des Vaters und die wirtschaftliche Gegenleistung des (Ehe-)Mannes hervorgehoben.

Ex 22,17 fordert, eine Zauberin (מכשפה) nicht am Leben zu lassen (E1). Das feminine Genus des Partizips מכשפה führt, in Verbindung mit der Frage nach dem eigentlich problematisierten Gegenstand, bisweilen zur Diskussion der Reichweite der Bestimmung. Dabei werden die maskuline Formulierung in Dtn 18,10 f. (מכשף) und die Lesung des generischen Maskulinums in Ex^{LXX} 22,17 (φάρμακος) als Argumente für die Einbeziehung sowohl männlicher als auch weiblicher Personen in das Verständnis von מכשפה in v.17 angeführt.[1063] Die Lesart der LXX kann jedoch – wie z. B. in Ex^{LXX} 21,7 – auch auf einer Lesung vor dem Hintergrund des Dtn beruhen. Die Argumentation mit der LXX-Lesart ist daher hier nicht überzeugend und die inhaltliche Füllung von מכשפה in Ex 22,17 ist unabhängig davon zu erheben.

Im Anschluss an Ehrlich spricht sich Houtman auf Basis von 2 Kön 9,23; Jes 47,9 und Nah 3,4 dafür aus, dass מכשפה in Ex 22,17 die verführerische Frau bezeichne, deren Magie darin bestehe, Männer mit ihrer Anziehungskraft zu bannen. Ex 22,17 beschreibe damit ein typisches Frauendelikt, nämlich die Verführung zur Unzucht, wofür auch nur die Frau zu bestrafen sei.[1064] Inhaltlich intendiert die Strafforderung לא תחיה eine Tötung der Frau. An dieser Stelle setzt Propp zur Entkräftung der These Ehrlichs/Houtmans an: Propp merkt an, dass die Tötung aller attraktiven Frauen selbstredend nicht das Anliegen dieser Bestimmung sein könne. Stattdessen versteht er unter Zauberei eine magische Kunst, die potenziell schädliche Kräfte freisetze, eine soziale Bedrohung darstelle sowie einen Affront gegen Jhwh beinhalte.[1065] Diese Form der Magie sei nicht auf das weibliche Geschlecht begrenzt, sodass מכשפה exemplarisch für weibliche und männliche Personen mit magischen Fähigkeiten stehe.[1066] Als Beispiel imaginiert Propp eine Situation, welche binnentextuell im Hintergrund von Ex 22,17 stehen könnte: Die Bestimmung in Ex 22,17 könne eine Anweisung für Richter sein, welche dazu auffordert, eine festgesetzte (Todes-)Strafe auch dann umzusetzen, wenn sie magisch Befähigte trifft. Aus Furcht, Opfer magischer Handlungen zu werden, könnten Richter geneigt sein, die Strafmaße für magisch Befähigte nicht umzusetzen.[1067] Die Fähigkeit der Magie trägt in Propps Rekonstruktion das Potenzial der Gefährdung des Rechts, der Gerechtigkeit und des sozialen Friedens. Dies kann die Bestimmung in Ex 22,17 binnentextuell gesellschaftspolitisch begründen.

1063 S. dazu Houtman, *Bundesbuch*, 219.
1064 Vgl. Houtman, *Bundesbuch*, 220 f.
1065 Vgl. Propp, *Exodus 19–40*, 255 f.
1066 Vgl. Propp, *Exodus 19–40*, 127.
1067 Vgl. Propp, *Exodus 19–40*, 256.

Ex 22,18 verbietet die sexuelle Vergemeinschaftung mit Tieren (Sodomie) und impliziert mit der Partizipialkonstruktion כל־שכב עם־בהמה und der zugehörigen Strafe zwei Ereignisse: Jemand hat Geschlechtsverkehr mit einem Tier (E1). Dafür ist er zu töten (E2). Das maskuline Partizip שכב gewinnt in der Kombination mit כל verallgemeinernden Charakter,[1068] sodass diese Bestimmung sowohl in Bezug auf von Männern als auch von Frauen praktizierte Sodomie verstanden werden kann. In der Forschung wird für Ex 22,18 bisweilen ein Zusammenhang zu Praktiken des Götzendienstes gesehen.[1069] Doch enthält Ex 22,18 keine textlichen Anzeichen für religiöse Polemik.[1070] Darüber hinaus führt Propp überzeugend an, dass im Falle einer religiösen Kontextualisierung von v.18 profane Sodomie prinzipiell zulässig wäre. Dies sei angesichts der Absolutheit des Verbots in v.18 allerdings nicht sinnbringend anzunehmen.[1071] Stattdessen legen Houtman und Propp für Ex 22,18 schöpfungstheologisch-anthropologische Prämissen zum Verhältnis zwischen Mensch und Tier zugrunde: Sodomie breche mit Jhwhs Differenzierung der Arten und führe im Vollzug einer schöpfungsgemäß nicht vorgesehenen Partnerschaft zur Entmenschlichung.[1072] Dieser theologische und anthropologische Horizont mag zur Begründung der Bestimmung in Ex 22,18 eine Rolle spielen und würde im Zusammenhang mit den Vorstellungen aus Gen 1 f. explizit. Daneben können zudem Vorstellungen zu gesellschaftlichen und moralischen Erwartungen vorausgesetzt sein (s. 5.3.5.d.MT:2).

Ex 22,19 fordert die alleinige Verehrung Jhwhs und führt mit einer Partizipialkonstruktion, einem Verbalsatz und einer Ellipse drei Ereignisse an: Jemand opfert Göttern (E1). Dafür ist er mit dem Bann zu belegen (E2). Nur für Jhwh darf geopfert werden (E3). In dieser Ereigniskette erklärt und begrenzt das Ereignis E3 die Ereignisse E1 und E2: Mit der Ellipse בלתי ליהוה לבדו wird deutlich, dass sich das Ereignis E1 nicht auf Opfer für Jhwh, sondern für andere Götter bezieht. Die Forderung der alleinigen Verehrung Jhwhs (E3) begründet das in E1 und E2 formulierte Verbot. Dies bezieht die identitätsstiftende Abgrenzung zu fremden Kulten und Praktiken, die als Götzendienst wahrgenommen werden, ein.[1073]

1068 Vgl. Joüon/Muraoka, *Grammar*, 486.
1069 S. z. B. Cassuto, *Exodus*, 290.
1070 Vgl. auch Houtman, *Bundesbuch*, 219.221 f.; Propp, *Exodus 19–40*, 257.
1071 Vgl. Propp, *Exodus 19–40*, 257.
1072 Vgl. Propp, *Exodus 19–40*, 257; Houtman, *Bundesbuch*, 222.
1073 Vgl. auch Houtman, *Bundesbuch*, 219.

LXX, Sam und Peš:

LXX:

17 (G 18) Φαρμακοὺς οὐ περιποιήσετε. 18 (G 19) Πᾶν κοιμώμενον μετὰ κτήνους, θανάτῳ ἀποκτενεῖτε αὐτούς. 19 (G 20) Ὁ θυσιάζων θεοῖς ἐξολεθρευθήσεται, πλὴν κυρίῳ μόνῳ.

17 (G 18) Zauberer sollt ihr nicht am Leben lassen. 18 (G 19) Jeder, der bei einem Tier liegt – ihr sollt sie unbedingt töten. 19 (G 20) Wer [Ø] Göttern opfert, soll vernichtet werden – außer (es gilt) dem HERRN allein.

Sam:

17 מכשפה לא תחיה: 18 כל שכב עם בהמה מות יומת: 19 זבח לאלהים אחרים יחרם:

17 Eine Zauberin soll nicht am Leben bleiben. 18 Jeder, der bei einem Tier liegt, soll unbedingt getötet werden. 19 Wer anderen Göttern opfert, soll gebannt werden [Ø].

Peš:

17 ܚܪ̈ܫܐ ܠܐ ܬܚܝܐ. 18 ܘܟܠ ܡܢ ܕܢܕܡܟ ܥܡ ܒܥܝܪܐ ܡܬܩܛܠܘ ܢܬܩܛܠ. 19 ܘܕܕܒܚ ܠܐܠܗ̈ܐ ܢܘܟܪ̈ܝܐ ܢܐܒܕ ܐܠܐ ܠܡܪܝܐ
ܒܠܚܘܕܘܗܝ.

17 Einen Zauberer sollst du nicht am Leben lassen. 18 Und jeder, der bei einem Tier liegt, soll unbedingt getötet werden. 19 Wer fremden Göttern opfert, soll zugrunde gehen – außer (es gilt) dem HERRN allein.

Auswertung:

LXX und Peš bezeugen in v.17 das generische Maskulinum φάρμακος bzw. ܚܪ̈ܫܐ. Dies kann einen Einfluss des Dtn auf das Verständnis der Übersetzer widerspiegeln, stellt im Sinne einer Anschlussfähigkeit für die Einbeziehung beider Geschlechter aber zugleich eine dem Inhalt angemessene Lesart dar (s. o.).

In v.18 fügt die LXX mit αὐτούς ein pluralisches Objekt ein. Houtman geht davon aus, dass hier im Lichte von Lev^{LXX} 20,15 f. eine Tötung des Täters und des Tieres anvisiert sei.[1074] Die Lesung des Plurals kann sich allerdings auch nur auf die distributive Bezeichnung der Täter beziehen und nachdrücklich betonen, dass alle Sodomie-Treibenden zu töten sind. Dafür sprechen die Formulierung der Bestimmung mit πᾶν und die mit der Einfügung von αὐτούς einhergehende syntaktische Abgrenzung zur Partizipialkonstruktion.

1074 Vgl. Houtman, *Bundesbuch*, 217.

Sam fügt in v.19 אחרים ein und liest keine Ellipse בלתי ליהוה לבדו.[1075] Da die Einfügung von אחרים auch die begründende und einschränkende Funktion der Ellipse erfüllt,[1076] hat das Fehlen von בלתי ליהוה לבדו keine inhaltlichen Auswirkungen auf die Begründungszusammenhänge der Bestimmung.[1077]

b. Clusterebene: Wechselseitige Begründungsstrukturen im Cluster Ex 22,17–19

Die Abgrenzung von Ex 22,17–19 zu einer Texteinheit basiert auf formalen und generellen inhaltlichen Gemeinsamkeiten der Gesetze.[1078] Die drei Bestimmungen beschreiben die Tatbestände in Partizipialkonstruktionen und beziehen sich jeweils auf Praktiken, die für so abscheulich gehalten werden, dass sie ein hohes Strafmaß verdienen.[1079]

Die Bestimmungen in Ex 22,17–19 werden insbesondere durch klimaktische Strukturen zu einer Einheit geformt: Zum einen wird die Anzahl der präsentierten Ereignisse von einem (v.17)[1080] über zwei (v.18) zu drei (v.19) gesteigert.[1081] Zum anderen gestalten die Strafmaße eine klimaktische Steigerung von לא תחיה[1082] über מות יומת zu יחרם.[1083] Die Bann-Forderung יחרם bezieht sich also

---

1075 S. dazu Müller/Pakkala, *Editorial Techniques*, 103–109.

1076 Vgl. auch Houtman, *Bundesbuch*, 223.

1077 Propp bevorzugt die kürzere Lesart des Sam und sieht im MT eine durch Glossierung entstandene Langversion (vgl. Propp, *Exodus 19–40*, 127 f.). Diese Entscheidung lässt sich mit der *lectio brevior* begründen. Die ungewöhnliche Syntax des MT gibt im Sinne der *lectio difficilior* indes MT den Vorzug. Der häufige Gebrauch der Wendung אלהים אחרים in Texten des Dtn spricht für eine Prägung von Ex^{Sam} 22,19 vom Horizont des Dtn her (vgl. Propp, *Exodus 19–40*, 128) und bestärkt die Annahme, dass MT hier die ältere Lesart bewahrt. Peš impliziert mit ܕܚܠܬܐ „Fremdgötter" möglicherweise eine ihr vorausliegende Kombination beider Lesarten.

1078 Die grafischen Signale in z. B. MT und Sam geben keine textsemantisch sinnvolle Gliederung des Textes vor. So setzt MT je eine *Parascha setuma* vor vv.17.18 und fasst vv.19–23 zu einem Abschnitt zusammen. Eine Verbindung von Ex 22,19 und 22,20–23 ist allerdings weder inhaltlich noch formal angezeigt (vgl. auch Houtman, *Bundesbuch*, 218).

1079 Vgl. auch Houtman, *Bundesbuch*, 218.

1080 Strenggenommen können mit der partizipialen Formulierung in v.17 (מכשפה) auch zwei Ereignisse rekonstruiert werden: Jemand zaubert (E1). Dieser Jemand ist nicht am Leben zu lassen (E2). Im Unterschied zu vv.18.19 ist das Partizip in v.17 allerdings nicht um Objekt- oder Präpositionalgruppen erweitert, sodass der nominale Charakter des Partizips vordinglich ist und die Reduktion von v.17 auf ein Ereignis ermöglicht wird.

1081 Diese quantitativ messbare Form der Steigerung ist auf der Clusterebene ein Argument für die Ausscheidung der kürzeren Lesart des Sam in v.19 (s. Anm. 1077).

1082 Auch die samaritanische Aussprachetradition entspricht der Klimax: Sie liest in v.17 חי״י *Qal* in der PK 3.f.Sg. (vgl. Tal/Florentin, *Pentateuch*, 677) und formuliert damit ein weniger direktes Pendant zu מות יומת (vgl. Propp, *Exodus 19–40*, 127).

1083 Vgl. auch Propp, *Exodus 19–40*, 258; Houtman, *Bundesbuch*, 218.

mindestens auf die Tötung des Täters und impliziert möglicherweise auch die Auslöschung seiner Familie sowie die Übereignung seines Besitzes an die Gottheit.[1084]

Die alleinige Verehrung Jhwhs wird mittels der Klimax innerhalb des Clusters als Hauptanliegen hervorgehoben. Der kultisch-religiös grundierte Begründungszusammenhang von v.19 lässt sich auf der Clusterebene somit auf vv.17 f. übertragen. Dahingehend sind Zauberei und Sodomie als Verstöße gegen Jhwhs Alleinigkeitsanspruch zu sehen: Magische Kräfte sind eine Infragestellung der alleinigen Herrschaft Jhwhs und Sodomie eine Infragestellung der von Jhwh gesetzten Ordnung. Die absolute und alleinige Autorität Jhwhs ist vorausgesetzt.

c. Begründungsstrukturen im Textraum *Bundesbuch*

MT:

1. Ex 22,17–19 in Beziehung zu Ex 20,22–26; 23,13–19; 23,20–33 und zur Querverbindung mit אלהים: Alleinverehrung Jhwhs als Basis für Prosperität in Abgrenzung zu Fremdvölkern

Im Textraum *Bundesbuch* besteht ein intertextuelles Verhältnis des Clusters Ex 22,17–19 zu Ex 20,22–26; 23,13–19 und 23,20–33 ausgehend von der Thematik der Exklusivität Jhwhs für Israel und der Alleinverehrung Jhwhs. Die Auswahl dieses Themas und die lexematischen Berührungen, z. B. anhand von זב"ח, אלהים und יהוה, gestalten diese Textbeziehungen stark selektiv sowie schwach bis mäßig referentiell und kommunikativ.

Ex 20,22–26 fokussiert die Beziehungsaufnahme zu Jhwh an dem für ihn errichteten Altar und stellt die segensreichen Folgen der korrekt ausgestalteten Beziehung zu Jhwh in den Vordergrund (s. 5.1.1.b). Als rahmendes Pendant zu Ex 20,22–26 greift auch das Cluster Ex 23,13–19 die Ausgestaltung des Verhältnisses zwischen Jhwh und Israel auf und fokussiert die Notwendigkeit des Gehorsams und der Pflege dieser monolatrischen Verbindung (s. 5.2.2.b). Des Weiteren formulieren die Querverbindung mit אלהים und vor allem der Redeabschluss Ex 23,20–33 das Konzept der Alleinverehrung Jhwhs und des zugehörigen Gehorsams der Israeliten in Bezug auf die Abgrenzung zu den Völkern des Landes und ihren Göttern sowie die zu erwartende segensreiche Zukunft im Land (s. 5.2.3.b). Im Lichte dieser drei Texte wird die autoritätsbasierte Begründung des Clusters Ex 22,17–19 nicht nur um den Beziehungs- und den Gehorsamsaspekt erweitert, sondern auch mit persönlichen und gemeinschaftlichen Vorteilen versehen: Die

1084 Vgl. Propp, *Exodus 19–40*, 258.

Einhaltung der Bestimmungen Jhwhs wird zu einem Prosperität nach sich ziehenden Alleinstellungsmerkmal in der Abgrenzung zu fremden Völkern und ihren Kulten, welche vor dem Hintergrund von Ex 22,19 als Götzendiener, zu deren Praktiken eventuell auch Magie und Sodomie gehören (Ex 22,17.18), zu vernichten sind (vgl. Ex 23,23 f.).

2. Ex 22,17–19 in Beziehung zu Ex 21,12–17: Vorordnung der Alleinverehrung Jhwhs

Im Textraum *Bundesbuch* treten Ex 22,17–19 und 21,12–17 strukturell, lexematisch und inhaltlich anhand der Partizipialkonstruktionen, der מות יומת-Formel und der Festsetzung der Todesstrafe zueinander ins Verhältnis. Im Zusammenhang von Ex 22,17–19 und Ex 21,12–17 lassen sich der religiöse und der gesellschaftliche Begründungszusammenhang der Cluster verbinden, wobei die Vorordnung von Ex 22,19 in der höchsten Steigerungsform der Strafmaße erhalten bleibt. Dahingehend wird die Begründungsbasis der Gesetze theologisiert: Die Anerkennung und Achtung der Exklusivität Jhwhs für Israel (22,19) ist die Voraussetzung für eine stabile Gesellschaft. Darauf gründend verbieten sich Vergehen gegen die Gemeinschaft der Jhwh-Treuen und die von Jhwh gesetzte Ordnung (Ex 21,12–17; 22,18) sowie der Gebrauch konkurrierender Kräfte (Ex 22,17; s. 5.3.1.c.MT:3).

LXX, Sam und Peš:

LXX, Sam und Peš weisen im Vergleich zu MT leichte Verschiebungen in den Textbeziehungen von Ex 22,17–19 im Textraum *Bundesbuch* auf:

- In LXX und Peš hat das Cluster Anteil an der Querverbindung durch κύριος bzw. ܡܪܐ/ܡܪܝܐ. Diese greift die im Cluster Ex$^{\text{LXX/Peš}}$ 22,17–19 vorausgesetzte Vorstellung der absoluten Autorität Jhwhs auf und reichert sie mit der Vorstellung des grundsätzlichen Unterstelltseins unter die umfassende Hoheit Jhwhs an (s. 5.1.3.c.LXX/Peš).
- Mit dem Stichwort ܕܚܠܬܐ stellt Peš für das vorliegende Cluster einen engen Bezug zu Ex^{Peš} 23,20–33 her und grenzt die Verehrung Jhwhs terminologisch explizit von Götzendienst ab.
- Im Sam ist die Textbeziehung zwischen Ex^{Sam} 22,17–19 und Ex^{Sam} 23,14–19 zugunsten der Fokussierung auf die Kultortthematik in Ex^{Sam} 23,14–19 im Textraum *Bundesbuch* abgeschwächt (s. 5.2.2.c.Sam). Die Wendung אלהים אחרים verstärkt die Anbindung an Ex^{Sam} 23,13 und das zugehörige Cluster Ex^{Sam} 23,1–13. Das Cluster Ex^{Sam} 23,1–13 bemüht vorrangig gesellschaftliche Begründungszusammenhänge, sodass die in Ex^{Sam} 22,17–19 getroffenen Bestimmungen im Zusammenhang mit Ex^{Sam} 23,1–13 eine Ausleuchtung in ihrer gesellschaftlichen Relevanz erfahren können (s. 5.2.1.c.Sam). Ferner verbindet

die מות יומת-Formel Ex^{Sam} 22,17–19 mit Ex^{Sam} 21,18–32 und der in diesem Cluster nachweisbaren Vorordnung des Lebensschutzes für Sklaven. Die beiden Sinnhorizonte des Erhalts der Gesellschaftsordnung und des Lebensschutzes schließen zudem an Ex^{Sam} 21,12–17 an (s. o.). Diese im Vergleich zu MT vorliegenden Verlagerungen der Textbeziehungen von Ex^{Sam} 22,17–19 im Textraum *Bundesbuch* intensivieren und explizieren die im Verhältnis von Ex 22,17–19 zu Ex 21,12–17 auch im Textbestand des MT angelegten Sinnlinien.

Insgesamt bezeugen LXX, Sam und Peš für Ex 22,17–19 im Textraum *Bundesbuch* in unterschiedlicher Intensität die Ausdehnung von Begründungszusammenhängen, welche in der im MT tradierten Texturform angelegt sind. LXX und Peš heben mit der zusätzlichen Querverbindung den Hoheitsanspruch Jhwhs, Peš mit dem Stichwort ܕܚܠܬܐ zudem die Abgrenzung von Götzendienst hervor. Sam führt die Sinnlinien der gesellschaftlichen und individuellen Vorteile, welche die Anerkennung der Exklusivität Jhwhs für Israel bringt, aus.

d. Begründungsstrukturen im Textraum *Sinaiperikope*

MT:

1. Ex 22,17–19 in Beziehung zu Ex 34,10–26: Abgrenzung gegen Götzendienst

Im Textraum *Sinaiperikope* besteht basierend auf der Forderung der Alleinverehrung Jhwhs eine Textbeziehung zwischen Ex 22,17–19 und Ex 34,10–26, welche sich lexematisch im Verbot des Opferns für andere Gottheiten (Ex 22,19; Ex 34,14–16: זב"ח, אלהים) konkretisiert. Die Textbeziehung beider Texte gestaltet sich schwach bis mäßig kommunikativ, referentiell und selektiv.

Ex 34,10–26 fokussiert ausgehend von der Bundesvorstellung und einer umfassenden Legitimation Jhwhs als mächtiger Partner des Volkes Israel (v.10) den Gehorsam und die alleinige kultische Verehrung Jhwhs als zentrale Pflichten Israels gegenüber Jhwh (s. 5.2.3.d.MT:1). Zudem führt Ex 34,14 zur Begründung des Verbots der Proskynese für eine andere Gottheit im Verweis auf die Eifersucht Jhwhs ein theologisches Argument an.

Die kultische und theologische Fundierung der Ausgestaltung der (Bundes-)Beziehung zwischen Jhwh und Israel im Gegenüber zu den Völkern des Landes, welche in Ex 34,10–26 dominiert, lässt sich im Zusammenhang mit Ex 22,17–19 auf die dort gegebenen Bestimmungen übertragen. Der auf der Mikroebene für Ex 22,17.18 nicht unmittelbar vorliegende Zusammenhang von Götzendienst, der interpretativ im Textraum *Bundesbuch* konstruiert werden kann (Ex 23,24), lässt sich somit im Textraum *Sinaiperikope* entfalten und Magie und Sodomie als kultische Vergehen gegen Jhwh kennzeichnen.[1085]

2. Ex 22,17–19 in Beziehung zu Lev 18.19.20: Die kultische, theologische und moralische Dimension von Magie, Sodomie und Götzendienst

Anhand der Verbote von Sodomie (Lev 18.20) und Magie (Lev 19.20) entfaltet sich im Textraum *Sinaiperikope* thematisch eine Textbeziehung zwischen Ex 22,17–19 und Lev 18.19.20. Die lexematische Markierung des Bezugsbereiches Lev 18.20 ist in Überschneidungen in שכ"ב und בהמה schwach ausgeprägt. Zu Lev 19 besteht keine spezifische Stichwortberührung. Die Kommunikativität zwischen Ex 22,17–19 und Lev 18.19.20 ist gering. Die thematischen Bezüge weisen allerdings auf eine mäßig ausgeprägte Referentialität und Selektivität der intertextuellen Beziehung.

Lev 18.19.20 stellen die Verbote von Sodomie und magischen Praktiken in ein Geflecht verschiedener Begründungszusammenhänge: Binnentextuell beziehen sich die Sexualverbote in Lev 18.20 auf schützenswerte Sozialstrukturen, welche dem Ziel des Fortbestands des Volkes dienen. Darüber hinaus stellen Lev 18.20 explizit einen Zusammenhang zwischen der Entsprechung zu den Gesetzen und dem Bleiberecht im Land her. Die (bisherigen) Landesbewohner haben ihr Bleiberecht im Land u. a. durch die Ausübung von Sodomie verwirkt (18,24 f.; 20,22 f.). Die Einhaltung des Sodomie-Verbots aus Ex 22,18 dient im Lichte von Lev 18.20 dem Fortbestand Israels und dessen Verbleib im Land.

Lev 19 ist im refrainartigen Wiederholen der Formel אני יהוה von der Voraussetzung der unantastbaren Autorität Jhwhs durchzogen. Dies entspricht inhaltlich dem Begründungszusammenhang der Clusterebene von Ex 22,17–19, der Magie als eine Infragestellung der Hoheit Jhwhs definiert. Lev 19.20 sind ferner von der Forderung der Heiligkeit grundiert. Sodomie (20,15 f.) und Magie (19,31) stehen im Widerspruch zu der von Israel geforderten Heiligkeit, welche auf Jhwhs Heiligkeit (19,2) bzw. der Aussonderung Israels durch Jhwh (20,8.24.26) beruht. Der ungleiche Geschlechtsakt und die Nutzung übernatürlicher Fähigkeiten widersprechen

---

1085 Lebensweltlich setzt Ex 34,15 f. die Praxis von Opfern im Kreis der Familie bzw. Sippe voraus und stellt sexuelle Handlungen in deren Zusammenhang (vgl. Halbe, *Privilegrecht*, 149 f.154 f.). Ausgehend von dem Zusammenhang zwischen Ex 22,17–19 und Ex 34,10–26 sowie diesen Beobachtungen Halbes formuliert Schwienhorst-Schönberger die Annahme, dass Ex 22,17–19 eine Neuinterpretation von Ex 34,15 f. sei (vgl. Schwienhorst-Schönberger, *Bundesbuch*, 320 f.). Damit würde der Ursprung des Verbots von Magie und Sodomie in der Abwehr von Götzendienst liegen. Fraglich ist, warum auf der Mikroebene von Ex 22,17.18 diese Eingrenzung des Ursprungs- und Begründungszusammenhangs der Gesetze nicht expliziert wird (s. o.), denn der Horizont des Götzendienstes kann als Hintergrund der Ablehnung von Magie und Sodomie im Textraum *Bundesbuch* anklingen und wird vor allem im Zusammenhang mit Ex 34,10–26 explizit.

der von Jhwh vorgesehenen Ordnung, welche die Differenzierung der Arten und die Unterscheidung von Gott und Mensch beinhaltet.[1086] Zudem verbinden Lev 18,23; 19,31 die Praktiken der Sodomie sowie der Nekromantie und Wahrsagerei unmittelbar mit der kultischen Kategorie der Unreinheit (טמ"א). Somit reichern Lev 18.19.20 die Begründung der Bestimmungen in Ex 22,17–19 um kultische, theologische und moralische Argumente an.

3. Ex 22,17–19 in Beziehung zur Verwendung der מות יומת-Formel im Textraum *Sinaiperikope*: Die Erhaltung des Sozialverbands der Jhwh-Treuen

Zur מות יומת-Formel im Textraum *Sinaiperikope* s. 5.3.1.d.MT:3.

Die Überbietung der מות יומת-Strafe mit der Bannforderung in Ex 22,19 (s. o.) hebt die vorzuordnende Exklusivität Jhwhs auch im Textraum *Sinaiperikope* heraus.

LXX, Sam und Peš:

LXX, Sam und Peš weisen für das Cluster Ex 22,17–19 im Textraum *Sinaiperikope* die bereits für MT dargestellten Textbeziehungen auf. Dabei ist in Sam und Peš mit der Phrase אל אחר (Ex^{Sam} 34,14) bzw. der Verwendung von ܕܐܠܗܐ (Ex^{Peš} 34,13.15) das Verhältnis zu Ex$^{Sam/Peš}$ 34,10–26 im Vergleich zu MT intensiviert. Das auf die Ablehnung von Götzendienst zielende, identitätsrelevante Begründungsmuster tritt in der Textbeziehung zu Ex$^{Sam/Peš}$ 34,10–26 für Ex$^{Sam/Peš}$ 22,17–19 deutlicher hervor. Des Weiteren ergeben sich im Sam anhand der Stichworte זב"ח und אלהים zusätzliche Bezüge zum so genannten Garizim-Gebot in Ex^{Sam} 20. Diese binden auch Ex^{Sam} 22,19 im Textraum *Sinaiperikope* des Prä-Sam an die Fokussierung auf den *einen* Kultort zurück.

e. Begründungsstrukturen im Textraum *Exodusbuch*

MT:

Im Textraum *Exodusbuch* tritt das Cluster Ex 22,17–19 mit der Thematik der Magie und der Fokussierung auf Jhwh in eine Beziehung zu Ex 1–15. Die Wurzel כש"ף ist innerhalb des Exodusbuches nur in Ex 22,17 und Ex 7,11 bezeugt. Die Thematik des (alleinigen) Opferns für Jhwh verbindet Ex 22,19 mit dem Ziel des Auszugs aus Ägypten, welches u. a. in Ex 3,18 formuliert wird (זב"ח, אלהים, יהוה). Die Textbeziehung zwischen Ex 22,17–19 und Ex 1–15 gestaltet sich schwach kommunikativ sowie mäßig bis stark referentiell und selektiv.

1086 S. dazu Houtman, *Bundesbuch*, 222.

Mit der Wurzel כש״ף werden in Ex 7,11 die Magier Ägyptens bezeichnet. Diese ahmen die jeweiligen Zeichen, die Mose und Aaron mit Jhwhs Macht ausführen (Ex 7,9), nach und stellen damit die Autorität Jhwhs bzw. Moses und Aarons (Ex 7,22) infrage – bis sie in Ex 8,14 mit den Machttaten Jhwhs bzw. Moses und Aarons nicht mehr mithalten können und das Wirken Jhwhs anerkennen (Ex 8,15). Die magischen Künste der ägyptischen Zauberer fordern Jhwh heraus und bestreiten seine umfassende Macht, unterliegen dieser aber letztlich. Diese Entwicklung der ägyptischen Zauberer illustriert im intertextuellen Verhältnis zu Ex 22,17–19 die Bestimmung in Ex 22,17, welche die Einlassung mit derartigen Kräften untersagt: Zauberei ist ein zum Scheitern verurteilter Affront gegen Jhwhs Macht. Hinzu kommt, dass die mit כש״ף bezeichnete Zauberei in Ex 7,11 eine von den Ägyptern ausgeübte Praxis ist.[1087] In Abgrenzung gegenüber der versklavenden Macht ist eine Ablehnung solcher Praktiken, wie sie Ex 22,17 fordert, nicht nur folgerichtig, sondern auch identitätsprägend.

Das alleinige Opfern für Jhwh, welches Ex 22,19 fordert, stellt sich im Zusammenhang mit der Exoduserzählung als Erfüllung eines Ziels des Auszuges (Ex 3,18 u. ö.) sowie als Identitätsmerkmal, welches die Israeliten von den Ägyptern abgrenzt (vgl. Ex 8,22), dar (s. 5.1.1.e.MT:1; 5.2.2.e.MT:1).

LXX, Sam und Peš:

Auch in LXX, Sam und Peš ergeben sich im Textraum *Exodusbuch* für das vorliegende Cluster die bereits für MT herausgestellten Sinnanreicherungen. Dabei manifestieren und explizieren LXX und Peš die Textbeziehung des Clusters zu Ex 1–15. Beide Textzeuginnen erhöhen im Vergleich zu MT die Kommunikativität der Textbeziehung von Ex 22,17–19 zur Exoduserzählung, indem sie das intertextuelle Verhältnis mit einer gesteigerten Anzahl lexematischer Berührungen markieren. In der LXX betrifft dies insbesondere das zusätzliche Vorkommen des Stichwortes φάρμακος in Ex^{LXX} 9,11. Der Zusammenhang von Ex^{LXX} 9,11 illustriert und verifiziert die in Ex^{LXX} 22,17 auf der Clusterebene vorausgesetzte Hoheit und Überlegenheit Jhwhs: In Ex^{LXX} 9,11 können die ägyptischen Zauberer nicht zur Demonstration ihrer Künste auftreten, weil sie ebenso von Geschwüren befallen sind. Ihre magischen Kräfte haben sie nicht vor der Macht Jhwhs bewahren können.

Peš setzt im Zusammenhang mit Ex^{Peš} 1–15 terminologisch Schwerpunkte auf die Abgrenzung zu fremden Kulten und den Erweis der unüberbietbaren Macht Jhwhs. Mit dem Stichwort ܕ̈ܚܠܬܐ, welches in Ex^{Peš} 12,12 zur Bezeichnung der Götter Ägyptens verwendet wird, stellt das in Ex^{Peš} 22,19 formulierte Verbot im Text-

1087 Zur Beobachtung, dass כש״ף mit ausländischen Mächten verbunden ist, s. Schwienhorst-Schönberger, *Bundesbuch*, 330.

raum *Exodusbuch* explizit auch eine Abgrenzung gegenüber ägyptischen Kulten dar. Mit der durchgehenden Verwendung der Vokabel ܚܪ̈ܫܐ zur Bezeichnung der ägyptischen Zauberer (Ex^{Peš} 7,11.22; 8,3.14.15; 9,11) erleichtert Peš im Textraum *Exodusbuch* zudem die Identifikation der in Ex^{Peš} 22,17 abgelehnten Praktiken mit den magischen Künsten der Ägypter und führt die im Proto-MT mit der lexematischen Übereinstimmung zwischen Ex 22,19 und 7,11 angelegte Sinnlinie konsequent durch.

5.3.6 Das Textcluster Ex 22,20–26

a. Mikroebene: Begründungsstrukturen innerhalb der Einzelgesetze Ex 22,20–26 – Gesetze zum Umgang mit Fremden, Witwen, Waisen und Armen

MT:

20 וְגֵר לֹא־תוֹנֶה וְלֹא תִלְחָצֶנּוּ כִּי־גֵרִים הֱיִיתֶם בְּאֶרֶץ מִצְרָיִם׃ 21 כָּל־אַלְמָנָה וְיָתוֹם לֹא תְעַנּוּן׃
22 אִם־עַנֵּה תְעַנֶּה אֹתוֹ כִּי אִם־צָעֹק יִצְעַק אֵלַי שָׁמֹעַ אֶשְׁמַע צַעֲקָתוֹ׃ 23 וְחָרָה אַפִּי וְהָרַגְתִּי אֶתְכֶם
בֶּחָרֶב וְהָיוּ נְשֵׁיכֶם אַלְמָנוֹת וּבְנֵיכֶם יְתֹמִים׃ פ
24 אִם־כֶּסֶף ׀ תַּלְוֶה אֶת־עַמִּי אֶת־הֶעָנִי עִמָּךְ לֹא־תִהְיֶה לוֹ כְּנֹשֶׁה לֹא־תְשִׂימוּן עָלָיו נֶשֶׁךְ׃
25 אִם־חָבֹל תַּחְבֹּל שַׂלְמַת רֵעֶךָ עַד־בֹּא הַשֶּׁמֶשׁ תְּשִׁיבֶנּוּ לוֹ׃ 26 כִּי הִוא (כְסוּתֹה) [כְסוּתוֹ] לְבַדָּהּ
הִוא שִׂמְלָתוֹ לְעֹרוֹ בַּמֶּה יִשְׁכָּב וְהָיָה כִּי־יִצְעַק אֵלַי וְשָׁמַעְתִּי כִּי־חַנּוּן אָנִי׃ ס

[20] Den Fremden sollst du weder unterdrücken noch ihn bedrängen, denn Fremde seid ihr im Land Ägypten gewesen. [21] Jede Witwe und Waise sollt ihr nicht bedrücken. [22] Falls du sie (Sg.) durchaus bedrückst, – wenn sie gewiss zu mir schreit, (dann) werde ich ihr Geschrei sicher erhören, [23] und mein Zorn wird entbrennen, und ich werde euch mit dem Schwert umbringen, und eure Frauen werden Witwen und eure Söhne Waisen werden.
[24] Falls du meinem Volk, dem Elenden, der bei dir ist, Geld leihst, (dann) sei für ihn nicht wie ein Gläubiger; ihr sollt ihm nicht Zins auferlegen. [25] Falls du wirklich den Umhang deines Nächsten als Pfand nimmst, sollst du ihm den (Umhang) zurückgeben, bis die Sonne untergeht; [26] denn er ist seine einzige Decke. Er ist seine Zudecke für seine Haut. Worin soll er liegen? Und es soll sein: Wenn er zu mir schreit, (dann) werde ich (ihn) erhören, denn ich bin gnädig.

Ex 22,20 formuliert eine allgemeine Bestimmung zum Umgang mit Fremden (גר),[1088] d. h. ethnisch fremden Personen, die sich dauerhaft in Israel aufhalten.[1089] Das Gesetz verbietet die Bedrückung (E1a) oder Bedrängung (E1b) von Fremden (גר) und begründet dies explizit (כי) im Verweis auf die eigene Fremdlingschaft in

1088 Vgl. auch Houtman, *Bundesbuch*, 232.
1089 Vgl. Zehnder, „Fremder“, in: *WiBiLex* (2009), 1.2;1.

Ägypten (E2/Z2; vgl. Ex 23,9). Die Aufspaltung der verbotenen Handlung in Bedrückung (ינ"י; E1a) und Bedrängung (לח"ץ; E1b) gibt dem Gesetz maximale Reichweite und verbietet jegliche Form des Missbrauchs einer Vorrangstellung der Israeliten gegenüber den Fremden, die zwar als freie Menschen in Israel leben, aber als Nicht-Volksgenossen über geringere Chancen und Rechte verfügen und z. B. kein Anrecht auf Erbbesitz haben.[1090] Mit der eigens erfahrenen Fremdlingschaft (E2/Z2) führt Ex 22,20b eine inhaltliche, historische Begründung an (Ägypten-*ger*-Motivation[1091]), die – ausgehend von der eigenen Geschichtserfahrung – empathisches und solidarisches Verhalten gegenüber dem גר erstrebt.

Ex 22,21 formuliert, vergleichbar zu v.20, eine generelle Bestimmung zum Umgang mit Witwen und Waisen[1092] und verbietet deren Bedrückung (ענ"י; E1). Davon ausgehend schildern vv.22 f. Ereignisse, die eintreten, wenn gegen das Verbot des Bedrückens verstoßen wird (E-1):

E-1 Bedrücken von Witwe und Waise (אם־ענה תענה אתו)[1093]
E2 Schreien von Witwe/Waise zu Jhwh (כי אם־צעק יצעק אלי)
E3 Hören des Schreiens durch Jhwh (שמע אשמע צעקתו)
E4 Entbrennen des Zorns Jhwhs (וחרה אפי)
E5 Tötung mit dem Schwert (והרגתי אתכם בחרב)
E5.1 Frauen werden Witwen (והיו נשיכם אלמנות)
E5.2 Söhne werden Waisen (ובניכם יתמים)

Dieses kurze Narrativ illustriert das Eintreten Jhwhs für bedrückte Witwen und Waisen und gipfelt in der Bestrafung der Bedrücker durch deren Tötung sowie der daraus folgenden Verwitwung und Verwaisung ihrer Angehörigen. Houtman sieht darin eine talionische Unheilsankündigung.[1094] Der talionische Charakter dieser Strafe kann sich allerdings nur entfalten, wenn vorausgesetzt wird, dass die Witwen und Waisen der getöteten Bedrücker nachfolgend ebenso Opfer von Bedrückung werden. Dies ist als Fortsetzung des Narrativs im Zusammenhang mit Ex 22,21 impliziert. Insofern setzt Ex 22,23 für die Bedrückung von Witwen und Waisen eine doppelte Bestrafung fest, nämlich die Tötung des Bedrückers (E5) als Todesstrafe für den Täter sowie die daraus resultierende Schädigung dessen Angehöriger (E5.1/E5.2). Das Narrativ in Ex 22,22 f. setzt damit auf ein hohes Maß an Abschreckung: Sollte der Bedrücker schon nicht vor seinem eigenen Tod zu-

1090 Vgl. Houtman, *Bundesbuch*, 235 f.; Propp, *Exodus 19–40*, 258.
1091 Vgl. dazu Schwienhorst-Schönberger, *Bundesbuch*, 349 f.
1092 Vgl. auch Houtman, *Bundesbuch*, 232.
1093 Zum distributiven Verständnis von אתו in Ex 22,22 s. Houtman, *Bundesbuch*, 227.
1094 Vgl. Houtman, *Bundesbuch*, 228.

rückschrecken, so wird er doch zumindest seine Familie vor dessen Folgen schützen wollen.

Ex 22,24.25 f. treffen konkrete Regelungen zu Kreditgabe und Pfändung. Folgende Ereignisse werden präsentiert:

v.24 E1 Geldverleih an armen Volksgenossen (אם־כסף תלוה את־עמי את־העני עמך)
E2 kein Agieren wie Gläubiger (לא־תהיה לו כנשה)
E3 Verzicht auf Zins (לא־תשימון עליו נשך)
vv.25 f. E1 Nehmen des Mantels/Umhangs als Pfand (אם־חבל תחבל שלמת רעך)
E2.1 Beginn der Nacht (עד־בא השמש)
E2.2 Rückgabe des Kleidungsstücks (תשיבנו לו)
E3/Z3 Mantel als Decke (כי הוא כסותו לבדה)
E3.1/Z3.1 Mantel als Zudecke für seine Haut (הוא שמלתו לערו)
E3.2 Notwendigkeit der Bedeckung (במה ישכב)
E4 Ankündigung der Konsequenzen (והיה)
E4.1 Schreien zu Jhwh (כי־יצעק אלי)
E4.2 Hören des Schreiens (ושמעתי)
E4.3/Z4.3 Gnädigsein Jhwhs (כי־חנון אני)

V.24 trifft eine Regelung zur Gewährung eines Kredits für einen armen Volksgenossen. Die vorausgesetzte Situation der Leihgabe beschreibt E1. Der invertierte Verbalsatz (אם־כסף תלוה) in E1 betont, dass es sich bei dem Geliehenen um Geld handelt. Andere Leihobjekte sind nicht im Blick von v.24.[1095] Die Nennung des Armen (העני) setzt voraus, dass es sich bei der Leihgabe um einen zu verbrauchenden Konsumkredit handelt, und nicht um ein kommerzielles Darlehen zu Handelszwecken.[1096] Syntaktisch ist mit את־עמי vorrangig und unmittelbar eine Leihgabe an das Volk Jhwhs ausgedrückt. Der konkrete Empfänger der Leihgabe ist „der Elende, der bei dir ist" העני עמך. Mit dem attributiven עמך wird laut Milgrom die Abhängigkeit des Elenden vom Adressaten der Bestimmung angegeben.[1097] Die vorgeordnete und direkte Nennung des Volkes fokussiert den Wert der Solidarität unter Volksgenossen, für welchen Abhängigkeitsverhältnisse (עמך, s. o.) irrelevant sind. Die vorgeordnete Klassifizierung des Empfängers als „mein Volk" עמי impliziert, dass die an dem Leihgeschehen beteiligten Parteien gleichermaßen Jhwh unterstellt und ein Teil von dessen Sozialverband sind. Das Verleihen von Geld an einen bedürftigen Volksgenossen dient somit als Akt der Solidarität dem Wohlergehen des gesamten Jhwh-Volkes.

1095 Vgl. auch Propp, *Exodus 19–40*, 259.
1096 Vgl. auch Houtman, *Bundesbuch*, 233.
1097 Vgl. Milgrom, *Leviticus 23–27*, 2205.

E2 besagt, dass die das Geld leihende Partei kein Gläubiger sein soll, obgleich sie das mit der Leihgabe *per definitionem* eigentlich ist.[1098] Im Zusammenhang mit E3, dem Verzicht auf Zinsnahme, wird die Intention von E2 deutlich: Die leihende Partei soll nicht wie ein Gläubiger agieren, der üblicherweise Zins nimmt. Die Ablehnung einer Verzinsung von Konsumkrediten (E2; E3) ist in v.24 angesichts der Bedürftigkeit eines Glieds des Volkes Jhwhs (E1) mit dem Wert der Solidarität in der Jhwh-Gemeinschaft begründet. Die Bestimmung schützt den bedürftigen israelitischen Kreditnehmer vor finanzieller Ausbeutung und dem wirtschaftlichen Ruin. Sie dient damit zugleich dem Erhalt des Volkes Jhwhs.

Vv.25 f. regeln die Situation der Pfändung. Das Nehmen eines Pfands ist grundsätzlich zulässig, wird in Ex 22,25 allerdings begrenzt. Der Pfandgeber gehört zur Gruppe der Armen und Bedürftigen, wie es die Notwendigkeit der Pfändung sowie die Beschreibung des Umhangs als dessen einzige Bedeckungsmöglichkeit (E3/Z3) anzeigen. Die Grenze des Pfändens ist das Existenzminimum des Armen, z. B. dessen Kleidung.[1099] Dies verdeutlicht die Ereigniskette, welche Ex 22,25 f. ausgehend vom Ereignis der Pfandnahme des Umhangs (E1) entfaltet: Mit dem Beginn der Nacht (E2.1) ist der Umhang dem Besitzer zurückzugeben (E2.2), weil dieser dessen einzige Decke (E3/Z3) ist, die er als Zudecke seiner Haut (E3.1/Z3.1) für den Schlaf benötigt (E3.2). Die Zustands- bzw. Ereignisaussagen über die Nutzung des Umhangs als Decke begründen die Forderung der Rückgabe des Umhangs zur Nacht (E2) aus einer praktischen Notwendigkeit zur Sicherung der Existenz heraus, nämlich aus der des nächtlichen Schutzes des Besitzers.[1100] Die Rückgabe des Umhangs beruht damit auf der Achtung vor der Existenz des Pfandgebers.

Die Ankündigung von Konsequenzen schärft die Bestimmung in vv.25 f. zusätzlich ein (E4). Sie beruft sich auf die Eigenschaft der Barmherzigkeit Jhwhs (E4.3/Z4.3). Laut Bartor stellt der Satz כי־חנון אני keine Begründungsklausel für die Bestimmung in v.25 dar, sondern bietet als Selbstcharakterisierung eine Erklärung für Jhwhs Teilhabe am präsentierten Geschehen:[1101] Da Jhwh gnädig ist, hat er Erbarmen mit dem Pfandgeber, an dessen Existenzgrenze gerüttelt wird. Folglich wird er dessen Schreien (E4.1) hören (E4.2). Dies impliziert eine Strafe, welche auf der Mikroebene nicht genannt wird, sich allerdings auf der Clusterebene erschließt (s. 5.3.6.b).

1098 Vgl. Propp, *Exodus 19–40*, 260.

1099 Vgl. auch Houtman, *Bundesbuch*, 234.

1100 Zum Motivationscharakter dieser Aussagen und dem Mittel des *combined discourse*, welches sowohl die Stimme des Gesetzgebers als auch die des Betroffenen zur Sprache bringt, s. Bartor, *Reading Law*, 126.

1101 Vgl. Bartor, *Reading Law*, 35.

LXX, Sam und Peš:

LXX:

20 (G 21) Καὶ προσήλυτον οὐ κακώσετε οὐδὲ μὴ θλίψητε αὐτόν· ἦτε γὰρ προσήλυτοι ἐν γῇ Αἰγύπτῳ. 21 (G 22) πᾶσαν χήραν καὶ ὀρφανὸν οὐ κακώσετε· 22 (G 23) ἐὰν δὲ κακίᾳ κακώσητε αὐτοὺς, καὶ κεκράξαντες καταβοήσωσιν πρός με, ἀκοῇ εἰσακούσομαι τῆς φωνῆς αὐτῶν, 23 (G 24) καὶ ὀργισθήσομαι θυμῷ, καὶ ἀποκτενῶ ὑμᾶς μαχαίρᾳ, καὶ ἔσονται αἱ γυναῖκες ὑμῶν χῆραι, καὶ τὰ παιδία ὑμῶν ὀρφανά. 24 (G 25) Ἐὰν δὲ ἀργύριον ἐκδανείσῃς τῷ ἀδελφῷ τῷ πενιχρῷ παρὰ σοί, οὐκ ἔσῃ αὐτὸν κατεπείγων, οὐκ ἐπιθήσεις αὐτῷ τόκον. 25 (G 26) ἐὰν δὲ ἐνεχύρασμα ἐνεχυράσῃς τὸ ἱμάτιον τοῦ πλησίον, πρὸ δυσμῶν ἡλίου ἀποδώσεις αὐτῷ· 26 (G 27) ἔστιν γὰρ τοῦτο περιβόλαιον αὐτοῦ, μόνον τοῦτο τὸ ἱμάτιον ἀσχημοσύνης αὐτοῦ· ἐν τίνι κοιμηθήσεται; ἐὰν οὖν καταβοήσῃ πρός με, εἰσακούσομαι αὐτοῦ· ἐλεήμων γάρ εἰμι.

20 (G 21) Den Hinzugekommenen sollst du weder schlecht behandeln noch ihn bedrängen, denn Hinzugekommene seid ihr im Land Ägypten gewesen. 21 (G 22) Jede Witwe und Waise sollt ihr nicht schlecht behandeln. 22 (G 23) Falls ihr sie (Pl.) aber durchaus schlecht behandelt, – wenn sie schreiend zu mir um Hilfe rufen, (dann) werde ich ihre (Pl.) Stimme sicher erhören, 23 (G 24) und ich werde wütend werden mit Zorn, und ich werde euch mit (einem) Schwert umbringen, und eure Frauen werden Witwen und eure Kinder Waisen werden. 24 (G 25) Falls du aber dem armen Bruder bei dir Geld leihst, (dann) sei nicht einer, der ihn hart bedrückt, du sollst ihm nicht Zins auferlegen. 25 (G 26) Falls du aber wirklich den Umhang des Nächsten als Pfand nimmst, sollst du ihm (ihn) vor Sonnenuntergang zurückgeben; 26 (G 27) denn dieser ist seine [Ø] Decke. Dieser ist der einzige Mantel für seine Blöße. Worin soll er liegen? [Ø] Wenn er also zu mir um Hilfe ruft, (dann) werde ich ihn erhören, denn ich bin gnädig.

Sam:

20 וגר לא תונו ולא תלחצו כי גרים הייתם בארץ מצרים: 21 כל אלמנה ויתום לא תענו: 22 כי
אם ענה תענו אתו כי אם צעק יצעק אלי שמע אשמע צעקתו: 23 וחרה אפי והרגתי אתכם
בחרב והיו נשיכם אלמנות ובניכם יתומים :–
24 אם כסף תלוה את עמי את עני עמך לא תהיה לו כנשיא לא תשימנו עליו נשך: 25 אם חבל
תחבל את שלמת רעך עד בא השמש תשיבנה לו: 26 כי היא כסותו לבדה היא שמלתו לעורו
במה ישכב והיה כי יצעק אלי ושמעתי כי חנון אנכי:

20 Den Fremden sollt ihr weder unterdrücken noch [Ø] bedrängen, denn Fremde seid ihr im Land Ägypten gewesen. 21 Jede Witwe und Waise sollt ihr nicht bedrücken. 22 Denn falls ihr sie (Sg.) durchaus bedrückt, – wenn sie gewiss zu mir schreit, (dann) werde ich ihr Geschrei sicher erhören, 23 und mein Zorn wird entbrennen, und ich werde euch mit dem Schwert umbringen, und eure Frauen werden Witwen und eure Söhne Waisen werden.
24 Falls du meinem Volk, einem Elenden deines Volkes, Geld leihst, (dann) sei für ihn nicht wie ein Gläubiger; du sollst ihm nichts als Zins auferlegen. 25 Falls du wirklich den Mantel deines Nächsten als Pfand nimmst, sollst du ihm den (Mantel) zurückgeben, bis die Sonne untergeht; 26 denn er ist seine einzige Decke. Er ist seine Zudecke für seine Haut. Worin soll er liegen? Und es soll sein: Wenn er zu mir schreit, (dann) werde ich (ihn) erhören, denn ich bin gnädig.

Peš:

20 ܘܠܥܡܘܪ̈ܐ ܠܐ ܬܗܪܘܢ ܘܠܐ ܬܠܚܨܘܢ. ܡܛܠ ܕܥܡܘܪ̈ܐ ܗܘܝܬܘܢ ܒܐܪܥܐ ܕܡܨܪܝܢ. 21 ܘܟܠ ܐܪ̈ܡܠܬܐ ܘܝܬܡ̈ܐ
ܠܐ ܬܗܪܘܢ. 22 ܘܐܢ ܡܗܪܝܢ ܐܢܬܘܢ ܠܗܘܢ ܘܡܨܠܝܢ ܩܕܡܝ. ܡܫܡܥ ܐܫܡܥ ܨܠܘܬܗܘܢ. 23 ܘܢܬܚܡ ܪܘܓܙܝ
ܘܐܩܛܠܟܘܢ ܒܚܪܒܐ. ܘܢܗܘ̈ܝܢ ܢܫ̈ܝܟܘܢ ܐܪ̈ܡܠܬܐ. ܘܒܢ̈ܝܟܘܢ ܢܗܘܘܢ ܝܬܡ̈ܐ܀ 24 ܘܐܢ ܟܣܦܐ ܬܘܙܦ ܒܥܡܝ ܠܡܣܟܢܐ
ܕܥܡܟ. ܠܐ ܬܗܘܐ ܠܗ ܐܝܟ ܡܪܐ ܚܘܒܐ. ܘܠܐ ܬܣܒ ܡܢܗ ܪܒܝܬܐ. 25 ܘܐܢ ܬܣܒ ܡܫܟܢܐ ܠܒܫܗ ܕܚܒܪܟ.
ܡܥܪ̈ܒܝ ܫܡܫܐ ܗܦܘܟܝܗܝ ܠܗ. 26 ܡܛܠ ܕܗܘܝܘ ܠܒܫܗ ܒܠܚܘܕܘܗܝ. ܘܗܘܝܘ ܬܟܣܝܬܗ ܠܒܣܪܗ. ܒܡܢܐ ܢܕܡܟ. ܘܐܢ
ܢܨܠܐ ܩܕܡܝ ܐܫܡܥܝܘܗܝ. ܡܛܠ ܕܡܪܚܡܢܐ ܐܢܐ.

[20] Fremde sollt ihr weder unterdrücken noch [Ø] bedrängen, denn Fremde seid ihr im Land Ägypten gewesen. [21] Und alle Witwen und Waisen sollt ihr nicht bedrücken. [22] Falls ihr sie (Pl.) unterdrückt, – und sie beten vor mir, (dann) werde ich ihr Gebet sicher erhören, [23] und mein Zorn wird entbrennen, und ich werde euch mit dem Schwert umbringen, und eure Frauen werden Witwen und eure Söhne Waisen werden. [24] Und falls du in meinem Volk dem Elenden, der bei dir ist, Geld leihst, (dann) sei für ihn nicht wie ein Gläubiger; du sollst von ihm nicht Zins nehmen. [25] Und falls du die Kleidung deines Nächsten als Pfand nimmst, sollst du sie ihm (bis) Sonnenuntergang (zurück)geben; [26] denn sie ist seine einzige Kleidung. Und sie ist seine Zudecke für sein Fleisch. Worin soll er liegen? Und es soll sein: Und wenn er vor mir betet, (dann) werde ich ihn erhören, denn ich bin gnädig.

Auswertung:
In LXX, Sam und Peš zeichnet sich für vv.20–22 in unterschiedlichem Maß eine Tendenz zur pluralischen Formulierung der Bestimmungen ab. Die LXX vereinheitlicht in vv.20–22 zudem weitestgehend die Verben zur Bezeichnung der Unterdrückung und Bedrängung auf das Verb κακόω „misshandeln, schlecht behandeln“. Propp sieht in der Formulierung im Plural ein Mittel zur Kennzeichnung der universalen Anwendbarkeit der Bestimmungen.[1102] Die Lesung des Verbs κακόω könnte in der LXX ein zusätzlicher Beleg für die von Propp postulierte Generalisierungstendenz sein. Zur Kennzeichnung der maximalen Reichweite der Bestimmung wendet die LXX eine im Vergleich zu dem im MT bewahrten Textzeugnis umgekehrte Strategie an: MT verfolgt die Technik der synonymen Ausdifferenzierung der Handlung, LXX die der Vereinheitlichung und Generalisierung.

In vv.24.26 liegen in der LXX und Peš nennenswerte, von MT unterschiedene Lesarten vor: In v.24 stellt die LXX-Lesart τῷ ἀδελφῷ τῷ πενιχρῷ παρὰ σοί aus textkritischer Sicht eine Vereinfachung gegenüber dem im MT tradierten Textbestand dar, die zur Folge hat, dass v.24 binnentextuell nicht vorrangig die Solidarität in der Jhwh-Gemeinschaft als Begründung impliziert. Mit der Betrachtung des bedürftigen Mitbürgers als ἀδελφός stellt die LXX hier nicht zwangsläufig auf die Zugehörigkeit zu einer ethnischen Gemeinschaft ab, sondern bezieht zudem die Sinnebene der religiösen Verbundenheit[1103] ein. Gegenüber dem Befund des MT

1102 Vgl. Propp, *Exodus 19–40*, 128.
1103 Vgl. Muraoka, *Lexicon*, 9.

ermöglicht die LXX eine Ausweitung des Kreises der zinslos kreditwürdigen Bedürftigen, da sie explizit keine ethnischen Grenzen setzt.[1104] Peš liest v.24, in großer Nähe zum im MT bezeugten Text, syntaktisch vereinfacht, indem sie einerseits durch die Präposition -ܒ die Fokussierung auf das Jhwh-Volk (ܥܡܝ) expliziert, ohne das Volk einen Empfänger der Leihgabe zu nennen, sowie andererseits durch Lesung der Relativpartikel die Syntax zum attributiven Verständnis der suffigierten Präposition ܥܡܟ vereindeutig.

Mit der Lesart ἀσχημοσύνη setzt die LXX in v.26[1105] anscheinend das Hebräische ערותו* voraus.[1106] Dieses Verständnis bezeugt auch Peš mit der Wahl der Vokabel ܒܣܪܐ, welche als Euphemismus für „Penis" verwendet werden kann.[1107] Die Nennung der Blöße in der LXX und die Anspielung an das männliche Geschlechtsteil in Peš weisen in v.26 stärker als MT und Sam auf die Nacktheit des Pfandgebers. Dies betont einerseits dessen Bedarf an Schutz durch seinen Umhang in der Nacht. Andererseits beziehen sich LXX und Peš hiermit auch auf die Problematik des Entblößen der männlichen Geschlechtsteile (vgl. Ex 20,26; s. 5.1.1.a.v.MT) und unterstreichen darin die Notwendigkeit der Rückgabe des gepfändeten Kleidungsstücks zur Verhüllung.

Auch Sam bezeugt für v.24 andere Lesarten als MT:[1108] Die samaritanische Aussprachetradition liest in v.24 statt der suffigierten Präposition עם „mit" das suffigierte Nomen עם „Volk".[1109] Sam wiederholt in der zum Akkusativobjekt את עמי gehörenden Apposition את עני עמך das vorangehende Objekt. Dies verstärkt explizit die Verbindung von עמי „mein Volk" und עני עמך „ein Elender deines Volkes", sodass folgendermaßen gleichzusetzen ist: Der „Elende deines Volkes" ist (gleichermaßen wie du) „mein Volk". Die Vorstellung des gemeinsamen Volk-Seins, als Jhwh unterstellte Sozialgemeinschaft, ist hier im Sam hervorgehoben und verstärkt den binnentextuell zugrunde gelegten Wert der Solidarität im Jhwh-Volk.

1104 Die Existenz dieser Ausweitung kann die Annahme stützen, dass Ex^{LXX} 22,20 mit προσήλυτος bereits Konvertiten bezeichnet. Demnach bezöge v.25 auch bedürftige Mitglieder dieser Gruppe ein, die trotz ihrer ethnischen Differenz zu den Israeliten als deren „Brüder" (ἀδελφός) gölten und in Notlagen zinslose Konsumkredite erhielten (s. Anm. 703).

1105 Des Weiteren bezeugt die LXX für לבדה bzw. μόνος eine von MT unterschiedene syntaktische Zuordnung: Während MT לבדה mit *Zaqef qaton* versieht und dem vorangehenden Satzteil zuweist, trennt die LXX vor μόνος. Ohne *Nikkud* ermöglicht das MT zugrunde liegende Konsonantengerüst sowohl die im MT als auch die in der LXX bezeugte Abgrenzung.

1106 Vgl. auch Propp, *Exodus 19–40*, 129.

1107 Vgl. Brockelmann/Sokoloff, *Lexicon*, 167.

1108 In v.24 liest Sam gegenüber MT zusätzlich ein Objektsuffix bei תשימנו. Dies mag als stilistisches Element gelten, führt syntaktisch aber dazu, dass נשך „Zins" als Apposition zu diesem Objektsuffix fungiert. In der deutschen Übersetzung wurde daher auch eine appositionelle Wiedergabe gewählt.

1109 Vgl. Tal/Florentin, *Pentateuch*, 677.

b. Clusterebene: Wechselseitige Begründungsstrukturen im Cluster Ex 22,20–26

Das Cluster Ex 22,20–26 grenzt sich formal und inhaltlich von den jeweils umliegenden Clustern ab. Gegenüber dem Cluster Ex 22,17–19 weist Ex 22,20–26 keine partizipialen Tatbestandsformulierungen auf. Gegenüber dem Cluster Ex 22,27–30 zeichnet sich Ex 22,20–26 durch die Präsentation einer Fülle an präzisierenden und begründenden Informationen in narrativen Strukturen aus. Die Abgrenzung zu Ex 22,27–30 wird im MT zusätzlich grafisch von einer *Parascha setuma* gestützt. Das Thema der Sorge für sozial Schwache bindet das Cluster Ex 22,20–26 inhaltlich zusammen.

Das Cluster selbst untergliedern MT, Sam und Peš grafisch nach v.23 mit der Setzung einer *Parascha petucha*, *Qitza* bzw. eines einfachen Punkthaufens. Dies markiert den Wechsel zwischen generellen Aussagen zum Umgang mit Armen in vv.20–23 und der Darstellung konkreter Fälle in vv.24–26, die die allgemeinen Forderungen aus vv.20–23 illustrieren.[1110] In der LXX wird diese Gruppierung innerhalb des Clusters durch die wiederholte Verwendung des generalisierenden Verbs κακόω in vv.20–23 angezeigt.

Trotz dieser inhaltlichen Untergliederung besteht eine enge Verbindung zwischen vv.20–23 und vv.24–26: So steht die in v.26 vorliegende Drohung in enger Beziehung zu vv.22 f., indem v.26 das narrative Gerüst von vv.22 f. in einer auf das Schreien und Hören verkürzten Form anzitiert und dessen Fortsetzung nach Vorbild von vv.22 f., z. B. im Entbrennen des Zorns, auf der Clusterebene impliziert. Das Fehlen einer konkreten Strafe in v.26 wird auf der Clusterebene dahingehend kompensiert, dass auf Basis des anzitierten Narrativs eine zu v.23 ähnliche, im Mindesten talionische Bestrafung angenommen werden muss.

Auf der Clusterebene von Ex 22,20–26 verbinden sich die bereits auf der Mikroebene wahrnehmbaren Inhalte der Plausibilisierung und Begründung der Gesetze zu einer theologisch basierten Betonung des Wertes der Solidarität in der Sozialgemeinschaft – sei es das Volk Israel in MT, Sam und Peš oder der von ethnischen Zugehörigkeiten abkoppelbare Sozialverband in der LXX. Diesbezüglich integrieren und überbieten die Darstellungen des Eintretens Jhwhs für bedrückte Arme (vv.22 f.) und die theologische Aussage כי־חנון אני (v.26) die Begründungen der Mikroebene, welche auf eigene Erfahrungen (v.20), Solidarität (vv.20–26), Verständnis für lebenssichernde Bedarfe (v.26) und Eigeninteresse (vv.23.24) rekurrieren. Jhwhs Eintreten für die unterdrückten Bedürftigen (vv.22 f.) beruht auf seiner Eigenschaft der Barmherzigkeit (v.26), welche auf der Clusterebene für die Adressaten der Bestimmungen Vorbildcharakter gewinnt: Der Anspruch einer barmherzigen Grundhaltung im Umgang mit sozial Schwachen wird im Sinne

1110 Vgl. auch Houtman, *Bundesbuch*, 232.

einer Forderung der *imitatio Dei* auf der Clusterebene übergreifend aktiviert – nicht nur, aber auch für den Fall, dass die Erklärungen über den praktischen Bedarf der Existenzsicherung (vv.25 f.) und das Interesse der Erhaltung des eigenen Lebens, der Familie und des Volkes (vv.23.24) nicht mehr greifen.[1111]

c. Begründungsstrukturen im Textraum *Bundesbuch*

MT:

1. Ex 22,20–26 in Beziehung zu Ex 21,2–11: Der Schutz sozial Schwacher als Bestandteil der Erhaltung des Volkes

Im Textraum *Bundesbuch* besteht eine Textbeziehung zwischen Ex 22,20–26 und Ex 21,2–11 in der Thematisierung von Regeln zum Umgang mit Menschen in gesellschaftlich nachteiligen Positionen. Lexematische Berührungen ergeben sich z. B. anhand von כסות, כסף und עם. Das intertextuelle Verhältnis beider Textcluster gestaltet sich mäßig bis stark referentiell und kommunikativ.

Die Regelungen des Clusters Ex 22,20–26 fordern Solidarität mit wirtschaftlich und gesellschaftlich untergeordneten Gruppen des eigenen Volkes und werden auf der Clusterebene vorrangig theologisch begründet. Demgegenüber stellt Ex 21,2–11 mit den Bestimmungen zum hebräischen Sklaven und der Konkubine den sozialethischen Wert der Solidarität innerhalb des Volkes Israel sowie das Ziel des wirtschaftlichen und personellen Fortbestands des Volkes in den Vordergrund (s. 5.1.3.c.MT:3). Die theologische, vorbildorientierte Argumentation im Begründungszusammenhang des Clusters Ex 22,20–26 wird im Lichte der Zielsetzungen des Clusters Ex 21,2–11 um den Zweck des Erhalts des Volkes Israel ergänzt. Darin entfaltet sich der bereits auf der Mikroebene in Ex 22,24 angelegte Begründungszusammenhang (s. o.) im Verhältnis zu Ex 21,2–11 für das gesamte Cluster Ex 22,20–26: Die geforderte barmherzige Grundhaltung gegenüber Fremden, Witwen, Waisen und Bedürftigen des eigenen Volkes dient nicht nur dem betroffenen Schwachen und

---

1111 S. weiterführend dazu die sozial- und redaktionsgeschichtliche Rekonstruktion bei Otto, *Rechtsbegründungen*, 38–40. Dass Ex 22,20–26 in seiner vorliegenden Form auf eine komplexe Entstehungsgeschichte zurückgeht, ist in der Forschung weitestgehend Konsens (vgl. Houtman, *Bundesbuch*, 323). Insbesondere der Numeruswechsel und die Formulierung את־עמי את־העני עמך in v.24 sowie die unterschiedlichen Motivationen in v.25 werden dabei problematisiert (vgl. Schwienhorst-Schönberger, *Bundesbuch*, 357–359). Eine detaillierte Rekonstruktion dazu liegt außerhalb des Aufgabenfeldes dieser Arbeit. Die herausgestellte Vielfalt in der Präsentation plausibilisierender Informationen in vv.20–26, die Beobachtung der Kompensation der in v.26 auf der Mikroebene fehlenden Strafe auf der Clusterebene und der sich zwischen Mikro- und Clusterebene vollziehende Übergang von sozialer und theologischer Argumentation lassen sich am ehesten mit den Beobachtungen Ottos (in Otto, *Rechtsbegründungen*, 38–40) verbinden.

dem Wohlergehen des Volkes, sondern in der personellen und wirtschaftlichen Erhaltung Einzelner auch dem Fortbestand der Jhwh-Gemeinschaft insgesamt.

2. Ex 22,20–26 in Beziehung zu Ex 23,1–12: Der Schutz sozial Schwacher als Akt der Gerechtigkeit

Zwischen Ex 22,20–26 und Ex 23,1–12 besteht im Textraum *Bundesbuch* eine Textbeziehung auf Basis der Thematisierung des Eintretens Jhwhs für das Recht sowie in der Frage nach dem Schutz der Existenzgrundlage der Mitbürger. Des Weiteren liegt eine wortgleiche Übereistimmung der Kausalsätze in Ex 22,20 und 23,9 vor. Die Textbeziehung beider Cluster gestaltet sich stark kommunikativ und referentiell.

Ex 23,1–12 thematisiert den Grundwert der Solidarität innerhalb des Volkes Israel und formt diesen in Bezug auf Recht und Gerechtigkeit in der Gesellschaft und die Erhaltung individueller und gesellschaftlicher Existenzgrundlagen (vgl. Ex 22,24.25 f.) aus (s. 5.2.1.c.MT:2). Dabei tritt Jhwh als Garant von Recht und Gerechtigkeit auf (Ex 23,7). Im Lichte dieser Charakterisierung verbreitert sich die Argumentationsbasis von Ex 22,20–26: Der solidarische Umgang mit sozial Schwachen und deren Existenzgrundlagen ist nicht nur ein Akt der Solidarität, sondern auch der Gerechtigkeit. Der Schutz sozial Schwacher ist mit den Gesetzesregelungen in Ex 22,20–26 Teil des Rechts.[1112] Barmherzigkeit und Gerechtigkeit schließen einander nicht aus,[1113] obgleich Ex 23,1–12 den Wert der Gerechtigkeit dem der Barmherzigkeit überordnet (s. 5.2.1.c.MT:2).

3. Ex 22,20–26 in Beziehung zur Querverbindung mit עם: (Keine) Ambivalenzen im Schutz für Fremde

Mit dem Stichwort עַם hat Ex 22,20–26 im Textraum *Bundesbuch* an der dadurch gestalteten Querverbindung teil. Anhand dieser kristallisiert sich im Textraum *Bundesbuch* eine Differenzierung zwischen einzelnen, solidaritäts- und schutzwürdigen Fremden (גר, Ex 22,20) einerseits und Fremdvölkern, die mitsamt ihren Kulten zu vernichten sind (Ex 23,20–33), andererseits heraus. Während letztere als (fremd-)kulttreibende Nationen eine Bedrohung für die Identität des Volkes Israel in seiner exklusiven Bindung an Jhwh darstellen (s. 5.2.3.b), sind erstere als dauerhaft in Israel ansässige Individuen, die keine nennenswerte (Fremd-)Kulttätigkeit aufweisen, zu schützen.[1114]

1112 Zur Beobachtung, dass der Schutz der Schwachen in den Rechtstexten der Hebräischen Bibel Gegenstand der Gesetze selbst, im altorientalischen Recht in Pro- und Epilog ein Ziel der Gesetze ist, s. Propp, *Exodus 19–40*, 259.

1113 Im Textraum *Bundesbuch* liegt damit gerade keine Gegensätzlichkeit von Barmherzigkeit und Gerechtigkeit vor, wie z. B. postuliert bei Propp, *Exodus 19–40*, 262.

1114 Vgl. Houtman, *Bundesbuch*, 336.

LXX, Sam und Peš:

Auch in LXX, Sam und Peš ist das vorliegende Cluster im Textraum *Bundesbuch* mit Ex 21,2–11 und 23,1–12 verbunden. Gegenüber dem Befund des MT zusätzliche Verbindungen liegen in der LXX mit κακία (22,22; 23,2) und ἀποκτείνω (21,14; 22,18; 22,23; 23,7) sowie in Peš mit ܢܣܒ (22,24; z. B. auch 21,10; 23,8) und ܡܣܟܢܐ (22,24; 23,3.6.11) vor. Dementsprechend ist die Kommunikativität der Beziehung zu den jeweiligen Textclustern in LXX und Peš gegenüber MT leicht erhöht.

Vergleichbar zu MT weisen Sam und Peš auch die Querverbindung durch עם bzw. ܥܡܐ auf. In der LXX fehlt die Einbindung von Ex^{LXX} 22,20–26 in die Querverbindung mit ἔθνος. Die nicht von ethnischen Bindungen geleitete Solidaritätsforderung des Clusters Ex^{LXX} 22,20–26 wird in der Verbindung zu den auf das Jhwh-Volk orientierten Clustern Ex^{LXX} 21,2–11; 23,1–12 daraufhin geschärft und in ihrer Abzweckung auf das Wohl und den Fortbestand des Jhwh-Volkes greifbar. Des Weiteren verzichten LXX und Sam in Ex$^{LXX/Sam}$ 23,7 auf eine theologische Argumentation, wodurch im Zusammenhang mit Ex$^{LXX/Sam}$ 22,20–26 die unbegrenzte Barmherzigkeit Jhwhs hervorgehoben wird (s. 5.2.1.c.LXX/Sam).

d. Begründungsstrukturen im Textraum *Sinaiperikope*

MT:

1. Ex 22,20–26 in Beziehung zu Lev 19: Autorität und Heiligkeit Jhwhs als Basis der Autorisierung des Rechts

Im Textraum *Sinaiperikope* besteht eine intertextuelle Beziehung zwischen Ex 22,20–26 und Lev 19. Diese ist anhand von Stichwortberührungen (z. B. ינ״י, עני, גר) sowie einer Übereinstimmung im Kausalsatz כי־גרים הייתם בארץ מצרים (Ex 22,20; Lev 19,34) markiert und daher als schwach bis mäßig kommunikativ einzuschätzen. Die thematische Verbindung beider Texte beruht auf der Behandlung von Bestimmungen zum Umgang mit Menschen in gesellschaftlich nachteiligen Positionen, z. B. Elende und Fremde (עני, גר), sodass eine erhöhte Referentialität in der Beziehung beider Texte vorliegt.

Den Regelungen in Lev 19 ist die Forderung des Heiligseins, weil Jhwh selbst heilig ist, vorangestellt (Lev 19,2). Davon ausgehend formulieren und begründen folgende Verse Bestimmungen für den Umgang mit Menschen, die in der Gefahr sozialer Benachteiligung stehen:

– Vv.9 f. sehen vor, Elenden und Fremden (עני, גר) im Rahmen der Ernte die Möglichkeit zur Nachlese zu lassen, und verleihen der Forderung Nachdruck, indem mit אני יהוה ein Verweis auf Jhwhs Autorität angefügt wird.

- Vv.14 f. fordern, den Nachteil eines Tauben oder Blinden nicht gegen ihn zu verwenden, und fügen eine Forderung der Furcht gegenüber Jhwh und die Formel אני יהוה an.
- V.32 fordert den ehrenden Umgang mit gealterten Personen und fügt ebenso eine Forderung der Furcht gegenüber Jhwh und die Formel אני יהוה an.
- Vv.33 f. verbieten das Bedrücken von Fremden und fordern darüber hinaus zur mitbürgergleichen Behandlung und Liebe des Fremden auf. Begründend führt v.34 die eigene Fremdlingschaft in Ägypten sowie die um die Beziehungsbezeichnung אלהיכם erweiterte Formel אני יהוה אלהיכם an. Des Weiteren wird das Leben im Land des Volkes Israel (בארצכם) in v.33 mit dem in Ägypten (בארץ מצרים) in v.34 kontrastiert.

Die in Lev 19 für den Umgang mit den betreffenden Personengruppen gegebenen Begründungen sind historischer und theologischer Art und werden von der theologisch basierten, im Sinne der *imitatio Dei* auszuführenden Heiligkeitsforderung grundiert. Innerhalb der jeweils gegebenen, expliziten Autorisierungselemente lässt sich eine Steigerung vom Verweis auf die Autorität Jhwhs in der אני יהוה-Formel (vv.9 f.) zur Erweiterung dieser Formel um die Aufforderung zur Gottesfurcht (vv.14 f.32) bis zur Ausweitung auf die Erfahrung der eigenen Fremdlingschaft, die Landesthematik und die Beziehung zwischen Jhwh und Israel (vv.33 f.) beobachten. Im Unterschied zu Ex 22,20–26 thematisiert Lev 19 jedoch nicht explizit die Barmherzigkeit Jhwhs. Die Barmherzigkeitsvorstellung des Clusters Ex 22,20–26 lässt sich in Lev 19 in die umfassende Vorstellung zur Heiligkeit aufheben. Gegenüber Ex 22,20–26 weist Lev 19 einen höheren theologischen Abstraktionsgrad auf. Die in Ex 22,20–26 auf der Mikro- und Clusterebene gegebenen historischen, lebenspraktischen und theologischen Begründungen für die Bestimmungen zum Umgang mit sozial Schwachen lassen sich im intertextuellen Verhältnis zu Lev 19 der dort vorliegenden, umfassenden Begründung des Rechts von Jhwh und dessen Heiligkeit her zuweisen.

2. Ex 22,20–26 in Beziehung zu Lev 25: Historisch und theologisch vertiefte Sinnkonstitution

Im Textraum *Sinaiperikope* besteht ein intertextuelles Verhältnis zwischen Ex 22,20–26 und Lev 25. Dieses ist lexematisch geringfügig markiert (z. B. גר, נשך, כסף) und im geringen Maß kommunikativ. Die Referentialität der Beziehung zwischen beiden Texten ist allerdings stark ausgeprägt, da Ex 22,20–26 und Lev 25 thematisch einander nahestehen: So behandeln sowohl Ex 22,20–26 als auch Lev 25 das Thema des (wirtschaftlichen) Fortbestands verarmter Mitglieder der Gesellschaft und führen dahingehend z. B. ebenso die Problematik des Zinsnehmens an.

Lev 25 formuliert ausgehend von der Landesthematik (v.2) kult-, versorgungs- und eigentumsrechtliche Regelungen. Eine zentrale Grundannahme stellt dabei die Eigentümerschaft Jhwhs, sowohl in Bezug auf das Land (v.23) als auch in Bezug auf das Volk Israel (v.55), dar. Dies führt dazu, dass die Israeliten gleichermaßen Fremde sind, die sich dauerhaft bei Jhwh bzw. in dessen Land aufhalten (גרים, v.23). Dahingehend entwirft Lev 25 ein Bild des Jhwh-Volkes im Sinne einer solidarisch füreinander sorgenden Gemeinschaft, die untereinander nach dem Grundsatz der wirtschaftlichen Fairness (z. B. vv.14–17) handelt, verarmte (Volks-) Angehörige unterstützt (vv.35.39) und deren Existenzgrundlage schützt (z. B. vv.36 f.). In begründender und autorisierender Weise führt Lev 25 für die gegebenen Bestimmungen die Autorität Jhwhs, dessen Gottsein für Israel, die Forderung der Gottesfurcht, das Exodus-Geschehen und die Aussicht auf die Gabe des Landes Kanaan an (z. B. vv.17.36.38). Gegenüber Ex 22,20–26 liegen in Lev 25 damit historisch und theologisch umfassend angereicherte Begründungszusammenhänge vor, die in der Beziehung beider Texte die Begründungslinien des Clusters sinnkonstitutiv ausbauen lassen: Die konkrete Furcht vor einer (im Mindesten) talionischen Strafe durch Jhwh (Ex 22,23) korreliert mit der Gottesfurcht und Anerkennung der Autorität Jhwhs (Lev 25,17); und der Verweis auf die eigene Fremdlingschaft (Ex 22,20) bindet sich in Lev 25 an den Zusammenhang des Exodus-Geschehens.

3. Ex 22,20–26 in Beziehung zur Ägypten-Referenz: Jhwhs Recht als Ausdruck der Exklusivität der Jhwh-Beziehung und Identität als Jhwh-Gemeinschaft

Zur Ägypten-Referenz s. 5.2.1.d.MT:6.

LXX, Sam und Peš:

Auch in LXX, Sam und Peš stellen Lev 19.25 und die Ägypten-Referenz (s. 5.2.1.d.MT:6) im Textraum *Sinaiperikope* Bezugsbereiche des vorliegenden Clusters dar. Im Vergleich zu MT ist für LXX und Peš eine geringfügige Verschiebung lexematischer Berührungen zu verzeichnen: So finden sich in Lev^{Peš} 19 z. B. andere Äquivalente für גר (v.10) und ינ״י (v.33) als in Ex^{Peš} 22,20–26; und in Lev^{Peš} 19,15 ist ܡܣܟܢܐ ferner als Äquivalent für דל verwendet. Lev^{LXX} 19 enthält weder die Vokabel κακόω (Ex^{LXX} 22,20–22) noch die Phrase τῷ ἀδελφῷ τῷ πενιχρῷ (Ex^{LXX} 22,24). Das Stichwort ἱμάτιον ist hingegen auch in Lev^{LXX} 19,19 als Äquivalent für בגד belegt. Das Vorliegen von ἀσχημοσύνη und κοιμάομαι rückt Ex^{LXX} 22,20–26 zudem lexematisch in die Nähe von Lev^{LXX} 18.[1115]

1115 Diese Verbindung ist in abgeschwächter Form anhand der euphemistischen Konnotation von ܒܣܪܐ für das männliche Genital (Ex^{Peš} 22,26) auch in Peš assoziierbar (Lev^{Peš} 18,6.22).

Die die Stichworte ἀσχημοσύνη und κοιμάομαι verwendenden Sexualbestimmungen in Lev^{LXX} 18 verweisen in ihrem Ko- und Kontext auf das Ziel des Fortbestands des Volkes, auf den Wert des sozialen Friedens sowie auf Vorstellungen zur Heiligkeit, auf kultische und moralische Ansprüche und die Ausgestaltung des Lebens im Land (s. o.). Mittels der Nähe zwischen dem Cluster Ex^{LXX} 22,20–26 und Lev^{LXX} 18 wird in der LXX im Textraum *Sinaiperikope* insbesondere die Bedeutung der Bestimmungen des Clusters und des darin zugrunde liegenden Wertes der Solidarität für den Fortbestand des Volkes als Sozialverband, auf den jedes Individuum angewiesen ist, geschärft.

e. Begründungsstrukturen im Textraum *Exodusbuch*

MT:

Im Textraum *Exodusbuch* besteht ein intertextuelles Verhältnis zwischen Ex 22,20–26 und Ex 1–15. Dieses ist anhand der expliziten Referenz in Ex 22,20 und der wiederkehrenden Verwendung der Stichworte עני"$_2$, שמ"ע, צע"ק, לח"ץ und חר"י אף deutlich und mit prägnantem Vokabular markiert. Daher ist es als in hohem Maße kommunikativ und selektiv einzuschätzen. Die Themen der Bedrückung und des Eintretens für Bedrückte verbinden Ex 22,20–26 und Ex 1–15, sodass das Verhältnis beider Texte zudem von einem erhöhten Maß an Referentialität geprägt ist.

Ex 22,20–26 legt den getroffenen Bestimmungen auf der Einzel- und Clusterebene den Missbrauch einer Macht- und Vorrangstellung gegenüber Schwächeren zugrunde. Diesem wohnt ein Moment sozialer Anfeindung inne, welches in der Textbeziehung zu Ex 1–15 explizit wird: Ex 1,11.12 beschreibt, vergleichbar zu Ex 22,22, die Bedrückung der Israeliten in Ägypten mit עני"$_2$. Im Unterschied zu Ex 22,20–26 werden die Opfer der Bedrückung in Ex 1 allerdings nicht *per se*, z. B. über die Bezeichnung als גרים, als Schwächere gekennzeichnet, sondern als eine Gruppe beschrieben, die zahlreich und stark ist (v.9: רב ועצום) und daher als eine potenzielle Bedrohung gesehen wird (Ex 1,9 f.). Anhand dessen lässt sich die Feindschaft zwischen Ägyptern und Israeliten erklären.

Der Kausalsatz in Ex 22,20 legt eine Parallelisierung der Rollen von Bedrückenden und Bedrückten in Verbindung mit Ex 1 nahe: Entsprechend stehen sich in Ex 22,20–26 und Ex 1 Bedrückende bzw. Ägypter und Bedrückte bzw. Israeliten kontrastiv gegenüber[1116] – mit dem Unterschied, dass die Bedrückten in Ex 1 nicht

1116 Vor diesem Hintergrund zeigt die auf Pharao bezogene Verwendung von עני"$_2$ in Ex 10,3 an, dass das Ziel der über die Ägypter gebrachten Plagen in einer Umkehrung der Rollen von Unter- und Überlegenen liegt: Pharao soll sich unter Jhwh beugen und Israel unterliegt nicht länger der Bedrängnis der Ägypter.

anhand ihrer sozial schwachen Position definiert werden, in Ex 22,20 aber der גר-Status vorausgesetzt wird. In der Fokalisierung der Protagonisten der Erzählung gilt jedoch: Wer die Bestimmungen von Ex 22,20–26 missachtet, handelt vor dem Hintergrund von Ex 1–15 wie die Ägypter und macht sich mit dem Feind der Israeliten gemein.

Im Zusammenhang mit Ex 1–15 wird, ausgehend vom Motiv des Hörens des Schreiens (שמ"ע, צע"ק), für Ex 22,20–26 exemplarisch deutlich, nach welchem Vorbild die Israeliten gegenüber Schwächeren handeln sollen und welche Kräfte eine Missachtung der Bestimmungen freisetzen kann, denn das Hören des Schreiens führt zu einer barmherzigen Handlung: Jhwh hört das Schreien der Israeliten (Ex 3,7.9; vgl. 22,22.26) und setzt sich fortan für die Befreiung Israels aus dieser Notlage ein.[1117] Somit handeln Israeliten, die sich der Schwächeren annehmen (Ex 22,20–26), im Sinne einer *imitatio Dei* im Einklang mit Jhwhs Erbarmen für die Israeliten in Ägypten.

Ferner erwächst aus dem Motiv des Hörens des Schreiens (שמ"ע, צע"ק) in Ex 22,22 f. auch eine Drohung: Das Hören des Schreiens führt als Kehrseite der erbarmenden Handlung zu einer strafenden Handlung Jhwhs an denjenigen, die den Bedrückten Anlass zum Schreien zu Jhwh gegeben haben (vgl. Ex 22,23). Ex 22,23 verweist auf das Entbrennen des Zorns Jhwhs und auf kämpferische Handlungen mit dem Schwert. Diese Aussagen werden in der Textbeziehung zu Ex 1–15 illustriert. „Pharaoh's fate can be yours, too“,[1118] fasst Propp das Verhältnis zwischen Ex 22,20–26 und Ex 1–15 generell zusammen. Einen konkreten Textbeleg gibt Ex 15: So rühmen insbesondere die Lieder von Mose und Mirjam in Ex 15 die kriegerische Macht und Stärke Jhwhs, die sich u. a. im kraftvollen Schnauben seines Zorns (Ex 15,8: רוח אפיך) äußert. Die in Ex 22,20–26 enthaltene Drohung wird im Zusammenhang mit Ex 1–15 zusätzlich mit Nachdruck versehen: Wer die Rechte der sozial Schwachen verletzt (Ex 22,20–26), wird als Feind Jhwhs dessen kriegerische Macht, die er gegen die Ägypter bewiesen hat (Ex 1–15), zu spüren bekommen.

Ex 22,20–26 erfährt aus der Textbeziehung zu Ex 1–15 insgesamt eine Profilierung des Werts der Barmherzigkeit im Sozialverband Jhwhs auf das Vorbild Jhwhs hin sowie eine nachdrückliche Einschärfung der Furcht vor Jhwh. Des Weiteren wird mittels Parallelisierung und Kontrastierung eine identitätsprägende Abgrenzung zu den verfeindeten Ägyptern vorgenommen und dem in Ex 22,20–26 geforderten Handeln zugrunde gelegt.

1117 Zum Verhältnis von Ex 22,20–26 zu Ex 3,7–9 aus redaktionsgeschichtlicher Sicht s. ferner Schwienhorst-Schönberger, *Bundesbuch*, 352–354.

1118 Propp, *Exodus 19–40*, 258.

LXX, Sam und Peš:

Die im MT vorliegende Verbindung des Clusters Ex 22,20–26 zu Ex 1–15 weisen ebenfalls LXX, Sam und Peš im Textraum *Exodusbuch* auf. Geringfügige Verschiebungen der lexematischen Berührungen im Vergleich zu MT sind für LXX und Peš zu nennen. Dies betrifft vorrangig die Verben zur Bezeichnung der Bedrückung. So erhöht sich die Anzahl der entsprechenden Überschneidungen anhand von κακόω in der LXX (Ex^{LXX} 1,11; 5,22.23). In Peš hingegen reduziert sich die Anzahl der lexematischen Berührungen für Verben zur Bezeichnung der Bedrückung auf ܡܪܪ in Ex^{Peš} 11,7 und ܚܡܣ in Ex^{Peš} 1,12.

Im intertextuellen Verhältnis zwischen Ex$^{LXX/Peš}$ 22,20–26 und Ex$^{LXX/Peš}$ 1–15 ist im Unterschied zu MT und Sam die Verwendung der die Bedrückung bezeichnenden Verben bemerkenswert: MT und Sam reservieren die Verben ינ"י, לח"ץ und ענ"י$_2$ in Ex 1–15 für die Konstellation, in der die Israeliten als Opfer und die Ägypter als Täter der Bedrückung auftreten.[1119] Davon abzuheben liegt in Ex^{LXX} 5,22 eine anklagende Frage des Mose an Jhwh vor, in welcher angesichts der bis dahin ausgebliebenen Befreiung des Volkes Israel Jhwhs Handeln an den Israeliten mit κακόω beschrieben wird. Ferner verwendet Ex^{Peš} 1,12 ܚܡܣ in Bezug auf die Ägypter, welche die prosperierende Entwicklung der Israeliten beunruhigt. Damit eröffnen LXX und Peš für Ex$^{LXX/Peš}$ 22,20–26 eine Perspektive, die auch Jhwh in der Rolle des Bedrückenden (LXX) bzw. die Ägypter in der Rolle der Bedrückten (Peš) erscheinen und die selbstverständliche Rollenzuweisung von Bedrückern und Bedrückten in der Gegenüberstellung von Ägyptern und Israeliten hinterfragen lässt.

5.3.7 Das Textcluster Ex 22,27–30

a. Mikroebene: Begründungsstrukturen innerhalb der Einzelgesetze Ex 22,27–30 – Gesetze zum Umgang mit Autoritäten sowie mit Erstgeborenem und gerissenem Fleisch

MT:

27 אֱלֹהִים לֹא תְקַלֵּל וְנָשִׂיא בְעַמְּךָ לֹא תָאֹר׃ 28 מְלֵאָתְךָ וְדִמְעֲךָ לֹא תְאַחֵר בְּכוֹר בָּנֶיךָ תִּתֶּן־לִּי׃
29 כֵּן־תַּעֲשֶׂה לְשֹׁרְךָ לְצֹאנֶךָ שִׁבְעַת יָמִים יִהְיֶה עִם־אִמּוֹ בַּיּוֹם הַשְּׁמִינִי תִּתְּנוֹ־לִי׃ 30 וְאַנְשֵׁי־קֹדֶשׁ
תִּהְיוּן לִי וּבָשָׂר בַּשָּׂדֶה טְרֵפָה לֹא תֹאכֵלוּ לַכֶּלֶב תַּשְׁלִכוּן אֹתוֹ׃ ס

27 Gott sollst du nicht verfluchen, und einen Fürsten in deinem Volk sollst du nicht verfluchen. 28 Deinen Überfluss und deinen Kelterertrag sollst du nicht zurückhalten. Den Erstge-

1119 Zu Ex 10,3 s. Anm. 1116.

borenen deiner Söhne sollst du mir geben. [29] So sollst du deinem Rind (und) deinem Kleinvieh tun. Sieben Tage soll es bei seiner Mutter sein, am achten Tag sollst du es mir geben. [30] Und Menschen[1120] der Heiligkeit sollt ihr mir sein; und Fleisch, auf dem Feld Zerrissenes, sollt ihr nicht essen; den Hunden sollt ihr es vorwerfen.

Ex 22,27 formuliert zwei Prohibitive gegen die Unterminierung göttlicher und menschlicher Autoritäten.[1121] Der Vers enthält zwei Ereignisse, die synonym formuliert und parallel aufgebaut sind:

Tab. 20: Ereignisgerüst in Ex 22,27.

E1 – Verfluchen Gottes	לא תקלל		אלהים
E2 – Verfluchen eines Fürsten des Volkes	לא תאר	בעמך	ונשיא

Die Bedeutung von אלהים im Zusammenhang von Ex 22,27 ist in der Forschung umfassend diskutiert und auf Jhwh, andere Götter (s. 5.3.7.a.LXX) und herausgehobene Menschen (s. 5.3.7.a.Peš) bezogen worden.[1122] Auf der Mikroebene von Ex 22,27 kann die Bedeutung von אלהים aus der Zusammenstellung der beiden Prohibitive gewonnen werden: Der Aufbau des Verses zeigt anhand der vorangestellten Nennung von אלהים einen Vorrang von אלהים vor נשיא an. Zudem wird die Reichweite der Autorität des נשיא mittels der Einfügung von בעמך im zweiten Prohibitiv auf einen einzelnen Verwandtschaftsverband bzw. ein Volk begrenzt. Diese Differenzierung zwischen אלהים und נשיא legt nahe, dass beide Autoritäten qualitativ voneinander unterschieden sind.[1123] Entsprechend kann unter אלהים hier sinnbringend die übergreifende göttliche Autorität, d. h. die Gottheit(en) oder Jhwh selbst, und unter נשיא die der göttlichen Autorität nachgeordnete, begrenzt wirksame menschliche Autorität, d. h. z. B. ein Stammesfürst, verstanden werden. Religionsgeschichtlich scheint auf der Mikroebene mit אלהים zudem der Bezug zu einer Mehrzahl von (Haus-)Gottheiten denkbar, die im Zuge der Entwicklung zur Monolatrie und zum Monotheismus im *pluralis maiestatis* אלהים auf Jhwh hin fokussierbar wurde (s. 5.1.3.a.i.MT:2).

Die mit קל״ל und אר״ר in Ex 22,27 beschriebenen Aktivitäten lassen sich im Anschluss an Houtman unter Aufnahme der jeweiligen Antonyme erhellen: Auf

1120 Wörtl. „Männer" in Bezug auf die adressierten freien Bürger des Volkes Israel (s. 5.3.1.a.MT), zur Bedeutung „Menschen" s. Gesenius, *Handwörterbuch*[18], 50.

1121 Vgl. auch Houtman, *Bundesbuch*, 248.

1122 S. dazu die Zusammenfassungen bei Propp, *Exodus 19–40*, 262; Houtman, *Bundesbuch*, 246–248.

1123 Vgl. auch Houtman, *Bundesbuch*, 247.

diese Weise wird ersichtlich, dass die Prohibitive darauf zielen, Gott zu ehren (כב"ד) und den Machthabenden zu segnen (בר"ך).[1124] Sie verbieten autoritätsuntergrabende Aktivitäten[1125] und beruhen binnentextuell auf einem sozialen Begründungsmuster, welches auf Stabilität der Gesellschaft zielt.[1126]

V.28 besteht aus einem Prohibitiv und einer Forderung. Im vorliegenden Prohibitiv ist die Bedeutung von מלאתך ודמעך unklar. Sie wird meist aus dem landwirtschaftlichen Ko- und Kontext des Textes erklärt (s. 5.3.7.b/c), sodass beide Begriffe auf Erträge des Kulturlandes bezogen werden, deren Gabe für die Gottheit nicht aufgeschoben werden soll (E1).[1127] Die Forderung in v.28 verlangt die Gabe (נת"ן *Qal*) des Erstgeborenen der „Söhne“ bzw. „Kinder“ (בניך)[1128] an die Gottheit (E2).

Die in E2 verlangte Gabe des Ersten (בכור) definiert im Zusammenhang der Ereigniskette von v.28 zudem die in E1 genannten Erträge als Erstlinge der Ernte. Binnentextuell liegt diesen Bestimmungen das Prinzip der Gabe (נת"ן *Qal*) des Ersten an die Gottheit zugrunde, welche einerseits der Anerkennung der hoheitlichen Stellung der Gottheit dient und andererseits eine Steigerung des nachfolgenden Ertrags (vgl. Lev 19,24 f.) durch die Zuwendung der Gottheit anvisiert.[1129]

V.29 schließt mit כן־תעשה an die vorangehenden Bestimmungen an und erweitert die in v.28 begonnene Ereigniskette: Rind (שור) und Kleinvieh (צאן) sollen gleichermaßen in Bezug auf ihre Erstgeborenen behandelt werden (E2.1): Sieben Tage verbleiben sie bei der Mutter (E2.1.1) und anschließend erfolgt die Gabe (נת"ן *Qal*) an die Gottheit (E2.1.2). Die Festsetzung der siebentägigen Frist vor der Gabe der Erstgeburt mag binnentextuell als praktikabler Ansatz zur

1124 Vgl. Houtman, *Bundesbuch*, 242.

1125 S. Houtman, *Bundesbuch*, 242.

1126 Vgl. Propp, *Exodus 19–40*, 263; Houtman, *Bundesbuch*, 248.

1127 Vgl. Propp, *Exodus 19–40*, 263 f.; Houtman, *Bundesbuch*, 244. Auf der Ebene der Einzelbestimmung sei zudem auf eine spekulative Vermutung Propps verwiesen, die den Prohibitiv in den Zusammenhang menschlicher Fortpflanzung stellt: Ausgehend vom poetischen Charakter des Verses und von Ibn Ezras Aufnahme karaitischer Exegese erwägt Propp spekulativ, מלאה mit „Schwellung“ und דמע mit „Ejakulation“ gleichzusetzen und den Text als Verbot der Praxis des *coitus interruptus* bzw. des Verzichts auf Geschlechtsverkehr zu verstehen (vgl. Propp, *Exodus 19–40*, 263). Die in v.28b vorliegende Thematik des Erstgeborenen könnte in dieser Hinsicht als logische Fortsetzung der Thematik des Geschlechtsverkehrs gelten und die Bestimmung der Leitlinie des Fortbestands des Volkes zuordnen. Die Anbindung des Verbots auf der Ebene des Clusters, des Bundesbuches und der Sinaiperikope bezeugt allerdings das Verständnis der Bestimmung in einem landwirtschaftlichen Zusammenhang (s. 5.3.7.b–d).

1128 בן weist nicht notwendigerweise nur auf „Söhne“, sondern kann im Plural auch als Ausdruck der Zugehörigkeit per Kindschaftsverhältnis aufgefasst werden (vgl. Gesenius, *Handwörterbuch*[18], 156).

1129 Vgl. Propp, *Exodus 19–40*, 264.

Auswahl makelloser Tiere, die ihre Lebensfähigkeit bewiesen haben, erklärt werden.[1130]

Die in vv.28.29 verlangten Handlungen an den Erstlingen sind nicht explizit als Opfer (על"י *Hif*) benannt, sondern werden mit dem Verb נת"ן *Qal* interpretationsoffen beschrieben. Sie können ebenso auf eine Praxis der Abgabe oder Aussonderung für die Gottheit bzw. auf eine Auslösung durch Substitution weisen.[1131] Dies ist v. a. im Zusammenhang der für v.28 immer wieder geführten Debatte zur Evidenz eines institutionalisierten, rituellen Kinderopfers relevant, für welches v.28 aufgrund der unspezifischen Formulierung schwerlich als Beleg herangezogen werden kann.[1132] Ferner ist die nicht notwendigerweise auf eine Opferung zugespitzte Formulierung auch für die Frage nach der kultischen Infrastruktur bedeutsam, deren Ausformung aus v.28 nicht klar zu erheben ist. Unter Annahme der Existenz lokaler Heiligtümer scheint die Praxis der Opferung von Rind und Kleinvieh am achten Tag praktikabel – bei einem zentralen Kultheiligtum hingegen kaum, sodass die Praxis der Aussonderung der Erstlinge für eine künftige kultische Verwendung an Bedeutung gewinnt.[1133]

V.30 verbindet die generelle Forderung eines Lebens in Heiligkeit (E1) mit einer Speisevorschrift, die den Verzehr von gerissenem Fleisch verbietet (E2.1). Dieses Fleisch soll den Hunden zum Fraß vorgeworfen werden (E2.2). Bisweilen gibt die Syntax der Wendung ובשר בשדה טרפה vor dem Hintergrund des Fehlens eines Äquivalents zu בשדה in einigen Textzeugen (s. u.) Anlass zur Diskussion über das Vorliegen einer Dittographie.[1134] Mit Blick auf die Syntax ist die Annahme eines Schreibfehlers nicht zwingend erforderlich: So lässt sich בשדה טרפה als Apposition zu בשר verstehen,[1135] die zur Vermeidung von Missverständnissen der näheren Beschreibung des Objekts dient.[1136] Der Verzehr von Fleisch,

1130 Vgl. Propp, *Exodus 19–40*, 271.

1131 Vgl. auch Propp, *Exodus 19–40*, 270 f.; Houtman, *Bundesbuch*, 253.

1132 S. dazu u. a. Propp, *Exodus 19–40*, 264–270; Houtman, *Bundesbuch*, 252 f.

1133 Vgl. auch Propp, *Exodus 19–40*, 272.

1134 S. Budde, „Bemerkungen", 112 f. und daran anschließend u. a. Holzinger, *Exodus*, 94; Propp, *Exodus 19–40*, 130.

1135 Gegen dieses Verständnis werden die Wortstellung, die Inkongruenz der Genera von טרפה und בשר sowie die vermeintlich ungültige Kombination von „Fleisch" und „Zerrissenem" eingewandt, da das Tier, nicht das Fleisch, gerissen wird (vgl. Budde, „Bemerkungen", 112). Die Einwände basieren darauf, dass טרפה in Abhängigkeit von בשר als Attribut verstanden wird. In Bezug auf die letzten beiden Einwände ist zu entgegnen, dass eine eigenständig nominale Lesung von טרפה, bei der das feminine Nomen im Sinne eines Abstraktbegriffs („Zerrissenes") verwendet ist (vgl. Gesenius/Kautzsch, *Grammatik § 122.4*, 410 f.), möglich ist. Die Problematik der Wortstellung bleibt davon unbenommen, rechtfertigt allerdings nicht zwangsläufig einen Eingriff in den Konsonantenbestand des Textes.

1136 Vgl. Gesenius/Kautzsch, *Grammatik § 131*, 443–447.

d. h. „Zerrissenem“ (טרפה), das „auf dem Feld“ (בשדה) von einem Raubtier gerissen wurde, ist den Adressaten untersagt (E2.1). Dabei enthält die Näherbeschreibung des Objekts בשר einen Hinweis auf die möglicherweise binnentextuell zugrunde liegende Begründung der Bestimmung: שדה bezeichnet das offene Land im Gegensatz zu bewohnten Ortschaften[1137] und kann auf die Vorstellung des Gegenübers von Kosmos und Chaos, von Welt und Gegenwelt, bezogen werden.[1138] Das gerissene Tier wurde von einem Vertreter der Gegenwelt angefallen, sodass sein Verzehr durch einen Vertreter des Kosmos die Gefahr der Vermengung von Kosmos und Chaos birgt, welche zum Schutz des Kosmos unbedingt abzuwenden ist.[1139] Das Fleisch ist nur noch für den Verzehr durch einen Vertreter der Gegenwelt, den Hund, geeignet (E2.2).[1140]

In Ex 22,30 illustriert die Speisevorschrift beispielhaft die Anforderungen an das Leben als „heilige Menschen“ Jhwhs[1141] (אנשי־קדש). Dabei wird die Kategorie der Heiligkeit hier nicht auf ethisch-moralische Vollkommenheit hin zugespitzt,[1142] sondern auf die in der Einhaltung der Speisevorschrift zutage tretende Anerkennung der Weltordnung. In der Befolgung der Speisevorschrift wird somit nicht nur die Autorität der anordnenden Gottheit, sondern auch das Gegenüber von Chaos und Kosmos sowie die Schutzbedürftigkeit des Kosmos anerkannt und dahingehend die Ordnung der Gesellschaft insgesamt stabilisiert.

LXX, Sam und Peš:

LXX:

27 (G 28) Θεοὺς οὐ κακολογήσεις, καὶ ἄρχοντας τοῦ λαοῦ σου οὐ κακῶς ἐρεῖς. 28 (G 29) ἀπαρχὰς ἅλωνος καὶ ληνοῦ σου οὐ καθυστερήσεις· τὰ πρωτότοκα τῶν υἱῶν σου δώσεις ἐμοί. 29 (G 30) οὕτως ποιήσεις τὸν μόσχον σου καὶ τὸ πρόβατόν σου καὶ τὸ ὑποζύγιόν σου· ἑπτὰ ἡμέρας ἔσται ὑπὸ τὴν μητέρα, τῇ δὲ ἡμέρᾳ τῇ ὀγδόῃ ἀποδώσεις μοι αὐτό. 30 (G 31) καὶ ἄνδρες ἅγιοι ἔσεσθέ μοι. καὶ κρέας θηριάλωτον οὐκ ἔδεσθε, τῷ κυνὶ ἀπορρίψατε αὐτό.

1137 Vgl. Gesenius, *Handwörterbuch*[18], 1277.
1138 Die Gegenüberstellung von Kosmos und Chaos legt auch Houtman in Ex 22,30b zugrunde, übergeht dabei allerdings die Bedeutung von בשדה in diesem Zusammenhang (vgl. Houtman, *Bundesbuch*, 254 f.).
1139 Vgl. Houtman, *Bundesbuch*, 254.
1140 Vgl. Houtman, *Bundesbuch*, 254.
1141 Zur Option des possessiven Verständnisses an dieser Stelle s. Propp, *Exodus 19–40*, 272. Zur Umschreibung eines Adjektivs mittels der attributiven Funktion von קדש in der Constructus-Verbindung s. Gesenius/Kautzsch, *Grammatik § 128.2i*, 436.
1142 Vgl. auch Houtman, *Bundesbuch*, 245.

[27] (G 28) Götter sollst du nicht lästern, und (über) Fürsten deines Volkes sollst du nicht schlecht reden. [28] (G 29) Erstlingsgaben deiner Tenne und (deiner) Kelter sollst du nicht zurückhalten. Die Erstgeborenen deiner Söhne sollst du mir geben. [29] (G 30) So sollst du deinem Rind und deinem Kleinvieh und deinem Esel tun. Sieben Tage soll es bei der Mutter sein, am achten Tag aber sollst du es mir geben. [30] (G 31) Und heilige Menschen sollt ihr mir sein; und von Wildtieren zerrissenes Fleisch [Ø], sollt ihr nicht essen; dem Hund sollt ihr es vorwerfen.

Sam:

27 אלהים לא תקלל ונשיא בעמך לא תאר: 28 מליתך ודמעך לא תאחר בכור בניך תתן לי:
29 כן תעשה לשורך ולצאנך שבעת ימים יהיה עם אמו וביום השמיני תתננו לי: 30 ואנשי
קדש תהיו לי ובשר בשדה טרפה לא תאכלו השליך תשליכו אתו:

[27] Gott sollst du nicht verfluchen, und einen Fürsten in deinem Volk sollst du nicht verfluchen. [28] Deinen Überfluss und deinen Keltterertrag sollst du nicht zurückhalten. Den Erstgeborenen deiner Söhne sollst du mir geben. [29] So sollst du deinem Rind und deinem Kleinvieh tun. Sieben Tage soll es bei seiner Mutter sein, und am achten Tag sollst du es mir geben. [30] Und Menschen der Heiligkeit sollt ihr mir sein; und Fleisch, auf dem Feld Zerrissenes, sollt ihr nicht essen; [Ø] ihr sollt es gewiss wegwerfen.

Peš:

27 ܠܕܝܢܐ ܠܐ ܬܨܚܐ. ܘܠܪܝܫܐ ܕܥܡܟ ܠܐ ܬܠܘܛ. 28 ܪܫ ܥܠܠܬܗ ܕܐܕܪܟ ܘܪܫ ܡܥܨܪ̈ܬܟ ܠܐ ܬܫܘܚܪ. ܒܘܟܪܐ
ܕܒܢܝܟ ܬܬܠ ܠܝ. 29 ܘܗܟܢܐ ܬܥܒܕ ܠܬܘܪ̈ܝܟ ܘܠܥܢܟ. ܫܒܥܐ ܝܘܡܝܢ ܢܗܘܐ ܥܡ ܐܡܗ. ܘܒܝܘܡܐ ܬܡܝܢܝܐ ܬܬܠܝܘܗܝ
ܠܝ. 30 ܘܐܢܫܝܢ ܩܕܝܫܝܢ ܬܗܘܘܢ ܠܝ. ܘܒܣܪܐ ܕܬܒܝܪ ܡܢ ܚܝܘܬܐ ܚܝܬܐ ܠܐ ܬܐܟܠܘܢ. ܠܟܠܒܐ ܬܪܡܘܢܝܗܝ.

[27] Den Richter sollst du nicht verfluchen, und das Oberhaupt deines Volkes sollst du nicht verfluchen. [28] Den Erstling der Ernten deiner Tenne und den Erstling deiner Kelter (Pl.) sollst du nicht zurückhalten. Die Erstgeborenen deiner Söhne sollst du mir geben. [29] So sollst du deinen Rindern und deinem Kleinvieh tun. Sieben Tage soll es bei seiner Mutter sein, und am achten Tag sollst du es mir geben. [30] Und heilige Menschen sollt ihr mir sein; und Fleisch [Ø], das von einem lebenden Tier zerrissen wurde, sollt ihr nicht essen; den Hunden sollt ihr es vorwerfen.

Auswertung:

Die LXX liest mit θεοί in v.27 eine pluralische Entsprechung zu אלהים. Da in der Bezugnahme auf den Gott Israels üblicherweise eine Singular-Form von θεός verwendet wird, kann das Verbot in v.27 nicht ausschließlich auf Jhwh bezogen sein. Stattdessen rückt die LXX hier die Götter jeglicher Kulte in den Blick und fordert mit dem Verbot der Schmähung von Göttern einen respektvollen Umgang mit anderen Göttern, die im polytheistischen Umfeld der Übersetzer präsent waren.[1143] In dieser Hinsicht legt die LXX dem Schmähverbot in v.27a binnentextuell ein Interesse an sozialem Frieden in der Diasporasituation zugrunde.

Peš hingegen liest in v.27 ܕܝܢܐ und parallelisiert damit die richterliche Gewalt zu den Machthabenden des Volkes (ܪܫܐ). Von dieser Lesart unbenommen, liegt auch in Peš die für MT herausgestellte, kompositorisch eingeflochtene Differenzierung zwischen den jeweiligen Objekten der Prohibitive vor. Entsprechend ergibt sich für Ex^Peš 22,27 eine Vor- und Überordnung von Richtern über die Machthabenden, indem die Autorität von Machthabenden auf den jeweiligen Stammesverband (ܫܒܛܟ) begrenzt, die Autorität von Richtern hingegen nicht eingeschränkt wird. Folglich ist gemäß der inneren Logik von Ex^Peš 22,27 auch der Machthaber der richterlichen Gewalt unterstellt.

Für v.28a bezeugen LXX und Peš das Verständnis der Bestimmung im landwirtschaftlichen Kontext: Mit ἅλων bzw. ܐܕܪܐ und ληνός bzw. ܡܥܨܪ̈ܬܐ („Tenne" und „Kelter") greifen beide Textzeuginnen Begriffe auf, die mit der Verarbeitung landwirtschaftlicher Erträge verbunden sind. Des Weiteren nennen LXX und Peš explizit die Gabe von „Erstlingen" (ἀπαρχή bzw. ܪܫܐ) und in Peš findet sich zudem der Begriff ܥܠܠܬܐ „Ernte".

LXX und Peš variieren in Bezug auf den Numerus von „Erstling" und „Kelter" in v.28a. Die menschlichen Erstgeborenen in v.28b geben die beiden Textzeuginnen im Plural an. Damit weisen sie von MT und Sam unterschiedene Sprechverhältnisse auf. Während MT und Sam mit בכור בניך ein individuelles Du ansprechen, dessen einer Erstgeborener auszusondern ist, ist in LXX und Peš ein kollektives Du angesprochen, dessen jeweilige Erstgeborene abzugeben sind. In dieser Hinsicht verweisen LXX und Peš hintergründig auf die Relevanz der Bestimmung für das gesellschaftliche Kollektiv.

In v.29 nennt die LXX in der Auflistung der abzugebenden Erstgeburten zusätzlich den Esel (καὶ τὸ ὑποζύγιόν σου). Da Esel nicht als Opfertiere verwendet werden, setzt die LXX hier notwendigerweise eine Praxis zur Auslösung des Tiers voraus.[1144] Dies verstärkt die Annahme, dass auch der im MT überlieferte Textbestand mit der anhand von נת"ן *Qal* beschriebenen Handlung nicht notwendigerweise eine Schlachtung als Opfer intendiert.

In v.30 fehlt in LXX und Peš jeweils eine Entsprechung zu בשדה. Einerseits geht damit eine Generalisierung des Verbots für jegliches, auch innerorts, zerrissenes Fleisch einher.[1145] Andererseits fungiert בשדה als Signalwort im Zusammenhang der binnentextuellen Grundierung der Bestimmung mit der Vorstellung des Gegenübers von Chaos und Kosmos (s. o.). Der Wegfall eines Äquivalents für

1143 Vgl. Propp, *Exodus 19–40*, 262; Houtman, *Bundesbuch*, 247.

1144 Vgl. auch Propp, *Exodus 19–40*, 130.

1145 Vgl. Houtman, *Bundesbuch*, 245.

בשדה deutet darauf, dass das auf dem Chaos liegende Tabu in den jeweiligen Übersetzungen nicht bekannt war.[1146] Ohne diese Vorstellung verschiebt sich der Fokus der Bestimmung auf die Art und Weise, wie das jeweilige Tier zu Tode gekommen ist. Peš expliziert dies mit der Nennung eines „lebenden Tieres“ (ܚܝܘܬܐ ܚܝܬܐ). In der LXX klingt dieser Aspekt in θηριάλωτος an. Insofern setzen LXX und Peš für das Verbot binnentextuell anscheinend die nicht ordnungsgemäß durchgeführte Schlachtung begründend voraus. Dementsprechend bezieht sich die Kategorie der Heiligkeit in LXX und Peš hier auf die Akzeptanz kultisch-ritueller Grundnormen.

In Ex^{Sam} 22,30 fehlt gegenüber MT לכלב. Stattdessen findet sich die *figura etymologica* השליך תשליכו. Sollte diese Lesart des Sam nicht auf einen Schreibfehler zurückzuführen sein, erwägt Propp, dass Sam hier eventuell die Verbreitung von Krankheiten oder Unreinheit zu vermeiden suche.[1147] Diese Vermutung kann durch das Vorliegen der *figura etymologica* gestützt werden, denn unter Nutzung dieses Stilmittels fokussiert Sam die unbedingte Beseitigung und Vernichtung des zerrissenen Fleisches.

b. Clusterebene: Wechselseitige Begründungsstrukturen im Cluster Ex 22,27–30

Das Cluster Ex 22,27–30 ist thematisch und formal von den umliegenden Textclustern abgegrenzt: So wendet sich Ex 22,27–30 in Abgrenzung zu den Fragen zum Umgang mit sozial Schwachen (Ex 22,20–26) dem Umgang mit autoritären Hoheiten zu und in Ex 23,1 liegt mit der Gerichts- und Gerechtigkeitsthematik ein Neueinsatz vor. Formal grenzt sich Ex 22,27–30 von den umliegenden Textclustern dadurch ab, dass für die jeweiligen Bestimmungen keine expliziten Begründungen gegeben werden. Im MT bilden Ex 22,27–30 zudem eine *Parascha setuma.*

Auf der Clusterebene tritt die Sicherung der Stabilität der Gesellschaft als übergeordnete Leitlinie der Bestimmungen hervor. Diese liegt den Einzelbestimmungen in unterschiedlicher Ausformung zugrunde: So dienen die Verbote des Verfluchens religiöser und politischer Hoheiten der Anerkennung jener Autoritäten und der Unterbindung von Bestrebungen, die zur Aushöhlung der gesellschaftlichen Autoritätsstrukturen beitragen (v.27). Die Forderung der Gabe der Erstlinge fungiert als Dank und Tribut an die Gottheit (vv.28 f.). Sie ist Ausdruck der Anerkennung und Loyalität gegenüber der Gottheit und geschieht in der Hoffnung auf umso reichere künftige Erträge,[1148] welche die Versorgung der Gesell-

1146 Vgl. dazu Houtman, *Bundesbuch*, 255.
1147 Vgl. Propp, *Exodus 19–40*, 130.
1148 Vgl. Houtman, *Bundesbuch*, 250; Propp, *Exodus 19–40*, 281.

schaft sicherstellen und damit einen zentralen Beitrag zu deren Stabilität leisten. In diesem Zusammenhang vermag die subtile Eintragung des Kollektivs anhand der Sprechsituation von v.28 in LXX und Peš auch auf der Clusterebene einen Bezug zur gesellschaftlichen Tragweite der Bestimmung zu setzen. Des Weiteren ordnet sich auch die Aufforderung zur Heiligkeit, die sich in Verbindung mit dem Speisegebot im MT und Sam auf die Anerkennung der gegebenen Weltordnung, in LXX und Peš auf die Akzeptanz kultisch-ritueller Ordnungskriterien bezieht (s. o.), dem Ideal der Erhaltung einer stabilen Gesellschaft zu.

Auf der Clusterebene ergibt sich ausgehend von der Lesung des *pluralis maiestatis* אלהים (v.27a) im MT und Sam zudem eine inhaltliche Korrespondenz zwischen v.27a und v.30a: Mit dem Fluchverbot und der Heiligkeitsforderung formulieren vv.27a.30a jeweils allgemeine Bestimmungen für die Ausgestaltung des Verhältnisses zwischen der Gottheit und ihrer zugehörigen Gemeinschaft. Diese beiden generellen Forderungen fungieren innerhalb des Textclusters als rahmende Haftpunkte, die einerseits das im Cluster anvisierte Ideal der Stabilität der Gesellschaft auf die Pflege eines exklusiven Verhältnisses zur Gottheit gründen und an denen sich andererseits im Textraum *Bundesbuch* die Alleinverehrungsthematik anlagern kann (s. 5.3.7.c.MT:1).

c. Begründungsstrukturen im Textraum *Bundesbuch*

MT:

1. Ex 22,27–30 in Beziehung zu Ex 23,1–12.13–19.20–33: Stabilisierung der Gesellschaft durch Solidarität, Gerechtigkeit und Anerkennung Jhwhs

Das Cluster Ex 22,27–30 weist im Textraum *Bundesbuch* intertextuelle Beziehungen zu den kompositionell nachfolgenden Clustern in Ex 23,1–12.13–19.20–33 auf. Ex 22,27–30 zeigt darin eine Affinität zu Clustern, die den Schlussteil des Bundesbuches vorbereiten und ausgestalten. Thematisch sind Ex 22,27–30 und Ex 23,1–12 in der jeweils binnentextuell angelegten Anerkennung des Gegenübers von Kulturwelt und Gegenwelt bzw. Kosmos und Chaos (23,11; 22,30) verbunden. Das Prinzip des kurzzeitigen Verzichts zugunsten eines längerfristigen Gewinns[1149] verbindet Ex 22,27–30 und Ex 23,13–19 in der Forderung der Gabe des Ersten der landwirtschaftlichen Produktion an die Gottheit (22,28 f.; 23,19). Mit den Clustern Ex 23,13–19 und 23,20–33 ist Ex 22,27–30 in der Forderung der Anerkennung der göttlichen Autorität verbunden (22,27.30; 23,13; 23,21 f.), welche in Ex 23,13–19.20–33 auf Gehorsam und Alleinverehrung Jhwhs hin ausgeformt wird. Die intertextu-

1149 S. dazu auch Propp, *Exodus 19–40*, 281.

ellen Beziehungen zwischen Ex 22,27–30 und Ex 23,1–12.13–19.20–33 gestalten sich in der Aufnahme der genannten Themen in erhöhtem Maß selektiv und referentiell. Das Merkmal der Kommunikativität ist im Verhältnis von Ex 22,27–30 und Ex 23,1–12.13–19.20–33 mit den vorliegenden lexematischen Überschneidungen, z. B. anhand von אכ״ל, שׁור, יום und שׂדה, jeweils schwach bis mäßig ausgeprägt.

Ex 22,27–30 und Ex 23,1–12 verfolgen das Ziel der gesellschaftlichen Stabilität. Ex 23,1–12 nähert sich diesem Ziel ausgehend von den Idealen der Gerechtigkeit und der Solidarität. In der Textbeziehung zu Ex 22,27–30 ergänzen diese beiden Werte den in Ex 22,27–30 vorliegenden Anspruch der Heiligkeit, welcher in der Anerkennung der Weltordnung samt ihrer Autoritäten besteht: Eine stabile Gemeinschaft bedarf nicht nur der Akzeptanz ihrer Autoritäten (22,27–30), sondern auch eines gerechten und solidarischen Umgangs unter ihren Mitgliedern und mit ihren Existenzgrundlagen (23,1–12).

Ex 23,13–19 und 23,20–33 fordern die alleinige Verehrung Jhwhs und beziehen diese auf die Ausgestaltung und Pflege einer exklusiven Beziehung zwischen Jhwh und Israel (23,13–19) sowie auf die Ausformung der Identität des Volkes Israel als Jhwh-Volk (23,20–33). Mittels des Fluchverbots und der Heiligkeitsforderung in Ex 22,27a.30a lässt sich die Alleinverehrungsthematik aus der Textbeziehung zu Ex 23,13–19.20–33 auch in Ex 22,27–30 aktivieren: Die in Ex 22,27–30 geforderte Anerkennung der göttlichen Autorität erscheint damit im Lichte von Ex 23,13–19.20–33 als ein die Gemeinschaft der Israeliten stabilisierendes Identitätsmerkmal in Abgrenzung zu anderen Völkern.

2. Querverbindungen durch עם und אלהים: Die Identität des Volkes Israel und Jhwhs als Gott Israels im Gegenüber zu fremden Völkern und Göttern

Mit den Stichworten עַם und אלהים hat Ex 22,27–30 an den hiermit gestalteten Querverbindungen im Textraum *Bundesbuch* teil, welche die Identität des Volkes Israel als Jhwh-Gemeinschaft profilieren (s. 5.1.1.c.MT:5; 5.1.3.c.MT:4).

LXX, Sam und Peš:

Auch in LXX, Sam und Peš bestehen für das vorliegende Cluster innerhalb des Textraums *Bundesbuch* intertextuelle Beziehungen zu den bereits für MT betrachteten Clustern. Die von MT jeweils unterschiedenen Lesarten von LXX und Peš in 22,27 (θεοί bzw. ܕ̈ܝܢܐ, s. o.) sowie das Fehlen eines Äquivalents zu שׂדה in Ex$^{LXX/Peš}$ 22,30 führen in diesen Textzeuginnen gegenüber MT zu einer Reduktion der thematischen Textverbindungen: Eine binnentextuelle Begründung mit dem Gegenüber von Chaos und Kosmos liegt in Ex$^{LXX/Peš}$ 22,27–30 nicht vor und Ex$^{LXX/Peš}$ 22,27 enthalten kein auf die Alleinverehrung einer Gottheit beziehbares Fluchverbot. Die Einbindung der Alleinverehrungsthematik konzentriert sich für das vorliegende Cluster in LXX und Peš im Textraum *Bundesbuch* (23,13–19.20–33) somit auf die Forderung des Heiligseins für die Gottheit (22,30). In dieser Forderung beziehen sich LXX und Peš auf eine kultisch-rituelle Grundierung der Weltordnung, welche vor allem im Lichte der kultischen Bestimmungen von 23,13–19 hervortritt oder von daher möglicherweise auf das Cluster 22,27–30 übertragen worden ist. Insofern binden LXX und Peš auf der Ebene des Bundesbuches insbesondere die Pflege einer kultischen, exklusiven Beziehung zu Jhwh (23,13–19.20–33) als Bestandteil der Erhaltung einer stabilen Gesellschaft ein.

Aufgrund der von MT, LXX und Peš abweichenden Clustergrenzen in Kapitel 23 ist im Sam die Alleinverehrungs- und Gehorsamsthematik zu Ex^{Sam} 23,1–13 geordnet und in diesem Zusammenhang neben Gerechtigkeit und Solidarität bereits als gesellschaftsstabilisierender Faktor definiert (s. 5.2.1.b). Ex^{Sam} 23,1–13 bestätigt anhand dieser Textabgrenzung die sich in MT, LXX und Peš aus dem Zusammenhang von 22,27–30 und 23,1–12.13–19.20–33 ergebende Klassifikation der Alleinverehrung Jhwhs und des zugehörigen Gehorsams als Mittel zur Stabilisierung der Gesellschaft.

d. Begründungsstrukturen im Textraum *Sinaiperikope*

MT:

1. Ex 22,27–30 in Beziehung zu Lev 24,10–23: Götterlästerung und Gotteslästerung

Im Textraum *Sinaiperikope* sind Ex 22,27–30 und Lev 24,10–23 durch das Verbot des Fluchens (קל"ל *Pi*) in Bezug auf göttliche Autorität(en) in erhöhter Referentialität und Selektivität aufeinander bezogen (Ex 22,27; Lev 24,15 f.). Beide Texte fordern grundsätzlich die Anerkennung der Gottheit(en). Lev 24,15 f. legt eine Differenzierung zwischen der Schmähung fremder Gottheit(en) durch deren Anhänger und einer Schmähung Jhwhs nahe,[1150] fokussiert dabei aber die uneingeschränkte Anerkennung Jhwhs als öffentliche Hoheit im Volk Israel. Entsprechend wird als Strafe für Blasphemie in Bezug auf Jhwh in Lev 24,15 f. die Steinigung festgelegt. Die gemeinschaftliche Ausführung der Steinigung bildet die gesellschaftliche Relevanz des Deliktes ab.[1151] Die Schmähung Jhwhs birgt als Rebellion gegen die oberste Autorität des Volkes Israel zugleich das Potenzial zur Zersetzung der Sozialordnung. Aus dem intertextuellen Verhältnis zu Lev 24,10–23 erfährt Ex 22,27–

1150 Vgl. Fishbane, *Interpretation*, 101; s. Anm. 941.

1151 Vgl. auch Schnocks, „Todesstrafe (AT)“, in: *WiBiLex* (2014), 3.2.

30 damit nicht nur eine inhaltliche Erweiterung in der Straffestlegung, sondern gewinnt zudem eine Vertiefung der sozialen Dimension des Fluchverbots.

Des Weiteren lässt sich für Ex 22,27–30 und Lev 24,10–23 in Bezug auf das Stichwort אלהים jeweils eine religionsgeschichtliche Entwicklung rekonstruieren: Ex 22,27 weist auf der Mikroebene mit אלהים möglicherweise auf Spuren eines polytheistisch geprägten Umfeldes (s. o.). Für Lev 24,15 f. ist zu erwägen, ob die Unterscheidung von אלהיו und יהוה zunächst auf eine Unterscheidung von Privatgöttern, deren Schmähung keiner Regelung in öffentlichen Rechtsverfahren bedurfte, und offizieller Gottheit, deren Lästerung von allgemeingesellschaftlicher Relevanz war, weist.[1152] Trifft dies zu, so erfahren Privatgötter in Lev 24,15 f. eine gesellschaftspolitische Abwertung zugunsten einer Aufwertung Jhwhs. Ex 22,27 hingegen lässt, sofern das Verbot auf der Mikroebene auf Privatgötter bezogen wird, keine Geringschätzung dieser Gottheiten erkennen, da das Fluchverbot ohne Einschränkungen formuliert ist. Insofern könnte sich auch religionsgeschichtlich zwischen Ex 22,27 und Lev 24,15 f. eine Entwicklung abzeichnen, die den Aufstieg Jhwhs zur vorgeordneten öffentlichen Hoheit spiegelt und deren Fluchtpunkt in der monolatrischen Fokussierung auf Jhwh liegt.

Die Zuspitzung auf Jhwh als einzig zu verehrende Gottheit ist im Textraum *Bundesbuch* und im Textraum *Sinaiperikope* unter Umdeutung der betreffenden Texte konzeptionell umgesetzt. Innerhalb des Bundesbuches vollzieht sich diese Umdeutung für Ex 22,27 anhand der Querverbindung אלהים (s. 5.1.1.c.MT:5). Im Textraum *Sinaiperikope* eröffnet die generelle Formulierung von Lev 24,15 die Möglichkeit zur Differenzierung der jeweils Fluchenden: So liegen auch Fluchhandlungen von Nicht-Israeliten gegenüber deren Gottheiten (אלהיו) im Blick von Lev 24,15 f. und werden deren Zuständigkeit unterstellt.[1153] Analog dazu lässt sich der Fall einer Jhwh-Blasphemie durch einen Israeliten in die Bestimmung von Lev 24,15 f. integrieren: Denn sollte ein Israelit seine Gottheit (אלהיו) schmähen (Lev 24,15), ist entsprechend der Bestimmung zur Jhwh-Lästerung (Lev 24,16) vorzugehen.

2. Ex 22,27–30 in Beziehung zu Ex 34,10–26; Lev 27,26 f.; Num 3,12 f.40–51; Num 8,15–19: Konkretionen zum Umgang mit der Erstgeburt

Die Forderung der Erstgeburt (בכור) für Jhwh verbindet das Cluster Ex 22,27–30 in erhöht selektiver und referentieller Weise im Textraum *Sinaiperikope* mit Ex 34,10–26; Lev 27,26 f.; Num 3,12 f.40–51 und Num 8,15–19. Alle genannten Bezugstexte gründen die Forderung der Erstgeburt explizit darauf, dass die Erstge-

1152 Vgl. Houtman, *Bundesbuch*, 248.
1153 S. Anm. 941.

burt Jhwh gehört (לי: Ex 34,19 f.; Lev 27,26; Num 3,13; 8,17). Num 3,13 begründet dies ferner im Verweis auf die Exoduserzählung und interpretiert das Verschonen der Israeliten beim Schlagen der Erstgeborenen (נכ״י *Hif*) als Heiligung (קד״ש *Hif*) der israelitischen Erstgeborenen durch Jhwh (s. 5.3.7.e).

Des Weiteren definieren die genannten Bezugstexte Erstgeborene in Zuordnung zu ihrer Mutter als diejenigen, die den Mutterschoß durchbrechen (Ex 34,20; Num 3,12: פטר רחם), und bezeugen eine Praxis zur Auslösung menschlicher Erstgeborener. Ex 34,20 sieht für zwei Gruppen von Erstgeburten eine Auslösung vor (פד״י *Qal*): Die Erstgeburt von Eseln ist um den Preis eines Schafes auszulösen oder anstelle der Auslösung zu töten. Die Erstgeborenen der Israeliten, an die sich die Bestimmung richtet, sind hingegen grundsätzlich auszulösen – vermutlich analog zum Vorgehen beim Esel mit einem Schaf bzw. einem als Opfer geeigneten Kleinvieh. Ex 34,20 setzt voraus, dass Esel als Opfertiere für Jhwh nicht infrage kommen[1154] und ebenso die Erstgeborenen der Israeliten nicht zum Zweck der Gabe an Jhwh geopfert oder getötet werden. Damit verneint Ex 34,20 die Praxis eines institutionalisierten Kinderopfers und präzisiert in Beziehung zu Ex 22,27–30 die Bestimmungen aus Ex 22,28 f., welche mit der Formulierung der Gabe für Jhwh (נת״ן *Qal*) durchlässig dafür sind, dass für die menschliche Erstgeburt von einer Opferung abzusehen ist. Auf dieser inhaltlichen Fluchtlinie bezeugen Num 3,12 f.40–51 und 8,15–19 schließlich das Konzept, in dem die Leviten als Ersatz für die Gabe der Erstgeborenen der Israeliten (Num 3,12.45: תחת כל־בכור) zum Jhwh-Dienst (Num 8,14 f.) ausgesondert sind. Num 3,45 schließt sogar das Vieh der Leviten zur Gabe anstelle des Viehs der Israeliten ein und betrachtet so die *gesamte* Erstgeburtsthematik als Bestandteil der Rolle des Stammes Levi.

Im Ko- und Kontext der genannten Bezugstexte der Erstgeburtsthematik dominieren Verhältnisbestimmungen für die Beziehung zwischen Jhwh und Israel: Ex 34,10–26 fokussiert den Bund zwischen Jhwh und Israel, Lev 27 das Ablegen von Gelübden und Num 3.8 die Rolle der Leviten als Mittler und Bedienstete in der Begegnung mit Jhwh. In dieser Hinsicht erfährt die Erstgeburtsthematik innerhalb der Sinaiperikope auch eine ideologische Aufladung, die sich im intertextuellen Verhältnis zu Ex 22,28 f. als Ausdruck der Bindung an Jhwh sinnanreichernd in das Cluster eintragen kann.

3. Ex 22,27–30 in Beziehung zu Ex 19,4–6; Lev 11,44 f.; Lev 19,2; Lev 20,7 f.26: Heiligkeit als Form der *imitatio Dei*

Im Textraum *Sinaiperikope* ist Ex 22,27–30 anhand der Heiligkeitsforderung (z. B. הי״י לי, קדוש) mit Ex 19,4–6; Lev 11,44 f.; Lev 19,2; Lev 20,7 f.26 verbunden. Die

1154 Vgl. auch Propp, *Exodus 19–40*, 130.

Heiligkeitsforderung bezieht sich als generelle Aufforderung zur Heiligkeit an alle Israeliten[1155] im Textraum *Sinaiperikope* auf die theologische Basis der Beziehung zwischen Jhwh und Israel sowie deren Ausgestaltung. Das intertextuelle Verhältnis zu den Bezugsbereichen ist in der pointiert ausgewählten Thematik von stark selektivem und referentiellem Charakter. Die Heiligkeitsforderung begegnet im Zusammenhang mit der Gehorsamsforderung (Ex 19,4–6; Lev 20,7 f.) sowie mit den Argumenten, dass Jhwh selbst heilig (Lev 19,2; 11,44 f.; 20,7 f.26) und Israel Jhwhs Eigentum (Ex 19,4–6; Lev 20,26) ist. Zur Begründung des Eigentumsanspruchs werden bisweilen weitere Argumente angeführt, die auf das Handeln Jhwhs an Israel im Rahmen des Exodus (Lev 11,45; vgl. Ex 19,4–6) oder auf Jhwhs Eigentümerschaft in Bezug auf die ganze Erde (Ex 19,4–6) verweisen.

Die Vorstellung der Eigentümerschaft Jhwhs in Bezug auf Israel ist mittels possessiver Lesung des לִי auch Ex 22,30 entnehmbar. Die genannten Bezugstexte lassen im intertextuellen Verhältnis zu Ex 22,27–30 diese Vorstellung auch für das Cluster hervortreten und bringen die Forderung der *imitatio Dei* ein: Da Jhwh selbst heilig ist, sollen die Israeliten heilige Menschen sein, indem sie Jhwhs Anordnungen Folge leisten.[1156] Die in Ex 22,30 auf der Mikro- und Clusterebene mit der Wahrung der Speisevorschrift einhergehende Anerkennung der Weltordnung wird somit im Textraum *Sinaiperikope* auf die Anerkennung der Zugehörigkeit zu Jhwh und dementsprechend den Bereich der Heiligkeit hin zugespitzt. Die Anordnung sozialer, religiöser und kultischer Bestimmungen im Ko- und Kontext von Lev 11.19.20 versieht die Heiligkeitsforderung im Textraum *Sinaiperikope* zudem mit einem ethisch-moralischen Anspruch, der ihr auf der Mikro- und Clusterebene in Ex 22,30 nicht anhaftet.

4. Ex 22,27–30 in Beziehung zu Lev 7,24; 17,15; 22,8: Kultisch-rituelle Begründung des Umgangs mit Zerrissenem

Anhand der Thematik des Umgangs mit Zerrissenem (אכ״ל, טרפה) besteht im Textraum *Sinaiperikope* eine Textbeziehung zwischen Ex 22,27–30 und Lev 7,24; 17,15; 22,8, welche stark selektiv und mäßig referentiell gestaltet ist. Lev 7,24 verbietet im Zusammenhang von Opferbestimmungen den Israeliten nachdrücklich den Verzehr des Fetts (חֵלֶב) zerrissener Tiere. Lev 17,15 hingegen zieht den Fall des Verzehrs von Zerrissenem durch Israeliten und Nicht-Israeliten (גר) in Betracht und gibt an, was daraufhin zu tun ist. Priestern wird der Verzehr von Zerrissenem in Lev 22,8 grundsätzlich untersagt. Grundlage der Bestimmungen bildet jeweils die Vorstellung, dass der Verzehr von Zerrissenem zu kultischer

1155 Vgl. auch Schwienhorst-Schönberger, *Bundesbuch*, 371 f.
1156 Vgl. Schwienhorst-Schönberger, *Bundesbuch*, 370 f.

Unreinheit (טמא *Qal*) führt. Mit dieser kultischen Kategorisierung von Rein und Unrein erklärt sich das Verbot des Verzehrs von Zerrissenem aus Ex 22,27–30 im Lichte von Lev 7,24; 17,15; 22,8 aus der Notwendigkeit einer korrekten, rituellen Schlachtung des Tieres.[1157] Somit wird in Bezug auf den Umgang mit Zerrissenem die in Ex 22,30 auf der Mikro- und Clusterebene vorausgesetzte Anerkennung der Weltordnung im Textraum *Sinaiperikope* durch die Anerkennung einer kultisch-rituellen Grundordnung ersetzt. Die Einbindung dieses kultischen Sinnhorizontes ließ sich bereits im Textraum *Bundesbuch* im Zusammenhang mit Ex 23,13–19.20–33 nachweisen. Im Textraum *Sinaiperikope* kommt sie voll zum Tragen.

5. Ex 22,27–30 in Beziehung zu Lev 9,1; 12,2 f.; 14,10.23; 15,14.29; 22,27; 23,36.39; Num 6,10; 7,54: Die Gabe der Erstgeburt als kultische Begehung empfangener Fülle

Im Textraum *Sinaiperikope* ist das Cluster Ex 22,27–30 motivisch anhand der Strukturierung mit dem achten Tag (יום שמיני) mit Lev 9,1; 12,2 f.; 14,10.23; 15,14.29; 22,27; 23,36.39; Num 6,10; 7,54 verbunden. Dabei symbolisiert die Zählweise „sieben […] am achten“ (Ex 22,29) im Textraum *Sinaiperikope* im Zusammenhang kultischer Handlungen (z. B. Lev 14,10; 15,29) Fülle und Vollkommenheit.[1158] Die Gabe des Erstgeborenen am achten Tag (Ex 22,28 f.) lässt sich damit als kultische Begehung zum Ausdruck empfangener Fülle verstehen, in die die auf der Mikro-, Cluster- und Bundesbuchebene vorliegenden Vorstellungen zu Tribut und langfristigem Gewinn hinein aufgehoben sind.

LXX, Sam und Peš:

LXX, Sam und Peš weisen im Textraum *Sinaiperikope* die bereits für MT analysierten Textbeziehungen auf. In LXX und Peš kommt es gegenüber MT und Sam dabei teils zu einer Minderung in der Zahl und Streubreite der lexematischen Berührungen, welche eine Verringerung der Kommunikativität der Textbeziehungen mit sich bringt. So liegt z. B. in Lev^{LXX} 24,10–23 das Stichwort κακολογέω nicht vor und Peš verwendet in den Bezugsstellen zum Umgang mit Zerrissenem von Ex^{Peš} 22,30 unterschiedene Bezeichnungen für das Zerrissene. Doch bindet Peš in den synonymen Bezeichnungen des Zerrissenen je das Stichwort ܚܘܒܬܐ ein und wahrt so die lexematische Anbindung an Ex^{Peš} 22,30.

Die von MT und Sam unterschiedenen Lesarten in Ex$^{LXX/Peš}$ 22,27.30 beeinflussen die Textbeziehungen des vorliegenden Clusters im Textraum *Sinaiperikope*: Mit der Lesung von θεοί (Ex^{LXX} 22,27) rekurriert die LXX auf ihre polytheistische

1157 Vgl. auch Houtman, *Bundesbuch*, 254.
1158 Vgl. Houtman, *Bundesbuch*, 244.

Umgebung in der Diaspora und fordert zugunsten des sozialen Friedens eine respektierende Grundhaltung auch gegenüber fremden Gottheiten. Davon ausgehend verlagert sich im intertextuellen Verhältnis zu Lev^{LXX} 24,10–23 die Sinnanreicherung für das vorliegende Cluster auf die Eintragung der unumstößlichen Vorordnung Jhwhs vor jegliche Gottheiten. Die qualitative Unterscheidung zwischen Jhwh und anderen Gottheiten drückt Lev^{LXX} 24,15 f. mittels Verschärfung des im MT bezeugten Fluchverbots aus: So problematisiert Lev^{LXX} 24,15 f. einerseits den Akt des Fluchens,[1159] formuliert andererseits aber in Bezug auf Jhwh ein Verbot der Nennung (ὀνομάζω) seines Namens. Dieses dient dem Schutz des Jhwh-Namens vor jeglichem Missbrauch, stellt eine Steigerung und Überbietung des Fluchverbots dar und zeichnet Jhwh als *die* Gottheit aus.

Mit der Lesung ܕܝܢܐ in Ex^{Peš} 22,27 reduziert sich gegenüber MT in Peš die thematische Verbindung zu Lev^{Peš} 24,10–23 auf den Tatbestand des Fluchens, welches innerhalb des Clusters auf Menschen bezogen ist, in Lev^{Peš} 24,15 hingegen auf andere Gottheiten. Lev^{Peš} 24,16 verbietet, wie die LXX, die explizite Nennung des Namens (ܦܪܫ ܫܡܐ) Jhwhs. Im intertextuellen Verhältnis zu Lev^{Peš} 24,10–23 entfaltet Peš damit eine ausdifferenzierte Hierarchie für die Struktur des Volkes Israel, wobei die Richter (ܕܝܢܐ) den einzelnen Machthabenden (ܪܫܐ ܕܥܡܟ) übergeordnet sind und Jhwh als oberste Hoheit, der uneingeschränkte Anerkennung gebührt (Lev^{Peš} 24,15 f.), vorgeordnet wird.

Ex$^{LXX/Peš}$ 22,30 binden die Heiligkeitsthematik und den Umgang mit Zerrissenem bereits auf der Mikro- und Clusterebene an kultische Konzeptionen. LXX und Peš belegen darin eine den Begründungszusammenhang der Bestimmungen profilierende Deutung des Clusters im Sinnhorizont des Textraums *Sinaiperikope*, die sich für den Textbestand des MT anhand der jeweiligen Bezugstexte ergibt.[1160]

e. Begründungsstrukturen im Textraum *Exodusbuch*

MT:

Im Textraum *Exodusbuch* ist das Cluster Ex 22,27–30 auf Ex 1–15 bezogen und weist spezifische lexematische und thematische Berührungen anhand der Erstgeburtsthematik zu Ex 4,22 f. und 11,4 f. (בכור) auf. Des Weiteren besteht eine spezifische Textbeziehung zu Ex 12–13, die zudem mit einer erhöhten Anzahl und Streubreite von Stichwortberührungen (z. B. קד"ש, אכ"ל, בכור, בשר) markiert

1159 Mit der Lesung des Sg. θεός ohne die Wiedergabe eines hebräischen Suffixes setzt Lev^{LXX} 24,15 wahrscheinlich die Lesung von אלהים als Jhwh-Bezeichnung voraus (vgl. Chavel, *Oracular Law*, 29).

1160 Einen weiteren, textlichen Beleg für Lesung des Clusters vom Textraum *Sinaiperikope* her enthält die LXX mit der an Ex^{LXX} 34,19 f. orientierten Einfügung καὶ τὸ ὑποζύγιόν σου.

ist. Die pointierte Auswahl der Bezugsthemen qualifiziert das intertextuelle Verhältnis von Ex 22,27–30 und Ex 4,22 f.; 11,4 f.; 12–13 als stark selektiv und mäßig referentiell. Die intensive lexematische Markierung der Beziehung zwischen Ex 22,27–30 und Ex 12–13 weist zudem auf ein gesteigertes Maß an Kommunikativität.

Ex 11,4 f.; 12–13 beziehen die Erstgeburtsthematik auf das Ereignis der Tötung der Erstgeborenen der Ägypter und der Erstgeburt des Viehs der Ägypter im Zusammenhang der Nacht des Auszugs aus Ägypten. Die Tötung der ägyptischen Erstgeborenen wird dabei von Jhwh selbst ausgeführt, die Israeliten hingegen werden verschont (Ex 12,12 f.29). Die Verschonung der Israeliten ist kein Novum innerhalb der Plagen-Erzählung und wird bereits in Ex 8,18; 9,4 berichtet. Sie bezieht sich einerseits auf die Demonstration des machtvollen Wirkens Jhwhs in Ägypten,[1161] drückt andererseits aber auch die Sonderstellung der Israeliten dank ihrer Zugehörigkeit zu Jhwh aus. Eine Begründung für diese Sonderstellung gibt Ex 4,22 f. unter Einbeziehung der Erstgeburtsthematik: Das Volk Israel ist der Erstgeborene Jhwhs, den Pharao zum Zweck des Jhwh-Dienstes aus Ägypten ziehen lassen soll. Die Verschonung der eigenen Erstgeborenen durch Jhwh in Ex 12,12 f.29 ist insofern nur folgerichtig. Sie bildet den Vorzug Israels als Jhwhs Volk und Erstgeburt ab. Die Erstgeburtsthematik stellt sich in der Erzählung vom Aufenthalt in Ägypten und dem Auszug somit insgesamt als ein Bestanteil in der Konzeption der Beziehung zwischen Jhwh und Israel dar.

Ex 13 begründet mittels narrativer Verankerung die Bestimmungen zur Heiligung der Erstgeburt (vv.2.11–15) umfänglich von der Nacht des Auszugs aus Ägypten her und beschreibt den Vollzug der Anordnungen als Anerkennung der unüberbietbaren Macht Jhwhs sowie als Aktualisierung und Vergegenwärtigung der exklusiven Bindung an Jhwh (s. 5.2.2.e.MT:1). Ex 13,2 formuliert eine generelle Forderung der Heiligung der Erstgeburt (קד"ש *Pi*), welche grundsätzlich als Jhwhs Eigentum gesehen wird. Konkrete Bestimmungen zum Umgang mit den Erstgeborenen werden in Ex 13,11–15 für das Leben im Land Kanaan gegeben: Die Erstgeburt von Tieren ist Jhwh als Opfer darzubringen (vv.12.15: עב"ר, זב"ח). Dies gilt nicht für nicht opferfähige Tiere wie den Esel, für den eine Auslösung oder Tötung vorgesehen wird (v.13). Die menschliche Erstgeburt hingegen ist grundsätzlich auszulösen (v.13).

Diese Regelungen zum Umgang mit Erstgeborenen sind im Vergleich zu Ex 22,28 f. klar ausdifferenziert. Im intertextuellen Zusammenhang beider Texte ermöglicht die unspezifische Formulierung mit נת"ן *Qal* in Ex 22,28 f. die Anschlussfähigkeit des Clusters an die spezifischeren Regelungen aus Ex 13, die in

1161 Vgl. Berner, „Plagen“, in: *WiBiLex* (2011), 2.

vergleichbarer Weise auch im Textraum *Sinaiperikope* vorliegen (s. 5.3.7.d.MT:2). Der Begründungszusammenhang von Dank- und Tributvorstellungen, der im Cluster Ex 22,27–30 für die Gabe der Erstgeburt binnentextuell anklingen mag, wird im Textraum *Exodusbuch* in eine historische Plausibilisierung überführt: Die Gabe der Erstgeburt (Ex 22,28 f.) wird zum Ausdruck der bindenden Anerkennung Jhwhs, dem die Erstgeburt gehört (Ex 13,2; vgl. Ex 22,28 f.) und aufgrund der Ereignisse der Nacht des Auszugs aus Ägypten zusteht (Ex 13,15). Die Auslösung menschlicher Erstgeborener des Volkes Israel geschieht dabei analog zur Verschonung der Israeliten in der Nacht des Auszugs aus Ägypten (Ex 13,14 f.).

Des Weiteren wird auch in Ex 13,11–15 eine Näherbestimmung der Erstgeborenen vorgenommen: Die geforderte Praxis betrifft für das Vieh ausschließlich männliche Erstgeborene (הזכרים). Ein Bezug von הזכרים auf jegliche, d. h. auch die menschlichen, Erstgeborenen ist in Ex 13,12 syntaktisch möglich. Zudem werden die Erstgeborenen, wie auch im Textraum *Sinaiperikope*, als פטר רחם definiert und somit jeweils ihrer Mutter zugeordnet. Diese Definition ist im Zusammenhang mit der Bezeichnung Israels als Erstgeborene Jhwhs (בכור) in Ex 4,22 f. insofern bemerkenswert, als dass sie Jhwh innerhalb der Exoduserzählung im Zusammenhang mit einer spezifisch mütterlichen Funktion in Bezug auf Israel beschreibt.

Aus der Textbeziehung zu Ex 4,22 f.; 11,4 f.; 12–13 gewinnt das Cluster Ex 22,27–30 für die Erstgeburtsthematik somit insgesamt eine Konkretisierung der Bestimmungen sowie eine umfassende historische Deutungsgrundlage, die sich auf *das* Gründungsereignis der Beziehung zwischen Jhwh und Israel bezieht. In der Umsetzung der Bestimmungen erfährt diese Grundlage eine wiederkehrende Vergegenwärtigung.

LXX, Sam und Peš:

LXX, Sam und Peš weisen im Textraum *Exodusbuch* die bereits für MT analysierten Bezüge auf. Dabei mag der Sinnhorizont der exklusiven Beziehung und der Sonderstellung des Volkes Israel zu Jhwh, der sich im Verhältnis zu den jeweiligen Bezugstexten entfaltet, für die Cluster $Ex^{LXX/Peš}$ 22,27–30 von gesteigerter Bedeutung sein. Zwar richten LXX und Peš innerhalb des Clusters die Gabe der Erstgeburt auch an das Sprecher-Ich, welches innerhalb des Bundesbuches mit Jhwh identifizierbar ist. Doch mindern die jeweils auf andere Gottheiten (LXX) bzw. Richter (Peš) bezogenen Lesarten in $Ex^{LXX/Peš}$ 22,27 die Präsenz des Konzepts der absoluten Vorordnung Jhwhs sowie der exklusiven Beziehung zwischen Jhwh und Israel. Dieses vermag sich in LXX und Peš im Textraum *Exodusbuch* sinnanreichernd zur Begründung der Bestimmungen eintragen.

5.3.8 Zwischenfazit: Autoritätskonstruktion im gesetzlichen Hauptteil mittels Entfaltung und Verhältnisbestimmung von Grundprinzipien

Die in Ex 21,12–22,30 vorliegenden Textcluster enthalten Rechtsbestimmungen zum Schutz des Sozialverbandes (Ex 21,12–17), zum Schutz der körperlichen Unversehrtheit (Ex 21,18–32), zum Schutz des Eigentums (Ex 21,33–22,14), zum Schutz der Wirtschafts- und Sozialstruktur (Ex 22,15 f.), zum Schutz der Alleinverehrung Jhwhs (Ex 22,17–19), zum Schutz sozial Schwacher (Ex 22,20–26) sowie zum Schutz gesellschaftlicher Stabilität (Ex 22,27–30). Sachbedingt bestehen dabei Überschneidungen zwischen den jeweilig schützenswerten Gütern und Strukturen. Diese Überschneidungen spiegeln einen Diskurs der gegenseitigen Abwägung von Prinzipien wider, welcher sich u. a. in der Kompositionsstruktur des gesetzlichen Hauptteils niederschlägt und darüber hinaus in den intertextuellen Beziehungen innerhalb der jeweiligen Texträume sowie in den betrachteten Textzeugen an Profil gewinnt:

1. Auf der Mikro- und Clusterebene weisen die in Ex 21,12–22,30 vorliegenden Gesetze in unterschiedlicher Intensität auf binnentextuell sowie ko- und kontextuell eingetragene Begründungszusammenhänge. Explizite Begründungsklauseln werden überwiegend nicht angeführt.
2. Im Textraum *Bundesbuch* entfalten sich kompositionell und mittels Differenzierung der Strafmaße Verhältnisbestimmungen zu Grundprinzipien des Rechts. Dabei zeigt sich folgende Wertehierarchie: Der Schutz der Sozialordnung ist dem Schutz des Lebens, und der Schutz des Lebens dem des Eigentums vorgeordnet (vgl. Ex 21,12–22,14). Die Anerkennung der Sozialordnung wird zudem an die Anerkennung Jhwhs und dessen Alleinigkeitsanspruchs gekoppelt (vgl. Ex 22,17–19).
3. Im Textraum *Sinaiperikope* werden die Begründungszusammenhänge zahlreicher Gesetze aus Ex 21,12–22,30 in der intertextuellen Beziehung zu vergleichbaren Bestimmungen expliziert, profiliert und geschärft (z. B. Ex 22,27–30).
4. Im Textraum *Exodusbuch* werden mittels Kontrastierung zu den Antagonisten der Erzählung aus Ex 1–15 und Veranschaulichung der Konformität des Handelns der Protagonisten zu Grundprinzipen des Rechts insbesondere die Gesetze in Ex 21,12–17 und 22,20–26 legitimiert und eingeschärft.
5. Die betrachteten Textzeugen setzen innerhalb der jeweiligen Texträume eigene Schwerpunkte im Rahmen der Ein- und Festschreibung von Sinngehalten. Insbesondere LXX und Peš zeigen dabei teils bereits auf der Mikro- und Clusterebene der Gesetze Spuren einer sinnkonstitutiven Lesung im Lichte der zugehörigen Bezugstexte (z. B. Ex 22,27–30). Die genannten Traditionen bewahren damit Spuren literarhistorisch diverser Ausformungen von Textzusammenhängen, die hinsichtlich der Durchlässigkeit zur Sinnkonstitution von semantischer Fluidität geprägt waren.

6 Zusammenfassung und Ergebnisse

„Autoritätskonstruktion im Recht der Hebräischen Bibel" – unter diesem Titel widmet sich die vorliegende Arbeit der Untersuchung von Strukturen, Strategien und Inhalten zur Begründung und Autorisierung alttestamentlicher Rechtssätze am Beispiel des Bundesbuches Ex 20,22–23,33.

Die Frage nach der Herstellung rechtlicher Autorität und Normativität ist Gegenstand verschiedener Wissenschaftsdisziplinen. Ausgehend von Beobachtungen zur bisherigen Bearbeitung dieses Themenbereichs in der alttestamentlichen Forschung (siehe Kapitel 2) wurde für die Textuntersuchung ein interdisziplinärer Zugang gewählt, um der Multidimensionalität von Autoritätskonstruktion gerecht zu werden, wobei v. a. rechtsphilosophische und -phänomenologische, literaturwissenschaftliche und historisch-exegetische Zugänge miteinander verbunden wurden (siehe Kapitel 3).

Unter Anwendung der gewählten Methodik erfolgte die Textanalyse sowohl aus einer synchron als auch einer diachron angelegten Perspektive. Im Rahmen der synchronen Betrachtung erwies sich das literaturwissenschaftliche Instrumentarium zur Erhebung und Beschreibung der textstrukturellen und narrativen Verankerung des Bundesbuches in der Gesamterzählung des Pentateuchs als besonders leistungsfähig (siehe Kapitel 4). Dabei zeigte sich, dass die Genres ‚Gesetz' und ‚Erzählung' auf textstruktureller, narrativer und inhaltlicher Ebene eng miteinander verwoben sind. Die narrative Kontextualisierung des Bundesbuches innerhalb der Gesamterzählung des Pentateuchs bildet im Sinne einer Lese- und Verstehensanweisung das strukturelle und erzählerische Koordinatensystem zur Konstruktion der Autorität der Rechtsbestimmungen.

Strukturell lagern sich insbesondere an die Verbindungsstücke am Übergang zwischen Gesetzes- und Erzähltexten sowie die Gesetzescluster am Beginn und Abschluss des Bundesbuches autorisierende Inhalte an, die im direkten Bezug zur Gesamterzählung des Pentateuchs stehen. Textempirische Belege für die Scharnierfunktion der zwischen Erzählung und Gesetz überleitenden Textstücke bieten die Varianten der hebräischen Septuaginta-Vorlage und des Samaritanischen Pentateuchs für Ex 20,22. Gleichermaßen weisen die in der Septuaginta, dem Samaritanischen Pentateuch sowie der Pešiṭta vor allem im Anfangs- und Schlussteil des Bundesbuches nachweisbaren, unterschiedlichen Zuspitzungen der Begründungszusammenhänge des Rechts (siehe Kapitel 5.1 und 5.2) auf eine Nutzbarmachung der Scharnierfunktion für die je eigenen Fokussierungen auf z. B. das Land Israel, den Berg Garizim, die Rolle des Mose sowie generell den Stellenwert von Identität, Abgrenzung und ortsunabhängiger Internalisierung der Jhwh-Beziehung. Mit anderen Worten: Unterschiedliche Konzeptionen von ‚Tora' bilden sich hier in unterschiedlichen Textgeschichten ab.

https://doi.org/10.1515/9783111341712-006

Die diachrone Betrachtung erfolgte auf Basis literarisch-struktureller und textempirischer Befunde über den Intertextualitätsbegriff (siehe Kapitel 3). Dabei wurde deutlich, dass inhaltlich ähnliche Themen, Begründungsmuster und Funktionsbestimmungen des Rechts im Anfangs- und Schlussteil des Bundesbuches dominieren. Diese betreffen vorrangig die Grundlagen des Fortbestands des Volkes und die Erhaltung der Gesellschaft (z. B. Ex 21,2–11; 23,1–12) sowie die Ausgestaltung und Pflege der Beziehung zwischen Jhwh und Israel (z. B. Ex 20,22–26; 23,13–19).

Hermeneutisch sind die Textbeziehungen der Gesetzescluster des Bundesbuches in den jeweiligen Texträumen samt deren Auswirkungen auf die Begründungsbasis der Rechtsbestimmungen relevant. So erfahren die Begründungszusammenhänge der Gesetze des Bundesbuches innerhalb der Texträume *Sinaiperikope* und *Exodusbuch* hinsichtlich ihrer Sinnkonstitution häufig eine Theologisierung und Verkultlichung (z. B. Ex 23,1–9.10–12) im Zusammenklang mit ihren jeweiligen Bezugstexten sowie eine Eingliederung in ideologisch und religiös geprägte Sinngehalte (z. B. Ex 22,20–26). Empirische Belege für die Lesung der Textcluster des Bundesbuches im Lichte der intertextuellen Beziehungen in den entsprechenden Texträumen bieten dabei insbesondere die Septuaginta und die Pešiṭta (z. B. Ex 22,27–30).

Innerhalb des Bundesbuches sowie dessen Verknüpfungen in den Texträumen *Sinaiperikope* und *Exodusbuch* ließen sich sechs Muster der Autorisierung des Rechts nachweisen. Diese beziehen sich 1. auf die Autorität Jhwhs als alleinige Gottheit Israels (siehe Ex 20,22), 2. auf die Aufrechterhaltung einer guten Beziehung zwischen Jhwh und Israel (siehe Ex 23,13–19), 3. auf die rechtliche Konzeptionalisierung dieser Beziehung in Form des Bundes (siehe Ex 23,32; 24,3–8), 4. auf Lohn für Gehorsam (siehe Ex 23,25 f.), 5. auf Strafe für Ungehorsam (siehe Ex 23,21; 32) sowie 6. auf dem Recht vorausliegende moralische Prinzipien (siehe Ex 22,20–26; 23,1–12). Im Umfeld der Erzählung des Bundesschlusses (Ex 24,3–8) dominieren die unter 1. bis 4. genannten Muster, welche auf die Interessen der beteiligten Parteien und deren Beziehung abstellen. Die Ankündigung von Strafe für Ungehorsam wird im unmittelbaren Ko- und Kontext des Bundesbuches nicht hervorgehoben und erschließt sich für das Bundesbuch vorrangig anhand von dessen Textbeziehungen im Textraum *Sinaiperikope* (z. B. Ex 32; Lev 26).

Textgeschichtlich ließen sich in der diachronen Analyse des Bundesbuches auf allen Ebenen der Untersuchung literarhistorisch relevante Prozesse nachweisen. In dieser Hinsicht rekonstruiert Textgeschichte gerade nicht eine vom Proto-Masoretischen Text als fertigem Produkt ausgehende sekundäre Rezeption, sondern dringt in literarhistorische Formungsprozesse vor, die von einem Neben- und Ineinander verschiedener Deutungsmuster und Konzeptionen geprägt sind. Sie sind in antiken Lesespuren, zunehmenden Textexplikationen und in Manifestationen spezifischer Textdeutungen in den betrachteten Textzeugen nachweisbar, wobei spezifische Begründungszusammenhänge einzelner Gesetze verdrängt und veränderte Deutungen in der Spätantike eingetragen wurden, wie etwa in Ex 21,8, Begründungsschwerpunkte verlagert, wie z. B. in der Landesthematik der Septuaginta, oder aber auch Inhalte verändert und überboten wurden, wie z. B. in der Fokussierung des Prä-Samaritanischen Pentateuchs auf den Berg Garizim.

Die Einschärfung der Rechtsbestimmungen wird durch verschiedene literarische Strategien realisiert. Diese betreffen stilistische Mittel der Markierung (z. B. Ex 20,23), formale Hervorhebungen (z. B. Ex 21,8b) sowie die Darstellung der Ereignisabfolge in den Mikronarrativen der Gesetze (z. B. Ex 23,5). Zudem stellen die Ausdifferenzierung und Generalisierung von Inhalten zwei Möglichkeiten der Einschärfung dar, welche in den einzelnen Textzeugen im Bundesbuch in unterschiedlicher Intensität genutzt werden. Der Masoretische Text weist diesbezüglich häufig Strukturen der Explikation und Ausdifferenzierung auf (z. B. Ex 20,23; 22,20–22). Die Septuaginta und vergleichbar auch Pešiṭta bevorzugen demgegenüber Repetition und Generalisierung (z. B. Ex 20,23; 22,20–22; 22,30), während sich im Samaritanischen Pentateuch übergreifend eine Tendenz zur inhaltlichen Generalisierung von Gesetzen abzeichnet (z. B. Ex^{Sam} 21,18–32). Dabei ist deutlich, dass die unterschiedlichen Charakteristiken der Textzeugen nicht linear voneinander ableitbar sind und ihrerseits auf unterschiedlichen Vorlagen beruhen. Ihre Diversität bewahrt Spuren rechts- und texthistorischer Diskurse, deren offenkundige Intensität einerseits die hohe Bedeutung des alttestamentlichen Rechts und seiner Begründung im Kontext soziologischer Vielfalt im Judentum der letzten Jahrhunderte des Zweiten Jerusalemer Tempels belegt, andererseits aber auch darauf verweist, dass viele Rechtstexte hinsichtlich ihrer Sinnkonstitution zunächst eine gewisse Deutungsoffenheit aufwiesen.

7 Literatur- und Quellenverzeichnis

7.1 Handschriften, Texteditionen, Übersetzungen und elektronische Hilfsmittel

1 Handschriften

Ms *Cambridge 1*, Cambridge University Library, Add. 1846. (= Ms *Cambridge 1* CUL)
Ms *Dublin 1*, Chester Beatty Library, Heb. 751. (= Ms *Dublin 1* CBL)
Ms *Dublin 2*, Chester Beatty Library, Heb. 752. (= Ms *Dublin 2* CBL)
Ms *Leiden*, Universitaire Bibliotheken Leiden, Or. 6. (= Ms *Leiden* UBL)
Ms *Leipzig*, Universitätsbibliothek Leipzig, Ms. 1120. (= Ms *Leipzig* UBL)
Ms *London 3*, British Library, Or. 1443. (= Ms *London 3* BL)
Ms *London 6*, British Library, Or. 6461. (= Ms *London 6* BL)
Ms *Paris 1*, Bibliothèque nationale de France, Sam. 1. (= Ms *Paris 1* BNF)
Ms *Rom 1*, Bibliotheca Apostolica Vaticana, Barb. or. 1. (= Ms *Rom 1* BAV)
Ms *10m3*, Bibliotheca Apostolica Vaticana, Vat. Sir. 152. (= Ms *10m3* BAV)
Ms *Vat. Sir. 1*, Bibliotheca Apostolica Vaticana, Vat. Sir. 1. (= Ms *Vat. Sir. 1* BAV)

2 Texteditionen

Barthélemy, Dominique/Milik, Jozef T. u. a. (Hgg.), *Qumran Cave I* (DJD I), Oxford 1955.
Clarke, Ernest G./Aufrecht, Walter E. u. a. (Hgg.), *Targum Pseudo-Jonathan to the Pentateuch. Text and Concordance*, Hoboken (NJ) 1984.
Cohen, Menachem (Hg.), *Mikra'ot Gedolot 'HaKeter'. Sefer Shemot. Bd. 1*, Ramat Gan 2012.
Derenbourg, Joseph, *Version arabe du Pentateuque de R. Saadia ben Iosef Al-Fayyoûmî*, in: ders., *Œuvres Complètes de R. Saadia Ben Iosef Al-Fayyoûmî. Bd. 1: Version arabe du Pentateuque. Bd. 1*, Paris 1893 = ND 1979.
Elliger, Karl/Rudolph, Wilhelm (Hgg.), *Biblia Hebraica Stuttgartensia*, Stuttgart ^{5}1997.
Jansma, Taeke/Koster, Marinus D. u. a. (Hgg.), *The Old Testament in Syriac according to the Peshitta Version. Bd. I/1: Preface. Genesis – Exodus*, Leiden 1977.
Rahlfs, Alfred/Hanhart, Robert (Hgg.), *Septuaginta. Id est Vetus Testamentum Graece iuxta LXX interpretes. Duo volumina in uno*, Stuttgart 2006.
Shehadeh, Haseeb (Hg.), *The Arabic Translation of the Samaritan Pentateuch. Edited from the Manuscripts with an Introductory Volume. Bd. 1: Genesis – Exodus*, Jerusalem 1989.
Sperber, Alexander (Hg.), *The Bible in Aramaic. Based on Old Manuscripts and Printed Texts. Bd. 1: The Pentateuch According to Targum Onkelos*, Leiden 1959.
Tal, Abraham (Hg.), *The Samaritan Targum of the Pentateuch. A Critical Edition. Bd. 1: Genesis, Exodus* (Texts and Studies in the Hebrew Language and Related Subjects IV), Tel Aviv 1980.
Tal, Abraham/Florentin, Moshe (Hgg.), *The Pentateuch. The Samaritan Version and the Masoretic Version*, Tel Aviv 2010.
Weber, Robert/Gryson, Roger (Hgg.), *Biblia Sacra iuxta Vulgatam Versionem*, Stuttgart ^{5}2007.
Wevers, John W. (Hg.), *Septuaginta. Vetus Testamentum Graecum Auctoritate Academiae Scientiarum Gottingensis Editum. Bd. II/1: Exodus*, Göttingen 1991.

Der Abdruck des Textes von MT, LXX, Sam und Peš folgt den genannten Textausgaben.

https://doi.org/10.1515/9783111341712-007

3 Übersetzungen

Kraus, Wolfgang/Karrer, Martin u. a. (Hgg.), *Septuaginta Deutsch. Das griechische Alte Testament in deutscher Übersetzung (LXX.D)*, Stuttgart 2009.

Le Boulluec, Alain/Sandevoir, Pierre (Hgg.), *L'Exode. Traduction du texte grec de la Septante. Introduction et Notes* (La Bible d'Alexandrie 2), Paris 2004.

Perkins, Larry J., *Exodus*, in: Pietersma, Albert/Wright, Benjamin G. u. a. (Hgg.), *A New English Translation of the Septuagint and the Other Greek Translations Traditionally Included under That Title*, New York (NY)/Oxford 2007, 43–81.

4 Elektronische Hilfsmittel

Accordance® 13, Bible Software, OakTree Software, Inc. Version 13.0.5, Altamonte Springs 2020.

Bible Works™ 10, Version 10.0.4.114, Big Fork 2015.

CAL. Comprehensive Aramaic Lexicon at the Hebrew Union College – Jewish Institute of Religion, <https://cal.huc.edu/>, Cincinnati (OH) 2002 ff.

7.2 Sekundärliteratur

Adam, Klaus-Peter, „Law and Narrative. The Narratives of Saul and David Understood Within the Framework of a Legal Discussion on Homicide Law (Ex 21:12–14)", in: *ZAR 14* (2008), 311–335.

Alt, Albrecht, „Die Ursprünge des israelitischen Rechts", in: ders., *Kleine Schriften zur Geschichte des Volkes Israel. Bd. 1*, München 1953, 278–332.

Alter, Robert, *The Art of Biblical Narrative*, London 1981.

Amelung, Eberhard, „Autorität III", in: *TRE 5* (1980), 36–40.

Armgardt, Matthias, [Rezension] „Jackson, Bernard S., Wisdom-Laws. A Study of the Mishpatim of Exodus 21,1–22,16", in: *ZSRG 125* (2008), 743–745.

Ausloos, Hans, „Exod 23,20–33 and the 'War of YHWH'", in: *Bib. 80* (1999), 555–563.

Avemarie, Friedrich, *Tora und Leben. Untersuchungen zur Heilsbedeutung der Tora in der frühen rabbinischen Literatur* (TSAJ 55), Tübingen 1996.

Baentsch, Bruno, *Exodus – Leviticus – Numeri* (HKAT I/2), Göttingen 1903.

Baker, David L., „Why Care for the Poor? Theological Foundations of Old Testament Laws on Wealth and Poverty", in: *PIBA 29* (2006), 1–23.

Bal, Mieke, *Narratology. Introduction to the Theory of Narrative*, Toronto (ON) u. a. 1997.

Bar-Efrat, Shimon, *Wie die Bibel erzählt. Alttestamentliche Texte als literarische Kunstwerke verstehen*, Gütersloh 2006.

Barmash, Pamela, „The Narrative Quandray. Cases of Law in Narrative", in: *VT 54* (2004), 1–16.

Bartor, Assnat, *Reading Law as Narrative. A Study in the Casuistic Laws of the Pentateuch* (SBLAIL 5), Atlanta (GA) 2010.

Ben-Dov, Jonathan, „Early Texts of the Torah. Revisiting the Greek Scholarly Context", in: *JAJ 4* (2013), 210–234.

Ben-Ḥayyim, Zeev, *The Literary and Oral Tradition of Hebrew and Aramaic Amongst the Samaritans. Bd. IV: The Words of the Pentateuch (LOT IV)*, Jerusalem 1977.

Ben-Ḥayyim, Zeev, *The Literary and Oral Tradition of Hebrew and Aramaic Amongst the Samaritans. Bd. V: Grammar of the Pentateuch (LOT V)*, Jerusalem 1977.

Ben-Ḥayyim, Zeev, *A Grammar of Samaritan Hebrew. Based on the Recitation of the Law in Comparison with the Tiberian and Other Jewish Traditions*, Jerusalem 2000.

Berner, Christoph, „Plagen/Plagenerzählung“, in: Alkier, Stefan/Bauks, Michaela/Koenen, Klaus (Hgg.), *Das wissenschaftliche Bibellexikon im Internet (WiBiLex)*, <https://www.bibelwissenschaft.de/stichwort/31084/>, 12/11, 11.11.21.

Bernhardt, Karl-Heinz, [Rezension] „Gerstenberger, Erhard S., Wesen und Herkunft des ‚Apodiktischen Rechts‘“, in: *ThLZ 93* (1968), 179 f.

Blenkinsopp, Joseph, *Wisdom and Law in the Old Testament. The Ordering of Life in Israel and Early Judaism*, Oxford [2]1995.

Boecker, Hans J., *Recht und Gesetz im Alten Testament und im Alten Orient*, Neukirchen-Vluyn 1976.

Brague, Rémi, *The Law of God. The Philosophical History of an Idea*, Chicago (IL) 2007.

Brandscheidt, Renate, „Blutrache“, in: Alkier, Stefan/Bauks, Michaela/Koenen, Klaus (Hgg.), *Das wissenschaftliche Bibellexikon im Internet (WiBiLex)*, <https://www.bibelwissenschaft.de/stichwort/15513/>, 04/11, 16.06.21.

Brockelmann, Carl, *Syrische Grammatik mit Paradigmen, Literatur, Chrestomathie und Glossar* (PLO V), Berlin u. a. [3]1912.

Broich, Ulrich, „Zur Einzeltextreferenz“, in: Broich, Ulrich/Pfister, Manfred (Hgg.), *Intertextualität. Formen, Funktionen, anglistische Fallstudien*, Tübingen 1985, 48–52.

Brooks, Peter, „Narrativity of the Law“, in: *Law and Literature 14* (2002), 1–10.

Budde, Karl, „Bemerkungen zum Bundesbuch“, in: *ZAW 11* (1891), 99–114.

Burkhardt, Evelyn, „Beschreibung Ms Rom 1“, in: Schorch, Stefan/Burkhardt, Evelyn (Hgg.), *Katalog samaritanischer Pentateuchhandschriften*, <https://samaritana.theologie.uni-halle.de/receive/SamaritanaMSBook_manuscript_00000038>, 09.02.22, 10.08.22.

Buttmann, Alexander, *Grammatik des Neutestamentlichen Sprachgebrauchs. Im Anschluss an Ph. Buttmann’s Griechische Grammatik*, Berlin 1859.

Buttmann, Alexander (Hg.), *Philipp Buttmann’s Griechische Grammatik*, Berlin [22]1869.

Cadell, Hélène, „Vocabulaire de la législation ptolemaïque. Problème du sens de dikaiôma dans le Pentateuque“, in: Dorival, Gilles/Munnich, Olivier (Hgg.), *Κατά τούς ό. Selon les Septante* (FS M. Harl), Paris 1995, 207–221.

Carmichael, Calum M., *The Origins of Biblical Law. The Decalogues and the Book of the Covenant*, Ithaca (NY) 1992.

Carmichael, Calum M., *The Laws of Deuteronomy*, Ithaca (NY) 1974 = ND Eugene (OR) 2008.

Carmichael, Calum M. (Hg.), *Daube, David, Law and Wisdom in the Bible. David Daube’s Gifford Lectures. Bd. 2*, West Conshohocken (PA) 2010.

Cassuto, Umberto, *A Commentary on the Book of Exodus*, Jerusalem 1967 = ND 1987.

Chavel, Simeon, „Biblical Law“, in: Talshir, Zipora (Hg.), *The Literature of the Hebrew Bible. Introductions and Studies. Bd. 1*, Jerusalem 2011, 227–272.

Chavel, Simeon, *Oracular Law and Priestly Historiography in the Torah* (FAT II/71), Tübingen 2014.

Chirichigno, Gregory C., *Debt-Slavery in Israel and the Ancient Near East* (JSOTSup 141), Sheffield 1993.

Choi, Seog Yoon, *Verhaltensanweisungen im Gericht. Struktur und Hintergründe von Ex 23,1–9*, Marburg 2006.

Conrad, Diethelm, *Studien zum Altargesetz Ex 20,24–26*, Marburg 1968.

Conybeare, Frederick C./Stock, St. George, *A Grammar of Septuagint Greek*, Boston (MA) 1905.

Cover, Robert M., „The Supreme Court. 1982 Term – Foreword: Nomos and Narrative“, in: *HLR 97* (1983), 4–68.

Crüsemann, Frank, *Die Tora. Theologie und Sozialgeschichte des alttestamentlichen Gesetzes*, München 1992.

Daniel, Suzanne, *Recherches sur le vocabulaire du culte dans la Septante* (ÉeC LXI), Paris 1966.

Daube, David, „Law in the Narratives", in: ders., *Studies in Biblical Law*, Cambridge 1947, 1–73.

Daube, David, „Codes and Codas", in: ders., *Studies in Biblical Law*, Cambridge 1947, 74–101.

Daube, David, „Lex Talionis", in: ders., *Studies in Biblical Law*, Cambridge 1947, 102–153.

Daube, David, „Direct and Indirect Causation in Biblical Law", in: *VT 11* (1961), 246–269.

De Vos, Cornelis, *Rezeption und Wirkung des Dekalogs in jüdischen und christlichen Schriften bis 200 n. Chr.*, Leiden 2016.

Dietrich, Walter, „Ordal", in: Alkier, Stefan/Bauks, Michaela/Koenen, Klaus (Hgg.), *Das wissenschaftliche Bibellexikon im Internet (WiBiLex)*, <https://www.bibelwissenschaft.de/stichwort/29705/>, 03/15, 16.06.21.

Dohmen, Christoph, *Das Bilderverbot. Seine Entstehung und seine Entwicklung im Alten Testament* (BBB 62), Königstein (Ts.)/Bonn 1985.

Dohmen, Christoph, *Exodus 19–40* (HThKAT), Freiburg i. Br. u. a. ^{2}2012.

Dohmen, Christoph, *Exodus 1–18* (HThKAT), Freiburg i. Br. u. a. 2015.

Doron, Pinchas, „Motive Clauses in the Laws of Deuteronomy. Their Forms, Functions and Contents", in: *HAR 2* (1978), 61–78.

Driver, Samuel R., *Notes on the Hebrew Text and the Topography of the Books of Samuel*, Oxford ^{2}1913.

Durham, John I., *Exodus* (WBC 3), Waco (TX) u. a. 1987.

Dyma, Oliver, „Ehe (AT)", in: Alkier, Stefan/Bauks, Michaela/Koenen, Klaus (Hgg.), *Das wissenschaftliche Bibellexikon im Internet (WiBiLex)*, <https://www.bibelwissenschaft.de/stichwort/16896/>, 11/10, 22.11.18.

Eberhart, Christian, „Blut/Blutriten", in: Alkier, Stefan/Bauks, Michaela/Koenen, Klaus (Hgg.), *Das wissenschaftliche Bibellexikon im Internet (WiBiLex)*, <http://www.bibelwissenschaft.de/stichwort/15477/>, 07/17, 05.09.18.

Ehrlich, Arnold B., *Randglossen zur Hebräischen Bibel. Textkritisches, Sprachliches und Sachliches. Bd. 1: Genesis und Exodus*, Leipzig 1908.

Eising, Hermann, „זכר *zkr*", in: *ThWAT 2* (1977), 571–593.

Erlandsson, Seth, „בָּגַד *bāgad*", in: *ThWAT 1* (1973), 507–511.

Fabry, Heinz-J., „דַּל *dal*", in: *ThWAT 2* (1977), 221–244.

Fischer, Alexander A., *Der Text des Alten Testaments. Neubearbeitung der Einführung in die Biblia Hebraica von Ernst Würthwein*, Stuttgart 2009.

Fischer, Georg, „Das Schilfmeerlied Exodus 15 in seinem Kontext", in: *Bib. 77* (1996), 32–47.

Fishbane, Michael, *Biblical Interpretation in Ancient Israel*, Oxford 1985.

Forst, Rainer, „Zum Begriff eines Rechtfertigungsnarrativs", in: Fahrmeir, Andreas (Hg.), *Rechtfertigungsnarrative. Zur Begründung normativer Ordnung durch Erzählungen*, Frankfurt/M. 2013, 11–28.

Forst, Rainer/Günther, Klaus, „Die Herausbildung normativer Ordnungen. Zur Idee eines interdisziplinären Forschungsprogramms", in: dies. (Hgg.), *Die Herausbildung normativer Ordnungen. Interdisziplinäre Perspektiven*, Frankfurt/M. 2011, 11–30.

Fraade, Steven D., „Nomos and Narrative Before Nomos and Narrative", in: *YJLH 17* (2005), 81–96.

Frankel, Zacharias, *Über den Einfluss der palästinischen Exegese auf die alexandrinische Hermeneutik*, Leipzig 1831.

Friberg, Barbara/Friberg, Timothy/Miller, Neva F., *Analytical Lexicon of the Greek New Testament. Baker's Greek New Testament Library*, Electronic Edition 2000.

Frymer-Kensky, Tikva, „Virginity in the Bible", in: Matthews, Victor H./Levinson, Bernard M./Frymer-Kensky, Tikva (Hgg.), *Gender and Law in the Hebrew Bible and the Ancient Near East* (JSOTSup 262), Sheffield 1998, 79–96.

Gamberoni, Johann, „מקום *māqôm*“, in: *ThWAT 4* (1984), 1113–1125.

Garr, W. Randall, „The Paragogic Nun in Rhetorical Perspective“, in: Fassberg, Steven E./Hurvitz, Avi (Hgg.), *Biblical Hebrew in Its Northwest Semitic Setting. Typological and Historical Perspectives*, Jerusalem/Winona Lake (IN) 2006, 65–74.

Gemoll, Wilhelm/Vretska, Karl u. a., *Griechisch-Deutsches Schul- und Handwörterbuch*, München u. a. ^{10}2006.

Gemser, Berend, „The Importance of the Motive Clause in Old Testament Law“, in: Anderson, George W./Bentzen, Aage u. a. (Hgg.), *Congress Volume Copenhagen 1953* (VTSup 1), Leiden 1953, 50–66.

Gerstenberger, Erhard S., *Wesen und Herkunft des ‚Apodiktischen Rechts‘* (WMANT 20), Neukirchen-Vluyn 1965.

Gesenius, Wilhelm, *Hebräisches und Aramäisches Handwörterbuch über das Alte Testament*, Berlin u. a. ^{18}2013.

Greenberg, Moshe, „Some Postulates of Biblical Criminal Law“, in: ders., *Studies in the Bible and Jewish Thought*, Philadelphia (PA) 1995, 25–41.

Greenstein, Edward L., „‘If the Sun Shone on Him’ (Exodus 22:2). A Different Approach“, in: Avioz, Michael/Minka, Omer/Shemesh, Yael (Hgg.), *Ben Porat Yosef: Studies in the Bible and Its World. Essays in Honour of Joseph Fleishman* (AOAT 458), Münster 2019, 35–41.

Groß, Walter, [Rezension] „Osumi, Yuichi, Die Kompositionsgeschichte des Bundesbuches Exodus 20,22b–23,33“, in: *ThQ 172* (1992), 145 f.

Grund, Alexandra, *Die Entstehung des Sabbats. Seine Bedeutung für Israels Zeitkonzept und Erinnerungskultur* (FAT 75), Tübingen 2011.

Grünwaldt, Klaus, „Recht (AT)“, in: Alkier, Stefan/Bauks, Michaela/Koenen, Klaus (Hgg.), *Das wissenschaftliche Bibellexikon im Internet (WiBiLex)*, <https://www.bibelwissenschaft.de/stichwort/32882/>, 01/11, 16.11.20.

Gurtner, Daniel M., *Exodus. A Commentary on the Greek Text of Codex Vaticanus* (SCS), Leiden 2013.

Halbe, Jörn, *Das Privilegrecht Jahwes Ex 34,10–26. Gestalt und Wesen, Herkunft und Wirken in vordeuteronomischer Zeit* (FRLANT 114), Göttingen 1975.

Halberstam, Chaya, „The Art of Biblical Law“, in: *Proof. 27* (2007), 345–364.

Hayes, Christine, *What’s Divine about Divine Law? Early Perspectives*, Princeton (NJ) 2015.

Heger, Paul, *The Three Biblical Altar Laws. Developments in the Sacrificial Cult in Practice and Theology. Political and Economic Background* (BZAW 279), Berlin u. a. 1999.

Hempel, Johannes, „Gottesgedanke und Rechtsgestaltung in Altisrael“, in: *ZSTh 8* (1930), 377–395.

Hepner, Gershon, *Legal Friction. Law, Narrative, and Identity Politics in Biblical Israel* (SBL 78), New York (NY) 2010.

Hoftijzer, Jacob, „Ex XXI:8“, in: *VT 7* (1957), 388–391.

Holzinger, Heinrich, *Exodus* (KHC 2), Freiburg i. Br. u. a. 1900.

Hossfeld, Frank-Lothar, *Der Dekalog. Seine späten Fassungen, die originale Komposition und seine Vorstufen* (OBO 45), Göttingen 1982.

Houtman, Cornelis, *Das Bundesbuch. Ein Kommentar* (DMOA 24), Leiden u. a. 1997.

Jackson, Bernard S., *Studies in the Semiotics of Biblical Law* (JSOTSup 314), Sheffield 2000.

Jackson, Bernard S., *Wisdom-Laws. A Study of the Mishpatim of Exodus 21,1–22,16*, Oxford 2006.

Jackson, Bernard S., „On the Values of Biblical Law and Their Contemporary Application“, in: *PolT 14* (2013), 602–618.

Jacob, Benno, *Das Buch Exodus*, Stuttgart 1997.

Jennings Jr., Theodore W., „Rituelles Wissen“, in: Belliger, Andréa/Krieger, David J. (Hgg.), *Ritualtheorien. Ein einführendes Handbuch*, Wiesbaden ^{2}2003, 157–172.

Jepsen, Alfred, „Amah und Schiphchah“, in: *VT 8* (1958), 293–297.

Jericke, Detlef, „Hebräer/Hapiru“, in: Alkier, Stefan/Bauks, Michaela/Koenen, Klaus (Hgg.), *Das wissenschaftliche Bibellexikon im Internet (WiBiLex)*, <https://www.bibelwissenschaft.de/stichwort/20785/>, 03/12, 16.11.18.

Johnson, Bo, „מִשְׁפָּט *mišpāṭ*“, in: *ThWAT 5* (1986), 93–107.

Joosten, Jan, „The Syntax of Exodus 20:24b. Remarks on a Recent Article by Benjamin Kilchör“, in: *BN.NF 159* (2013), 3–8.

Joüon, Paul/Muraoka, Takamitsu, *A Grammar of Biblical Hebrew* (SubBib 27), Rom 2006.

Kautzsch, Emil (Hg.), *Wilhelm Gesenius' Hebräische Grammatik*, Leipzig ^{28}1909.

Keller, Carl A./Wehmeier, Gerhard, „ברך *brk*“, in: *THAT 1* (1978), 353–376.

Kilchör, Benjamin, „בכל־המקום (Ex 20,24b) – Gottes Gegenwart auf dem Sinai“, in: *BN.NF 154* (2012), 89–102.

Kilchör, Benjamin, „‚An jedem Ort‘ oder ‚am ganzen Ort‘ (Ex 20,24b)? Eine Antwort an Jan Joosten“, in: *BN.NF 165* (2015), 3–17.

Knoppers, Gary N., *Jews and Samaritans. The Origins and History of Their Early Relations*, New York (NY) 2013.

Köckert, Matthias, „Wie kam das Gesetz an den Sinai?“, in: Bultmann, Christoph/Dietrich, Walter/Levin, Christoph (Hgg.), *Vergegenwärtigung des Alten Testaments. Beiträge zur biblischen Hermeneutik* (FS R. Smend), Göttingen 2002, 13–27.

Koehler, Ludwig/Baumgartner, Walter, *Hebräisches und Aramäisches Lexikon zum Alten Testament (HALAT). Lieferung I*, Leiden ^{3}1967.

Koenen, Klaus, „Erzählende Gattungen (AT)“, in: Alkier, Stefan/Bauks, Michaela/Koenen, Klaus (Hgg.), *Das wissenschaftliche Bibellexikon im Internet (WiBiLex)*, <https://www.bibelwissenschaft.de/stichwort/17700/>, 12/06, 18.03.20.

Kratz, Reinhard G., „Der Dekalog im Exodusbuch“, in: *VT 44* (1994), 205–238.

Kratz, Reinhard G., *Die Komposition der erzählenden Bücher des Alten Testaments*, Göttingen 2000.

Kuch, David, *Die Autorität des Rechts. Zur Rechtsphilosophie von Joseph Raz*, Tübingen 2016.

Kunz, Karl-L./Mona, Martino, *Rechtsphilosophie. Rechtstheorie. Rechtssoziologie*, Bern u. a. 2006.

Kutscher, E. Yechezkel, „Marginal Notes to the Biblical Lexicon“, in: *Leš 32* (1968), 343–346.

Kynes, Will, „The Modern Scholarly Wisdom Tradition and the Threat of Pan-Sapientialism. A Case Report“, in: Sneed, Mark R. (Hg.), *Was There a Wisdom Tradition? New Prospects in Israelite Wisdom Studies* (SBLAIL 23), Williston (ND) 2015, 11–38.

Lahmer, Karl, *Grammateion. Griechische Lerngrammatik – kurzgefasst*, Leipzig u. a. 1989.

Lauber, Stephan, „Strukturalismus“, in: Alkier, Stefan/Bauks, Michaela/Koenen, Klaus (Hgg.), *Das wissenschaftliche Bibellexikon im Internet (WiBiLex)*, <https://www.bibelwissenschaft.de/stichwort/31876/>, 05/14, 19.01.22.

Le Déaut, Roger, „La Septante, un Targum?“, in: Kuntzmann, Raymond/Schlosser, Jacques (Hgg.), *Etudes sur le Judaïsme hellénistique. Congrès de Strasbourg (1983)*, Paris 1984, 147–195.

Leuenberger, Martin, „Segen/Segnen (AT)“, in: Alkier, Stefan/Bauks, Michaela/Koenen, Klaus (Hgg.), *Das wissenschaftliche Bibellexikon im Internet (WiBiLex)*, <https://www.bibelwissenschaft.de/stichwort/27583/>, 12/08, 25.01.17.

Levin, Christoph, „Der Dekalog am Sinai“, in: *VT 35* (1985), 165–191.

Levine, Etan, „On Exodus 21:10. *'Onah* and Biblical Marriage“, in: *ZABR 5* (1999), 133–164.

Levine, Samuel J., „Halacha and Aggada. Translating Robert Cover's Nomos and Narrative“, in: *Utah Law Review 465* (1998), 465–504.

Levinson, Bernard M., *Deuteronomy and the Hermeneutics of Legal Innovation*, New York (NY) 1997.

Levinson, Bernard M., „Is the Covenant Code an Exilic Composition? A Response to John Van Seters“, in: Day, John (Hg.), *In Search of Pre-Exilic Israel* (JSOTSup 406), London 2004, 272–325.

Licht, Jacob, „The Biblical Claim of Establishment“, in: *Shnaton 4* (1980), 98–128.

Liddell, Henry G./Scott, Robert, *A Greek-English Lexicon. A New Edition Revised and Augmented Throughout by Sir Henry Stuart Jones. Bde. 1–2*, Oxford [9]1940.

Lipiński, Edward, „נָקַם *nāqam*“, in: *ThWAT 5* (1986), 602–611.

Lohfink, Norbert, *Das Hauptgebot. Eine Untersuchung literarischer Einleitungsfragen zu Dtn 5–11* (AnBib 20), Rom 1963.

Lohfink, Norbert, „Zur deuteronomischen Zentralisationsformel“, in: *Bib. 65* (1984), 297–329.

Loretz, Oswald, *Habiru – Hebräer. Eine sozio-linguistische Studie über die Herkunft des Gentiliziums* ʿibrî *vom Appelativum* ḫabiru (BZAW 160), Berlin/New York (NY) 1984.

Makujina, John, „The Semantics of יצא in Exodus 21:22. Reassessing the Variables That Determine Meaning“, in: *BBR 23* (2013), 305–321.

Markl, Dominik, „Hab 3 in intertextueller und kontextueller Sicht“, in: *Bib. 85* (2004), 99–108.

Markl, Dominik, „Narrative Rechtshermeneutik als methodische Herausforderung des Pentateuch“, in: *ZAR 11* (2005), 107–121.

Markl, Dominik, *Der Dekalog als Verfassung des Gottesvolkes. Die Brennpunkte einer Rechtshermeneutik des Pentateuch in Exodus 19–24 und Deuteronomium 5* (HBS 49), Freiburg i. Br. 2007.

Mattison, Kevin, *Rewriting and Revision as Amendment in the Laws of Deuteronomy* (FAT II/100), Tübingen 2018.

McNutt, Paula M., *The Forging of Israel. Iron Technology, Symbolism, and Tradition in Ancient Society* (SWBAS 8; JSOTSup 108), Sheffield 1990.

Miethke, Jürgen, „Autorität I“, in: *TRE 5* (1980), 17–32.

Milgrom, Jacob, *Leviticus 17–22. A New Translation with Introduction and Commentary* (AB 3A), New York (NY) u. a. 2000.

Milgrom, Jacob, *Leviticus 23–27. A New Translation with Introduction and Commentary* (AB 3B), New York (NY) u. a. 2001.

Moenikes, Ansgar, „Liebe/Liebesgebot (AT)“, in: Alkier, Stefan/Bauks, Michaela/Koenen, Klaus (Hgg.), *Das wissenschaftliche Bibellexikon im Internet (WiBiLex)*, <https://www.bibelwissenschaft.de/stichwort/24991/>, 06/12, 16.11.20.

Müller, Reinhard/Pakkala, Juha, *Editorial Techniques in the Hebrew Bible. Toward a Redefined Literary Criticism* (RBSt 97), Atlanta 2022.

Muraoka, Takamitsu, „A Syntactic Problem in Lev. XIX. 18b“, in: *JSS 23* (1978), 291–297.

Muraoka, Takamitsu, *A Greek-English Lexicon of the Septuagint*, Leuven/Paris u. a. 2009.

Muraoka, Takamitsu, *A Syntax of Septuagint Greek*, Leuven/Paris u. a. 2016.

Nasuti, Harry P., „Identity, Identification, and Imitation. The Narrative Hermeneutics of Biblical Law“, in: *JLR 4* (1986), 9–23.

Neef, Heinz-Dieter, „‚Ich selber bin in ihm‘. Exegetische Beobachtungen zur Rede vom ‚Engel des Herrn‘ in Ex 23,20–33; 32,34; 33,2; Jdc 2,1–5; 5,23“, in: *BZ 39* (1995), 54–75.

Oesch, Josef, „Intertextuelle Untersuchungen zum Bezug von Offb 21,1–22,5 auf alttestamentliche Prätexte“, in: *PZB 8* (1999), 41–74.

Olyan, Saul M., „Why an Altar of Unfinished Stones? Some Thoughts on Ex 20,25 and Dtn 27,5–6“, in: *ZAW 108* (1996), 161–171.

Oren, Elyashiv, „Concerning ‘שארה כסותה וענתה’ (Ex. XXI:10)“, in: *Tarbiz 33* (1964), 317.

Osumi, Yuichi, *Die Kompositionsgeschichte des Bundesbuches Exodus 20,22b–23,33* (OBO 105), Fribourg/Göttingen 1991.

Oswald, Wolfgang, „Bundesbuch“, in: Alkier, Stefan/Bauks, Michaela/Koenen, Klaus (Hgg.), *Das wissenschaftliche Bibellexikon im Internet (WiBiLex)*, <https://www.bibelwissenschaft.de/stichwort/11459/>, 12/05, 18.03.20.

Otto, Eckart, *Wandel der Rechtsbegründungen in der Gesellschaftsgeschichte des Antiken Israel. Eine Rechtsgeschichte des „Bundesbuches“ Ex 20,22–23,13* (SB 3), Leiden u. a. 1988.

Otto, Eckart, [Rezension] „Carmichael, Calum M., The Origins of Biblical Law. The Decalogues and the Book of the Covenant", in: *ThLZ 118* (1993), 1024–1026.

Otto, Eckart, „Körperverletzung oder Verletzung von Besitzrechten? Zur Redaktion von Ex 22,15 f. im Bundesbuch und §§ 55; 56 im Mittelassyrischen Kodex der Tafel A", in: *ZAW 105* (1993), 153–165.

Otto, Eckart, [Rezension] „Sprinkle, Joe M., 'The Book of the Covenant'. A Literary Approach (JSOTSup 174)", in: *ThLZ 120* (1995), 328–332.

Otto, Eckart, „Der Dekalog als Brennspiegel israelitischer Rechtsgeschichte", in: ders., *Kontinuum und Proprium. Studien zur Sozial- und Rechtsgeschichte des Alten Orients und des Alten Testaments* (OBC 8), Wiesbaden 1996, 293–303.

Otto, Eckart, „Rechtshermeneutik in der Hebräischen Bibel. Die innerbiblischen Ursprünge halachischer Bibelauslegung", in: ders., *Altorientalische und biblische Rechtsgeschichte. Gesammelte Studien*, Wiesbaden 2008, 464–485.

Otto, Eckart, „Recht in der Erzählung und Erzählung im Recht. Neue Forschungen zu ‚Recht und Erzählung/Law and Narrative' in altorientalischer und biblischer Literatur", in: *ZAR 18* (2012), 355–364.

Otto, Eckart, *Deuteronomium 12–34. 1. Teilband: Dtn 12,1–23,15* (HThKAT), Freiburg i. Br. u. a. 2016.

Paul, Shalom M., *Studies in the Book of the Covenant in the Light of Cuneiform and Biblical Law* (VTSup 18), Leiden 1970.

Payne Smith, Jessie (Hg.), *A Compendious Syriac Dictionary Founded Upon the Thesaurus Syriacus of R. Payne Smith*, Oxford 1903.

Payne Smith, Robert, *Thesaurus Syriacus. Bd. 1*, Oxford 1879.

Pfister, Manfred, „Konzepte der Intertextualität", in: Broich, Ulrich/Pfister, Manfred (Hgg.), *Intertextualität. Formen, Funktionen, anglistische Fallstudien*, Tübingen 1985, 1–30.

Philipps, Anthony, „The Laws of Slavery: Exodus 21,2–11", in: *JSOT 30* (1984), 51–66.

Plett, Heinrich F., „Sprachliche Konstituenten einer intertextuellen Poetik", in: Broich, Ulrich/Pfister, Manfred (Hgg.), *Intertextualität. Formen, Funktionen, anglistische Fallstudien*, Tübingen 1985, 78–98.

Pressler, Carolyn, „Wives and Daughters. Bond and Free: Views of Women in the Slave Laws of Exodus 21,2–11", in: Matthews, Victor H./Levinson, Bernard M./Frymer-Kensky, Tikva (Hgg.), *Gender and Law in the Hebrew Bible and the Ancient Near East* (JSOTSup 262), Sheffield 1998, 147–172.

Preuß, Horst D., „בוא", in: *ThWAT 1* (1973), 536–568.

Prince, Gerald, *A Dictionary of Narratology*, Lincoln (OR)/London 2003.

Propp, William H. C., *Exodus 1–18. A New Translation with Introduction and Commentary* (AB 2), New York (NY) u. a. 1999.

Propp, William H. C., *Exodus 19–40. A New Translation with Introduction and Commentary* (AB 2A), New York (NY) u. a. 2006.

Prudký, Martin, „'Keeping Sabbath'. Variability and Stability of a Prominent Identity-Marking Norm", in: Dušek, Jan/Roskovec, Jan (Hgg.), *The Process of Authority. The Dynamics in Transmission and Reception of Canonical Texts* (DCS 27), Berlin/Boston (MA) 2016, 41–60.

Qimron, Elisha, „The Vocabulary of the Temple Scroll", in: *Shnaton 4* (1980), 239–262.

Raz, Joseph, *The Authority of Law. Essays on Law and Morality*, Oxford 1979.

Rentdorff, Rolf, *Die Gesetze in der Priesterschrift. Eine gattungsgeschichtliche Untersuchung* (FRLANT 62), Göttingen 1954.

Rimmon-Kenan, Shlomith, *Narrative Fiction. Contemporary Poetics*, London/New York (NY) ^{2}2002.

Rooker, Mark F., *Biblical Hebrew in Transition. The Language of the Book of Ezekiel* (JSOTSup 90), Sheffield 1990.

Rösel, Martin, *Adonaj. Warum Gott ‚Herr' genannt wird* (FAT 29), Tübingen 2000.

Salzer, Dorothea M., *Die Magie der Anspielung. Form und Funktion der biblischen Anspielungen in den magischen Texten der Kairoer Geniza* (TSAJ 134), Tübingen 2012.

Schahadat, Schamma, „Intertextualität. Lektüre – Text – Intertext", in: Pechlivanos, Miltos/Rieger, Stefan u. a. (Hgg.), *Einführung in die Literaturwissenschaft*, Stuttgart 1995, 366–377.

Schaper, Joachim, „Exodos. Exodus/Das zweite Buch Mose", in: Karrer, Martin/Kraus, Wolfgang u. a. (Hgg.), *Septuaginta Deutsch. Erläuterungen und Kommentare zum griechischen Alten Testament. Bd. 1 (LXX.E I)*, Stuttgart 2019, 258–324.

Schenker, Adrian, „Affranchissement d'une esclave selon Ex 21,7–11", in: *Bib. 69* (1988), 547–556.

Schmid, Konrad, „The Genesis of Normativity in Biblical Law", in: Welker, Michael/Etzelmüller, Gregor (Hgg.), *Concepts of Law in the Sciences, Legal Studies, and Theology*, Tübingen 2013, 119–135.

Schmidt, Johann H. H., *Synonymik der griechischen Sprache. Bd. 4*, Leipzig 1886.

Schmitt, Hans-Christoph, „Das Altargesetz Ex 20,24–26 und seine redaktionsgeschichtlichen Bezüge", in: Diehl, Johannes F./Heitzenröder, Reinhardt u. a. (Hgg.), *Einen Altar von Erde mache mir. Festschrift für Diethelm Conrad zu seinem 70. Geburtstag*, Waltrop 2003, 269–282.

Schnocks, Johannes, „Todesstrafe (AT)", in: Alkier, Stefan/Bauks, Michaela/Koenen, Klaus (Hgg.), *Das wissenschaftliche Bibellexikon im Internet (WiBiLex)*, <https://www.bibelwissenschaft.de/stichwort/35938/>, 09/14, 16.11.20.

Schorch, Stefan, *Euphemismen in der Hebräischen Bibel* (OBC 12), Wiesbaden 2000.

Schorch, Stefan, *Die Vokale des Gesetzes. Die samaritanische Lesetradition als Textzeugin der Tora. Bd. 1: Das Buch Genesis* (BZAW 339), Berlin/New York (NY) 2004.

Schorch, Stefan, „Sakralität und Öffentlichkeit. Bibelübersetzungen als Paradigmen jüdischen Übersetzens", in: Lezzi, Eva/Salzer, Dorothea M. (Hgg.), *Dialog der Disziplinen. Jüdische Studien und Literaturwissenschaft* (minima judaica 6), Berlin 2009, 51–76.

Schorch, Stefan, „'A Young Goat in Its Mother's Milk'? Understanding an Ancient Prohibition", in: *VT 60* (2010), 116–130.

Schorch, Stefan, „The So-Called Gerizim Commandment in the Samaritan Pentateuch", in: Langlois, Michael (Hg.), *The Samaritan Pentateuch and the Dead Sea Scrolls*, Leuven u. a. 2019, 77–98.

Schüle, Andreas, „Kāmōkā – Der Nächste, der ist wie Du. Zur Philologie des Liebesgebots von Lev 19,18.34", in: *KUSATU 2* (2001), 97–129.

Schulz, Hermann, *Todesrecht im Alten Testament. Studien zur Rechtsform der Mot-Jumat-Sätze* (BZAW 114), Berlin 1969.

Schwienhorst-Schönberger, Ludger, *Das Bundesbuch (Ex 20,22–23,33). Studien zu seiner Entstehung und Theologie* (BZAW 188), Berlin u. a. 1990.

Seiler, Stefan, *Text-Beziehungen. Zur intertextuellen Interpretation alttestamentlicher Texte am Beispiel ausgewählter Psalmen* (BWANT 202), Stuttgart 2013.

Sneed, Mark R., „Is the 'Wisdom Tradition' a Tradition?", in: *CBQ 73* (2011), 50–71.

Sokoloff, Michael (Hg.), *A Syriac Lexicon. A Translation from the Latin, Correction, Expansion, and Update of C. Brockelmann's Lexicon Syriacum*, Winona Lake (IN)/Piscataway (NJ) 2009.

Sonsino, Rifat, *Motive Clauses in Hebrew Law. Biblical Forms and Near Eastern Parallels* (SBLDS 45), Chico (CA) 1980.

Sprinkle, Joe M., *'The Book of the Covenant'. A Literary Approach* (JSOTSup 174), Sheffield 1994.

Stamm, Johann J., „Dreißig Jahre Dekalogforschung", in: *ThR.NF 27* (1961), 189–239.

Stanzel, Franz K., *Theorie des Erzählens*, Göttingen [7]2001.

Stemmer, Peter, *Normativität. Eine ontologische Untersuchung*, Berlin/New York (NY) 2008.

Stendebach, Franz J., „עָנָה I *'ānāh*", in: *ThWAT 6* (1989), 233–247.

Teeter, David A., *Scribal Laws. Exegetical Variation in the Textual Transmission of Biblical Law in the Late Second Temple Period* (FAT 92), Tübingen 2014.

Ternès, Anabel, *Intertextualität. Der Text als Collage*, Wiesbaden 2016.

Tov, Emanuel, *Textual Criticism of the Hebrew Bible*, Minneapolis (MN) ^{3}2012.

Uitti, Roger W., *The Motive Clause in Old Testament Law*, Chicago (IL) 1973.

Ungnad, Arthur, *Syrische Grammatik mit Übungsbuch* (Clavis Linguarum Semiticarum VII), München 1913.

Uspensky, Boris A., *A Poetics of Composition. The Structure of the Artistic Text and Typology of a Compositional Form*, Berkeley/Los Angeles (CA) 1973.

Vahrenhorst, Martin, „Levitikon. Leviticus/Das dritte Buch Mose", in: Karrer, Martin/Kraus, Wolfgang u. a. (Hgg.), *Septuaginta Deutsch. Erläuterungen und Kommentare zum griechischen Alten Testament. Bd. 1 (LXX.E I)*, Stuttgart 2019, 325–430.

Van der Kooij, Arie, „Servant or Slave? The Various Equivalents of Hebrew *'Ebed* in the Septuagint of the Pentateuch", in: Peters, Melvin K. H. (Hg.), *XIII Congress of the International Organization for Septuagint and Cognate Studies. Ljubljana, 2007* (SBLCS 55), Atlanta (GA) 2008, 225–238.

Van Seters, John, „The Law of the Hebrew Slave", in: *ZAW 108* (1996), 534–546.

Van Seters, John, *A Law Book for the Diaspora. Revision in the Study of the Covenant Code*, Oxford/New York (NY) 2003.

Vanoni, Gottfried, „שִׂים *śîm*", in: *ThWAT 7* (1993), 761–781.

Von Soden, Wolfram, „Zum Hebräischen Wörterbuch", in: *UF 13* (1981), 157–164.

Vroom, Jonathan, *The Authority of Law in the Hebrew Bible and Early Judaism. Tracing the Origins of Legal Obligation from Ezra to Qumran* (JSJSup 187), Leiden/Boston (MA) 2018.

Wagner, Volker, „Zur Systematik in dem Codex Ex 21,2–22,16", in: *ZAW 81* (1969) 176–182.

Waltke, Bruce K./O'Connor, Michael P., *An Introduction to Biblical Hebrew Syntax*, Winona Lake (IN) 1990.

Watts, James W., *Reading Law. The Rhetorical Shaping of the Pentateuch*, Sheffield 1999.

Weinfeld, Moshe, *Deuteronomy and the Deuteronomic School*, Oxford 1972.

Weitzel, Jürgen, „Der Grund des Rechts in Gewohnheit und Herkommen", in: Willoweit, Dietmar (Hg.), *Die Begründung des Rechts als historisches Problem* (Schriften des Historischen Kollegs. Kolloquien 45), München 2000, 137–152.

Weitzman, Michael P., *The Syriac Version of the Old Testament. An Introduction* (UCOP 56), New York (NY) 1999.

Wellhausen, Julius, *Prolegomena zur Geschichte Israels*, Berlin ^{5}1899.

Westbrook, Raymond, „The Female Slave", in: Matthews, Victor H./Levinson, Bernard M./Frymer-Kensky, Tikva (Hgg.), *Gender and Law in the Hebrew Bible and the Ancient Near East* (JSOTSup 262), Sheffield 1998, 214–238.

Westbrook, Raymond, „What is the Covenant Code?", in: Wells, Bruce/Magdalene, Rachel F. (Hgg.), *Law from the Tigris to the Tiber. Bd. 1: The Shared Tradition*, Winona Lake (IN) 2009, 97–118.

Wevers, John W., *Notes on the Greek Text of Exodus* (SBLSCS 30), Atlanta (GA) 1990.

Wevers, John W., *Notes on the Greek Text of Genesis* (SBLSCS 35), Atlanta (GA) 1993.

Wodke, Wolfgang, „Oikos in der Septuaginta. Erste Grundlagen", in: Rössler, Otto (Hg.), *Hebraica. Marburger Studien zur Afrika- und Asienkunde*, Berlin 1977, 58–140.

Wöhrle, Jakob, „Getränke (AT)", in: Alkier, Stefan/Bauks, Michaela/Koenen, Klaus (Hgg.), *Das wissenschaftliche Bibellexikon im Internet (WiBiLex)*, <https://www.bibelwissenschaft.de/stichwort/19484/>, 11/08, 23.03.21.

Zehnder, Markus, „Fremder", in: Alkier, Stefan/Bauks, Michaela/Koenen, Klaus (Hgg.), *Das wissenschaftliche Bibellexikon im Internet (WiBiLex)*, <https://www.bibelwissenschaft.de/stichwort/18557/>, 11/09, 20.07.21.

Ziemer, Benjamin, „Zahlen, Zahlensymbolik“, in: Fieger, Michael/Krispenz, Jutta/Lanckau, Jörg (Hgg.), *Wörterbuch alttestamentlicher Motive*, Darmstadt 2013, 462–471.

Ziemer, Benjamin, *Kritik des Wachstumsmodells. Die Grenzen alttestamentlicher Redaktionsgeschichte im Lichte empirischer Evidenz* (VTSup 182), Leiden/Boston (MA) 2019.

Zwickel, Wolfgang, *Der Tempelkult in Kanaan und Israel. Studien zur Kultgeschichte Palästinas von der Mittelbronzezeit bis zum Untergang Judas* (FAT 10), Tübingen 1994.

Bibelstellenregister

Masoretischer Text

https://doi.org/10.1515/9783111341712-008

Leviticus

Numeri

Septuaginta

Leviticus

Numeri

Deuteronomium

1. Basileion | 1. Samuel

3. Basileion | 1. Könige

Samaritanus

Genesis

Exodus

Pešiṭta

Leviticus

Numeri

Deuteronomium

1. Könige

Jeremia

Amos